CORPVS CHRISTIANORVM

Series Graeca

89

CORPVS CHRISTIANORVM

Series Graeca

89

MAXIMI CONFESSORIS

CAPITA DE DVABVS CHRISTI NATVRIS

PSEUDO-MAXIMI CONFESSORIS
CAPITA GNOSTICA

TURNHOUT

BREPOLS ❧ PUBLISHERS

2017

MAXIMI CONFESSORIS
CAPITA DE DVABVS CHRISTI NATVRIS
NECNON
PSEVDO-MAXIMI CONFESSORIS
CAPITA GNOSTICA

EDIDIT

KATRIEN LEVRIE

TURNHOUT
BREPOLS ❧ PUBLISHERS
2017

CORPVS CHRISTIANORVM

Series Graeca

sub auspiciis
Vniuersitatis Catholicae Louaniensis
KU LEUVEN
in Instituto Studiorum Palaeochristianorum et Byzantinorum
INSTITUUT VOOR VROEGCHRISTELIJKE EN BYZANTIJNSE STUDIES
edita

Editionibus curandis praesunt

Reinhart CEULEMANS
José DECLERCK
Bernard FLUSIN
Carl LAGA
Jacques NORET
Antonio RIGO
Carlos STEEL
Peter VAN DEUN

Huic uolumini parando operam dedit

Johanna MICHELS

D/2017/0095/156
ISBN 978-2-503-57425-7
Printed in the EU on acid-free paper

© 2017, Brepols Publishers n.v., Turnhout, Belgium

All rights reserved. No part of this publication may be reproduced,
stored in a retrieval system, or transmitted, in any form or by any means,
electronic, mechanical, photocopying, recording, or otherwise,
without the prior permission of the publisher.

PRÉFACE

La vraie générosité envers l'avenir consiste à tout donner au présent.
[*L'homme révolté*, Albert Camus]

De wereld is enorm, het leven ook...wij niet.
[*Atropa*, Tom Lanoye & Guy Cassiers]

En tout ce qu'il fait, l'homme recherche le bonheur.
[*Éthique à Nicomaque*, Aristote]

Et voilà, c'est fini. Ce fut un marathon et une entreprise de longue haleine, mais le résultat obtenu constitue un progrès considérable pour l'étude de Maxime le Confesseur. Si quelqu'un m'avait dit durant mes études que j'écrirais une thèse de doctorat sur un Père de l'Église byzantin, je ne l'aurais pas cru. Le projet sur quelques collections de *capita* attribuées à Maxime le Confesseur fut toutefois une expérience instructive qui m'a initiée au monde magique des manuscrits et de l'ecdotique.

Ce grand travail entamé en 2010 n'aurait pas été possible sans le support et l'aide de plusieurs personnes. Ma reconnaissance s'adresse en premier lieu à mes deux directeurs de recherches, Peter Van Deun et Reinhart Ceulemans, qui m'ont proposé de participer à leur projet. Tous mes remerciements vont également à Caroline Macé qui m'a beaucoup aidée au début de mon doctorat, aussi bien au niveau du contenu de la thèse qu'au niveau de la langue. La présente édition critique a également bénéficié beaucoup de l'aide de bon nombre de chercheurs: Basile Markesinis, qui, à maintes reprises, m'a aidée à comprendre le langage difficile de Maxime le Confesseur et qui a été si bienveillant de me laisser consulter l'introduction à son édition non publiée; Tara Andrews, dont l'expertise dans le domaine de la phylogenèse des manuscrits a avancé ma compréhension de la vaste tradition manuscrite des *De duabus Christi naturis* et Erika Gielen, qui m'a guidée dans l'emploi du logiciel *Classical Text Editor*. Je voudrais également remercier vivement tous les collègues de la section grecque de l'*Institut de Recherche et d'Histoire des Textes* à Paris pour m'avoir accueillie aussi chaleureusement en 2013 et en 2015.

PRÉFACE

Ma gratitude va aussi à l'équipe de la *Series Graeca* du *Corpus Christianorum* de Brepols.

Mes années comme doctorante n'ont pas toujours été faciles, mais grâce à l'amitié de mes collègues et amies Nele Baplu, Erika Gielen et Ulrike Kenens, j'ai survécu. Merci, mes amies, je n'oublierai jamais nos longs bavardages agréables et nos petits dîners amusants.

Enfin, et ce n'est pas le moins important, je voudrais exprimer ma profonde gratitude à ma famille. Je tiens à saluer maman, papa et Karen pour leur soutien, leur aide et leurs encouragements. Je souhaite également remercier ma tante Resi pour sa bienveillance de relire mes chapitres introductifs au niveau du français. Et finalement, je consacrerai ces dernières lignes à trois personnes auxquelles j'ai malheureusement dû dire adieu au long de ces années de thèse, mais qui m'ont aidée à devenir la personne que je suis aujourd'hui. Grand-mère, grand-père et mon cher oncle Michel, merci pour tout. Vous occuperez toujours une place spéciale dans mon cœur.

Katrien Levrie
Leuven
le 30 mai 2017

BIBLIOGRAPHIE

AB = *Analecta Bollandiana.*

ACO = E. Schwartz (éd.), *Acta Conciliorum Oecumenicorum*, Straßburg, 1914; Berlin – Leipzig, 1924-1940; J. Straub (éd.), Berlin, 1971-1984; R. Riedinger (éd.), Berlin, 1984-1995; E. Lamberz (éd.), Berlin, 2008-2012.

Allen – Neil, *Maximus the Confessor* = P. Allen – B. Neil (éd.), *The Oxford Handbook of Maximus the Confessor*, Oxford, 2015.

Amati, *Inventarium codicum* = G. Amati, *Inventarium codicum Vaticanorum graecorum 993-2160 (Sala Const. Mss. 323)*, 1800-1819.

Andrist, *Les objections des Hébreux* = P. Andrist, Les objections des Hébreux*: un document du premier iconoclasme?*, dans *REB* 57 (1999), p. 99-140.

AOC = *Archives de l'Orient chrétien.*

Astruc et al., *Supplément grec* = Ch. Astruc – M.-L. Concasty – C. Bellon – Chr. Förstel, *Catalogue des manuscrits grecs. Supplément grec numéros 1 à 150*, Paris, 2003.

Auwers – Guérard, *Epitome* = J.-M. Auwers – M.-G. Guérard (éd.), *Procopii Gazaei* Epitome in Canticum Canticorum (*CCSG* 67), Turnhout, 2011.

Bandini, *Catalogus codicum manuscriptorum* = A. M. Bandini, *Catalogus codicum manuscriptorum Bibliothecae Mediceae Laurentianae, varia continens opera graecorum Patrum*, I, Firenze, 1764.

Batiffol, *Les manuscrits grecs de Lollino* = P. Batiffol, *Les manuscrits grecs de Lollino évêque de Bellune. Recherches pour servir à l'histoire de la Vaticane*, dans *Mélanges d'archéologie et d'histoire* 9 (1889), p. 28-48.

BBGG = *Bollettino della Badia Greca di Grottaferrata.*

Beck, *Kirche und theologische Literatur* = H.-G. Beck, *Kirche und theologische Literatur im byzantinischen Reich* (*Handbuch der Altertumswissenschaft* 12, 2, 1), München, 1959.

Bekker – Schopen, *Nicephori Gregorae Byzantina Historia* = I. Bekker – L. Schopen, *Nicephori Gregorae Byzantina Historia graece et latine*, 3 vol. (*CSHB* 19, 1-3), Bonn, 1829-1855.

BIBLIOGRAPHIE

BF = Byzantinische Forschungen.

BHG = F. Halkin, *Bibliotheca Hagiographica Graeca* (*SH* 8a), Bruxelles, 1957³; F. Halkin, *Novum Auctarium Bibliothecae Hagiographicae Graecae* (*SH* 65), Bruxelles, 1984.

Boudignon, *Myst.* = Chr. Boudignon (éd.), *Maximi Confessoris* Mystagogia *una cum latina interpretatione Anastasii Bibliothecarii* (*CCSG* 69), Turnhout, 2011.

Bracke, *Ad Sancti Maximi Vitam* = R. B. Bracke, *Ad Sancti Maximi Vitam: Studie van de biografische documenten en de levensbeschrijvingen betreffende Maximus Confessor (ca. 580-662)*, Leuven, 1980 (dissertation non publiée).

Bracke, *Some Aspects of the Manuscript Tradition* = R. B. Bracke, *Some Aspects of the Manuscript Tradition of the* Ambigua *of Maximus the Confessor*, dans F. Heinzer – Chr. Schönborn (éd.), *Maximus Confessor. Actes du symposium sur Maxime le Confesseur. Fribourg. 2-5 septembre 1980* (*Fragmenta Paradosis* 27), Fribourg, 1982, p. 97-109.

Bravo García et al., *The Legacy of Bernard de Montfaucon* = A. Bravo García – I. Pérez Martín – J. Signes Codoñer (éd.), *The Legacy of Bernard de Montfaucon: Three Hundred Years of Study on Greek Handwriting* (*Bibliologia* 31), 2 vol., Turnhout, 2010.

Brock, *An Early Syriac Life* = S. Brock, *An Early Syriac Life of Maximus the Confessor*, dans *AB* 91 (1973), p. 299-346.

BSGRT = Bibliotheca Scriptorum Graecorum et Romanorum Teubneriana.

Bsl = Byzantinoslaviva.

Buonocore, *Bibliografia* = M. Buonocore, *Bibliografia dei fondi manoscritti della Biblioteca Vaticana (1968-1980)* (*ST* 318-319), Città del Vaticano, 1986.

Byz = Byzantion.

BZ = Byzantinische Zeitschrift.

Canart, *Les Vaticani graeci 1487-1962* = P. Canart, *Les Vaticani graeci 1487-1962. Notes et documents pour l'histoire d'un fonds de manuscrits de la Bibliothèque Vaticane* (*ST* 284), Città del Vaticano, 1979.

Canart – Peri, *Sussidi bibliografici* = P. Canart – V. Peri, *Sussidi bibliografici per i manoscritti greci della Biblioteca Vaticana* (*ST* 261), Città del Vaticano, 1970.

Cataldi Palau, *Legature costantinopolitane* = A. Cataldi Palau, *Legature costantinopolitane del monasterio di Prodromo Petra tra i manoscritti di Giovanni di Ragusa (†1443)*, dans *Codices manuscripti* 37-38 (2001), p. 11-50.

BIBLIOGRAPHIE 9*

CATALDI PALAU, *Manoscritti provenienti dalla Tessaglia* = A. CATALDI PALAU, *Manoscritti provenienti dalla Tessaglia a Milano*, dans M. D'AGOSTINO (éd.), *Alethes Philia. Studi in onore di Giancarlo Prato* (*Collectanea* 23), Spoleto, 2010, p. 93-167.

CCSG = Corpus Christianorum. Series Graeca.

CERESA, *Bibliografia (1986-1990)* = M. CERESA, *Bibliografia dei fondi manoscritti della Biblioteca Vaticana (1986-1990)* (*ST* 379), Città del Vaticano, 1998.

CERESA, *Bibliografia (1991-2000)* = M. CERESA, *Bibliografia dei fondi manoscritti della Biblioteca Vaticana (1991-2000)* (*ST* 426), Città del Vaticano, 2005.

CERESA-GASTALDO, *Capitoli* = A. CERESA-GASTALDO, *Massimo Confessore. Capitoli sulla carità, editi criticamente con introduzione, versione e note* (*Verba seniorum. Collana di testi e studi patristici* N. S. 3), Roma, 1963.

CFHB = Corpus Fontium Historiae Byzantinae.

CHRESTOU, *Συγγράμματα β′* = P. K. CHRESTOU (éd.), *Γρηγορίου τοῦ Παλαμᾶ Συγγράμματα. Τόμος β′*, Thessaloniki, 1966.

COMBEFIS, *S. Maximi Confessoris* = F. COMBEFIS, *S. Maximi Confessoris. Graecorum theologi eximiique philosophi. Ex probatissimis quaeque mss. Codicibus, Regiis, Card. Mazarini, Seguierianis, Vaticanis, Barberinis, Magni Ducis Florentinis, Venetis, etc. eruta, nova Versione subacta, Notisque illustrata*, 2 vol., Parisiis, 1675.

CONSTANTINIDES – BROWNING, *Dated Greek Manuscripts* = N. CONSTANTINIDES – R. BROWNING, *Dated Greek Manuscripts from Cyprus to the Year 1570* (*DOS* 30 = *Texts and Studies of the History of Cyprus* 18), Washington, D.C. – Nicosia, 1993.

COSENZA, *Biographical and Bibliographical Dictionary* = M. E. COSENZA, *Biographical and Bibliographical Dictionary of the Italian Humanists and of the World of Classical Scholarship in Italy, 1300-1800*, 6 vol., Boston, 1962-1967.

COULON, *Combefis* = R. COULON, *Combefis*, dans A. VACANT – E. MANGENOT (éd.), *Dictionnaire de théologie catholique*, XXXI, Paris, 1908, col. 385-387.

COURTONNE, *Saint Basile. Lettres* = Y. COURTONNE (éd.), *Saint Basile. Lettres*, 3 vol., (*Collection des Universités de France*), Paris, 1957-1966.

COXE, *Catalogi codicum manuscriptorum* = H. O. COXE, *Catalogi codicum manuscriptorum Bibliothecae Bodleianae*, I, Oxonii, 1853 (= Oxford 1969).

CPL = E. DEKKERS – A. GAAR, *Clavis Patrum Latinorum* (*Corpus Christianorum*), Turnhout, 1995³.

10* BIBLIOGRAPHIE

CPG = M. Geerard, *Clavis Patrum Graecorum* (*Corpus Christianorum*), I-IV, Turnhout, 1974-1983; M. Geerard – F. Glorie, *Clavis Patrum Graecorum* (*Corpus Christianorum*), V, Turnhout, 1987; M. Geerard – J. Noret, *Clavis Patrum Graecorum. Supplementum* (*Corpus Christianorum*), Turnhout, 1998; J. Noret, *Clavis Patrum Graecorum. A Cyrillo Alexandrino ad Iohannem Damascenum* (*Corpus Christianorum*), Turnhout, 2003.

Criscuolo, *Due epistole inedite* = V. Criscuolo, *Due epistole inedite di Manuaele Karanteno o Saranteno*, dans *BBGG* 31 (1977), p. 103-119.

CSCO = *Corpus Scriptorum Christianorum Orientalium*.

CSHB = *Corpus Scriptorum Historiae Byzantinae*.

Cumont, *Reliquiae Taurinenses* = F. Cumont, *Reliquiae Taurinenses*, dans *Académie Royale de Belgique. Bulletin de la Classe des Lettres et des Sciences morales et politiques et de la Classe des Beaux-Arts* 3 (1904), p. 81-96.

Daley, *Leontius of Byzantium* = B. E. Daley (éd.), *Leontius of Byzantium: a Critical Edition of His Works, with Prolegomena*, Oxford, 1978 (dissertation non publiée).

Darrouzès, *Notes d'Asie Mineure* = J. Darrouzès, *Notes d'Asie Mineure*, dans Ἀρχεῖον Πόντου 26 (1964), p. 28-40.

Declercq, *Q. D.* = J. H. Declercq (éd.), *Maximi Confessoris Quaestiones et Dubia* (*CCSG* 10), Turnhout – Leuven, 1982.

Delisle, *Le cabinet des manuscrits* = L. Delisle, *Le cabinet des manuscrits de la Bibliothèque Impériale [Nationale]. Étude sur la formation de ce dépôt comprenant les éléments d'une histoire de la calligraphie, de la miniature, de la reliure, et du commerce des livres à Paris avant l'invention de l'imprimerie* (*Histoire générale de Paris. Collection de documents*), 3 vol., Paris, 1868-1881 (= Hildesheim 1978).

Devreesse, *Fonds Coislin* = R. Devreesse, *Catalogue des manuscrits grecs. II. Le fonds Coislin* (*Bibliothèque nationale. Département des manuscrits*), Paris, 1945.

Devreesse, *Codices 330-603* = R. Devreesse, *Codices Vaticani graeci. II. Codices 330-603* (*Bibliothecae Apostolicae Vaticanae Codices manu scripti recensiti*), Città del Vaticano, 1937.

Devreesse, *Codices 604-866* = R. Devreesse, *Codices Vaticani graeci. III. Codices 604-866* (*Bibliothecae Apostolicae Vaticanae Codices manu scripti recensiti*), Città del Vaticano, 1950.

Devreesse, *Le fonds grec de la Bibliothèque Vaticane* = R. Devreesse, *Le fonds grec de la Bibliothèque Vaticane des origines à Paul V* (*ST* 244), Città del Vaticano, 1965.

BIBLIOGRAPHIE 11*

DE ANDRÉS, *Catálogo de los códices griegos* = G. DE ANDRÉS, *Catálogo de los códices griegos de la Biblioteca Nacional*, Madrid, 1987.

DE ANDRÉS, *La biblioteca de don Diego Hurtado de Mendoza* = G. DE ANDRÉS, *La biblioteca de don Diego Hurtado de Mendoza (1576)*, dans *Documentos para la historia del Monasterio de San Lorenzo el Real de El Escorial*, VII.2, Madrid, 1964, p. 235-323.

DE ANDRÉS, *La Real Biblioteca de el Escorial. II. Códices 179-420* = G. DE ANDRÉS, *Catálogo de los códices griegos de la Real Biblioteca de el Escorial. II. Códices 179-420*, Madrid, 1965.

DE ANDRÉS, *La Real Biblioteca de el Escorial. III. Códices 421-649* = G. DE ANDRÉS, *Catálogo de los códices griegos de la Real Biblioteca de el Escorial. III. Codices 421-649*, Madrid, 1967.

DE ANDRÉS, *Los copistas* = G. DE ANDRÉS, *Los copistas de los códices griegos del Cardenal de Burgos Francisco de Mendoza († 1564) en la Biblioteca Nacional*, dans *Estudios clasicos* 26 (1984), p. 39-48.

DE DURAND, *La tradition des œuvres de Marc le Moine* = G.-M. DE DURAND, *La tradition des œuvres de Marc le Moine*, dans *RHT* 29 (1999), p. 1-37.

DE MONTFAUCON, *Bibliotheca Coisliniana* = B. DE MONTFAUCON, *Bibliotheca Coisliniana, olim Segueriana ; sive manuscriptorum omnium graecorum, quae in ea continentur, accurata descriptio, ubi operum singulorum notitia datur, aetas cujusque manuscripti indicatur, vetustiorum specimina exhibentur, aliaque multa annotantur, quae ad palaeographiam graecam pertinent. Accedunt Anecdota bene multa ex eadem Bibliotheca desumta cum Interpretatione Latina*, Parisiis, 1715.

DE SANCTIS, *Inventario dei codici superstiti greci e latini* = G. DE SANCTIS, *Inventario dei codici superstiti greci e latini antichi della Biblioteca Nazionale di Torino*, dans *Rivista di Filologia e d'Istruzione Classica* 32 (1904), p. 385-429 ; 521-587.

DE VOCHT, *Kritische editie* = C. DE VOCHT, *Kritische editie van de* Capita theologica et oeconomica, *de* Capita XV *en de* Capita X, Leuven, [1984] (dissertation non défendue).

DILLER et al., *Bibliotheca Graeca Manuscripta* = A. DILLER – H. D. SAFFREY – L. G. WESTERINK, *Bibliotheca Graeca Manuscripta Cardinalis Dominici Grimani (1461-1523)*, Mariano del Friuli, 2004.

DISDIER, *Une œuvre douteuse* = M. T. DISDIER, *Une œuvre douteuse de saint Maxime le Confesseur: Les cinq* Centuries théologiques, dans *EO* 30 (1931), p. 160-178.

DOS = Dumbarton Oaks Studies.

DOSITHÉE DE JÉRUSALEM, Τόμος καταλλαγῆς = DOSITHÉE DE JÉRUSALEM, *Τόμος καταλλαγῆς*, Jassy, 1694.

12* BIBLIOGRAPHIE

Duval, *Combefis* = A. Duval, *Combefis*, dans G. Jacquement (éd.), *Catholicisme hier, aujourd'hui, demain*, II, Paris, 1949, col. 1333-1334.

EEBS = Ἐπετηρὶς Ἑταιρείας Βυζαντινῶν Σπουδῶν.

Eleuteri – Rigo, *Eretici* = P. Eleuteri – A. Rigo, *Eretici, dissidenti, musulmani ed ebrei a Bisanzio: una raccolta eresiologica del XII secolo*, Venezia, 1993.

EO = *Échos d'Orient*.

Epifanovič, *Materialy* = S. L. Epifanovič, *Materialy k izučeniju žizni i tvorenij prep. Maksima Ispovednika*, Kiev, 1917.

Eustratiadès – Arkadios, Κατάλογος = S. Eustratiadès – Arkadios Batopedinus, Κατάλογος τῶν ἐν τῇ Ἱερᾷ Μονῇ Βατοπεδίου ἀποκειμένων κωδίκων (Ἁγιορειτικὴ Βιβλιοθήκη 1), Paris, 1924 = *Catalogue of the Greek Manuscripts in the Library of the Monastery of Vatopedi on Mount Athos* (*Harvard Theological Greek Studies* 11), Cambridge (MA), 1924 (= New York, 1969).

Feron – Battaglini, *Codices manuscripti graeci Ottoboniani* = E. Feron – F. Battaglini, *Codices manuscripti graeci Ottoboniani Bibliothecae Vaticanae* (*Bibliothecae Apostolicae Vaticanae codices manu scripti recensiti*), Roma, 1893.

Fonkič, *Grečesko-russkie* = B. L. Fonkič, *Grečesko-russkie kul'turnye svjazi v XV-XVII vv.* (*Grečeskie rukopisi v Rossii*), Moskva, 1977.

Fonkič – Poljakov, *Grečeskie rukopisi* = B. L. Fonkič – F. B. Poljakov, *Grečeskie rukopisi Moskovskoj Sinodal'noj biblioteki: Paleografičeskie, kodikologičeskie i bibliografičeskie dopolnenija k katalogu archimandrita Vladimira (Filantropova)*, Moskva, 1993.

Gamillscheg, *Eine Platonhandschrift* = E. Gamillscheg, *Eine Platonhandschrift des Nikephoros Moschopulos (*Vind. Phil. Gr. 21*)*, dans W. Hörandner (éd.), Βυζάντιος. *Festschrift für Herbert Hunger zum 70. Geburtstag*, Wien, 1984, p. 95-100.

GCS = *Die griechischen christlichen Schriftsteller der ersten Jahrhunderte.*

Géhin, *Les collections de kephalaia monastiques* = P. Géhin, *Les collections de* kephalaia *monastiques: naissance et succès d'un genre entre création originale, plagiat et florilège*, dans A. Rigo – P. Ermilov – M. Trizio (éd.), *Theologica minora. The Minor Genres of Byzantine Theological Literature* (*Studies in Byzantine History and Civilization* 8), Turnhout, 2013, p. 1-50.

Giannelli, *Codices 1485-1683* = C. Giannelli, *Codices Vaticani graeci. Codices 1485-1683* (*Bibliothecae Apostolicae codices manu scripti recensiti*), Città del Vaticano, 1950.

BIBLIOGRAPHIE 13*

GIANNELLI – CANART, *Codices 1684-1744* = C. GIANNELLI – P. CANART, *Codices Vaticani graeci. Codices 1684-1744 (Bibliothecae Apostolicae Vaticanae codices manu scripti recensiti)*, Città del Vaticano, 1961.

GIELEN, *Nicephori Blemmydae* = E. GIELEN, *Nicephori Blemmydae* De virtute et ascesi. *Iosephi Racendytae* De virtute (*CCSG* 80), Turnhout, 2016.

GLÉNISSON et al., *La paléographie grecque et byzantine* = J. GLÉNISSON – J. BOMPAIRE – J. IRIGOIN (éd.), *La paléographie grecque et byzantine. Paris 21-25 octobre 1974 (Colloques Internationaux du C.N.R.S. 559)*, Paris, 1977.

GOUILLARD, *Christianisme byzantin et slave* = J. GOUILLARD, *Christianisme byzantin et slave*, dans *Annuaire de l'Ecole Pratique des Hautes Etudes. Section des Sciences Religieuses* 79 (1971), p. 311-315.

GRENDLER, *The Library of Gian Vincenzo Pinelli* = M. GRENDLER, *A Greek Collection in Padua: The Library of Gian Vincenzo Pinelli (1535-1601)*, dans *Renaissance Quarterly* 33 (1980), p. 386-416.

GRILLMEIER, *Le Christ dans la tradition chrétienne* = A. GRILLMEIER, *Le Christ dans la tradition chrétienne. Tome 2/2. L'Église de Constantinople au VIe siècle (Cogitatio fidei 172)*, Paris, 1993.

GRÜNSTEUDEL et al., *Augsburger Stadtlexikon* = G. GRÜNSTEUDEL – G. HÄGELE – R. FRANKENBERGER (éd.), *Augsburger Stadtlexikon*, Augsburg, 1998[2].

GUY, *Apophtegmes I-IX* = J.-CL. GUY, *Les apophtegmes des Pères. Collection systématique. Chapitres I-IX (SC 387)*, Paris, 1993.

HAJDÚ, *Die Sammlung griechischer Handschriften* = K. HAJDÚ, *Die Sammlung griechischer Handschriften in der Münchener Hofbibliothek bis zum Jahr 1803. Eine Bestandsgeschichte der Codices graeci Monacenses 1-323 mit Signaturenkonkordanzen und Beschreibung des Stephanus-Katalogs (Cbm Cat. 48) (Catalogus codicum manu scriptorum Bibliothecae Monacensis 2, 10, 1)*, Wiesbaden, 2002.

HAJDÚ, *Katalog der griechischen Handschriften* = K. HAJDÚ, *Katalog der griechischen Handschriften der Bayerischen Staatsbibliothek München. IV. Codices graeci Monacenses 181-265 (Catalogus codicum manu scriptorum Bibliothecae Monacensis 2, 4)*, Wiesbaden, 2012.

HANSEN, *Theodoros Anagnostes* = G. CHR. HANSEN, *Theodoros Anagnostes: Kirchengeschichte (GCS 54)*, Berlin, 1971.

HARDT, *Catalogus codicum manuscriptorum graecorum* = I. HARDT, *Catalogus codicum manuscriptorum graecorum Bibliothecae Regiae Bavaricae*, 5 vol., München, 1806-1812.

14* BIBLIOGRAPHIE

HARTIG, *Die Gründung der Münchener Hofbibliothek* = O. HARTIG, *Die Gründung der Münchener Hofbibliothek durch Albrecht V. und Johann Jacob Fugger* (*Abhandlungen der königlich Bayerischen Akademie der Wissenschaften. Philosophisch-philologische und Historische Klasse* 28, 3), München, 1917.

HELMER, *Der Neuchalkedonismus* = S. HELMER, *Der Neuchalkedonismus. Geschichte, Berechtigung und Bedeutung eines dogmengeschichtlichen Begriffes*, Bonn, 1962 (dissertation non publiée).

HOFFMANN, *Planches 83-86* = PH. HOFFMANN, *Planches 83-86*, dans CH. ASTRUC (éd.), *Les manuscrits grecs datés des XIIIe et XIVe siècles conservés dans les bibliothèques publiques de France. I. XIIIe siècle*, Paris, 1989, p. 79-81.

HOFFMANN, *Un recueil de fragments* = PH. HOFFMANN, *Un recueil de fragments provenant de Minoïde Mynas : le* Parisinus suppl. gr. 681, dans *Scriptorium* 41 (1987), p. 115-127.

HOSTENS, *Dissertatio* = M. HOSTENS (éd.), *Anonymi auctoris Theognosiae (saec. IX/X)* Dissertatio contra Iudaeos (*CCSG* 14), Turnhout – Leuven, 1986.

HUNGER et al., *Codices theologici 201-337* = H. HUNGER – W. LACKNER – CHR. HANNICK, *Katalog der griechischen Handschriften der Österreichischen Nationalbibliothek. Teil III/3. Codices theologici 201-337* (*Museion. N. F. 4. Veröffentlichungen der Handschriftensammlung* 1, 3), Wien, 1992.

HUNGER – HANNICK, *Supplementum* = H. HUNGER – CHR. HANNICK, *Katalog der griechischen Handschriften der Österreichischen Nationalbibliothek. IV. Supplementum graecum* (*Museion. N. F. 4. Veröffentlichungen der Handschriftensammlung* 1, 4), Wien, 1994.

HUNGER – KRESTEN, *Codices theologici 1-100* = H. HUNGER – O. KRESTEN, *Katalog der griechischen Handschriften der Österreichischen Nationalbibliothek. Teil III/1. Codices theologici 1-100* (*Museion. N. F. 4. Veröffentlichungen der Handschriftensammlung* 1, 3), Wien, 1976.

IRIGOIN, *Les premiers manuscrits grecs* = J. IRIGOIN, *Les premiers manuscrits grecs écrits sur papier et le problème du bombycin*, dans *Scriptorium* 4 (1950), p. 194-204.

IP = Instrumenta Patristica.

JACOBS, *Francesco Patricio* = E. JACOBS, *Francesco Patricio und seine Sammlung griechischer Handschriften in der Bibliothek des Escorial*, dans *Zentralblatt für Bibliothekswesen* 25 (1908), p. 19-47.

JANKOWIAK – BOOTH, *A New Date-List* = M. JANKOWIAK – P. BOOTH, *A New Date-List of the Works of Maximus the Confessor*, dans ALLEN – NEIL, *Maximus the Confessor*, p. 19-83.

BIBLIOGRAPHIE 15*

JANSSENS, *Amb. Thom.* = B. JANSSENS (éd.), *Maximi Confessoris* Ambigua ad Thomam *una cum* Epistula secunda ad eundum (*CCSG* 48), Turnhout – Leuven, 2002.

JANSSENS et al., *Philomathestatos* = B. JANSSENS – B. ROOSEN – P. VAN DEUN (éd.), *Philomathestatos. Studies in Greek Patristic and Byzantine Texts Presented to Jacques Noret for his Sixty-Fifth Birthday* (*OLA* 137), Leuven – Paris – Dudley, 2004.

JÖB = Jahrbuch der Österreichischen Byzantinistik.

KAIMAKIS, *Φιλόθεος Κόκκινος* = D. KAIMAKIS, *Φιλοθέου Κοκκίνου Δογματικὰ ἔργα. Μέρος α´ (Θεσσαλονικεῖς Βυζαντινοί συγγραφεῖς* 3), Thessaloniki, 1983.

KALOGEROPOULOU-METALLINOU, *Ὁ μοναχὸς Νεόφυτος Προ-δρομηνός* = B. KALOGEROPOULOU-METALLINOU, *Ὁ μοναχὸς Νεό-φυτος Προδρομηνὸς καὶ τὸ Θεολογικὸ τοῦ ἔργο*, Athinai, 1996.

KHALIFÉ, *L'inauthenticité du De temperantia* = I.-A. KHALIFÉ, *L'inauthenticité du* De temperantia *(ΚΕΦΑΛΑΙΑ ΝΗΠΤΙΚΑ) de Marc l'Ermite (PG 65, 1053-1069)*, dans *Mélanges de l'Université de S. Joseph* 28 (1949-1950), p. 61-66.

KIBRE, *The Library of Pico della Mirandola* = P. KIBRE, *The Library of Pico della Mirandola*, New York, 1966².

KOEHLER – MILCHSACK, *Die Gudischen Handschriften* = F. KOEHLER – G. MILCHSACK, *Die Gudischen Handschriften. Die griechischen Handschriften bearbeitet von F. Koehler. Die lateinischen Handschriften bearbeitet von G. Milchsack* (*Die Handschriften der Herzoglichen Bibliothek zu Wolfenbüttel* 4), Wolfenbüttel, 1913.

KOTTER, *Die Überlieferung der Pege Gnoseos* = B. KOTTER, *Die Überlieferung der* Pege Gnoseos *des Hl. Johannes von Damaskos* (*Studia Patristica et Byzantina* 5), Ettal, 1959.

LABOWSKY, *Bessarion's library* = L. LABOWSKY, *Bessarion's library and the Biblioteca Marciana: six early inventories* (*Sussidi eruditi* 31), Roma, 1979.

LACKNER, *Der Amtstitel Maximos* = W. LACKNER, *Der Amtstitel Maximos des Bekenners*, dans *JÖB* 20 (1971), p. 63-65.

LAGA – STEEL, *Q. Thal.* = C. LAGA – C. STEEL (éd.), *Maximi Confessoris* Quaestiones ad Thalassium. *I. Quaestiones I-LV una cum latina interpretatione Ioannis Scotti Eriugenae iuxta posita* (*CCSG* 7), Turnhout – Leuven, 1980 ; *II. Quaestiones LVI-LXV una cum latina interpretatione Ioannis Scotti Eriugenae iuxta posita* (*CCSG* 22), Turnhout – Leuven, 1990.

LAMBROS, *Κατάλογος* = S. P. LAMBROS, *Κατάλογος τῶν ἐν ταῖς βιβλιοθήκαις τοῦ Ἁγίου Ὄρους ἑλληνικῶν κωδίκων*, 2 vol., Cambridge (MA), 1895-1900.

LAMBROS, Ἀργυροπούλεια = S. P. LAMBROS, Ἀργυροπούλεια, Athinai, 1910.

LAMBROS, *Catalogue* = S. P. LAMBROS, *Catalogue of the Greek manuscripts on Mount Athos*, II, Amsterdam, 1966.

LARCHET, *Saint Maxime le Confesseur* = J.-CL. LARCHET, *Saint Maxime le Confesseur (580-662) (Initiations aux Pères de l'Église)*, Paris, 2003.

LARCHET – PONSOYE, *Opuscules théologiques et polémiques* = J.-CL. LARCHET – E. PONSOYE (éd.), *Saint Maxime le Confesseur. Opuscules théologiques et polémiques (Sagesses chrétiennes)*, Paris, 1998.

LEBON, *La christologie* = J. LEBON, *La christologie du monophysisme syrien*, dans A. GRILLMEIER – H. BACHT (éd.), *Das Konzil von Chalkedon: Geschichte und Gegenwart*, I, Würzburg, 1951, p. 425-580.

LEGRAND, Τόμος καταλλαγῆς = E. LEGRAND, « Τόμος καταλλαγῆς », dans E. LEGRAND (éd.), *Bibliographie hellénique ou description raisonnée des ouvrages publiés par des Grecs au dix-septième siècle. III. Bibliographie 1691-1699*, Paris, 1895, p. 28-29 (= Bruxelles, 1963).

LEHMANN, *Eine Geschichte* = P. LEHMANN, *Eine Geschichte der alten Fuggerbibliotheken (Schwäbische Forschungsgemeinschaft bei der Kommission fur bayerische Landesgeschichte 4, 3 & 5; Studien zur Fuggergeschichte 12 & 15)*, 2 vol., Tübingen, 1956-1960.

LEVRIE, *À la recherche d'un ordre perdu* = K. LEVRIE, *À la recherche d'un ordre perdu. Structure et composition des* Capita gnostica *(CPG 7707. 11) de Maxime le Confesseur*, dans *Byz* 84 (2014), p. 241-256.

LEVRIE, *La Syllogè contre les Latins* = K. LEVRIE, *La* Syllogè contre les Latins *de Théodore Agallianos: édition critique*, dans *JÖB* 64 (2015), p. 129-152.

LEVRIE, *Le Florilegium patristicum adversos Latinos* = K. LEVRIE, *Le* Florilegium patristicum adversos Latinos *de Théodore Agallianos. Remarques préliminaires à une édition critique*, dans *Medioevo Greco* 13 (2013), p. 139-148.

LEVRIE, *Pour une histoire* = K. LEVRIE, *Pour une histoire de la tradition imprimée du* De duabus Christi naturis *de Maxime le Confesseur*, dans *SE* 51 (2012), p. 391-411.

LILLA, *Codices 2162-2254* = S. LILLA, *Codices Vaticani graeci. Codices 2162-2254 (Codices Columnenses) (Bibliothecae Apostolicae Vaticanae codices manuscripti recensiti)*, Città del Vaticano, 1985.

LILLA, *Codices 2644-2663* = S. LILLA, *Codices Vaticani graeci. Codices 2644-2663 (Bibliothecae Apostolicae Vaticanae codices manu scripti recensiti)*, Città del Vaticana, 1996.

BIBLIOGRAPHIE 17*

Loofs, *Leontius von Byzanz* = F. Loofs, *Leontius von Byzanz und die gleichnamigen Schriftsteller der griechischen Kirche. I. Das Leben und die polemische Werke des Leontius von Byzanz* (*TU* 3, 1-2), Leipzig, 1887.

Luard, *Manuscripts Preserved in the Library of the University of Cambridge* = H. R. Luard, *A Catalogue of the Manuscripts Preserved in the Library of the University of Cambridge*, I, Cambridge, 1856 (= München, 1980).

Mahieu, *Travaux préparatoires* = G. Mahieu, *Travaux préparatoires à une édition critique des œuvres de s. Maxime le Confesseur*, Louvain-La-Neuve, 1957 (dissertation non publiée).

Markesinis, *Le Monacensis gr. 225* = B. Markesinis, *Le Monacensis gr. 225, ff. 1ʳ-40ᵛ, et Georges de Chypre, alias Grégoire II de Constantinople*, dans *BBGG* 54 (2000), p. 259-273.

Markesinis, *Le secrétaire de Nicéphore Moschopoulos* = B. Markesinis, *Le « secrétaire » de Nicéphore Moschopoulos, scribe du* Parisinus, Bibliothecae Nationalis, Coislinianus 90, *f. 257ʳ-279ʳ, et du* Basileensis, Bibliothecae Universitatis A III 5 (gr. 45), *f. 1-325ʳ, l. 21*, dans *Scriptorium* 58 (2004), p. 3-15.

Markesinis, *Un extrait d'une lettre de Nicétas Stéthatos* = B. Markesinis, *Un extrait d'une lettre de Nicétas Stéthatos a Philothée l'Higoumène*, dans K. Demoen – J. Vereecken (éd.), *La spiritualité de l'univers byzantin dans le verbe et l'image. Hommages offerts à Edmond Voordeckers à l'occasion de son éméritat* (*IP* 30), Steenbrugge, 1997, p. 173-192.

Martini – Bassi, *Catalogus codicum graecorum* = A. Martini – D. Bassi, *Catalogus codicum graecorum Bibliothecae Ambrosianae*, 2 vol., Milano, 1906.

Mazzucchi, *Un testimone* = C. M. Mazzucchi, *Un testimone della conoscenza del greco negli ordini mendicanti verso la fine del Duecento (*Ambr. Q 74 sup.*) e un codice appartenuto al Sacro Convento di Assisi (*Ambr. E 88 inf.*)*, dans Νέα Ῥώμη 3 (2006), p. 355-359.

Mercati – Franchi de' Cavalieri, *Codices Vaticani graeci* = I. Mercati – P. Franchi de' Cavalieri, *Codices Vaticani graeci. I. Codices 1-329* (*Bibliothecae Apostolicae Vaticanae Codices manuscripti recensiti*), Roma, 1923.

Merola, *Altemps* = A. Merola, *Altemps, Giovanni Angelo*, dans A. M. Ghisalberti (éd.), *Dizionario biografico degli Italiani*, II, Roma, 1960, p. 550-551.

Meyer – Suntrup, *Lexikon* = H. Meyer – R. Suntrup, *Lexikon der mittelalterlichen Zahlenbedeutungen* (*Münstersche Mittelalter-Schriften* 56), München, 1987.

18* BIBLIOGRAPHIE

Miller, *Catalogue des manuscrits grecs* = E. Miller, *Catalogue des manuscrits grecs de la Bibliothèque de l'Escurial*, Paris, 1848.

Mioni, *Classes II-V* = E. Mioni, *Bibliothecae Divi Marci Venetiarum codices Graeci manuscripti. Volumen I. Pars altera. Codices in classes a prima usque ad quintam inclusi. Pars altera : Classis II, Codd. 121-198 – Classes III, IV, V. Indices* (*Indici e cataloghi* N. S. 6), Roma, 1972.

Mioni, *Codices 1-299* = E. Mioni, *Bibliothecae Divi Marci Venetiarum codices Graeci manuscripti. Volumen I. Thesaurus Antiquus. Codices 1-299* (*Indici e cataloghi* N. S. 6, 2), Roma, 1981.

Molin Pradel, *Katalog der griechischen Handschriften* = M. Molin Pradel, *Katalog der griechischen Handschriften der Bayerischen Staatsbibliothek München. II. Codices graeci Monacenses 56-109* (*Catalogus codicum manu scriptorum Bibliothecae Monacensis* 2, 2), Wiesbaden, 2013.

Mondrain, *Copistes et collectionneurs* = B. Mondrain, *Copistes et collectionneurs de manuscrits grecs au milieu du XVIᵉ siècle : le cas de Johann Jacob Fugger d'Augsbourg*, dans *BZ* 84-85 (1991-1992), p. 354-390.

Moutsoulas, *La tradition manuscrite* = E. Moutsoulas, *La tradition manuscrite de l'œuvre d'Épiphane de Salamine* De mensuris et ponderibus, dans J. Dümmer et al. (éd.), *Texte und Textkritik. Eine Aufsatzsammlung* (*TU* 133), Berlin, 1987, p. 429-440.

Muccio – Franchi de' Cavalieri, *Bibliotheca Angelica* = G. Muccio – P. Franchi de' Cavalieri , *Index codicum graecorum Bibliothecae Angelicae*, dans Chr. Samberger (éd.), *Catalogi codicum graecorum qui in minoribus bibliothecis italicis asservantur in duo volumina collati et novissimis additamentis aucti*, II, Leipzig, 1968, p. 33-184 (réimpression anastatique de *Studi italiani di Filologia Classica* 4, 1896).

Muccillo, *La biblioteca greca di Francesco Patrizi* = M. Muccillo, *La biblioteca greca di Francesco Patrizi*, dans E. Canone (éd.), *Bibliothecae selectae : da Cusano a Leopardi* (*Lessico intellettuale europeo* 58), Firenze, 1993, p. 73-118.

Mueller-Jourdan – Van Deun, *Maxime le Confesseur* = P. Mueller-Jourdan – P. Van Deun, *Maxime le Confesseur*, dans *TB* I (2015), pp. 374-514.

Munitiz, *Autobiographia* = J. A. Munitiz (éd.), *Nicephori Blemmydae* Autobiographia *sive* Curriculum Vitae *necnon* Epistula universalior (*CCSG* 13), Turnhout, 1984.

Muratore, *La biblioteca del cardinale Niccolò Ridolfi* = D. Muratore, *La biblioteca del cardinale Niccolò Ridolfi*, 2 vol., (*Hellenica* 32), Alessandria, 2009.

BIBLIOGRAPHIE 19*

NADAL CAÑELLAS, *Refutationes* = J. NADAL CAÑELLAS (éd.), *Gregorii Acindyni* Refutationes *duae operis Gregorii Palamae cui titulus* Dialogus inter Orthodoxum et Barlaamitam (*CCSG* 31), Turnhout – Leuven, 1995.

NAUTIN, *La continuation* = P. NAUTIN, *La continuation de* l'Histoire ecclésiastique *d'Eusèbe par Gélase de Césarée*, dans *REB* 50 (1992), p. 163-183.

NORET, *L'accentuation* = J. NORET, *L'accentuation de* τε *en grec byzantin*, dans *Byz* 68 (1998), p. 516-518.

NORET, *Notes de ponctuation* = J. NORET, *Notes de ponctuation et d'accentuation byzantines*, dans *Byz* 65 (1995), p. 69-88.

NORET, *Quand rendrons-nous* = J. NORET, *Quand rendrons-nous à quantité d'indéfinis prétendument enclitiques, l'accent qui leur revient ?*, dans *Byz* 57 (1987), p. 191-195.

OC = *Oriens Christianus*.

OCA = *Orientalia Christiana Analecta*.

OCP = *Orientalia Christiana Periodica*.

ODB = A. P. KAZHDAN et al. (éd.), *The Oxford Dictionary of Byzantium*, 3 vol., Oxford, 1991.

OLA = *Orientalia Lovaniensia Analecta*.

OLP = *Orientalia Lovaniensia Periodica*.

OMONT, *Catalogues des manuscrits grecs de Fontainebleau* = H. OMONT, *Catalogues des manuscrits grecs de Fontainebleau sous François Ier et Henri II*, Paris, 1889.

OMONT, *Inventaire sommaire* = H. OMONT, *Inventaire sommaire des manuscrits grecs de la Bibliothèque nationale et des autres bibliothèques de Paris et des départements*, 4 vol., Paris, 1886-1898.

PAPADOPOULOS-KERAMEUS, Ἱεροσολυμιτικὴ βιβλιοθήκη = A. PAPADOPOULOS-KERAMEUS, Ἱεροσολυμιτικὴ βιβλιοθήκη ἤτοι κατάλογος τῶν ἐν ταῖς βιβλιοθήκαις τοῦ ἁγιωτάτου ἀποστολικοῦ τε καὶ καθολικοῦ ὀρθοδόξου πατριαρχικοῦ θρόνου τῶν Ἱεροσολύμων καὶ πάσης Παλαιστίνης ἀποκειμένων ἑλληνικῶν κωδίκων, 5 vol., Petroupolei, 1891-1915.

PAPAVASILIOU, Εὐθύμιος Ἰωάννης Ζυγαδηνός = A. N. PAPAVASILIOU, Εὐθύμιος Ἰωάννης Ζυγαδηνός. Βίος Συγγραφαί, Leukosia, 1979².

PASINI, *Codici e frammenti* = C. PASINI, *Codici e frammenti greci dell'Ambrosiana. Integrazioni al Catalogo di Emidio Martini e Domenico Bassi* (*Testi e Studi bizantino-neoellenici* 9), Roma, 1997.

PASINUS et al., *Codices manuscripti* = J. PASINUS – A. RIVAUTELLA – F. BERTA, *Codices manuscripti Bibliothecae Regii Taurinensis*

20* BIBLIOGRAPHIE

Athenaei per Linguas digesti, & binas in partes distributi in quarum prima Hebraei, & Graeci, in altera Latini, Italici, & Gallici, I, Taurini, 1749.

PETITMENGIN – CICCOLINI, *Jean Matal* = P. PETITMENGIN – L. CICCOLINI, *Jean Matal et la bibliothèque de Saint-Marc de Florence (1545)*, dans *Italia medioevale e umanistica* 46 (2005), p. 207-374.

PG = J.-P. MIGNE, *Patrologiae cursus completus. Series Graeca*, 161 vol., Paris, 1857-1866.

Pinakes = pinakes.irht.cnrs.fr.

PIRET, *Le Christ et la Trinité* = P. PIRET, *Le Christ et la Trinité selon Maxime le Confesseur* (*Théologie historique* 69), Paris, 1983.

PLP = *Prosopographisches Lexikon der Palaiologenzeit*, 15 vol. (*Österreichische Akademie der Wissenschaften. Philosophisch-historische Klasse. Veröffentlichungen der Kommission für Byzantinistik* 1), Wien, 1976-1996.

PO = *Patrologia Orientalis*.

PREGER, *Scriptores* = T. PREGER, *Scriptores originum Constantinopolitanarum*, 2 vol. (*BSGRT* 1778-1779), Leipzig, 1989.

PSEPHTONGAS, *Le codex 388* = B. PSEPHTONGAS, *Le codex 388 du monastère Iviron, dit "ΩΚΕΑΝΟΣ"*, dans *Cyrillomethodianum : recherches sur l'histoire des relations helléno-slaves* 5 (1981), p. 135-145.

PTS = *Patristische Texte und Studien*.

REB = *Revue des études byzantines*.

RGK = E. GAMILLSCHEG – D. HARLFINGER – H. HUNGER, *Repertorium der griechischen Kopisten 800-1600. I. Handschriften aus Bibliotheken Großbritanniens*; *II. Handschriften aus Bibliotheken Frankreichs und Nachträge zu den Bibliotheken Großbritanniens* (*Österreichische Akademie der Wissenschaften. Veröffentlichungen der Kommission für Byzantinistik* 3, 1-2 A-B-C), Wien, 1981-1989; E. GAMILLSCHEG – D. HARLFINGER – P. ELEUTERI – H. HUNGER, *Repertorium der griechischen Kopisten 800-1600. III. Handschriften aus Bibliotheken Roms mit dem Vatikan* (*Österreichische Akademie der Wissenschaften. Philosophisch-historische Klasse. Veröffentlichungen der Kommission für Byzantinistik* 3, 3 A-B-C), Wien, 1997.

RHBR = L. BURGMANN – M. TH. FÖGEN – A. SCHMINCK – D. SIMON, *Repertorium der Handschriften des byzantinischen Rechts. I. Die Handschriften des weltlichen Rechts (Nr. 1-327)* (*Forschungen zur byzantinischen Rechtsgeschichte* 20), Frankfurt am Main, 1995.

RHT = *Revue d'Histoire des Textes*.

RICHARDOT, *Combefis* = J. RICHARDOT, *Combefis*, dans R. D'AMAT (éd.), *Dictionnaire de biographie française*, IX, Paris, 1961, col. 360.

BIBLIOGRAPHIE 21*

RIGO, *Questions et réponses* = A. RIGO, *Questions et réponses sur la controverse palamite. Un texte inédit d'origine athonite et son auteur véritable (Marc Kyrtos)*, dans A. RIGO – P. ERMILOV – M. TRIZIO (éd.), *Theologica minora. The Minor Genres of Byzantine Theological Literature* (*Studies in Byzantine History and Civilization* 8), Turnhout, 2015, p. 126-151.

ROC = *Revue d'Orient Chrétien.*

ROOSEN, *Epifanovitch Revisited* = B. ROOSEN, *Epifanovitch Revisited. (Pseudo-)Maximi Confessoris* Opuscula varia*: a Critical Edition with Extensive Notes on Manuscript Tradition and Authenticity*, 4 vol., Leuven, 2001 (dissertation non publiée).

ROOSEN, *Maximi Confessoris Vitae* = B. ROOSEN, *Maximi Confessoris* Vitae et passiones graecae*: The Development of a Hagiographic Dossier*, dans *Byz* 80 (2010), p. 408-460.

ROOSEN – VAN DEUN, *Les collections de définitions* = B. ROOSEN – P. VAN DEUN, *Les collections de définitions philosophico-théologiques appartenant à la tradition de Maxime le Confesseur: le recueil centré sur OMΩNYMON, ΣYNΩNYMON, ΠΑΡΩNYMON, ΕΤΕΡΩNYMON...*, dans M. CACOUROS – M.-H. CONGOURDEAU (éd.), *Philosophie et sciences à Byzance de 1204 à 1453: les textes, les doctrines et leur transmission* (*OLA* 146), Leuven, 2006, p. 53-76.

ROUECHÉ, *A Middle Byzantine Handbook* = M. ROUECHÉ, *A Middle Byzantine Handbook of Logic Terminology*, dans *JÖB* 29 (1980), p. 71-98.

RSBN = *Rivista di Studi Bizantini e Neoellenici.*

SA = *Studia Anselmiana.*

SBORDONE, *Physiologus* = F. SBORDONE (éd.), *Physiologus*, Milan, 1936.

SC = *Sources Chrétiennes.*

SCHEMBRA, *Homerocentos* = R. SCHEMBRA (éd.), *Opera poética* Homerocentones (*CCSG* 62), Turnhout – Leuven, 2007.

SE = *Sacris Erudiri.*

SH = *Subsidia Hagiographica.*

SHERWOOD, *An Annotated Date-List* = P. SHERWOOD, *An Annotated Date-List of the Works of Maximus the Confessor* (*SA* 30), Roma, 1952.

SPYRIDON – EUSTRATIADÈS, *Catalogue of the Greek Manuscripts* = SPYRIDON LAURIOTÈS – S. EUSTRATIADÈS, *Catalogue of the Greek Manuscripts in the Library of the Laura on Mount Athos with Notices from other Libraries* (*Harvard Theological Studies* 12), Cambridge (MA) – Paris – London, 1925.

22* BIBLIOGRAPHIE

ST = Studi e Testi.

STAAB, *Die Pauluskatenen* = K. STAAB, *Die Pauluskatenen nach den handschriftlichen Quellen untersucht* (*Scripta Pontificii Instituti Biblici* 49), Roma, 1926.

SUCHLA, *Corpus Dionysiacum* = B. R. SUCHLA (éd.), *Corpus Dionysiacum. I. Pseudo-Dionysius Areopagita.* De divinis nominibus (*PTS* 33), Berlin – New York, 1990.

TATAKIS, *Γεράσιμος Βλάχος* = V. N. TATAKIS, *Γεράσιμος Βλάχος ὁ Κρής (1605/7 – 1685). Φιλόσοφος, θεόλογος, φιλόλογος* (*Biblioteca dell'Istituto Ellenico di studi bizantini e postbizantini di Venezia* 5), Venezia, 1973.

TB = C. G. CONTICELLO – V. CONTICELLO (éd.), *La théologie byzantine et sa tradition*, 2 vol., Turnhout, 2002-2016.

TIFTIXOGLU – HAJDÚ, *Katalog der griechischen Handschriften* = V. TIFTIXOGLU – K. HAJDÚ, *Katalog der griechischen Handschriften der Bayerischen Staatsbibliothek München. I. Codices graeci Monacenses 1-55* (*Catalogus codicum manu scriptorum Bibliothecae Monacensis* 2, 1), Wiesbaden, 2004.

TODT, *Dositheos II* = K.-P. TODT, *Dositheos II. von Jerusalem*, dans *TB* II (2002), p. 659-670.

TU = Texte und Untersuchungen zur Geschichte der altchristlichen Literatur.

ULLMAN – STADTER, *The Public Library of Renaissance Florence* = B. L. ULLMAN – PH. A. STADTER, *The Public Library of Renaissance Florence : Niccolò Niccoli, Cosimo de' Medici and the library of San Marco* (*Medioevo e umanesimo* 10), Padova, 1972.

UTHEMANN, *Viae dux* = K.-H. UTHEMANN (éd.), *Anastasii Sinaitae* Viae dux (*CCSG* 8), Turnhout – Leuven, 1981.

VAN DEUN, *L.A.* = P. VAN DEUN (éd.), *Maximi Confessoris Liber Asceticus. Adiectis tribus interpretationibus latinis sat antiquis editis a* S. GYSENS (*CCSG* 40), Turnhout – Leuven, 2000.

VAN DEUN, *La profession de foi* = P. VAN DEUN, *La profession de foi de Constantin Stilbès dans l'*Athous Vatopedinus 474, dans *Byz* 59 (1989), p. 258-263.

VAN DEUN, *Les Diversa capita du Pseudo-Maxime* = P. VAN DEUN, *Les* Diversa capita *du Pseudo-Maxime* (CPG *7715) et la chaîne de Nicétas d'Héraclée sur l'évangile de Matthieu* (CPG C *113)*, dans *JÖB* 45 (1995), p. 19-24.

VAN DEUN, *Les extraits de Maxime* = P. VAN DEUN, *Les extraits de Maxime le Confesseur contenus dans les chaînes sur le Nouveau Testament, abstraction faite des Evangiles*, dans *OLP* 23 (1992), p. 205-217.

BIBLIOGRAPHIE 23*

Van Deun, *Opuscula* = P. Van Deun (éd.), *Maximi Confessoris Opuscula exegetica duo* (*CCSG* 23), Turnhout – Leuven, 1991.

Van Deun, *Quelques témoins* = P. Van Deun, *Quelques témoins nouveaux de l'*Hodègos *d'Anastase le Sinaïte*, dans *REB* 50 (1992), p. 231-239.

Van Deun, *Un recueil ascétique* = P. Van Deun, *Un recueil ascétique: l'*Athous Vatopedinus 57, dans *BZ* 82 (1989), p. 102-106.

Verhelst, *Le Traité de l'âme* = M. Verhelst, *Le* Traité de l'âme *de Nicéphore Blemmyde*, Louvain-la-Neuve, 1976 (dissertation non publiée).

Vladimir, *Sistematičeskoe opisanie rukopisej* = Vladimir (archimandrit), *Sistematičeskoe opisanie rukopisej Moskovskoj Sinodal'noj (Patriarsej) Biblioteki. I. Rukopisi grečeskija*, Moskva, 1894.

Vogel – Gardthausen, *Die griechischen Schreiber* = M. Vogel – V. Gardthausen, *Die griechischen Schreiber des Mittelalters und der Renaissance* (*Zentralblatt für Bibliothekwesen Beiheft* 33), Leipzig, 1909 (= Hildesheim, 1966).

von Balthasar, *Die gnostischen Centurien* = H. U. von Balthasar, *Die gnostischen Centurien des Maximus Confessor* (*Freiburger Theologische Studien* 61), Freiburg, 1941.

WBS = Wiener Byzantinischen Studien.

Westerink, *Michaelis Pselli Poemata* = L. G. Westerink (éd.), *Michaelis Pselli* Poemata (*BSGRT*), Stuttgart, 1992.

Westerink, *De omnifaria doctrina* = L. G. Westerink (éd.), *Michael Psellus*. De omnifaria doctrina. *Critical Text and Introduction*, Nijmegen, 1948.

Winkelmann et al., *Leon – Placentius* = F. Winkelmann et al. (éd.), *Prosopographie der mittelbyzantinischen Zeit, Erste Abteilung (641-867), III. Leon (# 4271) – Placentius (# 6265)*, Berlin – New York, 2000.

ABRÉVIATIONS DES ŒUVRES MAXIMIENNES OU PSEUDO-MAXIMIENNES

Add.	*CPG 7707*
Amb. Io.	*Ambigua ad Ioannem*
Amb. Thom.	*Ambigua ad Thomam*
Anast.	*Epistula ad Anastasium monachum discipulum*
Anim.	*Opusculum de anima*
Cap. alia	*Capita alia*
Cap. X	*Capita X*
Cap. XV	*Capita XV*
Car.	*Capita de caritate*
Comp.	*Computus Ecclesiasticus*
D. Areop.	*Scholia in opera Pseudo-Dionysii Areopagitae*
D. B.	*Disputatio Bizyae*
Dial.	*Dialogi de sancta trinitate*
Div. Cap.	*Diversa capita*
D. P.	*Disputatio cum Pyrrho*
E. O. D.	*Expositio orationis dominicae*
Ep.	*Epistulae*
E. ps. 59	*Expositio in psalmum LIX*
Ep. Sec. Thom.	*Epistula secunda ad Thomam*
L. A.	*Liber Asceticus*
Loc. Comm.	*Loci Communes*
Myst.	*Mystagogia*
Op.	*Opuscula*
Q. D.	*Quaestiones et Dubia*
Q. Thal.	*Quaestiones ad Thalassium*
R. M.	*Relatio Motionis*
Th. Oec.	*Capita theologica et oeconomica*

INTRODUCTION

1. DEUX COLLECTIONS DE CHAPITRES
ATTRIBUÉES À MAXIME LE CONFESSEUR

1. Introduction à Maxime le Confesseur (580-662) : notice biographique ([1])

1. *Les sources* ([2])

Les récits traditionnels de la vie de Maxime le Confesseur étaient basés sur les trois recensions de la *Vita grecque* du Confesseur (*BHG* 1234) et sur ses œuvres ([3]). Cette biographie du saint ne nous procure malheureusement que peu de renseignements sur la vie de Maxime, parce qu'elle est surtout centrée sur les dernières années de sa vie. La chronologie de la vie du saint est traditionnellement complétée par des informations que l'on peut trouver dans encore une autre *Vita* (*BHG* 1236d) et dans la *Vita et passio Maximi* (*CPG* 7707. 1 ; *BHG* 1233m ; *BHG* 1233n).

---

(1) Cette question biographique étant trop complexe pour être traitée en détail, ce chapitre n'a pour but de présenter au lecteur qu'un bref aperçu de la vie de Maxime le Confesseur. Pour des biographies plus élaborées et des références bibliographiques, nous référons aux monographies et aux articles consacrés à ce Père. Voir par exemple A. LOUTH, *Maximus the Confessor (The Early Church Fathers)*, London – New York, 1996, p. 3-18 ; WINKELMANN et al., *Leon – Placentius*, p. 207-215 ; CHR. BOUDIGNON, *Maxime le Confesseur était-il constantinopolitain ?*, dans JANSSENS et al., *Philomathestatos*, p. 11-43 ; CHR. BOUDIGNON, *Le pouvoir de l'anathème, ou Maxime le Confesseur et les moines palestiniens du VIIe siècle*, dans A. CAMPLANI – G. FILORAMO (éd.), *Foundations of Power and Conflicts of Authority in Late-Antique Monasticism* (*OLA* 157), Leuven – Paris – Dudley, 2007, p. 245-274 ; MUELLER-JOURDAN – VAN DEUN, *Maxime le Confesseur* ; P. ALLEN, *Life and Times of Maximus the Confessor*, dans ALLEN – NEIL, *Maximus the Confessor*, p. 3-18. Un aperçu des sources concernant la biographie de Maxime le Confesseur peut être trouvé dans WINKELMANN et al., *Leon – Placentius*, p. 171-179.

(2) Pour un aperçu récent du dossier hagiographique de Maxime, nous référons aux articles de ROOSEN, *Maximi Confessoris Vitae* et MUELLER-JOURDAN – VAN DEUN, *Maxime le Confesseur*.

(3) Voir par exemple SHERWOOD, *An Annotated Date-List*.

INTRODUCTION

Cependant, ces informations concernant la vie de Maxime ont été mises en question lorsque Lackner ([4]) a démontré que la *Vie de Maxime* (*BHG* 1234) n'a pas été écrite à la fin du 7e siècle par un auteur anonyme, mais au milieu du 10e siècle par Michel Exabulites qui a composé cette *Vita* à partir d'éléments biographiques pris à différentes sources (surtout à une biographie de Théodore le Studite [*BHG* 1755]).

Plus tard, en 1973, Brock ([5]) a découvert une vie syriaque du Confesseur, datant des 7e-8e siècles, qui pouvait combler les lacunes de l'autre *Vita*, bien qu'elle soit clairement anti-maximienne. En effet, il s'agit d'une *Vie* de provenance monothélite. L'auteur de cette *Vita*, Georges de Reshaina, nous présente un autre rapport sur les premières années de la vie de Maxime.

De surcroît, nous disposons d'une série de *Documenta* qui se rattachent aux dernières années de la vie de Maxime. Ces *Documenta* (*CPG* 7701 ; *CPG* 7725 ; *CPG* 7733 ; *CPG* 7735 ; *CPG* 7736 ; *CPG* 7740 ; *CPG* 7968) ont été édités et traduits par Allen et Neil ([6]). La *Relatio motionis* (*CPG* 7736 ; *BHG* 1231) et la *Disputatio cum Theodosio* (*CPG* 7735 ; *BHG* 1233) nous informent sur les interrogatoires qu'a dus subir Maxime tandis que l'*Epistula ad Theodosium Gangrensem* (*CPG* 7733) contient le récit des dernières souffrances de Maxime et d'Anastase le Moine. À ces *Documenta* doit encore être ajoutée la *D. P.* (*CPG* 7698), attribuée à Maxime lui-même, mais qui a probablement été écrite par un de ses disciples ([7]).

Il est clair que le dossier biographique de Maxime le Confesseur est très complexe et qu'il soulève encore beaucoup de questions auxquelles l'on ne pourra peut-être jamais trouver des réponses.

---

(4) W. Lackner, *Zu Quellen und Datierung der Maximosvita* (BHG³ *1234*), dans *AB* 85 (1967), p. 285-316. Bien que Lackner ne dispose pas de toutes les sources hagiographiques, son étude a ouvert le débat concernant la biographie de Maxime.

(5) Brock, *An Early Syriac Life*.

(6) P. Allen – B. Neil (éd.), *Scripta saeculi VII vitam Maximi Confessoris illustrantia una cum latina interpretatione Anastasii Bibliothecarii iuxta posita* (*CCSG* 39), Turnhout – Leuven, 1999 ; P. Allen – B. Neil, *Maximus the Confessor and his Companions. Documents from Exile*, Oxford, 2002.

(7) Cf. J. Noret, *La rédaction de la* Disputatio cum Pyrrho *(CPG 7698) de saint Maxime le Confesseur serait-elle postérieure à 655 ?*, dans *AB* 117 (1999), p. 291-296.

INTRODUCTION 29*

Dans ce qui suit, nous donnons alors une tentative d'esquisse de la vie du Confesseur.

2. *La vie de Maxime le Confesseur*

Selon les *Vitae graecae* [8], saint Maxime le Confesseur naquit en 580 à Constantinople dans une famille noble. Durant sa jeunesse, il reçut une éducation solide et entre 610 et 613, il fut premier secrétaire de l'empereur Héraclius [9]. À cause de la controverse monothélite à la cour impériale et à la recherche d'une vie tranquille, il se retira, vers 613-614, au monastère de Philippique de Chrysopolis où il fit selon toute vraisemblance la connaissance d'Anastase le Moine [10].

D'après la *Vie syriaque*, par contre, Maxime fut d'origine humble, fils adultérin d'un Samaritain et d'une esclave persane. Né en Palestine, il porta d'abord le nom de Moschion et eut pour précepteur l'abbé Pantoléon du monastère de la Vieille Laure. Ce monastère fut impliqué dans la controverse origéniste. C'est là que Moschion reçut le nom de Maxime et fit probablement la connaissance de Sophrone, le futur patriarche de Jérusalem.

L'assaut de Constantinople par les Perses au printemps de 626 força Maxime et son disciple Anastase de quitter le monastère à Chrysopolis et de partir pour l'Afrique. Chemin faisant, ils s'arrêtèrent probablement en Crète et à Chypre. En Crète, Maxime eut une dispute avec les évêques sévériens, les disciples de Sévère d'Antioche († 538). C'est probablement lors de cette rencontre

---

(8) En général, les savants se divisent en deux groupes : ceux qui se fient aux *Vitae graecae* de Maxime le Confesseur et ceux qui font confiance à la *Vie syriaque*.

(9) Reste la question de savoir si Maxime a vraiment occupé cette fonction. Il semble qu'il faille nuancer cette information. En fait, dans les écrits de Maxime, il n'y a aucun indice qu'il a été au service de l'empereur (à l'exception d'une vague mention dans l'*Ep. 12* (*PG* 91, 505B). En plus, la tradition hagiographique n'est pas du tout univoque en ce qui concerne son titre (cf. LACKNER, *Der Amtstitel Maximos*, p. 63 ; ROOSEN, *Maximi Confessoris Vitae*, p. 424, n. 58). Lackner mentionne que la description imprécise de la fonction de Maxime à la cour pourrait être due aux règles du genre de l'encomium et que sa valeur informative doit donc être nuancée (LACKNER, *Der Amtstitel Maximos*, p. 64).

(10) Cette raison du départ de Maxime rend contestable la véracité de la *Vita grecque*, vu que la controverse monothélite n'avait pas encore pris de grandes proportions.

30* INTRODUCTION

qu'il écrivit le *De duabus Christi naturis* (*CPG* 7697. 13). Cependant, selon Brock ([11]), Maxime aurait peut-être séjourné deux fois en Afrique du Nord. Il serait alors retourné en Palestine entre 633 et 641 pour enfin regagner l'Afrique du Nord avant 641 ([12]).

Vers 632-633, il semble que Maxime ait accepté que son exil fut définitif. Durant cette période, il entretint des relations avec les gouverneurs impériaux de l'Afrique dans le but de les convaincre de rejeter le monophysisme et d'accepter la vraie orthodoxie. En tout cas, la production littéraire de Maxime connut un grand essor en Afrique. Durant le séjour de Maxime à Carthage, la controverse monothélite éclata avec l'*Ekthesis* et le *Psephos* du patriarche Serge Ier. Maxime se lança dans le combat contre le monothélisme et s'érigea comme défenseur de l'orthodoxie. En 645, il réussit à convaincre Pyrrhus, l'ancien patriarche de Constantinople et partisan du monothélisme, de renoncer au monophysisme et au monothélisme ([13]). Maxime l'accompagna à Rome où le Confesseur prépara, entre autres, quelques documents pour le synode de Latran en 649 (qui condamna le monothélisme). Peu après, Pyrrhus revint toutefois au monothélisme.

En juin 653, Maxime et le pape Martin furent arrêtés par l'empereur Constant II ([14]). En 655, Maxime fut condamné pour crimes contre l'empire et banni à Bizya, en Thrace, où il refusa les offres de réconciliation pour ensuite être exilé plus loin, à Perbéris. En 662, il fut convoqué à Constantinople pour un nouveau procès où il fut condamné à la torture et l'amputation de sa langue et de sa main droite. Déporté en Lazique, en Géorgie actuelle, il mourut le 13 août 662. Sa lutte contre le monoénergisme et le monothélisme ne fut pas en vain. Sa doctrine des deux énergies et

---

(11) Brock, *An Early Syriac Life*, p. 324-325.

(12) L'*Ep. 12* nous donne un *terminus ante quem* pour son séjour en Afrique du Nord, à savoir novembre 641 (*PG* 91, 466 A10-11).

(13) Cf. *D. P.* (*CPG* 7698).

(14) Tandis que les sources hagiographiques ne contiennent presque pas d'information sur les procès de Maxime, nous disposons heureusement des *Documenta* qui nous fournissent un rapport des événements qui ont eu lieu à la fin de la vie du Confesseur. L'étude de Brandes (W. Brandes, *'Juristische' Krisenbewältigung im 7. Jahrhundert? Die Prozesse gegen Papst Martin I und Maximos Homologetes,* dans L. Burgmann [éd.], *Fontes Minores X* [*Forschungen zur byzantinischen Rechtsgeschichte* 22], Frankfurt am Main, 1998, p. 141-212) donne des informations précieuses concernant le procès de Maxime et pape Martin I.

INTRODUCTION 31*

des deux volontés fut reconnue comme canonique lors du sixième concile œcuménique (Constantinopolitanum III) en 680-681.

2. Le genre des chapitres

Un des genres de prédilection de Maxime était la littérature des chapitres ou κεφάλαια[15]. En effet, bon nombre d'œuvres maximiennes appartiennent à ce genre des κεφάλαια, comme par exemple les *Car.* (*CPG* 7693), les *Th. Oec.* (*CPG* 7694) et les *Cap. XV* (*CPG* 7695). Le genre était en vogue dans les milieux patristiques et byzantins dès sa création au 4ᵉ siècle par Évagre le Pontique jusqu'au 14ᵉ siècle[16] et dérivait de la littérature des sentences et des apophtegmes.

Dans la littérature byzantine, l'on se voit souvent confronté à des collections de paragraphes courts, i.e. κεφάλαια, qui ne semblent avoir aucun lien évident entre eux. Les paragraphes varient en ce qui concerne la longueur, mais en général, ils sont quand même très courts. À cause de leur concision, on ne peut pas comparer ces chapitres avec notre définition moderne d'un chapitre qui comprend souvent un bloc plus grand. Les κεφάλαια dont nous parlons doivent plutôt être situés dans le contexte de résumés et d'extraits : toutes les formes qui expriment une pensée le plus concisément possible.

Sur le plan du contenu, le genre des κεφάλαια se rattache bien à l'idée de la littérature byzantine comme une sorte de gardien de la tradition antique. En effet, les chapitres semblent contenir sur-

---

(15) Pour plus d'informations concernant le genre des chapitres, voir K. LEVRIE, *En toen was er chaos. Het genre van de capita in Byzantium*, dans *Handelingen der Koninklijke Zuid-Nederlandse Maatschappij voor Taal- en Letterkunde en Geschiedenis* 65 (2012), p. 163-176 ; GÉHIN, *Les collections de kephalaia monastiques* ; E. DE RIDDER – K. LEVRIE, *Capita Literature in Byzantium*, dans R. CEULEMANS – P. DE LEEMANS (éd.), *On Good Authority. Tradition, Compilation and the Construction of Authority in Literature from Antiquity to the Renaissance* (*LECTIO Studies on the Transmission of Texts and Ideas* 3), Turnhout, 2015.

(16) Le genre des chapitres était encore en usage au 14e siècle, ce dont témoigne la *Methodus et regula* de Calliste et Ignace Xanthopouloi (cf. A. RIGO, *Une summa ou un florilège commenté pour la vie spirituelle ? L'œuvre* Μέθοδος καὶ κανών *de Calliste et Ignace Xanthopouloi*, dans P. VAN DEUN – C. MACÉ [éd.], *Encyclopedic Trends in Byzantium? Proceedings of the International Conference held in Leuven, 6-8 May 2009* [*OLA* 212], Leuven, 2011, p. 387-437).

INTRODUCTION

tout de la sagesse traditionnelle sous forme de citations des Pères de l'Église et d'explications allégoriques de passages bibliques, combinées avec de propres idées [17]. À part de ces collections ascétiques souvent volumineuses (comme p. ex. les *Div. Cap.* [500 chapitres] et les *Car.* [400 chapitres]), l'on peut également rencontrer des collections de nature polémique et dogmatique, qui sont en général plus courtes (p. ex. l'*Op. 25* [*CPG* 7697. 25] ou l'*Add. 19* [*CPG* 7707. 19], comptant tous les deux dix chapitres).

À cause du caractère court et aphoristique des κεφάλαια, le lecteur est incité à relire et à mémoriser chaque chapitre plusieurs fois de sorte qu'on puisse y méditer et réfléchir le reste de la journée. Dans ce sens, le genre des chapitres se situe dans le domaine de la mémoire et du souvenir. Chaque jour on pouvait lire et mémoriser quelques chapitres pour être initié aux aspects les plus importants de la foi chrétienne.

Bien qu'un κεφάλαιον forme une unité autonome (étant indépendant des chapitres qui le précèdent et de ceux qui le suivent), il nous est transmis à l'intérieur d'une collection de chapitres. À première vue, l'on dirait que ces collections ont été assemblées d'une manière purement arbitraire. Cependant, un examen soucieux et détaillé des collections de chapitres peut souvent révéler certains motifs récurrents [18]. De surcroît, il s'avère que beaucoup de collections comprennent cent chapitres (ou un multiple de cent). Elles sont appelées centuries ou ἑκατοντάδες [19]. Cela n'est pas une coïncidence, puisque le nombre cent symbolise la perfection et la complétude [20].

Dans le présent volume, nous offrons la première édition critique de deux collections de chapitres attribuées à Maxime le Confesseur.

---

(17) A. P. Kazhdan, *Chapters*, dans *ODB*, I, p. 410.

(18) Sur les groupements de collections de chapitres, voir également Géhin, *Les collections de kephalaia monastiques*, p. 12-15 et p. 41-44 ; E. De Ridder, *Structuring Patterns in the* Anthologium gnomicum *by Elias Ecdicus*, dans *Medioevo Greco* 13 (2013), p. 57-72 ; Levrie, *À la recherche d'un ordre perdu*.

(19) I. Hausherr, *Centuries*, dans M. Viller (éd.), *Dictionnaire de spiritualité*, II, Paris, 1953, col. 416-418.

(20) Cf. Meyer – Suntrup, *Lexikon*, col. 784.

INTRODUCTION   33*

3. Le *De duabus Christi naturis*

1. *Contexte de l'œuvre*

Le *De duabus Christi naturis* (*CPG* 7697. 13) fait partie de la série des *Opuscula theologica et polemica* (*CPG* 7697) de Maxime le Confesseur consistant en vingt-sept opuscules. Ces œuvres ont toutes été consacrées à des thèmes théologiques, ce qui explique l'adjectif *theologica* dans le titre attribué à ces œuvres dans la *Clavis Patrum Graecorum*. L'étiquette *polemica*, par contre, réfère au caractère dogmatique et apologétique des textes qui s'élèvent contre les hérésies monophysites, monoénergistes et monothélites [21]. D'après Larchet [22], ils ont tous été écrits dans la période 626-649. Comme c'est le cas pour toute la chronologie des œuvres de Maxime le Confesseur, il faut être prudent quant à cette datation qui est loin d'être certaine. En outre, il importe de signaler que ces opuscules n'ont pas été conçus comme une série par Maxime.

L'opuscule sur la double nature du Christ est une collection de dix chapitres de nature anti-monophysite dans lequel Maxime oppose la foi véridique de l'Église concernant la Monade et la Trinité aux hérésies d'Arios, Sabellios, Eutychès et Nestorios [23]. Pour lui, il est clair que les hérésies commettent les mêmes erreurs dogmatiques dans leurs doctrines christologiques que l'ont fait d'autres hérétiques quant à la théologie trinitaire. Ainsi, le Nestorianisme met trop l'accent sur la διαφορά entre la nature humaine et la nature divine du Christ de sorte qu'il semble qu'il s'agisse en fait de deux personnes distinctes. Cette vision correspond à l'erreur commise par l'Arianisme au niveau de la théologie. En effet,

---

(21) Cf. LARCHET – PONSOYE, *Opuscules théologiques et polémiques*, p. 16-17 ; LARCHET, *Saint Maxime le Confesseur*, p. 70. Pour plus d'informations concernant ces hérésies, voir entre autres K.-H. UTHEMANN, *Der Neuchalkedonismus als Vorbereitung des Monotheletismus: ein Beitrag zum eigentlichen Anliegen des Neuchalkedonismus*, dans *Studia Patristica* 29 (1997), p. 373-413 et W. BRANDES, *Orthodoxy and Heresy in the Seventh Century: Prosopographical Observations on Monotheletism,* dans A. CAMERON (éd.), *Fifty Years of Prosopography. The Later Roman Empire, Byzantium and Beyond* (*Proceedings of the British Academy* 118), Oxford, 2003, p. 103-118.

(22) Cf. LARCHET – PONSOYE, *Opuscules théologiques et polémiques*, p. 17 ; LARCHET, *Saint Maxime le Confesseur*, p. 70.

(23) Pour plus d'informations concernant ces hérésies, voir e.a. GRILLMEIER, *Le Christ dans la tradition chrétienne.*

34*INTRODUCTION

Arios n'accepte pas la Trinité, ni la consubstantialité. Le Fils et le Saint-Esprit sont donc subordonnés à Dieu. L'Eutychianisme, par contre, insiste trop sur l'ἕνωσις du Christ, minimisant ainsi Sa nature humaine. Maxime compare cette hérésie avec le Sabellianisme qui considère Dieu comme étant une monade qui se manifeste en trois πρόσωπα : le Père, le Fils et le Saint-Esprit.

Le texte est probablement adressé aux disciples de Sévère d'Antioche (²⁴) (465-538). Ce dernier a occupé une fonction centrale dans la querelle anti-chalcédonienne, un débat essentiellement christologique. La discussion sur les deux natures du Christ était principalement une question de terminologie (²⁵). Les Sévériens, des monophysites, s'opposaient au concile de Chalcédoine (451). Ils confessaient l'unique nature de Dieu (« nature » ayant le même sens que « ousie ») et la différence hypostatique de Dieu (trois hypostases de nature identique). En général, les Sévériens croient que le Christ a une seule nature, qui est composée des ousies divine et humaine. Cependant, ces ousies ne peuvent pas être dénombrées, parce qu'elles ne sont pas distinctes. Sinon, on risque de diviser l'unique nature du Christ ce qui est impossible puisque sa nature humaine n'existe pas sans le Verbe. L'incarnation est essentiellement caractérisée, selon les Sévériens, par l'ἕνωσις, l'union (²⁶). Les Sévériens rejettent la distinction entre personne, hypostase et nature faite lors du concile de Chalcédoine ; la christologie monophysite implique une synonymie parfaite entre φύσις, ὑπόστασις et πρόσωπον (²⁷). En bref, le grand problème des Sévériens vis-à-vis du concile de Chalcédoine se situait donc dans l'utilisation du même vocabulaire aussi bien pour la théologie que pour la christologie. Ils refusent le rapport entre la théologie trinitaire et la christologie qui est suggéré par les formules « une ousie et trois hypostases » et « une hypostase et deux ousies » (²⁸). Cette objection de la part des Sévériens a ouvert un débat auquel

---

(24) Voir Grillmeier, *Le Christ dans la tradition chrétienne* et Larchet – Ponsoye, *Opuscules théologiques et polémiques*, p. 9-10 pour une discussion de la vision de Sévère.

(25) Cf. Piret, *Le Christ et la Trinité*, p. 106 ; D. Bathrellos, *The Byzantine Christ : Person, Nature, and Will in the Christology of Saint Maximus the Confessor*, Oxford, 2004, p. 30-32.

(26) Cf. Lebon, *La christologie*, p. 467.

(27) *Ibid.*, p. 463.

(28) Cf. Piret, *Le Christ et la Trinité*, p. 106.

INTRODUCTION 35*

participaient entre autres Léonce de Byzance (6ᵉ siècle), dont nous parlons encore plus tard, et Maxime le Confesseur. En effet, le débat n'était pas encore clos au 7ᵉ siècle. L'écrit de Maxime s'inscrit clairement dans ce débat ardent.

2. *Authenticité et datation du texte*

L'authenticité du *De duabus Christi naturis* n'a jamais été remise en doute. Le contenu de l'opuscule se rattache bien aux idées maximiennes et le texte peut être associé à un moment précis dans la vie du Confesseur (voir *infra*). Cependant, la collation des témoins du *De duabus Christi naturis* a quand même semé un peu de doute. C'est que trois manuscrits (du 10ᵉ, 11ᵉ et 18ᵉ siècle) attribuent ce texte à un autre auteur, à savoir Léonce de Byzance. Cette attribution est loin d'être invraisemblable puisque Léonce s'est également entremis dans le débat anti-monophysite. Pensons par exemple à ses trois livres *Adversus Nestorianos et Eutychianos* (*CPG* 6813). Malgré tout, nous sommes encline à ne pas remettre en question l'authenticité du texte. C'est que le style et le contenu nous donnent l'impression qu'il s'agit d'un texte maximien. De surcroît, cette attribution n'est attestée que dans les manuscrits d'une seule famille. Piret, dans son commentaire de l'opuscule, attire l'attention sur quelques formules qui ont l'air d'être léontiennes, mais qui ne le sont en fait pas ([29]). De plus, nous savons que le Confesseur optait souvent pour la collection de dix chapitres ([30]), ce dont témoignent l'*Op. 25* (*CPG* 7697. 25), l'*Add. 19* (*CPG* 7707. 19) et les *Cap. X* (*CPG* 7694a) ([31]).

Comme cette profession de foi ne contient pas encore de traces de la controverse monoénergiste et monothélite, elle doit probablement être située au début de la carrière monastique de Maxime le Confesseur. Sherwood ([32]) suggère que le *De duabus Christi naturis* ait été écrit lors de la rencontre de Maxime avec les évêques sé-

---

(29) Voir par exemple Piret, *Le Christ et la Trinité*, p. 124-125, 127, 129-130.

(30) Nous savons que la symbolique des nombres a joué un rôle dans l'œuvre de Maxime, voir e.a. P. Van Deun, *La symbolique des nombres dans l'œuvre de Maxime le Confesseur (580-662)*, dans *Bsl* 53 (1992), p. 237-242 (p. 240 pour le nombre 10). Voir également *infra*.

(31) Cf. Sherwood, *An Annotated Date-List*, p. 35.

(32) *Ibid.*, p. 27.

36* INTRODUCTION

vériens en Crète et qu'il doit alors être daté de 626-627. Piret ([33]), par contre, met cette datation en doute à cause de quelques réminiscences avec l'*Ambiguum 1* des *Amb. Thom.* (*CPG* 7705. 1), l'*Ep. 13* et l'*Ep. 15* (*CPG* 7699), respectivement datés par Sherwood de 634, 633-634 et 634-640 ([34]). Piret est plutôt enclin à situer cet opuscule en 634.

Nous sommes d'avis que Sherwood propose la datation la plus plausible. L'opuscule sur la double nature du Christ semble être le résumé de la position et des arguments invoqués lors de la discussion de Maxime avec les disciples de Sévère en Crète. Cette polémique a déjà été relatée par Maxime dans son *Op. 3* ([35]). Il est tout à fait plausible que le *De duabus Christi naturis* ait été écrit lors de ce même rencontre, puisque l'auteur s'y adresse plusieurs fois à des adversaires (sévériens, d'après nous) : ἐκφωνεῖτε (ϛ΄, 4 et 6), λέγεις (ζ΄, 3) et λέγε (ζ΄, 5).

Cependant, il faut être prudent puisque la datation des œuvres maximiennes reste problématique, malgré les nombreuses tentatives de datation ([36]). Nous n'allons donc pas nous prononcer sur la date du *De duabus Christi naturis*.

3. *La structure du texte*

Le *De duabus Christi naturis* appartient au genre des chapitres ([37]). Ce traité polémique ne comprend que dix chapitres. Cependant, ce nombre de chapitres ne semble pas être accidentel. En effet, le nombre dix symbolise la personne du Christ ([38]), le sujet de ce traité dogmatique. Il est difficile d'imputer cette correspondance au hasard.

Nous nous trouvons ici en présence d'une collection de chapitres un peu atypique. En effet, dans notre discussion de la littérature des chapitres nous avons mis l'accent sur le fait que, à première vue, il ne semble exister aucun lien entre les différents

---

(33) Piret, *Le Christ et la Trinité*, p. 107, n. 4.

(34) Il faut être prudent en ce qui concerne cette datation de Piret qui est loin d'être certaine.

(35) *PG* 91, 49 C5-7 ; cf. Mueller-Jourdan – Van Deun, *Maxime le Confesseur*.

(36) Une nouvelle tentative de datation peut être trouvée dans Jankowiak – Booth, *A New Date-List*.

(37) Voir *supra*.

(38) Cf. Meyer – Suntrup, *Lexikon*, col. 598. En effet, le chiffre grec pour dix est la lettre *iota*, la première lettre de Ἰησοῦς Χριστός.

INTRODUCTION 37*

chapitres d'une collection. Ceci n'est pourtant pas le cas pour le *De duabus Christi naturis* qui ressemble un peu à un texte suivi. Cette impression est renforcée par la présence de connecteurs comme γάρ (γ′, 1) et δέ (ι′, 1).

Contrairement à ce que suggère le titre, le *De duabus Christus naturis* ne traite pas seulement de questions christologiques, mais également de questions trinitaires. Dans son opuscule, Maxime confronte les positions hérétiques concernant la Trinité et le Christ. Il démontre l'absurdité des hérésies en signalant leur caractère antithétique. Tandis que Sabellios confesse la Monade, Arios dit la Triade ; Eutychès proclame l'union pendant que Nestorios dit la différence. Dans ce petit traité dogmatique, l'accent est mis sur le dogme de l'Église qui ne nie rien, mais qui affirme que Dieu est en même temps Triade et Monade et le Christ aussi bien union que différence. Le texte avance toujours de la même manière : des propositions trinitaires sont contrastées avec des assertions christologiques. Il a donc été construit d'une manière binaire. Cette binarité s'exprime surtout par les formules ὥσπερ ... οὕτως (β′, 11/13 *et passim*). Piret ([39]) mentionne dans son commentaire de l'opuscule 13 que « cet ordre de présentation correspond au développement historique du dogme de l'Église ».

Nous n'approfondissons pas l'évolution de cette question christologique. Pour un exemple d'un commentaire détaillé du *De duabus Christi naturis*, nous référons à l'étude de Piret ([40]). Dans ce qui suit, nous nous limitons à un aperçu global de la structure du texte.

Chapitre 1

Le premier chapitre est constitué de deux parties dont la première est consacrée à la triadologie et la deuxième à la christologie. Maxime y énumère les positions d'Arios, de Sabellios et de l'Église quant à la Sainte Trinité et celles de Nestorios, d'Eutychès et de l'Église concernant Jésus Christ.

Raisonnement trinitaire (Monade – Triade)	Arios – Sabellios – l'Église
Raisonnement christologique (union – différence)	Nestorios – Eutychès – l'Église

---

(39) PIRET, *Le Christ et la Trinité*, p. 110.
(40) *Ibid.*, p. 105-155.

38* INTRODUCTION

Maxime est clairement tributaire au concile de Chalcédoine, qui a cité quatre adverbes en ce qui concerne les deux natures du Christ : ἀσυγχύτως (sans confusion), ἀτρέπτως (sans changement), ἀδιαιρέτως (sans division) et ἀχωρίστως (sans séparation). Maxime fait allusion à deux de ces adverbes (α', 12/13) dans son opuscule 13, à savoir ceux liés à la non-confusion et l'indivisibilité. En effet, Nestorios a proclamé la division des natures, et Eutychès la confusion des natures tandis qu'en fait, les deux natures du Christ sont unies selon l'hypostase.

Chapitre 2

Le deuxième chapitre poursuit le raisonnement du premier chapitre. Maxime y complète la terminologie du concile de Chalcédoine avec les termes « identité » (ταυτότης) et « altérité » (ἑτερότης).

1	l'union suprême : identité et altérité ?	
2	Sainte Trinité	identité de l'ousie – altérité des personnes
	l'homme	identité de la personne – altérité des ousies (âme et corps)
	l'Un de la Trinité	identité de la personne – altérité des ousies (divine et humaine)
3	Sainte Trinité	union et différence
	l'Un de la Trinité	union et différence

Piret ([41]) remarque que cet opuscule doit être compris à la lumière du concile de Nicée (325) pour ce qui est de la théologie trinitaire et à la lumière du concile de Chalcédoine et le deuxième concile de Constantinople (553) pour ce qui est de la christologie.

Chapitre 3

Les mots-clés de ce texte sont l'union et la différence qui jouent un rôle aussi bien sur le plan de la théologie trinitaire que sur le

---

(41) Piret, *Le Christ et la Trinité*, p. 122.

INTRODUCTION   39*

plan de la christologie. Dans le troisième chapitre, Maxime examine le rapport entre l'union et la différence en ce qui concerne la Triade et le Christ. En effet, il s'agit d'un rapport qui s'inverse selon la réalité concernée.

Sainte Trinité	trois hypostases (différence) une ousie (union)
L'Un de la Trinité	une hypostase composée (union) deux natures (différence)

Dans les paragraphes suivants, Maxime reprend les positions hérétiques mentionnées au premier chapitre, mais cette fois-ci, il se penche sur l'union et la différence.

Chapitre 4

Ainsi, le quatrième chapitre parle d'Arios et de Nestorios, dont les opinions se ressemblent parce qu'ils nient tous les deux l'union.

Arios	nie l'union naturelle de la Sainte Trinité
Nestorios	nie l'union hypostatique du Christ

Chapitre 5

La réflexion du chapitre 5 est identique à celle du quatrième chapitre, sauf qu'il s'agit maintenant de la différence et des hérétiques Sabellios et Eutychès.

Sabellios	nie la différence hypostatique de la Sainte Trinité
Eutychès	nie la différence naturelle du Christ

Chapitre 6

Tandis que les chapitres 1 à 5 nous présentent un aperçu des doctrines des hérésies contrastant avec les dogmes de l'Église, il est clair que les chapitres 6 à 10 s'inscrivent dans un autre dessein, la caractéristique la plus saillante étant le déplacement de l'accent d'un niveau abstrait à une dimension plus concrète par l'emploi de pronoms personnels. C'est dans cette deuxième partie que Maxime met le doigt sur l'inconsistance des raisonnements hérétiques. De plus, la dualité interne des chapitres est maintenant reprise d'une manière plus globale dans le sens que chaque chapitre de la deuxième partie reprend le thème d'un paragraphe de la première partie. Le raisonnement sur la Monade et la Triade du pre-

40* INTRODUCTION

mier chapitre revient ici dans le chapitre 6. Maxime s'y adresse à Sévère et à ses disciples et il leur explique qu'il n'est pas logique de proclamer les trois hypostases trinitaires sans proclamer les deux natures du Christ. Il met l'accent sur le caractère extraordinaire du Christ qui est en même temps différence et union, identité et altérité. Les deux natures, dit-il, sont dans l'hypostase, ainsi que l'hypostase est dans les natures.

Chapitre 7

Le chapitre 7 reprend la question sur l'identité et l'altérité, posée dans le deuxième chapitre, utilisant le vocabulaire des adversaires de Sévère comme par exemple celui de Léonce de Byzance.

Il existe un désaccord dans la tradition manuscrite en ce qui concerne un terme de ce septième chapitre. La majorité des manuscrits parlent de la non-idiohypostasie tandis que certains témoins omettent la négation ([42]). François Combefis ([43]), l'éditeur du *De duabus Christi naturis* dans la *Patrologia graeca*, a lui-même remarqué que la négation doit être ajoutée, sinon la proposition ne serait pas maximienne. En effet, l'absence de la négation impliquerait que le Verbe et la chair soient considérés comme ayant chacun une propre hypostase, ce qui n'est pourtant pas le cas. Sinon, nous parlerions d'une tétrade (Père, Esprit, Logos, Chair) au lieu d'une Triade.

Chapitre 8

Utilisant le vocabulaire du concile de Chalcédoine, ce chapitre est un écho du chapitre 3, qui se servait des termes union et différence, eux aussi provenant du concile de Chalcédoine. En effet, nous voyons ici de nouveau réapparaître deux des quatre adverbes mentionnés ci-dessus, à savoir ἀσυγχύτως (sans confusion) et ἀδιαιρέτως (sans division).

Chapitres 9 et 10

C'est dans le chapitre 9 que Maxime exprime la vraie foi orthodoxe (τὴν βασιλικὴν καὶ ἀμώμητον πίστιν), affirmant l'union

---

(42) Voir notre édition (*infra*).
(43) Cf. Combefis, *S. Maximi Confessoris*, p. 702, n. 56 (note reprise dans la *PG* 91, 147-148, n. [f]).

INTRODUCTION 41*

et la différence. Le chapitre 10 enfin nous avertit que ceux qui n'admettent pas cette double affirmation risquent d'être anathématisés. Le renvoi à Cyrille rappelle la nécessité de l'union selon l'hypostase (à l'encontre d'Eutychès), tandis que la référence au concile œcuménique rappelle celle de la différence naturelle (à l'encontre de Nestorios). Ce sont les deux ensemble qui doivent être proclamés.

Les deux derniers chapitres sont en fait les plus importants. Vu que le titre indique que l'opuscule traite des deux natures du Christ, les deux derniers chapitres ne mentionnent que l'Un de la Sainte Trinité. Alors, Piret [44] conclut dans son commentaire suivi que les deux natures du Christ sont « le point litigieux » du débat.

4. Les *Capita gnostica*

1. *Le rapport entre les* Capita gnostica *et les* Capita XV, *les* Diversa capita *et le* De divina inhumanatione

Les *Capita gnostica* font partie de ce que Roosen a appelé l'*Appendix Maximiana*, « texts which are attributed to Maximus Confessor in at least part of their manuscript tradition, but of which Maximus' authorship should at least be examined. » [45] Roosen a lui-même préparé l'édition critique d'un éventail de ces textes (pseudo-)maximiens édités auparavant par le savant russe S. L. Epifanovič en 1917. En effet, l'édition d'Epifanovič n'est pas critique et ne vise donc pas un usage philologique, comme Epifanovič le dit lui-même dans son introduction [46]. Ces opuscules, de longueur variable, ont été rassemblés sous le numéro 7707 dans la *Clavis Patrum Graecorum*. Signalons toutefois qu'ils n'ont pas été conçus comme un tout par leur auteur, contrairement à ce que leur numéro commun dans la *CPG* semble suggérer. Ils ont, par contre, été rassemblés par Epifanovič de tous côtés. Des 37 textes édités par Epifanovič, les *Capita gnostica* (*CPG* 7707. 11) sont la seule œuvre d'une certaine ampleur. Cette centurie a semé beaucoup de doute quant à son authenticité.

---

(44) Piret, *Le Christ et la Trinité*, p. 150.
(45) Roosen, *Epifanovitch Revisited*, I, p. 2.
(46) Epifanovič, *Materialy*, p. V.

42* INTRODUCTION

a. Les Capita XV (CPG 7695) et les Diversa capita (CPG 7715)

Les *Capita gnostica* nous présentent un cas intéressant de 'doublets'. Le lecteur de cette centurie s'étonnera sans doute quand, après la lecture de sept chapitres introductifs de nature hautement théologique et philosophique, il tombe sur dix chapitres qu'il connaît déjà. En effet, les chapitres η′ à ιζ′ correspondent mot à mot aux chapitres 6 à 15 des *Cap. XV* de Maxime (*CPG* 7695). Ce petit opuscule doit être rangé parmi les œuvres authentiques du Confesseur ([47]). Les *Cap. XV* s'inscrivent au niveau du style dans la continuation des *Th. Oec.* (*CPG* 7694). L'œuvre traite de Dieu et plus particulièrement de questions trinitaires et christologiques. Étant donné que les *Cap. XV* ne contiennent aucun indice interne quant à la datation de l'œuvre et à cause de leur contenu semblable, Sherwood ([48]) est d'avis que ces chapitres doivent également être datés de 630-634, la date supposée de composition des *Th. Oec.* Rappelons encore une fois que la datation des œuvres maximiennes est loin d'être certaine donc cette datation de Sherwood doit être traitée avec précaution.

Pour rendre les choses encore plus compliquées, cette collection de 15 chapitres se trouve aussi au début de la première centurie des *Div. Cap.* (*CPG* 7715), cinq centuries qui ont été attribuées à Maxime, mais dont l'inauthenticité a déjà été établie depuis les recherches de Soppa et de Disdier ([49]). Il s'agit d'une compilation postérieure faite à partir de différentes œuvres authentiques du Confesseur. Laga et Steel ([50]) ont établi que le *terminus post quem* de la création des *Div. Cap.* est le 6 juillet 1105 puisque ces chapitres ont été compilés à la base de la version corrigée du *Mosquensis, Bibliotheca Synodalis 151 (Vladimir 200)*. Ces informations ont été complétées par Van Deun ([51]) qui, se basant sur

---

(47) C. De Vocht, *Un nouvel opuscule de Maxime le Confesseur, sources des chapitres non encore identifiés des cinq centuries théologiques* (CPG 7715), dans *Byz* 57 (1987), p. 415-420.

(48) Sherwood, *An Annotated Date-List*, p. 35-36. Jankowiak – Booth (*A New Date-List*, p. 31) ne se prononcent pas sur la date.

(49) W. Soppa, *Die Diversa Capita unter den Schriften des heiligen Maximus Confessor in deutscher Bearbeitung und quellenkritischer Beleuchtung*, Dresden, 1922 ; Disdier, *Une œuvre douteuse*.

(50) Laga – Steel, *Q. Thal.*, I, p. LXXXI.

(51) Van Deun, *Les Diversa capita du Pseudo-Maxime*.

INTRODUCTION 43*

la présence d'une citation provenant des *Div. Cap.* dans la chaîne sur l'Évangile de Matthieu de Nicétas d'Héraclée (11ᵉ-12ᵉ siècles), a établi le *terminus ante quem* des cinq centuries, plus exactement le 11 juin 1116.

Reste à savoir quel est le rapport entre ces trois œuvres. Quelle est en fait l'origine de l'emprunt des chapitres 8 à 17 des *Capita gnostica*? Trouver une réponse satisfaisante à cette question n'est pas du tout facile. Il est évident que les *Div. Cap.* ne peuvent pas avoir été la source de l'emprunt, puisque ces cinq centuries sont ultérieures à 1105 et le plus ancien témoin des *Capita gnostica* date des 10ᵉ-11ᵉ siècles ([52]). Les *Div. Cap.* peuvent donc être éliminés comme source des *Capita gnostica*.

Quelle est donc la relation entre les *Capita gnostica* et les *Cap. XV*? Partant de la constatation que les *Capita gnostica* semblent être une compilation postérieure (avant tout à cause de leur nature hétérogène ([53])), il est raisonnable de considérer les *Cap. XV* comme étant la source des chapitres 8 à 17 des *Capita gnostica*, qui se range alors parmi les œuvres inauthentiques du Confesseur. À notre avis, le compilateur des *Capita gnostica* s'est donc inspiré des *Cap. XV* (authentiquement maximiens) dont il a copié – sans scrupules – les chapitres 6 à 15.

b. Le De divina inhumanatione (CPG 7707. 9)

Signalons encore que le chapitre 16 des *Capita gnostica* correspond vaguement à un autre texte attribué à Maxime le Confesseur, édité par Epifanovič ([54]) et plus tard par Roosen ([55]), le *De divina inhumanatione* ou l'*Add. 9* (CPG 7707. 9). Roosen ([56]) a toutefois établi qu'il ne s'agit pas d'un texte authentique, mais d'un remaniement d'Euthyme Zygadène d'un chapitre maximien probablement pris aux *Cap. XV* ([57]).

---

(52) Voir *infra*.

(53) Pour un examen plus détaillé de la nature des *Capita gnostica*, voir notre article sur la structure du texte (LEVRIE, *À la recherche d'un ordre perdu*). La combinaison de quelques chapitres théologiques et philosophiques avec une majorité de *capita* allégoriques et exégétiques donne l'impression qu'il s'agit d'une compilation.

(54) EPIFANOVIČ, *Materialy*, p. 28-29.

(55) ROOSEN, *Epifanovitch Revisited*, III, p. 627 et IV, p. 909-910.

(56) *Ibid.*, III, p. 621-623.

(57) Il s'agit du chapitre 14. Voir *infra*.

44*

INTRODUCTION

2. *Authenticité et datation des* Capita gnostica

a. *Authenticité*

Malgré la grande quantité de littérature scientifique consacrée aux œuvres du Confesseur, cette centurie gnostique n'a reçu que peu d'attention, probablement à cause du tirage restreint de l'édition d'Epifanovič (58). Epifanovič (59) est d'avis qu'il s'agit d'une compilation d'œuvres authentiques – mais désormais perdues – de Maxime, comme c'est le cas pour les *Div. Cap.* (*CPG* 7715). En 1939, Hausherr mentionne les *Capita gnostica* dans son article sur les fragments évagriens à l'intérieur de l'*Add. 12* (*CPG* 7707. 12). Il en dit : « Epifanovič donne une Centurie de *Capita Gnostica* où il n'y a rien d'Évagre, et qui risque de n'être pas non plus de Maxime » (60). Hausherr ne précise pas ce jugement d'inauthenticité ; celui-ci semble seulement être fondé sur l'absence de reprises évagriennes. Von Balthasar, par contre, est convaincu de l'authenticité des *Capita gnostica* : « Hingegen ist die neuerdings von Epiphanowitsch nach einer Moskauer Handschrift herausgegebene Centurie zweifellos echt » (61). D'après lui, la structure ingénieuse des *Capita gnostica* exclut la possibilité qu'il s'agisse d'une compilation ultérieure : « Aber gegen diese Anschauung [i.e. l'hypothèse d'Epifanovič qu'il s'agisse d'une compilation] muß dasselbe Argument geltend gemacht werden, das wir [...] für die Echtheit der „200 Gnostischen Kapitel" anführen [...] : die völlig geschlossene, kunstvoll ineinander verzahnte Komposition der Kapitel, die sich nur aus einer ursprünglichen originalen Verfassung, niemals aber aus einer nachträglichen Kompilation herausgerissener Stücke erklären läßt » (62). Selon von Balthasar, les *Capita gnostica* seraient une œuvre de jeunesse du Confesseur : « Wir möchten daher in dieser Arbeit am ehesten ein Jugendwerk des Bekenners vermuten, das sich vom Bann des Evagrius noch nicht zu lösen vermochte und vielleicht noch vor der Kenntnisnahme der Areopagitica ent-

---

(58) Voir *infra*.

(59) Epifanovič, *Materialy*, p. VII.

(60) I. Hausherr, *Nouveaux fragments grecs d'Évagre le Pontique*, dans *OCP* V (1939), p. 229.

(61) von Balthasar, *Die gnostischen Centurien*, p. 2.

(62) *Ibid.*

INTRODUCTION 45*

standen ist » ([63]). Dans son étude sur les datations des œuvres de Maxime, Sherwood ([64]) ne se prononce pas sur l'authenticité de l'œuvre. Il mentionne seulement qu'il s'agit d'un texte d'authenticité douteuse et il renvoie pour cela aux jugements de Hausherr et von Balthasar. Il semble que l'auteur suit plutôt l'opinion d'Epifanovič qui le considère comme une compilation. Beck ([65]), à son tour, mentionne les *Capita gnostica* comme étant la centurie maximienne dont l'authenticité est le plus mise en doute : « In ihrer Echtheit umstritten ist vor allem die 'Moskauer Gnostische Zenturie', die ihr Herausgeber für keine originale Arbeit des Maximos hält, worin ihm auch I. Hausherr beipflichtet, während sie H. Urs von Balthasar für eine Jugendwerk des Maximos ansieht. » Plus tard, en 1971-1972, Gouillard ([66]) se prononce fortement contre l'authenticité des *Capita gnostica*. Il s'appuie pour ceci sur trois arguments majeurs : (1) le fait que d'après lui la centurie n'a été transmise que par un seul témoin, le *Mosquensis, Bibliotheca Synodalis 439 (Vladimir 425)* ; (2) la constatation que, dans ce manuscrit-là, elle a été insérée artificiellement à l'intérieur des cinq centuries des *Div. Cap.* ; (3) la reprise littérale des chapitres 6 à 15 de ces mêmes *Div. Cap.* comme chapitres 8 à 17 des *Capita gnostica*, ce qui « dénote une volonté de masquer un plagiat » ([67]). Notre étude des *Capita gnostica* nous permet d'écarter le premier argument, puisque le texte a été transmis par cinq témoins, et non par un seul, comme Gouillard prétend. Cependant, on pourrait objecter qu'il reste étrange que l'œuvre n'ait connu qu'une transmission restreinte ; ceci par opposition aux autres œuvres de Maxime qui ont toutes connu une transmission assez abondante. Cette constatation ne doit toutefois pas surprendre parce que cette tradition manuscrite restreinte semble être une caractéristique de plusieurs collections de chapitres byzantines tardives ([68]). Nous pouvons

---

(63) VON BALTHASAR, *Die gnostischen Centurien*, p. 3.

(64) SHERWOOD, *An Annotated Date-List*, p. 24.

(65) BECK, *Kirche und theologische Literatur*, p. 439.

(66) GOUILLARD, *Christianisme byzantin et slave*, p. 313-314.

(67) *Ibid.*, p. 313.

(68) Voir par exemple A. RIGO, *Il monaco, la chiesa e la liturgia. I capitoli sulle gerarchie di Gregorio il Sinaita* (*La mistica cristiana tra Oriente e Occidente* 4), Firenze, 2005, p. XXI-XXXIII ; P. VAN DEUN, *Exploration du genre byzantin des kephalaia. La collection attribuée à Théognoste,* dans A. RIGO – P. ERMILOV – M. TRIZIO (éd.), *Theologica minora. The Minor Genres of By-*

également nuancer le troisième argument de Gouillard, puisque nous avons démontré plus haut que ces chapitres 8 à 17 ne sont certainement pas pris aux *Div. Cap.* ([69]) Enfin, Gatti et Mahieu font également mention des *Capita gnostica*, mais ils reprennent les jugements des autres savants sans se prononcer eux-mêmes sur la question de l'authenticité. Gatti ([70]) a rangé les *Capita gnostica* sous les « scritti di Massimo oggi considerate inautentiche o dubbie ». Mahieu ([71]) renvoie à la qualification de Hausherr.

Durant nos recherches, la question de l'authenticité de l'œuvre s'est posée plusieurs fois. Tout d'abord, la correspondance nette de quelques chapitres des *Capita gnostica* (8 à 17) avec les *Cap. XV* (*CPG* 7695 ; chapitres 6 à 15) sème le doute. Comment faut-il expliquer cette reprise littérale de chapitres maximiens à l'intérieur des *Capita gnostica* ? En même temps, il faut admettre que les *Capita gnostica* se lisent comme une vraie œuvre maximienne à cause du langage soutenu et les raisonnements compliqués. Ils donnent donc l'impression d'être authentiques, ce qu'ils ne sont probablement pas.

La question se pose si c'est Maxime qui s'est servi de 'doublets' ou s'il faut se douter de l'authenticité des *Capita gnostica*. Avant de répondre à cette question, il est important de se rendre bien compte du fait que Maxime ne prétend pas aspirer à l'originalité. Il dit plus d'une fois qu'il ne veut être qu'un compilateur des pensées des Pères, comme par exemple dans ses *Car.* ([72]), ou encore, dans l'*Op. 1* ([73]) (*CPG* 7697. 1). Il n'est donc pas impossible que Maxime n'ait pas non plus vu d'obstacle dans la reprise de certains de ses propres chapitres pour les employer au sein d'un autre traité ([74]). Disdier ([75]) l'a dit aussi : « Il [= Maxime] était très ca-

---

zantine Theological Literature (*Studies in Byzantine History and Civilization* 8), Turnhout, 2013, p. 58.

(69) Voir *supra*.

(70) M. L. Gatti, *Massimo il Confessore. Saggio di bibliografia generale ragionata e contributi per una ricostruzione scientifica del suo pensiero metafisico e religioso* (*Pubblicazioni del Centro di Ricerche di Metafisica. Metafisica del Platonismo nel suo sviluppo storico e nella filosofia patristica* 2), Milano, 1987, p. 89.

(71) Mahieu, *Travaux préparatoires*, p. 212.

(72) Cf. Ceresa-Gastaldo, *Capitoli*, p. 48.

(73) Cf. *PG* 91, 12 B13-C3.

(74) Il faut toutefois être prudent : il peut s'agir d'un *topos* de la part de Maxime.

(75) Disdier, *Une œuvre douteuse*, p. 161.

INTRODUCTION

47*

pable de faire d'une pierre deux coups ». En effet, un bel exemple peut être trouvé dans les *Cap. XV* [76]. Le chapitre 5 correspond mot à mot au premier chapitre de la deuxième centurie des *Th. Oec.* (*CPG* 7694; *PG* 90, 1124 D10 – 1125 C5) [77]. Et la lettre XXIV à Constantin le Sacellaire (*PG* 91, 608 B8 – 613 A4) est identique à la lettre XLIII à Jean le Cubiculaire (*PG* 91, 637 B4 – 641 C9) [78].

Cependant, on peut se poser certaines questions quant aux chapitres utilisés dans les *Capita gnostica* : pourquoi a-t-on seulement repris les chapitres 6 à 15 des *Cap. XV*, et non l'œuvre dans son entièreté ? Au niveau du contenu, ce choix de chapitres est peu logique puisque les chapitres 1 à 5 (qui n'ont pas été repris) correspondent bien avec la pensée générale (i.e. théologique et philosophique) de cette première partie des *Capita gnostica*. La suggestion d'une fraude littéraire n'est pas loin. Comme J. Gouillard [79] le dit : « le simple fait de ne pas faire commencer l'emprunt avec le chapitre I de cette centurie – ce qui eût été trop voyant – dénote une volonté de masquer un plagiat, le procédé est bien connu. »

Par ailleurs, la collection donne l'impression d'être le résultat d'un processus copier-coller à partir de différentes œuvres de Maxime le Confesseur. En effet, un lecteur ayant quelques notions de l'œuvre de Maxime reconnaîtra sans doute certains passages. C'est que les *Capita gnostica* fourmillent de réminiscences, surtout aux *Q. Thal.* (*CPG* 7688), mais également aux *Q. D.* (*CPG* 7689) et aux *Amb. Io.* et *Amb. Thom.* (*CPG* 7705. 1-2). Il s'agit non seulement d'un emprunt d'idées (la reprise d'étymologies, d'allégories, etc.), mais également de formulations qui sont reprises en tant que telles, ce qui fait soupçonner que l'auteur avait les œuvres de Maxime à portée de la main (p. ex. ιη΄, 4/9 ; ξδ΄, 5/6 ; πγ΄, 8/9 ; 9/10). Peut-être s'agit-il d'un pur exercice de quelqu'un qui a simplement voulu imiter le style et la pensée de Maxime, en se servant entre autres d'œuvres authentiques de Maxime. On

---

(76) Il n'existe pas encore d'édition publiée de ces chapitres. Ils peuvent être retrouvés dans la compilation postérieure *Div. Cap.*, mais là, le chapitre 5 a été abrégé. Nous nous appuyons donc sur l'édition critique non publiée de De Vocht, *Kritische editie*, p. [591-607].

(77) Soulignons que les *Cap. XV* et les *Th. Oec.* sont sans doute authentiques.

(78) Disdier, *Une œuvre douteuse*, p. 161.

(79) Gouillard, *Christianisme byzantin et slave*, p. 313.

48* INTRODUCTION

peut s'imaginer que le compilateur se soit basé sur une œuvre authentique du Confesseur, c'est-à-dire les *Cap. XV,* qu'il a utilisée de noyau pour sa compilation. Ensuite, la collection entière a été attribuée à Maxime, peut-être à cause d'une erreur ou intentionnellement. En tout cas, l'ensemble fait preuve d'une influence maximienne, qu'il soit authentique ou non, mais le caractère hybride du traité (chapitres théologiques et philosophiques versus une majorité de chapitres exégétiques, voir *infra*) éveille le soupçon que nous nous trouvons ici en présence d'une compilation postérieure ([80]). Nous sommes donc encline à ranger cette centurie parmi les œuvres inauthentiques du Confesseur. Nous ne disposons toutefois d'aucun indice quant à l'auteur de la compilation.

b. Datation

Cette conclusion nous mène à la question de la datation des *Capita gnostica*. Il n'est pas du tout facile de faire des jugements quant à la date de création parce que le texte ne contient aucun indice interne qui nous permet de le dater avec précision. Cependant, nous disposons d'un *terminus ante quem* pour la création des *Capita gnostica*, à savoir les 10e-11e siècles, la date de création du témoin le plus ancien des *Capita gnostica*, le manuscrit de Florence. Une datation plus précise ne semble toutefois pas être possible.

3. *Structure et composition du texte*

Pour une analyse de la structure et de la composition des *Capita gnostica*, nous référons à notre article paru dans *Byzantion* ([81]).

---

(80) On peut se demander s'il s'agit d'une compilation faite à partir d'œuvres authentiques du Confesseur désormais perdues, comme est l'avis d'EPIFANOVIČ (*Materialy*, p. VII).

(81) LEVRIE, *À la recherche d'un ordre perdu.*

INTRODUCTION 49*

2. LE *DE DVABVS CHRISTI NATVRIS*
(*CPG* 7697. 13)

1. Traditio textus

Le *De duabus Christi naturis* a connu une riche tradition textuelle. Le texte a été transmis dans 88 manuscrits, dont 11 témoins font partie de la tradition indirecte du texte ([1]). Deux des 88 manuscrits ([2]) ont été détruits lors d'une incendie. En plus, les manuscrits ne contiennent pas tous le texte entier. Le texte complet peut être trouvé dans la majorité des témoins : A, C, D, E, F, G, H, L, M, N, O, P, Q, R, S, U, V, W, X, Y, Z, Ac, Ad, Ae, Ah, Ai, Aj, Al, Am, An, Ao, Ap, Aq, Ar, As, At, Au, Av, Ay, Az, Ba, Bb, Bc, Bd, Be, Bh, Bi, Bk, Bl, Bm, Bn, Bo, Bq, Bs, Bx, By, Bz, Ca, Cb, Cc, Cd, Ce, Cf, Cg, Ch, Ci, Cj. Il faut toutefois admettre que, bien que ces manuscrits-ci contiennent la version entière du texte, il existe quand même de grandes variations. Les différents témoins comportent beaucoup d'omissions de syntagmes. La table suivante donne un aperçu de tous les témoins manuscrits (de la tradition directe et indirecte) dans lesquels notre texte a été transmis partiellement :

MS	α'	β'	γ'	δ'	ϵ'	ς'	ζ'	η'	θ'	ι'
I	x	x		x			x	x	x
J	x								
Ab	x								
Af	x		x	x	x	x	x	x	x	x
Ag ([3])	*partim*						*partim*	x	x

---

(1) Voir *infra*. En fait, 2 de ces 11 manuscrits sont en fait des témoins de la tradition indirecte de la tradition indirecte (à savoir d'Euthyme Zygadène).

(2) À cause du nombre élevé de témoins, nous avons opté pour des sigles purement alphabétiques, sans lien avec le nom du manuscrit. Comme nous n'avons découvert le *Taurinensis B.IV.22* qu'à un moment ultérieur dans nos recherches, ce manuscrit-ci a reçu le sigle Ci. En plus, certains sigles semblent faire défaut, mais la plupart d'entre eux ont été utilisés pour l'édition critique d'un témoin de la tradition indirecte qui a été publiée dans *JÖB* (cf. Levrie, *La Syllogè contre les Latins*). Et finalement, I et Ax ont été supprimés à un moment ultérieur puisqu'ils se sont avérés des témoins de la tradition indirecte au lieu de la tradition directe. Signalons également que nous n'avons donc pas repris les sigles courants pour ce qui est des témoins typiquement maximiens.

(3) Omission à partir de οὐ γὰρ λέγει (α', 8) jusqu'à μίαν οὐσίαν (η', 1).

MS	α′	β′	γ′	δ′	ε′	ς′	ζ′	η′	θ′	ι′
Ax	x	x		x			x	x	x	
Bg	x		x	x	x	x	x	x	x	x
Bp	x									
Br	x		x	x	x	x	x	x	x	x
Bt (⁴)	x		x	x	x	*partim*				
Bu	x									
Bv	x									
Bw	x	x	x	x						
Cc	x									

En outre, il est remarquable que la phrase dans laquelle il s'agit de l'hérésie de Macédonios (caput α′) n'est contenue que dans trois manuscrits, à savoir Ac, Az, Cb. L'édition de Migne, qui s'est probablement servie du témoin Az, contient bel et bien cette phrase (⁵).

1. *La tradition directe: descriptio codicum*

La liste suivante donne un aperçu de tous les témoins de la tradition directe que nous avons examiné (⁶) :

A *Atheniensis, Ethnikè Bibliothèkè, olim Constantinopolitanus, Metochion tou Panagiou Taphou 145 (s. XVI), f. 357ᵛ-359ʳ*

C *Atheniensis, Ethnikè Bibliothèkè, olim Constantinopolitanus, Metochion tou Panagiou Taphou 303 (s. XVI), f. 221ʳ⁻ᵛ*

D *Athous, Batopediou 57 (s. XIII-XIV), f. 250ᵛ-251ᵛ*

E *Athous, Batopediou 120 (s. XIV), f. 148ʳ⁻ᵛ*

F *Athous, Batopediou 283 (s. XV), f. 165ᵛ-166ʳ*

G *Athous, Batopediou 286 (s. XIII), f. 218ᵛ-221ᵛ*

H *Athous, Batopediou 471 (s. XII), f. 2ʳ-4ᵛ*

J *Athous, Dochiariou 115 (Lambros 2789) (s. XIV-XV), p. 207*

---

(4) Omission à partir de ἐπὶ τοῦ ἑνὸς τῆς ἁγίας Τριάδος (ς′, 2).

(5) *PG* 91, 145 A9-13.

(6) Nous voudrions bien exprimer notre reconnaissance à B. Markesinis qui a été si aimable de nous laisser consulter ses descriptions à paraître dans un volume du *Corpus Christianorum Series Graeca* intitulé *Maximi Confessoris Opuscula theologica et polemica*.

INTRODUCTION 51*

L   *Athous, Grègoriou 80 (Lambros 627) (a.* 1675), p. 349-350

M   *Athous, Iviron 190 (Lambros 4310) (a.* 1297-1298), f. 125^{r-v}

N   *Athous, Iviron 388 (Lambros 4508) (s.* XVI), f. 631^{r-v}

O   *Athous, Koutloumousiou 178 (Lambros 3251) (s.* XIII), f. 3^{r-v}

P   *Athous, Lavras E 169 (Eustratiadès 631) (s.* XIII), f. 310^v

Q   *Athous, Lavras I 43 (Eustratiadès 1127) (s.* XVIII), f. 13^v-15^v

R   *Athous, Lavras I 99 (Eustratiadès 1183) (s.* XVIII), p. 201-204

S   *Athous, Lavras K 114 (Eustratiadès 1401) (s.* XV), f. 296^r-297^r

U   *Cantabrigiensis, University Library, Dd II 22 (s.* XIV), f. 76^v

V   *Ferrarensis, Biblioteca Comunale Ariostea 144 (s.* XIV), f. 94^r-95^r

W   *Florentinus, Mediceus-Laurentianus plut. IX, 8 (s.* XI), f. 305^v-306^v

X   *Guelferbytanus, Herzog-August-Bibliothek, Gudianus gr. 39 (s.* XIII), f. 7^r-8^v

Y   *Hierosolymitanus, Sabaïticus 366 (s.* XIII), f. 227^v-228^r

Z   *Hierosolymitanus, Sancti Sepulchri 19 (s.* XIII), f. 221^r-222^v

Ab   *Matritensis, Biblioteca Nationalis 4636 (olim N-115) (s.* XV), f. 126^v

Ac   *Matritensis, Biblioteca Nationalis 4749 (olim O-18) (a.* 1555-1556), f. 46^r-48^r

Ad   *Mediolanensis, Ambrosianus B 139 sup. (gr. 146) (ca. a.* 1600), f. 22^r

Ae   *Mediolanensis, Ambrosianus Q 74 sup. (gr. 681) (s.* X), f. 263^v-264^r

Af   *Mediolanensis, Ambrosianus H 257 inf. (gr. 1041) (s.* XIII), f. 34^v-35^r

Ag   *Messanensis, Biblioteca Regionale Universitaria, S. Salv. 148 (s.* XII), f. 252^v-253^r

Ah   *Monacensis gr. 10 (ca. a.* 1550), f. 686^v-687^v

Ai   *Monacensis gr. 83 (s.* XV), f. 51^r-52^r

Aj   *Monacensis gr. 225 (s.* XIII-XIV), f. 36^r-37^r

Al   *Monacensis gr. 363 (s.* XIII-XIV), f. 144^{r-v}

Am   *Mosquensis, Bibliotheca Synodalis 363 (Vladimir 418) (s.* XIII-XIV), f. 293^{r-v}

52* INTRODUCTION

An   *Mosquensis, Bibliotheca Synodalis 439 (Vladimir 425) (s. XIV), f. 233ᵛ-235ʳ*

Ao   *Oxoniensis, Bodleianus, Baroccianus gr. 27 (s. XIV), f. 77ʳ-78ᵛ*

Ap   *Oxoniensis, Bodleianus, Laudianus gr. 92b (332) (s. X), f. 175ʳ-177ᵛ*

Aq   *Oxoniensis, Christ Church gr. 47 (s. XIV-XVI), f. 118ʳ-120ᵛ*

Ar   *Parisinus gr. 11 (s. XIII), p. 302-304*

As   *Parisinus gr. 491 (s. XIII-XIV), f. 277ᵛ-278ᵛ*

At   *Parisinus gr. 886 (s. XIII), f. 84ʳ⁻ᵛ*

Au   *Parisinus gr. 900 (s. XV), f. 140ᵛ-141ᵛ*

Av   *Parisinus gr. 1119 (s. XIV), f. 307ᵛ-308ᵛ*

Ay   *Parisinus gr. 1782 (s. XIV), f. 86ʳ-87ᵛ*

Az   *Parisinus, Supplementum gr. 8 (s. XII), f. 314ᵛ-315ᵛ*

Ba   *Parisinus, Supplementum gr. 163 (s. XVIII), p. 233-236*

Bb   *Parisinus, Supplementum gr. 228 (s. XVI), f. 1ʳ⁻ᵛ*

Bc   *Parisinus, Coislinianus 90 (s. XII), f. 98ʳ⁻ᵛ*

Bd   *Romanus, Angelicus gr. 43 (B 3.8) (s. XIII-XIV), f. 222ʳ⁻ᵛ*

Be   *Romanus, Angelicus gr. 120 (T 1.8) (s. XI), f. 75ᵛ-76ʳ*

Bg   *Scorialensis, Real Biblioteca, Y.II.7 (de Andrés 262) (s. XIII), f. 188ᵛ-189ᵛ*

Bh   *Scorialensis, Real Biblioteca, Ψ.III.7 (de Andrés 462) (s. XI), f. 200ʳ-202ʳ*

Bi   *Sinaiticus gr. 385 (s. XIII), f. 160ʳ⁻ᵛ*

Ci   *Taurinensis gr. B.IV.22 (Pas. CC.b.III.11) (s. XIII), f. 296ʳ-297ʳ*

Bk   *Vaticanus gr. 197 (s. XVI), f. 146ʳ-147ʳ*

Bl   *Vaticanus gr. 504 (a. 1105), f. 110ᵛ-111ʳ*

Bm   *Vaticanus gr. 505 (a. 1520), f. 131ʳ⁻ᵛ*

Bn   *Vaticanus gr. 507 (a. 1344), f. 152ʳ⁻ᵛ*

Bo   *Vaticanus gr. 740 (s. XIV), f. 74ᵛ-76ʳ*

Bq   *Vaticanus gr. 1142 (s. XII-XIII), f. 52ʳ-53ʳ*

Br   *Vaticanus gr. 1187 (a. 1574), f. 779ʳ-781ʳ*

Bs   *Vaticanus gr. 1502 (s. XII), f. 161ʳ⁻ᵛ*

Bt   *Vaticanus gr. 1700 (ca. a. 1332-1333), f. 78ᵛ-79ᵛ*

Bw   *Vaticanus gr. 2248 (s. XVI), f. 199ᵛ-200ᵛ*

Bx   *Vaticanus gr. 2645 (s. XIV), f. 29ʳ-33ʳ*

By   *Vaticanus, Ottobonianus gr. 33 (s. XVII), f. 122ʳ-123ʳ*

Cj   *Vaticanus, Ottobonianus gr. 43 (s. XI-XII), f. 86ʳ-87ᵛ*

Bz   *Vaticanus, Reginensis gr. 37 (s. XV), f. 4ʳ-5ᵛ*

INTRODUCTION 53*

Ca   *Venetus, Marcianus gr. 136 (s. XIII), f. 221ʳ-222ʳ*
Cb   *Venetus, Marcianus gr. 139 (s. XI-XII), f. 52ʳ-53ʳ*
Cd   *Vindobonensis, Supplementum gr. 1 (s. XIV), f. 340ʳ-341ʳ*
Ce   *Vindobonensis, historicus gr. 7 (ca. 1200), f. 197ʳ-198ʳ*
Cf   *Vindobonensis, theologicus gr. 40 (s. XIII), f. 202ᵛ-203ʳ*
Cg   *Vindobonensis, theologicus gr. 216 (s. XVI), f. 62ᵛ-63ᵛ*
Ch   *Vindobonensis, theologicus gr. 307 (s. XIII), f. 93ᵛ-94ʳ*

La répartition des manuscrits dans le temps est la suivante :

siècle	*nombre de témoins*
X	2
XI	4
XI-XII	2
XII	8
XII-XIII	1
XIII	15
XIII-XIV	6
XIV	12
XIV-XV	1
XIV-XVI	1
XV	6
XVI	12
XVII	2
XVIII	4
Sans date	1

A   *Atheniensis, Ethnikè Bibliothèkè, olim Constantinopolitanus, Metochion tou Panagiou Taphou 145 (s. XVI), f. 357ᵛ-359ʳ*

Ce manuscrit de parchemin date du 16ᵉ siècle, à l'exception des folios 544ʳ-551ᵛ qui sont de papier et datent du 14ᵉ siècle. Le manuscrit a été décrit par Roosen [7]. Le catalogue de Papadopoulos-Kerameus [8] contient une liste détaillée des œuvres contenues dans ce témoin. Il s'agit d'une grande variété de textes attribués à divers auteurs, comme entre autres Syméon le Nouveau Théo-

---

(7) Roosen, *Epifanovitch Revisited*, I, p. 37-38.
(8) Papadopoulos-Kerameus, Ἱεροσολυμιτικὴ βιβλιοθήκη, IV, p. 126-134.

54* INTRODUCTION

logien, Anastase le Sinaïte, Jean Damascène, Maxime le Confesseur, Grégoire de Nysse, etc. Notre texte est, à part de l'*Op. 19* (*CPG* 7697. 19 ; f. 488^r-491^r) et l'*Op. 23b* (*CPG* 7697. 23b ; f. 494^r-495^r), le seul texte de Maxime le Confesseur qui est contenu dans ce manuscrit. Il se trouve aux folios 357^v-359^r et est précédé de quelques documents conciliaires du synode contre Jean Bekkos ([9]) (f. 341^r-349^r ; incipit : Αὕτη ἡ πίστις τῶν ἀποστόλων, desinit : ἀπαρνουμένοις ἀνάθεμα), d'un texte intitulé Ἐκ τοῦ βιβλίου τοῦ κατὰ Ἀρμενίων ὁ μέγας Ἀθανάσιος ὁ Ἀλεξανδρείας ἐλέγχων αὐτούς, γράφει οὕτως (f. 349^r-351^r), d'un texte qui commence par Ὅτι δὲ οὐ μόνον (f. 351^v-355^r ; desinit : παύσασθαι τοῦ χαλεποῦ δρό [sic]) et d'une réponse au synode de Thessalie (1278) (f. 356^r-357^v) ([10]). Notre petit traité est suivi du début du *Liber de Spiritu Sancti Mystagogia* de Photios traitant de la procession du Saint-Esprit (f. 359^r ; *PG* 102, 392 – 393 A4) et d'un extrait, qui s'arrête au milieu d'un mot, de l'*Oratio 7* de Nicholas de Méthone ([11]) (f. 359^v-366^r).

Nous ne savons rien sur l'histoire du manuscrit, mais Roosen dit qu'il semble exister un rapport avec Ae, qui contient – pour une partie du manuscrit – un enchaînement semblable de textes ([12]).

C   *Atheniensis, Ethnikè Bibliothèkè, olim Constantinopolitanus, Metochion tou Panagiou Taphou 303 (s.* XVI*), f.* 221^{r-v}

Ce codex de papier a été assemblé à différentes époques, à savoir les 14e, 15e et 16e siècles. Il s'agit d'une collection de textes théologiques et ascétiques. Le *De duabus Christi naturis* se situe au folio 221^{r-v}, partie du manuscrit écrite au 16e siècle. Pour une description plus complète de ce témoin, nous renvoyons au catalogue de Papadopoulos-Kerameus ([13]) et à la dissertation de

---

(9) J. Darrouzès – V. Laurent, *Dossier grec de l'Union de Lyon (1273-1277)* (*AOC* 16), Paris, 1976, section 1, p. 574, l. 2 – section 3, p. 584, l. 21.

(10) Ce texte a été édité dans A. Papadopoulos -Kerameus, Ἀνάλεκτα Ἱεροσολυμιτικῆς Σταχυολογίας, I, Petroupolei, 1891, p. 471-474.

(11) A. Demetrakopoulos, Ἐκκλησιαστικὴ Βιβλιοθήκη, I, Leipzig, 1866, p. 360, l. 8 – p. 364, l. 2 [ἰσό].

(12) Roosen, *Epifanovitch Revisited*, I, p. 37.

(13) Papadopoulos-Kerameus, Ἱεροσολυμιτικὴ βιβλιοθήκη, IV, p. 271-283. Une description très succincte se trouve dans F. Halkin, *Catalogue des manuscrits hagiographiques de la Bibliothèque nationale d'Athènes* (*SH* 66), Bruxelles, 1983, p. 173.

INTRODUCTION 55*

Roosen ([14]). Dans cette description, nous nous limitons à la section qui contient notre texte. Nous pouvons trouver en fait trois textes de Maxime le Confesseur dans ce manuscrit-ci, à savoir une tout petite partie de la question 136 des *Q. D.* (*CPG* 7689; f. 220^r) ([15]), notre traité sur les deux natures (f. 221^{r-v}) et l'*Op. 23a* (*CPG* 7697.23a; f. 221^v-222^r). L'opuscule sur la double nature du Christ est précédé des *12 Anathemata* de Cyrille d'Alexandrie (*CPG* 5221, 5222, 5223; f. 220^{r-v}) et suivi de l'*Op. 23a* et du *De vera fide* de Gennadius II Scholarius (f. 222^r-224^r; *PG* 160, 333-352).

Nous ne disposons d'aucune information sur la provenance du manuscrit, ni sur les copistes.

D *Athous, Batopediou 57 (s. XIII-XIV), f. 250^v-251^v*

Ce recueil ascétique de 518 folios datant de la seconde moitié du 13e siècle ou du début du 14e siècle contient les œuvres de tout un éventail d'auteurs parmi lesquels figurent entre autres Syméon le Nouveau Théologien, Diadoque de Photicé, Évagre le Pontique, Nil d'Ancyre, et plusieurs autres ([16]). Ce témoin ne contient pas seulement le *De duabus Christi naturis* (f. 250^v-251^v) et un fragment des *Capita gnostica* (*CPG* 7707.11; f. 440^r), mais également bon nombre d'autres œuvres de Maxime le Confesseur, qui semble occuper une place d'honneur dans ce témoin. En effet, la collection des œuvres de Maxime occupe un cinquième du manuscrit, plus particulièrement les folios 179^v-296^v, c'est-à-dire 117 feuillets des 518.

Cette collection maximienne, qui a été décrite en grand détail par Van Deun ([17]), comporte les œuvres suivantes: le *L. A.* (*CPG* 7692; f. 179^v-192^r), les *Car.* (*CPG* 7693; f. 192^v-219^r), des extraits des *Th. Oec.* (*CPG* 7694; f. 219^v-227^v), des *Div. Cap.* (*CPG* 7715; f. 227^v-250^v), le *De duabus Christi naturis*

---

(14) Roosen, *Epifanovitch Revisited*, I, p. 38-40.

(15) Declercq, *Q. D.*, p. 97, l. 3-12.

(16) E. Lamberz, *Katalog der griechischen Handschriften des Athosklosters Vatopedi. I. Codices 1-102* (*Catalogi codicum graecorum Montis Athonis* 2), Thessalonika, 2006, p. 248-276; Roosen, *Epifanovitch Revisited*, I, p. 45-46; II, p. 343-344.

(17) Van Deun, *Un recueil ascétique*, p. 103-105; Van Deun, *L. A.*, p. XXXII-XXXIII.

(f. 250ᵛ-251ᵛ), l'*Op. 23a* (*CPG* 7697. 23a; f. 251ᵛ-252ᵛ), une collection de définitions (f. 252ʳ⁻ᵛ; titulus Τοῦ αὐτοῦ ὅροι χαρακτηριστικοὶ τῶν δώδεκα χαρακτηριστικῶν τῆς θείας οὐσίας), l'*Op. 14* (*CPG* 7697. 14; f. 252ᵛ-253ᵛ), l'*Op. 24* (*CPG* 7697. 24; f. 253ᵛ-254ᵛ), l'*Add. 19* (*CPG* 7707. 19; f. 257ʳ⁻ᵛ) ([18]), les *Definitiones in Isagogen Porphyrii et in Categorias Aristotelis* ([19]) (*CPG* 7721; f. 257ᵛ-261ᵛ), un texte dont Van Deun ([20]) a remarqué les ressemblances avec le commentaire *In Isagogen Porphyrii et in Categorias Aristotelis* (*CPG* 7707. 34; f. 261ᵛ-272ᵛ), des extraits de l'*Op. 1* (*CPG* 7697. 1; f. 272ᵛ-275ᵛ), un fragment du *Anim.* (*CPG* 7717; f. 276-277ʳ), un fragment de l'*Add. 36* (*CPG* 7707. 36; f. 277ʳ), deux extraits de l'*Ep. 6* (*CPG* 7699; f. 277ʳ⁻ᵛ), un extrait de l'*Ep. 7* (*CPG* 7699; f. 277ᵛ), un autre fragment de l'*Add. 36* (*CPG* 7707. 36; f. 278ʳ), un extrait de l'introduction aux *Q. Thal.* (*CPG* 7688; f. 278ʳ-280ʳ), l'*Ep. 32* (*CPG* 7699; f. 280ʳ⁻ᵛ), l'*Ep. 33* (*CPG* 7699; f. 280ᵛ), l'*Ep. 34* (*CPG* 7699; f. 280ᵛ), l'*Ep. 9* (*CPG* 7699; f. 280ᵛ-281ᵛ); les *Cap. X* (*CPG* 7694a; f. 281ᵛ-282ᵛ), des extraits pris des *Amb. Io.* (*CPG* 7705. 2; f. 282ᵛ-284ʳ), un extrait de l'*Ep. 13* ([21]) (*CPG* 7699; f. 284ʳ⁻ᵛ; *PG* 91, 521 A12 [καθ᾽ὃν οὐδέποτε] – C4 [ὑποστάσεως], l'*Ep. 6* (*CPG* 7699; f. 284ᵛ-285ᵛ), des extraits pris des *Amb. Io.* (*CPG* 7705. 2; f. 285ᵛ-289ʳ; *PG* 91, 1196 C5 [Διαιρεῖται] – 1197 D8 [μολυσμῶν] et 1301 D5 [Φασίν] – 1313 B13 [ἀπόστολος]), l'*E. O. D.* (*CPG* 7691; f. 289ʳ-296ᵛ). Un peu plus loin, aux folios 408ᵛ-445ᵛ, l'on peut trouver un petit florilège ascétique, contenant des fragments de Basile de Césarée, Grégoire de Nazianze, Jean Chrysostome, etc.

Au début du manuscrit se trouve un πίναξ dont manque le premier feuillet. Ainsi, nous ne disposons que de la table des matières dès le feuillet 275ᵛ. Roueché ([22]) signale que nous nous trouvons ici en présence d'une compilation faite à partir de différents manuscrits. Cependant, il est d'avis que la partie consacrée à Maxime le

---

(18) Ce texte est précédé d'extraits christologiques qui ne sont pourtant pas de la main de Maxime le Confesseur, c'est pourquoi nous ne les avons pas mentionnés.

(19) Texte édité par Rouೀché, *A Middle Byzantine Handbook*, p. 89-98.

(20) Van Deun, *Un recueil ascétique*, p. 104.

(21) Cet extrait a été idéntifié par B. Markesinis, dont nous avons pu consulter la description non publiée. Pour cet acte de bienveillance, nous le remercions vivement.

(22) Rouೀché, *A Middle Byzantine Handbook*, p. 78.

INTRODUCTION 57*

Confesseur (f. 179ᵛ-283ᵛ) a été copiée d'un seul manuscrit puisque cette partie présente partout la même densité de l'écriture (²³). En plus, il signale que la partie maximienne du manuscrit se caractérise par un grand nombre de *fenestrae* (²⁴) qui suggèrent que le scribe ait essayé de copier son modèle (qui était parfois difficilement lisible) le plus fidèlement possible. À plusieurs endroits, il a tenté de combler les lacunes.

Le codex a été écrit par un seul scribe sur du papier oriental. A. et C. Guillaumont (²⁵) ont rapproché le manuscrit du *Fettaugenstil* (²⁶). Laga et Steel (²⁷) ont déterminé que ce témoin a très probablement été copié dans le monastère de Vatopédi même, au Mont Athos. Aux f. 512ᵛ-513ʳ, le manuscrit porte une longue note d'un certain Néophyte mentionnant qu'en 1736, le sultan Mahmoud Iᵉʳ a mis sur pied une expédition chargée de chercher un prétendu trésor au monastère de la Grande Laure (²⁸).

E *Athous, Batopediou 120* (*s.* XIV), f. 148ʳ⁻ᵛ

La description procurée par le catalogue d'Eustratiadès et Arkadios (²⁹) est trop succincte et, en plus, incomplète. Ce manuscrit de papier, datant du 14ᵉ siècle, compte 201 folios. Il contient les textes de cinq auteurs, à savoir Grégoire de Nazianze (une sélection des *Carmina* [*CPG* 3034-3038] ; f. 1ʳ-146ᵛ), Cyrille d'Alexandrie (*Explanatio XII capitulorum* [*CPG* 5223] ; f. 147ʳ⁻ᵛ), Maxime

---

(23) Roueché, *A Middle Byzantine Handbook*, p. 78.

(24) *Ibid.*, p. 78, n. 26.

(25) A. et Cl. Guillaumont, *Évagre le Pontique.* Traité pratique *ou* Le moine, I (*SC* 170), Paris, 1971, p. 218-226. Les auteurs ont décrit en détail le contenu du manuscrit en ce qui concerne les œuvres d'Évagre et de Nil.

(26) Le *Fettaugenstil* ou *Perlschrift* se caractérise surtout par des tracés arrondis des lettres ε, ο, θ, ρ, σ et φ. Pour plus d'informations sur cette écriture, voir H. Hunger, *Die sogenannte Fettaugen-Mode in griechischen Handschriften des 13. und 14. Jahrhunderts*, dans *BF* 4 (1972), p. 105-113 ; H. Hunger, *Archaisierende Minuskel und Gebrauchschrift zur Blütezeit des Fettaugenmode. Der Schreiber des Cod. Vindob. Theol. gr. 303*, dans J. Glénisson et al., *La paléographie grecque et byzantine*, p. 283-290.

(27) Laga – Steel, *Q. Thal.*, II, p. XXVIII : le manuscrit fait partie de la descendance du *Mosquensis, Bibliothecae Synodalis 151 (Vladimir 200)* qui lui aussi se trouvait au monastère du Vatopédi au Mont Athos.

(28) Cf. Van Deun, *Opuscula*, p. XCIX.

(29) Eustratiadès – Arkadios, *Κατάλογος*, p. 30-31.

58* INTRODUCTION

le Confesseur (*De duabus Christi naturis;* f. 148[r-v]), Eudocie ([30]) (*Homerocentones* [*CPG* 6025] ; Schembra, *Homerocentones*, p. 6, l. 17 – p. 151, l. 2354 ; f. 150[r]-191[v]([31])) et Matthieu Camariota de Thessalonique (*Encomium in tres hierarchas*([32]) ; f. 191[r]-201[v]).

Nous ne savons rien sur l'histoire du manuscrit, ni sur le copiste.

F *Athous, Batopediou 283* (*s.* XV), f. 165[v]-166[r]

Ce manuscrit de papier date du 15e siècle et compte, selon le catalogue, 170 folios ([33]). Bram Roosen ([34]) a toutefois démontré qu'il ne s'agit qu'en fait de 160 folios puisque la numérotation des pages n'est pas continue. En effet, le copiste a sauté du folio 89[r-v] au folio 100[r-v]. Nous ne savons rien sur l'histoire du manuscrit, sauf que les caractéristiques paléographiques suggèrent qu'il s'agit d'un témoin du 15e siècle. Comme ce manuscrit est une copie de V, l'on doit supposer qu'il a déjà été copié au début du 15e siècle (voir *infra* pour la description de V) ([35]).

Le manuscrit est pour la plus grande partie consacrée aux œuvres de Jean Damascène. Il contient notamment ses *Dialectica* (*CPG* 8041 ; f. 1[r]-46[v]) et son *Expositio fidei* (*CPG* 8043 ; f. 47[v]-164[v]). Les derniers folios du manuscrit contiennent par contre des textes de Maxime le Confesseur. Il s'agit des œuvres suivantes : le *De duabus Christi naturis* (f. 165[v]-166[r]), l'*Op. 23a* (*CPG* 7697. 23a ; f. 166[v]-167[r]), l'*Op. 2-3* (*CPG* 7697. 2-3 ; f. 167[r]-168[v]), l'*Op. 14* (*CPG* 7697. 14 ; f. 168[v]-170[r]) et l'*Ep. 15* ([36]) (*CPG* 7699 ; f. 170[v]).

G *Athous, Batopediou 286* (*s.* XIII), f. 218[v]-221[v]

Il s'agit d'un manuscrit de parchemin datant du 13e siècle et comptant 305 folios dans une écriture soignée ([37]). La base de

---

(30) Ce témoin n'a pas été mentionné par R. Schembra dans son édition critique (Schembra, *Homerocentones*).

(31) Le feuillet 149[r-v] est vierge.

(32) C. I. Dyobouniotes, Ἀνέκδοτα ἐγκώμια εἰς τοὺς τρεῖς Ἱεράρχας, dans *EEBS* 10 (1933), p. 57-70, l. 38 [τὸν].

(33) Eustratiadès – Arkadios, *Κατάλογος*, p. 60.

(34) Roosen, *Epifanovitch Revisited*, I, p. 47.

(35) *Ibid.*

(36) Le manuscrit ne contient pas la lettre complète : en effet, la fin manque (*PG* 91, 544 C12 – 545 A12).

(37) Eustratiadès – Arkadios, *Κατάλογος*, p. 61.

INTRODUCTION 59*

données *Pinakes* ([38]) nous donne une description du contenu beaucoup plus détaillée. Le témoin contient des textes de Job le moine, Photios, Eusèbe de Césarée, Théodore le Lecteur, Jean Damascène, Pseudo-Léonce, etc. Le manuscrit ne contient qu'une œuvre de Maxime le Confesseur, et c'est notre traité sur la double nature du Christ (f. 218ᵛ-221ᵛ). Cet opuscule est précédé de l'*Épitomé byzantin d'histoire ecclésiastique* (f. 91ʳ-218ᵛ) de Gélase de Césarée, qui consiste normalement en cinq parties ([39]). Le présent manuscrit ne nous présente que quatre. D'abord, des extraits de l'*Histoire ecclésiastique* d'Eusèbe de Césarée (*CPG* 3495; f. 91ʳ-108ʳ) qui ont comme titre Συναγωγὴ ἱστοριῶν διαφόρων ἀπὸ τῆς κατὰ σάρκα γεννήσεως τοῦ Κυρίου καὶ ἑξῆς τὴν ἀρχὴν ἔχουσα ἀπὸ τοῦ πρώτου λόγου τῆς ἐκκλησιαστικῆς ἱστορίας Εὐσεβίου τοῦ Παμφίλου et finissent par l'avertissement Ἕως τούτου ἱστορεῖ ὁ Εὐσέβιος. Suivent ensuite des extraits de l'*Histoire ecclésiastique* de Gélase de Césarée (*CPG* 3521; f. 108ʳ⁻ᵛ) avec comme incipit Διοκλητιανὸς κατὰ τῶν ἀλεξανδρέων στρατεύσας ([40]) et comme desinit τὸ δὲ τῆς ἀνατολῆς μέρος Μαξιμιανὸς ἐκράτει ([41]). Troisièmement, on peut trouver des extraits de l'*Histoire tripartite* de Théodore le Lecteur ([42]) (*CPG* 7502; f. 108ᵛ-200ᵛ). Et finalement, du même auteur des extraits de l'*Histoire ecclésiastique* ([43]) (*CPG* 7503; f. 200ᵛ-218ᵛ). Manquent alors les extraits de l'*Histoire ecclésiastique* de Jean Diacrinoménos ([44]), qui ne se trouvent pas dans ce manuscrit-ci. Après le *De duabus Christi naturis*, le manuscrit nous présente les *Definitiones substantiae et decem praedicamentorum et philosophiae et circumstantiarum rhetoricarum* du Pseudo-Jean Damascène (f. 221ᵛ-223ʳ) et le *De Sectis* du Pseudo-Léonce de Byzance attribué ici à Théodore Abucara (*CPG* 6823; f. 223ʳ-285ʳ). Il est remarquable que le codex contient une version abrégée du premier chapitre du *De Sectis*. Le texte commence avec Οὐσία, φύσις, ὑπόστασις, πρόσωπον. ἰστέον οὖν (*PG* 86, 1193 A5) et finit déjà avec τά τε ὁρατά, καὶ τὰ ἀόρατα (*PG* 86, 1196 B1). La deuxième section entame avec Μέλλοντες

---

(38) Dernière consultation le 23 décembre 2013.
(39) Nautin, *La continuation*, p. 172-173.
(40) *Ibid.*, chapitre 5.
(41) *Ibid.*, chapitre 6.
(42) Hansen, *Theodoros Anagnostes*, chapitres 5-334.
(43) *Ibid.*, chapitres 336-458.
(44) Cf. Nautin, *La continuation*, p. 173.

60* INTRODUCTION

τοίνυν περὶ αἱρέσεων διαλαβεῖν· ἀπαριθμησόμεθα πρότερον τὰ ἐκκλησιαστικὰ βιβλία, pour ensuite continuer avec *PG* 86, 1200 D6 : τῶν τοίνυν ἐκκλησιαστικῶν βιβλίων. Enfin, ce n'est pas la version complète du *De sectis* qui se trouve dans ce manuscrit du Mont Athos (45). En effet, le texte termine à la fin de la section VIII avec οὐδέποτε ἠκούσθη (*PG* 86, 1257 B12).

Nous ne savons rien sur l'histoire du manuscrit, ni sur le copiste.

H *Athous, Batopediou 471* (s. XII), f. 2ʳ-4ᵛ

Selon Eustratiadès (46), ce témoin de parchemin a été écrit au 12ᵉ siècle et compte 161 folios. Cette datation est confirmée par Roosen qui date ce manuscrit de la première moitié du 12ᵉ siècle (47). De Vocht (48) par contre, dans son édition inachevée et inédite des *Th. Oec.*, dit qu'il s'agit plutôt d'un codex du 13ᵉ siècle puisqu'il est écrit dans une écriture qui ressemble fortement au *Fettaugenstil*.

Ce témoin est complètement consacré aux œuvres de Maxime le Confesseur, à l'exception d'un petit fragment de Grégoire de Nazianze provenant de l'*Oratio 20 De dogmate* (*CPG* 3010. 20 ; f. 154ʳ⁻ᵛ) (49). Ce *Vatopedinus* contient surtout des collections de chapitres dont la première est le *De duabus Christi naturis* (f. 2ʳ-4ᵛ). Suivent encore l'*Op. 23a* (*CPG* 7697. 23a ; f. 4ᵛ-6ᵛ), les *Car.* (*CPG* 7693 ; f. 6ᵛ-88ᵛ) et les *Th. Oec.* (*CPG* 7694 ; f. 89ʳ-151ᵛ). Après ces κεφάλαια, on trouve encore l'*Ep. 15* (*CPG* 7699 ; f. 152ʳ-154ᵛ), l'*Op. 14* dans un ordre bouleversé (*CPG* 7697. 14 ; f. 155ʳ-158ᵛ) et l'*Op. 24* (*CPG* 7697. 24 ; f. 158ᵛ-161ᵛ).

L'histoire du manuscrit reste inconnue à cause d'un manque d'indices internes de provenance.

J *Athous, Dochiariou 115 (Lambros 2789)* (s. XIV-XV), p. 207

Ce manuscrit de papier date pour la plus grande partie du 15ᵉ siècle (les items 1 à 31 chez Lambros), mais les items 32 à 35 ont

---

(45) M. Waegeman, *Het traktaat* De sectis *(Ps. Leontius Byzantinus)*, Gent, 1982, I, p. 14-17 (dissertation non publiée).

(46) Eustratiadès – Arkadios, Κατάλογος, p. 94.

(47) Roosen, *Epifanovitch Revisited*, I, p. 48.

(48) De Vocht, *Kritische editie*, p. [64].

(49) Il s'agit du chapitre 6 et le début du chapitre 7 (J. Mossay [éd.], *Grégoire de Nazianze. Discours 20-23. Introduction, texte critique, traduction et notes* [*SC* 270], Paris, 1980, p. 68, l. 1 – p. 70, l. 5 [τῆς οὐσίας ταυτότητα]).

INTRODUCTION 61*

été copiés au 14ᵉ siècle ([50]). Le volume compte 412 pages. Nous ne disposons que d'une description ancienne de la main de Lambros ([51]). D'après cette description, ce *codex miscellaneus* contiendrait deux œuvres de Maxime le Confesseur : le *De duabus Christi naturis* (p. 207) ([52]) et un texte intitulé Μαξίμου Ἐκ τῆς ἐξηγήσεως τῆς ἱερᾶς λειτουργίας (item 21). Ce titre peut en effet être trouvé en haut de la page 173, mais le texte qui se trouve sur cette page (et la page suivante : p. 173-174) est en fait l'*Epistula ad Georgium Scholarium* (sans propre titre) de Marc d'Éphèse ([53]).

Nous ne savons rien sur l'histoire de ce manuscrit, sauf qu'il est clair qu'il a été copié par plusieurs mains.

L *Athous, Grègoriou 80 (Lambros 627) (a. 1675), p. 349-350*

Ce manuscrit de papier date de la deuxième moitié du 17ᵉ siècle et compte 364 pages ([54]). Le manuscrit contient surtout des textes canoniques. Dans ce qui suit, nous signalons seulement les textes maximiens. Pour une description plus détaillée, nous renvoyons à la description de Roosen ([55]). Le *De duabus Christi naturis* se trouve aux pages 349-350, au tout début d'une section consacrée à Maxime le Confesseur (p. 349-363). L'opuscule est suivi de l'*Op. 23a* (*CPG* 7697. 23a ; p. 350- 351), le début de l'*Ep. 15* (*CPG* 7699 ; p. 351-353 ; jusqu'à *PG* 91, 548 C5 [βούλημα]), l'*Add. 21* (*CPG* 7707. 21 ; p. 353-355), l'*Op. 24* (*CPG* 7697. 24 ; p. 355-357), le premier chapitre de la première centurie des *Th. Oec.* (*CPG* 7694 ; p. 357), l'*Add. 19* (*CPG* 7707. 19 ; p. 361-362) et l'*Add. 14* (*CPG* 7707. 14 ; p. 362-363). Sur les pages 344-345 figure encore un extrait de la question 19 des *Q. D.* (*CPG* 7689 ; Declercq, *Q. D.*, p. 18, l. 5-21).

---

(50) Lambros, *Κατάλογος*, I, p. 251.

(51) *Ibid.*, I, p. 250-251.

(52) Il ne s'agit en fait que du premier chapitre de ce traité. Il semble que le copiste ait interrompu sa copie. En effet, le reste du feuillet a resté blanc et une autre main y a écrit un autre texte.

(53) L. Petit (éd.), *Marci Eugenici Metropolitae Ephesi opera antiunionistica* (*Concilium Florentinum : documenta et scriptores* 10, 2), Rome, 1977, Ep. 2, section 1, l. 18 [τίνων] – section 3, l. 24 [μετασκευάζεται].

(54) Une description succincte peut être trouvée dans Lambros, *Κατάλογος*, I, p. 53-54.

(55) Roosen, *Epifanovitch Revisited*, I, p. 58-59 ; II, p. 279-281.

62* INTRODUCTION

Roosen ([56]) a trouvé une note intéressante à la page 363 qui nous renseigne sur l'origine et la provenance du manuscrit en question. Nous la reprenons ici en tant que telle : τὸ παρὸν νόμημων (sic) ἐγράφη εἰς Μπογδανίαν, εἰς μοναστῆριον (sic), τοῦ ἁγίου γεωργοῦ χλῆντζα ὑποβιβλίου· τοῦ ἁγίου σάββα ἀπὸ Ἱερουσαλήμ ἐκ τῆς ἐρήμου, πόνος καμοῦ κωνσταντίνου δαπάνης, τῷ πανοσιωτάτῳ· καθηγουμένῳ κοσμᾶ ἱερομονάχου ἐν ἔτει ‚αχοε´ ἐν μηνὶ· ὀκτωμβρίου ἡμερα ϛ´. Le manuscrit aurait été copié par un certain Constantin à la requête d'un abbé Cosmas. Le copiste a utilisé comme modèle un manuscrit du monastère de Saint Sabas à Jérusalem ([57]) et il a achevé sa copie au monastère de Hlincea en Moldavie le 6 octobre 1675.

M *Athous, Iviron 190 (Lambros 4310) (a. 1297-1298), f. 125^{r-v}*

Ce manuscrit de bombycin a déjà été décrit plusieurs fois. La description du catalogue ([58]) a été complétée par Hoffmann ([59]), Van Deun ([60]) et Roosen ([61]). Le volume contient plusieurs textes de Maxime le Confesseur. D'après le catalogue ([62]), on peut trouver d'abord quelques extraits maximiens à l'intérieur du florilège ([63]) aux folios 11^v-13^r. Deuxièmement, aux feuillets 123^r-126^v, il se trouve une série d'œuvres de Maxime ([64]) : un extrait de l'*Ep. 15* (*CPG* 7699 ; f. 123^r-125^r ; jusqu'à *PG* 91, 553 C5), le *De duabus Christi naturis* (f. 125^{r-v}), l'*Add. 21* (*CPG* 7707. 21 ; f. 125^v-126^r ; jusqu'à Epifanovič, *Materialy*, p. 69, l. 21), l'*Op. 23a* (*CPG* 7697. 23a ; f. 126^{r-v}) et l'appendice I de l'*Op. 23a* (*CPG* 7697. 23a ; f. 126^v). Au feuillet 127^v se trouve encore l'*Op. 23c* (*CPG* 7697. 23c).

Autrefois, ce *codex miscellaneus* de nature dogmatique et ascétique comptait 191 feuillets, mais après la perte de plusieurs folios,

---

(56) Roosen, *Epifanovitch Revisited*, I, p. 58.

(57) Ce manuscrit est appelé *Sabaïticus deperditus* par Roosen (Roosen, *Epifanovitch Revisited*, II, p. 284-285).

(58) Lambros, *Catalogue*, p. 53-54.

(59) Hoffmann, *Planches 83-86*, p. 79-81.

(60) Van Deun, *Quelques témoins*, p. 232.

(61) Roosen, *Epifanovitch Revisited*, I, p. 63-65.

(62) Lambros, *Catalogue*, p. 53.

(63) Une identification de ces extraits paraîtra prochainement dans la description du manuscrit par B. Markesinis.

(64) Cette séquence de textes maximiens a déjà été décrite par B. Roosen (Roosen, *Epifanovitch Revisited*, II, p. 361-362).

INTRODUCTION 63*

il n'en reste que 143. Ces feuillets perdus ne sont pas tous effectivement perdus. Il y en a cinq qui se trouvent maintenant à l'intérieur d'un autre manuscrit, à savoir le *Parisinus, Supplementum gr. 681* [65]. Ils ont été arrachés au manuscrit d'Iviron en 1841 par le copiste et collectionneur de manuscrits Minoïde Mynas (1798-1859) [66]. Cette constatation a été faite par F. Sbordone [67], l'éditeur du *Physiologus*. Ses conclusions ont encore été étendues par Ph. Hoffmann [68]. Le folio 2^{r-v} du *Parisinus* serait le folio 161^{r-v} d'Iviron ; le folio 4^{r-v} serait le folio 39^{r-v} ; les folios 6^{r-v} et 7^{r-v} seraient les folios 159^{r-v} et 160^{r-v} ; et le folio 9^{r-v} le folio 191^{r-v} [69]. Cette découverte n'est pas sans intérêt vu que le feuillet 9^v du *Parisinus*, soit l'ancien folio 191^v de notre manuscrit, contient une note de copiste : ἐτελειώθη τὸ παρὸν βιβλίον χειρὶ Καλοῦ ἁγιοπετρίτου τῶν Γαλατίνων, θέματος Ἱδρούσης τῷ ϛωϛ´ ἔτει (ἰνδικτιῶνος) ια´ [70]. Le manuscrit a donc été copié par Calos de Saint-Pierre de Galatina [71], fils du prêtre Pantoléon, dans le thème d'Otrante [72] en 1297-1298. Ces informations sont confirmées par une autre note (en vers dodécasyllabes) au feuillet 114^r d'Iviron : καλοῦ πόνος πέφυκα χειρὸς δακτύλων, γόνου ποθητοῦ παντολέοντος θύτου· ἀρχῆς ἀπ᾽ἄκρης πᾶσαν ἀρτίσαντος με· τῷ ωϛ´ ἔτει, (ἰνδικτιῶνος) ια´. Le codex a resté en Italie avant d'être transféré au Mont Athos, puisqu'il contient des notes en latin da-

---

(65) Pour une description de ce manuscrit, voir OMONT, *Inventaire sommaire*, III, p. 297. La découverte a été faite par SBORDONE, *Physiologus*, p. XXVII (n° 63-64).

(66) VAN DEUN, *Opuscula*, p. CLII ; VAN DEUN, *Quelques témoins*, p. 232. Pour des renseignements biographiques sur ce personnage, voir HOFFMANN, *Un recueil de fragments*, p. 115, n. 2.

(67) SBORDONE, *Physiologus*, p. XXVII.

(68) PH. HOFFMANN, *Une lettre de Drosos d'Aradeo sur la Fraction du Pain* (Athous Iviron *190, a. D. 1297/1298*), dans *RSBN* N. S. 22-23 (1985-1986), p. 251-256.

(69) ROOSEN, *Epifanovitch Revisited*, I, p. 64 ; HOFFMANN, *Un recueil de fragments*, p. 120.

(70) Une reproduction de ce feuillet peut être trouvé dans HOFFMANN, *Planches 83-86*, planche 86.

(71) *RGK*, II, 298.

(72) Pour les désignations grecques d'Otrante, et plus particulièrement Ἱδροῦσα, voir A. JACOB, *Une mention d'Ugento dans la* Chronique *de Skylitzès*, dans *REB* 35 (1977), [p. 299-236] p. 232, n. 15.

64* INTRODUCTION

tées des 14ᵉ-15ᵉ siècles (73). Nous ne connaissons pas la date de ce transfert (74).

N *Athous, Iviron 388 (Lambros 4508) (s. XVI), f. 631ʳ⁻ᵛ*

Ce codex de papier datant du 16ᵉ siècle compte 981 feuillets (75). Il a reçu le surnom de Ὠκεανός, à cause de sa taille et son contenu. Comme Psephtongas (76) le dit : « il s'agit en effet d'un abrégé de leçons de sciences physiques, littéraires, philosophiques et théologiques, en un mot, d'une petite encyclopédie. » Lambros (77) et Psephtongas (78) nous ont fourni une description détaillée du volume. Il s'agit d'un grand *codex miscellaneus* avec les œuvres de plus de 60 auteurs (79).

Les œuvres de Maxime le Confesseur y figurent plusieurs fois. On y trouve : un extrait de l'introduction aux *Q. Thal.* (*CPG* 7688 ; f. 419ᵛ ; Laga – Steel, *Q. Thal.*, p. 37, l. 327-353), deux autres extraits des *Q. Thal.* (f. 419ᵛ-420ʳ ; XLIII, l. 4 [διαφέρει] – l. 73 et XLIV, l. 62-68) et plusieurs chapitres des *Th. Oec.* (*CPG* 7694 ; f. 429ʳ⁻ᵛ ; I, 80 ; 82 ; 91 ; 92 ; 97 ; 100). Un peu plus loin dans le manuscrit se trouve encore un florilège avec des citations de différents Pères comme Basile de Césarée, Grégoire de Nazianze, Grégoire de Nysse et Maxime le Confesseur (f. 512ᵛ-516ᵛ). La tout dernière partie du florilège (f. 514ᵛ-516ᵛ) est dédiée à Maxime (80). Suivent encore le *De duabus Christi naturis* (f. 631ʳ⁻ᵛ), l'*Op. 24* (*CPG* 7697. 24 ; f. 631ᵛ-632ʳ) et l'*Op. 23a* (*CPG* 7697. 23a ; f. 632ʳ ; jusqu'à *PG* 91, 264B [δηλωτική]). Le catalogue (81) mentionne qu'après cet opuscule-ci « ἕπονται ἄλλα Ἀποσπάσματα τοῦ αὐτοῦ » (f. 632ʳ-637ʳ). Nous n'en avons pu identifier que quelques extraits :

---

(73) Hoffmann, *Un recueil de fragments*, p. 81.

(74) Roosen – Van Deun, *Les collections de définitions*, p. 67.

(75) Le manuscrit connaît toutefois une double numérotation, qui est due à une erreur dans l'ancienne numérotation (cf. Psephtongas, *Le codex 388*, p. 135).

(76) Psephtongas, *Le codex 388*, p. 135.

(77) Lambros, *Κατάλογος*, II, p. 122-138.

(78) Psephtongas, *Le codex 388*, p. 133-145.

(79) *Ibid.*, p. 137.

(80) Nous avons pu idéntifier les extraits suivants : f. 514ᵛ : *Th. Oec.* II, 1 ; *Div. Cap.* I, 1 ; *E. O. D.* l. 440 [μίαν εἰδέναι] – l. 467 [εἰσκομίζηται] ; *Car.* IV, 8, l. 1-3 [κτίσματα] ; *E. O. D.* l. 239-257.

(81) Lambros, *Κατάλογος*, II, p. 132.

INTRODUCTION 65*

un extrait de la *Myst.* (*CPG* 7704 ; f. 635^{r-v} ; Boudignon, *Myst.*, p. 9, l. 102 – p. 10, l. 125), le chapitre 6 de la première centurie des *Th. Oec.* (*CPG* 7694 ; f. 635^v ; *PG* 90, 1085 A9 – B6), les chapitres 27 et 28 (jusqu'à ligne 4 [ἐναντίον]) de la troisième centurie des *Car.* (*CPG* 7693 ; f. 635^v) et encore un autre extrait de la *Myst.* ([82]) (f. 636^v ; l. 1148 [εἰς] – 1154 [πραττόμενα]). Finalement, au feuillets 694^v-695^r se trouve encore l'*Epistula ad abbatem Thalassium* (*CPG* 7702).

Ce témoin se trouvait probablement à la bibliothèque de Raedestos ([83]) (actuellement Tekirdag) avant d'être transféré, vers la fin du 16e siècle, au monastère de la Sainte Trinité à Chalki. Plus tard, il est entré dans la collection du monastère d'Iviron. Le manuscrit a été dédié à la Μονὴ τῆς πορταΐτίσσης Θεοτόκου, c'est-à-dire le monastère d'Iviron, ce dont témoigne une note ([84]) au feuillet 2^r. Psephtongas ([85]) mentionne que la présence du volume dans le catalogue de Raedestos suggère une provenance constantinopolitaine. Rigo ([86]) suppose que le volume ait été créé par un élève du cercle du précepteur Théophanes Eléavoulcos. D'après Lambros ([87]), le codex a été copié par deux copistes (I : f. 1^r-775^v, f. 784^r-815^v et f. 821^r-981^v ; II, f. 776^r-783^v et f. 816^r-820^v).

O   *Athous, Koutloumousiou 178 (Lambros 3251) (s. XIII), f. 3^{r-v}*

Ce manuscrit de papier date du 13e siècle et compte 143 folios. Il n'existe qu'une description, plutôt sommaire, de la main de Lambros ([88]). Comme nous ne disposons que d'une reproduction partielle du témoin et comme le manuscrit est dans un très mauvais état, nous n'osons rien dire sur le contenu de ce *codex miscellaneus* théologique, sauf qu'il contient le *De duabus Christi natu-*

---

(82) Cet extrait n'a pas été mentionné par C. Boudignon dans son édition de la *Myst.* (Boudignon, *Myst.*, p. CXXXVII).

(83) Le codex est mentionné dans le catalogue des manuscrits de Raedestos comme Βιβλίον μέγα καλούμενον Ὠκεανός (Psephtongas, *Le codex 388*, p. 141).

(84) Une transcription de cette note peut être trouvée dans Psephtongas, *Le codex 388*, p. 136.

(85) *Ibid.*

(86) A. Rigo, *I versi sulla hesychia del monaco Teofano (fine 14e secolo)*, dans *REB* 70 (2012), p. 134.

(87) Lambros, Κατάλογος, II, p. 138.

(88) *Ibid.*, I, p. 292-293.

ris (f. 3^(r-v)). Signalons qu'O contient d'abord le chapitre η′ et puis ζ′. Lambros mentionne également des κεφάλαια de Maxime le Confesseur aux folios 3^v-7^v, mais nous n'avons pas pu vérifier cette assertion parce que ces feuillets sont pratiquement illisibles. La base de données *Pinakes* ([89]) mentionne encore trois autres textes de Maxime : la question 43 des *Q. Thal.* (*CPG* 7688 ; f. 51^v-52^v), quelques chapitres des *Car.* (*CPG* 7693 ; f. 52^v-53^r) et la question 47 des *Q. Thal.* (f. 138^r-141^v).

Nous ne savons riens sur l'histoire du codex, ni sur le copiste.

P *Athous, Lavras E 169 (Eustratiadès 631) (s. XIII), f. 310^v*

Ce manuscrit de papier compte 415 feuillets et contient des textes théologiques d'entre autres Théodore le Studite et Cyrille d'Alexandrie ([90]). Eustratiadès ([91]) date ce témoin du 15e siècle, mais cette datation a été révoquée par S. Efthymiades pour des raisons paléographiques. L'auteur propose lui-même le 13e siècle ([92]). Puisque nous n'avons à notre disposition qu'une copie de la page contenant le traité sur la double nature du Christ (f. 310^v), nous ne pouvons rien ajouter ou corriger à la description fournie par le catalogue. Tandis que ce dernier mentionne que le *De duabus Christi naturis* est précédé du *De fide orthodoxa* de Michel le Syncelle (f. 310^r), nous pouvons quand même formuler une hypothèse sur le texte qui suit. Selon Eustratiadès, il s'agit d'un texte κατὰ Ἀρειανῶν de Basile de Césarée (f. 310^v-311^r). Nous avons déjà rencontré ce titre dans un autre manuscrit du Mont Athos (cf. *infra* : *Lavra I 43*) et dans ce cas-là, il s'agissait de l'*Add. 16* de Maxime le Confesseur (*CPG* 7707. 16). Jugeant de l'incipit (Εἷς Θεὸς ὁ Πατήρ, εἷς Θεὸς καὶ ὁ Υἱός) qui se trouve encore au feuillet dont nous disposons d'une reproduction, il s'agit ici aussi de ce chapitre maximien contre les Ariens.

Nous ne savons rien sur l'origine et l'histoire de ce volume.

---

(89) Dernière consultation le 2 août 2013.

(90) Spyridon – Eustratiadès, *Catalogue of the Greek Manuscripts*, p. 95-96.

(91) *Ibid.*, p. 95.

(92) S. Efthymiadis, *Notes on the Correspondence of Theodore the Studite*, dans *REB* 53 (1995), [p. 141-163] p. 163.

INTRODUCTION 67*

Q *Athous, Lavras I 43 (Eustratiadès 1127) (s.* XVIII), f. 13ᵛ-15ᵛ

Ce codex de papier ne compte que 64 feuillets et date du 18ᵉ siècle. Il est consacré à des textes dogmatiques. Nous ne disposons que d'une reproduction partielle (f. 13ᵛ-16ʳ) du manuscrit, donc nous devons nous appuyer sur la description très succincte du catalogue pour ce qui est du contenu. D'après Eustratiadès (⁹³), ce témoin ne contient qu'un texte maximien, à savoir le *De duabus Christi naturis* (f. 13ᵛ-15ᵛ). Ce traité serait suivi d'un texte contre les Ariens de Basile de Césareé, mais il s'agit en fait du chapitre contre les Ariens de Maxime le Confesseur (*CPG* 7707. 16; f. 15ᵛ-16ʳ; EPIFANOVIČ, *Materialy,* p. 62).

Nous ne savons rien sur le scribe, ni sur l'histoire du manuscrit.

R *Athous, Lavras I 99 (Eustratiadès 1183) (s.* XVIII), p. 201-204

Ce manuscrit de papier datant du 18ᵉ siècle compte 632 pages et est très peu lisible. Il s'agit d'un recueil de textes théologiques d'entre autres Synésius de Cyrène et Nicéphore Xanthopoulos. Le catalogue ne mentionne qu'une œuvre de Maxime le Confesseur, à savoir son *De duabus Christi naturis* (p. 201-204) (⁹⁴). Ce traité est précédé de l'antidialogue de la *Dialexis* de Nicétas Stéthatos (⁹⁵) (p. 171-200) et suivi d'une citation d'Evagre le Pontique (⁹⁶) (p. 204) et d'un texte sur les sept conciles de Nicéphore de Constantinople (p. 204-210).

À la page ζ', nous pouvons lire la note (en vers) suivante: Τοῖς ἐντευξομένοις, ὡς ἐκ τῆς βίβλου τετράρχου· Λειμὼν ὑπάρχω ἀνθέων παμποικίλων ὁ Νικολάου χεὶρ συνείλοχ᾽ἐνθάδε δρέψαι δ᾽ὁ χρήζων παντὸς ἄνθους εὐόδμου καὶ Νικολάῳ γνῶθι πλείστην τὴν χάριν. Le copiste du manuscrit était donc un certain Nicolas (⁹⁷). Nous ne savons rien sur l'histoire du manuscrit.

---

(93) SPYRIDON – EUSTRATIADÈS, *Catalogue of the Greek Manuscripts,* p. 182.

(94) *Ibid.,* p. 195-196.

(95) A. MICHEL, *Humbert und Kerullarios. Quellen und Studien zum Schisma des XI. Jahrhunderts* (*Quellen und Forschungen aus dem Gebiete der Geschichte* 23), Paderborn, 1930, p. 322-342.

(96) *Tractatus ad Eulogium* (PG 79, 1136 A6-9).

(97) Cf. L. POLITÈS – P. POLITÈ, Βιβλιογράφοι 17ᵒᵛ-18ᵒᵛ αἰώνα. Συνοπτικὴ καταγράφη, dans Δελτίο τοῦ Ἱστορικοῦ καὶ Παλαιογραφικοῦ Ἀρχείου 6 (1994), [p. 309-646] p. 588. Nous ne savons rien sur ce personnage.

68* INTRODUCTION

S *Athous, Lavras K 114 (Eustratiadès 1401) (s. XV), f. 296ʳ-297ʳ*

Ce *codex miscellaneus* date du 15ᵉ siècle et compte 356 feuillets. La description du catalogue est sommaire ([98]), mais comme nous ne disposons que d'une reproduction des folios 295ʳ-298ʳ, nous ne pouvons rien dire en ce qui concerne le contenu de ce manuscrit, sauf qu'il contient, à part d'œuvres d'entre autres Jean Damascène, Anastase d'Antioche et Jean Zonaras, deux textes de Maxime le Confesseur: le premier chapitre de la deuxième centurie des *Th. Oec.* (*CPG* 7694; f. 295ʳ) et le *De duabus Christi naturis* (f. 296ʳ-297ʳ). Ce dernier est précédé d'un extrait du *Sermo XIX de temperantia et incontinentia* de Basile de Césarée (*CPG* 2908; f. 295ʳ⁻ᵛ; *PG* 32, 1345 A5 [χρὴ πρὸς τὰς διαβολὰς] – 12 [αὐτὸς ἑαυτόν]), d'un extrait de son *Homilia de humilitate* (*CPG* 2865; f. 295ᵛ; *PG* 31, 533 B15 [Μὴ σεαυτὸν] – 536 A15 [φλεγμονῆς]) et d'un extrait du *Sermo XXIII de anima* du même Basile de Césarée (*CPG* 2908; f. 295ᵛ-296ʳ; *PG* 32, 1373 C13 [Μήτε τοῖς σοῖς] – 1376 A2 [ἀποκαθαίρεσθαι]). Le traité sur la double nature est suivi d'une courte exposition de foi (f. 297ʳ; incipit: Μονάδα ἐν τριάδι καὶ τριάδα ἐν μονάδι) et du chapitre 28 du *De sancta trinitate* du Pseudo-Cyrille d'Alexandrie (*CPG* 5432; f. 297ᵛ-299ᵛ).

Nous ne savons rien sur le copiste, ni sur l'histoire du manuscrit, mais le catalogue mentionne qu'on peut trouver une note de possession à la fin du codex: Ὁ ἔχων τὸ βιβλίον τοῦτο ἱερεὺς μνημόνευε ἐν ταῖς ἱεροτελεστίαις σου Διονύσιον ἱερομόναχον ὅτι αὐτοῦ ὑπάρχον πρότερον καὶ ἔχε τὸν μισθὸν παρὰ Θεοῦ. Ἡ βίβλος ἥ δε Διονυσίου ταπεινοῦ Φιλιππουπόλεως. Le codex a donc été en possession de Denys Iᵉʳ de Constantinople, métropolite de Philippopoli et patriarche de Constantinople de 1467 à 1471 et de 1488 à 1490. Il était un élève de Marc d'Éphèse.

U *Cantabrigiensis, University Library, Dd II 22 (s. XIV), f. 76ᵛ*

Ce manuscrit de parchemin, comptant 189 folios, date probablement du 14ᵉ siècle ([99]). Il est écrit dans une écriture très petite;

---

(98) Spyridon – Eustratiadès, *Catalogue of the Greek Manuscripts*, p. 241-242.

(99) B. Markesinis nous a communiqué qu'il est plutôt enclin à le dater de la fin du 13ᵉ siècle/début du 14ᵉ siècle.

INTRODUCTION 69*

chaque folio contenant environ 70 lignes. Les feuilles de garde viennent d'un manuscrit latin et contiennent des fragments du commentaire de Jérôme *In Sophoniam* (*CPL* 589) et *In Aggaeum* (*CPL* 589) ([100]). Ce témoin est une des plusieurs copies du *Vaticanus gr. 1502* (*post correctionem*) ([101]). Luard ([102]) nous procure une description détaillée du contenu du manuscrit qui est entièrement consacré aux œuvres de Maxime le Confesseur. Cette description a été complétée par les éditeurs du corpus maximien ([103]).

Le codex entame avec un πίναξ ἀκριβὴς τῆς γραφῆς τοῦ βιβλίου· τοῦ ἁγίου Μαξίμου (f. 1ʳ) qui ne contient toutefois pas les œuvres dans l'ordre même du codex. Cet ordre-ci est le suivant : les *Q. Thal.* (*CPG* 7688 ; f. 1ᵛ-40ʳ), les *Amb. Thom.* (*CPG* 7705. 1 ; f. 40ʳ-43ʳ), les *Amb. Io.* (*CPG* 7705. 2 ; f. 43ʳ-76ᵛ), le *De duabus Christi naturis* (f. 76ᵛ), l'*Ep. 6* (*CPG* 7699 ; f. 76ᵛ-77ᵛ), l'*Ep. 7* (f. 77ᵛ-78ʳ), l'*Ep. 11* (f. 78ʳ⁻ᵛ), l'*E. O. D.* (*CPG* 7691 ; f. 78ᵛ-82ʳ), l'*Ep. 4* (f. 82ʳ⁻ᵛ), l'*Ep. 8* (f. 82ᵛ-83ᵛ), l'*Ep. 9* (f. 83ᵛ), l'*Ep. 1* (f. 84ʳ-86ᵛ), l'*Ep. 19* (f. 86ᵛ-87ʳ), l'*Ep. 12* (f. 87ʳ-92ᵛ), l'*Ep. 13* (f. 92ᵛ-94ᵛ), l'*Ep. 15* (f. 94ᵛ-98ʳ), la *D. P.* (*CPG* 7698 ; f. 98ʳ-103ᵛ), l'*Op. 1* (*CPG* 7697. 1 ; f. 103ᵛ-105ᵛ), l'*Op. 2* (*CPG* 7697. 2 ; f. 105ᵛ-106ʳ), l'*Op. 3* (*CPG* 7697. 3 ; f. 106ʳ-107ʳ), l'*Op. 4* (*CPG* 7697. 4 ; f. 107ʳ⁻ᵛ), l'*Op. 5* (*CPG* 7697. 5 ; f. 107ᵛ-108ʳ), l'*Op. 7* (*CPG* 7697. 7 ; f. 108ʳ-109ᵛ), l'*Op. 6* (*CPG* 7697. 6 ; f. 109ᵛ-110ʳ), l'*Op. 14* (*CPG* 7697. 14 ; f. 110ʳ⁻ᵛ), l'*Op. 8* (*CPG* 7697. 8 ; f. 110ᵛ-112ᵛ), l'*Op. 9* (*CPG* 7697. 9 ; f. 112ᵛ-114ʳ), la *Myst.* (*CPG* 7704 ; f. 114ʳ-120ʳ), l'*E. ps. 59* (*CPG* 7690 ; f. 120ʳ-121ʳ), les *Dial. I-V* attribués à Maxime ([104]) (*CPG* 2284 ; f. 121ᵛ-134ʳ), le *Anim.* (*CPG* 7717 ; f. 134ʳ⁻ᵛ ; à partir de *PG* 91, 353 D5), le *Comp.* (*CPG* 7706 ; f. 134ᵛ-148ᵛ), le *L. A.* (*CPG* 7692 ; f. 149ʳ-153ʳ), les *Car.* (*CPG* 7693 ; f. 153ʳ-162ᵛ), les *Th.*

---

(100) Luard, *Manuscripts Preserved in the Library of the University of Cambridge*, p. 53.

(101) Laga – Steel, *Q. Thal.*, II, p. VIII ; Janssens, *Amb. Thom.*, p. XXIX.

(102) Luard, *Manuscripts Preserved in the Library of the University of Cambridge*, p. 47-53.

(103) De Vocht, *Kritische editie*, p. [74] ; Laga – Steel, *Q. Thal.*, II, p. VIII-IX ; Van Deun, *Opuscula*, p. XXVII ; Van Deun, *L. A.*, p. LIX ; Janssens, *Amb. Thom.*, p. XXIX-XXX ; Boudignon, *Myst.*, p. XVIII-XIX.

(104) A. Capone (*Pseudo-Atanasio. Dialoghi IV e V sulla santa Trinità* [*CSCO* 634 = *Subsidia* 125], Leuven, 2011) ne fait toutefois pas mention de ce témoin dans son édition des dialogues IV et V.

Oec. (*CPG* 7694 ; f. 162ᵛ-170ʳ) et les *Div. Cap.* ([105]) (*CPG* 7715 ; f. 170ʳ-189ᵛ).

Rien n'est connu du lieu d'origine du témoin, ni du copiste. L'histoire postérieure du codex a été examiné par Bart Janssens ([106]), qui suggère que, au 17ᵉ siècle, le manuscrit ne se trouvait pas encore dans la collection de l'University Library, puisque Thomas Gale ([107]) (*ca.* 1635-1702) a dû chercher une version grecque des *Amb. Io.* sur le continent.

V   *Ferrarensis, Biblioteca Comunale Ariostea 144 (s. XIV), f. 94ʳ-95ʳ*

Ce manuscrit en bombycin comptant 112 folios date du 14ᵉ siècle ([108]). L'écriture est du type *Fettaugenstil* ([109]). Il s'agit d'un témoin qui est entièrement consacré aux œuvres de Maxime le Confesseur, comme nous signale le Πίναξ τῶν κεφαλαίων καὶ ὑποθέσεων τῆς βίβλου τοῦ ὁσίου καὶ θεοφόρου πατρὸς ἡμῶν Μαξίμου τοῦ ὁμολογητοῦ (f. 2ʳ⁻ᵛ). Il contient le *L. A.* (*CPG* 7692 ; f. 3ʳ-20ʳ), les *Car.* (*CPG* 7693 ; f. 20ʳ-52ʳ), les *Th. Oec.* (*CPG* 7694 ; f. 52ʳ-77ᵛ), les *Cap. alia* (*CPG* 7716 ; f. 77ᵛ-92ʳ), les *Cap. XV* (*CPG* 7695 ; f. 92ʳ-94ʳ), le *De duabus Christi naturis* (*CPG* 7697. 13 ; f. 94ʳ-95ʳ), l'*Op. 23a* (*CPG* 7697. 23a ; f. 95ʳ⁻ᵛ), l'*Add. 19* (*CPG* 7707. 19 ; f. 95ᵛ-96ᵛ), l'*Op. 24* (*CPG* 7697. 24 ; f. 96ᵛ-97ᵛ), l'*Add. 21* (*CPG* 7707. 21 ; f. 97ᵛ-99ʳ), une partie de l'*Ep. 15* (jusqu'au *PG* 91, 549 A10) (*CPG* 7699 ; f. 99ʳ-100ᵛ) ; l'*Add. 31* (*CPG* 7707. 31 ; f. 100ᵛ), l'*Op. 1* (*CPG* 7697. 1 ; f. 100ᵛ-104ᵛ ; *PG* 91, 9 A1 – 13 C11 ; 17 C11 – 28 A13), l'*Anim.* (*CPG* 7717 ; f. 104ᵛ-106ᵛ ; *PG* 91, 353 C1 – 361 A3), l'*Add. 36* (*CPG* 7707. 36 ; f. 106ᵛ-107ʳ ; Epifanovič, *Materialy*, p. 99, l. 11 – p.100, l. 31) ; la définition de l'âme de l'*Anim.* (*CPG* 7717 ; f. 107ʳ ; Epifanovič, *Materialy*, p. 99,

---

(105) Cette œuvre n'a pas été mentionnée dans le catalogue de Luard.

(106) Janssens, *Amb. Thom.*, p. XXIX-XXX.

(107) Pour plus d'informations sur Gale, voir N. Doggett, *Gale, Thomas*, dans *Oxford Dictionary of National Biography*, Oxford, 2004 (http:// www.oxforddnb.com/view/article/10298 ; dernière consultation le 24 mars 2015).

(108) E. Martini, *Catalogo di manoscritti greci esistenti nelle biblioteche italiane. II. Catalogus codicum Graecorum qui in Bibliotheca Vallicellana Romae adservantur*, Milano, 1902, p. 342-345.

(109) Van Deun, *L. A.*, p. LX ; Roosen, *Epifanovitch Revisited*, I, p. 87. B. Markesinis remarque, dans sa description non publiée, qu'il y a aussi quelques traces du *Metochites-Stil*.

INTRODUCTION 71*

l. 9-10), l'*Ep. 4* (*CPG* 7699 ; f. 107^v-109^v) et l'*Ep. 9* (*CPG* 7699 ; f. 109^v-110^v). Les feuillets 111^r-112^v sont restés blancs.

Le codex ne contient aucun indice qui pourrait nous aider à retracer son histoire. Le fait qu'il s'agit d'un témoin en bombycin suggère toutefois une origine orientale ([110]). Les éditeurs de Maxime ([111]) ont également démontré que le manuscrit se trouvait déjà en Italie au 15e siècle, puisqu'il a servi de modèle pour quelques traductions latines du *L. A.* ([112]).

W *Florentinus, Mediceus-Laurentianus plut. IX, 8 (s. XI), f. 305^v-306^v*

Ce manuscrit de parchemin contient surtout des textes canoniques de divers auteurs comme Photios, Anastase le Sinaïte et Timothée de Constantinople. Il compte actuellement 354 folios ([113]) et est généralement daté du 11e siècle. Cependant, P. Eleuteri et A. Rigo ([114]) le datent du 12e-13e siècle, ce qui n'est pas correct. En effet, B. Roosen ([115]), s'appuyant sur les acclamations à la fin du volume, mentionne dans sa description que le *terminus post quem* est le règne de Constantin VIII (1025-1028). Le codex a été écrit par un seul scribe, dont nous ne savons rien. L. Burgmann

---

(110) Van Deun, *L. A.*, p. LXI ; Roosen, *Epifanovitch Revisited*, I, p. 87.

(111) Van Deun, *L. A.*, p. LXI ; Roosen, *Epifanovitch Revisited*, I, p. 87-88.

(112) S. Gysens, *Les traductions latines du* Liber Asceticus *(CPG 7692) de Saint Maxime le Confesseur*, dans *Augustiniana* 46 (1996), p. 315-317 et 318-322 ; Van Deun, *L. A.*, p. 129-136.

(113) Le manuscrit a toutefois perdu 8 folios entre les feuillets 350^{r-v} et 351^{r-v}, qui se trouvent maintenant comme f. 9^r-16^v dans le *Lipsiensis, Bibliotheca Universitatis gr. 46*, un codex qui a été composé à partir de 4 manuscrits (Bandini, *Catalogus codicum manuscriptorum*, p. 403 ; Roosen, *Epifanovitch Revisited*, I, p. 92 ; V. Gardthausen, *Katalog der griechischen Handschriften der Universitäts-Bibliothek zu Leipzig* [*Katalog der Handschriften der Universitäts-Bibliothek zu Leipzig* 3], Leipzig, 1898, p. 65-67 ; F. Kolovou, *Die griechischen Handschriften der Universitätsbibliothek Leipzig*, dans Bravo García, *The Legacy of Bernard de Montfaucon*, p. 399). Nous ne savons pas quand les feuillets présents dans le manuscrit de Leipzig ont été arraché du *Florentinus*.

(114) Eleuteri – Rigo, *Eretici*, p. 23. Voir à ce sujet, la note 18 dans la thèse de B. Roosen (*Epifanovitch Revisited*, I, p. 92).

(115) Il déduit cette hypothèse des acclamations qui se trouvent à la fin du *Tomus Unionis* (p. 93).

72* INTRODUCTION

et alii ([116]) situent l'origine du manuscrit en Palestine ou à l'île de Chypre sans qu'ils expliquent toutefois pourquoi.

Pour une description détaillée, nous renvoyons à celles de Bandini ([117]) et Roosen ([118]). Dans ce qui suit, nous nous limitons à une description des feuillets 289ᵛ-311ʳ. Ils contiennent : un extrait de l'*Hodegos* d'Anastase le Sinaïte ([119]), connu sous le nom de *Definitiones seorsum traditae* ([120]) (*CPG* 7745 ; f. 289ᵛ-298ʳ), une définition de κατάχρησις ([121]) (f. 298ʳ), un traité néochalcédonien édité par S. Helmer ([122]) (f. 298ʳ-299ᵛ), la suite des *Definitiones seorsum traditae* ([123]) (f. 299ᵛ-300ʳ), une collection de définitions éditée par Roosen et Van Deun ([124]) (f. 300ʳ-301ʳ), la première partie de l'*Ep. 15* de Maxime le Confesseur (*CPG* 7699 ; f. 301ʳ-304ʳ ; jusqu'à *PG* 91, 553 C5), l'appendice 1 de l'*Op. 23a* ([125]) (*CPG* 7697. 23a, app. 1 ; f. 304ʳ), une collection de définitions d'Anastase d'Antioche (f. 304ʳ-305ʳ), une définition de Sophrone de Jérusalem (f. 305ʳ), l'*Add. 20* (*CPG* 7707. 20 ; f. 305ʳ), l'*Op. 23c* (*CPG* 7697. 23c ; f. 305ʳ⁻ᵛ), le *De duabus Christi naturis* (f. 305ᵛ-306ᵛ), l'*Add. 21* (*CPG* 7707. 21 ; f. 306ᵛ-308ʳ), l'*Op. 24* (*CPG* 7697. 24 ; f. 308ʳ-309ʳ), l'*Op. 23a* (*CPG* 7697. 23a ; f. 309ʳ-310ʳ) et quelques chapitres des *Dialectica* (*recensio brevior* 50, 28, 29, 32) de Jean Damascène (*CPG* 8041 ([126]) ; f. 310ʳ-311ᵛ).

L'histoire du codex suit celle de la reste de la Bibliotheca Medicea Laurentiana ([127]). Selon Fryde ([128]), ce codex se trouvait déjà

---

(116) *RHBR*, p. 80.

(117) Bandini, *Catalogus codicum manuscriptorum*, p. 395-403.

(118) Roosen, *Epifanovitch Revisited*, I, p. 92-94 ; II, p. 351-355.

(119) Uthemann, *Viae dux*, II, 1, p. 23, l. 1 – II, 7, p. 64, l. 86. Il est remarquable que cette partie du manuscrit contient beaucoup de *fenestrae*, ce qui veut dire que le scribe ne pouvait pas toujours déchiffrer son modèle.

(120) Cf. Uthemann, *Viae dux*, p. CCXXXI-CCXXXVIII.

(121) Cf. Uthemann, *Viae dux*, p. CCXXVI, n. 21.

(122) Helmer, *Der Neuchalkedonismus*, p. 275-278.

(123) Uthemann, *Viae dux*, II, 8, p. 72, l. 101 – p. 73, l. 137 ; II, 8, p. 64, l. 1-7 ; II, 8, p. 65, l. 18 – p. 66, l. 26 ; II, 8, p. 68, l. 46 ; II, 8, p. 71, l. 87 – p. 72, l. 100.

(124) Roosen – Van Deun, *Les collections de définitions*, p. 70-75.

(125) *PG* 91, 264 B.

(126) Cette combinaison de chapitres est connue sous le numéro *CPG* 6915.

(127) Cf. A. Morandini – G. De Angelis d'Ossat – M. Tesi, *Biblioteca Medicea Laurenziana* (*Le grandi biblioteche d'Italia*), Roma, 1986, p. 15-33.

(128) E. B. Fryde, *Greek Manuscripts in the Private Library of the Medici, 1469-1510*, Aberystwyth, 1996, p. 791 (n° 231).

INTRODUCTION 73*

dans l'inventaire des manuscrits des Médicis qu'a fait Fabio Vigili (entre 1508 et 1510).

X *Guelferbytanus, Herzog-August-Bibliothek, Gudianus gr. 39 (s.* XIII*), f.* 7ʳ-8ᵛ

Ce manuscrit de parchemin, datant du 13ᵉ siècle [129] et comptant 264 feuillets, a été décrit en détail par Koehler [130]. Le codex a été écrit par une seule main et est entièrement consacré aux œuvres de Maxime le Confesseur. Il s'agit probablement d'une copie de la première partie du *Romanus, Angelicus gr. 120* (cf. *infra*). Le codex entame avec un pinax (f. 1ʳ-6ᵛ), suivi du *De duabus Christi naturis* (f. 7ʳ-8ᵛ), des *Car.* (*CPG* 7693) – qui ont été écrits dans les marges des feuillets 7ʳ-66ᵛ par une autre main après la fabrication du pinax, de l'*Ep. 6* (*CPG* 7699 ; f. 8ᵛ-12ʳ), de l'*Ep. 7* (f. 12ʳ-15ʳ), de l'*Ep. 11* (f. 15ʳ-17ᵛ), de l'*E. O. D.* (*CPG* 7691 ; f. 17ᵛ-33ʳ), de l'*Ep. 4* (f. 33ʳ-36ʳ), de l'*Ep. 8* (f. 36ʳ-39ʳ), de l'*Ep. 9* (f. 39ʳ-40ᵛ), de l'*Ep. 1* (f. 40ʳ-53ᵛ), de l'*Ep. 19* (f. 53ᵛ-56ᵛ), de l'*Ep. 12* (f. 56ᵛ-79ᵛ), de l'*Ep. 13* (f. 80ʳ-90ʳ), de l'*Ep. 15* (f. 90ʳ-104ʳ), des *Amb. Thom.* (*CPG* 7705. 1 ; f. 104ʳ-116ʳ) et des *Amb. Io.* (*CPG* 7705. 2 ; f. 116ʳ-264ᵛ). Une main postérieure a écrit – dans les marges – des renvois en latin à l'édition de Combefis.

Van Deun [131] émet l'hypothèse que ce codex-ci avait pour but de former, ensemble avec le *Vaticanus gr. 508* [132], un recueil d'écrits maximiens, comme est le cas pour leur modèle, le *Romanus, Angelicus gr. 120*. D'après Van Deun, ces deux témoins pourraient avoir été copiés par le même scribe. Ne sachant rien sur ce copiste, nous disposons quand même de quelques indices en ce qui

---

(129) Un *terminus ante quem* peut être trouvé dans la copie du *Gudianus*, à savoir le *Vaticanus gr. 507* qui a été achevé en juillet 1344 (cf. Van Deun, *Opuscula*, p. LXXXV). Les *Car.* ont probablement été ajoutés au *Gudianus* après cette date, vu que cette œuvre ne figure pas dans sa copie. B. Janssens suit l'argumentation de Van Deun (Janssens, *Amb. Thom.*, p. XXXIII-XXXIV).

(130) Koehler – Milchsack, *Die Gudischen Handschriften*, p. 29-31.

(131) Van Deun, *Opuscula*, p. LXXXVII, n. 62.

(132) Les deux semblent avoir été copiés par le même copiste (cf. Van Deun, *Opuscula*, p. LXXXVII, n. 62). Pour plus d'informations sur la relation entre ces manuscrits, voir E. Sciarra, *Massimo Confessore tra Costantinopoli e l'Athos,* dans D. Bianconi (éd.), *Oltre la scrittura. Variazioni sul tema per Guglielmo Cavallo* (*Dossiers byzantins* 8), Paris, 2008, p. 143-165.

74* INTRODUCTION

concerne l'histoire postérieure du codex. Le manuscrit a probablement appartenu au monastère de San Marco à Florence ([133]). Il figure dans un inventaire dressé par Zenobio Acciaioli qui date de 1499/1500 ([134]). Un autre catalogue ([135]), cette fois-ci de *ca.* 1545, nous informe que le manuscrit se trouvait toujours dans cette même bibliothèque à ce moment-là. Le même manuscrit peut encore être retrouvé dans trois autres inventaires de la collection de manuscrits de San Marco, tous datables du 16e siècle ([136]). Nous ne disposons d'aucune information quant au transfert du manuscrit à la collection de Marquard Gude (1635-1689) ([137]). Celle-ci a été acquise en 1710 par la Herzog August Bibliothek à Wolfenbüttel ([138]).

Y   *Hierosolymitanus, Sabaïticus 366 (s. XIII), f. 227ᵛ-228ʳ*

Ce manuscrit de papier compte 254 folios et date de la première moitié du 13e siècle ([139]). Nous ne savons rien sur l'histoire du manuscrit, mais il s'agit d'un codex très hétérogène : le catalogue fait

---

(133) Pour l'histoire de la bibliothèque du monastère de San Marco, voir ULLMAN – STADTER, *The Public Library of Renaissance Florence*, p. 3-56.

(134) Il s'agit du *Repertorium sive index librorum Latinae et Graecae bibliothecae conventus sancti Marci de Florentia ordinis praedicatorum* (cf. ULLMAN – STADTER, *The Public Library of Renaissance Florence*, p. 125-267). Sous le numéro 1066 (ULLMAN – STADTER, *The Public Library of Renaissance Florence*, p. 249), on peut trouver un manuscrit qui est décrit comme « Maximi contra Arrianos, in membranis », ce qui peut correspondre à notre *Gudianus gr. 39*. Pour plus d'informations concernant Acciaioli, voir ULLMAN – STADTER, *The Public Library of Renaissance Florence*, p. 34-35.

(135) *Index Bibliothecae Divi Marci Florentiae in monasterio Dominicanorum*, M 54 (ULLMAN – STADTER, *The Public Library of Renaissance Florence*, p. 275).

(136) Le manuscrit figure sous le numéro 137 dans l'inventaire dressé par Jean Matal (1510 [1517 ?]-1597) vers 1544-1545. En plus, nous retrouvons à peu près la même description (« Maximi de duabus naturis Christi, et expositio quorumdam locorum Dionysii Ariopagitae et Nazanzeni ») dans l'inventaire A (*Index bibliothecae Divi Marci Florentiae*) sous le numéro 7 (16e siècle ; pas de datation précise) et dans l'inventaire B (*Index sacrorum librorum qui custodiuntur in bibliotheca D. Marci*), qui est antérieur à l'inventaire de Matal vu qu'il l'a utilisé pour compléter son catalogue, sous le numéro 55 (« Maximus de duabus naturis Iesu Christi »). Ces trois inventaires ont été publiés par Petitmengin et Ciccolini (PETITMENGIN – CICCOLINI, *Jean Matal*, p. 268, 314, 328, 349).

(137) Pour plus d'informations sur cette collection, voir KOEHLER – MILCHSACK, *Die Gudischen Handschriften*, p. VII-XVIII.

(138) Cf. JANSSENS, *Amb. Thom.*, p. XXXIII.

(139) DE DURAND, *La tradition des œuvres de Marc le Moine*, p. 7.

INTRODUCTION 75*

mention de 70 titres ([140]). Pour ne mentionner que quelques auteurs qui sont présents dans ce volume : Athanase d'Alexandrie, Grégoire de Nysse, Nil d'Ancyre, etc. C'est un témoin qui est notamment de grande importance pour la transmission des œuvres de Marc le Moine : en effet, il est un des deux manuscrits contenant la totalité des opuscules attribués à Marc le Moine ([141]). Le *Sabaïticus 366* contient également quelques opuscules de Maxime le Confesseur ([142]). Il s'agit plus particulièrement de notre opuscule sur les deux natures du Christ (f. 227^v-228^r), suivi des *Cap. XV* (*CPG* 7695 ; f. 228^r-229^v), d'une partie de la *Ep. 15* à Cosmas (*CPG* 7699 ; f. 229^v-230^v ; jusqu'à *PG* 91, 549 A9 [ἐκτραπέντας]), suivi de deux textes attribués à Grégoire de Nysse, à savoir l'*Add. 31* (*CPG* 7707. 31 ; f. 230^v) et un extrait de l'*Ad Simplicium de fide* ([143]) (*CPG* 3140 ; f. 230^v-231^r), de l'*Add. 21* (*CPG* 7707. 21 ; f. 231^r-232^r) et d'une partie de l'*Op. 24* portant comme titre Περὶ τῶν δύο θελημάτων Χριστοῦ τοῦ Θεοῦ ἡμῶν (*CPG* 7697. 24 ; f. 232^r ; *PG* 91, 268 A7 [Τὸ Χριστὸς ὄνομα] – C10 [πάλιν ὡς ἄνθρωπος]). Le *De duabus Christi naturis* est précédé d'une collection d'apophtegmes (221^v-227^v) dont la table ci-dessous donne un aperçu du contenu ([144]) :

f. 221^v-223^v	*Quaestiones et responsa senum de tentationibus*	Titre : Διάλεξις ἁγίων γερόντων πρὸς ἀλλήλους περὶ λογισμῶν Incipit : Ἐρώτησις· πῶς δεῖ εἶναι τὸν μοναχὸν ἐν τῷ κελλίῳ Desinit : ἐν τοῖς οὐρανοῖς ([145])
f. 223^v-225^r	Quelques apophtegmes du *Dialogus de contemplatione*	Incipit : ἑτέρου ἐρώτησις· πῶς δεῖ ἡσυχάζειν (n° I) Desinit : ὡς ἕνα ὁρᾶν (n° XXII) ([146])

---

(140) Papadopoulos-Kerameus, Ἱεροσολυμιτικὴ βιβλιοθήκη, II, p. 482-492.

(141) L'autre est le *Cryptoferratensis B α 19* (*ca.* 965) (cf. de Durand, *La tradition des œuvres de Marc le Moine*, p. 7).

(142) Cf. Roosen, *Epifanovitch Revisited*, I, p. 102.

(143) F. Mueller (éd.), *Gregorii Nysseni Opera dogmatica minora. I* (*Gregorii Nysseni Opera 3*, 1), Leiden, 1958, p. 63, l. 27 [τὸ ἐκ τοῦ λύχνου] – p. 64, l. 6 [εἶναι τὴν θεότητα].

(144) Le copiste saute d'un apophtegme à l'autre. L'ordre des apophtegmes ne correspond donc pas à celui dans les éditions.

(145) J.-Cl. Guy, *Un dialogue monastique inédit : Περὶ λογισμῶν*, dans *Revue d'ascétique et de mystique* 33 (1957), p. 171-182 (177-182).

(146) Id., *Un entretien monastique sur la contemplation*, dans *Recherches de science religieuse* 50 (1962), p. 230-241 (232-236).

f. 225ʳ	Quelques apophtegmes des *Apophtegmes des Pères*	Incipit: καὶ εἶπεν ὁ γέρων· εἰ θέλεις (n° XII, par. 24) Desinit: τοῦ σιωπᾶν (n° X, par. 128) ([147])
f. 225ʳ⁻ᵛ	Quelques apophtegmes des *Apophthegmata e cod. Coislin. 126*	Incipit: εἶπε γέρων· συμφέρων (n° CII) Desinit: αὐτὸν ὁ Κύριος (n° CXX) ([148])
f. 225ᵛ	Quelques apophtegmes des *Apophthegmata Patrum (collectio alphabetica)*	Incipit: εἶπεν ὁ ἀββᾶς· μέμνησο (n° IV) Desinit: ἐν τῇ ψυχῇ σου (n° IV) ([149])
f. 225ᵛ	Un extrait des *Quaestiones et Responsiones* de Barsanuphius et Jean	Incipit: εἶπεν ὁ ἅγιος Βαρσανούφιος· ὅτι ἐὰν τὴν ὁδόν (Ep. 68, l. 39) Desinit: ἀναπαύοντα (Ep. 68, l. 42) ([150])
f. 225ᵛ⁻226ʳ	Quelques apophtegmes des *Apophthegmata Patrum (collectio alphabetica)*	Incipit: ἀδελφὸς παρέβαλε (col. 128, n° IV) Desinit: τοῦ Θεοῦ Λόγου. Ἀμὴν (col. 289, n° XVIII) ([151])
f. 226ʳ⁻227ʳ	Apophtegmes non identifiés	Incipit: Εἶπε γέρων· ἐὰν λογισμὸς Desinit: σύνολον ἀρετήν
f. 227ʳ	Quelques apophtegmes des *Apophtegmes des Pères*	Incipit: εἶπεν ὁ ἀββᾶς Τιθόης (n° IV, chap. 52) Desinit: τὸ ἑαυτοῦ στόμα ([152])
f. 227ʳ⁻ᵛ	Quelques apophtegmes des *Apophtegmes des Pères*	Incipit: Ἀδελφὸς ἠρώτησε γέροντα λέγων (n° II, par. 35) Desinit: τοῦ θανάτου διαπαντός ([153])

(147) J.-CL. GUY, *Les apophtegmes des Pères. Collection systématique. Chapitres X-XVI (SC 474)*, Paris, 2003.

(148) F. NAU, *Histoires des solitaires égyptiens*, dans *ROC* 12 (1907), p. 43-69, 171-189, 393-413; 13 (1908), p. 47-66, 266-297; 14 (1909), p. 357-379; 17 (1912), p. 204-211, 294-301; 18 (1913), p. 137-146.

(149) *PG* 65, 173.

(150) F. NEYT – P. DE ANGELIS-NOAH, *Barsanuphe et Jean de Gaza. Correspondance. I/1 Aux solitaires. Lettres 1-71. Introduction, texte critique et notes (SC 426)*, Paris, 1997.

(151) Sélection des apophtegmes édités dans *PG* 65, 72-440.

(152) GUY, *Apophtegmes I-IX*.

(153) *Ibid.*

INTRODUCTION 77*

Z *Hierosolymitanus, Sancti Sepulchri 19 (s. XIII), f. 221ʳ-222ᵛ*

Ce codex de parchemin comptant 231 folios est entièrement consacré à Maxime le Confesseur [154]. Il s'agit d'un apographe du *Vaticanus gr. 1502*, mais il ne contient pourtant que quelques textes du corpus maximien de ce dernier: les *Q. Thal.* (*CPG* 7688; f. 1ʳ-220ᵛ), le *De duabus Christi naturis* (f. 221ʳ-222ᵛ), l'*Ep. 4* (*CPG* 7699; f. 222ᵛ-226ᵛ) et l'*Ep. 8* (f. 226ᵛ-230ʳ). Le codex a été dans la possession du même ἱερομόναχος Μάρκος [155] du manuscrit Bs (voir la note d'appartenance en haut du f. 1ʳ: ἡ βίβλος πέφυκε τοῦ ἱερομονάχου Μάρκου). Le codex contient encore d'autres notes d'appartenance en forme de στίχοι πολιτικοί en décapentasyllabes (τοῦ διαδόχου Ἱεροσολύμων Θεοφάνους [f. 2ᵛ], τοῦ πατριάρχου Ἱεροσολύμων Σωφρονίου [f. 228ᵛ-229]) qui l'identifient déjà très tôt comme étant la propriété du Saint Sépulcre [156]. Papadopoulos-Kerameus [157] date ce témoin du 11ᵉ siècle, mais Laga et Steel [158] mettent cette datation en doute et proposent, prudemment, le 13ᵉ siècle.

Ab *Matritensis, Biblioteca Nationalis 4636 (olim N-115) (s. XV), f. 126ᵛ*

Ce manuscrit de papier date de la deuxième moitié du 15ᵉ siècle et compte 263 folios. Il contient une sélection de textes d'une grande variété d'auteurs comme Jean Damascène, Thucydide, Georges Scholarios, Nicéphore Grégoras, Théodore de Gaza, etc. [159] Le codex ne contient que le chapitre α′ du *De duabus Christi naturis* (f. 126ᵛ) [160]. Cet extrait maximien est précédé de l'*Oratio ad Lucam Notaram de Spiritu Sancto* [161] de Jean Argyropoulos (f. 120ʳ-126ᵛ) et suivi d'un texte intitulé Χρησμοὶ Ἑλληνικοί

---

(154) Cf. Papadopoulos-Kerameus, Ἱεροσολυμιτικὴ βιβλιοθήκη, I, p. 79-80.

(155) Cf. *PLP*, n° 17034.

(156) Papadopoulos-Kerameus, Ἱεροσολυμιτικὴ βιβλιοθήκη, I, p. 79-80. (Papadopoulos-Kerameus s'est trompé de feuillets; la note de Sophrone ne se trouve pas aux folios 227ᵛ-228ʳ, mais aux folios 228ᵛ-229ʳ.)

(157) Papadopoulos-Kerameus, Ἱεροσολυμιτικὴ βιβλιοθήκη, I, p. 79.

(158) Laga – Steel, *Q. Thal.*, I, p. LI, n. 118.

(159) Cf. de Andrés, *Catálogo de los códices griegos*, p. 169-174.

(160) Ce chapitre ne se trouve pas à l'intérieur d'un florilège, donc nous ne l'avons pas considéré comme faisant partie de la tradition indirecte.

(161) Lambros, Ἀργυροπούλεια, p. 107-128.

INTRODUCTION

(f. 127ʳ⁻ᵛ) contenant des oracles grecs. Ce texte des oracles grecs est suivi du *De processione Spiritus Sancti* de Georges Gemistus Pletho (f. 128ʳ-130ᵛ ; *PG* 160, 975-980). Ce texte est à son tour suivi aux folios 130ᵛ-132ʳ d'exactement le même texte qui figure aux folios 120ʳ-126ᵛ (cf. *supra*), sauf que cette fois-ci la fin manque ([162]).

Le codex a été décrit par de Andrés qui mentionne qu'il s'agit d'un codex artificiel. En effet, le savant byzantin Constantin Lascaris (*ca.* 1434-1501) a combiné le travail de cinq copistes avec ses propres copies. Toutes ces parties datent de la deuxième moitié du 15ᵉ siècle. La partie contenant l'extrait du *De duabus Christi naturis* (f. 120ʳ-127ᵛ) a été copiée vers 1455 à Rhodes ([163]). De Andrès ([164]) nous donne un rapport détaillé de l'histoire du manuscrit. Lascaris a donné le volume à la ville de Messine à la fin du 15ᵉ siècle. En 1690, le codex entre dans la collection du comte d'Uceda ([165]) pour enfin être acquis par la Bibliothèque nationale de Madrid en 1712.

Ac *Matritensis, Biblioteca Nationalis 4749 (olim O-18) (a.* 1555-1556), f. 46ʳ-48ʳ

Ce *Matritensis* est un manuscrit de papier comptant 384 feuilles. Les folios 1ʳ-185ᵛ datent de 1556, le reste du codex de 1555. Ce manuscrit a été décrit en détail par de Andrés ([166]) et Auwers et Guérard ([167]).

Le manuscrit contient les textes de divers auteurs, mais une grande partie du manuscrit est consacrée aux œuvres de Jean Damascène. Puisqu'il existe déjà des descriptions détaillées, nous nous limitons ici à une énumération des œuvres qui se trouvent aux alentours du *De duabus Christi naturis*. Cet opuscule maximien se trouve dans la première partie du manuscrit, datant de 1556, qui est entièrement consacrée à des œuvres christologiques. L'opuscule sur les deux natures du Christ se trouve aux folios 46ʳ-48ʳ. Il s'agit

---

(162) Jusqu'à Lambros, Ἀργυροπούλεια, p. 117, l. 3.

(163) de Andrés, *Catálogo de los códices griegos*, p. 172.

(164) *Ibid.*, p. 173.

(165) On peut trouver notre manuscrit sous le numéro 49 du catalogue des manuscrits du comte de Uceda (G. de Andrés, *Catálogo de los manuscritos de la biblioteca del Duque de Uceda*, dans *Revista de Archivos, Bibliotecas y Museos* 78 [1975], [p. 5-40] p. 21).

(166) de Andrés, *Catálogo de los códices griegos*, p. 339-342.

(167) Auwers – Guérard, *Epitome*, p. XXXIV-XXXVII.

INTRODUCTION 79*

de la version du texte contenant la phrase sur l'hérésie de Macédonios (caput α'). Ce traité est précédé du *Contra Severianos* de Jean Damascène (*CPG* 8087. 3; f. 42^r-43^r; *PG* 95, 225 A1 – 228 B9) et d'une collection de douze chapitres sur la résurrection du Christ pris de divers auteurs ([168]) (f. 43^r-46^r). Après le texte de Maxime, l'on peut lire un extrait (intitulé Περὶ Μανιχαίων) du *De receptione haereticorum* de Timothée de Constantinople ([169]) (*CPG* 7016; f. 48$^{r\text{-}v}$; *PG* 86, 20 B9 – 21 A15) et du *Qua ratione imaginem Dei homo referat* de Jean Damascène (*CPG* 8087. 4; f. 48^v-49^r; *PG* 95, 228 C7 – 229 D4). L'ordre de ce dernier opuscule est toutefois un peu perturbé ([170]).

Le codex a été copié par deux scribes ([171]). Les folios 1^r-185^v (contenant entre autres le *De duabus Christi naturis*) sont de la main du copiste Cornelio Múrmuris de Nauplia ([172]), qui les a copiés à Venise en 1556, ce dont témoigne la note suivante qui se trouve au folio 185^r: « Κουρνέλιος Μούρμουρις ὁ Ἀνδρέου Ναυπλιεὺς Ἐνετίησι (sic) διατρίβων ἐξέγραψεν, ἔτους ἀπὸ τῆς τοῦ Σωτῆρος γεννήσεως αφνς' ». Le reste du manuscrit a été copié par Georges Tryphon ([173]).

Selon de Andrés ([174]), le manuscrit a été successivement en possession du cardinal Francisco de Mendoza y Bovadilla (1508-1564), de García de Loaisa (1534-1599), du couvent de S. Vicente de Plasencia au 17e siècle et à partir du 18e siècle, de la Bibliothèque Nationale à Madrid. Francisco de Mendoza avait une magnifique bibliothèque avec mille manuscrits et éditions imprimées.

---

(168) Ce même florilège peut également être trouvé dans le *Parisinus Supplementum Graecum 8* (cf. *infra*). Pour le contenu de ce florilège, nous renvoyons à la description du manuscrit de Paris par Astruc et al. (*Supplément grec*, p. 31-32).

(169) Il semble qu'Auwers (Auwers – Guérard, *Epitome*) a docilement transcrit le contenu donné par le catalogue, vu qu'il ne mentionne pas cet extrait.

(170) *PG* 95, 228 C7 – 229 B9; *PG* 95, 229, D1-4; *PG* 95, 229 B10 – C14.

(171) Signalons toutefois que de Andrés (de Andrés, *Catálogo de los códices griegos*) distingue trois mains (f. 1^r-185^v; 186^r-193^v et 265^r-384^v; 194^r-264^v).

(172) Cf. *RGK*, III, 354; cf. de Andrés, *Los copistas*, p. 44.

(173) Cf. *RGK*, I, 74; III, 125.

(174) Cf. de Andrés, *Los copistas*, p. 39-40.

80* INTRODUCTION

Il possédait 121 manuscrits grecs dont deux tiers étaient des copies contemporaines, faites durant son séjour à Rome entre 1545-1557.

Ad *Mediolanensis, Ambrosianus B 139 sup. (gr. 146) (ca. a.* 1600), f. 22^r

Ce manuscrit de papier, comptant 111 feuillets, a été décrit en détail par Martini-Bassi ([175]) et par les éditeurs de Maxime le Confesseur ([176]). Il a été copié vers 1600 par l'humaniste écossais David Colvill ([177]) (1581-1632). À cause du fait que ce copiste se servait surtout de manuscrits provenant de Torino pour faire ses copies, on peut supposer qu'il a probablement travaillé à la bibliothèque des ducs de Savoie ([178]). Laga et Steel ([179]) ont émis l'hypothèse que le modèle de ce codex a été le *Taurinensis gr. XXV.b.V.5.*

Le *B 139 sup.* forme ensemble avec le *B 137 sup.*, également copié par Colvill, un grand corpus de textes maximiens : l'*E. O. D.* (*CPG* 7691 ; f. 1^r-7^r), l'*Ep. 6* (*CPG* 7699 ; f. 7$^{r\cdot v}$), l'*Ep. 7* (f. 8$^{r\cdot v}$), l'*E. ps. 59* (*CPG* 7690 ; f. 9^r-10^v), l'*Ep. 4* (f. 11$^{r\cdot v}$), l'*Ep. 8* (f. 12$^{r\cdot v}$), l'*Ep. 9* (f. 13^r), l'*Ep. 1* (f. 14^r-19^v), deux extraits du *Synaxaire* (du 13 août et du 13 avril ; f. 19^v), l'*Ep. 19* (f. 21$^{r\cdot v}$), le *De duabus Christi naturis* (f. 22^r), l'*Ep. 12* (f. 22^v-29^v), l'*Ep. 13* (f. 30^r-33^r), l'*Ep. 15* (f. 33^v-36^v) ([180]), la *D. P.* (*CPG* 7698 ; f. 38^r-49^v), l'*Op. 1* (*CPG* 7697.1 ; f. 50^r-53^v), l'*Op. 2* (*CPG* 7697. 2 ; f. 54$^{r\cdot v}$), l'*Op. 3* (*CPG* 7697. 3 ; f. 54^v-55^v), l'*Op. 5* (*CPG* 7697. 5 ; f. 55^v), l'*Op. 7* (*CPG* 7697. 7 ; f. 56^r-58^v), l'*Op. 6* (*CPG* 7697. 6 ; f. 58^v), l'*Op. 4* (*CPG* 7697. 4 ; f. 59$^{r\cdot v}$), l'*Op. 8* (*CPG* 7697. 8 ; f. 60^r-62^r), l'*Op. 14* (*CPG* 7697. 14 ; f. 63^r), l'*Op. 9* (*CPG* 7697. 9 ; f. 64^r-65^v), le *L. A.* (*CPG*

---

(175) Martini – Bassi, *Catalogus codicum graecorum*, I, p. 166-167.

(176) De Vocht, *Kritische editie*, p. [41] ; Laga – Steel, *Q. Thal.*, I, p. XLIII-XLVIII et *Q. Thal.*, II, p. XXV ; Van Deun, *L. A.*, p. LXVII.

(177) Pour plus d'informations sur ce personnage, voir les descriptions des éditeurs de Maxime et G. Mercati, *Il Catalogo dei Codici Greci dell'Escuriale compilato avanti l'incendio del 1671 da D. Colvill*, dans *Alcune note di letteratura patristica VIII (Rendiconti del R. Istituto Lombardo di Scienze e Lettere Ser.* 2, 31), Milano, 1898, p. 1221-1229 (= *Opere Minori*, II [*ST* 77], Città del Vaticano, 1937, p. 100-108). Notre manuscrit ne contient aucune note mentionnant le nom du scribe, mention qu'on trouve bel et bien dans le *Mediolanensis, Ambrosianus B 137 sup.* qui forme le début de la collection maximienne (f. 139^r : δαυὶδ κόλβιλλος ὁ σκοτεὺς).

(178) Laga – Steel, *Q. Thal.*, I, p. XLVI.

(179) *Ibid.*, I, p. XLIV-XLVII.

(180) Il n'y a pas de feuillet 37$^{r\cdot v}$.

INTRODUCTION 81*

7692; f. 66^r-72^v), les *Car.* (*CPG* 7693; f. 74^r-92^v), les *Th. Oec.* (*CPG* 7694; f. 93^r-110^r) et les *Cap. XV* (*CPG* 7695; f. 110^v-111^v).

Ae *Mediolanensis, Ambrosianus Q 74 sup. (gr. 681) (s.* X), f. 263^v-264^r

À l'heure actuelle, ce manuscrit de parchemin compte 267 feuillets, mais il en a perdu plusieurs au début et à la fin. Les folios 1^r-2^v et 266^r-267^v proviennent d'un manuscrit latin (probablement issu de l'Italie du Sud ([181])) qui date selon Mazzucchi ([182]) de la moitié du 13e siècle, mais d'après Roosen ([183]) du 14e-15e siècle. Le codex même est daté de la deuxième moitié du 10e siècle ([184]). L'ordre du codex est perturbé. Les feuillets doivent être restitués dans l'ordre suivant: f. 218, 220, 219, 221, 222, 224, 223, 225 et 242, 244, 243, 245, 246, 248, 247, 249 ([185]). Récemment, Pasini a redécouvert quatre feuillets du début du manuscrit sous le nom *Mediolanensis, Ambrosianus D 137 suss* ([186]). Ces folios, à présent numérotés 4 à 7, contiennent: aux f. 4^r-5^v, un fragment du pinax de la première partie d'Ae mentionnant les œuvres figurants aux folios 74^v-131^v, et aux folios 5^v-7^v, le pinax de la deuxième partie du même manuscrit (contenu des feuillets 132^r-265^v) ([187]). Mazzucchi ([188]) suggère une origine syropalestine, mais il ne donne aucun argument.

Une description détaillée du manuscrit a été faite par Martini et Bassi ([189]) et Roosen ([190]). Le codex consiste en deux parties: d'une part, les feuillets 3^r-131^v qui contiennent la troisième recension du *Florilegium Coislinianum secundum alphabeti litteras dispositum* ([191]), de l'autre part les folios 132^r-265^v qui com-

---

(181) Mazzucchi, *Un testimone*, p. 357.

(182) *Ibid.* D'après lui, ce codex provenait de l'Italie du Sud.

(183) Roosen, *Epifanovitch Revisited*, I, p. 114.

(184) *Ibid.*, I, p. 115. Martini – Bassi (*Catalogus codicum graecorum*, II, p. 780) le datent du 10e siècle; Pasini (*Codici e frammenti*, p. 85) de la fin du 10e siècle.

(185) Martini – Bassi, *Catalogus codicum graecorum*, II, p. 780; Roosen, *Epifanovitch Revisited*, I, p. 114.

(186) Pasini, *Codici e frammenti*, p. 83-87.

(187) *Ibid.*, p. 83-84.

(188) Mazzucchi, *Un testimone*, p. 356.

(189) Martini – Bassi, *Catalogus codicum graecorum*, II, p. 767-780.

(190) Roosen, *Epifanovitch Revisited*, I, p. 114-116.

(191) Cf. T. Fernandez, *Book Alpha of the* Florilegium Coislinianum: *A Critical Edition with a Philological Introduction*, Leuven, 2010, p. LXXVII-LXXX (dissertation non publiée; paraîtra dans la *CCSG*).

portent une collection de textes philosophiques et théologiques de divers auteurs comme Jean Philopon, Théodore Abucara, Jean Damascène, Anastase le Sinaïte, etc. À l'intérieur de cette collection, on peut trouver plusieurs œuvres maximiennes (parfois dans une forme abrégée) dont suit ici le *conspectus* : l'*Op. 14* (*CPG* 7697. 14 ; f. 149ʳ-150ʳ ; jusqu'à *PG* 91, 153 B2 [κίνησις]), l'*Op. 26* (*CPG* 7697. 26 ; f. 150ʳ⁻ᵛ), l'*Op. 27* (*CPG* 7697. 27 ; f. 150ᵛ) dans une forme remaniée, l'*Op. 19* (*CPG* 7707. 19 ; f. 153ᵛ-154ʳ), l'*Op. 1* dans une forme remaniée (*CPG* 7697. 1 ; f. 154ʳ-157ʳ), des extraits de l'*Add. 36* (*CPG* 7707. 36 ; f. 158ʳ ; Epifanovič, *Materialy*, p. 100 , l. 3 [ἡ ψυχή] – l. 4 [μεθύουσα], l. 22 [Κατὰ πόσους] – l. 31 [ἀλλ' ἄνθρωπος]), une version abrégée de la *D. P.* (*CPG* 7698 ; f. 158ʳ-166ᵛ), l'*Op. 19* (*CPG* 7697. 19 ; f. 197ʳ-200ʳ), l'*Op. 23a* (*CPG* 7697. 23a ; f. 206ʳ), le *Anim.* (*CPG* 7717 ; f. 246ᵛ, 248ʳ⁻ᵛ, 247ʳ⁻ᵛ ; jusqu'à *PG* 91, 361 A6 [παραιτία]), un autre extrait de l'*Add. 36* ([192]) (*CPG* 7707. 36 ; f. 247ʳ⁻ᵛ ; Epifanovič, *Materialy*, p. 99, l. 11 [Ἀπόδειξις] – p. 100, l. 21 [φθείρεται]), un fragment de l'*Add. 16* ([193]) (*CPG* 7707. 16 ; f. 254ᵛ ; Epifanovič, *Materialy*, p. 62, l. 11 [πρὸς τοὺς λέγοντας] – l. 19 [ἕτερον]), le titre de l'*Ep. 15* (*CPG* 7699 ; f. 254ᵛ), le *De duabus Christi naturis* (f. 263ᵛ-264ʳ) et le début de l'*Add. 16* (*CPG* 7707. 16 ; f. 264ʳ⁻ᵛ ; jusqu'à Epifanovič, *Materialy*, p. 62, l. 10 [Πνεύματος]).

Nous ne savons presque rien sur les copistes, sauf que Pasini ([194]) pense pouvoir distinguer deux mains proches du style Éphrem ([195]). Cependant, le manuscrit nous procure quelques informations quant à son histoire. Une note au folio 4 du *Mediolanensis, Ambrosianus D 137 suss.* nous renseigne sur un des possesseurs du manuscrit : « 317 – Liber Dominici Grimani Cardinalis S. Marci ». Le codex aurait fait partie de la collection du cardinal Domenico Grimani (1461-1523) sous le numéro 317 ([196]) et aurait été transféré plus tard au monastère de S. Antonio di Castello à Venise ([197]).

---

(192) C'est le mérite de B. Markesinis d'avoir identifié cet extrait.

(193) *Idem.*

(194) Pasini, *Codici e frammenti*, p. 85, n. 6.

(195) Pour une description de ce type d'écriture, voir E. Follieri, *La minuscola libraria dei secoli IX e X*, dans Glénisson et al., *La paléographie grecque et byzantine*, [p. 139-165] p. 148.

(196) Diller et al., *Bibliotheca Graeca Manuscripta*, p. 156 (« 317. *Sermones ecclesiastici diversorum* »).

(197) Pour plus d'informations sur le cardinal Grimani et le parcours du manuscrit, voir Pasini, *Codici e frammenti*, p. 85-86 ; Diller et al., *Bibliotheca Graeca Manuscripta*, p. 3-8.

INTRODUCTION 83*

Un inventaire de cette bibliothèque dressé en 1528 ne fait toutefois plus mention du codex ([198]). Cependant, nous pouvons tracer le manuscrit un peu plus tard, à savoir dans la deuxième moitié du 16ᵉ siècle, à l'aide d'une note qui se trouve au feuillet 2ᵛ : « J. V. Pinelli. Quaedam Theologica selecta, ut videre potes in indice sequenti etc. ». « L'index suivant » est en fait le pinax qui se trouve maintenant dans le *Mediolanensis, Ambrosianus D 137 suss.* Gian Vincenzo Pinelli ([199]) (1535-1601) était un humaniste italien qui avait une riche collection de manuscrits et de livres. Enfin, en 1609, le manuscrit est entré dans la collection de la Biblioteca Ambrosiana ([200]).

Af *Mediolanensis, Ambrosianus H 257 inf. (gr. 1041) (s. XIII),* f. 34ᵛ-35ʳ

Ce manuscrit de parchemin, comptant 259 feuillets ([201]) et datant du 13ᵉ siècle, provient de Thessalie ([202]). Comme est également le cas pour Ae, l'ordre du codex est perturbé (dès le f. 234) et doit être restitué ainsi : f. 234, 240, 241, 249, 250, 251, 252, 242, 243, 255, 253, 245, 246, 247, 248, 254, 256, 244, 239, 235, 236, 237, 238, 257, 258, 259 ([203]).

Il s'agit d'un *codex miscellaneus* théologique qui contient quelques œuvres maximiennes ([204]) : un texte intitulé Μαξίμου μοναχοῦ καὶ ὁμολογητοῦ ἐκ τῶν ἐπιστολῶν αὐτοῦ, περὶ αἱρεσιάρχων ([205])

---

(198) Pasini, *Codici e frammenti*, p. 86.

(199) Pour plus d'informations sur ce personnage et sa bibliothèque, voir : A. Rivolta, *Catalogo dei Codici Pinelliani dell'Ambrosiana con una presentazione del Prof. Giulio Bertoni*, Milano, 1933, p. XVII-LXXX; Grendler, *The Library of Gian Vincenzo Pinelli*, p. 386-416 ; A. Paredi – M. Rodella, *Le raccolte manoscritte e i primi fondi librari*, dans *Storia dell'Ambrosiana. Il Seicento (Fontes Ambrosiani* 68), Milano, 1992, [p. 45-88] p. 85, n. 64.

(200) Roosen, *Epifanovitch Revisited*, I, p. 115 ; Pasini, *Codici e frammenti*, p. 87 ; Grendler, *The Library of Gian Vincenzo Pinelli*, p. 389.

(201) Les feuillets 260ʳ⁻ᵛ-261ʳ⁻ᵛ, contenant des extraits du livre d'*Isaïe*, proviennent du codex *Ambrosianus D 96 sup.* et datent du 11ᵉ siècle (cf. Cataldi Palau, *Manoscritti provenienti dalla Tessaglia*, p. 124).

(202) Martini – Bassi, *Catalogus codicum graecorum*, II, p. 1282.

(203) *Ibid.*, II, p. 1117.

(204) Le contenu du volume a été décrit en détail par Martini – Bassi (*Catalogus codicum graecorum*, II, p. 1108-1117) et Roosen (*Epifanovitch Revisited*, I, p. 116-118).

(205) Dans sa description du *Mediolanensis*, Roosen signale que ce texte

(f. 33ʳ-34ᵛ), le *De duabus Christi naturis* (f. 34ᵛ-35ʳ) et l'*Op. 24* (*CPG* 7697. 24; f. 35ʳ-36ʳ). Ces textes sont précédés du *De sancta ecclesia* de Marcel d'Ancyre (*CPG* 2802; f. 32ʳ-33ʳ) et suivis d'un traité néochalcédonien édité par S. Helmer ([206]) (f. 36ʳ-37ʳ). Un peu plus loin dans le manuscrit, nous trouvons encore : l'*Add. 28* (*CPG* 7707. 28; f. 169ʳ-170ʳ), un texte intitulé τοῦ ἁγίου Μαξίμου περὶ ἐνουσίου καὶ ἐνυποστάτου (f. 237ᵛ; incipit : Ἐνούσιον μὲν οὖν ἐστι τὸ ἐν τῇ οὐσίᾳ θεωρούμενον) ([207]) et une version remaniée du chapitre 77 de la deuxième centurie des *Car.* (*CPG* 7693; f. 243ᵛ).

A. Cataldi Palau ([208]) a identifié deux mains de copistes différentes ([209]) : la première a écrit les feuillets 1ʳ-143ʳ, la deuxième les folios 143ᵛ-259ᵛ. Le codex a été acquis pour la Biblioteca Ambrosiana par Antonio Salmazia sur l'ordre du cardinal Federico Borromeo ([210]).

Ag *Messanensis, Biblioteca Regionale Universitaria, S. Salv. 148* (*s.* XII), f. 252ᵛ-253ʳ

Ce manuscrit de parchemin date du 12ᵉ siècle et compte 263 feuillets. Nous ne disposons pas de reproduction complète du manuscrit, donc nous devons nous appuyer sur la description ancienne du catalogue pour ce qui est de son contenu ([211]). Il ressort

---

n'est pas du tout maximien. En effet, le noyau du texte est constitué d'extraits du *De haeresibus ad Epiphanium* (*CPG* 7820) de Georges hiéromoine (VIIᵉ siècle) et est entouré d'un exposé historique (Roosen, *Epifanovitch Revisited*, I, p. 118, n. 25).

(206) Helmer, *Der Neuchalkedonismus*, p. 275-278.

(207) Il s'agit toutefois d'un extrait du *Contra Jacobitas* de Jean Damascène (B. Kotter, *Die Schriften des Johannes von Damaskos. IV.* Liber de haeresibus. Opera polemica [*PTS* 22], Berlin, 1981, p. 114, 11, l. 5 – p. 115, 12, l. 14 [ἑκάστη]).

(208) Cataldi Palau, *Manoscritti provenienti dalla Tessaglia*, p. 124.

(209) Roosen, par contre, pense que le manuscrit a été copié par un seul scribe (Roosen, *Epifanovitch Revisited*, I, p. 117).

(210) Cataldi Palau, *Manoscritti provenienti dalla Tessaglia*, p. 97-99.

(211) A. Mancini, *Codices graeci Monasterii Messanensis S. Salvatoris* (*Atti della Reale Accademia Peloritana* 22, 2 [*Anno Academico* 179-180]), Messina, 1907, p. 205-208; M. B. Foti, *I codici basiliani del fondo del SS. Salvatore del fondo del SS. Salvatore*, Messina, 1979, p. 66-67 et 95, table 15. Pour une bibliographie détaillée, voir M. T. Rodriquez, *Bibliografia dei manoscritti greci del SS. Salvatore di Messina* (*Test e Studi Bizantino-Neoellenici* 12), Roma, 2002, p. 119 et 255.

INTRODUCTION   85*

clairement du catalogue qu'il s'agit ici d'un recueil dogmatique et
conciliaire contenant des textes de Nicétas Stéthatos, Basile de
Césarée, Cyrille de Jérusalem, etc. Ce codex ne contient qu'un
texte de Maxime le Confesseur, à savoir le *De duabus Christi naturis* (f. 252ᵛ-253ʳ). Ce texte est précédé de quelques extraits de
lettres de Cyrille d'Alexandrie qui se trouvent dans la *Disputatio
cum Armeniorum Catholico* de Theorianus Magister (f. 252ʳ; *PG*
133, 201 A7 [οὐ σάρξ] – B9 [ὁμολογοῦμεν]) et suivi d'une exposition de foi (incipit: Πιστεύω μὲν οὖν καὶ πάντα ὅσοι οἱ ἅγιοι
πατέρες; desinit: ἐν τούτοις ζῆν καὶ μεριμνᾶν καὶ κινεῖσθαι χρὴ
... δόξα καὶ τὸ κράτος εἰς τοὺς αἰῶνας τῶν αἰώνων ἀμήν).
Nous ne savons rien sur le scribe, ni sur l'histoire du manuscrit.

Ah *Monacensis gr. 10 (ca. a.* 1550), f. 686ᵛ-687ᵛ

Ce codex volumineux de papier date du milieu du 16ᵉ siècle ([212])
et compte 757 feuillets dont les folios 520ʳ-687ᵛ contiennent une
collection de textes de Maxime le Confesseur ([213]). Aux feuillets
520ʳ-624ᵛ, on trouve les œuvres suivantes: l'*Ep. 12* (*CPG 7703*),
l'*Ep. 13* (*CPG 7699*), l'*Ep. 15*, l'*Op. 1* (*CPG 7697. 1*), l'*Op. 2* (*CPG
7697. 2*), l'*Op. 3* (*CPG 7697. 3*), l'*Ep. 7* ([214]) (à partir de *PG 91*,
433 D8), l'*Ep. 19*, la *D. P.* (*CPG 7698*), le *Dialogus cum Theodosio* (*CPG 7735*; *BHG 1233*), la *R. M.* (*CPG 7736*; *BHG 1231*),
l'*Anast.* (*CPG 7701*) et la *Vita Maximi* (*BHG 1234*). Ces textes
constituent la première section du corpus maximien du *Monacensis gr. 10*, qui est en fait une reprise exacte du contenu du *Venetus,
Marcianus gr. 135*.

Les textes qui se trouvent aux folios 625ʳ-692ᵛ sont exactement
les mêmes que ceux qu'on peut trouver aux folios 1ʳ-40ᵛ de Aj. Il
s'agit de: l'*Op. 4* (*CPG 7697. 4*), l'*Op. 14* (*CPG 7697. 14*), l'*Op.
1* (*CPG 7697. 1*), l'*Op. 8* (*CPG 7697. 8*), l'*Op. 9* (*CPG 7697. 9*),
l'*Ep. 13* (*CPG 7699*), deux extraits de l'*Ep. 12* (*PG 91, 465 D4 –*

---

(212) Declercq, *Q. D.*, p. LXXXVIII; Janssens, *Amb. Thom.*, p. LXII;
Tiftixoglu – Hajdú, *Katalog der griechischen Handschriften*, p. 71.

(213) Pour le contenu du reste du manuscrit, voir Tiftixoglu – Hajdú,
Katalog der griechischen Handschriften, p. 71-82. Ce codex contient également une grande collection de textes de Nicéphore Grégoras.

(214) Cette lettre ne figure pas dans la description de Hardt (*Catalogus
codicum manuscriptorum graecorum*, I, p. 48-85), ni dans le catalogue récent
de Tiftixoglu et Hadjú. Elle a été découverte par B. Markesinis.

86* INTRODUCTION

497 D5 et 500 A13 – 504 B12), un extrait de l'*Ep. 15* (*PG* 91, 557 A4 – 560 C10), un extrait de l'*Ep. 19* (*PG* 91, 592 C6 – 593 C8), une version abrégée de la *D. P.* ([215]) (*CPG* 7698), la question V des *Amb. Thom.* (*CPG* 7705. 1), un extrait des *Amb. Io.* (*CPG* 7705. 2; *PG* 91, 1257 C7 – 1261 A10), la question I des *Amb. Thom.*, les questions 50 et 19 des *Q. D.* (*CPG* 7689), l'*Op. 18* ([216]) (*CPG* 7697. 18), un extrait de l'*Epistula ad Ioannem cubicularium* ([217]) (*CPG* 7703; *PG* 91, 484 A8-11), deux extraits de l'*Op. 14* ([218]) (*CPG* 7697. 14; *PG* 91, 152 C2-4 et C7-8), le *De duabus Christi naturis* (686ᵛ-687ᵛ), huit extraits des *Quaestiones ad Amphilochium* de Photios et un canon pascal de Jean Damascène (*CPG* 8055).

Nous connaissons le nom du scribe de cette partie (f. 1ʳ-692ᵛ) grâce à une note au f. 692ᵛ: ἐμμανουῆλος εὐβενεῖς (sic) ὁ ἐκ μονεμβασίας ἔγραψε. Emmanuel de Monembasie ([219]) a travaillé comme copiste à Venise et à la bibliothèque Vaticane au 16ᵉ siècle. Les manuscrits de sa main sont tous datés de la période entre 1548 et 1556 ([220]). Il travaillait probablement pour le compte de Johann Jakob Fugger (1516-1575) ([221]). Emmanuel de Monembasie s'avérait un copiste très actif: 43 manuscrits de la collection de Fugger

---

(215) Voir Markesinis, *Le Monacensis gr. 225*, p. 261, n. 6 pour un aperçu des extraits.

(216) Ces définitions sont précédées (f. 36ʳ) d'une définition du *Viae dux* d'Anastase le Sinaïte (*CPG* 7745; Uthemann, *Viae dux*, II, 5, p. 50, l. 3-4) et d'une variante d'une définition de Cyrille d'Alexandrie dans son *Commonitorium ad Eulogium presb.* (*CPG* 5344; *ACO* I, I, 4, p. 36, l. 8-9) (cf. Markesinis, *Le Monacensis gr. 225*, p. 262).

(217) Cet extrait et les deux extraits de l'*Op. 14* qui suivent n'ont pas été mentionnés par Tiftixoglu – Hajdú, *Katalog der griechischen Handschriften*.

(218) Ces définitions sont suivies (f. 36ʳ) d'un extrait des *Dialectica* de Jean Damascène (*CPG* 8041; fus. 67, 2-6) (cf. Markesinis, *Le Monacensis gr. 225*, p. 262).

(219) P. Canart, *Scribes grecs de la Renaissance. Additions et corrections aux répertoires de Vogel-Gardthausen et de Patrinélis*, dans *Scriptorium* 17 (1963), [p. 56-82] p. 60; *RGK*, I, 113; II, 145; III, 188.

(220) Cf. Declercq, *Q. D.*, p. LXXXVIII.

(221) Janssens, *Amb. Thom.*, p. LXII. Pour des informations sur Fugger, voir Mondrain, *Copistes et collectionneurs*; Grünsteudel et al., *Augsburger Stadtlexikon*, p. 421-423. Pour sa bibliothèque, voir Hartig, *Die Gründung der Münchener Hofbibliothek*, p. 193-276; Lehmann, *Eine Geschichte*; Hajdú, *Die Sammlung griechischer Handschriften*, p. 43-45.

INTRODUCTION

87*

ont été (complètement ou partiellement) copiés par lui ([222]). Brigitte Mondrain a identifié encore d'autres mains de copistes : la main d'un « corrector A » (f. 1^r-627^v) ([223]), la main d'un scribe C qu'elle appelle « C Provataris » ([224]) (f. 693^r-736^r) et finalement la main d'un collaborateur de Manuel Malaxos ([225]) (f. 737^r-755^r). À partir de 1571, les manuscrits de Fugger ont été transférés à la bibliothèque du duc de Bavière ([226]).

Ai *Monacensis gr. 83 (s. XV), f. 51^r-52^r*

Ce manuscrit de papier, en très bon état, comptant 399 feuillets et datant d'environ 1550 ([227]), a tout récemment été décrit en détail par Molin Pradel ([228]). Le volume contient des œuvres d'entres autres Titus de Bostra, Agapetus Diaconus, Jean Damascène et Théodore Balsamon. Il renferme également une collection d'opuscules maximiens qui est précédée d'un long pinax (f. 45^r-50^r) qui ne mentionne toutefois pas le prologue des *Car.* ([229]).

---

(222) MONDRAIN, *Copistes et collectionneurs*, p. 376.

(223) *Ibid.*, p. 364.

(224) *Ibid.*, p. 367. Ce scribe est appelé « Scribe C » par CANART (P. CANART, *Les manuscrits copiés par Emmanuel Provataris (1546-1570 environ). Essai d'étude codicologique*, dans *Mélanges Eugène Tisserant*, VI [*ST* 236], Città del Vaticano 1964, p. 203-204). Voir également M. SOSOWER, *Some Manuscripts in the Biblioteca Nacional Correctly and Incorrectly Attributed to Camillus Venetus*, dans BRAVO GARCÍA, *The Legacy of Bernard de Montfaucon*, [p. 217-232 et 789-797] p. 227.

(225) MONDRAIN, *Copistes et collectionneurs*, p. 370. Pour des informations sur Manuel Malaxos, voir G. DE GREGORIO, *Il copista greco Manouel Malaxos. Studio biografico e paleografico-codicologico* (*Littera Antiqua* 8), Città del Vaticano, 1991 ; G. DE GREGORIO, *Studi su copisti greci del tardo cinquecento. I. Ancora Manuel Malaxos*, dans *Römische Historische Mitteilungen* 37 (1995), p. 97-144.

(226) MONDRAIN, *Copistes et collectionneurs*, p. 355.

(227) On peut lire 15e siècle dans VAN DEUN, *Opuscula*, p. LXXXIV-LXXXV et JANSSENS, *Amb. Thom.*, p. XXXVII. Cette datation a tout récemment été corrigée par Molin Pradel en faveur de « ca. 1550 » (MOLIN PRADEL, *Katalog der griechischen Handschriften*, p. 185, 191).

(228) MOLIN PRADEL, *Katalog der griechischen Handschriften*, p. 185-192.

(229) Van Deun remarque que ce manque est dû au fait que le copiste a copié fidèlement le pinax de son modèle, le *Guelferbytanus, Gudianus gr. 39*, auquel les *Car.* ont été ajouté à un moment ultérieur (VAN DEUN, *Opuscula*, p. LXXXIV, n. 39).

88* INTRODUCTION

Il s'agit des œuvres suivantes : le prologue des *Car.* (*CPG* 7693 ; f. 50ᵛ), le *De duabus Christi naturis* (*CPG* 7697. 13 ; f. 51ʳ-52ʳ), l'*Ep. 6* (*CPG* 7699 ; f. 52ʳ-55ʳ), l'*Ep. 7* (f. 55ʳ-57ᵛ), l'*Ep. 11* (f. 57ᵛ-59ᵛ), l'*E. O. D.* (*CPG* 7691 ; f. 59ᵛ-71ᵛ), l'*Ep. 4* (f. 71ʳ-73ᵛ), l'*Ep. 8* (f. 73ᵛ-76ʳ), l'*Ep. 9* (f. 76ᵛ-77ʳ), l'*Ep. 1* (f. 77ʳ-87ʳ), l'*Ep. 19* (f. 87ʳ-89ᵛ), l'*Ep. 12* (f. 89ᵛ-107ᵛ), l'*Ep. 13* (f. 108ʳ-116ᵛ), l'*Ep. 15* (f. 116ᵛ-128ʳ), les *Amb. Thom.* (*CPG* 7705. 1 ; f. 128ʳ-138ᵛ) et les *Amb. Io.* (*CPG* 7705. 2 ; f. 138ᵛ-263ᵛ).

Le manuscrit consiste en 5 parties (f. 1ʳ-44ᵛ, f. 45ʳ-263ᵛ, f. 264ʳ-292ᵛ, f. 293ʳ-360ᵛ, f. 361ʳ-399ᵛ) à l'intérieur desquelles on peut identifier cinq mains différentes. La première partie a été copiée par ce qui Mondrain appelle « C Provataris » (= scribe C) ([230]), la deuxième (contenant entre autres le *De duabus Christi naturis*) et la troisième sont de la main de Michael Maleas ([231]), la quatrième est due à un certain « copiste εξ » ([232]), la cinquième partie a été copiée par Bartholomée Zanetti ([233]) et finalement, aux feuillets IIᵛ et 289ᵛ, on peut encore trouver un pinax et une note de l'humaniste Arnoldus Arlenius ([234]).

Au plus tard en 1557 ([235]), le codex faisait partie de la bibliothèque de Johann Jakob Fugger (1516-1575) ([236]) avant d'entrer dans la collection de la Hofbibliothek de Munich en 1571 ([237]).

Aj *Monacensis gr. 225 (s. XIII-XIV), f. 36ʳ-37ʳ*

Ce manuscrit de papier, comptant 373 folios, est constitué de deux grandes parties : la première (f. 1ʳ-37ʳ) étant consacrée aux

---

(230) Cf. Mondrain, *Copistes et collectionneurs*, p. 368.

(231) Cf. Mondrain, *Copistes et collectionneurs*, p. 365 ; Vogel – Gardthausen, *Die griechischen Schreiber*, p. 315-316.

(232) Cf. Mondrain, *Copistes et collectionneurs*, p. 385, n. 4.

(233) Cf. Mondrain, *Copistes et collectionneurs*, p. 359 ; *RGK*, I, 31 ; II, 45 ; III, 56 ; Cf. de Andrés, *Los copistas*, p. 44.

(234) Cf. Mondrain, *Copistes et collectionneurs*, p. 359 ; cf. Molin Pradel, *Katalog der griechischen Handschriften*, p. 185 et 190-191 ; *RGK*, I, 28 ; II, 39 ; III, 48. Arlenius était bibliothécaire de Diego Hurtado de Mendoza à Venise, copiste, correcteur, éditeur et acqéreur de manuscrits (cf. Mondrain, *Copistes et collectionneurs*, p. 376, n. 25).

(235) Hajdú, *Die Sammlung griechischer Handschriften*, p. 25 et 43-45 ; Molin Pradel, *Katalog der griechischen Handschriften*, p. 185 et 191. Nous ne savons pas si le manuscrit a été copié pour Fugger même.

(236) Cf. Hartig, *Die Gründung der Münchener Hofbibliothek*, p. 367 ; Van Deun, *Opuscula*, p. LXXXIV ; Janssens, *Amb. Thom.*, p. XXXVII.

(237) Cf. Hartig, *Die Gründung der Münchener Hofbibliothek*, p. 31-46.

INTRODUCTION 89*

œuvres de Maxime le Confesseur ([238]), la deuxième à un grand corpus de textes de Nicéphore Blemmyde ([239])(f. 41^r-373^v). Intercalés entre les deux, on peut trouver des extraits de Photios ([240]) (f. 37^r-38^v) et un canon pascal (f. 39^r-40^r) ([241]). Au milieu de la section consacrée aux œuvres de Nicéphore Blemmyde se trouve encore un petit texte d'Emmanuel Philès (f. 204^r-206^r). Tout récemment, Hajdú ([242]) a publié une description détaillée de tout le volume.

Markesinis a éclairé la question du scribe et de la datation de la partie maximienne du codex. En effet, il a pu établir que cette section a été copiée par Georges de Chypre, alias Grégoire II, patriarche de Constantinople ([243]), et ceci entre 1270 et 1280 ([244]). Hajdú ([245]) distingue cinq mains dans la partie consacrée à Blemmyde : f. 41^r-203^v, f. 204^r-216^v, f. 217^r-281^v, f. 282^r-352^v, f. 353^r-373^v. D'après Hunger ([246]), cette partie de Aj aurait été écrite dans le monastère d'Émathia près d'Éphèse, qui a été fondé par Blemmyde, ou bien copiée d'un modèle provenant du même monastère.

Hajdú ([247]) suggère que la première partie date de 1270/1280 (s'appuyant sur les constatations de Markesinis) et la deuxième

---

(238) Cf. Declercq, *Q. D.*, p. LXXXVIII ; Janssens, *Amb. Thom.*, p. LXII-LXIII.

(239) Pour une description de la partie consacrée à Blemmyde, voir Verhelst, *Le Traité de l'âme*, p. 75-80 ; Munitiz, *Autobiographia*, p. XVIII-XXI ; Gielen, *Nicephori Blemmydae*, p. XXXI-XXXIV.

(240) Pour une description détaillée de cette section, voir Markesinis, *Le Monacensis gr. 225*, p. 263.

(241) Le feuillet 40^v est resté blanc.

(242) Hajdú, *Katalog der griechischen Handschriften*, p. 238-246.

(243) Pour la biographie de ce personnage, voir Markesinis, *Le Monacensis gr. 225*, p. 264-267 (p. 264, n. 12 pour une bibliographie). Une description de son écriture peut être trouvée dans le même article, p. 267-271 ; J. Noret, *Une orthographe relativement bien datée, celle de Georges de Chypre, patriarche de Constantinople*, dans A. Giannouli – E. Schifer (éd.), *From Manuscripts to Books. Vom Codex zur Edition. Proceedings of the International Workshop on Textual Criticism and Editorial Practice for Byzantine Texts (Vienna, 10-11 December 2009)* (Österreichische Akademie der Wissenschaften. Philosophisch-historische Klasse. Denkschriften 431 = Veröffentlichungen zur Byzanzforschung 29), Wien, 2011, p. 93-126.

(244) Markesinis, *Le Monacensis gr. 225*, p. 272.

(245) Hajdú, *Katalog der griechischen Handschriften*, p. 244.

(246) H. Hunger – O. Stegmüller – H. Erbse, *Geschichte der Textüberlieferung der antiken und mittelalterlichen Literatur*, I, Zürich, 1961, p. 462.

(247) Hajdú, *Katalog der griechischen Handschriften*, p. 238.

de la fin du 13ᵉ-debut du 14ᵉ siècle. En tout cas, il s'agit clairement de deux manuscrits qui ont été reliés ensemble et ceci au
16ᵉ siècle lors de leur entrée (au plus tard en 1557), sous la cote
Stat.X.3. (²⁴⁸), dans la bibliothèque de Johann Jakob Fugger à
Augsbourg au moment que Hieronymus Wolf (²⁴⁹) (1516-1580) y
était bibliothécaire (²⁵⁰). Avant de faire partie de la collection de
Fugger, les deux parties du manuscrit étaient en possession du
cardinal Domenico Grimani (1461-1523), ce dont témoignent les
traces d'un ex-libris dans la marge inférieure du feuillet 41 (²⁵¹). En
effet, la section consacrée à Blemmyde peut être trouvée dans l'ancien catalogue de la collection de Grimani sous le numéro 46 (²⁵²).
Il est très probable que le manuscrit de Blemmyde appartenait à
Pico della Mirandola (1463-1494) (²⁵³) avant d'être acquis par Grimani en 1498 (²⁵⁴). Les mêmes remarques peuvent être faites quant
à la partie consacrée à Maxime : on en trouve une mention aussi
bien dans le catalogue de Mirandoli (²⁵⁵) que dans celui de Grimani (²⁵⁶). La collection de Grimani a été donnée à la bibliothèque de
l'église de Sant'Antonio di Castello à Venise en 1523 (²⁵⁷). Après
avoir fait partie de la collection de Fugger, le *Monancensis gr. 225*
est entré dans la collection de la bibliothèque des ducs de Bavière
en 1571 (²⁵⁸).

La partie maximienne contient les mêmes œuvres qu'on peut
trouver aux folios 625ʳ-692ᵛ de Ah (voir *supra*).

---

(248) Hajdú, *Katalog der griechischen Handschriften*, p. 244 ; Verhelst,
Le Traité de l'âme, p. 80.

(249) Grünsteudel et al., *Augsburger Stadtlexikon*, p. 935-936.

(250) Cf. Hartig, *Die Gründung der Münchener Hofbibliothek*, p. 242 ;
Munitiz, *Autobiographia*, p. XVIII ; E. Gielen, *A New Source of the Synop-
sis of Joseph Rhakendytès*, dans *REB* 69 (2011), p. 268. Pour plus d'informations sur la bibliothèque de Fugger, voir Lehmann, *Eine Geschichte*.

(251) Verhelst, *Le Traité de l'âme*, p. 79-80 ; Hajdú, *Katalog der griechischen Handschriften*, p. 244.

(252) Diller et al., *Bibliotheca Graeca Manuscripta*, p. 116.

(253) Kibre, *The Library of Pico della Mirandola*, p. 172 (n° 388).

(254) Diller et al., *Bibliotheca Graeca Manuscripta*, p. VII.

(255) Kibre, *The Library of Pico della Mirandola*, p. 159 (n° 293).

(256) Diller et al., *Bibliotheca Graeca Manuscripta*, p. 133, n° 153. Le
manuscrit était relié avec les feuillets 523ʳ-552ᵛ du *Monacensis gr. 121*.

(257) *Ibid.*, p. 6 ; Gielen, *Nicephori Blemmydae*, p. XXXIII.

(258) Verhelst, *Le Traité de l'âme*, p. 80 ; Mondrain, *Copistes et collectionneurs*, p. 355.

INTRODUCTION 91*

A1 *Monacensis gr. 363 (s. XIII-XIV), f. 144^{r-v}*

Ce manuscrit de parchemin, comptant 362 feuillets, a été décrit en détail par Hardt ([259]) et les éditeurs des œuvres de Maxime le Confesseur ([260]). Le codex a été daté du 12ᵉ siècle ([261]), mais récemment, Van Deun ([262]) et Janssens ([263]) se sont appuyés sur les conclusions de B. Markesinis que ce manuscrit doit en fait être daté de la fin du 13ᵉ ou du début du 14ᵉ siècle à cause de l'écriture des deux scribes qui est proche du *Fettaugenstil*.

Le volume est entièrement consacré aux œuvres de Maxime le Confesseur, à l'exception de quelques extraits pris de Jean Chrysostome qui se trouvent sur les feuilles de garde. Après un πίναξ ἀκριβὴς γραφῆς τοῦ βιβλίου τοῦ ἁγίου Μαξίμου (f. 1ʳ), il contient : les *Q. Thal.* (*CPG* 7688 ; f. 1ʳ-76ʳ), les *Amb. Thom.* (*CPG* 7705. 1 ; f. 76ʳ-81ʳ), les *Amb. Io.* (*CPG* 7705. 2 ; f. 81ʳ-143ᵛ), le *De duabus Christi naturis* (f. 144^{r-v}), l'*Ep. 6* (*CPG* 7699 ; f. 144ᵛ-146ʳ), l'*Ep. 7* (f. 146ʳ-147ʳ), l'*Ep. 11* (f. 147ʳ-148ʳ), l'*E. O. D.* (*CPG* 7691 ; f. 148ʳ-154ʳ), l'*Ep. 4* (f. 154ʳ-155ʳ), l'*Ep. 8* (f. 155ʳ-156ᵛ), l'*Ep. 9* (f. 156ᵛ-157ʳ), l'*Ep. 1* (f. 157ʳ-162ʳ), l'*Ep. 19* (f. 162ʳ-163ʳ), l'*Ep. 12* (f. 163ʳ-165ʳ), l'*Ep. 13* (f. 165ʳ-176ᵛ), l'*Ep. 15* (f. 176ᵛ-182ᵛ), la *D. P.* (*CPG* 7698 ; f. 182ᵛ-193ᵛ), l'*Op. 1* (*CPG* 7697. 1 ; f. 193ᵛ-198ʳ), l'*Op. 2* (*CPG* 7697. 2 ; f. 198ʳ-199ʳ), l'*Op. 3* (*CPG* 7697. 3 ; f. 199ʳ-200ᵛ), l'*Op. 4* (*CPG* 7697. 4 ; f. 200ᵛ-201ᵛ), l'*Op. 5* (*CPG* 7697. 5 ; f. 201ᵛ-202ʳ), l'*Op. 7* (*CPG* 7697. 7 ; f. 202ʳ-206ʳ), l'*Op. 6* (*CPG* 7697. 6 ; f. 206^{r-v}), une partie de l'*Op. 14* (*CPG* 7697. 14 ; f. 206ᵛ-207ʳ ; jusqu'à *PG* 91, 153 B2 [κίνησις]), l'*Op. 8* (*CPG* 7697. 8 ; f. 207ʳ-211ʳ), l'*Op. 9* (*CPG* 7697. 9 ; f. 211ʳ-215ʳ), la *Myst.* (*CPG* 7704 ; f. 215ʳ-226ᵛ), l'*E. ps. 59* (*CPG* 7690 ; f. 226ᵛ-236ʳ), les *Dial. I-V* (*CPG* 2284 ; f. 236ʳ-254ᵛ), le *Anim.* (*CPG* 7717 ; f. 254ᵛ-255ᵛ), le *Comp.* (*CPG* 7706 ; f. 256ʳ-279ᵛ), le *L. A.* (*CPG* 7692 ; f. 280ʳ-289ᵛ), les *Car.* (*CPG* 7693 ; f. 290ʳ-308ᵛ), les *Th.*

---

(259) Hardt, *Catalogus codicum manuscriptorum graecorum*, IV, p. 56-70.

(260) De Vocht, *Kritische editie*, p. [87] ; Laga – Steel, *Q. Thal.*, I, p. LI-LIV ; Van Deun, *Opuscula*, p. XXXI-XXXII ; Van Deun, *L. A.*, p. LXVIII-LXIX ; Janssens, *Amb. Thom.*, p. XXXVIII ; Boudignon, *Myst.*, p. XXIII-XXIV.

(261) Hardt, *Catalogus codicum manuscriptorum graecorum*, IV, p. 56 ; Laga – Steel, *Q. Thal.*, I, p. LI.

(262) Van Deun, *L. A.*, p. LXIX.

(263) Janssens, *Amb. Thom.*, p. XXXVIII.

92* INTRODUCTION

Oec. (*CPG* 7694; f. 308ᵛ-324ʳ) et les *Div. Cap.* (*CPG* 7715; f. 324ʳ-362ʳ). Ce corpus maximien correspond entièrement à celui contenu dans Bs (cf. *infra*).

Van Deun a découvert une note [264] sur la dernière feuille de garde qui nous renseigne sur l'histoire du manuscrit. En effet, cette note fait mention d'un tremblement de terre qui s'est produit à Constantinople en septembre 1509. Ceci semble indiquer que le codex se trouvait à ce moment-là à Constantinople; hypothèse qui est d'ailleurs corroborée par le fait que ce manuscrit de Munich est en fait une copie de Bs, manuscrit originaire de Constantinople. Tandis qu'en 1509 le codex se trouvait encore à la capitale, nous savons qu'il faisait partie, peu après, de la collection d'Antoine Éparque [265] (1491-1571) qui a été vendue en 1544 à la Stadtbibliothek d'Augsbourg, information confirmée par le catalogue de vente [266] et un inventaire [267] de cette bibliothèque dressé en 1595 par David Hoeschel [268] (1556-1617). En 1806, le manuscrit a été transféré, ensemble avec 199 autres manuscrits grecs, à la Bayerische Hofbibliothek de Munich [269].

Am *Mosquensis, Bibliotheca Synodalis 363 (Vladimir 418) (s. XIII-XIV)*, f. 293ʳ⁻ᵛ

Ce manuscrit a été daté par Vladimir du 15ᵉ siècle [270], mais De Vocht révoque cette datation en doute. Étant donné qu'il s'agit d'un codex de papier occidental, De Vocht le date plutôt des 13ᵉ-14ᵉ siècles. Nous sommes encline à suivre le raisonnement de

---

(264) Pour la transcription de cette note, voir Van Deun, *Opuscula*, p. XXXI.

(265) Cf. W. Weinberger, *Griechische Handschriften des Antonios Eparchos*, dans *Festschrift für Theodor Gomperz*, Wien, 1902, p. 306-307; Van Deun, *L. A.*, p. LXIX.

(266) Cf. B. Mondrain, *Antoine Éparque et Augsbourg: le catalogue de vente des manuscrits grecs acquis par la ville d'empire*, dans *BBGG* 47 (1993), p. 233.

(267) *Catalogus graecorum codicum qui sunt in Bibliotheca Reip. Augustanae Vindelicae*, Augsbourg, 1595, p. 17-19.

(268) Pour plus d'informations sur ce personnage, voir L. Lenk, *Höschel, David*, dans *Neue Deutsche Biographie*, 9, Berlin, 1972, p. 368-369.

(269) H. Gier, *450 Jahre Staats- und Stadtbibliothek Augsbourg. Kostbare Handschriften und alte Drucke. Ausstellung Augsbourg 15. Mai bis 21. Juni 1987*, Augsbourg, 1987, p. 8.

(270) Vladimir, *Sistematičeskoe opisanie rukopisej*, p. 627.

INTRODUCTION 93*

De Vocht, puisqu'Irigoin ([271]) a démontré que les manuscrits de papier occidental ne peuvent pas être postérieurs aux toutes premières années du 14ᵉ siècle. Fonkič et Poljakov confirment cette piste en datant le codex du 13ᵉ siècle ([272]). La datation de Vladimir est peut-être due à une note au feuillet 447ᵛ qui parle du concile de Florence de 1439 : ἡ ἐν Φλωρεντίᾳ σύνοδος ἐγένετο ἐν ἔτει ͵ϛϠμζ′ Ἰουλ. ϛ′ ἡμ., ἰνδ. β′ ([273]). Vladimir mentionne également que le volume provient originairement du Mont Athos, et plus particulièrement du monastère de Vatopédi ([274]). Le manuscrit a été ramené à Moscou par Arsène Suchanov lors de sa célèbre expédition au Mont Athos ([275]).

Il s'agit d'une collection d'œuvres ascétiques, canoniques et polémiques qui renferme quelques extraits de textes identifiés – par Vladimir ([276]) – comme étant écrit par Maxime le Confesseur. Ainsi, on trouverait au feuillet 99ʳ la question 1, 10 des *Q. D.* (*CPG* 7689), au feuillet 289ᵛ la question 57 des *Q. D.* ([277]), notre *De duabus Christi naturis* au folio 293ʳ⁻ᵛ et dix chapitres des *Th. Oec.* ([278]) (*CPG* 7694) aux feuillets 251ʳ et 259ʳ. Nous n'avons pas pu vérifier si ces informations sont correctes, puisque nous ne disposons que d'une reproduction des feuillets comportant le *De duabus Christi naturis*. D'après le catalogue, le traité sur la double nature du Christ serait seulement précédé d'un texte inidentifié sur les noms des grandes fleuves (f. 292ᵛ), mais ce texte est en réalité encore suivi du début de l'*Epistula ad Rufinianum* ([279]) d'Athanase d'Alexandrie (*CPG* 2107 ; f. 292ᵛ). Le *De duabus Christi naturis* est encore suivi des *Variae Definitiones* (*CPG* 7697. 14 ; f. 293ᵛ ; jusqu'à *PG* 91, 153 B2 [κίνησις]), œuvre non mentionnée par Vladimir.

---

(271) Irigoin, *Les premiers manuscrits grecs*, p. 202.

(272) Fonkič – Poljakov, *Grečeskie rukopisi*, p. 136-137.

(273) Vladimir, *Sistematičeskoe opisanie rukopisej*, p. 632.

(274) *Ibid.*, p. 627.

(275) Cf. Fonkič, *Grečesko-russkie*, p. 94.

(276) Vladimir, *Sistematičeskoe opisanie rukopisej*, p. 627-632.

(277) Declercq n'a pas pu examiner ce témoin pour son édition des *Q. D.* (Declercq, *Q. D.*, p. XCIII).

(278) Le manuscrit n'a pas été consulté par De Vocht pour son édition des *Th. Oec.* (De Vocht, *Kritische editie*, p. [93]).

(279) P.-P. Joannou, *Fonti. Fascicolo IX. Discipline générale antique (IV-IX s.). II. Les canons des Pères Grecs*, Grottaferrata, 1963, p. 77, l. 1 – p. 79, l. 3 [πληρώσαντί].

94*   INTRODUCTION

An *Mosquensis, Bibliotheca Synodalis 439 (Vladimir 425)* (*s.* XIV),
f. 233ᵛ-235ʳ

Ce manuscrit moscovite constitue un vrai défi en ce qui
concerne sa description. D'abord, on peut trouver une description
du manuscrit dans le catalogue de Vladimir ([280]) et un aperçu des
copistes qui ont travaillé à ce manuscrit dans l'ouvrage de Fonkič
et Poljakov ([281]). Tandis que Vladimir ([282]) situe ce codex de papier au 16ᵉ siècle, Fonkič et Poljakov ([283]) le datent du 14ᵉ siècle,
datation reprise par De Vocht ([284]), Van Deun ([285]) et Roosen ([286]).
   Ce qui est le plus remarquable est le fait que l'ordre des cahiers
est perturbé, mais à l'aide de la numérotation des cahiers, l'on est
capable de reconstruire le codex original. De Vocht ([287]) a reconstruit l'ordre du manuscrit dans sa description du manuscrit non
publiée. Mis à part que le manuscrit ne nous est pas parvenu dans
son état original, il faut également signaler qu'il a été copié par
douze copistes, dont les parts respectives ont été déterminées par
Fonkič et Poljakov ([288]). D'après eux, toutes les mains remontent
au 14ᵉ siècle.
   La majorité du manuscrit est consacrée aux œuvres de Maxime
le Confesseur (f. 2ʳ⁻ᵛ, 4ʳ-23ᵛ, 24ʳ-71ᵛ, 73ʳ-244ᵛ), mais il contient
également des extraits de Jean Chrysostome, saint Éphrem, Isidore de Péluse, Isaac de Ninivé, Syméon le Nouveau Théologien,
Anastase le Sinaïte, Philothée le Sinaïte, Elie l'Ecdicos (ses *Capita
alia*, attribués à tort à Maxime le Confesseur) et Isaïe de Gaza.
Quant à Maxime le Confesseur, ce témoin de Moscou contient
les œuvres suivantes (énumérées dans l'ordre du codex dans son
état actuel) : l'*Add.* 13 (*CPG* 7707. 13 ; f. 2ʳ), le *L. A.* (*CPG* 7692,
f. 4ʳ-23ʳ), les *Car.* (*CPG* 7693 ; f. 24ʳ-71ʳ), les *Th. Oec.* (*CCPG* 7694 ;
f. 73ʳ-112ᵛ), les *Div. Cap.* I-III (*CPG* 7715 ; f. 113ʳ-161ᵛ), nos *Capita gnostica* (*CPG* 7707. 11 ; f. 162ʳ-181ᵛ), la fin des *Div. Cap.* III

---

(280) Vladimir, *Sistematičeskoe opisanie rukopisej*, p. 640-642.
(281) Fonkič – Poljakov, *Grečeskie rukopisi*, p. 138-139.
(282) Vladimir, *Sistematičeskoe opisanie rukopisej*, p. 640.
(283) Fonkič – Poljakov, *Grečeskie rukopisi*, p. 138.
(284) De Vocht, *Kritische editie*, p. [98].
(285) Van Deun, *L. A.*, p. LXX-LXXI.
(286) Roosen, *Epifanovitch Revisited*, I, p. 122-123 ; II, p. 296-297.
(287) De Vocht, *Kritische editie*, p. [96-97].
(288) Fonkič – Poljakov, *Grečeskie rukopisi*, p. 138-139.

INTRODUCTION 95*

raturée par le copiste (f. 182^r), les *Div. Cap.* IV-V (f. 182^r-216^r), les *Capita practica* (*CPG* 7707. 12; f. 216^v-219^r), l'*Ep. 4* (*CPG* 7699; f. 219^v-222^r), l'*Ep. 9* (*CPG* 7699; f. 222^r-223^v), des extraits de l'*Op. 1* (*CPG* 7697. 1; f. 223^v-229^r), l'*Anim.* (*CPG* 7717; f. 229^r-232^r; jusqu'à *PG* 91 361 A6 [παραιτία]), l'*Add. 36* ([289]) (*CPG* 7707. 36; f. 232^v-233^v), le *De duabus Christi naturis* (f. 233^v-235^v), l'*Op. 23* (*CPG* 7697. 23; f. 235^r-236^r), l'*Ep. 15* (*CPG* 7699; f. 236^r-238^r), l'*Op. 14* (*CPG* 7697. 14; f. 238^r-240^r), l'*Op. 24* (*CPG* 7697. 24; f. 240^r-242^r), l'*Add. 19* (*CPG* 7707. 19; f. 242^r-243^v), et finalement l'*Ep. 26* (*CPG* 7699; f. 243^v-244^v).

D'après De Vocht ([290]), l'ordre original du codex serait le suivant:

f. 73^r-112^v + f. 3^r	*Th. Oec.* et quelques extraits d'Isidore, d'Isaac et de Syméon le Nouveau Théologien
f. 113^r-130^r	*Div. Cap.* I
f. 4^r-23^r	*L. A.*, extrait d'Anastase d'Antioche
f. 24^{r-v}	Prologue des *Car.*
f. 25^r-71^r	*Car.*
f. 71^v-72^v	Extraits de Jean Chrysostome et d'Éphrem
f. 162^r-181^v	*Capita gnostica*
f. 131^r-161^v	*Div. Cap.* II et III
f. 182^r-216^r	*Div. Cap.* IV et V
f. 216^v-219^r	*Capita practica*
f. 219^r-275^r	Cf. l'ordre ci-dessus; l'ordre de la deuxième partie du manuscrit n'a pas été perturbé

Ce qui est le plus frappant, c'est que quelques œuvres ont été écrites par deux mains différentes. C'est le cas pour les *Capita gnostica* (main IV: f. 162^r-177^v, main III: f. 178^r-181^v), mais également pour le *L. A.* et les *Div. Cap.* En outre, c'est toujours la troisième main qui a écrit une partie de ces opuscules-là. Il s'agit

---

(289) Cet opuscule n'a pas été mentionné dans la description de Vladimir (*Sistematičeskoe opisanie rukopisej*, p. 640-642), mais bel et bien dans celles de Van Deun (*L. A.*, p. LXXI) et Roosen (*Epifanovitch Revisited*, I, p. 123).

(290) De Vocht, *Kritische editie*, p. [95-98].

96* INTRODUCTION

ici probablement d'une perte de folios qui a été comblée ultérieurement, dans les années 60-70 du 14e siècle, par la main III ([291]).

Il faut encore signaler que le codex remanié nous propose une structure nouvelle des centuries de Maxime. En effet, quand nous regardons les titres – difficilement déchiffrables – des *Th. Oec.*, des *Div. Cap.*et des *Capita gnostica*, nous pouvons constater que les *Capita gnostica* ont été intercalés dans les *Div. Cap.* comme quatrième centurie ([292]).

Th. Oec. I	περὶ θεολογίας καὶ τῆς ἐνσάρκου οἰκονομίας τοῦ υἱοῦ τοῦ θεοῦ. Κεφάλαια τριακόσια
Th. Oec. II	τοῦ αὐτοῦ ἑκατοντὰς βʹ γνωστικῶν κεφαλαίων
Div. Cap. I	titre illisible
Div. Cap. II	(illeg.) ἑκατοντὰς δʹ
Div. Cap. III	ἑκατοντὰς γνωστικῶν κεφαλαίων εʹ
Capita gnostica	αὕτη ἐστὶν ἑκατοντὰς ϛʹ τῶν γνωστικῶν κεφαλαίων
Div. Cap. IV	ἑκατοντὰς ζʹ γνωστικῶν κεφαλαίων
Div. Cap. V	ἑκατοντὰς ηʹ γνωστικῶν κεφαλαίων

Une autre chose remarquable est la mention de 300 chapitres dans le titre des *Th. Oec.*, qui ne consistent en fait qu'en 200 chapitres. D'abord, on peut se demander si ces titres sont dus au copiste qui a changé l'ordre du codex ou s'ils sont originaires du codex original. Deuxièmement, on peut se demander quelle est cette troisième centurie dont il est question. Il n'y a qu'un seul ouvrage dans la suite du codex qui ne consiste qu'en une centurie, à savoir les *Capita gnostica* ([293]). Pourtant, cette centurie ne succède pas immédiatement aux *Th. Oec.* A-t-on changé d'avis en ce qui concerne l'ordre à suivre en composant le codex ? Étant donné qu'on peut trouver des traces de la fin (barrée) de la deuxième centurie des *Div. Cap.* sur le même folio qui comporte la troisième

---

(291) FONKIČ – POLJAKOV, *Grečeskie rukopisi*, p. 138-139.

(292) Nous rappelons que les *Car.* précèdent encore ce groupement de centuries, mais qu'ils ne portent pas de numéro.

(293) Il faut signaler que dans le *Vaticanus gr. 1746*, les *Capita gnostica* suivent immédiatement les *Th. Oec.* et portent comme titre ἑκατοντὰς τρίτη. La première centurie des *Div. Cap.* y est annoncée comme κεφάλαια ρʹ· ἑκατοντὰς τετάρτη.

INTRODUCTION 97*

centurie de cet ouvrage-ci, l'on peut supposer que les titres mentionnés dans le tableau sont de nature secondaire et que dans le codex original, les *Div. Cap.* n'étaient pas interrompus par un autre opuscule.

Reste encore la question de l'origine et de l'histoire du manuscrit. De Vocht [294], Van Deun [295] et Roosen [296] mentionnent une note au folio 2ᵛ qui dit : προσετέθη παρὰ τοῦ ἐν μοναχοῖς κυροῦ Μάρκου τοῦ Κυρτοῦ. Le codex a donc été offert à un certain monastère par le palamite Marc le bossu [297]. D'après Van Deun [298], qui tient ces informations de Markesinis, ce monastère est celui de la Grande Laure au Mont Athos. Géhin [299] mentionne que Grégoire Palamas a eu ce manuscrit entre les mains. Le manuscrit a été transféré à Moscou par Arsène Suchanov lors de son expédition au Mont Athos [300].

Ao *Oxoniensis, Bodleianus, Baroccianus gr. 27 (s. XIV), f. 77ʳ-78ᵛ*

Ce manuscrit de papier compte 324 folios. Il s'agit d'un *codex miscellaneus* de contenu théologique qui contient des œuvres de Grégoire de Nysse, Maxime le Confesseur [301], Germain Iᵉʳ de Constantinople, Jean de Césarée, Nicétas Stéthatos, Anastase le Sinaïte, Pseudo-Chrysostome et Stéphanos Mélès [302]. Le codex est mutilé au début (perte de 12 feuillets) et vers la fin (1 folio perdu entre 314ᵛ et 319ʳ) [303], et sa fin se trouve en grand désordre. B. Markesinis [304] a reconstruit l'ordre original de la fin du codex : f. 300ʳ-314ᵛ, 1 folio perdu, f. 319ʳ (*De infantibus praemature abreptis* de Grégoire de Nysse, *CPG* 3145) ; f. 319ʳ⁻ᵛ, f. 315ʳ-318ᵛ, (*De infantium morte* du Pseudo-Chrysostome, *CPG* 5040) ; f. 318ᵛ,

---

(294) De Vocht, *Kritische editie*, p. [98].
(295) Van Deun, *L. A.*, p. LXXI.
(296) Roosen, *Epifanovitch Revisited*, I, p. 122.
(297) Pour plus d'informations sur ce personnage, voir *PLP*, n° 17086 ; Rigo, *Questions et réponses*, p. 149-151.
(298) Van Deun, *L. A.*, p. LXXI.
(299) Géhin, *Les collections de kephalaia monastiques*, p. 22, n. 94.
(300) Cf. Fonkič, *Grečesko-russkie*, p. 103.
(301) Cf. Boudignon, *Myst.*, p. C.
(302) S. G. Mercati, *Stefano Meles è l'autore delle vita giambica di S. Teodoro Studita del cod.* Barocc. gr. 27, dans *BZ* 25 (1925), p. 43-46.
(303) Markesinis, *Un extrait d'une lettre de Nicétas Stéthatos*, p. 176.
(304) *Ibid.*, p. 175.

f. 321^{r-v} (un extrait de la *Lettre à Philothée l'higoumène* de Nicétas Stéthatos), f. 321^v (une table sur les jours néfastes de l'année), f. 322^r-324^v, f. 320^{r-v} (des iambes de Stéphanos Mélès).

Dans cette description, nous nous limitons à énumérer les opuscules maximiens contenus dans ce volume. Une description complète peut être trouvée dans le catalogue de Coxe ([305]). Après un pinax au folio 3^{r-v}, la collection maximienne entame avec le texte des *Car.* (*CPG* 7693; f. 5^r-39^v) qui ne commence qu'au milieu du chapitre 6 de la deuxième centurie ([306]), suivi des deux centuries gnostiques alias les *Th. Oec.* (*CPG* 7694; f. 39^v-77^r), du *De duabus Christi naturis* (f. 77^r-78^v), de l'*Op. 23a* (*CPG* 7697.23a; f. 78^v-79^v), d'une partie de la *Ep. 15* (*CPG* 7699; f. 79^v-80^v; jusqu'à *PG* 91, 548 C5 [καὶ βούλημα]), l'*Add. 21* (*CPG* 7707.21; f. 80^v-83^r), l'*Op. 24* (*CPG* 7697.24; f. 83^r-85^r), la *Myst.* (*CPG* 7704; f. 85^r-103^r; jusqu'à Boudignon, *Myst.*, p. 74, l. 1233 [δόξα]), un extrait de l'*Ep. 12* (*CPG* 7699; f. 106^v-108^v; *PG* 91, 469 A1 – 473 B3), l'*Op. 15* (*CPG* 7697.15; f. 108^v-117^r), l'*Add. 19* (*CPG* 7707.19; f. 121^r-122^r) et enfin, l'*Add. 14* (*CPG* 7707.14; f. 122^{r-v}). Les folios 123^{r-v} et 124^r ont été laissés blancs.

C'est le mérite de Nigel Wilson ([307]) d'avoir identifié la main du scribe principal (celui qui a copié les folios 5^r-122^v, 125^r-324^v) ([308]). Il s'agit en fait de Romanos Anagnostes (chartophylax) ([309]), un scribe qui travaillait à Chypre entre 1315/1316 et 1323/1324 ([310]). Le codex ne contient aucune note identifiant ce scribe, mais Romanos Anagnostes avait une écriture si remarquable (plus particulièrement, ce que Canart appelle la « chypriote bouclée » ([311]) avec

---

(305) Coxe, *Catalogi codicum manuscriptorum*, col. 41-45. D'autres descriptions sont de la main de Roosen (*Epifanovitch Revisited*, I, p. 138-140; II, p. 280-281) et De Vocht (*Kritische editie*, p. [100-101]).

(306) Ceresa-Gastaldo, *Capitoli*, p. 92, l. 4 [μέτρου τὸ ἐντὸς συναγαγεῖν]. En haut du folio, quelqu'un a écrit ἑκατοντὰς δευτέρα.

(307) N. Wilson, *Mediaeval Greek Bookhands: Examples Selected from Greek Manuscripts in Oxford Libraries. I. Text* (*The Mediaeval Academy of America. Publications* 81), Cambridge (MA), 1973, p. 31.

(308) *RGK* dit f. III^v, 1^r-2^v, 4^r-122^v, 125^r-324^v, mais cette identification est rejetée par Constantinides – Browning (*Dated Greek Manuscripts*, p. 175) et Markesinis (*Un extrait d'une lettre de Nicétas Stéthatos*, p. 175).

(309) *RGK*, I, 357.

(310) Markesinis, *Un extrait d'une lettre de Nicétas Stéthatos*, p. 174.

(311) P. Canart, *Un style d'écriture livresque dans les manuscrits chypriotes du XVIe siècle: la chypriote bouclée,* dans Glénisson et al., *La paléographie grecque et byzantine*, p. 303-321.

INTRODUCTION 99*

des abréviations [p.e. de −αν] très particulières) que l'identification est presque certaine. Le manuscrit a été daté par Constantinides et Browning vers 1320 ([312]).

À part de la main de Romanos Anagnostes, Constantinides et Browning ([313]) distinguent encore deux mains : une main notariale qui a copié les folios III^v, 1^r-2^v et 4^{r-v}, et une autre main qui n'a copié que les feuillets 3^{r-v} et le pinax au feuillet 124^v.

Nous sommes au courant d'une grande partie de l'histoire du manuscrit. Le codex a fait partie de la collection de Giacomo Barocci (1562-1617) ([314]), un collectionneur de livres vénétien. Après sa mort en 1617, sa collection de manuscrits a été transférée au Royaume-Uni en 1628 où elle a été achetée par William Herbert (1580-1630), chancelier de l'Université d'Oxford. La collection des manuscrits a été présentée à l'université en mai 1629 ([315]).

Ap *Oxoniensis, Bodleianus, Laudianus gr. 92b (s. X), f. 175^r-177^v*

Ce manuscrit de parchemin date du deuxième quart du 10e siècle ([316]) et compte 227 folios. Le texte est écrit en beaux caractères soignés par plusieurs mains. Le manuscrit contient toutes les œuvres de Léonce de Byzance, sauf l'*Adversus Fraudes Apollonaristarum*. Une description du contenu se trouve dans le catalogue de Coxe, mais n'est toutefois pas très détaillée ([317]). Ce codex porte au feuillet 1^r le nom de l'archevêque William Laud et la date d'acquisition 1640 ([318]). Le manuscrit faisait probablement partie des onze manuscrits grecs donnés par l'archevêque au Bodleian Library le 6 novembre 1640. Ces manuscrits grecs faisaient partie

---

(312) Constantinides – Browning, *Dated Greek Manuscripts*, p. 173.

(313) *Ibid.*, p. 175.

(314) Cf. G. F. Tomasini, *Bibliothecae Venetae manuscriptae publicae et privatae Quibus diversi Scriptores hactenus incogniti recensentur*, Utini, 1650, p. 91 : « S. Gregorij Nysseni, & S. Maximi opuscula varia. In bomb. fol. 324. Cod. vet. ».

(315) Constantinides – Browning, *Dated Greek Manuscripts*, p. 176 ; Roosen, *Epifanovitch Revisited*, I, p. 139.

(316) Daley, *Leontius of Byzantium*, p. LXXIX-LXXX. Coxe (*Catalogi codicum manuscriptorum*, col. 580) et I. Hutter (*Corpus der byzantinischen Miniaturhandschriften. I. Oxford Bodleian Library*, Stuttgart, 1977, p. 23) le datent de la fin du 10e siècle.

(317) Coxe, *Catalogi codicum manuscriptorum*, col. 580-582.

(318) Daley, *Leontius of Byzantium*, p. LXXX.

100* INTRODUCTION

de la quatrième donation [319]. On ne sait pas où Laud a trouvé ce manuscrit, mais étant donné son état brûlé et sa nouvelle reliure Laudienne, on pourrait supposer que ce manuscrit provient des monastères allemands et des collèges jésuites détruits par les troupes suédoises pendant la Guerre de Trente Ans [320].

Le manuscrit n'est pas complet. En effet, il manque cinq feuillets: deux folios après f. 96$^{r\text{-}v}$, deux après f. 100$^{r\text{-}v}$ et encore un autre après f. 156$^{r\text{-}v}$ [321]. Les feuillets 182$^{r\text{-}v}$ et 185$^{r\text{-}v}$ ont été écrits par une main différente, qui était toutefois contemporaine à l'autre main. Selon Daley [322], ce changement de main est dû à la perte d'une feuille peu après que le manuscrit a été copié. En plus, le texte du *Contra Aphthartodocetas*, i.e. le deuxième livre du *Contra Nestorianos et Eutychianos*, contient deux lacunes, ce qui fait supposer que dans l'ancêtre de ce codex, il manquait déjà deux feuilles dont le copiste ne s'est pas rendu compte.

Regardons maintenant de plus près le contenu de ce manuscrit. L'*Oxoniensis* contient la majorité des œuvres de Léonce, le *De duabus Christi naturis* attribué à Léonce et trois lettres patristiques. Aux folios 1^{r}-66^{v}, nous trouvons le prologue et le premier livre des *Libri tres contra Eutychianos et Nestorianos* [323] *(CPG 6813)*. Vient ensuite la *Solutio argumentorum Severi* [324] *(CPG 6815)* aux folios 66^{v}-96^{v}. Cette œuvre est à son tour suivie par une version incomplète des *Triginta capita adversus Severum* [325] *(CPG 6814)* aux folios 97^{r}-106^{r} et le deuxième livre des *Libri tres contra Eutychianos et Nestorianos* [326] (f. 106^{r}-150^{v}). Immédiatement après ce deuxième livre suit un texte intitulé Τοῦ ἁγίου Γρηγορίου τοῦ Θεολόγου ἐκ τοῦ εἰς τὰ φῶτα λόγου. Il s'agit en fait d'une partie

---

(319) Http://www.bodley.ox.ac.uk/dept/scwmss/wmss/medieval/mss/laud.htm (dernière consultation le 21 août 2013).

(320) Daley, *Leontius of Byzantium*, p. LXXX. Daley renvoie à la réédition de 1973 du catalogue de Coxe auquel est ajouté une introduction historique de R. W. Hunt. Hunt explique que beaucoup de manuscrits Laudiens étaient donnés au Bodleian Library dans des reliures nouvelles parce qu'ils ont été endommagés pendant leur acquisition.

(321) Daley, *Leontius of Byzantium*, p. LXXX.

(322) *Ibid.*

(323) *Ibid.*, p. 1-74.

(324) *Ibid.*, p. 77-97.

(325) *Ibid.*, p. 99, l. 23 [διδόναι παντὸς] – p. 108.

(326) *Ibid.*, p. 109-144.

INTRODUCTION   101*

de l'*Oratio 39* ([327]) (f. 150ᵛ-151ʳ). Cet extrait de Grégoire est suivi d'un texte (f. 150ʳ⁻ᵛ) qui commence ainsi : τούτοις συμφώνως παρὰ τῶν διαφόρων πατέρων τῆς ἐκκλησίας εἰρημένων· πάντως ποῦ καὶ οἱ τοῦ αὐτοῦ πνεύματος αὐτοῖς πεπληρωμένοι (desinit : πάντως ποῦ καὶ πρὸς τῶν ἡμετέρων εὑρήσει λόγων). Après ces extraits, on peut trouver la première partie du troisième livre des *Libri tres contra Eutychianos et Nestorianos* ([328]) (f. 151ᵛ-175ʳ). Aux folios 175ʳ-177ᵛ se trouve une œuvre appelée « Τοῦ αὐτοῦ κεφάλαια κατὰ διαφόρων αἱρετικῶν ». Il s'agit en effet de notre *De duabus Christi naturis* qui est toutefois attribué à Léonce de Byzance. Le catalogue ([329]) mentionne que ce texte est précédé d'un prologue. Cependant, il ne s'agit pas de prologue, mais de l'épilogue de la première partie du troisième livre du *Contra Eutychianos et Nestorianos*. En bas du folio 177ᵛ, une troisième main ([330]) a écrit une citation fragmentaire du deuxième livre des *Maccabées* (*II Mach.* 6, 13-14) qui n'est pas lié au texte. Après le petit traité sur les deux natures suit encore la deuxième partie du troisième livre du *Contra Eutychianos et Nestorianos* ([331]) (f. 178ʳ-209ᵛ). Après le florilège qui constitue la fin du *Contra Eutychianos et Nestorianos* viennent encore trois lettres patristiques : deux lettres de Cyrille d'Alexandrie à Succensus ([332]) (f. 210ʳ-225ʳ) et l'*Epistula ad Prosdocium* de Timothée de Berytus ([333]), attribuée à Julius de Rome (*CPG* 3726 ; f. 225ʳ-227ᵛ) ([334]).

Loofs ([335]) signale que les folios 178ʳ-227ᵛ ont été écrits par une autre main et il en donne l'explication suivante : selon lui, les

---

(327) C. Moreschini – P. Gallay, *Grégoire de Nazianze. Discours 38-41* (*SC* 358), Paris, 1990, p. 176, l. 17 [καθαρὰν] – p. 178, l. 27 [θανατωθέντος].

(328) Daley, *Leontius of Byzantium*, p. 145-163.

(329) Coxe, *Catalogi codicum manuscriptorum*, col. 581.

(330) Daley, *Leontius of Byzantium*, p. XCVIII. Selon Daley, cette main date du 13ᶜ siècle.

(331) *Ibid.*, p. 163-200.

(332) F. 210ʳ-218ʳ : *PG* 77, 228 D5 – 237 C3 ; f. 218ʳ-224ᵛ : *PG* 77, 237 D1 – 245 D4.

(333) H. Lietzmann, *Apollinarius von Laodicea und seine Schule*, Tübingen, 1904, p. 156-157.

(334) Loofs (*Leontius von Byzanz*, p. 21) dit de ces lettres qu'elles peuvent être prises d'une œuvre perdue de Léonce de Byzance et qu'elles étaient peut-être liées à l'*Adversus Fraudes Appolinaristarum*.

(335) Loofs, *Leontius von Byzanz*, p. 21.

102* INTRODUCTION

chapitres sur les différentes hérésies (le *De duabus Christi naturis*) auraient été laissés incomplets par le premier scribe. Le deuxième scribe aurait remarqué que le corpus des œuvres de Léonce n'était pas complet et il aurait donc ajouté la deuxième partie du troisième livre du *Contra Eutychianos et Nestorianos* ainsi que les trois lettres patristiques. Ce copiste n'a pourtant pas ajouté l'*Adversus Fraudes Apollonaristarum*, ni le reste des κεφάλαια κατὰ διαφόρων αἱρετικῶν, dit Loofs [336]. Loofs n'avait pas identifié ces chapitres avec le traité de Maxime le Confesseur et il pensait alors que l'œuvre était incomplète. Loofs croyait que les témoins des œuvres de Léonce, dont l'*Oxoniensis* fait partie, ont été copiés d'un ancêtre qui comportait une collection plus vaste d'ouvrages de Léonce de Byzance [337]. D'après Daley [338], cet ancêtre doit être daté du début du 8ᵉ siècle.

L'*Oxoniensis* est un témoin important des œuvres de Léonce de Byzance. D'après Loofs [339], il s'agit de la préparation à une édition des œuvres de Léonce de Byzance. L'ajout des trois lettres patristiques à la fin du manuscrit pourrait toutefois étonner. Elles ne semblent pas faire partie du corpus léontien. Étant donné qu'elles sont quand même ajoutées avant le colophon écrit en rouge « τετέλεσται σὺν Θεῷ ἡ κατὰ πασῶν αἱρέσεων ἀνατροπὴ καὶ θρίαμβος τοῦ μακαρίου Λεοντίου μοναχοῦ καὶ μεγάλου ἀσκητοῦ » (f. 227ᵛ), on peut supposer qu'elles faisaient déjà partie du manuscrit source de l'*Oxoniensis*, peut-être comme alternative pour l'*Adversus Fraudes Apollonaristarum*.

Aq *Oxoniensis, Christ Church gr. 47 (s. XIV-XVI), f. 118ʳ-120ᵛ*

Ce codex de papier oriental date des 14ᵉ-16ᵉ siècles et compte 290 folios. Il s'agit d'un *codex miscellaneus* de divers auteurs patristiques entre autres Anastase le Sinaïte, Maxime le Confesseur [340], Grégoire de Nysse, Jean Chrysostome, etc. [341]. Le manuscrit

---

(336) *Ibid.*

(337) Loofs, *Leontius von Byzanz*, p. 21-22.

(338) Daley, *Leontius of Byzantium*, p. LXXXV.

(339) Loofs, *Leontius von Byzanz*, p. 14.

(340) Une description succincte du manuscrit peut être trouvée dans Uthemann, *Viae dux*, p. XLIII-XLIV.

(341) G. W. Kitchin, *Catalogus codicum mss. qui in Bibliotheca Aedis Christi apud Oxoniensis adservantur*, Oxonii, 1867, p. 23-24.

INTRODUCTION 103*

commence par un pinax des œuvres contenues dans le codex
(« Capita eorum que hoc libro continentur » ; f. I^r-IV^v). Il a été
écrit par plusieurs mains et semble être constitué de plusieurs
codices, ce dont témoigne par exemple la fin brusque (au milieu
d'une phrase) du texte précédant le *De duabus Christi naturis*
(f. 118^r-120^v). La première œuvre qui est attribuée à Maxime se
trouve aux folios 102^r-117^v. Le texte commence par le premier chapitre de la deuxième centurie des *Th. Oec.* (*CPG* 7694 ; f 102^{r-v}).
Ce fragment est suivi du premier chapitre de la première centurie
des *Div. Cap.* (*CPG* 7715 ; f. 102^v), d'un extrait de l'*E. O. D.* ([342])
(CPG 7691 ; f. 102^v-104^r ; Van Deun, *Opuscula*, l. 440 [μίαν] –
l. 467 [εἰσκομίζηται]), du chapitre 9 de la quatrième centurie des
Car. (*CPG* 7693 ; f. 104^r), d'un extrait de l'*Historia Romana* de
Nicéphore Grégoras ([343]) (f. 104^{r-v}), du huitième chapitre de la quatrième centurie des *Car.* (f. 104^v ; jusqu'à κτίσματα), de la scholie
sur la *Quaestio 13* des *Q. Thal.* (*CPG* 7688 ; f. 104^v ; Laga – Steel,
Q. Thal., p. 97), d'un autre extrait de l'*E. O. D.* ([344]) (f. 104^v-105^v ;
Van Deun, *Opuscula*, l. 239 [ὄνομα] – l. 257 [συγχωροῦσα]),
suivi enfin du chapitre 3 de la première centurie des *Div. Cap.*
(f. 105^v). L'opuscule sur la double nature du Christ se trouve
aux feuillets 118^r-120^v. Au feuillet 173^v commence une sélection
de chapitres de la deuxième centurie des *Th. Oec.* (*CPG* 7694 ;
f. 173^v-175^v ; chapitres 1-7, 10, 16-17 jusqu'à *PG* 90, 1133 A2 [τῶν
ἀγαθῶν αὐθυπόστ]) qui se termine brusquement au milieu du
chapitre 17. Au feuillet 192^r se trouve le début d'un opuscule qui
est annoncé dans le pinax comme étant une lettre de Maxime sur
la colère de Dieu. Il s'agit en fait d'extraits ([345]) de la question LII
des *Q. Thal.* (*CPG* 7688 ; f. 192^r-194^r). Aux folios 200^r-202^r, on

---

(342) Cet extrait peut être trouvé dans la *Panoplia dogmatica* d'Euthyme
Zygadène (*PG* 130, 100 B1 – C7).

(343) Il s'agit en fait d'une citation attribuée à Maxime par Nicéphore
Grégoras. Nous n'avons toutefois pas pu identifier le fragment en question
(Bekker – Schopen, *Nicephori Gregorae Byzantina Historia*, II, p. 1065, l. 1
[Χρὴ οὖν] – l. 3 [ἐπίκτητα]).

(344) Cet extrait aussi se trouve dans la *Panoplia dogmatica* (*PG* 130,
97 B6 – D8).

(345) Laga – Steel, *Q. Thal.*, I, p. 415, l. 21 – p. 417, l. 35 ; p. 419,
l. 73 – p. 423, l. 151 ; p. 425, l. 182-194 ; p. 425, l. 196 – p. 427, l. 208. A
première vue, il semble qu'il s'agisse de chapitres de la troisième centurie des
Div. Cap., mais en fait on ne peut pas retrouver tous les fragments dans cette
œuvre-là.

104* INTRODUCTION

peut encore trouver l'*Ep. 9* (*CPG 7699*) suivi des mêmes extraits qui se trouvaient aux feuillets 192^r-194^r (f. 202^r-205^r). Ces extraits des *Q. Thal.* sont suivis de la question XLIII avec scholie ([346]) des *Q. Thal.* (f. 205^v-207^v). La fin du manuscrit est fortement mutilée. Nous ne savons rien sur l'histoire du manuscrit, ni sur le scribe.

Ar *Parisinus gr. 11* (*s.* XII), p. 302-304

Ce codex de parchemin, dont la fin est mutilée, comporte 460 pages et consiste clairement en trois parties différentes ([347]). La majorité du manuscrit est consacrée aux œuvres de Maxime le Confesseur. La description faite par Omont ([348]) est trop succincte, mais nous disposons d'une description plus détaillée de Roosen ([349]) et du projet I-stamboul ([350]). Cette dernière notice a corrigé la datation du manuscrit et propose le dernier quart du 12e siècle.

Dans ce qui suit, nous allons donner un aperçu des œuvres. D'abord, il est intéressant de signaler que les opuscules figurant aux pages 266-316 correspondent exactement à une partie du *Florentinus, Mediceus-Laurentianus plut. IX, 8*, de l'*Ottobonianus 43* et du *Vaticanus gr. 197*. Omont ([351]) parle d'un opuscule maximien aux pages 266-290 (« S. Maximi Confessoris definitiones ss. Patrum »). Il s'agit toutefois d'une partie de l'*Hodegos* d'Anastase le Sinaïte ([352]) (*CPG 7745*). En fait, on se trouve ici en présence des *Definitiones seorsum traditae* ([353]), une tradition indépendante d'une portion de la *Viae dux*. Ce texte est, après une définition de κατάχρησις ([354]), interrompu aux pages 284-286 par un traité

---

(346) Laga – Steel, *Q. Thal.*, I, p. 293-297.

(347) Roosen, *Epifanovitch Revisited*, I, p. 147: on peut distinguer p. 1-265a, p. 265b-328, p. 329-456.

(348) Omont, *Inventaire sommaire*, I, p. 2-3.

(349) Roosen, *Epifanovitch Revisited*, I, p. 147-149; II, p. 352-358.

(350) Nous avons pu consulter (le 14 mars 2015) cette notice de Pierre Augustin et Jacques-Hubert Sautel avant sa publication sur http://i-stamboul.irht.cnrs.fr/fr/bibliotheque/manuscrits. Nous les remercions vivement.

(351) Omont, *Inventaire sommaire*, I, p. 3.

(352) Uthemann, *Viae dux*, II, 1, p. 23 – II, 7, p. 64.

(353) Uthemann a décrit cette collection dans son édition de la *Viae dux*: Uthemann, *Viae dux*, p. CCXXI-CCXXXVIII.

(354) Cf. Uthemann, *Viae dux*, p. CCXXVI, n. 21.

néochalcédonien ([355]). Le texte des *Definitiones seorsum traditae* est repris ultérieurement (p. 286-288) ([356]). Ce texte d'Anastase le Sinaïte est à son tour suivi d'une collection de définitions éditée par Roosen et Van Deun ([357]) (p. 288-290). Le corpus maximien entame avec la première partie de l'*Ep. 15* (*CPG* 7699; p. 290-298; *PG* 91, 544 – 553 C5), suivi de l'*Op. 23a* (*CPG 7697. 23a*; p. 298; *PG* 91, 264 B5 – C1), d'une version incomplète de l'*Add. 20* ([358]) (*CPG* 7707. 20; p. 300-301), l'*Op. 23c* (*CPG* 7697. 23c; p. 301; *PG* 91, 265 C5 – 268 A4), notre *De duabus Christi naturis* (p. 302-304), l'*Add. 21* (*CPG* 7707. 21; p. 304-308), l'*Op. 16* (*CPG* 7697. 16; p. 308-311) et l'*Op. 23a* (*CPG* 7697. 23a; p. 311-312).

La troisième partie du manuscrit contient également quelques opuscules maximiens : l'*Ep. 6* (*CPG* 7699; p. 329-337), l'*Ep. 7* (p. 337-344), l'*Ep. 19* (p. 344-351), la *D. P.* (*CPG* 7698; p. 351-409) et finalement les *Car.* (*CPG* 7693; p. 410-456) qui se terminent abruptement au milieu du chapitre 85 de la deuxième centurie ([359]).

Le manuscrit commence et finit avec quelques pages de parchemin pliés en deux sur lesquelles le texte est écrit verticalement et sur deux colonnes.

Grâce à des notes à l'intérieur du manuscrit, nous connaissons le nom de deux copistes du manuscrit. La première partie (p. 1-265a) a été copiée par Léon Gabalas ([360]), évêque de Nymphaion, en 1186 (p. 89 : ὁ εὐτελὴς ἐπίσκοπος νυμφαίου λέων ὁ γαβαλᾶς; p. 265 : τῷ συντελεστῇ τῶν καλῶν | θεῷ χάρις + ἐγράφη ἡ παροῦσα βίβλος | χειρὶ ἐμοῦ· τοῦ εὐτελοῦς ἐπισκόπου νυμφαίου,| λέοντος τοῦ γαβαλοῦ. Μηνὶ φεβρουαρίῳ ἰνδικτιῶνος δ' | ἔτους ,ϛχϟδ', ἐπὶ τῆς βασιλείας τοῦ εὐσεβοῦς ἀγγέλου κῦρ ἰσαακίου [vers dodécasyllabiques]) et contient des textes de l'Ancien Testament (*Job, Proverbes, Ecclésiaste, Cantique, Sagesse*

---

(355) Il s'agit du même texte (édité par Helmer, *Der Neuchalkedonismus*, p. 275-278) qu'on trouve dans Af.

(356) Uthemann, *Viae dux*, II, 8, p. 72, l. 101 – II, 8, p. 73, l. 137; II, 8, p. 64, l. 1 – II, 8, p. 72, l. 100.

(357) Roosen – Van Deun, *Les collections de définitions*, p. 70-75 (cf. *supra*).

(358) Roosen, *Epifanovitch Revisited*, III, p. 743, l. 7-28.

(359) Ceresa-Gastaldo, *Capitoli*, p. 136, l. 7 [λογισμοὺς ἡ ψυχή, ἀναφε].

(360) *RGK* I, 329; *RGK*, II, 329.

106* INTRODUCTION

et *Siracide*). L'autre partie (p. 265b-328), qui contient entre autres le *De duabus Christi naturis*, est sortie de la plume du « copiste professionnel » Manuel ([361]), clerc de l'évêque Kometas de Sozopolis ([362]), au quatrième quart du 12ᵉ siècle (p. 327 : ὁ γραφεὺς μανουὴλ νοτάριος τοῦ σωζοπολίτου τοῦ καὶ κομητᾶ). Nous ne savons rien sur le copiste de la troisième partie (p. 329-456) dont manquent quelques pages. Il est très probable que c'était sur ces pages disparus que figurait le nom du copiste. Le codex nous apprend également le nom de deux lecteurs, datés du 17ᵉ siècle par Darrouzès ([363]) : un certain Athanase (p. Aᵛ : ὁ ἱεροδιδάσκαλος τῆς μεγάλης ἐκκλησίας Ἀθανάσιος) et un Dorothée (p. 328 : Δωρόθεος Ἰβερίτης). Ni Darrouzès ([364]), ni Roosen ([365]) ont pu identifier ces lecteurs. Nous avons trouvé un autre nom en bas de la page 194 : Νεόφυτος. On peut supposer qu'il s'agisse d'un autre lecteur du manuscrit. Comme les deux copistes vivaient à une époque différente, Darrouzès ([366]) émet l'hypothèse qu'il s'agit en fait de deux (ou trois) manuscrits reliés ensemble. Cette hypothèse est encore corroborée par le fait que le premier texte de la troisième partie, à savoir l'*Ep. 6* de Maxime le Confesseur, porte comme attribution τοῦ αὐτοῦ, tandis que les œuvres précédentes ne sont pas de la main de Maxime. Cela suggère que, initialement, la lettre en question était précédée d'un autre texte.

Le manuscrit est probablement originaire de Sozopolis et a été apporté sur l'île de Chalki en 1729 ([367]). Il a été acheté à Constantinople entre 1728 et 1730 par M. l'abbé Sévin et ensuite envoyé à la Bibliothèque du Roy en 1730. Le catalogue comportant les manuscrits envoyés par M. l'abbé Sevin à la bibliothèque royale mentionne ce manuscrit-ci sous le numéro 120 : « Manuscrit contenant quelques morceaux de l'Ancien Testament et plusieurs pièces de S. Maxime (Ms. Grec 11) » ([368]). Cette description suc-

---

(361) *RGK*, II, 353 ; Vogel – Gardthausen parle abusivement de Manuel Kometes (Vogel – Gardthausen, *Die griechischen Schreiber*, p. 277).

(362) Cf. *PLP* n° 12022.

(363) Darrouzès, *Notes d'Asie Mineure*, p. 34.

(364) *Ibid.*, p. 30.

(365) Roosen, *Epifanovitch Revisited*, I, p. 148, n. 6.

(366) Darrouzès, *Notes d'Asie Mineure*, p. 30.

(367) Cf. notice I-stamboul (cf. *supra*).

(368) « Catalogue des livres achetés par M. l'abbé Sévin et envoyés à la Bibliothèque, lesquels y ont été reçus le 12 may 170 », dans H. Omont, *Mis-*

INTRODUCTION 107*

cincte du contenu nous apporte quand même des informations précieuses. En effet, nous savons maintenant que le codex existait déjà dans cette forme reliée en 1730.

As *Parisinus gr. 491 (s. XIII-XIV), f. 277ᵛ-278ᵛ*

Il s'agit d'un codex de papier occidental datant des 13ᵉ-14ᵉ siècles qui contient des œuvres de Basile de Césarée, Basile d'Ancyre, Théodoret de Cyr et Maxime le Confesseur, et l'*Apocalypse* de Jean [369]. Le codex, qui a été copié par une seule main, contient un pinax en latin au f. Iʳ. Ce pinax ne fait mention que des œuvres de Basile et de Théodoret ; une main tardive y a ajouté plus tard les *Car.* et l'*Apocalypse*, et enfin, encore une autre a complété le corpus avec d'autres œuvres de Maxime. Le manuscrit entame avec les 16 *Homiliae in Psalmos* (*CPG* 2836 ; f. 1ʳ-74ʳ) et l'*Epistula 2 ad Gregorium Nazianzenum* de Basile de Césarée (*CPG* 2900 ; f. 74ʳ-76ᵛ), suivi du *De virginitate* de Basile d'Ancyre (*CPG* 2827 ; f. 76ᵛ-111ʳ) [370]. Viennent ensuite l'*Historia Religiosa* de Théodoret de Cyr (*CPG* 6221 ; f. 112ʳ-176ʳ), et un extrait [371] – écrit par une main différente – de l'*Homilia in Sanctum Pascha* de Jean Chrysostome (*CPG* 4408 ; f. 176ᵛ-177ʳ) avant qu'on arrive au corpus maximien contenant les opuscules suivants : les *Car.* (*CPG* 7693 ; f. 178ʳ-202ʳ) [372], les *Th. Oec.* (*CPG* 7694 ; f. 202ʳ-220ᵛ) [373], les *Div. Cap.* [374] (*CPG* 7715 ; f. 220ᵛ-277ʳ) [375], le *De duabus Christi Naturis* (f. 277ᵛ-278ᵛ), l'*Ep. 9 ad abbatem Thalassium* (*CPG* 7702 ; f. 278ᵛ-279ʳ ; jusqu'à *PG* 91, 448 A14) [376] et les chapitres

---

sions archéologiques françaises en Orient aux XVIIᵉ et XVIIIᵉ siècles, II (*Collection de documents inédits sur l'histoire de France*), Paris, 1902, p. 1113, n° 120.

(369) OMONT, *Inventaire sommaire*, I, p. 59. D'autres descriptions peuvent être trouvées dans DE VOCHT, *Kritische editie*, p. [110-112] et BOUDIGNON, *Myst.*, p. C-CI.

(370) Le folio 111ᵛ est vierge.

(371) *PG* 59, 721-722.

(372) Le folio 177ᵛ est vierge.

(373) Le codex contient deux feuillets 215ʳ⁻ᵛ ; après le deuxième, il faut insérer le folio 294ʳ⁻ᵛ, qui contient également une partie des *Th. Oec.*

(374) Les centuries de toutes ces œuvres maximiennes ont été numérotées comme si elles faisaient partie d'une seule œuvre.

(375) Le folio 295ʳ⁻ᵛ doit être inséré après le folio 221ʳ⁻ᵛ.

(376) Cette lettre maximienne n'a pas été reconnue par Boudignon dans sa description du manuscrit. Il parle d'un extrait inconnu (BOUDIGNON, *Myst.*, p. CI).

108* INTRODUCTION

VII à XII ([377]) de la *Myst.* (*CPG* 7704; f. 279ʳ-280ᵛ). Le codex se termine enfin avec une version incomplète ([378]) de l'*Apocalypse* de Jean (f. 281ʳ-293ᵛ).

De Vocht ([379]) a l'impression que la partie maximienne formait un codex à part, à en juger par la numérotation des cahiers. En effet, l'on peut trouver les numéros β′ (au folio 185ʳ) jusqu'au ιδ′ (au folio 278ʳ). Cette hypothèse est corroborée par le fait que la partie maximienne contient des décorations au-dessus des titres tandis que ce n'est pas le cas pour les autres parties du manuscrit ([380]).

Nous ne savons pas beaucoup sur l'histoire du manuscrit, sauf qu'il a fait partie de la bibliothèque de Colbert sous le numéro 5102 ([381]). Les manuscrits de la collection de Colbert ont été offerts au roi en 1732 ([382]). Cependant, une note au f. 54ʳ suggère que le manuscrit (ou bien cette partie-là) se trouvait une fois à Chypre ([383]).

At *Parisinus gr. 886 (s.* XIII*), f. 84ʳ·ᵛ*

Il existe déjà plusieurs descriptions de ce codex: d'abord, la description d'Omont qui est toutefois très sommaire et défectueuse ([384]), ensuite celles des éditeurs de Maxime ([385]). Ce manuscrit de parchemin, datant du 13ᵉ siècle ([386]) et comptant 375

---

(377) Boudignon, *Myst.*, p. 33, l. 540 – p. 40, l. 654 [ἐφ'ἑκάστῳ ἀναγνώσ-]. Boudignon émet l'hypothèse que le manuscrit a perdu six folios de sorte que la *Myst.* aurait fini avec le chapitre XXIII (Boudignon, *Myst.*, p. CI).

(378) Le texte s'arrête au milieu d'une phrase: τῆς προφητείας τοῦ βιβλίου τούτου. Κἀγὼ Ἰωάννης ὁ ἀκού (*Apoc.* 22, 7-8).

(379) De Vocht, *Kritische editie*, p. [111].

(380) Un autre argument en faveur de cette hypothèse est le fait que les œuvres maximiennes ont été ajoutées plus tard au pinax latin.

(381) Omont, *Inventaire sommaire*, I, p. 59.

(382) Omont, *Inventaire sommaire*, I, p. XIV.

(383) Voir De Vocht, *Kritische editie*, p. [112], n. 11.

(384) Omont, *Inventaire sommaire*, I, p. 166.

(385) Mahieu, *Travaux préparatoires*, p. 237-242; Bracke, *Ad Sancti Maximi Vitam*, p. 188-196; De Vocht, *Kritische editie*, p. [115]; Laga – Steel, *Q. Thal.*, I, p. XLVII-XLIX; Van Deun, *Opuscula*, p. XXXVI-XXXVII; Id., *L. A.*, p. LXXIII-LXXIV; Janssens, *Amb. Thom.*, p. XLI-XLII; Boudignon, *Myst.*, p. XXV.

(386) Bracke le date plutôt de la fin du 12ᵉ siècle à cause des ornementations (Bracke, *Ad Sancti Maximi Vitam*, p. 191, n. 8).

INTRODUCTION 109*

feuillets, est presque entièrement consacré aux œuvres de Maxime le Confesseur, à l'exception des trois dialogues *De Sancta Trinitate* du Pseudo-Athanase d'Alexandrie (*CPG* 2284 ; f. 346^r-366^v). Cependant, ceux-ci sont souvent attribués à Maxime. Le corpus maximien contenu dans ce codex correspond entièrement à celui du *Romanus, Angelicus gr. 120*, dont il est une copie. Le manuscrit a été écrit par un seul copiste dont nous ne savons rien, sauf que son écriture contient des éléments du *Fettaugenstil*. Il s'agit d'un beau codex de grand format qui contient à plusieurs endroits des dessins de paons.

Ce manuscrit parisien contient le corpus maximien suivant : les *Q. Thal.* (*CPG* 7688 ; f. 1^r-84^r), le *De duabus Christi naturis* (*CPG* 7697. 13 ; f. 84^{r-v}), les *Ep. 6, 7* et *11* (*CPG* 7699 ; f. 84^v-89^r), l'*E. O. D.* (*CPG* 7691 ; f. 89^r-96^r), les *Ep. 4, 8, 9, 1, 19, 12, 13* et *15* (*CPG* 7699 ; f. 96^r-130^v), les *Amb. Thom.* (*CPG* 7705. 1 ; f. 130^v-136^v), les *Amb. Io.* (*CPG* 7705. 2 ; f. 136^v-213^r), la *D. P.* (*CPG* 7698 ; f. 213^r-216^v, f. 225^r-232^v, f. 217^{r-v}), l'*Op. 1* (*CPG* 7697. 1 ; f. 217^v-222^v), l'*Op. 2* (*CPG* 7697. 2 ; f. 223^r-224^r, f. 224^{r-v}, f. 233^r-234^r), l'*Op. 3* (*CPG* 7697. 3 ; f. 234^r-235^v), l'*Op. 4* (*CPG* 7697. 4 ; f. 235^v-236^r), l'*Op. 6* (*CPG* 7697. 6 ; f. 236^r-240^r), l'*Op. 5* (*CPG* 7697. 5 ; f. 240^{r-v}), l'*Op. 14* (*CPG* 7697. 14 ; f. 240^v-241^v), l'*Op. 7* (*CPG* 7697. 7 ; f. 241^v-246^r), l'*Op. 8* (*CPG* 7697. 8 ; f. 246^r-250^r), la *Myst.* (*CPG* 7704 ; f. 250^r-262^r), l'*E. ps. 59* (*CPG* 7690 ; f. 262^v-265^v), le *L. A.* (*CPG* 7692 ; f. 266^r-276^r), les *Car.* (*CPG* 7693 ; f. 276^v-299^v), les *Th. Oec.* (*CPG* 7694 ; f. 299^v-317^r), les *Cap. XV* (*CPG* 7695 ; f. 317^v-319^r), le *Comp.* (*CPG* 7706 ; f. 319^v-345^v) et la *Vita Maximi Confessoris* (*BHG* 1234 ; f. 366^v-375^v).

Au feuillet de garde, il se trouve une note de l'abbé F. Sevin (1682-1741) ([387]), responsable des manuscrits grecs de la Bibliothèque Royale, qui dit : « Codex pulcherrimus 12 saec. scriptus quo continetur Sancti Maximi operum pars major qua recensere velle supervacuum foret, eo enim praecipue codice usus Combefisius novam Maximi editionem publicavit. » En effet, ce manuscrit a été utilisé par le savant dominicain François Combefis ([388])

---

(387) BOUDIGNON, *Myst.*, p. CLXXI-CLXXII ; OMONT, *Inventaire sommaire*, I, p. XXIX. Pour un échantillon de son écriture, voir OMONT, *Inventaire sommaire*, I, p. XXXII, n° VI.

(388) Cf. COULON, *Combefis* ; DUVAL, *Combefis* ; MAHIEU, *Travaux préparatoires*, p. 125-126 ; RICHARDOT, *Combefis*. Voir *infra* (éditions).

110* INTRODUCTION

(1605-1679) pour son édition générale des œuvres de Maxime le Confesseur. Il renvoie maintes fois à ce « codex magnificus » ([389]) avec le nom « codex Fr. » ([390]) et en fait souvent l'éloge. Le nom « codex Fr. » vient d'un ancien possesseur du manuscrit, le libraire parisien Raphaël Trichet du Fresne ([391]) (1611-1661). Celui-ci avait une grande collection de manuscrits, acquis en Italie, dont une quarantaine de codices grecs et une centaine de manuscrits latins, italiens, espagnols et français ([392]). Les manuscrits grecs ont été achetés par Colbert pour la collection de la Bibliothèque du Roy. Notre codex faisait partie de la collection de la Bibliothèque du Roy sous le numéro 1801 (cf. f. 1r).

Au *Parisinus gr. 900 (s. XV), f. 140v-141v*

Il s'agit d'un codex de papier, comptant 182 feuillets et datant du 15e siècle. Il contient un corpus de textes très divers, cependant tous de nature théologique ([393]). Citons par exemple l'*Expositio fidei* de Jean Damascène (*CPG* 8043; f. 1v-79v; f. 141v-142r) et le *De omnifaria doctrina* de Michel Psellos ([394]) (f. 79v-102v). Sur la première feuille de garde, on trouve un pinax en latin; au folio 1r, un pinax en grec qui mentionne les œuvres de Jean Damascène et d'Isaac, catholicos d'Arménie ([395]). Le *De duabus Christi naturis* se trouve aux feuillets 140v-141v. Il est précédé du *De sacris imaginibus contra Constantinum Cabalinum* attribué à Jean de Jérusalem (*CPG* 8114; f. 135r-140v; *PG* 95, 312 A6 – 344 B3 [ἀκεφάλης]) et suivi de quelques extraits damasciens, à savoir le *Qua ratione homo imago dei* (*CPG* 8087. 4; f. 141v), le titre du *De theologia* ([396]) (*CPG* 8087. 5; f. 141v) et le chapitre 50 de l'*Expositio fidei* ([397]) (f. 141v-142r).

---

(389) *PG* 90, 57-58.

(390) Mahieu, *Travaux préparatoires*, p. 132.

(391) Omont, *Inventaire sommaire*, I, p. XV.

(392) Delisle, *Le cabinet des manuscrits*, I, p. 270.

(393) Omont, *Inventaire sommaire*, I, p. 170.

(394) Il s'agit de : § 1-37, 45-56, 58-60, 62-69, 82, 83, 90, 98, 108, 110-144, 146, 164-166, 173, 175, 185, 188, 189 (Westerink, *De omnifaria doctrina*, p. 7).

(395) Cf. V. Grumel, *Les Invectives contre les Arméniens du « catholicos Isaac »*, dans *REB* 14 (1956), p. 174-194.

(396) Οὕτως οὖν ἐκ τῆς θείας Γραφῆς τὸν περὶ τῆς Τριάδος διδασκό-μεθα λόγον, ὅσον ἐκ τῆς φυσικῆς ἀκολουθίας (*PG* 95, 228 D11-13).

INTRODUCTION 111*

Nous ne savons pas beaucoup sur l'histoire du manuscrit, sauf qu'il faisait partie de la bibliothèque de Niccolò Ridolfi (1501-1550) sous le nom *Theologicus gr. 8* ([398]), ensuite de la collection des manuscrits de Cathérine de Médicis et enfin de la Bibliothèque du Roy sous le numéro 2428 ([399]).

Le codex a été le travail d'un seul copiste qui a copié les textes sur deux colonnes. Une note (ressemblant une note d'appartenance) en haut du feuillet 2^r nous semble renseigner sur un possesseur du manuscrit ([400]).

Av *Parisinus gr. 1119 (s. XIV), f. 307^v-308^v*

Ce manuscrit de papier oriental date du 14e siècle et compte 311 folios ([401]). Il s'agit d'un *codex miscellaneus* qui est pour la plus grande partie consacré aux œuvres de Jean Damascène et de Jean Climaque. Le manuscrit finit avec deux textes de Maxime le Confesseur : le *De duabus Christi naturis* (f. 307^v-308^v) et l'*Ep. 6* (*CPG* 7699 ; f. 308^v-311^r). Ces derniers folios sont toutefois très mutilés. L'opuscule sur la double nature est précédée de deux textes de Jean Climaque : la *Scala Paradisi* (*CPG* 7852 ; f. 166^v-296^v) et le *Liber ad Pastorem* (*CPG* 7853 ; f. 296^v-307^v).

Le volume a été copié par une seule main. Au verso de la couverture, on trouve un pinax en latin, ensemble avec la cote ancienne (2928). Un pinax grec mentionnant les œuvres du Damascène et de Jean Climaque figure sur le premier feuillet de garde recto.

Quant à l'histoire du manuscrit, nous savons que le manuscrit faisait partie de la collection de Fontainebleau ([402]) (sous le numéro 2928) avant d'entrer dans la collection de la Bibliothèque du Roy.

---

(397) Kotter, *Die Überlieferung der Pege Gnoseos*, p. 120, l. 17 [ὁμολογοῦμεν] – p. 21, l. 1.

(398) Muratore, *La biblioteca del cardinale Niccolò Ridolfi*, II, p. 420, n° 8.

(399) Muratore, *La biblioteca del cardinale Niccolò Ridolfi*, I, p. 789.

(400) Nous en donnons ici une transcription (partielle, à cause de sa nature peu lisible) : Τοῦ παποῦ χριστοδδ[...] ἄρχοντος τοῦ ἠβυγγαλ[...].

(401) Omont, *Inventaire sommaire*, I, p. 224.

(402) *Ibid.*, I, p. 224 (p. VI : « Fontebl. – MSS portés au catalogue de la bibliothèque de Fontainebleau, sous Henri II, provenant de Blois, de J-F d'Asola, Ant. Eparque, J. Fondule, etc. »). Cf. Omont, *Catalogues des manuscrits grecs de Fontainebleau*, p. 106.

112* INTRODUCTION

Omont ([403]) mentionne qu'au début du 16ᵉ siècle, les manuscrits grecs étaient rares en France. En fait, il n'y en avait qu'une quarantaine dans la bibliothèque du roi à Blois en 1518 ([404]) et leur catalogue (de la main de Petit) ne mentionne pas encore le *Parisinus gr. 1119*. Le dernier inventaire de la bibliothèque de Blois, dressé en 1544 lors du transfert de la bibliothèque à Fontainebleau, ne fait pas non plus mention du manuscrit ([405]). Le codex ne faisait donc pas encore partie de la collection royale de Blois. En plus, le premier catalogue des manuscrits grecs à Fontainebleau, qui doit être daté entre 1544 et 1546, ne contient aucune trace du *Parisinus gr. 1119* ([406]). En fait, ce n'est que dans le catalogue alphabétique des manuscrits grecs de Fontainebleau (1550), dressé au début du règne de Henri II (1519-1559), que l'on peut trouver le volume sous le numéro 309 ([407]). En effet, le manuscrit a été acquis par le roi François Iᵉʳ (1494-1547) qui avait le dessein d'assembler la plus grande collection de manuscrits grecs ([408]). Pour cela, il faisait acheter ou copier, à l'instigation de Janus Lascaris (1445-1535) et Guillaume Budé (1467-1540), des manuscrits grecs à l'étranger ([409]). Nous n'avons malheureusement pas pu retracer l'histoire du codex avant son entrée dans la collection de Fontainebleau.

Ay *Parisinus gr. 1782 (s.* XIV), f. 86ʳ-87ᵛ

Ce manuscrit de papier compte 124 feuillets et date du 14ᵉ siècle ([410]). Le codex faisait partie de la Bibliothèque du Roy sous

---

(403) Omont, *Catalogues des manuscrits grecs de Fontainebleau*, p. I.

(404) Cf. le catalogue de la bibliothèque du roi à Blois rédigé par Guillaume Petit (Omont, *Catalogues des manuscrits grecs de Fontainebleau*, p. 347-350).

(405) *Ibid.*, p. 351-354.

(406) *Ibid.*, p. 355-368.

(407) *Ibid.*, p. 106 (« Βιβλίον β′ μεγάλου μήκοις παλαιὸν, ἐν χάρτῃ δαμασκηνῳ, ἐνδεδυμένον δέρματι καστανῷ, ἔστι δὲ τὰ φιλοσοφικὰ αὐτοῦ καὶ ἡ θεολογία. Ἔτι, Ἰωάννου τοῦ Κλίμακος ἡ πραγματεία τῶν ἀσκητικῶν λόγων »). Notons que la notice ne fait pas mention de l'ouvrage de Maxime le Confesseur.

(408) À sa mort, la collection royale comptait à peu près 550 manuscrits grecs (Omont, *Catalogues des manuscrits grecs de Fontainebleau*, p. IV).

(409) Omont, *Catalogues des manuscrits grecs de Fontainebleau*, p. IV.

(410) Omont, *Inventaire sommaire*, II, p. 142.

INTRODUCTION   113*

le numéro 3058. 3. Il s'agit d'un *codex miscellaneus* écrit par un seul copiste contenant les textes d'un tas d'auteurs, comme par exemple les *Patria* (sur l'histoire de Constantinople) du Pseudo-Codinos [411] (f. 1ʳ-66ᵛ), et les *Quaestiones ad Antiochum ducem* du Pseudo-Athanase d'Alexandrie (*CPG* 2257 ; f. 91ᵛ-110ᵛ). Le *De duabus Christi naturis* se trouve aux folios 86ʳ-87ᵛ. Il est précédé d'un paschalion avec des cycles lunaires et solaires (f. 76ʳ-83ʳ) et des épigrammes 2 à 11 *in tumulum S. Basilii* [412] de Grégoire de Nazianze (*CPG* 3039 ; f. 83ᵛ-86ʳ). Chaque épigramme est alternée avec un commentaire de Nicétas de Paphlagonie. Le petit traité dogmatique de Maxime sur la double nature du Christ est suivi par le quatrième chapitre de la première centurie des *Div. Cap.* du même Maxime (*CPG* 7715 ; f. 87ᵛ ; *PG* 91, 1180) et par deux chapitres inidentifiés portant comme titre Τοῦ ἁγίου Βασιλείου ἐκ τῶν ἀντιρρητικῶν (f. 87ᵛ-88ʳ ; incipit : Τὰ κοινὰ τῷ πατρὶ καὶ τῷ υἱῷ, ταῦτα κοινὰ ; desinit : ἀλλ'ἐκ μόνης τῆς τοῦ πατρός). Ces chapitres sont à leur tour suivis d'une collection de chapitres intitulée Δαμάσου πάπα Ῥώμης ἐκ τῶν κεφαλαίων τῶν γραφέντων παρ'αὐτοῦ πρὸς Παυλίνον ἐπίσκοπον Θεσσαλονίκης (f. 88ʳ-91ʳ). Le texte commence avec un anathème « Εἴ τις μὴ εἴπη τὸ Πνεῦμα τὸ ἅγιον ἐκ τοῦ Πατρὸς εἶναι ἀληθῶς καὶ κυρίως ὡς καὶ τὸν υἱὸν ἐκ τῆς θείας οὐσίας καὶ Θεὸν Θεοῦ λόγον, ἀνάθεμα ἔστω » qui est suivi de quelques extraits des Pères. Aux folios 88ᵛ-89ᵛ, nous pouvons distinguer, entre autres, quelques extraits pris de l'ouvrage *Viae dux* d'Anastase le Sinaïte (*CPG* 7745) [413].

Nous ne savons rien sur l'histoire du codex, ni sur le copiste. On peut toutefois trouver une note du copiste sur la durée de sa copie des *Patria* au f. 66ᵛ : ἐτελειώθησαν τὰ πάτρια τῆς θεοφρουρίτου Κωνσταντινουπόλεως, ὥρα Δʹ τῆς νυκτός.

---

(411) Preger, *Scriptores*, I, p. 1-289. L'incipit est mutilé de sorte que le texte entame avec Preger, *Scriptores*, I, p. 4, l. 12 [θρεψάσης]. Le début des *Patria* du Pseudo-Codinos correspondent aux paragraphes 3-38 des *Patria* d'Hésychius.

(412) H. Beckby (éd.), *Anthologia Graeca. II. Buch VII-VIII* (*Tusculum Bücherei*), München, 1957, p. 448-452.

(413) Uthemann, *Viae dux*, p. 280, l. 5 – p. 282, l. 55.

Az *Parisinus, Supplementum gr. 8 (s. XII), f. 314^v-315^v*

Az est un manuscrit de parchemin qui date du 12e siècle ([414]).
Ce témoin de 322 feuilles contient une collection d'ouvrages des
Pères et a été décrit en détail par Astruc *et alii* ([415]).

On peut distinguer trois grandes parties dans ce témoin : une
première partie (f. 5^r-132^v) qui est consacrée aux œuvres de Pseudo-
Denys l'Aréopagite, une deuxième (f. 133^r-312^v) aux œuvres de
Jean Damascène et une troisième (f. 312^v-317^r) qui contient un
florilège. L'ordre du manuscrit est un peu perturbé ([416]).

Regardons d'abord la partie consacrée au Pseudo-Denys l'Aréopagite. Elle débute par le prologue des *Scholies au Corpus Areopagiticum* de Maxime le Confesseur (*CPG* 7708 ; f. 5^r-7^v). Ce prologue est suivi du *De caelesti hierarchia* (*CPG* 6600 ; f. 8^r-33^v), du
De ecclesiastica hierarchia (*CPG* 6601 ; f. 33^v-70), du *De divinis
nominibus* (*CPG* 6602 ; f. 70^r-116^r), du *De mystica theologia* (*CPG*
6603 ; f. 116^r-118^v) et des *Epistulae 1* à *10* (*CPG* 6604-6613 ;
f. 118^v-132^r).

La partie consacrée à Jean Damascène contient les œuvres suivantes : la *recensio brevior* des *Dialectica* (*CPG* 8041 ; f. 136^r-169^v),
le *De tribus divisionibus animae* (*CPG* 8087. 7 ; f. 169^v-170^r),
l'*Expositio fidei* (*CPG* 8043 ; f. 170^r-280^v), le *Liber de haeresibus*
(*CPG* 8044 ; f. 280^v-294^r), l'*Institutio elementaris* (*CPG* 8040 ;
f. 294^r-297^r), le *De duabus in Christo voluntatibus* (*CPG* 8052 ;
f. 297^v-312^r) et l'*Epilysis contra Severum* (*CPG* 8087. 3 ; f. 312^r-v).

La troisième partie du manuscrit est un florilège patristique
sans titre ([417]) (f. 312^v-317^r) qui contient des fragments de Sévère
d'Antioche, Josephus, Georges le Syncelle, Maxime le Confesseur, Basile de Césarée, Cyrille d'Alexandrie, Diodore de Tarse,
Timothée de Constantinople et Jean Damascène. Le même florilège se trouve dans le *Matritensis, Bibliotheca Nationalis 4749*
(f. 43^r-46^r). Ce florilège contient deux textes de Maxime le Confesseur : une question errante des *Q. D.* ([418]) (*CPG* 7707. 6 ; f. 314^r,
l. 6-15) et notre *De duabus Christi naturis* (f. 314^v-315^v). Ce traité

---

(414) Astruc et al., *Supplément grec*, p. 30.
(415) *Ibid.*, p. 30-33.
(416) *Ibid.*, p. 32.
(417) Pour une description détaillée de tous les extraits, voir Astruc et
al., *Supplément grec*, p. 31-32.
(418) Declercq, *Q. D.*, p. X et n. 7 ; Astruc et al., *Supplément grec*,
p. 31.

INTRODUCTION 115*

sur les deux natures est précédé d'un extrait des *Fragmenta in Octateuchum* de Diodore de Tarse (*CPG* 3815; f. 314ᵛ, l. 16-26; *PG* 33 1565 A15 – B10) et suivi d'un extrait du *De receptione haereticorum* de Timothée de Constantinople (*CPG* 7016; f. 315ᵛ-316ʳ; *PG* 86 20B – 21A).

Le volume a été copié par plusieurs copistes du même atelier en Italie méridionale, mais les mains sont difficiles à distinguer ([419]). En marge du manuscrit, on peut trouver des indications de variantes ou de lacunes par différentes mains, dont entre autres Combefis ([420]) dont nous savons qu'il a utilisé ce manuscrit pour établir son édition du *De duabus Christi naturis* ([421]). Nous savons que le manuscrit a appartenu au monastère Saint-Hilaire de Poitiers aux 14ᵉ-15ᵉ siècles (cf. f. 1ʳ et 318ᵛ: *De Sancto Hilario maiori Pictavensis*) et ensuite au couvent dominicain Saint-Honoré à Paris ([422]).

Ba *Parisinus, Supplementum gr. 163 (s. XVIII), p. 233-236*

Ba est un manuscrit de papier qui date du 18ᵉ siècle et compte 305 pages ([423]). En effet, il s'agit d'un codex composé de différentes parties dont les feuillets ne semblent même pas être du même format. Les dix pages ajoutées au début du codex contiennent un texte de Jean Damascène, copié de l'*Oxoniensis, Bodleianus Baroccianus gr. 107* (note marginale à la page 1: « *Barocc. cod. 107 f. 70-76* »), à savoir le *De miraculo s. Michaelis in Chonis* (*CPG* 8125; *BHG* 1283b, p. 1-8) ([424]). Ce texte est suivi, à la page 9, d'un texte en arabe qui contient une prière et qui renvoie au texte de Jean Damascène de l'annonciation de l'ange à Marie ([425]). Cette page est suivie d'une autre page plus petite de format, portant le numéro 10, contenant un pinax des œuvres léontiennes qui suivent. Dans ce pinax, notre opuscule sur la double nature du Christ est attribué à Léonce: « Ejusdem capitula in diversos haereticos ».

---

(419) Astruc et al., *Supplément grec*, p. 33.

(420) *Ibid.*, *Supplément grec*, p. 33.

(421) *PG* 90, 145-150. Voir *infra* pour plus d'informations sur cette édition.

(422) Astruc et al., *Supplément grec*, p. 33.

(423) Loofs, *Leontius von Byzanz*, p. 14; Omont, *Inventaire sommaire*, III, p. 226; Daley, *Leontius of Byzantium*, p. LXXXI.

(424) Cf. Omont, *Catalogus codicum les manuscrits*, p. 328.

(425) Nous aimerions remercier Paul Géhin pour avoir examiné ce texte pour nous.

116* INTRODUCTION

Le *Parisinus* est une copie d'Ap. En effet, l'origine de ce manuscrit est expliquée par une note marginale à la « vraie » page 1 (« *Ex cod. Bodleiano. Misit doct. D. Ernest Grabe* »). Johann Ernst Grabe ([426]) (1666-1711) vivait à Oxford pendant les 14 dernières années de sa vie.

Parlons maintenant du contenu de ce codex parisien. Les informations fournies par Omont sont trop succinctes ([427]). Il s'agit en fait d'un manuscrit (presque) entièrement consacré aux œuvres de Léonce de Byzance ([428]), si nous laissons de côté les pages qui semblent avoir été ajoutées après. La collection léontienne entame avec le premier livre des *Libri tres contra Eutychianos et Nestorianos* ([429]) (*CPG* 6813 ; p. 1-89), suivi d'une version mutilée de la *Solutio argumentorum Severi* ([430]) (*CPG* 6814 ; p. 89-130). En effet, le texte finit au milieu d'une phrase (desinit : ἀλλὰ κατὰ διαφόρων καὶ) suivie de la note « duo hic in cod. ms. folia desiderantur » après lequel on trouve les *Triginta capita adversus Severum* (*CPG* 6814 ; p. 130-142) dont le début est mutilé. Ce dernier entame au milieu du chapitre 8 ([431]). Il faut toutefois signaler que quelqu'un a ajouté dans la marge du manuscrit les lignes manquantes de la *Solutio argumentorum Severi* : « συγκειμένων καὶ σωζουσῶν ἐν τῇ ἑνώσει τὴν φυσικὴν ἑαυτῶν ἰδιότητα Sequuntur capita Leontij (sic) contra Monophysitas, quae quidem integra leguntur in collectaneis contra [...] haereticos, qua in altero codice coll. Soc. Jes. Severi descriptimus : [...] mihi dedit mihi quod ad libros Leontij (sic) contra Nestorium & Eutychem pertineat ». Viennent ensuite le deuxième livre des *Libri tres contra Eutychianos et Nestorianos* (p. 143-204) et la première partie du troisième livre (p. 204-233). Ce dernier s'arrête juste avant le

---

(426) Cf. G. Bertram, *Grabe, Johannes Ernst*, dans *Neue Deutsche Biographie*, VI, Berlin, 1964, p. 696-698.

(427) Omont, *Inventaire sommaire*, III, p. 226.

(428) Omont attribue le *Contra Eutychianos et Nestorianos* à Léonce de Jérusalem, un auteur que l'on confond souvent avec Léonce de Byzance. Sur cette confusion de noms, voir e.a. M. Richard, *Léonce de Byzance et Léonce de Jérusalem*, dans *Mélanges de Science Religieuse* 1 (1944), p. 35-88 (= *Opera Minora*, III, Turnhout, 1977, p. 35-88).

(429) Daley, *Leontius of Byzantium*, p. 1-74.

(430) *Ibid.*, p. 77, l. 1 – 97, l. 10.

(431) *Ibid.*, p. 99, l. 23 [διδόναι παντὸς] – p. 108.

INTRODUCTION
117*

florilège ([432]) et est clôturé par un épilogue (cf. *supra* dans notre description d'Ap). Après cet épilogue suit, sous l'attribution « τοῦ αὐτοῦ », les chapitres sur la double nature du Christ (p. 233-236) intitulés « κεφάλαια κατὰ διαφόρων αἱρετικῶν ». Il faut signaler que le copiste a oublié plusieurs extraits du texte qu'il a ajoutés plus tard dans les marges. Ce texte maximien est ensuite suivi de la fin du troisième livre des *Libri tres contra Eutychianos et Nestorianos*, c'est-à-dire du florilège (p. 236-280) et des deux lettres de Cyrille d'Alexandrie et de celle attribuée à Julius de Rome qu'on trouve aussi dans le modèle du *Parisinus*, à savoir l'*Oxoniensis, Bodleianus, Laudianus gr. 92b* (p. 280-295 et p. 295-298). Ce corpus léontien est ensuite clôturé par le même colophon qu'on retrouve dans Ap : « τετέλεσται σὺν Θεῷ ἡ κατὰ πασῶν αἱρέσεων ἀνατροπὴ καὶ θρίαμβος τοῦ μακαρίου Λεοντίου μοναχοῦ καὶ μεγάλου ἀσκητοῦ » (p. 298). Suivent ensuite encore sept pages qui semblent être écrites par une autre main. La page 299 contient un texte de Theodore Abucara intitulé Περὶ τῆς ἰδιότητος διαφορᾶς (incipit : ἡ ἰδιότητος διαφορὰ διχῶς λέγεται) et les pages suivantes une partie du *De sectis* du Pseudo-Léonce (*CPG* 6823 ; p. 300-305 ; *PG* 86, 2 2004 C1 – 2009 D1).

Le corpus léontien a été copié par une seule main ; les pages qui ont été ajoutéés devant et derrière les œuvres de Léonce ont été écrites par une autre main. Nous ne savons rien sur l'histoire du volume, sauf qu'il appartenait au couvent dominicain Saint-Honoré à Paris avant d'entrer dans la collection de la bibliothèque nationale ([433]).

Bb *Parisinus, Supplementum gr. 228 (s. XVI), f. 1ʳ⁻ᵛ*

Le *Parisinus, Supplementum gr. 228* est un codex de papier, datant du 16ᵉ siècle et comptant 140 feuillets ([434]). Le manuscrit a été décrit par Omont dans son catalogue des manuscrits de la Bibliothèque nationale, mais cette description est toutefois très succincte et en plus erronée ([435]). En effet, Omont mentionne que le codex contient les œuvres de deux auteurs, à savoir Maxime le Confesseur et Grégoire de Nysse. Cependant, ce dernier auteur

---

(432) Daley, *Leontius of Byzantium*, p. 145-163.
(433) Omont, *Inventaire sommaire*, III, p. 226.
(434) *Ibid.*, III, p. 235.
(435) *Ibid.*, *Inventaire sommaire*, III, p. 235.

118*   INTRODUCTION

n'est pas du tout représenté dans l'ensemble du manuscrit. On peut, par contre, y trouver un extrait de Grégoire de Nazianze (f. 137ʳ-139ʳ). La description d'Omont a été corrigée et complétée par Van Deun ([436]) et Janssens ([437]).

Le codex entame avec un pinax, aux feuillets IIIʳ-IVʳ, qui n'énumère que les œuvres de Maxime le Confesseur sous le titre κεφάλαια τοῦ ἁγίου Μαξίμου. Les textes mentionnés portent tous un numéro de α′ à λδ′. Le dernier texte qui est signalé dans le pinax est le premier des deux *Ambigua*. Ceci n'est pourtant pas le dernier opuscule maximien du manuscrit. En effet, l'aperçu suivant démontre que Bb contient également les *Amb. Io.* qui sont cependant incomplets : le *De duabus Christi naturis* (*CPG* 7697. 13 ; f. 1ʳ⁻ᵛ), l'*Ep. 6* (*CPG* 7699 ; f. 1ᵛ-4ʳ), l'*Ep. 7* (f. 4ʳ-5ᵛ), l'*Ep. 11* (f. 5ᵛ-7ʳ), l'*E. O. D.* (*CPG* 7691 ; f. 7ʳ-16ᵛ), l'*Ep. 4* (f. 16ᵛ-18ʳ), l'*Ep. 8* (f. 18ʳ-20ʳ), l'*Ep. 9* (f. 20ʳ-21ʳ), l'*Ep. 1* (f. 21ʳ-28ʳ), l'*Ep. 19* (f. 28ʳ-29ᵛ), l'*Ep. 12* (f. 29ᵛ-42ʳ), l'*Ep. 13* (f. 42ʳ-48ʳ), l'*Ep. 15* (f. 48ʳ-54ʳ), les *Amb. Thom.* (*CPG* 7705. 1 ; f. 54ʳ-58ᵛ) et les *Amb. Io.* (*CPG* 7705. 2 ; f. 59ʳ-137ʳ ; jusqu'à *PG* 91, 1388 B2 [ἐπ'αὐτῷ τῆς ἀναγωγῆς]).

Les *Amb. Io.* se terminent abruptement au milieu d'une phrase, mais ce qui est étrange, c'est que le copiste a complété la phrase avec la fin de l'*Oratio 28* de Grégoire de Nazianze ([438]) (*CPG* 3010 ; f. 137ʳ-139ʳ). Après, cet extrait, en bas du feuillet 139ʳ, on trouve encore la note suivante : τῷ συντελεστῇ τῶν καλῶν Θεῷ χάρις. Le folio 139ᵛ est resté vierge ainsi que le folio 140ᵛ. Le codex s'achève avec un extrait des *Constitutions apostoliques* ([439]) (f. 140ʳ).

Janssens ([440]) a démontré que ce manuscrit parisien est apparenté à Bz. Tous les deux contiennent le même corpus maximien, précédé d'un pinax identique (sans mention des *Amb. Io.*). Janssens est d'avis que les deux manuscrits ont été copiés d'un même modèle (qui ne comportait pas les *Amb. Io.*) et que ce texte (ensemble

---

(436) Van Deun, *Opuscula*, p. XCVI-XCVII.

(437) Janssens, *Amb. Thom.*, p. XLV-XLVI.

(438) P. Gallay – M. Jourjon, *Grégoire de Nazianze. Discours 27-31* (*SC* 250), Paris, 1979, p. 154, l. 5 [καὶ φιλότεχνον] – p. 174, l. 42.

(439) M. Metzger (éd.), *Les* Constitutions apostoliques. *Introduction, texte critique, traduction et notes. I. Livres I et II* (*SC* 320), Paris, 1985, p. 292, II, 49, 1, 1 – p. 294, II, 50, 1, 7.

(440) Janssens, *Amb. Thom.*, p. XLVI.

INTRODUCTION   119*

avec les extraits de Grégoire et des *Constitutions apostoliques*) a donc été ajouté à Bb ultérieurement par la même main.

La plus grande partie du manuscrit [441] a été copiée par le copiste de Cos Jean Nathanael, comme l'ont découvert Gamillscheg et Harlfinger [442]. En bas du folio 1^r, on peut encore trouver une note de possession : Νίκλος λοῦμπαρδος· ν° ς′. Nous ne savons rien sur ce personnage. En ce qui concerne l'histoire postérieure du codex, Bracke [443] a émis l'hypothèse que ce codex faisait partie de la collection de Gerasimos Vlachos [444] (1605/1607-1685). Il est possible qu'il faille associer ce manuscrit à l'éditeur François Combefis [445]. En effet, Vlachos a procuré à Combefis plusiers copies de manuscrits de sa propre collection, ce dont témoigne la mention de Combefis d'un codex Blachi. Cependant, il semble que nous devons distinguer plusieurs codices Blachi [446].

Bc *Parisinus, Coislinianus 90* (*s.* XII), f. 98^{r-v}

Ce manuscrit est d'une grande importance pour la transmission du corpus maximien. En effet, il ne contient que des œuvres de Maxime le Confesseur. Le codex, comptant 211 feuillets, date originairement du 12e siècle [447], mais il a perdu déjà très tôt dans son histoire quelques cahiers puisqu'au cours du 14e siècle [448], on a tenté de restaurer les feuillets manquants. Le codex originel a été copié par une seule main qui n'a pas encore été identifiée. Par contre, nous connaissons bel et bien les deux copistes qui ont tenté de réparer le codex (dans son état original). Le premier scribe était Nicéphore Moschopoulos [449], métropolite de Crète à la fin du 13e et le début du 14e siècle. Il est responsable pour la restauration des f. 96^r-103^v, 136^r-144^v et 256^r-257^v, qui contiennent également notre opuscule sur les deux natures du Christ (f. 98^{r-v}) [450].

---

(441) À l'exception des folios 42^{r-v} et 140^r.

(442) *RGK*, II, 231.

(443) Bracke, *Some Aspects of the Manuscript Tradition*, p. 101-102, n. 17.

(444) Tatakis, Γεράσιμος Βλάχος.

(445) Voir *supra* et *infra*.

(446) Cf. Levrie, *Pour une histoire*, p. 404.

(447) Devreesse, *Fonds Coislin*, p. 78.

(448) Gamillscheg, *Eine Platonhandschrift*, p. 97.

(449) *RGK*, I, 303 ; II, 417 ; III, 492.

(450) *RGK*, II, 417 ; Gamillscheg, *Eine Platonhandschrift*, p. 97.

Ensuite, c'est le mérite de B. Markesinis ([451]) d'avoir identifié la deuxième main qui a restauré les folios 257^v-279^v : elle appartient au copiste peu connu Georges Pepagomenos, le « secrétaire » de Moschopoulos.

Comme ce codex de parchemin est un témoin important des œuvres maximiennes, il a été décrit plusieurs fois par les éditeurs de Maxime ([452]). Une bonne description peut également être trouvée dans le catalogue du fonds Coislin par R. Devreesse ([453]). Le volume contient les œuvres suivantes : les *Q. Thal.* avec des scholies marginales (*CPG* 7688 ; f. 1^r-97^v), le *De duabus Christi naturis* (f. 98^{r-v}), l'*Ep.* 6 (*CPG* 7699 ; f. 98^v-100^r), l'*Ep.* 7 (f. 100^r-101^v), l'*Ep.* 11 (f. 101^v-103^r), l'*E. O. D.* (*CPG* 7691 ; f. 103^v-110^r), l'*Ep.* 4 (f. 110^r-111^v), l'*Ep.* 8 (f. 111^v-113^r), l'*Ep.* 9 (f. 113^{r-v}), l'*Ep.* 1 (f. 113^v-119^r), l'*Ep.* 19 (f. 119^r-120^r), l'*Ep.* 12 (f. 120^r-130^r), l'*Ep.* 13 (f. 130^r-134^v), l'*Ep.* 15 (f. 134^v-141^r), les *Amb. Thom.* (*CPG* 7705. 1 ; f. 141^v-147^r), les *Amb. Io.* (*CPG* 7705. 2 ; f. 147^r-218^v), la *D. P.* (*CPG* 7698 ; f. 219^r-230^v), l'*Op.* 1 (*CPG* 7697. 1 ; f. 230^v-235^r), l'*Op.* 2 (*CPG* 7697. 2 ; f. 235^r-238^r), l'*Op.* 3 (*CPG* 7697. 3 ; f. 238^r-239^v), l'*Op.* 4 (*CPG* 7697. 4 ; f. 239^v), l'*Op.* 6 (*CPG* 7697. 6 ; f. 239^v-243^v), l'*Op.* 5 (*CPG* 7697. 5 ; f. 243^v-244^r), l'*Op.* 14 (*CPG* 7697. 14 ; f. 244^r-245^r ; jusqu'à *PG* 91, 153 B2), l'*Op.* 7 (*CPG* 7697. 7 ; f. 245^r-249^r), l'*Op.* 8 (*CPG* 7697. 8 ; f. 249^r-253^r), la *Myst.* (*CPG* 7704 ; f. 253^r-263^v), l'*E. ps.* 59 (*CPG* 7690 ; f. 263^v-266^r), le *L. A.* (*CPG* 7692 ; f. 266^r-274^r), de nouveau l'*Ep.* 1 (voir *supra* ; f. 274^r-279^r) et finalement, après le folio 279^v laissé blanc, les chapitres 1 à 97 de la première centurie des *Div. Cap.* (*CPG* 7715 ; f. 280^r-283^v).

Le codex a appartenu au monastère de la Grande Laure au Mont Athos, endroit dont plusieurs manuscrits du fonds Coislin proviennent. Cette appartenance est prouvée par une note de possession aux folios 1^r et 283^v : βιβλίον τῶν κατηχουμένων τῆς Λαύρας τοῦ ὁσίου πατρὸς ἡμῶν Ἀθανασίου. Le manuscrit est resté là jusqu'en 1642/1643, le moment où il a été acheté par

---

(451) Markesinis, *Le secrétaire de Nicéphore Moschopoulos*.

(452) Bracke, *Ad Sancti Maximi Vitam*, p. 192-193, 195-196, 247-248 ; Laga – Steel, *Q. Thal.*, I, p. LIV-LVI ; Van Deun, *Opuscula*, p. XXXII-XXXIV ; Id., *L. A.*, p. LXXXVI-LXXXVII ; Janssens, *Amb. Thom.*, p. XL-XLI ; Boudignon, *Myst.*, p. XXVIII ; De Vocht, *Kritische editie*, p. [338].

(453) Devreesse, *Fonds Coislin*, p. 78-79.

INTRODUCTION 121*

Athanase le Rhéteur, un prêtre chyprien, sur l'ordre de Pierre Séguier [454] (1588-1672), collectionneur célèbre de manuscrits dont la plupart constitue maintenant le fonds Coislin [455]. Devreesse et Markesinis remarquent que le codex a également passé par des mains géorgiennes, ce dont témoigne entre autre une note [456] au folio 145^r. Après la mort de Séguier, sa collection des manuscrits a été transférée, vers 1720, à l'abbaye de Saint-Germain-des-Prés [457], à laquelle la collection a été léguée définitivement en 1731 par le petit-fils de Séguier, Henri-Charles du Cambout de Coislin. En 1795, après un incendie au monastère, les manuscrits ont été portés à la Bibliothèque nationale où ils font actuellement partie du fonds Coislin.

Bd *Romanus, Angelicus gr. 43 (B 3.8) (s. XIII-XIV), f. 222^{r-v}*

Ce manuscrit de papier, comptant 256 feuillets et copié par plusieurs scribes [458], est un *codex miscellaneus* qui contient quelques opuscules maximiens. Dans cette description, nous nous limitons à un aperçu de ces œuvres-là. Une description plus complète peut être trouvée dans le catalogue [459]. Aux feuillets 7^v-8^v, on trouve un texte intitulé Τοῦ μεγάλου Μαξίμου περὶ τῆς ἁγίας τριάδος qui contient des extraits de diverses œuvres maximiennes. C'est le mérite de Bram Roosen [460] d'en avoir identifié quelques-uns: les lignes 440-467 de l'*E. O. D.* [461] *(CPG 7691; f. 7^v; VAN DEUN, Opuscula*, l. 440 [μίαν] – l. 467 [εἰσκομίζηται]), quelques lignes de l'*Ep. 15 (CPG 7699; f. 7^v; PG 91, 549 D3 [μίαν οὐσίαν] – 552 A5 [ὑποστάσεις]), une version abrégée du premier chapitre de la

---

(454) Pour la biographie de ce personnage, nous renvoyons à OMONT, *Inventaire sommaire*, I, p. XXVIII-XXIX; DELISLE, *Le cabinet des manuscrits*, II, p. 78-99. Pour un aperçu de sa collection, voir DELISLE, *Le cabinet des manuscrits*, II, p. 40-58.

(455) MARKESINIS, *Le secrétaire de Nicéphore Moschopoulos*, p. 5-6.

(456) Pour plus d'informations sur cette note géorgienne, voir MARKESINIS, *Le secrétaire de Nicéphore Moschopoulos*, p. 4.

(457) OMONT, *Inventaire sommaire*, I, p. XXVII.

(458) MUCCIO – FRANCHI DE' CAVALIERI, *Bibliotheca Angelica*, II, p. 92.

(459) *Ibid.*, II, p. 84-92.

(460) ROOSEN, *Epifanovitch Revisited*, I, p. 196-197.

(461) Il s'agit de nouveau d'un extrait de la *Panoplia dogmatica* d'Euthyme Zygadène (*PG* 130, 100 B1 – C7), comme était le cas pour Aq (cf. *supra*).

122* INTRODUCTION

deuxième centurie des *Th. Oec.* (*CPG* 7694; f. 7ᵛ-8ʳ) et un fragment de l'*Add. 27* (*CPG* 7707. 27; f. 8ʳ; Epifanovič, *Materialy*, p. 81, l. 19-27). Cette collection est suivie du *De adventu domini* (*CPG* 7707. 28; f. 8ᵛ-2ᵛ) ([462]), opuscule maximien édité par Epifanovič ([463]). Les feuillets 25ʳ-180ᵛ contiennent le *Corpus Dionysiacum* avec dans les marges les *Scholia in corpus Areopagiticum* de (Ps.-) Maxime le Confesseur (*CPG* 7708). Notre opuscule sur la double nature du Christ se trouve au feuillet 222ʳ⁻ᵛ, suivi des *Cap. XV* (*CPG* 7695; f. 222ᵛ-224ʳ).

Le codex a été daté du 14ᵉ siècle par Franchi de' Cavalieri et Muccio ([464]), mais Roosen ([465]) précise que les mains peuvent être datées de la fin du 13ᵉ ou du début du 14ᵉ siècle. Une estampe de la Bibliotheca Passionea au feuillet 2 nous apprend que le codex faisait partie de la collection du cardinal Domenico Passionei ([466]) (1682-1761). Une note au feuillet I de la main de Philippus Vitalis (« Maximus in Dionysium Areopagitum ») date de la même période. Roosen ([467]) a retracé toute l'histoire récente de ce manuscrit dans sa description, cette histoire étant parallèle à celle de la plupart des manuscrits appartenant à la Bibliotheca Angelica.

Be *Romanus, Angelicus gr. 120 (T 1.8) (s. XI), f. 75ᵛ-76ʳ*

Ce manuscrit de luxe de parchemin comptant 331 feuillets a déjà été décrit plusieurs fois. Dans le catalogue ancien ([468]), le volume a été daté du 12ᵉ siècle, mais Laga et Steel ([469]), et les autres éditeurs du corpus maximien après eux ([470]), l'ont daté plutôt du 11ᵉ siècle.

---

(462) Le feuillet 2ʳ⁻ᵛ se trouve à la mauvaise place; il doit en fait succéder au feuillet 8ʳ.

(463) Epifanovič, *Materialy*, p. 82-83.

(464) Muccio – Franchi de' Cavalieri, *Bibliotheca Angelica*, II, p. 92.

(465) Roosen, *Epifanovitch Revisited*, I, p. 195.

(466) Pour plus d'informations sur ce cardinal et sa bibliothèque, voir A. Serrai, *Domenico Passionei e la sua biblioteca*, Milano, 2004.

(467) Roosen, *Epifanovitch Revisited*, I, p. 195-196.

(468) Muccio – Franchi de' Cavalieri, *Bibliotheca Angelica*, II, p. 159-161.

(469) Laga – Steel, *Q. Thal.*, I, p. XLVII-XLVIII.

(470) Bracke, *Ad Sancti Maximi Vitam*, p. 188-196; Van Deun, *Opuscula*, p. XXIV-XXV; Id., *L. A.*, p. XCIII-XCIV; Janssens, *Amb. Thom.*, p. XLVI-XLVII; Boudignon, *Myst.*, p. XXXI-XXXII; De Vocht, *Kritische editie*, p. [130].

INTRODUCTION 123*

Le codex est entièrement consacré aux œuvres de Maxime le Confesseur, exception faite des *Dial.* I à III du Pseudo-Athanase d'Alexandrie, souvent attribués à Maxime (*CPG* 2284; f. 306ʳ-322ᵛ). Le volume contient: un pinax en grec ([471]) (f. 1ᵛ), les *Q. Thal.* (*CPG* 7688; f. 2ʳ-75ʳ et 128ʳ-129ᵛ), le *De duabus Christi naturis* (f. 75ᵛ-76ʳ), l'*Ep. 6* (*CPG* 7699; f. 76ʳ-77ᵛ), l'*Ep. 7* (f. 77ᵛ-78ᵛ), l'*Ep. 11* (f. 78ᵛ-79ᵛ), l'*E. O. D.* (*CPG* 7691; f. 79ᵛ-86ʳ), l'*Ep. 4* (f. 86ʳ-87ʳ), l'*Ep. 8* (f. 87ʳ-88ᵛ), l'*Ep. 9* (f. 88ᵛ-89ʳ), l'*Ep. 1* (f. 89ʳ-94ʳ), l'*Ep. 19* (f. 94ʳ-95ᵛ), l'*Ep. 12* (f. 95ᵛ-104ᵛ), l'*Ep. 13* (f. 104ᵛ-109ʳ), l'*Ep. 15* (f. 109ʳ-114ᵛ), les *Amb. Thom.* (*CPG* 7705. 1; f. 115ʳ-119ᵛ), les *Amb. Io.* (*CPG* 7705. 2; f. 119ᵛ-127ᵛ et 130ᵛ-188ᵛ), la *D. P.* (*CPG* 7698; f. 189ʳ-200ʳ), l'*Op. 1* (*CPG* 7697. 1; f. 200ʳ-204ᵛ), l'*Op. 2* (*CPG* 7697. 2; f. 205ʳ-206ʳ), l'*Op. 3* (*CPG* 7697. 3; f. 206ʳ-207ᵛ), l'*Op. 4* (*CPG* 7697. 4; f. 208ʳ-209ʳ), l'*Op. 5* (*CPG* 7697. 5; f. 209ʳ), l'*Op. 7* (*CPG* 7697. 7; f. 209ʳ-213ʳ), l'*Op. 6* (*CPG* 7697. 6; f. 213ʳ⁻ᵛ), l'*Op. 14* (*CPG* 7697. 14; f. 213ᵛ-214ʳ; jusqu'à *PG* 91, 153 B2), l'*Op. 8* (*CPG* 7697. 8; f. 214ᵛ-218ʳ), l'*Op. 9* (*CPG* 7697. 9; f. 218ʳ-221ᵛ), la *Myst.* (*CPG* 7704; f. 221ᵛ-233ʳ), l'*E. ps. 59* (*CPG* 7690; f. 233ʳ-235ᵛ), le *L. A.* (*CPG* 7692; f. 236ʳ-244ᵛ), les *Car.* (*CPG* 7693; f. 245ʳ-264ᵛ), les *Th. Oec.* (*CPG* 7694; f. 265ʳ-280ʳ), les *Cap. XV* (*CPG* 7695; f. 280ʳ-281ᵛ), le *Comp.* (*CPG* 7706; f. 282ʳ-305ʳ) et la *Vita Maximi* (*BHG* 1234; f. 323ʳ-331ᵛ). Le manuscrit contient des notes marginales qui datent de la période entre 1086-1092 ([472]).

On ne sait rien sur le copiste, ni sur le lieu de confection du codex. Cependant, ce témoin contient pas mal d'indices pour retracer son histoire dès le 14ᵉ siècle. Ainsi une note au feuillet 297ᵛ nous informe sur le fait que le manuscrit se trouvait autrefois dans la bibliothèque du monastère constantinopolitain τοῦ Χαρσιανίτου, fondé au 14ᵉ siècle, à Byzance ([473]): ἡ βίβλος αὕτη τοῦ ἱεροῦ καὶ ὁμολογητοῦ θείου Μαξίμου ὑπῆρχε μονῆς τοῦ Χαρσιανίτου· διήρχετο δὲ ταύτην ἀσμένως, ὁ ἱερὸς διδάσκαλος

---

(471) Ce pinax n'est toutefois pas complet. Il ne mentionne pas les *CPG* 7697. 13, 7697. 6, 7697. 14 et la *Vita Maximi* (*BHG* 1234) (Van Deun, *Opuscula*, p. LVI).

(472) J. Noret, *Une allusion à Léon de Chalcédoine et non à un ps.-saint Cédionius: datation des scholies de l'Angelicus gr. 120*, dans *AB* 108 (1990), p. 322; Van Deun, *L. A.*, p. XCIII.

(473) Laga – Steel, *Q. Thal.*, I, p. XLVII.

124* INTRODUCTION

καὶ θεῖος Ἰωσήφ. Laga et Steel ([474]), et après eux les autres éditeurs de Maxime, identifient ce Joseph dont est question à Joseph Bryennios qui résidait entre 1417 et 1425 dans ce monastère. Au 15e siècle, le manuscrit a encore appartenu à l'évêque de Vérone Giovanni Matteo Giberti ([475]) (1524-1543), ce dont témoignent la note qui se trouve au f. IV^v (« Pertinuit olim hic liber ad Ioannem Matthaeum Gibertum Veronae Episcopum, quemadmodum pag. 1 adnotatur ») et l'ex libris qui se trouve en haut du f. 2^r (ἸΩΑΝΝΟΥ ΜΑΤΘΑΙΟΥ ΓΙΒΕΡΤΟΥ ἘΠΙΣΚΟΠΟΥ ᾿ΟΥΗΡΩΝΗΣ). Plus tard, le codex faisait encore partie de la collection du cardinal Guido Ascanio Sforza (1518-1564) et au 17e siècle, de la collection du cardinal Domenico Passionei ([476]) (1682-1761).

Bg *Scorialensis, Real Biblioteca, Y.II.7 (de Andrés 262) (s. XIII),* f. 188^v-189^v

Ce manuscrit de papier occidental a été écrit par un seul scribe et date du 13e siècle ([477]). Il comporte 206 folios contenant divers ouvrages des Pères (décrets, lettres et synodes). Sur la feuille de garde, nous trouvons la note suivante : « Jose de Prado Herranz, Santa Clara n° 5, San Lorenzo de El Escorial (Madrid) España ». Au folio suivant, quelqu'un a décrit le contenu du manuscrit en grec et en latin : « ψηφίσματα, ἐπιστολαὶ καὶ σύνοδοι τῶν ἁγίων πατέρων, ἐλλειπές. Sententiae, epistulae, e synodi, SS. Patrum. Mutil. » Le codex commence par un pinax (ff. II^r-IV^r ; « Τὰ δὲ ἔνεστιν ἐν δε τῇ βίβλῳ »), datant de 1576, de la main de Nicolaus de la Torre ([478]), dans la marge duquel nous trouvons une note qui nous signale que le manuscrit est acéphale et sans fin ([479]).

Ce témoin ne contient qu'un ouvrage de Maxime le Confesseur, c'est-à-dire notre *De duabus Christi naturis* (f. 188^v-189^v).

---

(474) Laga – Steel, *Q. Thal.*, I, p. XLVII.

(475) Cf. U. Benigni, *Gian Matteo Giberti*, dans *The Catholic Encyclopedia*, VI, New York, 1909, p. 549-550 ; Cosenza, *Biographical and Bibliographical Dictionary*, II, p. 1603-1605.

(476) Cf. *supra*. L'histoire récente a été retracée par Van Deun (*Opuscula*, p. XXV).

(477) de Andrés, *La Real Biblioteca de el Escorial. II. Códices 179-420*, p. 111-115.

(478) *Ibid.*, p. 115 ; Jacobs, *Francesco Patricio*, p. 30.

(479) F. II^r : « ἀκεφ. καὶ ἀτέλ. »

INTRODUCTION 125*

Notre traité est précédé du troisième livre contre les Manichéens d'un auteur non identifié ([480]) (f. 165ʳ-171ʳ; incipit: Οἱ ἁπλῶς πᾶν ὄνομα ἑνὸς τινὸς πράγματος σημαντικὸν εἶναι λέγοντες; desinit: εἰς πάντα τὰ ἔθνη γνωρισθέντος μόνῳ σοφῷ Θεῷ διὰ Ἰησοῦ Χριστοῦ, ᾧ ἡ δόξα εἰς τοὺς αἰῶνας) et du *De sectis*, cependant incomplet, du Pseudo-Léonce (*CPG* 6823; f. 171ʳ-188ᵛ; *PG* 86, 1, 1193-1264 B3). Après le traité dogmatique de Maxime le Confesseur, le codex contient un autre opuscule qui est également attribué à Maxime (τοῦ αὐτοῦ). Il s'agit d'un traité sur les erreurs d'entre autres Origène et Évagre ([481]) (f. 189ᵛ-192ᵛ), mais il n'est toutefois pas un texte maximien. Suivent encore deux extraits ([482]) de Cyrille de Jérusalem et d'Isidore de Peluse sur l'Église (f. 192ᵛ-193ʳ) et le *Libellus contra Nestorium ad Sporacium* du Pseudo-Théodoret de Cyr (*CPG* 6286; f. 193ʳ-198ʳ; *PG* 83, 1153-1164). Le manuscrit contient pour le reste des ouvrages d'entre autres Basile de Cesarée, Théodore Studite, Jean Chrysostome et le patriarche Photios.

Le codex est mutilé par l'humidité et des gerces, et est à certains endroits à peine lisible. En outre, le copiste n'a pas fait de claires distinctions entre les différentes œuvres qu'il copiait: les titres ne sautent pas aux yeux.

Le manuscrit provient probablement de la collection de Francesco Patrizi ([483]), un philosophe italien (1529-1597) qui voyageait beaucoup à la recherche de manuscrits anciens ([484]). Ainsi, il a trouvé plusieurs manuscrits grecs à Chypre ([485]). Une grande par-

---

(480) Nous voudrions remercier le professeur P.-H. Poirier pour nous avoir transmis une copie de son dossier sur ce texte non-identifié. Une étude de ce texte sera abordée dans un avenir proche.

(481) Incipit: Ἐγένοντο ἐν τοῖς καιροῖς Ἰουστινιανοῦ πολλοὶ πρόδρομοι τοῦ Ἀντιχρίστου; desinit: καὶ τὸν ἅγιον Προτέριον ἐν τῷ βαπτιστηρίῳ κατακρίνειν, κατέσφαξεν.

(482) F. 192ᵛ-193ʳ: Κυρίλλου ἐκ τοῦ κατηχητικοῦ (incipit: ἐκκλησία ἐστι, καὶ καλεῖται διὰ τὸ πάντων; desinit: ἐστιν ἐκκλησία Θεοῦ ζῶντος); f. 193ʳ: Ἰσιδόρου ἐκ τῶν ἐπιστολῶν illeg. (incipit: ἄλλο ἐστιν ἐκκλησία, καὶ ἄλλο; desinit: τὸ ἄθροισματῶν illeg.).

(483) DE ANDRÉS, *La Real Biblioteca de el Escorial, II. Códices 179-420*, p. 115.

(484) Pour une biographie de ce personnage, nous renvoyons à l'article de JACOBS (*Francesco Patricio*, p. 20-28) et celle de MUCCILLO (*La biblioteca greca di Francesco Patrizi*).

(485) MUCCILLO, *La biblioteca greca di Francesco Patrizi*, p. 74-75.

126* INTRODUCTION

tie de ses manuscrits font maintenant partie de la bibliothèque de l'Escurial ([486]). Ils ont été achetés en 1572 ([487]). En effet, on peut trouver une description qui s'applique à ce codex particulier dans l'inventaire des manuscrits de Francesco Patricio ([488]). Cet inventaire mentionne 75 manuscrits, dont 74 en grec.

Bh *Scorialensis, Real Biblioteca, Ψ.III.7 (de Andrés 462) (s.* XI), f. 200^r-202^r

Ce manuscrit de parchemin, contenant III + 321 feuillets, dont les folios I à III sont de papier, date pour la plus grande partie du 11e siècle. Les folios 198^r-199^r et les folios 317^r-320^v remontent respectivement au 14e et 12e siècle ([489]).

Le manuscrit a été écrit sur deux colonnes par trois mains différentes. Les titres et les initiales se trouvent tous dans le même couleur que le texte à l'exception du premier titre qui est en rouge. Le manuscrit contient, à part de divers ouvrages de Maxime le Confesseur, des œuvres de Ps.-Denys l'Aréopagite avec des scholies jadis attribuées à Maxime, mais qui reviennent pour la plus grande partie à Jean de Scythopolis (f. 3^r-197^v), des questions prises de la *Doctrina ad Antiochum ducem* du Pseudo-Athanase d'Alexandrie (*CPG* 2255) et d'autres auteurs (f. 198^r-200^r), la *Disputatio de anima* de Grégoire le Thaumaturge (*CPG* 1773 ; f. 202^r-206^r), le *De Sectis* du Pseudo-Léonce de Byzance (*CPG* 6823 ; f. 206^v-258^v) suivi d'une description des sept conciles (f. 258^v-259^r), le *De festis* d'Anastase le Sinaïte (*CPG* 7729 ; f. 295^v-311^v), des extraits pris à Jean Chrysostome (f. 313^r-314^v) et à d'autres auteurs (f. 317^r-320^r).

Notre texte (*CPG* 7697. 13) se trouve aux feuillets 200^r-202^r. Il est attribué à Λεοντίου μοναχοῦ et est intitulé κατὰ διαφόρων αἱρετικῶν. Ce petit traité de Maxime est subdivisé en chapitres, mais ils ne sont pas numérotés. Le volume comporte également les scholies sur le corpus Areopagiticum jadis attribuées à Maxime, mais qui reviennent pour la plus grande partie à Jean de Scythopo-

---

(486) Cf. Muccillo, *La biblioteca greca di Francesco Patrizi*, p. 74.

(487) Ch. Graux, *Essai sur les origines du Fonds grec de l'Escurial. Épisode de l'histoire de la renaissance des lettres en Espagne*, Paris, 1880, p. 129 (dissertation non publiée).

(488) Il s'agit du numéro 2, p. 34, publié par Jacobs (*Francesco Patricio*).

(489) G. de Andrés, *Catálogo de los Códices griegos de la Real Biblioteca de el Escorial. III. Codices 421-649*, Madrid, 1967, p. 62-64.

INTRODUCTION

lis (*CPG* 7708; f. 3ʳ-197ᵛ), la *Myst.* ([490]) (*CPG* 7704; f. 259ᵛ-295ᵛ) et la question I, 68 des *Q. D.* ([491]) (*CPG* 7689; f. 312ʳ-313ʳ). Une note en base de page au feuillet 3ʳ (« D. Diᵒ de Ma ») nous apprend qu'il provient de la collection de Don Diego Hurtado de Mendoza ([492]) (1503-1575). En effet, un catalogue de la bibliothèque de Mendoza de 1576 mentionne, sous le numéro 334, notre manuscrit : « Dionysius Areopagita, in membrana, literis antiquis » ([493]).

Bi *Sinaiticus gr. 385 (s.* XIII), f. 160ʳ⁻ᵛ

Ce manuscrit de papier date du 13ᵉ siècle ([494]). Le manuscrit, comportant des œuvres dogmatiques, est pour la plus grande partie consacrée aux œuvres de Jean Damascène, et plus particulièrement aux *Dialectica* (*CPG* 8041; f. 2ʳ-24ᵛ) et à l'*Expositio fidei* (*CPG* 8043; f. 25ʳ-126ʳ). Il n'existe pas de description complète du manuscrit. Kotter ([495]) nous procure une description des feuillets contenant les opuscules de Jean Damascène, mais à partir du folio 126 jusqu'à la fin du codex, le contenu du codex nous reste inconnu. Le manuscrit semble être incomplet, vu que les *Dialectica* entament au milieu du chapitre λα′ de la *recensio fusior* ([496]) (f. 2ᵛ).

---

(490) Cf. Boudignon, *Myst.*, p. XXXV-XXXVI.

(491) Declercq, *Q. D.*, p. LXXXV.

(492) Pour des informations sur cette bibliothèque, voir de Andrés, *La biblioteca de don Diego Hurtado de Mendoza*, p. 253-324. Don Diego Hurtado de Mendoza (Miller, *Catalogue des manuscrits grecs*, p. III-IX; A. Hobson, *Diego Hurtado de Mendoza*, dans A. Hobson (éd.), *Renaissance Book Collecting. Jean Grolier and Diego Hurtado de Mendoza : Their Books and Bindings*, Cambridge, 1999, p. 70-92) était un diplomate et écrivain espagnol. En 1539, il était engagé comme ambassadeur à Venise et pendant cette période, il a rassemblé une grande bibliothèque contenant des livres, des éditions anciennes et des copies de manuscrits grecs. Dans son testament, Mendoza a fait don de sa collection de 348 manuscrits au roi Philippe II d'Espagne pour compléter la bibliothèque de l'Escurial (Miller, *Catalogue des manuscrits grecs*, p. VI).

(493) Cf. de Andrés, *La biblioteca de don Diego Hurtado de Mendoza*, p. 262.

(494) V. Gardthausen, *Catalogus codicum graecorum Sinaiticorum*, Oxford, 1886, p. 91-92; M. Kamil, *Catalogue of All Manuscripts in the Monastery of St. Catharine on Mount Sinai*, Wiesbaden, 1970, p. 79, n° 447.

(495) Kotter, *Die Überlieferung der Pege Gnoseos*, p. 80.

(496) B. Kotter, *Die Schriften des Johannes von Damaskos. I.* Institutio elementaris. Capita philosophica (Dialectica). *Als Anhang: Die philosophi-*

128* INTRODUCTION

Notre opuscule sur les deux natures du Christ se trouve au folio 160^{r-v}. Il est précédé d'un folio blanc et suivi d'un texte intitulé ἐρωτήσεις Πύρρου καὶ ἀποκρίσεις τοῦ ἁγίου Μαξίμου τοῦ ὁμολογητοῦ (f. 160^v-161^v). Ces folios contiennent en effet des extraits de la *D. P.* de Maxime le Confesseur. Viennent ensuite quelques documents conciliaires, comportant surtout des anathèmes. D'abord, sous le titre τοῦ ἁγίου Σωφρονίου ἐπισκόπου Ἱεροσολύμων· περὶ πίστεως, nous trouvons un extrait du document 11 du troisième concile de Constantinople ([497]) (f. 161^v-163^v). Ce document conciliaire est suivi d'un fragment de la *Viae dux* d'Anastase le Sinaïte (*CPG* 7745; f. 164^r-165^r; UTHEMANN, *Viae dux*, I, 2, p. 10-17, l. 1-137), d'un autre texte dogmatique intitulé ὅροι τῶν ἁγίων πατέρων, κατὰ εἰκονομάχων (f. 165^v-166^r; incipit: α. Εἴ τις οὐχ ὁμολογεῖ τὸν κύριον ἡμῶν Ἰησοῦν Χριστόν; desinit ἐν πνεύματι ἁγίῳ, ἀνάθεμα ἔστω) et de l'opuscule théologique 35 de Michel Psellos ([498]) (f. 166^{r-v}). Vient ensuite un autre document conciliaire, à savoir l'acte 4 du concile de Latran de 649 ([499]) (f. 166^v-167^v), qui est interrompu par le *Fragmentum sermonis de imaginibus* d'un Pseudo-Athanase (*CPG* 2259; f. 167^{r-v}; *PG* 29, 709 A1 – C10). À la fin du codex, on trouve encore deux feuillets de parchemin (f. 168^r-169^v), écrits en une minuscule que Gardthausen date des 9e-10e siècles. Ces folios contiennent des extraits des *Lettres* de Basile de Césarée ([500]) (*CPG* 2900).

Nous ne savons rien sur l'histoire du manuscrit.

Ci *Taurinensis gr. B.IV.22 (Pas. CC.b.III.11) (s. XIII), f. 296^r-297^r*

Ce manuscrit de papier, comptant 384 folios et datant de la fin du 13e siècle ([501]), est un recueil hérésiologique. Il s'agit d'un

---

schen Stücke aus Cod. Oxon. Bodl. Auc. T.1.6 (*PTS* 7), Berlin, 1969, p. 94, l. 17.

(497) *ACO* 1990, document 11, p. 418, l. 6 – p. 442, l. 16.

(498) J. M. DUFFY – L. G. WESTERINK (éd.), *Michael Psellus*. Theologica, II (*BSGRT*), Munich – Leipzig, 2002, p. 133, l. 3 – p.136, l. 76.

(499) *ACO* 1984, acte 4, p. 219, l. 1 – p. 228, l. 38.

(500) F. 168^r: incipit: λανθάνουσαν ἴσως τοὺς πολλοὺς (COURTONNE, *Saint Basile. Lettres*, II, Lettre CCX, p. 191, l. 36) – desinit: παρὰ τῶν Πατέρων (COURTONNE, *Saint Basile. Lettres*, II, Lettre CCX, p. 192, l. 7); f. 168^v-169^v: incipit: ἐπιμέλειαν, πρεσβεία δὲ παρῆν (COURTONNE, *Saint Basile. Lettres*, II, Lettre CCX, p. 190, l. 7) – desinit: εἰ δὲ καὶ ἀγνοοῖτο illeg. (COURTONNE, *Saint Basile. Lettres*, II, Lettre CCX, p. 191, l. 34).

(501) ELEUTERI – RIGO (*Eretici*, p. 81) le datent du 13e siècle, tandis que

INTRODUCTION 129*

codex qui était déjà très mutilé au moment de la description de Pasinus ([502]), mais qui a été encore plus abîmé par l'eau et le feu lors de l'incendie dans la bibliothèque de Turin en 1904 ([503]). Cet état mutilé a comme conséquence que, pour ce qui est du *De duabus Christi naturis*, les premières lignes de chaque folio sont disparues. C'est également le cas pour le reste du manuscrit ([504]).

Il existe un lien entre ce manuscrit de Torino et le *Vindobonensis, theologicus gr. 307* (qui forme un ensemble avec le *Vindobonensis, theologicus gr. 306*) : ils descendent probablement d'un ancêtre commun ([505]). Eleuteri et Rigo ([506]) émettent même l'hypothèse qu'ils aient été copiés du même modèle et que Ci soit antérieur à Ch.

Le codex a été écrit par une seule main, à l'exception de l'ajout au folio 173^v qui date du 16e siècle ([507]). Il faut toutefois signaler que le volume consiste en fait de deux manuscrits reliés ensemble ([508]). Dans la première partie du manuscrit, l'écriture s'est assez ternie, caractéristique qui – selon Eleuteri et Rigo ([509]) - aurait déjà été propre au manuscrit dans un temps reculé, puisqu'une autre main a tenté de retracer, sur quelques folios, l'écriture ancienne.

Pasinus ([510]) nous donne une description détaillée, mais incomplète du manuscrit. Pour une description plus détaillée, nous renvoyons à celle d'Eleuteri et Rigo ([511]). Nous nous limitons à une description du contexte du *De duabus Christi naturis*. Cet opuscule maximien se trouve aux folios 296^r-297^r. Il est précé-

---

PASINUS et al. (*Codices manuscripti*, p. 297) et CUMONT (*Reliquiae Taurinenses*, p. 84) le situent au 14e siècle. ANDRIST (*Les objections des Hébreux*, p. 102) parle de la deuxième moitié du 12e siècle, mais il s'agit ici probablement d'un lapsus : c'est la collection hérésiologique qui date du 12e siècle.

(502) PASINUS et al., *Codices manuscripti*, p. 297-301.

(503) Cf. *supra*.

(504) DE SANCTIS, *Inventario dei codici superstiti greci e latini*, p. 410.

(505) G. FICKER, *Die Phundagiagiten. Ein Beitrag zur Ketzergeschichte des byzantinischen Mittelalters*, Leipzig, 1908, p. 133-143 ; ANDRIST, *Les objections des Hébreux*, p. 102.

(506) ELEUTERI – RIGO, *Eretici*, p. 78.

(507) *Ibid.*, p. 81.

(508) CUMONT, *Reliquiae Taurinenses*, p. 84.

(509) ELEUTERI – RIGO, *Eretici*, p. 81.

(510) PASINUS et al., *Codices manuscripti*, p. 297-301.

(511) ELEUTERI – RIGO, *Eretici*, p. 83-102.

dé du *De sacerdotio Christi* ([512]) (f. 289[r]-294[r]), de l'*Oratio contra Iudaeos* de Léonce de Néapolis ([513]) (f. 294[r]-295[v] ; *PG* 94, 1272-1276) et d'un extrait de l'*Homilia de serpente* attribuée à Sévérien de Gabala (*CPG* 4196 ; f. 295[v]-296[r]) qu'on peut trouver dans le *De sacris imaginibus* de Jean Damascène ([514]) (*CPG* 7885. 2). L'opuscule sur la double nature du Christ est suivi d'un caput contra Arianos, qui est en fait *l'Add. 16* attribué à Maxime le Confesseur (*CPG* 7707. 16 ; f. 297[r-v] ; Epifanovič, *Materialy*, p. 61-62) attribué ici à Basile de Césarée. Ce chapitre est à son tour suivi d'un autre chapitre contre les Monothélites ([515]) (f. 297[v]), d'une liste des sept conciles oecumeniques (f. 297[v]-299[v]) et de deux extraits de l'*Hodegos* d'Anastase le Sinaïte (*CPG* 7745 ; f. 300[r]-301[r] ; Uthemann, *Viae dux*, II, 8, p. 72-75, l. 102-154 et I, 3, p. 19-22, l. 42-79). À part de l'opuscule sur les deux natures du Christ et de l'*Add. 16*, ce codex contient encore trois autres œuvres attribuées à Maxime le Confesseur, à savoir les *De Sancta trinitate dialogi V* du Pseudo-Athanase d'Alexandrie (*CPG* 2284 ; f. 311[v]-357[r]), l'*Anim.* (*CPG* 7717 ; f. 357[r-v], 359[r-v] et f. 358[r]) et le *Comp.* (*CPG* 7706 ; f. 360[r]-378[v]). Eleuteri et Rigo ([516]) remarquent encore que les textes aux folios 311[v]-382[v] peuvent être trouvés dans exactement le même ordre dans le *Vaticanus gr. 1502*, f. 251[v]-301[r].

Eleuteri et Rigo ([517]) mentionnent que le codex contient une note d'appartenance du 14e siècle au folio 173[r] : † Μανου(ηλ) Καριαν(ος) Κιναμος. L'identité de ce personnage reste toutefois obscure. En tout cas, il existe des attestations de plusieurs membres de la famille Kinnamos qui ont vécu dans la période en question.

---

(512) A. Vassiliev, *Anecdota graeco-byzantina*, I, Moskva, 1893, p. 60-72 [col. I] ; G. Ziffer, *Una versione greca inedita del* De sacerdotio Christi, dans F. Piperno – R. Ribuoli (éd.), *Studi per Riccardo Ribuoli. Scritti di filologia, musicologia, storia*, Roma, 1986, p. 141-173 ; *BHG* 810-812.

(513) On peut retrouver ce texte dans le *De sacris imaginibus* de Jean Damascène (*CPG* 7885. 2 ; cf. B. Kotter, *Die Schriften des Johannes von Damaskos. III.* Contra imaginum calumniatores orationes tres (*PTS* 17), Berlin, 1975, p. 156-159).

(514) *Ibid.*, p. 160, l. 5-23 [τὸν ἐν αὐτῷ].

(515) Tit.: Πρὸς τοὺς λέγοντας· εἰ ἓν θέλημα καὶ μία ἐνέργεια καὶ μία δύναμις Πατρὸς καὶ Υἱοῦ, καὶ διὰ τί τοῦ Πατρὸς γεννήτορος ὄντος μὴ καὶ ὁ Υἱὸς γεννᾷ υἱόν (incipit: Λόγος τοῦ Θεοῦ λέγεται ὁ Υἱὸς ἐν ταῖς θείαις γραφαῖς; desinit: Ὁ δὲ Υἱὸς οὐ λέγεται ἔχειν Υἱὸν ἕτερον).

(516) Eleuteri – Rigo, *Eretici*, p. 101.

(517) *Ibid.*, p. 79.

INTRODUCTION   131*

En ce qui concerne le nom Karianos, on n'est pas sûr s'il s'agit d'un nom de famille ou s'il renvoie au monastère de Karianos à Constantinople.

Eleuteri et Rigo [518] émettent l'hypothèse que le manuscrit est entré dans la collection de la bibliothèque de Turin durant le règne de Carlo Emanuele I (1562-1630), comme a été le cas pour la plupart des manuscrits grecs du fonds. En plus, ils pensent que le manuscrit se trouvait pour une longue période à Constantinople (soit avait une origine constantinopolitaine), puisqu'on sait de son frère, le *Vindobonensis, theologicus gr. 307,* qu'il a été acheté entre 1555 et 1562 à Constantinople par Ogier de Busbecq [519] (1521-1591).

Bk *Vaticanus gr. 197 (s.* XVI), f. 146^r-147^r

Ce manuscrit de papier, comptant actuellement 165 feuillets [520] et datant du 16e siècle [521], a été décrit en détail par Mercati et Franchi de' Cavalieri [522]. Roosen [523], à son tour, nous a présenté une description détaillée des feuillets 69^r-108^r, 122^r-138^v et 146^r-153^r.

Le codex a été constitué à partir de deux manuscrits (f. 1^r-68^v; f. 68^r-165^v). La première partie du manuscrit est entièrement consacrée à l'*Introduction à l'arithmétique* de Nicomaque de Gérase, dont le début manque [524]. Cette première partie a été écrite par deux scribes différents (f. 1^r-48^r, l. 18 et f. 48^r, l. 19 – 68^v) [525]. La deuxième partie correspond au niveau du contenu complète-

---

(518) ELEUTERI – RIGO, *Eretici*, p. 80.

(519) Pour plus d'informations sur ce personnage, voir I. DALLE, *Un Européen chez les Turcs. Auger Ghiselin de Busbecq 1521-1591*, Paris, 2008.

(520) Le codex a perdu quelques folios au début.

(521) MERCATI – FRANCHI DE' CAVALIERI, *Codices Vaticani graeci*, p. 234; DEVREESSE, *Le fonds grec de la Bibliothèque Vaticane*, p. 470, n. 4.

(522) MERCATI – FRANCHI DE' CAVALIERI, *Codices Vaticani graeci*, p. 234-236.

(523) ROOSEN, *Epifanovitch Revisited*, II, p. 352-355. Pour une bibliographie détaillée, voir: CANART – PERI, *Sussidi bibliografici*, p. 389; BUONOCORE, *Bibliografia*, p. 809-810; CERESA, *Bibliografia (1986-1990)*, p. 429; CERESA, *Bibliografia (1991-2000)*, p. 533-534.

(524) R. HOCHE, *Nicomachi Geraseni* Pythagorei Introductionis Arithmeticae *libri II. Accedunt codicis Cizensis problemata arithmetica*, Lipsiae, 1866, p. 3, l. 3 [ἀκίνητα καὶ ἀμετάστατα].

(525) ROOSEN, *Epifanovitch Revisited*, I, p. 221.

ment au *Vaticanus, Ottobonianus gr. 43*, à l'exception du fait que l'ordre des œuvres est différent. Elle a en fait été copiée du *Vaticanus, Ottobonianus gr. 43* par Vivianus Boronus, qui travaillait comme *scriptor* à la Bibliothèque Vaticane entre 1560 et 1581 ([526]). Boronus a essayé de reconstituer l'ordre original des feuillets du *Vaticanus, Ottobonianus gr. 43* ([527]). Nous ne mentionnons que les œuvres maximiennes: la première partie de l'*Ep. 15* (*CPG* 7699; f. 135ᵛ-138ᵛ; jusqu'à *PG* 91, 553 B3 [πρὸς τούς] ([528])), une partie de l'*Op. 23c* (*CPG* 7697. 23c; f. 146ʳ; *PG* 91, 265 D6 – 268 A4), le *De duabus Christi naturis* (f. 146ʳ-147ʳ), l'*Add. 21* (*CPG* 7707. 21; f. 147ʳ-149ʳ), l'*Op. 24* (*CPG* 7697. 24; f. 149ʳ-150ʳ) et l'*Op. 23a* (*CPG* 7697. 23a; f. 150ʳ-151ʳ).

Bl *Vaticanus gr. 504 (a.* 1105), f. 110ᵛ-111ʳ

Le *Vaticanus gr. 504* est un des plus anciens codices de papier qu'on connaît ([529]). Cependant, il est partiellement de parchemin (f. 1ʳ-4ᵛ, 116ʳ-156ᵛ, 191ʳ-197ᵛ). Le manuscrit a fait le sujet de plusieurs descriptions, celle du catalogue étant déjà très détaillée ([530]). On peut trouver des précisions chez De Vocht ([531]), Markesinis ([532]), Laga – Steel ([533]), Janssens ([534]), Roosen ([535]) et Boudignon ([536]). Ce

---

(526) *RGK*, III, 531. Pour plus d'informations sur ce personnage, voir R. DE MAIO, *La Biblioteca Apostolica Vaticana sotto Paolo IV e Pio IV (1555-1565)*, dans *Collectanea Vaticana in honorem Anselmi M. Card. Albareda a Bibliotheca apostolica edita*, I (*ST* 219), Città del Vaticano, 1962, [p. 265-313] p. 300-302.

(527) MERCATI – FRANCHI DE' CAVALIERI, *Codices Vaticani graeci*, p. 236; ROOSEN, *Epifanovitch Revisited*, I, p. 22. Boronus était conscient du fait que son modèle était lacunaire, en témoigne par exemple la note marginale sur le folio 138ᵛ où le texte de l'*Epistula 15* finit brusquement: πολὺ λείπει.

(528) Au lieu de πρὸς ἄλλους.

(529) JANSSENS, *Amb. Thom.*, p. L (voir la note 165 pour une bibliographie); IRIGOIN, *Les premiers manuscrits grecs*, p. 198-199. Pour une bibliographie détaillée, voir: CANART – PERI, *Sussidi bibliografici*, p. 440-441; BUONOCORE, *Bibliografia*, p. 831-832; CERESA, *Bibliografia (1986-1990)*, p. 433; CERESA, *Bibliografia (1991-2000)*, p. 542.

(530) DEVREESSE, *Codices 330-603*, p. 338-349.

(531) DE VOCHT, *Kritische editie*, p. [142-143].

(532) B. MARKESINIS, *Evagriana dans le* Vaticanus graecus 504 *et ailleurs*, dans JANSSENS et al., *Philomathestatos*, p. 415-147.

(533) LAGA – STEEL, *Q. Thal.*, I, p. LIX-LX.

(534) JANSSENS, *Amb. Thom.*, p. L-LII.

(535) ROOSEN, *Epifanovitch Revisited*, I, p. 229-232.

INTRODUCTION 133*

codex comptant 197 feuillets est un témoin très complexe [537] :
certains textes ont été écrits en marge à cause d'un manque de
papier ; des feuillets ont été pris à d'autres manuscrits ; etc.

Le manuscrit, écrit sur deux colonnes, contient surtout des
textes du corpus maximien (en deux sections : f. 86^v-148^r et f. 150^v-
154^r [538])), mais également des œuvres du Pseudo-Denys l'Aréopagite, Pseudo-Nonnos, Jean Damascène, etc. Le codex entame
avec deux pinakes en grec (f. I^r-IV^r et 1^v-2^v) dont le deuxième est
acéphale.

Ce témoin contient les œuvres maximiennes suivantes : une
partie des *Q. Thal.* [539] (*CPG* 7688 ; f. 3^v-4^v, 194^v-196^v, 197^r),
quelques chapitres et scholies des *Th. Oec.* (*CPG* 7694 ; f. 82^r-86^v),
l'*Op. 16* (*CPG* 7697. 16 ; f. 86^v-88^r), l'*Op. 17* (*CPG* 7697. 17 ;
f. 88^v), l'*Op. 18* (*CPG* 7697. 18 ; f. 88^v), la *Myst.* (*CPG* 7704 ;
f. 88^v-92^r), l'*Ep. 6* (*CPG* 7699 ; f. 92^{r-v}), l'*Ep. 7* (f. 92^v-93^r), l'*Ep.
2* (f. 93^r-94^v), l'*Ep. 3* (f. 94^v), l'*Ep. 12* (sans *PG* 91, 460 B10 –
461 D2 ; f. 94^v-96^r, marges 96^v-102^r), l'*Ep. 13* (marges f. 102^{r-v},
marges et colonnes f. 103^r, 103^v-104^v), l'*Ep. 17* (f. 104^v-105^r),
l'*Ep. 18* (f. 105^r), l'*Ep. 11* (f. 105^{r-v}), l'*Ep. 21* (f. 105^v), l'*Ep. 22*
(f. 105^v-106^r), l'*Ep. 23* (f. 106^r), l'*Ep. 32* (f. 106^r), l'*Ep. 33* (f. 106^r),
l'*Ep. 34* (f. 106^r), l'*Ep. 35* (f. 106^r), l'*Ep. 24* (f. 106^{r-v}), l'*Ep. 10*
(f. 106^v), l'*Ep. 25* (f. 106^v), l'*Ep. 9* (f. 106^v-107^r), l'*Ep. 26* (f. 107^r),
l'*Ep. 27* (f. 107^r), l'*Ep. 28* (f. 107^r), l'*Ep. 29* (f. 107^{r-v}), l'*Ep. 30*
(f. 107^v), l'*Ep. 31* (f. 107^v), l'*Ep. 8* (f. 107^v-108^r), l'*Op. 1* (*CPG*
7697. 1 ; f. 108^r-109^v), l'*Op. 2* (*CPG* 7697. 2 ; f. 109^v), l'*Op. 3* (*CPG*
7697. 3 ; f. 109^v-110^r), l'*Op. 4* (*CPG* 7697. 4 ; f. 110^{r-v}), l'*Op. 5* (*CPG*
7697. 5 ; f. 110^v), l'*Op. 6* (*CPG* 7697. 6 ; f. 110^v), le *De duabus
Christi naturis* (f. 110^v et marge f. 111^r), l'*Op. 14* (*CPG* 7697. 14 ;
f. 115^v et marge f. 116^r), les *Cap. XV* (*CPG* 7695 ; marges f. 116^{r-v}),
les *Amb. Thom.* (*CPG* 7705. 1 ; marges f. 116^v-117^r, f. 117^v-118^r),
les *Amb. Io.* (*CPG* 7705. 2 ; f. 118^r-138^v), l'*Op. 7* (*CPG* 7697. 7 ;
f. 138^v-139^v), les *Car.* (*CPG* 7693 ; f. 139^v-144^v), l'*Ep. 14* (f. 144^v-145^r),
l'*Add. 21* (*CPG* 7707. 21 ; f. 145^v), l'*Op. 25* (*CPG* 7697. 25 ; f. 145^v),
l'*Add. 19* (*CPG* 7707. 19 ; f. 146^r), l'*Add. 18* (*CPG* 7707. 18 ; f. 146^{r-v}),

---

(536) Boudignon, *Myst.*, p. XXXVII-XXXIX.
(537) Roosen, *Epifanovitch Revisited*, I, p. 229.
(538) On peut parfois trouver des extraits maximiens à d'autres endroits.
(539) Pour plus d'informations sur la manière où les *Quaestiones* ont été
copiées, voir Laga – Steel, *Q. Thal.*, I, p. LIX-LX.

l'*Op. 23a* (*CPG* 7697. 23a; f. 146ᵛ), l'*Op. 23b* (*CPG* 7697. 23b; f. 146ᵛ), l'*Op. 23c* (*CPG* 7697. 23c; f. 146ᵛ), l'*Op. 24* (*CPG* 7697. 24; f. 146ᵛ-147ʳ), l'*Add. 34* (*CPG* 7707. 34; f. 147ʳ), le titre du *De duabus Christi naturis* (τοῦ αὐτοῦ περὶ τῶν β′ φύσεων ἐν κεφαλαίοις ι′, ζήτει ὄπισθεν(⁵⁴⁰); f. 147ʳ), l'*Op. 26* (*CPG* 7697. 26; f. 147ʳ), l'*Op. 27* (*CPG* 7697. 27; f. 147ʳ⁻ᵛ), la question I, 1; des *Q. D.* (*CPG* 7689; f. 147ᵛ Declercq, *Q. D.*, p. 137), un extrait des *Amb. Io.* (*CPG* 7705. 2; f. 147ᵛ-148ʳ; *PG* 91, 1172 A1 [τοῦ πάντως] – D8 [ὑπερέχουσιν]), l'*Ep. 8* (f. 150ᵛ-151ʳ), l'*Add. 32* (*CPG* 7707. 32; f. 151ʳ), l'*Op. 8* (*CPG* 7697. 8; f. 151ʳ-152ᵛ), l'*Op. 9* (*CPG* 7697. 9; f. 152ᵛ-153ᵛ), l'*Ep. 5* (f. 153ᵛ-154ʳ), l'*Ep. 23* (f. 154ʳ), l'*Ep. 22* (f. 154ʳ), l'*Ep. 30* (f. 154ʳ) et les *Dial. I-V* du Pseudo-Athanase d'Alexandrie (*CPG* 2284; f. 154ᵛ-164ᵛ).

Le manuscrit a été copié par un certain Jean(⁵⁴¹) le 6 juillet 1105, ce dont témoigne la note en bas du feuillet 197ᵛ: ἐτελειώθη δὲ ἡ παροῦσα βίβλος ἐν τῷ ἔτει ςχιγ′, ἰνδ. ιγ′ μηνὶ ἰουλίῳ ἕκτῃ, γραφεῖσα χειρὶ Ἰωάννου τοῦ εὐτελοῦς μοναχοῦ καὶ πρεσβυτέρου τοῦ Χάλᵟ, ὑπὲρ οὗ εὔχεσθαι οἱ ἀναγινώσκοντες συγχωρηθῆναι αὐτῷ πᾶν εἴ τι ἥμαρτεν(⁵⁴²). Ce personnage a déjà fait couler beaucoup d'encre, surtout en ce qui concerne cette indication τοῦ Χάλᵟ. De Vocht(⁵⁴³) a émis l'hypothèse que ce génitif renvoie en fait à un monastère, nommé Chaldos(⁵⁴⁴), au Mont Athos. D'autres chercheurs ont tendance à identifier ce τοῦ Χάλᵟ avec une personne(⁵⁴⁵). D'après Janssens(⁵⁴⁶), ce copiste avait différents manuscrits à sa disposition qui lui servaient de modèle, ce dont

---

(540) Cet opuscule se trouve aussi aux feuillets 110ᵛ-111ʳ.

(541) *RGK*, III, 313.

(542) En fait, au même endroit, on trouve une note du copiste à propos des *Q. Thal.*: ἐγράφησαν ἐκ τῶν ξε′ ἐρωτήσεων κς′ ἐρωτήσεις· αἱ δὲ λοιπαὶ γραφήσονται τῇ τοῦ Θεοῦ βοηθείᾳ ἐν ἑτέρῳ βιβλίῳ. Dans cette note, le copiste dit qu'il copiera le reste des questions dans un autre codex.

(543) C. De Vocht, *L' « as de pique » hors d'Italie?*, dans *Byz* 51 (1981), [p. 628-630] p. 628-629.

(544) Cf. E. Lamberz, *Die Handschriftenproduktion in den Athosklöster bis 1453*, dans G. Cavallo – G. De Gregorio (éd.), *Scritture, libri e testi nelle aree provinciali di Bisanzio*, I, Spoleto, 1991, p. 44-45: « Johannes ist Mönch des im. 10 und 11. Jahrhundert mehrfach belegten Athosklosters Chaldu, das auch τοῦ Ἡσυχαστοῦ hieß und zwischen 1087 und 1154 an Lavra fiel. » (p. 45).

(545) Boudignon, *Myst.*, p. XXXVIII.

(546) Janssens, *Amb. Thom.*, p. LI et p. LI, n. 170.

INTRODUCTION 135*

témoigne le fait que ce codex contient les deux versions de l'*Ep. 8* (f. 107ᵛ-108ʳ ; f. 150ᵛ-151ʳ).

Nous n'avons pas d'informations sur l'histoire du manuscrit, sauf qu'il se trouvait déjà à la Bibliothèque Vaticane au début du 16ᵉ siècle. En effet, il figure déjà dans l'inventaire de Fabio Vigili, dressé vers 1510 ([547]).

Bm *Vaticanus gr. 505 (a.* 1520), f. 131ʳ⁻ᵛ

Ce manuscrit de papier, écrit sur deux colonnes, a été décrit en détail par Devreesse ([548]) et par les éditeurs de Maxime le Confesseur ([549]). Une note au feuillet 320ᵛ nous instruit sur la date de composition du codex : τῷ δόντι τέρμα τῆς βιβλίου Θεῷ χάρις· ἐτελειώθη τὸ παρὸν βιβλίον διὰ χειρὸς Νικήτα πριμικηρίου τοῦ σκευοφύλακις Σύμηθεν. ‚αφκ· μηνὶ μαίῳ κδ'. En effet, ce recueil des œuvres de Maxime le Confesseur a vu le jour le 24 mai 1520 par la main du primicier Nicétas ([550]). Le codex faisait déjà partie de la collection des manuscrits de la Bibliothèque Vaticane en 1539 ([551]), et peut-être même en 1533. Il entame au folio IVʳ avec un πίναξ ἀκριβὴς τῆς γραφῆς τοῦ βιβλίου. Celui-ci nous apprend que le contenu du manuscrit est identique à celui du *Vaticanus gr. 1502* (cf. *infra*). Il est entièrement consacré aux œuvres de Maxime le Confesseur, à l'exception des *Dial. I-V* du Pseudo-Athanase d'Alexandrie souvent attribuées à Maxime (*CPG* 2284 ; f. 205ᵛ-227ᵛ). Notre petit traité dogmatique se trouve au folio 131ʳ⁻ᵛ. Il est précédé des deux textes des *Ambigua* (*CPG* 7705. 1-2 ; f. 68ʳ-72ᵛ et f. 72ᵛ-131ʳ) et suivi de l'*Ep. 6* (*CPG* 7699 ; f. 131ᵛ-133ʳ) et l'*Ep. 7* (*CPG* 7699 ; f. 133ʳ-134ʳ). Le reste du manuscrit contient

---

(547) Devreesse, *Le fonds grec de la Bibliothèque Vaticane*, p. 174, n° 307.

(548) Devreesse, *Codices 330-603*, p. 349-352.

(549) De Vocht, *Kritische editie*, p. [144] ; Laga – Steel, *Q. Thal.*, I, p. LI-LIV ; Van Deun, *Opuscula*, p. XXIX-XXX ; Id., *L. A.*, p. CI-CII ; Janssens, *Amb. Thom.*, p. LII-LIII ; Boudignon, *Myst.*, p. XXXIX. Pour une bibliographie détaillée, voir : Canart – Peri, *Sussidi bibliografici*, p. 441 ; Ceresa, *Bibliografia (1991-2000)*, p. 542.

(550) *RGK*, III, 489.

(551) Devreesse identifie le *Vaticanus gr. 505* avec le numéro 76 de l'inventaire dressé sous Paul III (*Le fonds grec de la Bibliothèque Vaticane*, p. 319). Dans le catalogue de 1533, il se trouve aussi un manuscrit susceptible d'être le *Vaticanus gr. 505* : « Maximi varii tractatus. Ex papiro in rubro » (p. 277, n° 204).

136* INTRODUCTION

encore les *Q. Thal.* (*CPG* 7688), l'*Ep. 11* (*CPG* 7699), l'*E. O. D.* (*CPG* 7691), les *Ep. 4, 8-9, 1, 19, 12-13, 15* (*CPG* 7699), la *D. P.* (*CPG* 7698), les *Op. 1-5, 7, 6, 14, 8-9* (*CPG* 7697), la *Myst.* (*CPG* 7704), l'*E. ps. 59* (*CPG* 7690), les *Dial. I-V* (*CPG* 2284), l'*Anim.* (*CPG* 7717), le *Comp.* (*CPG* 7706), le *L. A.* (*CPG* 7692), les *Car.* (*CPG* 7693), les *Th. Oec.* (*CPG* 7694) et les *Div. Cap.* (*CPG* 7715).

Bn *Vaticanus gr. 507* (*a.* 1344), f. 152$^{\text{r-v}}$

Ce manuscrit de papier a déjà été décrit en détail par Devreesse [552], Turyn [553] et les éditeurs de Maxime le Confesseur [554]. Il s'agit d'un codex de 427 feuillets qui contient principalement des œuvres de Maxime le Confesseur, divisées en deux sections (f. 8^{r}-151^{v} et 152^{r}-319^{v}). La première section correspond complètement au corpus maximien contenu dans le *Vaticanus gr. 508* (f. 8^{r}-239^{v}); la deuxième renferme la même collection d'œuvres que le *Guelferbytanus, Gudianus gr. 39* (f. 7^{r}-264^{v}).

Un colophon au f. 319^{v} nous apprend le nom du scribe : χειρῶν ἐμῶν πόνημα καθειργνυμένῳ, δημήτριος εὐτελὴς διάκονος κανίσκης, ὁ καὶ καβάσιλας ἔτους ςω^{ου} πεντηκοστοῦ δευτέρου μηνὶ ἰουλλίῳ ἰνδικτιῶνος ιβ′. Il s'agit de Demetrius Kabasilas [555], haut dignitaire à Thessalonique et copiste, qui a terminé le codex en juillet 1344. Ensuite, le manuscrit a fait partie de la collection de Jean Eugenikos [556] (f. 7^{v} : τοῦ νομοφύλακος. ἰωάννου διακόνου τοῦ εὐγενικοῦ) avant qu'il ait été transféré à la Bibliothèque Vaticane sous le pape Nicolas V (1447-1455) [557].

---

(552) Devreesse, *Codices 330-603*, p. 354-357.

(553) A. Turyn, *Codices graeci Vaticani saeculis XIII et XIV scripti annorumque notis instructi, congessit enarravit eorumque speciminia protulit tabulis CCV phototypice expressi* (*Codices e Vaticanis selecti* 28), Città del Vaticano, 1964, p. 143-146.

(554) Roosen, *Epifanovitch Revisited*, I, p. 233-234; Laga – Steel, *Q. Thal.*, I, p. LXIV-LXV; Van Deun, *Opuscula*, p. XXX-XXXI; Janssens, *Amb. Thom.*, p. LIII-LIV; Boudignon, *Myst.*, p. XXXIX-XL. Pour une bibliographie détaillée, voir : Canart – Peri, *Sussidi bibliografici*, p. 441; Buonocore, *Bibliografia*, p. 832; Ceresa, *Bibliografia (1986-1990)*, p. 433; Ceresa, *Bibliografia (1991-2000)*, p. 542.

(555) *RGK*, III, 163.

(556) *PLP*, n° 6189.

(557) Le manuscrit se trouve sous le numéro 187 dans l'inventaire de Cosme de Montserrat (cf. Devreesse, *Le fonds grec de la Bibliothèque Vati-*

INTRODUCTION 137*

Ce manuscrit vatican contient les œuvres suivantes: la *D. P.* (*CPG* 7698; f. 8ʳ-20ᵛ), l'*Op. 1* (*CPG* 7697. 1; f. 20ᵛ-26ᵛ), l'*Op. 2* (*CPG* 7697. 2; f. 26ᵛ-28ʳ), l'*Op. 3* (*CPG* 7697. 3; f. 28ʳ-30ᵛ), l'*Op. 4* (*CPG* 7697. 4; f. 30ᵛ-32ʳ), l'*Op. 5* (*CPG* 7697. 5; f. 32ʳ⁻ᵛ), l'*Op. 7* (*CPG* 7697. 7; f. 32ᵛ-37ᵛ), l'*Op. 6* (*CPG* 7697. 6; f. 37ᵛ-38ᵛ), l'*Op. 14* (*CPG* 7697. 14; f. 38ᵛ-39ᵛ; jusqu'à *PG* 91, 153 B2 [κίνησις]), l'*Op. 8* (*CPG* 7697. 8; f. 39ᵛ-45ᵛ), l'*Op. 9* (*CPG* 7697. 9; f. 45ᵛ-50ᵛ), la *Myst.* (*CPG* 7704; f. 50ᵛ-65ᵛ), l'*E. ps. 59* (*CPG* 7690; f. 66ʳ-69ᵛ), les *Dial. I-III* du Ps.-Athanase d'Alexandrie (*CPG* 2284; f. 69ᵛ-98ᵛ), l'*Op. 16* (*CPG* 7697. 16; f. 98ᵛ-105ᵛ), l'*Op. 17* (*CPG* 7697. 17; f. 105ᵛ), l'*Op. 18* (*CPG* 7697. 18; f. 105ᵛ-106ʳ), l'*Ep. 2* (f. 106ʳ-110ʳ), l'*Ep. 3* (f. 110ʳ-111ʳ; à partir de *PG* 91, 408 D5 [Ἔγνων γὰρ], sans titre), l'*Ep. 17* (f. 111ʳ⁻ᵛ), l'*Ep. 18* (f. 111ᵛ-113ʳ), l'*Ep. 21* (f. 113ʳ⁻ᵛ), l'*Ep. 22* (f. 113ᵛ), l'*Ep. 23* (f. 113ᵛ), l'*Ep. 32* (f. 113ᵛ-114ʳ), l'*Ep. 33* (f. 114ʳ), l'*Ep. 34* (f. 114ʳ), l'*Ep. 35* (f. 114ʳ⁻ᵛ), l'*Ep. 24* (f. 114ᵛ-115ᵛ), l'*Ep. 10* (f. 115ᵛ-116ᵛ), l'*Ep. 25* (f. 116ᵛ-117ʳ), l'*Ep. 9* (f. 117ʳ-118ʳ), l'*Ep. 26* (f. 118ʳ⁻ᵛ), l'*Ep. 27* (f. 118ᵛ-119ᵛ), l'*Ep. 28* (f. 119ᵛ), l'*Ep. 29* (f. 119ᵛ-120ʳ), l'*Ep. 30* (f. 120ʳ⁻ᵛ), l'*Ep. 31* (f. 120ᵛ-121ʳ), l'*Ep. 14* (f. 121ʳ-123ᵛ), l'*Add. 21* (*CPG* 7707. 21; f. 124ʳ-125ʳ), l'*Op. 25* (*CPG* 7697. 25; f. 125ʳ-126ʳ), un extrait de la *Praeparatio* de Théodore de Raïthou (⁵⁵⁸) (*CPG* 7600; f. 126ʳ⁻ᵛ), l'*Add. 19* (*CPG* 7707. 19; f. 126ᵛ-127ʳ), l'*Add. 18* (*CPG* 7707. 18; f. 127ᵛ-128ʳ), l'*Op. 23a* (*CPG* 7697. 23a; f. 128ʳ⁻ᵛ), l'*Op. 23b* (*CPG* 7697. 23b; f. 128ᵛ), l'*Op. 23c* (*CPG* 7697. 23c; f. 128ᵛ-129ʳ), l'*Op. 24* (*CPG* 7697. 24; f. 129ʳ-130ʳ), l'*Add. 34* (*CPG* 7707. 34; f. 130ʳ-131ʳ), l'*Op. 26* (*CPG* 7697. 26; f. 131ʳ-132), deux extraits de l'*Op. 16* (*CPG* 7697. 16; f. 132ʳ⁻ᵛ; *PG* 91, 193 D6 [Ἀτοπώτερον] – 196 A8 [ἐφίεμεθα] et 209 B12 [Τούτων οὖν] – C5 [ἐνεργείας καθέστηκεν]), l'*Op. 27* (*CPG* 7697. 27; f. 132ᵛ-134ʳ), des textes liés au concile d'Éphèse (⁵⁵⁹) (f. 134ʳ-148ʳ), l'*Epistula 45* de Cyrille d'Alexandrie (*CPG* 5345; f. 134ʳ-137ʳ), l'*Epistula 46* de Cyrille d'Alexandrie (*CPG* 5346; f. 137ʳ-139ʳ), l'*Epistula 4* de Cyrille d'Alexandrie (*CPG* 5304; f. 139ʳ-140ᵛ), l'*Epistula ad Cyrillum Alexandrinum de pace* de Jean d'Antioche (*CPG* 6310; f. 140ᵛ-141ᵛ), l'*Homilia I de nativitate*

---

cane, p. 25, n° 187). Devreesse (*Codices 330-603*, p. 357) remarque que la note qu'on trouve au folio 7ʳ (« Opera Maximi CCCXIII ») est de la main de Jean Tortelli d'Arezzo (1400-1466), le bibliothécaire de Nicolas V.

(558) F. Diekamp, *Analecta patristica: Texte und Abhandlungen zur griechischen Patristik* (*OCA* 117), Roma, 1938, p. 200, l. 24 – p. 203, l. 25.

(559) Cf. Devreesse, *Codices 330-603*, p. 355.

138* INTRODUCTION

Alexandriae habita de Paul Emesenus (*CPG* 6365 ; f. 141ᵛ-142ᵛ), l'*Homilia II de nativitate Alexandriae habita* de Paul Emesenus (*CPG* 6366 ; f. 142ᵛ-144ʳ), l'*Homilia III de Paulo Emeseno* de Cyrille d'Alexandrie (*CPG* 5247 ; f. 144ʳ⁻ᵛ), l'*Homilia XVI de concordia ecclesiarum* de Cyrille d'Alexandrie (*CPG* 5260 ; f. 144ᵛ), l'*Epistula 39 ad Iohannem Antiochenum* (*CPG* 5339 ; f. 145ʳ-147ʳ), l'*Epistula 44 Commonitorium ad Eulogium presbyterum* (*CPG* 5344 ; f. 147ʳ-148ʳ), l'*Ep. 8* (*CPG* 7699 ; f. 148ʳ-149ᵛ), l'*Add. 32* (*CPG* 7707. 32 ; f. 149ᵛ-150ᵛ), l'*Ep. 5* (f. 150ᵛ-151ᵛ ; jusqu'à *PG* 91, 424 B12 [ἀποφανθῆναι]), la fin de l'*Ep. 4* (f. 151ᵛ ; dès *PG* 91, 420 B1 [Ταῦτα με]), le *De duabus Christi naturis* (f. 152ʳ⁻ᵛ), l'*Ep. 6* (f. 152ᵛ-155ʳ), l'*Ep. 7* (f. 155ʳ-156ᵛ), l'*Ep. 11* (f. 156ᵛ-158ᵛ), l'*E. O. D.* (*CPG* 7691 ; f. 158ᵛ-168ʳ), l'*Ep. 4* (f. 168ʳ-170ᵛ), l'*Ep. 8* (f. 170ᵛ-171ʳ ; jusqu'à *PG* 91, 446 A6 [τῆς Ἀραβίας]), l'*Ep. 1* (f. 171ʳ-179ʳ), l'*Ep. 19* (f. 179ʳ-180ᵛ), l'*Ep. 12* (f. 180ᵛ-194ᵛ), l'*Ep. 13* (f. 194ᵛ-201ʳ), l'*Ep. 15* (f. 201ʳ-209ᵛ), les *Amb. Thom.* (*CPG* 7705. 1 ; f. 209ᵛ-217ᵛ), les *Amb. Io.* (*CPG* 7705. 2 ; f. 217ᵛ-319ᵛ), l'introduction des *Q. Thal.* (*CPG* 7688 ; f. 320ʳ-323ᵛ), les *Capita centum de perfectione spirituali* (chapitres 36 et 40) de Diadoque de Photicé (*CPG* 6106 ; f. 323ᵛ-324ʳ), les questions I-LXV des *Q. Thal.* (*CPG* 7688 ; f. 324ʳ-425ᵛ), le prologue des *Q. Thal.* (f. 426ʳ⁻ᵛ) et une compilation d'extraits des *Q. Thal.* ([560]) (f. 426ᵛ-427ᵛ).

Bo *Vaticanus gr. 740* (*s.* XIV), f. 74ᵛ-76ʳ

Ce codex de parchemin, datant du 14ᵉ siècle et comptant IV + 148 feuillets, a été décrit en détail par Devreesse ([561]). Il s'agit d'un recueil ascéto-dogmatique qui contient des œuvres de (Ps.-)Maxime le Confesseur, Epictète, Basile de Césarée, etc.

Dans cette description-ci, nous nous contentons de donner un aperçu des opuscules (pseudo-)maximiens. Il s'agit des *Loci communes* du Pseudo-Maxime le Confesseur ([562]) (*CPG* 7718 ;

---

(560) Cf. Laga – Steel, *Q. Thal.*, I, p. LXIV.

(561) Devreesse, *Codices 604-866*, p. 254-255. Pour une bibliographie détaillée, voir : Canart – Peri, *Sussidi bibliografici*, p. 477 ; Buonocore, *Bibliografia*, p. 847 ; Ceresa, *Bibliografia (1991-2000)*, p. 547.

(562) Jusqu'à S. Ihm, *Ps.-Maximus Confessor. Erste kritische Edition einer Redaktion des sacro-profanen Florilegiums* Loci communes *nebst einer vollständigen Kollation einer zweiten Redaktion und weiterem Material* (*Palingenesia* 73), Stuttgart, 2001, p. 799-800, 41/48 – 44/51.

INTRODUCTION 139*

f. 9^r-61^r), du *De duabus Christi naturis* (f. 74^v-76^r) et d'un extrait du *Syntagma ad quendam politicum* du Pseudo-Athanase d'Alexandrie ([563]) (f. 76^v-77^r). Notre opuscule sur la double nature du Christ est précédé d'un texte intitulé Στίχοι νομικοὶ Φωκυλίδου ([564]) (f. 70^v-74^v).

Nous ne savons pas beaucoup sur l'histoire du manuscrit, ni sur le copiste. Il est possible qu'il se trouve déjà à la bibliothèque Vaticane sous Nicolas V (1447-1455) ([565]). En tout cas, il est certain qu'il faisait partie de la collection de la bibliothèque Vaticane en 1518 ([566]).

Bq *Vaticanus gr. 1142 (s.* XII-XIII)*, f. 52^r-53^r*

Le *Vaticanus gr. 1142* est un manuscrit de papier oriental, comptant 125 folios, qui date du 12e siècle ([567]). Il n'existe pas encore de description de la Bibliothèque Vaticane même, mais nous disposons d'un catalogue manuscrit du 19e siècle de la main de Girolamo Amati, *scriptor* dans la Bibliothèque Vaticane ([568]). Encore d'autres descriptions du contenu et du manuscrit peuvent être

---

(563) *PG* 28, 1405 A4 – C10.

(564) Jusqu'à D. Young, *Theognis, Ps.-Pythagoras, Ps.-Phocylides, Chares, Anonymi aulodia, Fragmentum Teliambicum* (*BSGRT*), Leipzig, 1961, p. 112, l. 230. (Nous ne disposons que d'une copie partielle du manuscrit, donc nous ne pouvons pas donner le début du texte.)

(565) Devreesse, *Le fonds grec de la Bibliothèque Vaticane*, p. 25, n° 190. La description de Cosme de Montserrat du manuscrit n° 190 pourrait correspondre à notre manuscrit : « Item unum volumen eiusdem forme de papiro, copertum corio rubeo cum una serratura de cupro, quod intitulatur *Dicta notabilia Colecta* (sic) *e sacris libris et sancti Maximi de duabus naturis Salvatoris capitula* ».

(566) Devreesse, *Le fonds grec de la Bibliothèque Vaticane*, p. 226, n° 790.

(567) Nous voudrions remercier Francesco D'Aiuto pour nous avoir procuré la description d'Amati dans notre correspondance du 2 mai 2012, complétée avec ses propres remarques. Cette datation vient de lui. Il y distingue plusieurs mains inidentifiées. G. Boter, qui tient cette information de P. Canart, date le manuscrit des 12e-13e siècles (G. Boter [éd.], *The Encheiridion of Epictetus and its Three Christian Adaptations. Transmission and Critical Editions* (*Philosophia Antiqua* 82), Leiden – Boston – Köln, 1999, p. 203).

(568) Amati, *Inventarium codicum*, f. 112^v-115^v. Pour une bibliographie détaillée du manuscrit, voir : Canart-Peri 1970, p. 543 ; Buonocore, *Bibliografia*, p. 873 ; Ceresa, *Bibliografia (1986-1990)*, p. 442 ; Ceresa, *Bibliografia (1991-2000)*, p. 555.

140*   INTRODUCTION

trouvées dans l'article de Moutsoulas [569] et dans la thèse de doctorat de Roosen [570].

Il s'agit d'un codex qui contient surtout des documents conciliaires et des écrits des Pères liés au droit canonique [571]. Le *De duabus Christi naturis* se trouve au milieu d'une collection de définitions des Pères. Cette collection entame avec un extrait de l'*Hodegos* d'Anastase le Sinaïte [572], connu sous le nom de *Definitiones seorsum traditae* [573] (*CPG* 7745 ; f. 44^v-50^r), suivi d'une définition de κατάχρησις [574] (f. 50^r), d'un traité néochalcédonien édité par S. Helmer [575] (f. 50^r-51^r), de la suite des *Definitiones seorsum traditae* [576] (f. 51^{r-v}) et de la première partie de l'*Ep. 15* de Maxime le Confesseur (*CPG* 7699 ; f. 51^v-52^r ; jusqu'à *PG* 91, 548 A8). Viennent ensuite notre opuscule sur les deux natures du Christ (f. 52^r-53^r), l'*Add. 21* (*CPG* 7707. 21 ; f. 53^r-54^r) et l'*Op. 24* (*CPG* 7697. 24 ; f. 54^r-55^r).

Le codex faisait partie de la collection du cardinal et bibliothécaire Antonio Carafa (1538-1591) au 16e siècle [577]. Roosen [578] pense l'avoir trouvé sous le numéro 11 dans l'inventaire des manuscrits grecs légués par le Cardinal A. Carafa à la Vaticane (« *11. Canones sanctorum Apostolorum et diversorum conciliorum ac sanctorum Patrum, since principio et fine: in folio, charta bergamena* »). En tout cas, le manuscrit faisait déjà partie de la Bibliothèque Vaticane en 1592 [579].

---

(569) Moutsoulas, *La tradition manuscrite*, p. 429-431.

(570) Roosen, *Epifanovitch Revisited*, I, p. 247-248.

(571) Moutsoulas, *La tradition manuscrite*, p. 431.

(572) Uthemann, *Viae dux*, II, 1, p. 23, l. 1 – II, 7, p. 64, l. 86.

(573) Cf. Uthemann, *Viae dux*, p. CCXXI-CCXXXVIII.

(574) Cf. Uthemann, *Viae dux*, p. CCXXVI, n. 21

(575) Helmer, *Der Neuchalkedonismus*, p. 275-278.

(576) Uthemann, *Viae dux*, II, 8, p. 72, l. 101 – p. 73, l. 137 ; II, 8, p. 64, l. 1-7 ; II, 8, p. 65, l. 18 – p. 66, l. 26 ; II, 8, p. 68, l. 46 ; II, 8, p. 71, l. 87 – p. 72, l. 100.

(577) F. D'Aiuto – P. Vian, *Guida ai fondi manoscritti, numismatici, a stampa della Biblioteca Vaticana. 1. Dipartimento Manoscritti* (ST 466), Città del Vaticano, 2011, p. 591 ; Devreesse, *Le fonds grec de la Bibliothèque Vaticane*, p. 478, n° 1142.

(578) Roosen, *Epifanovitch Revisited*, I, p. 248, n. 67. L'inventaire des manuscrits de Carafa peut être trouvé dans le *Vaticanus lat. 3553*, édité par Batiffol (P. Battifol, *La Vaticane de Paul III à Paul V d'après des documents nouveaux*, Paris, 1890, p. 131-139).

(579) Voir Devreesse, *Le fonds grec de la Bibliothèque Vaticane*, p. 473 et

INTRODUCTION 141*

Br *Vaticanus gr. 1187 (a.* 1574), f. 779ʳ-781ʳ

Ce manuscrit de papier ([580]) date du 4 mars 1574 et compte 795 folios ([581]). Le codex a été copié par Andréas Darmarios ([582]) au monastère San Lorenzo ([583]) sur l'ordre d'Antoine Augustin, évêque de Lérida à l'Escurial. On peut trouver cette information dans le colophon au folio 793ʳ :

+ ἀφοδ΄· μαρτίω. δ⁷ʹ εἴληφε τέρμα σὺν θεῷ ἡ παροῦσα βίβλος τῶν πρακτικῶν κωνσταντινουπόλεως καὶ ἕτερα συναθροίσματα· ὑπὸ ἀνδρέου δαρμαρίου τοῦ ἐπιδαυρίου, υἱοῦ γεωργίου· ἐν τῇ μονῇ τοῦ ἁγίου λαυρεντίου τοῦ ἐν σκουριαρίῳ ὑπὸ τῆς βασιλικῆς βιβλιοθήκης· δαπάνῃ καὶ ἀναλώματι τῷ θεοφιλεστάτῳ ἐπισκόπῳ κυρίῳ ἀντωνίῳ τῷ αὐγουστίνῳ ἐπισκόπῳ λέρδου (sic).

À cause de l'état lamentable du microfilm complet, nous nous appuyons pour notre description sur les informations données dans les catalogues.

Le codex consiste pour la plus grande partie en des documents conciliaires ([584]). Notre traité sur la double nature du Christ se situe aux folios 779ʳ-781ʳ. Selon l'inventaire d'Amati ([585]), l'opuscule maximien serait précédé d'un texte intitulé Ἀπόδειξις ὅτι μέγα καὶ ἀγγελικὸν ἀξίωμα ἡ ἱερωσύνη, κ.τ.λ., καθάπερ καὶ ἐν τῇ ἐκκλησιαστικῇ ἱστορίᾳ Φίλωνος τοῦ φιλοσόφου. Περὶ τοῦ πρεσβυτέρου ἀφορισθέντος ὑπὸ τοῦ ἐπισκόπου (f. 768ᵛ-778ᵛ ; incipit : Ὁ τιμῶν τὸν ἱερέα, τὸν Θεὸν τίμησι) que nous n'avons malheureusement pas pu identifier, et suivi d'une partie du *De*

478, et Roosen, *Epifanovitch Revisited*, I, p. 248. Le manuscrit est mentionné dans l'index de Domenico Ranaldi, dressé aux environs de l'an 1600 (cf. Devreesse, *Le fonds grec de la Bibliothèque Vaticane*, p. 478).

(580) Le manuscrit est à plusieurs endroits presque illisible parce que l'encre a bavoché.

(581) Nous aimerions remercier Francesco D'Aiuto pour avoir examiné le manuscrit pour nous. Il nous a procuré une description personnelle du manuscrit dans notre correspondance du 2 mai 2012. Pour une bibliographie détaillée du manuscrit, voir : Canart – Peri, *Sussidi bibliografici*, p. 552 ; Buonocore, *Bibliografia*, p. 877.

(582) *RGK*, III, 22.

(583) Cf. O. Kresten, *Der Schreiber Andreas Darmarios : eine kodikologisch-paläographische Studie*, Wien, 1967, p. 38 (dissertation non publiée).

(584) Cf. *RHBR*, p. 272-276 (n° 244).

(585) Amati, *Inventarium codicum*, f. 200ᵛ.

142* INTRODUCTION

receptione haereticorum de Timothée de Constantinople (*CPG* 7016; f. 781ᵛ-785ᵛ; *PG* 86, 12 – 16 A4; 20 B9 – 24 A 10) et de l'extrait sur l'homme de l'*Expositio fidei* de Jean Damascène [586] (*CPG* 8043; f. 786ʳ-792ᵛ).

Le manuscrit se trouvait déjà à la bibliothèque Vaticane vers 1592, ce dont témoigne sa présence dans l'inventaire des Ranaldi [587].

Bs *Vaticanus gr. 1502 (s.* XII), f. 161ʳ⁻ᵛ

Le *Vaticanus gr. 1502*, codex de parchemin, a été décrit plusieurs fois [588]. Il en existe une description détaillée de la main de Giannelli [589] qui a été complétée par les éditeurs de Maxime [590]. Le codex a été daté du 12ᵉ siècle par Laga et Steel dans leur édition des *Q. Thal.* [591], leur argument probant étant la présence des *Div. Cap.* dont le *terminus post quem* est 1105 [592].

Le *Vaticanus gr. 1502* nous est parvenu dans un état mutilé. En effet, il semble que ce codex contenait encore un pinax (πίναξ ἀκριβὴς τῆς γραφῆς τοῦ βιβλίου), dont on peut trouver la copie dans plusieurs de ses apographes (p. ex. le *Cantabrigiensis, Bibliotheca Universitatis Dd.II.22*, le *Monacensis gr. 363* et le *Venetus, Marcianus gr. 136*).

Ce manuscrit de luxe en deux volumes (f. 1ʳ-160ʳ; f. 161ʳ-384ʳ) est d'une grande importance pour la transmission des œuvres de Maxime le Confesseur parce qu'il a servi de modèle pour bon nombre de manuscrits. Ensemble avec le *Romanus, Angelicus gr. 120* et le *Parisinus, Coislinianus 90*, il contient un grand corpus de textes maximiens estimés authentiques et non-authentiques, écrits sur deux colonnes. Le codex a été corrigé et annoté plusieurs fois, ce qui – ensemble avec le nombre élevé de copies – illustre

---

(586) B. Kotter, *Die Schriften des Johannes von Damaskos. II.* Expositio fidei (*PTS* 12), Berlin, 1973, p. 75, l. 1 – p. 80, l. 109.

(587) Devreesse, *Le fonds grec de la Bibliothèque Vaticane*, p. 479.

(588) Pour une bibliographie détaillée, voir: Canart – Peri, *Sussidi bibliografici*, p. 601; Ceresa, *Bibliografia (1991-2000)*, p. 563.

(589) Giannelli, *Codices 1485-1683*, p. 32-36.

(590) De Vocht, *Kritische editie*, p. [147]; Laga – Steel, *Q. Thal.*, I, p. L-LI et LXXXI; Van Deun, *Opuscula*, p. XLI-XLII; Id., *L. A.*, p. CV-CVI; Janssens, *Amb. Thom.*, p. LIV-LV; Boudignon, *Myst.*, p. XLI.

(591) Laga – Steel, *Q. Thal.*, I, p. L, n. 112.

(592) Voir *supra*.

INTRODUCTION
143*

sa popularité. Le codex contient les œuvres suivantes : l'*Epistula ad abbatem Thalassium* (*CPG* 7702 ; f. 1ʳ-4ᵛ), les *Q. Thal.* (*CPG* 7688 ; f. 4ᵛ-82ᵛ), les *Amb. Thom.* (*CPG* 7705. 1 ; f. 83ʳ-89ʳ), les *Amb. Io.* (*CPG* 7705. 2 ; f. 89ʳ-160ᵛ), le *De duabus Christi naturis* (f. 161ʳ⁻ᵛ), l'*Ep. 6* (*CPG* 7699 ; f. 161ᵛ-163ʳ), l'*Ep. 7* (f. 163ʳ-164ʳ), l'*Ep. 11* (f. 164ʳ-165ᵛ), l'*E. O. D.* (*CPG* 7691 ; f. 165ᵛ-172ʳ), l'*Ep. 4* (f. 172ʳ-174ʳ), l'*Ep. 8* (f. 174ʳ-175ʳ), l'*Ep. 9* (f. 175ʳ-176ʳ), l'*Ep. 1* (f. 176ʳ-181ᵛ), l'*Ep. 19* (f. 181ᵛ-183ʳ), l'*Ep. 12* (f. 183ʳ-193ʳ), l'*Ep. 13* (f. 193ʳ-195ᵛ, 200ʳ-201ᵛ, 196ʳ-198ʳ), l'*Ep. 15* (f. 198ʳ-199ᵛ, 202ʳ-204ʳ), la *D. P.* (*CPG* 7698 ; f. 204ᵛ-215ʳ), l'*Op. 1* (*CPG* 7697. 1 ; f. 215ʳ-219ᵛ), l'*Op. 2* (*CPG* 7697. 2 ; f. 219ᵛ-220ᵛ), l'*Op. 3* (*CPG* 7697. 3 ; f. 220ᵛ-222ᵛ), l'*Op. 4* (*CPG* 7697. 4 ; f. 222ᵛ-223ᵛ), l'*Op. 5* (*CPG* 7697. 5 ; f. 223ᵛ-224ʳ), l'*Op. 7* (*CPG* 7697. 7 ; f. 224ʳ-227ᵛ), l'*Op. 6* (*CPG* 7697. 6 ; f. 227ᵛ-228ʳ), l'*Op. 14* (*CPG* 7697. 14 ; f. 228ʳ-229ʳ ; jusqu'à *PG* 91, 153 B2 [κίνησις]), l'*Op. 8* (*CPG* 7697. 7 ; f. 229ʳ-233ʳ), l'*Op. 9* (*CPG* 7697. 9 ; f. 233ʳ-236ᵛ), la *Myst.* (*CPG* 7704 ; f. 236ᵛ-248ᵛ), l'*E. ps. 59* (*CPG* 7690 ; f. 248ᵛ-251ʳ), les *Dial. I-V* de Ps.-Athanase d'Alexandrie (*CPG* 2284 ; f. 251ʳ-276ᵛ), l'*Anim.* (*CPG* 7717 ; f. 276ᵛ-277ᵛ ; à partir de *PG* 91, 353 D5 [Τί τὸ καταληπτικὸν]), le *Comp.* (*CPG* 7706 ; f. 278ʳ-301ᵛ), le *L. A.* (*CPG* 7692 ; f. 302ʳ-311ᵛ), les *Car.* (*CPG* 7693 ; f. 312ʳ-330ᵛ), les *Th. Oec.* (*CPG* 7694 ; f. 330ᵛ-345ᵛ) et les *Div. Cap.* (*CPG* 7715 ; f. 346ʳ-384ʳ).

Le manuscrit a été copié par plusieurs mains (⁵⁹³) dans un milieu constantinopolitain (⁵⁹⁴). Il a appartenu à un certain ἱερομόναχος Μάρκος au 13ᵉ siècle (⁵⁹⁵) (voir la note d'appartenance au haut du f. 1ʳ : ἡ βίβλος πέφυκε τοῦ ἱερομονάχου Μάρκου), qui avait également un apographe du manuscrit en possession, à savoir le *Hierosolymitanus, Sancti Sepulchri 19* (⁵⁹⁶). Ensuite, le volume faisait partie de la collection du Collegium Anglicanum (f. 1ʳ : « Collegii

---

(593) Cf. Van Deun, *L. A.*, p. CV.

(594) C. De Vocht, *Note additionnelle sur la provenance des codices Vind. Theol. gr. 109 et Vat. Gr. 1502*, dans *Codices manuscripti. Zeitschrift für Handschriftenkunde* 10 (1984), p. 84.

(595) Cette datation vient de la description non publiée de B. Markesinis, qui a corrigé la datation de Giannelli (*Codices 1485-1683*, p. 36), reprise par les autres éditeurs du corpus maximien.

(596) Cf. Laga – Steel, *Q. Thal.*, I, p. LI. (Le folio 1ʳ de ce manuscrit de Jérusalem contient exactement la même note.)

144* INTRODUCTION

Anglicani pro bibliotheca ») $(^{597})$. Janssens $(^{598})$ mentionne encore que le manuscrit est entré dans la collection de la Bibliothèque Vaticane en 1614.

Bt *Vaticanus gr. 1700 (ca.* 1332-1333), f. 78ᵛ-79ᵛ

Ce codex de papier, comptant 159 feuillets, peut être daté assez précisément à l'aide d'un des textes qu'il contient, à savoir une liste des dates pascales de 1333 à 1394 (f. 18ʳ-19ʳ). Le manuscrit doit donc avoir vu le jour peu avant cette date, en 1332-1333. Il a été copié par un certain scribe appelé Daniel, qui nous a laissé deux notes : Ἰησοῦ βοήθει μοι τῷ γράφει Δανιήλ (f. 26ʳ) et τοῦ εὐτελοῦς Δανιήλ (f. 55ᵛ). Nous ne savons rien sur ce personnage.

Le manuscrit est un *codex miscellaneus* qui contient surtout des textes canoniques et dogmatiques, mais également des traités médicaux et astronomiques $(^{599})$. Il ne contient que deux textes maximiens, à savoir quatre questions des *Q. D.* (*CPG* 7689 ; f. 45ᵛ et 79ᵛ ; I, 2 ; I, 7 ; 72 et 83) $(^{600})$ et le *De duabus Christi naturis* (f. 78ᵛ-79ᵛ). Le *De duabus Christi naturis* est précédé de deux extraits de l'*Oratio 44* de Grégoire de Nazianze (*CPG* 3010 ; f. 78ʳ⁻ᵛ ; *PG* 36, 613 C11 – D2 et B4 – C1) et suivi du début du chapitre 87 des *Capita centum de perfectione spirituali* de Diadoque de Photicé $(^{601})$ (*CPG* 6106 ; f. 79ᵛ) et un extrait de l'*Asceticon magnum* de Basile de Césarée (*CPG* 2875 ; f. 79ᵛ ; *PG* 31, 1140 D1-6).

Le feuillet Iʳ porte le numéro 16, qui renvoie à la cote de ce manuscrit dans la bibliothèque d'Alvise Lollino $(^{602})$, évêque de Bellune (1552-1625).

---

(597) Laga – Steel, *Q. Thal.*, I, p. LI ; Canart, *Les Vaticani graeci 1487-1962*, p. 35, n. 5 et p. 201.

(598) Janssens, *Amb. Thom.*, p. LV.

(599) Giannelli – Canart, *Codices 1684-1744*, p. 30-41. Pour une bibliographie détaillée du manuscrit, voir : Canart – Peri, *Sussidi bibliografici*, p. 634 ; Buonocore, *Bibliografia*, p. 923 ; Ceresa, *Bibliografia (1986-1990)*, p. 451 ; Ceresa, *Bibliografia (1991-2000)*, p. 569.

(600) Declerck (*Q. D.*, p. XCI-XCII) ne mentionne que les questions I, 2 et I, 7. Cependant, les questions 72 et 83 s'y trouvent aussi, mais dans un état fragmentaire.

(601) J. E. Rutherford, *One Hundred Practical Texts of Perception and Spiritual Discernment from Diadochus of Photike (Belfast Byzantine Texts and Translations 8)*, Belfast, 2000, p. 124, l. 10-16 [παραχωρεῖ].

(602) Cf. Batiffol, *Les manuscrits grecs de Lollino*, p. 32-33 ; P. Canart, *Alvise Lollino et ses amis grecs*, dans *Studi Veneziani* 12 (1970), p. 553-587 ;

INTRODUCTION 145*

Bw *Vaticanus gr. 2248 (s. XVI), f. 199ᵛ-200ᵛ*

Ce codex de papier date du 16ᵉ siècle et compte 322 folios ([603]). Il s'agit d'un codex qui consiste en neuf parties provenant de différents codices ([604]). Lilla y a distingué 11 mains ([605]). Le manuscrit ne contient qu'un texte de Maxime le Confesseur, notre *De duabus Christi naturis*, qui n'est toutefois pas complet ([606]). Comme il existe déjà une description très détaillée de la main de Lilla ([607]), nous nous limitons dans la suite de notre description à un aperçu des textes entourant l'opuscule sur les deux natures.

Notre traité maximien se trouve aux folios 199ᵛ-200ᵛ. Il est précédé de deux *poemata* de Michel Psellos : le *poema 4* ([608]) (f. 197ʳ-198ᵛ) et le *poema 3* dont la fin est mutilée ([609]) (f. 198ᵛ-199ᵛ ; *PG* 122, 812 B1 – 813 B10). Après l'extrait maximien, le codex contient encore un texte sur la procession du Saint-Esprit (f. 200ᵛ-201ʳ ; incipit : εἷς γὰρ θεὸς ἑνὸς υἱοῦ γεννήτωρ πατήρ), des extraits du Libre V de l'*Adversus Eunomium* de Basile de Césarée (*CPG* 2837 ; f. 201ʳ ; *PG* 29, 712 A2-3 ; 736 B2-8) et un anathème du pape Damase Iᵉʳ (f. 201ʳ ; *PG* 82, 1224 B8-10).

Le codex faisait partie des collections du cardinal Gioavanni Salviati (1490-1553) et de Georges Balsamon (16ᵉ siècle) ([610]).

Bx *Vaticanus gr. 2645 (s. XIV), f. 29ʳ-33ʳ*

Ce codex a été décrit d'une manière très détaillée par S. Lilla ([611]). Le volume a été assemblé à partir de plusieurs manuscrits

---

CANART, *Les Vaticani graeci 1487-1962*, p. 41-78.

(603) LILLA, *Codices 2162-2254*, p. 406.

(604) *Ibid.*, p. 406.

(605) *Ibid.*, p. 415.

(606) En effet, Bw n'a transmis que les chapitres 1 à 4.

(607) LILLA, *Codices 2162-2254*, p. 406-416. Pour une bibliographie détaillée, voir : CANART – PERI, *Sussidi bibliografici*, p. 697 ; CERESA, *Bibliografia (1991-2000)*, p. 583.

(608) WESTERINK, *Michaelis Pselli Poemata*, p. 72, l. 1 – p. 76, l. 89 [τιμῶντας].

(609) WESTERINK, *Michaelis Pselli Poemata*, p. 68, l. 1 – p. 70, l. 52 [ἀσυγχύτως].

(610) LILLA, *Codices 2162-2254*, p. 415.

(611) LILLA, *Codices 2644-2663*, p. 17-47. Pour une bibliographie détaillée du manuscrit, voir : CERESA, *Bibliografia (1986-1990)*, p. 461 ; CERESA, *Bibliografia (1991-2000)*, p. 586.

146* INTRODUCTION

datant des 13ᵉ aux 17ᵉ siècles. Nous ne disposons que d'une reproduction des feuillets contenant le *De duabus Christi naturis*
(f. 29ʳ-33ʳ), donc nous renvoyons pour le contenu du manuscrit à
la description de Lilla. La partie du manuscrit contenant notre
texte maximien (f. 29ʳ-49ᵛ) date du 14ᵉ siècle et contient des
textes ascétiques, théologiques et exégétiques [612]. Au f. 65ʳ⁻ᵛ, on
trouve encore, dans les marges, des scholies du Pseudo-Maxime le
Confesseur sur le *De divinis nominibus* du Pseudo-Denys l'Aréopagite (*CPG* 7708) [613].

By *Vaticanus, Ottobonianus gr. 33 (s.* XVII), f. 122ʳ-123ʳ

Ce manuscrit de papier date du 17ᵉ siècle et compte 143 folios.
À part de quelques textes maximiens, ce volume renferme également quelques *vitae* et des textes d'entre autres Athanase d'Alexandrie, Photios et Nectaire de Constantinople [614]. Les œuvres
maximiennes sont les suivantes : l'*Ep. 1* (*CPG* 7699 ; f. 40ʳ-49ᵛ),
l'*Ep. 24* (f. 52ʳ-53ᵛ), l'*Ep. 2* (f. 53ᵛ-58ᵛ), l'*Ep. 23* (f. 58ᵛ-59ʳ), l'*Ep. 25*
(f. 59ʳ⁻ᵛ), l'*Ep. 28* (f. 59ᵛ-60ʳ), l'*Ep. 29* (f. 60ʳ⁻ᵛ), l'*Ep. 30* (f. 60ᵛ-61ʳ),
l'*Ep. 31* (f. 61ʳ⁻ᵛ), l'*Ep. 4* (f. 61ᵛ-64ʳ), l'*Ep. 5* (f. 64ʳ-65ʳ), l'*Ep. 44*
(f. 65ᵛ-67ᵛ), l'*Ep. 45* (f. 67ᵛ-68ʳ), l'*Ep. 32* (f. 68ʳ⁻ᵛ), l'*Ep. 33*
(f. 68ᵛ-69ʳ), l'*Ep. 34* (f. 69ʳ⁻ᵛ), l'*Ep. 27* (f. 69ᵛ-70ʳ), l'*Ep. 13*
(f. 70ᵛ-71ᵛ), le *De duabus Christi naturis* (f. 122ʳ-123ʳ) et l'*E. ps. 59*
(*CPG* 7690 ; f. 124ʳ-128ᵛ).

Nous ne savons rien sur l'origine ou le copiste de ce codex. Van
Deun [615] mentionne que le volume faisait partie de la collection
de la famille Altemps [616] et qu'il est entré dans la bibliothèque
du pape Alexandre VIII Ottoboni en 1691.

---

(612) LILLA, *Codices 2644-2663*, p. 22.

(613) *Ibid.*, p. 28.

(614) FERON – BATTAGLINI, *Codices manuscripti graeci Ottoboniani*,
p. 27-28 ; P. FRANCHI DE' CAVALIERI, *Catalogus codicum hagiographicorum
graecorum Bibliothecae Vaticanae* (*SH* 7), Bruxelles, 1899, p. 251-252. Pour
une bibliographie détaillée du manuscrit, voir : CANART – PERI, *Sussidi bibliografici*, p. 185 ; CERESA, *Bibliografia (1991-2000)*, p. 380.

(615) VAN DEUN, *Opuscula*, p. XXXV.

(616) Pour plus d'informations concernant la collection d'Altemps, voir
la description de Cj et J. BIGNAMI ODIER, *Premières recherches sur le fonds
Ottoboni* (*ST* 245), Città del Vaticano, 1966, p. 11-12.

INTRODUCTION 147*

Cj *Vaticanus, Ottobonianus gr. 43 (s.* XI-XII), f. 86ʳ-87ᵛ

Ce manuscrit de parchemin date des 11ᵉ-12ᵉ siècles et compte 105 feuillets. Il est très endommagé et a perdu des folios (au début, au milieu et à la fin). Il s'agit d'un témoin contenant divers écrits des Pères comme Grégoire de Nysse, Cyrille d'Alexandrie, Grégoire de Nazianze et Basile de Césarée. La description du catalogue est toutefois insuffisante [617]. Elle ne fait pas mention des œuvres maximiennes qui se trouvent dans ce manuscrit. Roosen [618] nous a procuré une description plus détaillée.

Comme nous venons de le dire, le manuscrit est mutilé. De plus, l'ordre des feuillets est perturbé dans la deuxième partie du codex. On peut reconstruire le manuscrit originel de la manière suivante: f. 1ʳ-73ᵛ, f. 94ʳ-107ᵛ, quelques feuillets perdus, f. 86ʳ-93ᵛ, f. 74ʳ, f. 75ʳ dont la partie supériéure a été coupée, f. 75bisʳ-85ᵛ, bon nombre de folios perdus [619].

Dans cette description-ci, nous nous limitons à un aperçu des œuvres maximiennes contenues dans ce codex. Le *De duabus Christi naturis*, qui se trouve aux folios 86ʳ-87ᵛ, est précédé d'une partie de l'*Op. 23c* (*CPG 7697. 23c*; f. 86ʳ; *PG* 91, 266 D6 – 268 A4). Il est suivi de l'*Add. 21* (*CPG 7707. 21*; f. 87ᵛ-90ʳ), de l'*Op. 24* (*CPG 7697. 24*; f. 90ʳ-91ᵛ) et de l'*Op. 23a* (*CPG 7697. 23a*; f. 91ᵛ-92ᵛ). Aux folios 103ʳ-107ᵛ, nous pouvons encore trouver une partie de l'*Ep. 15* (*CPG 7699*; jusqu'à *PG* 91, 553 C5 [καθέστηκε λόγος]).

Au folio Iʳ, on peut lire les notes « Ex codicibus Joannis Angeli Ducis ab Altaemps. Ex Graeco m.s. » et « dictionarium graecum », et en bas du folio 2ʳ « opera di philosophia e theologia ». La première note nous apprend que le codex faisait partie de la collection de Giovanni Angelo, duc d'Altemps († 1620) [620], au 17ᵉ siècle. Cette information nous permet de retracer l'histoire jusqu'à la première moitié du 16ᵉ siècle, où nous pouvons retrouver le codex dans la collection du cardinal Marcello Cervini (1501-

---

(617) Feron – Battaglini, *Codices manuscripti graeci Ottoboniani*, p. 31-32. Pour une bibliographie détaillée du manuscrit, voir: Canart – Peri, *Sussidi bibliografici*, p. 186; Ceresa, *Bibliografia (1986-1990)*, p. 306; Ceresa, *Bibliografia (1991-2000)*, p. 380.

(618) Roosen, *Epifanovitch Revisited*, I, p. 211-214; II, p. 351-355.

(619) Roosen, *Epifanovitch Revisited*, I, p. 111.

(620) Pour une biographie de ce personnage, voir Merola, *Altemps*.

148* INTRODUCTION

1555) [621]. Cervini a légué sa collection au cardinal Guglielmo Sirleto (1514-1585) qui l'a vendue au cardinal Ascanio Colonna († 1608). C'était la bibliothèque de ce dernier qui a été acquis par le duc d'Altemps. La collection d'Altemps est passée par les mains du cardinal Pietro Ottoboni (1689-1691) pour enfin être achetée par le pape Bénédicte XIV (1740-1758) et ajoutée à la Bibliothèque Vaticane en 1749 [622].

Il est clair qu'il faut distinguer deux mains, constatation déjà faite par Feron et Battaglini [623] et par Roosen [624]. La première main, datant des 11e-12e siècles, a écrit la première partie du codex (f. 1^r-64^v), la deuxième main le reste (f. 65^r-107^v). Feron et Battaglini [625] ont daté cette deuxième main du 10e siècle, mais cette datation a été remise en question par Roosen [626], qui, à cause du contenu de cette partie du codex et des éléments paléograpiques, la qualifie plutôt comme étant seulement un tout petit peu plus ancienne que l'autre main.

Bz *Vaticanus, Reginensis gr. 37 (s.* XV*), f. 4^r-5^v*

Ce codex de papier date du 15e siècle et compte 135 feuillets [627]. Il est entièrement consacré aux œuvres de Maxime le Confesseur [628]. Le *Reginensis* contient les œuvres suivantes : un

---

(621) Roosen (*Epifanovitch Revisited*, I, p. 212, n. 12) identifie ce manuscrit avec un des lexiques mentionnés dans le catalogue de la collection de Cervini. (Cette dénomination « lexique » est un peu étrange.) Pour une biographie du pape Marcellus II, voir F. Fossier, *Premières recherches sur les manuscrits latins du cardinal Marcello Cervini (1501-1555)*, dans *Mélanges de l'École française de Rome. Moyen Âge, Temps modernes 91*, 1 (1979), [p. 381-456] p. 383-384.

(622) Pour un bref aperçu de cette histoire, voir Merola, *Altemps*, p. 551. Pour plus d'informations et la bibliographie, voir Roosen, *Epifanovitch Revisited*, I, p. 212-213.

(623) Feron – Battaglini, *Codices manuscripti graeci Ottoboniani*, p. 31-32.

(624) Roosen, *Epifanovitch Revisited*, I, p. 212.

(625) Ferron – Battaglini 1983, p. 32.

(626) Roosen, *Epifanovitch Revisited*, I, p. 112, n. 10.

(627) H. Stevenson, *Codices manuscripti graeci Reginae Svecorum et Pii PP. II Bibliothecae Vaticanae (Bibliothecae Apostolicae Vaticanae codices manu scripti recensiti)*, Romae, 1888, p. 28.

(628) Cf. Van Deun, *Opuscula*, p. XCV-XCVI ; Janssens, *Amb. Thom.*, p. LV. Pour une bibliographie plus détaillée, voir : Canart – Peri, *Sussidi bibliografici*, p. 302.

INTRODUCTION 149*

pinax grec (f. 1^r-3^r), le *De duabus Christi naturis* (f. 4^r-5^v), l'*Ep. 6* (*CPG* 7699; f. 5^v-10^r), l'*Ep. 7* (f. 10^r-13^r), l'*Ep. 11* (f. 13^r-16^r), l'*E. O. D.* (*CPG* 7691; f. 16^r-33^v), l'*Ep. 4* (f. 33^v-37^r), l'*Ep. 8* (f. 37^v-40^v), l'*Ep. 9* (f. 40^v-42^r), l'*Ep. 1* (f. 42^r-57^r), l'*Ep. 19* (f. 57^r-60^v), l'*Ep. 12* (f. 61^r-90^r), l'*Ep. 13* (f. 90^r-103^v), l'*Ep. 15* (f. 103^v-120^r) et les *Amb. Thom.* (*CPG* 7705. 1; f. 120^v-135^r).

Nous ne savons rien sur l'origine ni sur l'histoire du codex, sauf qu'il a fait partie (comme indique le nom *Reginensis*), à la fin du 17e siècle, de la bibliothèque de la reine Christine de Suède (1632-1689) ([629]).

Ca *Venetus, Marcianus gr. 136 (s.* XIII), f. 221^r-222^r

Ce codex de parchemin date du 13e siècle et compte 380 feuillets ([630]). Il s'agit d'un manuscrit qui est entièrement consacré aux œuvres de Maxime le Confesseur ([631]). Il a été copié du fameux *Vaticanus gr. 1502*, mais le copiste n'a toutefois pas repris tout le corpus maximien de ce dernier. En effet, il semble qu'il ait changé d'avis au cours de sa copie, puisque le pinax, au début du codex (f. 1^{r-v}), ne correspond pas avec le contenu actuel du codex. Cette non-congruence a déjà été remarquée par le cardinal Bessarion (1403-1472), un des possesseurs du manuscrit ([632]): il a écrit à deux endroits « ἐλλείπουσιν οἱ λόγοι οὗτοι ἐκ τοῦδε τοῦ βιβλίου » dans le pinax.

Le codex contient les œuvres suivantes: les questions 1 à 64 des *Q. Thal.* (*CPG* 7688; f. 1^v-118^r), les *Amb. Thom.* dont la fin est mutilée à cause de la perte d'un folio (*CPG* 7705. 1; f. 118^v-125^v; jusqu'à JANSSENS, *Amb. Thom.*, p. 33, l. 287) et une version acéphale des *Amb. Io.* (*CPG* 7705. 2; f. 126^r-221^r; dès *PG* 91, 1065 A1), notre *De duabus Christi naturis* (f. 221^r-222^r), l'*Ep. 6* (*CPG* 7699; f. 222^r-224^r), l'*Ep. 7* (f. 224^r-226^r), l'*Ep. 9* (f. 226^r-227^v), l'*E. O. D.* (*CPG* 7691; f. 227^v-236^v), l'*Ep. 4* (f. 236^v-238^v), l'*Ep. 8*

---

(629) B. DE MONTFAUCON, *Les manuscrits de la Reine de Suède au Vatican. Réédition du catalogue de Montfaucon et cotes actuelles* (*ST* 238), Città del Vaticano, 1964, p. 49 (n° 866: « Sanctus Maximus de duabus Christi naturis contra Arium, Nestorium, Sabellium, Eutychium, et alia ejusdem opera »).

(630) MIONI, *Codices 1-299*, p. 189-191.

(631) LAGA – STEEL, *Q. Thal.*, I, p. LI-LIV; VAN DEUN, *Opuscula*, p. XCIII; VAN DEUN, *L. A.*, p. CXXIV; JANSSENS, *Amb. Thom.*, p. LV-LVI.

(632) Pour plus d'informations sur Bessarion et sa bibliothèque, voir LABOWSKY, *Bessarion's library*.

150* INTRODUCTION

(f. 238ᵛ-240ᵛ), l'*Ep. 9* de nouveau (f. 240ᵛ-241ᵛ), l'*Ep. 1* (f. 241ᵛ-249ʳ), l'*Ep. 19* (f. 249ʳ-250ᵛ), l'*Ep. 12* (f. 250ᵛ-262ᵛ), l'*Ep. 13* (f. 263ʳ-269ᵛ), l'*Ep. 15* (f. 269ᵛ-278ʳ), une version lacunaire du *L. A.* ([633]) (*CPG* 7692; f. 278ʳ-288ᵛ), une version lacunaire des *Car.* ([634]) (*CPG* 7693; f. 288ᵛ-312ᵛ), les *Th. Oec.* (*CPG* 7694; f. 312ᵛ-332ᵛ), et enfin, les *Div. Cap.* (*CPG* 7715; f. 332ᵛ-380ʳ).

Le manuscrit a été copié par un certain Jean, ce dont témoigne une note en bas du folio 380 (χεὶρ ἁμαρτωλοῦ ἰωάννου). L'écriture contient des traits du *Perlschrift* ([635]). Grâce à des notes de possession, nous pouvons reconstruire une partie de l'histoire du codex. Au 14ᵉ siècle, le manuscrit faisait partie de la collection d'un certain médecin appelé Ἰωάννης ὁ Κωνσταντής ([636]) et avant d'être transféré à la biblioteca Marciana, le codex se trouvait dans la possession du cardinal Bessarion (f. Iʳ: « Locus 18, s. Maximi orationes diversae b.(essarionis) car. Tusculani » ([637]).

Cb *Venetus, Marcianus gr. 139 (s. XI-XII), f. 52ʳ-53ʳ*

Ce manuscrit de parchemin est un palimpseste dont le *textus superior* date de la fin du 11ᵉ – début du 12ᵉ siècle. Il compte 277 folios. Le catalogue de Mioni contient une description détaillée des différentes couches du manuscrit ([638]).

La 'scriptura superior' contient les ouvrages suivants: dans une première partie, un fragment du chapitre 58 *De quattuor fluminibus paradisi* de l'*Ancoratus* d'Epiphanius de Salamis (*CPG* 3744; f. 1ʳ⁻ᵛ), un extrait du *De deitate et tribus personis* de Grégoire de Nysse (*CPG* 1781; f. 2ʳ⁻ᵛ) suivi de quelques définitions (f. 2ᵛ-3ᵛ) et d'extraits du *Viae dux* d'Anastase le Sinaïte (*CPG* 7745; f. 3ᵛ-16ᵛ). La partie suivante est consacrée aux œuvres de Jean Damascène:

---

(633) Cf. Van Deun, *L. A.*, p. CXXIV. Il manque quelques lignes à cause de la perte d'un bifolio.

(634) Les chapitres 59-73 de la quatrième centurie manquent (cf. Ceresa-Gastaldo, *Capitoli*, p. 39).

(635) Mioni, *Codices 1-299*, p. 189.

(636) F. 380ᵛ: βιβλίων κυρίου Ἰωάννου τοῦ Κωνσταντῆ καὶ ἰατροῦ ἀπὸ τοῦ μεγαλόπολιν. Il s'agit d'un collectionneur de manuscrits (cf. *PLP*, n° 8440-8442) qui a eu plusieurs manuscrits de la Bibliotheca Marciana dans sa possession (p. ex. *Venetus, Marcianus gr. app. XI. 22*; *Venetus, Marcianus gr. 22*; *Venetus, Marcianus gr. 57*; etc.).

(637) La même note s'y trouve également en grec.

(638) Mioni, *Codices 1-299*, p. 193-195.

INTRODUCTION   151*

l'*Institutio elementaris* (*CPG* 8040; f. 17^r-22^v), le *De duabus in Christo voluntatibus* (*CPG* 8052; f. 22^v-48^v), le *Contra Severianos* (*CPG* 8087.3 – *Responsio ad eos qui dicunt*; f. 48^v-49^r) suivi de quelques textes sur la nature du Christ de Grégoire de Nysse (f. 49^r-50^r), Eusèbe (f. 50^v), Maxime le Confesseur (f. 50^v-51^v et f. 52^r-53^r), Basile de Césarée (f. 51^v) et Jean Damascène (f. 54^r-55^r). Notre traité sur les deux natures se trouve aux feuillets 52^r-53^r. Après cette collection d'extraits des Pères suivent encore les *Dialectica* (*CPG* 8041; f. 55^r-105^r), l'*Expositio fidei* (*CPG* 8043; f. 106^r-245^v), le *De haeresibus* (*CPG* 8044; f. 246^r-271^r) et quelques extraits du *De receptione haereticorum* de Timothée de Constantinople (*CPG* 7016; f. 271^r-272^r). La troisième partie contient quelques lettres de Basile de Césarée (*CPG* 2900): l'*Ep. 40* (f. 272^v-273^r), l'*Ep. 41* (f. 273^r-274^r) et l'*Ep. 115* (f. 274^v).

On a pu récupérer certaines parties de la 'scriptura inferior': des fragments d'homélies sur la naissance de Jean Baptiste, sur le Bon Samaritain, sur la femme de Canaan datant du 10e siècle (f. 1^r-10^v, 12^r-16^v, 81^r-104^r, 107^r), des extraits liturgiques (f. 34^r-35^v, 38^r-39^v, 50^r-51^v, 55^r, 57^r-62^v, 64^r, 112^r, 115^r-116^v, 119^r-120^r, 130^r-132^r, 135^r-146^r, 197^r, 200^r) et des fragments d'un Pentecostarium datant du 11e siècle (f. 163^r-186^r, 203^r, 205^r, 206^r, 208^r, 210^r, 220^r-225^r, 228^r-233^r, 236^r, 241^r).

Le codex faisait partie de la collection du cardinal Bessarion (1403-1472), ce dont témoigne sa présence dans l'inventaire de 1468 sous le numéro 181 ([639]).

Cd *Vindobonensis, Supplementum gr. 1 (s. XIV), f. 340^r-341^r*

Ce manuscrit de papier date de de la première moitié du 14e siècle et compte 414 feuillets. Le codex consiste en trois parties: une première consacrée à Pseudo-Denys l'Aréopagite (f. 1^r-243^v), la deuxième à Maxime le Confesseur (f. 244^r-410^v) et la troisième à Michel Psellos (f. 411^r-412^v) ([640]). Dans cette description, nous nous limitons à la section maximienne ([641]). Ce corpus maximien est précédé d'un pinax du scribe (f. 244^r). Il s'agit des 16 œuvres

---

(639) LABOWSKY, *Bessarion's library*, p. 164: « Item eiusdem [=Damasceni] sententiae, in pergameno ».

(640) HUNGER – HANNICK, *Supplementum*, p. 1-5.

(641) Cf. LAGA – STEEL, *Q. Thal.*, I, p. XLIX-L; VAN DEUN, *Opuscula*, p. XCVI; JANSSENS, *Amb. Thom.*, p. LVI-LVII.

152* INTRODUCTION

suivantes: les *Q. Thal.* (*CPG* 7688; f. 244^v-340^r), le *De duabus Christi naturis* (f. 340^r-341^r), l'*Ep. 6* (*CPG* 7699; f. 341^r-342^v), l'*Ep. 7* (f. 342^v-344^r), l'*Ep. 11* (f. 344^r-345^r), l'*E. O. D.* (*CPG* 7691; f. 345^r-351^v), l'*Ep. 4* (f. 351^v-353^r), l'*Ep. 8* (f. 353^r-354^v), l'*Ep. 9* (f. 354^v-355^r), l'*Ep. 1* (f. 355^r-361^r), l'*Ep. 19* (f. 361^r-362^r), l'*Ep. 12* (f. 362^v-373^r), l'*Ep. 13* (f. 373^r-377^v), l'*Ep. 15* (f. 377^v-384^r), les *Amb. Thom.* (*CPG* 7705. 1; f. 384^r-389^v) et les *Amb. Io.* (*CPG* 7705. 2; f. 389^v-410^v; jusqu'à *PG* 91, 1168 A3 [μηνύματα]). Cette séquence de textes maximiens correspond complètement à celle dans la première partie du *Romanus, Angelicus gr. 120*, dont il dépend ([642]). Il faut toutefois signaler que le pinax contient plus de textes que ceux contenus dans le manuscrit ([643]) de sorte qu'on peut se demander si le but initial du copiste n'était pas de copier l'ensemble du corpus maximien transmis par le *Romanus, Angelicus*. Ce projet a été interrompu pour une raison ou une autre, ce qui peut également servir comme explication pour l'état incomplet des *Amb. Io.* Le pinax mentionne encore: la *D. P.* (*CPG* 7698), l'*Op. 1* (*CPG* 7697. 1), l'*Op. 2* (*CPG* 7697. 2), l'*Op. 3* (*CPG* 7697. 3), l'*Op. 4* (*CPG* 7697. 4), l'*Op. 5* (*CPG* 7697. 5), l'*Op. 7* (*CPG* 7697. 7), l'*Op. 6* (*CPG* 7697. 6), l'*Op. 14* (*CPG* 7697. 14), l'*Op. 8* (*CPG* 7697. 8), l'*Op. 9* (*CPG* 7697. 9), la *Myst.* (*CPG* 7704), l'*E. ps. 59* (*CPG* 7690), le *L. A.* (*CPG* 7692), les *Car.* (*CPG* 7693), les *Th. Oec.* (*CPG* 7694), les *Cap. XV* (*CPG* 7695), le *Comp.* (*CPG* 7706), les *Dial.* I à III du Pseudo-Athanase d'Alexandrie (*CPG* 2284) et la *Vita Maximi* (*BHG* 1234).

Chaque partie du codex a été copié par un autre copiste ([644]). C'est Georges Galesiotes ([645]) qui a fait la copie de la section consacrée aux œuvres du Pseudo-Denys l'Aréopagite. Malheureusement, les deux autres scribes sont restés inconnus.

Nous sommes assez bien au courant de l'histoire du codex. En premier lieu, nous savons, grâce aux recherches d'A. Cataldi Palau ([646]), que le manuscrit a été rélié au 15e siècle au monastère du Prodrome à Pétra. Le manuscrit a ensuite été obtenu à Constan-

---

(642) Laga – Steel, *Q. Thal.*, I, p. XLIX; Van Deun, *Opuscula*, p. CXXII-CXXIV.

(643) Cette curiosité n'a pas été remarquée par les autres éditeurs du corpus maximien.

(644) Le feuillet 410^v a toutefois été copié par le premier copiste.

(645) *RGK*, I, 57; II, 77.

(646) Cataldi Palau, *Legature costantinopolitane*, p. 11-12, 21, 32, 36.

INTRODUCTION 153*

tinople par le Doménicain Ioannes Ragasius ([647]) (1390/95-1443) entre 1435-1437. Ensuite, le codex a fait partie de la bibliothèque des Vénétiens Francesco (1390-1454) et Ermolao Barbaro (1453-1493) sous le numéro 1649 ([648]). On sait également que le manuscrit est entré plus tard dans la collection de l'humaniste Apostolo Zeno ([649]) (1668-1750), qui l'a ensuite offert à l'empereur Charles VI en 1723 ([650]).

Ce   *Vindobonensis, historicus gr. 7 (ca. a. 1200), f. 197ʳ-198ʳ*

Ce codex, datant de 1200 et comptant 238 feuillets ([651]), est un *codex miscellaneus* de nature canonique. Il contient – écrites sur deux colonnes et numérotées – les œuvres de divers auteurs, entre autres de Basile de Césarée, Grégoire de Nazianze et Nicétas Stéthatos. Le manuscrit ne comporte qu'un opuscule maximien, notre *De duabus Christi naturis* (f. 197ʳ-198ʳ). Le texte est précédé d'un extrait de l'*Epistula 11a* de Cyrille d'Alexandrie (*CPG* 5311 ; f. 196ʳ⁻ᵛ ; *PG* 77, 85 – 88 B12) et de 12 anathèmes contre Nestorios, pris de l'*Epistula 17* du même auteur (*CPG* 5317 ; f. 196ᵛ-197ʳ ; *PG* 77, 120 B12 – 121). Il est suivi de la *Professio fidei ad Paulinum* du pape Damase Iᵉʳ (f. 198ʳ⁻ᵛ) et de quelques extraits ([652]) des *Opuscula diversa* de Nicolas Iᵉʳ le Mystique (f. 198ᵛ-201ʳ).

Le codex a été écrit par une seule main, mais nous ne savons rien sur le copiste, ni sur le lieu d'origine. Le manuscrit a été acheté à Constantinople par Ogier de Busbecq ([653]) (voir les notes aux f. 1ʳ et 231ᵛ) ([654]).

---

(647) Cataldi Palau, *Legature costantinopolitane*, p. 11.

(648) A. Diller, *The library of Francesco and Ermolao Barbaro*, dans *Italia medioevale e umanistica* 6 (1963), [p. 253-262] p. 260.

(649) Cosenza, *Biographical and Bibliographical Dictionary*, IV, p. 3753-3756.

(650) Hunger – Hannick, *Supplementum*, p. 4.

(651) H. Hunger, *Katalog der griechischen Handschriften der Österreichischen Nationalbibliothek. I. Codices historici, codices philosophici et philologici (Museion. N. F. 4. Veröffentlichungen der Handschriftensammlung 1, 1)*, Wien, 1961, p. 9-13.

(652) L. G. Westerink, *Nicholas I, Patriarch of Constantinople, Miscellaneous Writings (CFHB Series Washingtonensis 20 = Dumbarton Oaks Texts 6)*, Washington D.C., 1981, p. 58, 200B – p. 84, 200E.

(653) Pour des références bibliographiques concernant ce personnage, voir la description de Ci.

(654) « Augerius de Busbecke comparavit Constantinopoli ».

154* INTRODUCTION

Cf *Vindobonensis, theologicus gr. 40 (s. XIII), f. 202ᵛ-203ʳ*

Ce manuscrit de papier oriental date de la deuxième moitié du 13ᵉ siècle [655] et compte 269 folios. Il s'agit d'un *codex miscellaneus* de nature théologique et dogmatique qui entame avec un pinax en latin et qui contient entre autres le *Viae dux* d'Anastase le Sinaïte (*CPG* 7745 ; f. 147ᵛ-151ᵛ et 155ʳ-202ʳ), des extraits de la *Panoplia dogmatica* d'Euthyme Zygadène [656] (f. 203ʳ-250ᵛ), des textes conciliaires, etc. [657]

Le codex comporte également trois opuscules maximiens : le *De duabus Christi naturis* (f. 202ᵛ-203ʳ), un extrait de l'*E. O. D.* (*CPG* 7691 ; f. 147ᵛ) [658] et une version lacunaire de l'*Op. 14* (*CPG* 7697. 14 ; f. 154ʳ). La description du catalogue de Hunger et Kresten [659] nous apprend qu'il s'agit en fait de la continuation du *Vindobonensis, theologicus gr. 18*. Uthemann a distingué deux mains de copiste, une datant du tournant des 12ᵉ-13ᵉ siècles et l'autre du 14ᵉ siècle (f. 178ᵛ-202ʳ ; f. 250ᵛ-251ᵛ) [660]. Dans ce manuscrit, le traité sur la double nature du Christ est précédé du *Viae dux* (*CPG* 7745 ; f. 155ʳ-202ʳ) et suivi de la *Panoplia dogmatica* (f. 203ʳ-250ᵛ). Nous ne savons pas grande chose sur l'histoire du manuscrit sauf qu'Ogier de Busbecq [661] a acheté le manuscrit à Constantinople (cf. notes aux feuillets 1ʳ et 269ᵛ).

Cg *Vindobonensis, theologicus gr. 216 (s. XVI), f. 62ᵛ-63ᵛ*

Ce codex de papier date de la deuxième moitié du 16ᵉ siècle et compte 268 + III feuillets [662]. Il est consacré aux œuvres de Maxime le Confesseur et de Grégoire de Nysse. Le manu-

---

(655) Cf. Hunger – Kresten, *Codices theologici 1-100*, p. 72 ; P. Van Deun, *L'Unionum Definitiones (CPG 7697. 18) attribué à Maxime le Confesseur : étude et édition*, dans *REB* 58 (2000), p. 134. Uthemann (*Viae dux* p. XXXV) dit qu'il s'agit d'un manuscrit des 12ᵉ-13ᵉ siècles, mais cette datation ne semble pas être correcte.

(656) Voir Hunger – Kresten (*Codices theologici 1-100*, p. 78) pour un aperçu des extraits.

(657) Hunger – Kresten, *Codices theologici 1-100*, p. 72-79.

(658) Van Deun, *Opuscula*, l. 87-96 (Cf. p. CLIII).

(659) Hunger – Kresten, *Codices theologici 1-100*, p. 78.

(660) Uthemann, *Viae dux*, p. XXXV, CL.

(661) Voir la description de Ci pour des références bibliographiques.

(662) Le manuscrit a perdu deux feuillets au cours du temps.

INTRODUCTION 155*

scrit est un apographe de l'*Oxoniensis, Baroccianus gr. 27*, mais il ne contient toutefois pas toutes les œuvres qui sont renfermées dans ce dernier. Comme la toute dernière partie du manuscrit (f. 230^r-268^v) est restée blanc, il semble que le copiste n'a pas pu finir son travail[663]. Nous disposons déjà de quelques descriptions détaillées du manuscrit, les plus récentes étant celles de De Vocht[664], Hunger *et alii*[665] et Roosen[666]. Hunger n'a toutefois pas mentionné la présence du *De duabus Christi naturis* dans ce codex. Dans ce qui suit, nous nous limitons à une description des opuscules maximiens que l'on peut trouver dans ce témoin. Comme les caractères traversent parfois le papier, il n'est pas toujours facile de lire le manuscrit.

Le codex entame avec les *Car.* (*CPG* 7693 ; f. 1^r-31^r) dont le début est toutefois mutilé ; ils commencent par le septième chapitre de la deuxième centurie. Pourtant, il ne semble pas que le codex a perdu quelques feuillets contenant les chapitres précédents. En effet, cette perte s'est déjà produite dans son modèle, le *Baroccianus gr. 27*. Ces centuries sur la charité sont suivies des deux ἑκατοντάδες des *Th. Oec.* (*CPG* 7694 ; f. 31^r-62^v), annoncés comme étant la cinquième et la sixième centurie, et du *De duabus Christi naturis* (f. 62^v-63^v). Cette collection de chapitres maximiens est ensuite complétée de l'*Op. 23a* (*CPG* 7697. 23a ; f. 63^v-64^v). Suivent encore une version mutilée de l'*Ep. 15* (*CPG* 7699 ; f. 64^v-65^v ; jusqu'à *PG* 91, 548 C5 [καὶ βούλημα])[667], l'*Add. 21* (*CPG* 7707. 21 ; f. 65^v-67^v, jusqu'à *PG* 91, 153 A8), l'*Op. 24* (*CPG* 7697. 24 ; f. 67^v-69^r), la *Myst.* (*CPG* 7704 ; f. 69^r-86^r ; jusqu'à Boudignon, *Myst.*, p. 74, l. 1233 [δόξα])[668], un extrait de l'*Ep. 12* (*CPG* 7699 ; f. 89^v-91^r ; *PG* 91, 469 A1 – 473 B3), l'*Op. 15* (*CPG* 7697. 15 ; f. 91^r-99^r), l'*Add. 19* (*CPG* 7707. 19 ; f. 102^v-103^v) et enfin, l'*Add. 14* (*CPG* 7707. 14 ; f. 103^v-104^r). Ce corpus est suivi d'un pinax des œuvres de Grégoire de Nysse (f. 104^v) qui suivront aux folios 105^r-229^v.

---

(663) Roosen, *Epifanovitch Revisited*, I, p. 264.

(664) De Vocht, *Kritische editie*, p. [176-177].

(665) Hunger et al., *Codices theologici 201-337*, p. 60-63.

(666) Roosen, *Epifanovitch Revisited*, I, p. 263-264 ; II, p. 280.

(667) Une main a écrit, dans les marges, des mots en latin pour indiquer le contenu des paragraphes (p. ex. « Sabel., verba synodi » [f. 65^v]).

(668) Ce témoin de la *Myst.* n'a toutefois pas été pris en compte par Boudignon pour son édition.

156* INTRODUCTION

Hunger ([669]) et Roosen ([670]) nous informent sur l'histoire du manuscrit qui a probablement été copié par un des élèves d'Andréas Darmarios ([671]). Darmarios a lui-même ajouté la note Γρηγορίου Νύσσης κεφάλαια διάφορα· Κυρίλλου διάφορα au premier feuillet (f. 1ʳ), ainsi que les titres sur le même folio et dès le folio 147ᵛ. D'après Roosen ([672]), le codex a probablement été copié à Venise, lieu que fréquentait Andréas Darmarios durant une partie de sa vie et où se trouvait l'ancêtre du codex, l'*Oxoniensis, Baroccianus gr. 27*, avant 1617. Le feuillet IIʳ, et plus particulièrement la note « Gregorii Nisseni et Cyrili varia opuscula » nous apprend encore autre chose sur l'histoire du manuscrit. Hunger ([673]) a identifié cette main comme étant celle du collectionneur de livres très connu, Iohannes Sambucus ([674]) (1531-1584) qui résidait à Vienne. On sait que Sambucus a acheté plusieurs livres de Darmarios, donc il est très probable que c'est également le cas pour ce témoin-ci ([675]). Le manuscrit a ensuite été transféré à la Hofbibliothek en 1578 ou 1587 ([676]). C'est le lieu d'origine des notes de la main de Sebastian Tengnagel, la première bibliothécaire de la Hofbibliothek, aux folios IIʳ⁻ᵛ et 1ʳ⁻ᵛ.

Ch *Vindobonensis, theologicus gr. 307 (s. XIII), f. 93ᵛ-94ʳ*

Ce codex de parchemin, comportant 178 folios, date du 13ᵉ siècle ([677]) et a été écrit par un seul copiste. Il forme un tout avec

---

(669) Hunger et al., *Codices theologici 201-337*, p. 63.

(670) Roosen, *Epifanovitch Revisited*, I, p. 263-264.

(671) *RGK*, I, 13 ; II, 21 ; III, 22. Pour des références bibliographiques concernant Darmarios, voir Roosen, *Epifanovitch Revisited*, I, p. 200, n. 15.

(672) Roosen, *Epifanovitch Revisited*, I, p. 263.

(673) Hunger et al., *Codices theologici 201-337*, p. 63.

(674) Pour plus d'informations sur Sambucus et sa bibliothèque, voir H. Gerstinger, *Johannes Sambucus als Handschriftensammler*, dans *Festschrift der Nationalbibliothek in Wien*, Wien, 1926, p. 251-400 ; P. Ötvös – A. Varga – P. Gulyás, *Die Bibliothek Sambucus: Katalog (Veröffentlichung der Zentralbibliothek und des Lehrstuhls für ungarische Literaturgeschichte der Attila-József-Universität)*, Szeged, 1992.

(675) Roosen, *Epifanovitch Revisited*, I, p. 264.

(676) *Ibid*. La bibliothèque de Sambucus a été vendue à la Hofbibliothek en deux fois (cf. *Ibid.*, I, p. 262).

(677) Hunger et al., *Codices theologici 201-337*, p. 383-389 ; Eleuteri – Rigo, *Eretici*, p. 82.

INTRODUCTION 157*

le *Vindobonensis, theologicus gr.* 306 ([678]). Le codex Ci contient la même collection de textes, à savoir des textes hérésiologiques et polémiques. Le manuscrit a été écrit après 1276 ([679]). Les manuscrits de Vienne et le *Taurinensis B.IV.22* (voir *supra*) ont probablement été copiés du même modèle ([680]).

Le *De duabus Christi naturis* se trouve aux folios 93^v-94^r et est précédé et suivi d'exactement les mêmes textes que dans le *Taurinensis* (voir *supra*). Une description très détaillée a été donnée par Eleuteri et Rigo ([681]). Il y a toutefois quelques différences entre les deux manuscrits : premièrement, le *Vindobonensis* est le seul à contenir trois homélies (XIII à XV) du Pseudo-Eusèbe d'Alexandrie (*CPG* 5522-5524 ; f. 49^r-54^r). En deuxième lieu, le copiste du *Vindobonensis* a changé l'ordre de deux œuvres : le *De sacerdotio Christi* (f. 77^v-80^r) précède le *De rebus in Perside gestis* (*CPG* 6968 ; f. 80^r-92^r) tandis que c'est l'inverse dans le *Taurinensis*. En plus, il faut signaler que le contenu des deux manuscrits ne correspond que jusqu'aux *Dialogi I-V de Sancta Trinitate* attribués à Athanase d'Alexandrie (*CPG* 2284 ; f. 105^r-137^r). Ce codex de Vienne ne contient donc pas l'*Anim.* de Maxime le Confesseur (*CPG* 7717), ni le *Comp.* (*CPG* 7706). En revanche, les *Dialogi* sont suivis de l'*Epistula 28* du pape Léon I (*CPG* 8922 ; f. 137^v-141^v) et du *Commentarius in Apocalypsin* d'André de Césarée (*CPG* 7478 ; f. 142^r-173^v).

Nous ne savons rien sur l'histoire du manuscrit, sauf qu'il a été acheté à Constantinople entre 1555 et 1562 par Ogier de Busbecq ([682]) (Voir f. 176^v : « Augerius de Busbecke comparavit Constantinopoli »).

Deux témoins brûlés

Bf *Scorialensis, Real Biblioteca, Λ.II.3 (de Andrés 566), f. 295^v-297^r*

Nous ne disposons plus de ce manuscrit parce qu'il a été brûlé lors de l'incendie de 1671. Il n'est pas du tout certain qu'il contienne notre traité sur les deux natures. La base de données

---

(678) Hunger et al., *Codices theologici 201-337*, p. 383.
(679) Andrist, *Les objections des Hébreux*, p. 102.
(680) Eleuteri – Rigo, *Eretici*, p. 78-80.
(681) *Ibid.*, p. 95-102.
(682) *Ibid.*, p. 80. Pour des références bibliographiques concernant Ogier de Busbecq, voir la description de Ci.

158*   INTRODUCTION

Pinakes ([683]) fait mention du *De duabus Christi naturis* aux folios 295ᵛ-297ʳ, mais selon de Andrés ([684]) il s'agit de l'*Op. 25* (*CPG* 7697. 25).

Bj   *Taurinensis gr. c.III.3 (Pas. XXV.b.V.5) (s. XI)*

Ce codex a été détruit lors de l'incendie en 1904 ([685]), mais nous disposons de la description ancienne de Pasinus *et alii* ([686]). Elle nous apprend que ce manuscrit de parchemin, comptant plus de 342 feuillets, contenait tout un corpus de textes maximiens. La liste de Pasinus des œuvres renfermées dans le *Taurinensis* a été corrigée – légèrement – par Laga et Steel ([687]). Ces éditeurs-là pensaient également pouvoir identifier ce volume avec le modèle du corpus maximien, constitué de Be, Bs et Bc ([688]). Le contenu du codex correspond en effet avec les œuvres renfermées dans ces manuscrits-là : les *Q. Thal.* (*CPG* 7688), le *De duabus Christi naturis* (*CPG* 7697. 13), l'*Ep. 6* (*CPG* 7699), l'*Ep. 7*, l'*Ep. 11*, l'*E. O. D.* (*CPG* 7691), l'*Ep. 4*, l'*Ep. 8*, l'*Ep. 9*, l'*Ep. 1*, l'*Ep. 19*, l'*Ep. 12*, l'*Ep. 13*, l'*Ep. 14*, l'*Ep. 15*, les *Amb. Thom.*, les *Amb. Io.*, la *D. P.*, l'*Op. 1* (*CPG* 7697. 1), l'*Op. 2* (*CPG* 7697. 2), l'*Op. 3* (*CPG* 7697. 3), l'*Op. 4* (*CPG* 7697. 4), l'*Op. 5* (*CPG* 7697. 5), l'*Op. 7* (*CPG* 7697. 7), l'*Op. 6* (*CPG* 7697. 6), l'*Op. 14* (*CPG* 7697. 14), l'*Op. 8* (*CPG* 7697. 8), l'*Op. 9* (*CPG* 7697. 9), la *Myst.* (*CPG* 7704),

---

(683) Dernière consultation le 23 août 2013.

(684) G. DE ANDRÉS, *Catálogo de los Códices griegos desaparecidos de la Real Biblioteca de El Escorial*, El Escorial, 1968, p. 255-256.

(685) La mention « Macchiato dall'acqua, ma interamente leggibilie » de G. DE SANCTIS (*Inventario dei codici superstiti greci e latini*, p. 399) doit être une erreur. BOUDIGNON (*Myst.*, p. XLVIII, n. 137) mentionne dans sa description du manuscrit qu'un bibliothécaire a corrigé, dans l'exemplaire de cet inventaire de De Sanctis de la bibliothèque de Torino, la cote GR XXV (C III 3) en GR LVIII (C II 15). Un compte rendu de l'incendie peut être trouvé dans G. GORRINI, *L'incendio della Biblioteca Nazionale di Torino. Prefazione di pasquale Villari*, Torino – Genova, 1904.

(686) PASINUS et al., *Codices manuscripti*, p. 94-96. D'autres descriptions peuvent être trouvées dans BRACKE, *Ad Sancti Maximi Vitam*, p. 192, p. 195-196, p. 241-242 ; LAGA – STEEL, *Q. Thal.*, I, p. XLIII-XLIV ; VAN DEUN, *Opuscula*, p. XL-XLI ; ID., *L. A.*, p. CXXX ; JANSSENS, *Amb. Thom.*, p. XLVIII-XLIX ; BOUDIGNON, *Myst.*, p. XLVII-XLVIII ; DE VOCHT, *Kritische editie*, p. [139].

(687) LAGA – STEEL, *Q. Thal.*, I, p. XLIII-XLIV.

(688) *Ibid.*

INTRODUCTION 159*

l'*E. ps. 59* (*CPG* 7690), le *L. A.* (*CPG* 7692), les *Car.* (*CPG* 7693), les *Th. Oec.* (*CPG* 7694) et les *Cap. XV* (*CPG* 7695). Les éditeurs de Maxime [689] ont suggéré que ce *Taurinensis* perdu nous est quand même transmis dans la forme de deux copies, faites par David Colvill [690] : le *Mediolanensis, Ambrosianus B 137 sup.* et Ad (voir *supra*). Il faut toutefois signaler que le *Taurinensis* ne contient pas le *Comp.* (*CPG* 7706), l'*Anim.* (*CPG* 7717), la *Vita Maximi* (*BHG* 1234) et les *Dial. I-V* (*CPG* 2284), qui se trouvent bel et bien dans les soi-disant copies. L'hypothèse de Laga et Steel que ce manuscrit perdu doive être placé au sommet de l'arbre généalogique du corpus maximien semble alors être un peu téméraire.

Une note [691] à la fin du manuscrit (ἐγράφη χειρὶ Θεοφανῷ [sic] ἁμαρτολοῦ) nous informe qu'il a été copié par le célèbre copiste Théophane qui travaillait au monastère d'Iviron entre 1004 et 1023 [692].

Un témoin inaccessible

K *Athous, Esphigmenou 95 (Lambros 2108) (s.* XVIII)

Nous n'avons pas pu obtenir une copie de ce manuscrit du 18ᵉ siècle. Le codex a été décrit par Lambros [693]. Cette description sommaire nous apprend que le *De duabus Christi naturis* est le douzième texte du volume. Tout à la fin du codex se trouverait encore une autre œuvre de Maxime : Μαξίμου Πρὸς τοὺς λέγοντας τῶν ψυχῶν προϋπάρχειν τὰ σώματα (item 17). Il s'agit en fait d'un extrait de l'*Ambiguum XXXII* des *Amb. Io.* [694] (*CPG* 7705. 2).

Nous ne savons rien sur l'histoire du manuscrit, ni sur le scribe.

---

(689) Laga – Steel, *Q. Thal.*, I, p. XLIV-XLVII ; Janssens, *Amb. Thom.*, p. XLVIII-XLIX.

(690) Cf. *supra* dans la description d'Ad.

(691) Pasinus et al., *Codices manuscripti*, p. 96.

(692) *RGK*, I, 136.

(693) Lambros, Κατάλογος, I, p. 181-182.

(694) L'extrait commence par *PG* 91, 1336 C1. Comme nous n'avons pas pu obtenir une reproduction du manuscrit, nous n'avons pas pu vérifier quelle est la longueur de l'extrait.

160*   INTRODUCTION

2. *La tradition indirecte*

  a. Les citations dans des florilèges

Nous avons trouvé quatre manuscrits qui ne contiennent que le chapitre α′ du *De duabus Christi naturis* chaque fois à l'intérieur d'un florilège. Nous n'avons toutefois pas pu classer ces manuscrits dans le stemma.

Bp   *Vaticanus gr. 828 (s.* XIII-XIV), f. 361ʳ
Bu   *Vaticanus gr. 1712 (s.* XII), f. 83ʳ
Bv   *Vaticanus gr. 1746 (ca. a.* 1368), f. 223ᵛ-224ʳ
Cc   *Venetus, Marcianus gr. app. III. 12 (a.* 1467), f. 299ᵛ-300ʳ

Bp *Vaticanus gr. 828 (s.* XIII-XIV), f. 361ʳ

Ce manuscrit de papier date des 13ᵉ-14ᵉ siècles et compte 364 feuillets[695]. Il existe une description détaillée de la main de R. Devreesse [696]. Il s'agit d'un codex qui contient surtout des textes canoniques et dogmatiques d'entre autres Jean Zonaras (f. 1ʳ-261ʳ), Théodore Balsamon (f. 261ʳ-277ʳ) et Photios (f. 277ᵛ-286ʳ). Le volume contient deux extraits maximiens : le premier à l'intérieur d'un florilège qui se trouve aux folios 339ᵛ-340ʳ (*Diversa capita ad theologiam et oeconomiam spectantia deque virtute et vitio* I, 4 [*CPG* 7715 ; f. 340ʳ]), le deuxième étant le premier chapitre du *De duabus Christi naturis* (f. 361ʳ).

Le chapitre 4 des *Div. Cap.* est précédé de deux extraits du *De divinis nominibus* du Pseudo-Denys l'Aréopagite [697] (*CPG* 6602 ; f. 339ᵛ-340ʳ) et suivi d'un extrait du *Liber de cognitione dei* de Métrophane de Smyrne (*CPG* 3223 ; f. 340ʳ ; *PG* 130, 313 D7-15). Le premier chapitre du *De duabus Christi naturis* est précédé du chapitre 12 des *Capita XII* d'Éphrem de Kiev [698] (*CPG* 6907 ; f. 360ʳ-361ʳ) et suivi de l'*Adversus Latinos* d'Éphrem de Russie, texte intitulé Θρίαμβος τῆς λατινικῆς αἱρέσεως ἐκ τῶν ἐπιστολῶν τοῦ ἁγίου Μαξίμου (f. 361ʳ-362ʳ). Puisque nous ne disposons que d'une

---

(695) Devreesse, *Codices 604-866*, p. 369.

(696) *Ibid.*, p. 369-374. Pour une bibliographie détaillée du manuscrit, voir : Canart – Peri, *Sussidi bibliografici*, p. 497 ; Buonocore, *Bibliografia*, p. 856 ; Ceresa, *Bibliografia (1991-2000)*, p. 550.

(697) Suchla, *Corpus Dionysiacum*, p. 214, l. 9 – p. 215, l. 7.

(698) Helmer, *Der Neuchalkedonismus*, p. 265, l. 3-7 [πατέρες].

INTRODUCTION 161*

reproduction des feuillets 339ᵛ-340ʳ et 361ʳ, nous renvoyons, pour ce qui est du contexte immédiat de ce deux extraits, à la description de Devreesse. Nous ne savons rien sur l'histoire du manuscrit. Bp contient exactement le même texte que nous avons proposé dans notre édition.

Bu *Vaticanus gr. 1712 (s. XII), f. 83ʳ*

Ce codex de parchemin date du 12ᵉ siècle et compte 165 feuillets. Il contient le commentaire sur les canons de Côme le Mélode et de Jean Damascène de la main de Grégoire de Corinthe (11ᵉ-12ᵉ s.). Au feuillet 83ʳ, on peut trouver le premier chapitre du *De duabus Christi naturis*. Nous ne disposons que d'une copie partielle, donc pour une description détaillée du contenu, nous renvoyons à celle de Giannelli ([699]). Le manuscrit a été écrit par un seul copiste ([700]) et a fait partie de la bibliothèque d'Alvise Lollino ([701]) avant d'entrer dans la collection de la Bibliothèque Vaticane.

Le texte de Bu contient deux différences quant à notre texte de base. Il s'agit d'une transposition et une vraie erreur (du copiste ?) ([702]) :

Bu

De duabus Christi naturis	Αἵρεσις Ἀρείου τοῦ δυσσεβοῦς. Περὶ τῆς ἁγίας Τριάδος.
α′ Ὁ Ἄρειος τὰς τρεῖς ὑποστά-σεις ὁμολογεῖ, ἀλλὰ τὴν Μονάδα ἀρνεῖται, καὶ οὐ λέγει ὁμοούσιον τὴν ἁγίαν Τριάδα. Ὁ δὲ Σαβέλ-λιος τὴν Μονάδα ὁμολογεῖ, ἀλλὰ τὴν Τριάδα ἀρνεῖται· τὸν γὰρ αὐτὸν λέγει Πατέρα καὶ Υἱὸν καὶ ἅγιον Πνεῦμα. Ἡ δὲ Ἐκκλη-	α′ Ὁ Ἄρειος τὰς τρεῖς ὑποστά-σεις ὁμολογεῖ, ἀλλὰ τὴν **Τριάδα** ἀρνεῖται, καὶ οὐ λέγει ὁμοούσιον τὴν ἁγίαν Τριάδα. Ὁ δὲ Σαβέλ-λιος τὴν Μονάδα ὁμολογεῖ, ἀλλὰ τὴν Τριάδα ἀρνεῖται, τὸν γὰρ αὐτὸν λέγει Πατέρα καὶ Υἱὸν καὶ ἅγιον Πνεῦμα. Ἡ δὲ Ἐκκλη-

---

(699) Giannelli – Canart, *Codices 1684-1744*, p. 77-80. Pour une bibliographie plus détaillée du manuscrit, voir : Canart – Peri, *Sussidi bibliografici*, p. 635 ; Buonocore, *Bibliografia*, p. 924 ; Ceresa, *Bibliografia (1986-1990)*, p. 451 ; Ceresa, *Bibliografia (1991-2000)*, p. 569.

(700) Giannelli – Canart, *Codices 1684-1744*, p. 80.

(701) Cf. Batiffol, *Les manuscrits grecs de Lollino*, p. 34 : « 28 (119). Expositio in cantus et troparia seu modularia [1712] » (cf. le chiffre 119 au f. Iᵛ).

(702) Les mots en gras sont des mots ajoutés ou adaptés dans la tradition indirecte ; les mots soulignés ne sont pas présents dans la tradition indirecte.

σία καὶ Μονάδα ὁμολογεῖ καὶ Τριάδα κηρύττει. Ὁμοίως καὶ ἐπὶ τοῦ ἑνὸς τῆς ἁγίας Τριάδος Νεστόριος τὴν φυσικὴν διαφορὰν λέγει, ἀλλὰ τὴν ἕνωσιν οὐχ'ὁμολογεῖ· οὐ γὰρ λέγει ταύτην καθ'ὑπόστασιν γεγονέναι. Ὁ δὲ Εὐτυχὴς τὴν μὲν ἕνωσιν ὁμολογεῖ, τὴν δὲ κατ'οὐσίαν διαφορὰν ἀρνεῖται καὶ σύγχυσιν τῶν φύσεων εἰσάγει. Ἡ δὲ Ἐκκλησία καὶ τὴν καθ'ὑπόστασιν ἕνωσιν διὰ τὸ ἀδιαίρετον καὶ τὴν κατ'οὐσίαν διαφορὰν διὰ τὸ ἀσύγχυτον πρεσβεύει.

σία καὶ Μονάδα ὁμολογεῖ καὶ Τριάδα κηρύττει. Ὁμοίως δὲ καὶ ἐπὶ τοῦ ἑνὸς τῆς ἁγίας Τριάδος Νεστόριος τὴν φυσικὴν διαφορὰν λέγει, ἀλλὰ τὴν ἕνωσιν οὐχ'ὁμολογεῖ, οὐ γὰρ λέγει ταύτην καθ'ὑπόστασιν γεγονέναι. Ὁ δὲ Εὐτυχὴς τὴν μὲν ἕνωσιν ὁμολογεῖ, τὴν δὲ κατ'οὐσίαν διαφορὰν ἀρνεῖται καὶ σύγχυσιν **εἰσάγει τῶν φύσεων**. Ἡ δὲ Ἐκκλησία καὶ τὴν καθ'ὑπόστασιν ἕνωσιν διὰ τὸ ἀδιαίρετον καὶ τὴν κατ'οὐσίαν διαφορὰν διὰ τὸ ἀσύγχυτον πρεσβεύει.

Bv *Vaticanus gr. 1746 (ca. a.* 1368), f. 223ᵛ-224ʳ

La description du codex par Canart [703] est très détaillée. Il s'agit d'un manuscrit de papier, comptant 300 folios, dont la plus grande partie est écrite vers 1368 dans le *Fettaugenstil* par le scribe Κλήμης ἱερομόναχος [704]. Les folios 1ʳ-27ᵛ et 297ʳ-298ᵛ datent du 15ᵉ siècle [705].

Le codex est pour une bonne partie consacré à Maxime le Confesseur et contient les œuvres suivantes : le *L. A. (CPG* 7692 ; f. 28ᵛ-42ᵛ), *les Car. (CPG* 7693 ; f. 42ᵛ-74ʳ), les *Th. Oec. (CPG* 7694 ; f. 74ʳ-99ʳ), les *Capita gnostica (CPG* 7707. 11 ; f. 99ʳ-114ᵛ) et 52 chapitres des *Div. Cap.* [706] *(CPG* 7715 ; f. 114ᵛ-121ᵛ) précédés d'un prologue basé sur la question XL (et les scholies) des *Q. Thal.* [707] *(CPG* 7688 ; f. 114ᵛ-115ʳ) (incipit : Ὁ τὴν φύσιν τῶν ἀνθρώπων δημιουργήσας Θεός ; desinit : ἀλλ'οὔ τί ποτε κατ'οὐσίαν ἐστὶ ζητεῖν αὐθαδιζομένη). Après cet opuscule-ci, la collection maximienne est interrompue par d'autres ouvrages de divers au-

---

(703) Canart, *Les Vaticani graeci 1487-1962*, p. 7-16. Pour une bibliographie détaillée du manuscrit, voir : Canart – Peri, *Sussidi bibliografici*, p. 638 ; Buonocore, *Bibliografia*, p. 925 ; Ceresa, *Bibliografia (1986-1990)*, p. 451 ; Ceresa, *Bibliografia (1991-2000)*, p. 569.

(704) *RGK* III, 354.

(705) Canart, *Les Vaticani graeci 1487-1962*, p. 7.

(706) Voir Canart *(ibid.)* pour un aperçu détaillé.

(707) *Caput de sex hydriis in nuptiis Canae.* Ce texte apparaît sans titre dans ce manuscrit. Voir également la description de l'*Athous Vatopediou 474*.

INTRODUCTION

163*

teurs (Nil, Marc l'Ermite, Jean de Carpathe, Basile de Césarée, Jean Cassien, Grégoire le Sinaïte, etc.). Au folio 223ᵛ, la collection des œuvres de saint Maxime est complétée par le chapitre α′ du *De duabus Christi naturis* (f. 223ᵛ-224ʳ), suivi d'un opuscule qui contient quelques fragments de la *Compendiosa fidei expositio* [708] qui circule sous le nom de Maxime le Confesseur (*CPG* 7707. 27 ; f. 224ʳ-225ᵛ). Et enfin, au folio 242ʳ⁻ᵛ, dans un recueil d'apophtegmes, l'on peut trouver quelques chapitres pris des *Car.* (*CPG* 7693), à savoir II, 85 ; IV, 44 ; II, 62 et III, 13 [709].

Dans sa description du manuscrit, Van Deun [710] signale que le manuscrit a fait partie de la bibliothèque d'Alviso Lollino (*ca.* 1552-1625), patricien de Venise et évêque de Belluno, qui a légué ses manuscrits à la Bibliothèque Vaticane [711]. Canart [712] mentionne encore que François Arcudius [713] (1596-1641) a reçu ce manuscrit à titre de prêt du cardinal Francesco Barberini [714] (1597-1679) le 6 novembre 1639 avant de le restituer le 27 décembre de la même année.

Regardons ici le texte qu'il contient :

De duabus Christi naturis	Bv
α′ Ὁ Ἄρειος τὰς τρεῖς ὑποστάσεις ὁμολογεῖ, ἀλλὰ τὴν Μονάδα ἀρνεῖται, καὶ οὐ λέγει ὁμοούσιον τὴν ἁγίαν Τριάδα. Ὁ δὲ Σαβέλλιος τὴν Μονάδα ὁμολογεῖ, ἀλλὰ τὴν Τριάδα ἀρνεῖται· τὸν	α′ Ὁ Ἄρειος τὰς τρεῖς ὑποστάσεις ὁμολογεῖ, ἀλλὰ τὴν Μονάδα ἀρνεῖται, καὶ οὐ λέγει ὁμοούσιον τὴν ἁγίαν Τριάδα. Ὁ δὲ Σαβέλλιος τὴν Μονάδα ὁμολογεῖ, ἀλλὰ τὴν Τριάδα ἀρνεῖται, τὸν

---

(708) Voir Canart (*Les Vaticani graeci 1487-1962*, p. 11-12) pour une description détaillée de cet opuscule.

(709) Cf. Van Deun, *L. A.*, p. CVII.

(710) *Ibid.*

(711) Canart, *Les Vaticani graeci 1487-1962*, p. 41. Pour les mentions du *Vaticanus gr. 1746* dans les anciens inventaires, voir p. 222-223 et p. 231. Pour plus d'informations sur Lollino, cf. *RGK*, III, 19 ; Batiffol, *Les manuscrits grecs de Lollino*.

(712) Canart, *Les Vaticani graeci 1487-1962*, p. 17.

(713) Arcudius était un condisciple de Léon Allatius et chapelain du papa Urbain VIII. Pour une biographie d'Arcudius, voir Legrand, *Τόμος καταλλαγῆς*, p. 232-234.

(714) Barberini était le neveu du pape Urbain VIII et bibliothécaire du Vatican. Il a fondé la bibliothèque Barberini qui fait maintenant partie de la Bibliothèque vaticane.

160* INTRODUCTION

γὰρ αὐτὸν λέγει Πατέρα καὶ
Υἱὸν καὶ ἅγιον Πνεῦμα. Ἡ δὲ
Ἐκκλησία καὶ Μονάδα ὁμολογεῖ
καὶ Τριάδα κηρύττει. Ὁμοίως
καὶ ἐπὶ τοῦ ἑνὸς τῆς ἁγίας Τριάδος Νεστόριος τὴν φυσικὴν διαφορὰν λέγει, ἀλλὰ τὴν ἕνωσιν
οὐχ'ὁμολογεῖ· οὐ γὰρ λέγει ταύτην καθ'ὑπόστασιν γεγονέναι.
Ὁ δὲ Εὐτυχῆς τὴν μὲν ἕνωσιν
ὁμολογεῖ, τὴν δὲ κατ'οὐσίαν διαφορὰν ἀρνεῖται καὶ σύγχυσιν
τῶν φύσεων εἰσάγει. Ἡ δὲ Ἐκκλησία καὶ τὴν καθ'ὑπόστασιν
ἕνωσιν διὰ τὸ ἀδιαίρετον καὶ
τὴν κατ'οὐσίαν διαφορὰν διὰ τὸ
ἀσύγχυτον πρεσβεύει.

γὰρ αὐτὸν λέγει Πατέρα καὶ
Υἱὸν καὶ ἅγιον Πνεῦμα. Ἡ δὲ
Ἐκκλησία καὶ Μονάδα ὁμολογεῖ καὶ Τριάδα κηρύττει. Ὁμοίως καὶ **περὶ** τοῦ ἑνὸς τῆς ἁγίας
Τριάδος Νεστόριος τὴν φυσικὴν
διαφορὰν λέγει, ἀλλὰ τὴν ἕνωσιν οὐχ'ὁμολογεῖ· οὐ γὰρ λέγει
ταῦτα καθ'ὑπόστασιν γεγονέναι. Ὁ δὲ Εὐτυχῆς κατ'οὐσίαν
διαφορὰν ἀρνεῖται καὶ σύγχυσιν
τῶν **δύο** φύσεων εἰσάγει. Ἡ δὲ
Ἐκκλησία καὶ τὴν καθ'ὑπόστασιν ἕνωσιν καὶ τὴν οὐσίαν διαφορὰν διὰ τὸ ἀσύγχυτον πρεσβεύει.

A l'exception de quelques omissions de la part de Bv, le texte a
été repris assez fidèlement.

Cc *Venetus, Marcianus gr. app. III. 12 (a. 1467), f. 299ᵛ-300ʳ*

Ce codex de papier comptant 494 feuillets a déjà été décrit
soigneusement par E. Mioni ([715]). Il contient un corpus très divers de textes, à savoir des textes canoniques, des apophtegmes et
des chapitres ascétiques. Nous connaissons la date de création du
manuscrit (le 20 avril 1467) grâce à un colophon ([716]) au feuillet
492ʳ. Le manuscrit a donc été copié par un certain Clément de la
Péloponnèse, dont nous ne savons rien. Étant donné que nous ne
disposons que d'une reproduction de quelques folios, nous avons
dû nous appuyer sur la description fournie par Mioni pour tracer
l'histoire tardive du manuscrit. Le catalogue mentionne que le codex contient quelques noms de possesseurs anciens, à savoir Marco
Prasinico (f. Iʳ et 494ʳ) et Γεόργιος πρασίνικος, Zorzi Prasinichos
(f. 294ᵛ). Nous n'avons pas pu déterminer de qui il s'agit. Avant
d'entrer dans la collection de la Biblioteca Marciana, le manuscrit
a fait partie de la Biblioteca Naniana sous le numéro 236 (f. Iʳ). La
biblioteca Naniana renvoie à la collection privée de deux frères de

---

(715) Mioni, *Classes II-V*, p. 176-190.
(716) Pour la transcription de ce colophon, voir Mioni, *Classes II-V*,
p. 177.

INTRODUCTION 165*

San Trovaso, Bernardo (1712-1761) et Giacomo Nani (1725-1797). Lors du décès de Giacomo, la grande collection de manuscrits (2 français, 309 grecs, 127 latins, 164 italiens et 116 orientaux) a été léguée à la Biblioteca Marciana qui ne l'a reçue qu'en 1800 après l'ardente opposition de la veuve de Giacomo, Moceniga Vendramin ([717]).

Ce manuscrit ne contient qu'un texte de Maxime le Confesseur. Il s'agit du *De duabus Christi naturis* qui s'y trouve toutefois dans un état fragmentaire. En effet, Cc ne transmet que le chapitre α' du traité sur la double nature du Christ (f. 299ᵛ-300ʳ) à l'intérieur d'un florilège. Il est précédé de quelques portions du *Thesaurus* de Théognoste (f. 285ʳ-299ᵛ; desinit: J. A. MUNITIZ (éd.), *Theognosti* Thesaurus (*CCSG* 5), Turnhout – Leuven, 1979, XVII, C3, p. 181-182). Il faut toutefois signaler que le chapitre en question est précédé d'une attribution et d'un titre ([718]), et qu'on trouve un autre titre dans la marge inférieure du feuillet 299ᵛ (περὶ αἱρετικῶν τοῦ ὁσίου Μαξίμου).

De duabus Christi naturis

α' Ὁ Ἄρειος τὰς τρεῖς ὑποστάσεις ὁμολογεῖ, ἀλλὰ τὴν Μονάδα ἀρνεῖται, καὶ οὐ λέγει ὁμοούσιον τὴν ἁγίαν Τριάδα. Ὁ δὲ Σαβέλλιος τὴν Μονάδα ὁμολογεῖ, ἀλλὰ τὴν Τριάδα ἀρνεῖται· τὸν γὰρ αὐτὸν λέγει Πατέρα καὶ Υἱὸν καὶ ἅγιον Πνεῦμα. Ἡ δὲ Ἐκκλησία καὶ Μονάδα ὁμολογεῖ καὶ Τριάδα κηρύττει. Ὁμοίως καὶ ἐπὶ τοῦ ἑνὸς τῆς ἁγίας Τριάδος Νεστόριος τὴν φυσικὴν διαφορὰν λέγει, ἀλλὰ τὴν ἕνωσιν οὐχ'ὁμολογεῖ· οὐ γὰρ λέγει ταύτην καθ'ὑπόστασιν γεγονέναι.

Cc

α' Ἄρειος τὰς τρεῖς ὑποστάσεις ὁμολογεῖ, ἀλλὰ τὴν Μονάδα ἀρνεῖται, καὶ οὐ λέγει ὁμοούσιον τὴν ἁγίαν Τριάδα. Σαβέλλιος τὴν Μονάδα ὁμολογεῖ, ἀλλὰ τὴν Τριάδα ἀρνεῖται, τὸν γὰρ αὐτὸν λέγει Πατέρα καὶ Υἱὸν καὶ ἅγιον Πνεῦμα. Ἡ δὲ Ἐκκλησία καὶ Μονάδα ὁμολογεῖ καὶ Τριάδα κηρύττει. Ὁμοίως ἐπὶ τοῦ ἑνὸς τῆς ἁγίας Τριάδος Νεστόριος τὴν φυσικὴν διαφορὰν λέγει, ἀλλὰ τὴν ἕνωσιν οὐχ'ὁμολογεῖ, οὐ γὰρ λέγει ταύτην καθ'ὑπόστασιν γεγονέναι. Ὁ δὲ Εὐτυχὴς

---

(717) Pour plus de détails concernants la Biblioteca Naniana, voir le site web de la Biblioteca Marciana: http://marciana.venezia.sbn.it/lascito-nani (dernière consultation le 30 août 2013).

(718) Τοῦ ὁσίου πατρὸς ἡμῶν Μαξίμου τοῦ ὁμολογητοῦ κεφάλαιον· κατὰ Ἀρείου, Σαβελίου, Νεστορίου, Εὐτυχοῦς.

Ὁ δὲ Εὐτυχὴς τὴν μὲν ἕνωσιν ὁμολογεῖ, τὴν δὲ κατ᾽οὐσίαν διαφορὰν ἀρνεῖται καὶ σύγχυσιν τῶν φύσεων εἰσάγει. Ἡ δὲ Ἐκκλησία καὶ τὴν καθ᾽ὑπόστασιν ἕνωσιν διὰ τὸ ἀδιαίρετον καὶ τὴν κατ᾽οὐσίαν διαφορὰν <u>διὰ τὸ ἀσύγχυτον</u> πρεσβεύει.

τὴν μὲν ἕνωσιν ὁμολογεῖ, τὴν δὲ κατ᾽οὐσίαν διαφορὰν ἀρνεῖται καὶ σύγχυσιν τῶν φύσεων **εἶς** (sic). Ἡ δὲ Ἐκκλησία καὶ τὴν καθ᾽ὑπόστασιν ἕνωσιν διὰ τὸ ἀδιαίρετον **πρεσβεύει** καὶ τὴν κατ᾽οὐσίαν διαφοράν.

Le texte contenu dans Cc correspond en gros à notre texte de base du chapitre α΄, exception faite de quelques petites omissions et une transposition.

b. Citations chez d'autres auteurs

La *Syllogè contre les Latins* de Théodore Agallianos

Le texte du *De duabus Christi naturis* peut également être retrouvé dans une 'syllogè' attribuée à Théodore Agallianos [719], un auteur byzantin du 15ᵉ siècle. Ce traité contre les Latins contient le texte intégral du *De duabus Christi naturis*. Chaque chapitre de Maxime y est alterné avec un chapitre de Théodore Agallianos parlant des hérésies latines. Nous avons connaissance de cinq témoins qui contiennent ce texte particulier, chacun contenant à peu près la même recension. La *Syllogè contre les Latins* a été éditée en 1694 par Dosithée de Jérusalem [720].

Dans ce qui suit, nous donnons un aperçu des différences entre le texte d'Agallianos et notre édition [721].

α΄, **1** Ὁ] *om. Ag.*
α΄, **11** φύσεων] δύο *praem. Ag.*
β΄, **2** Ἢ] Εἰ *Ag.*
β΄, **9** ἑτεροτης – προσώπου] *om. Ag.*
β΄, **13** ἐπὶ τοῦ Χριστοῦ] *om. Ag.*
γ΄, **3** διὰ τοῦ] τῷ *Ag.*

---

(719) Pour une discussion plus détaillée de ce texte, ainsi qu'une édition critique, voir nos articles sur ce sujet : Levrie, *Le Florilegium patristicum adversos Latinos* et ead., *La Syllogè contre les Latins*.

(720) Dosithée de Jérusalem, Τόμος καταλλαγῆς, p. 432-439.

(721) Puisque Théodore Agallianos a repris le texte complet du *De duabus Christi naturis*, nous ne l'avons pas trouvé opportun de reproduire le texte entier contrasté avec notre édition. Nous nous limitons alors à une liste des divergences.

INTRODUCTION

δ′, 4 διαφοράν] ἕνωσιν *Ag.*
θ′, 4 καὶ] *om. Ag.*

L'*Opusculum 111* des *Theologica* de Michel Psellos

Le petit traité dogmatique de Maxime le Confesseur peut être retrouvé dans un des discours théologiques de Michel Psellos (11ᵉ siècle), c'est-à-dire le numéro 111. Cet opuscule traite de termes dogmatiques comme hypostase, personne, substance, nature, etc. Il est constitué de deux œuvres attribuées à Maxime le Confesseur, à savoir les *Variae definitiones* (*CPG* 7697. 14; *PG* 91, 149-153) et le *De duabus Christi naturis* (*PG* 91, 145-149). Psellos donne en fait, à un élève, un aperçu des termes présents dans les livres dogmatiques et pour cela, il se sert des opuscules de Maxime le Confesseur. En effet, Psellos même n'a écrit que l'introduction et l'épilogue de l'opuscule. Le corpus du texte est un collage de fragments maximiens. Comme dans une chaîne, il ajoute par ci et par là des particules pour améliorer les transitions, mais c'est là que s'arrête sa créativité. Les deux petits traités dogmatiques de Maxime n'ont toutefois pas complètement été repris. Psellos en a choisi des fragments et les a rangés dans l'ordre de son argumentation. Ainsi, il est possible de trouver une partie du chapitre α′ du *De duabus Christi naturis* à la fin du chapitre 10. Dans ce qui suit, nous avons repris les passages du *De duabus Christi naturis* de l'opuscule 111 d'après l'édition de Gautier ([722]). Pour ce qui est de l'ordre des chapitres du *De duabus* dans l'opuscule 111 de Psellos, nous en donnons ci-dessous la liste :

- des fragments du chapitre α′
- des fragments du chapitre β′
- une partie du chapitre ς′
- le chapitre ζ′ (dans une forme remaniée)
- une partie du chapitre θ′
- une partie du chapitre ι′
- le chapitre ε′ (dans une forme remaniée)
- la fin du chapitre α′
- la fin du chapitre ι′
Les chapitres γ′, δ′ et η′ n'ont pas été repris par Psellos.

---

(722) P. Gautier (éd.), *Michaelis Psellis* Theologica, I (*BSGRT*), Leipzig, 1989, p. 436-438.

168* INTRODUCTION

De duabus Christi naturis

α' Ὁ Ἄρειος τὰς τρεῖς ὑποστάσεις ὁμολογεῖ, <u>ἀλλὰ</u> τὴν Μονάδα ἀρνεῖται, καὶ οὐ λέγει ὁμοούσιον τὴν ἁγίαν Τριάδα. Ὁ δὲ Σαβέλλιος τὴν Μονάδα ὁμολογεῖ, ἀλλὰ τὴν Τριάδα ἀρνεῖται· τὸν γὰρ αὐτὸν λέγει Πατέρα καὶ Υἱὸν καὶ ἅγιον Πνεῦμα. <u>Ἡ δὲ Ἐκκλησία καὶ Μονάδα ὁμολογεῖ καὶ Τριάδα κηρύττει.</u> Ὁμοίως <u>καὶ</u> ἐπὶ τοῦ ἑνὸς τῆς ἁγίας Τριάδος Νεστόριος τὴν φυσικὴν διαφορὰν λέγει, <u>ἀλλὰ</u> τὴν ἕνωσιν οὐχ ὁμολογεῖ· οὐ γὰρ λέγει ταύτην καθ' ὑπόστασιν γεγονέναι. Ὁ δὲ Εὐτυχὴς τὴν μὲν ἕνωσιν ὁμολογεῖ, τὴν δὲ κατ' οὐσίαν διαφορὰν ἀρνεῖται καὶ σύγχυσιν τῶν φύσεων εἰσάγει. [...]

β' <u>Πῶς ἡ ἄκρα ἕνωσις καὶ ταυτότητα ἔχει καὶ ἑτερότητα; ['Ἡ ταυτότης οὐσίων.]</u> Οἷον, ἐπὶ τῆς ἁγίας Τριάδος ταυτότης μέν ἐστιν οὐσίας, ἑτερότης δὲ προσώπων· <u>μίαν γὰρ οὐσίαν ὁμολογοῦμεν, τρεῖς δὲ ὑποστάσεις.</u> Ἐπὶ δὲ τοῦ ἀνθρώπου ταυτότης μέν ἐστι προσώπου, ἑτερότης δὲ οὐσιῶν· <u>ἑνὸς γὰρ ὄντος ἀνθρώπου, ἄλλης ἐστὶν οὐσίας ἡ ψυχή, καὶ ἄλλης τὸ σῶμα.</u> Ὁμοίως δὲ καὶ ἐπὶ τοῦ Δεσπότου Χριστοῦ, <u>ταυτότης μέν ἐστι προσώπου, ἑτερότης δὲ οὐσιῶν·</u> ἑνὸς γὰρ ὄντος προσώπου, ἤτοι ὑποστάσεως, ἑτέρας οὐσίας ἐστὶν ἡ θεότης, καὶ ἑτέρας ἡ ἀνθρωπότης. [...]

ς' Τὴν καθ' ὑπόστασιν διαφορὰν ἐπὶ τῆς ἁγίας Τριάδος καὶ τὴν φυσικὴν διαφορὰν ἐπὶ τοῦ ἑνὸς τῆς ἁγίας Τριάδος, οὐκ ἐν αἰσθήσει χρὴ λέγειν, ἀλλὰ νοῆσαι τοῖς τῆς διανοίας ὄμμασι. [...]

L'Opuscule 11

Ἰστέον δέ σοι καὶ ταῦτα, ὡς ὁ **μὲν** Ἄρειος τὰς τρεῖς ὑποστάσεις ὁμολογεῖ, τὴν **δὲ** μονάδα ἀρνεῖται καὶ οὐ λέγει ὁμοούσιον τὴν ἁγίαν τριάδα, ὁ δὲ Σαβέλλιος τὴν μονάδα ὁμολογεῖ, ἀλλὰ τὴν τριάδα ἀρνεῖται, τὸν γὰρ αὐτὸν λέγει πατέρα καὶ υἱὸν καὶ ἅγιον πνεῦμα. Ἐπὶ **δὲ** τοῦ ἑνὸς τῆς ἁγίας τριάδος Νεστόριος τὴν φυσικὴν διαφορὰν λέγει, τὴν **δὲ** ἕνωσιν οὐχ ὁμολογεῖ, οὐ γὰρ λέγει ταύτην καθ' ὑπόστασιν γεγονέναι, ὁ δὲ Εὐτυχὴς τὴν μὲν ἕνωσιν ὁμολογεῖ, τὴν δὲ κατ' οὐσίαν διαφορὰν ἀρνεῖται καὶ σύγχυσιν **εἰσάγει τῶν φύσεων.**

Καὶ ἐπὶ **μὲν** τῆς ἁγίας τριάδος ταυτότης μέν ἐστιν οὐσίας, ἑτερότης δὲ προσώπων· ἐπὶ δὲ τοῦ ἀνθρώπου ταυτότης μὲν προσώπου, ἑτερότης δὲ οὐσιῶν. Ὁμοίως δὲ καὶ ἐπὶ τοῦ δεσπότου Χριστοῦ· ἑνὸς γὰρ ὄντος προσώπου ἤτοι ὑποστάσεως, ἑτέρας οὐσίας ἐστὶν ἡ θεότης καὶ ἑτέρας ἡ ἀνθρωπότης.

Τὴν **μέντοι** γε καθ' ὑπόστασιν διαφορὰν ἐπὶ τῆς ἁγίας τριάδος καὶ τὴν φυσικὴν διαφορὰν ἐπὶ τοῦ ἑνὸς τῆς ἁγίας τριάδος οὐκ ἐν αἰσθήσει χρὴ λέγειν, ἀλλὰ νοῆσαι τοῖς τῆς διανοίας ὄμμασιν.

INTRODUCTION 169*

ζ' Ὥσπερ διὰ τὸ ὁμοούσιον τῆς ἁγίας Τριάδος, μίαν οὐσίαν, καὶ διὰ τὸ ἑτεροϋπόστατον τρεῖς ὑποστάσεις λέγεις, οὕτω διὰ τὸ ἑτεροούσιον τοῦ Λόγου καὶ τῆς σαρκός, δύο οὐσίας, καὶ διὰ τὸ μὴ ἰδιοϋπόστατον, μίαν ὑπόστασιν λέγε.

θ' Ὁ μὴ λέγων ἐπὶ Χριστοῦ διὰ τὴν τῶν φύσεων διαφορὰν τὴν καθ'ὑπόστασιν τὴν ἕνωσιν, Νεστοριανός ἐστι. [...]

ι' Ὁ δὲ λέγων καὶ διαφορὰν καὶ ἕνωσιν ἐπὶ τοῦ Χριστοῦ, οὔτε τὴν διαφορὰν ἀναιρεῖ, οὔτε τὴν ἕνωσιν συγχέει. [...]

ε' Ὥσπερ Σαβέλλιον ἀναθεματίζομεν οὐ κηρύττοντα ἐπὶ τῆς ἁγίας Τριάδος τὴν φυσικὴν ἕνωσιν, ἀλλὰ μὴ λέγοντα τὴν καθ'ὑπόστασιν διαφοράν, οὕτως Εὐτυχέα ἀναθεματίζομεν οὐχ'ὁμολογοῦντα τὴν καθ'ὑπόστασιν ἕνωσιν ἐπὶ τοῦ Χριστοῦ, ἀλλὰ μὴ γνωρίζοντα τὴν φυσικὴν διαφοράν.

α' [...] Ἡ δὲ Ἐκκλησία καὶ τὴν καθ'ὑπόστασιν ἕνωσιν διὰ τὸ ἀδιαίρετον καὶ τὴν κατ'οὐσίαν διαφορὰν διὰ τὸ ἀσύγχυτον πρεσβεύει. [...]

ι' [...] Καὶ <u>γὰρ</u> Κύριλλος ἀναθεματίζει τοὺς διὰ τὴν διαφορὰν ἀναιροῦντας τὴν καθ'ὑπόστασιν ἕνωσιν, καὶ <u>ἡ οἰκουμενικὴ σύνοδος ἀναθεματίζει</u> τοὺς διὰ τὴν καθ'ὑπόστασιν ἕνωσιν τὴν φυσικὴν διαφορὰν ἀναιροῦντας ἐπὶ τοῦ ἑνὸς τῆς ἁγίας Τριάδος.

Ὥσπερ **δὲ** διὰ τὸ ὁμοούσιον τῆς ἁγίας τριάδος μίαν οὐσίαν **κηρύττομεν, οὕτω** διὰ τὸ ἑτεροϋπόστατον τρεῖς ὑποστάσεις **λέγομεν· καὶ ὥσπερ** διὰ τὸ ἑτεροούσιον τοῦ λόγου καὶ τῆς σαρκὸς δύο οὐσίας **φαμέν, οὕτω** διὰ τὸ μὴ ἰδιοϋπόστατον μίαν ὑπόστασιν **δογματίζομεν.**

Καὶ ὁ μὴ λέγων ἐπὶ Χριστοῦ διὰ τὴν τῶν φύσεων διαφορὰν τὴν καθ'ὑπόστασιν ἕνωσιν Νεστοριανός ἐστιν,

ὁ δὲ λέγων καὶ διαφορὰν καὶ ἕνωσιν ἐπὶ Χριστοῦ οὔτε τὴν διαφορὰν ἀναιρεῖ οὔτε τὴν ἕνωσιν συγχέει.

Καὶ ὥσπερ Σαβέλλιον ἀναθεματίζομεν **οὐχὶ μὴ** κηρύττοντα ἐπὶ τῆς ἁγίας τριάδος τὴν φυσικὴν ἕνωσιν, ἀλλὰ μὴ λέγοντα τὴν καθ' ὑπόστασιν διαφοράν, οὕτως **τὸν Εὐτυχῆ ἀναθεματίζομεν τὴν φυσικὴν μὲν διαφορὰν ἐπὶ Χριστοῦ γνωρίζοντα, μὴ λέγοντα δὲ τὴν καθ'ὑπόστασιν ἕνωσιν.**

Ἡ **γὰρ ἐκκλησία ἐπὶ τοῦ σαρκωθέντος λόγου** καὶ τὴν καθ'ὑπόστασιν ἕνωσιν διὰ τὸ ἀδιαίρετον καὶ τὴν κατ'οὐσίαν διαφορὰν διὰ τὸ ἀσύγχυτον πρεσβεύει,

καὶ Κύριλλος δὲ ἀναθεματίζει τοὺς διὰ τὴν διαφορὰν ἀναιροῦντας τὴν καθ'ὑπόστασιν ἕνωσιν καὶ τοὺς διὰ τὴν καθ'ὑπόστασιν ἕνωσιν τὴν φυσικὴν **ἀθετοῦντας** διαφορὰν ἐπὶ τοῦ τῆς ἁγίας τριάδος.

170*   INTRODUCTION

Contrairement aux compilateurs des florilèges, Psellos a vraiment intervenu dans le texte. Il a sélectionné les extraits qui lui semblaient interéssants pour son discours et il les a mis dans un autre ordre de succession. Il a ajouté parfois des connecteurs, il a omis certaines paroles et il a reformulé les propos de Maxime.

La *Panoplia dogmatica* d'Euthyme Zygadène

Quelques chapitres du *De duabus Christi naturis* peuvent être retrouvés dans la *Panoplie dogmatique* d'Euthyme Zygadène ou Zygabène (11ᵉ-12ᵉ siècles). Zygadène était un fervent défenseur de l'orthodoxie dont nous ne savons pas beaucoup [723]. Il fut moine à Constantinople et fut en bons termes avec l'empereur Alexis Iᵉʳ Comnène qui lui avait demandé de créer la *Panoplia dogmatica* [724], une grande compilation dogmatique visant à réfuter les hérésies. Ce grand ouvrage contient plusieurs extraits pris aux œuvres de Maxime le Confesseur, entre autres aux *Capita gnostica* [725] et au *De duabus Christi naturis*.

Ci-dessous, nous avons comparé le texte de la *Panoplie dogmatique* (*PG* 130, 1036C – 1037C) avec celui du *De duabus Christi naturis*:

De duabus Christi naturis	*Panoplia dogmatica*
	Τοῦ αὐτοῦ περὶ τῶν δύο τοῦ Χριστοῦ φύσεων
α΄ Ὁ Ἄρειος τὰς τρεῖς ὑποστάσεις ὁμολογεῖ, ἀλλὰ τὴν Μονάδα ἀρνεῖται, καὶ οὐ λέγει ὁμοούσιον τὴν ἁγίαν Τριάδα. Ὁ δὲ Σαβέλλιος τὴν Μονάδα ὁμολογεῖ, ἀλλὰ τὴν Τριάδα ἀρνεῖται· τὸν γὰρ αὐτὸν λέγει Πατέρα καὶ Υἱὸν καὶ ἅγιον Πνεῦμα. Ἡ δὲ Ἐκκλησία καὶ Μονάδα ὁμολογεῖ	Ὁ Ἄρειος τὰς τρεῖς ὑποστάσεις ὁμολογεῖ, ἀλλὰ τὴν Μονάδα ἀρνεῖται, καὶ οὐ λέγει ὁμοούσιον τὴν ἁγίαν Τριάδα. Ὁ δὲ Σαβέλλιος τὴν Μονάδα ὁμολογεῖ, ἀλλὰ τὴν Τριάδα ἀρνεῖται, τὸν γὰρ αὐτὸν λέγει Πατέρα καὶ Υἱὸν καὶ ἅγιον Πνεῦμα. Ἡ δὲ Ἐκκλησία καὶ Μονάδα ὁμολογεῖ καὶ

---

(723) Pour plus d'informations sur ce personnage, voir: Papavasiliou, *Εὐθύμιος Ἰωάννης Ζυγαδηνός*; Beck, *Kirche und theologische Literatur*, p. 614-616. Pour la confusion entre Zygadène et Zygabène, voir Papavasiliou, *Εὐθύμιος Ἰωάννης Ζυγαδηνός*, p. 16-25.

(724) Une étude des sources d'Euthyme Zygadène peut être trouvée dans J. Wickert, *Die* Panoplia dogmatica *des Euthymios Zigabenos*, dans *OC* 8 [1911], p. 278-388.

(725) Voir *infra*, p. 17.

INTRODUCTION 171*

καὶ Τριάδα κηρύττει. Ὁμοίως καὶ ἐπὶ τοῦ ἑνὸς τῆς ἁγίας Τριάδος Νεστόριος τὴν φυσικὴν διαφορὰν λέγει, ἀλλὰ τὴν ἕνωσιν οὐχ᾽ὁμολογεῖ· οὐ γὰρ λέγει ταύτην καθ᾽ὑπόστασιν γεγονέναι. Ὁ δὲ Εὐτυχὴς τὴν μὲν ἕνωσιν ὁμολογεῖ, τὴν δὲ κατ᾽οὐσίαν διαφορὰν ἀρνεῖται καὶ σύγχυσιν τῶν φύσεων εἰσάγει. Ἡ δὲ Ἐκκλησία καὶ τὴν καθ᾽ὑπόστασιν ἕνωσιν διὰ τὸ ἀδιαίρετον καὶ τὴν κατ᾽οὐσίαν διαφορὰν διὰ τὸ ἀσύγχυτον πρεσβεύει.

β′ Πῶς ἡ ἄκρα ἕνωσις καὶ ταυτότητα ἔχει καὶ ἑτερότητα; [Ἡ ταυτότης οὐσιῶν.] Οἷον, ἐπὶ τῆς ἁγίας Τριάδος ταυτότης μέν ἐστιν οὐσίας, ἑτερότης δὲ προσώπων· μίαν γὰρ οὐσίαν ὁμολογοῦμεν, τρεῖς δὲ ὑποστάσεις. Ἐπὶ δὲ τοῦ ἀνθρώπου ταυτότης μέν ἐστι προσώπου, ἑτερότης δὲ οὐσιῶν· ἑνὸς γὰρ ὄντος ἀνθρώπου, ἄλλης ἐστὶν οὐσίας ἡ ψυχή, καὶ ἄλλης τὸ σῶμα. Ὁμοίως δὲ καὶ ἐπὶ τοῦ Δεσπότου Χριστοῦ, ταυτότης μέν ἐστι προσώπου, ἑτερότης δὲ οὐσιῶν· ἑνὸς γὰρ ὄντος προσώπου, ἤτοι ὑποστάσεως, ἑτέρας οὐσίας ἐστὶν ἡ θεότης, καὶ ἑτέρας ἡ ἀνθρωπότης. Ὥσπερ γὰρ ἀδύνατον ἐπὶ τῆς ἁγίας Τριάδος ὁμολογεῖν μὲν τὴν ἕνωσιν, μὴ ἐκφωνεῖν δὲ τὴν διαφοράν, οὕτως ἀνάγκη πᾶσα ἐπὶ τοῦ Χριστοῦ καὶ τὴν ἕνωσιν καὶ τὴν διαφορὰν κηρύττειν.

ε′ Ὥσπερ Σαβέλλιον ἀναθεματίζομεν οὐ κηρύττοντα ἐπὶ τῆς ἁγίας Τριάδος τὴν φυσικὴν

Τριάδα κηρύττει. Ὁμοίως καὶ ἐπὶ τοῦ ἑνὸς τῆς ἁγίας Τριάδος Νεστόριος τὴν φυσικὴν διαφορὰν λέγει, ἀλλὰ τὴν ἕνωσιν οὐχ᾽ὁμολογεῖ, οὐ γὰρ λέγει ταύτην καθ᾽ὑπόστασιν γεγονέναι. Ὁ δὲ Εὐτυχὴς τὴν μὲν ἕνωσιν ὁμολογεῖ, τὴν δὲ κατ᾽οὐσίαν διαφορὰν ἀρνεῖται καὶ σύγχυσιν τῶν φύσεων εἰσάγει. Ἡ δὲ Ἐκκλησία καὶ τὴν καθ᾽ὑπόστασιν ἕνωσιν διὰ τὸ ἀδιαίρετον καὶ τὴν κατ᾽οὐσίαν διαφορὰν διὰ τὸ ἀσύγχυτον πρεσβεύει.

Ἐκεῖθεν καὶ τοῦτο.

Ἐπὶ τῆς ἁγίας Τριάδος, ταυτότης μέν οὐσίας· ἑτερότης δὲ προσώπων. Μίαν γὰρ οὐσίαν ὁμολογοῦμεν, τρεῖς δὲ ὑποστάσεις. Ἐπὶ δὲ τοῦ ἀνθρώπου ταυτότης μὲν ἔστι προσώπου, ἑτερότης δὲ οὐσιῶν. Ἑνὸς γὰρ ὄντος ἀνθρώπου, ἄλλης ἐστὶν οὐσίας ἡ ψυχή, καὶ ἄλλης τὸ σῶμα. Ὁμοίως δὲ καὶ ἐπὶ τοῦ Δεσπότου Χριστοῦ ταυτότης μὲν ἔστι προσώπου, ἑτερότης δὲ οὐσιῶν. Ἑνὸς γὰρ ὄντος προσώπου, ἤτοι ὑποστάσεως, ἑτέρας οὐσίας ἐστὶν ἡ θεότης, καὶ ἑτέρας ἡ ἀνθρωπότης. Ὥσπερ γὰρ ἀδύνατον ἐπὶ τῆς ἁγίας Τριάδος ὁμολογεῖν μὲν τὴν ἕνωσιν, μὴ ἐκφωνεῖν δὲ τὴν διαφοράν· οὕτω **καὶ ἐπὶ τῆς οἰκονομίας** ἀνάγκη πᾶσα καὶ τὴν ἕνωσιν, καὶ τὴν διαφορὰν κηρύττειν.

Καὶ τοῦτο.

Ὥσπερ Σαβέλλιον ἀναθεματίζομεν κηρύττοντα ἐπὶ τῆς ἁγίας Τριάδος τὴν φυσικὴν ἕνωσιν,

172* INTRODUCTION

ἔνωσιν, ἀλλὰ μὴ λέγοντα τὴν καθ'ὑπόστασιν διαφοράν, οὕτως Εὐτυχέα ἀναθεματίζομεν <u>οὐχ'</u>ὁμολογοῦντα τὴν καθ'ὑπόστασιν ἔνωσιν ἐπὶ τοῦ Χριστοῦ, ἀλλὰ μὴ γνωρίζοντα τὴν φυσικὴν διαφοράν.

η' Ὥσπερ <u>ἐπὶ</u> τῆς ἁγίας Τριάδος τὴν μίαν οὐσίαν οὐκ ἐπὶ συγχύσει τῶν τριῶν ὑποστάσεων λέγομεν, οὔτε τὰς τρεῖς ὑποστάσεις ἐπὶ ἀναιρέσει τῆς μιᾶς οὐσίας, οὕτως ἐπὶ τοῦ ἑνὸς τῆς ἁγίας Τριάδος τὴν μίαν ὑπόστασιν οὐκ ἐπὶ συγχύσει τῶν δύο φύσεων αὐτοῦ λέγομεν, οὔτε τὰς δύο φύσεις ἐπὶ διαιρέσει τῆς μιᾶς ὑποστάσεως.

θ' Ὁ μὴ λέγων ἐπὶ Χριστοῦ διὰ τὴν τῶν φύσεων διαφορὰν τὴν καθ'ὑπόστασιν ἔνωσιν, Νεστοριανός ἐστι. Καὶ ὁ μὴ λέγων ἐν τῇ καθ'ὑπόστασιν ἑνώσει τὴν φυσικὴν διαφοράν, Εὐτυχιανιστής ἐστιν. Ὁ δὲ καὶ τὴν καθ'ὑπόστασιν ἔνωσιν καὶ τὴν φυσικὴν διαφορὰν κηρύττων ἐπὶ τοῦ ἑνὸς τῆς ἁγίας Τριάδος, τὴν βασιλικὴν καὶ ἀμώμητον πίστιν κρατεῖ.

ι' Ὁ <u>δὲ</u> λέγων καὶ διαφορὰν καὶ ἔνωσιν ἐπὶ <u>τοῦ</u> Χριστοῦ, οὔτε τὴν διαφορὰν ἀναιρεῖ, οὔτε τὴν ἔνωσιν συγχέει. Καὶ γὰρ Κύριλλος ἀναθεματίζει τοὺς διὰ τὴν διαφορὰν ἀναιροῦντας τὴν καθ'ὑπόστασιν ἔνωσιν, καὶ ἡ οἰκουμενικὴ σύνοδος ἀναθεματίζει τοὺς <u>διὰ</u> τὴν καθ'ὑπόστασιν ἔνωσιν τὴν φυσικὴν διαφορὰν ἀναιροῦντας ἐπὶ τοῦ ἑνὸς τῆς ἁγίας Τριάδος.

ἀλλὰ μὴ λέγοντα τὴν καθ'ὑπόστασιν διαφοράν, οὕτως **Εὐτυχῆ** ἀναθεματίζομεν ὁμολογοῦντα τὴν καθ'ὑπόστασιν ἔνωσιν ἐπὶ τοῦ Χριστοῦ, ἀλλὰ μὴ γνωρίζοντα τὴν φυσικὴν διαφοράν.

Καὶ τοῦτο.

Ὥσπερ τῆς ἁγίας Τριάδος τὴν μίαν οὐσίαν οὐκ ἐπὶ συγχύσει τῶν τριῶν ὑποστάσεων λέγομεν, οὔτε τὰς τρεῖς ὑποστάσεις ἐπὶ ἀναιρέσει τῆς μιᾶς οὐσίας· οὕτως ἐπὶ τοῦ ἑνὸς τῆς ἁγίας Τριάδος, τὴν μίαν ὑπόστασιν οὐκ συγχύσει τῶν δύο φύσεων αὐτοῦ λέγομεν, οὔτε τὰς δύο φύσεις ἐπὶ διαιρέσει τῆς μιᾶς ὑποστάσεως.

Καὶ τοῦτο.

Ὁ μὴ λέγων ἐπὶ Χριστοῦ διὰ τὴν τῶν φύσεων διαφορὰν τὴν καθ'ὑπόστασιν ἔνωσιν Νεστοριανός ἐστι. Καὶ ὁ μὴ λέγων ἐν τῇ καθ'ὑπόστασιν ἑνώσει τὴν φυσικὴν διαφορὰν Εὐτυχιανιστής ἐστιν. Ὁ δὲ τὴν καθ'ὑπόστασιν ἔνωσιν, καὶ τὴν φυσικὴν διαφορὰν κηρύττων ἐπὶ τοῦ ἑνὸς τῆς ἁγίας Τριάδος, τὴν βασιλικὴν καὶ ἀμώμητον πίστιν κρατεῖ.

Καὶ τοῦτο.

Ὁ λέγων καὶ διαφορὰν καὶ ἔνωσιν ἐπὶ Χριστοῦ, οὔτε τὴν διαφορὰν ἀναιρεῖ, οὔτε τὴν ἔνωσιν συγχέει. Καὶ γὰρ Κύριλλος ἀναθεματίζει τοὺς τὴν διαφορὰν ἀναιροῦντας **διὰ** τὴν καθ' ὑπόστασιν ἔνωσιν, καὶ ἡ οἰκουμενικὴ σύνοδος ἀναθεματίζει τοὺς διὰ τὴν καθ' ὑπόστασιν ἔνωσιν τὴν φυσικὴν διαφορὰν ἀναιροῦντας ἐπὶ τοῦ ἑνὸς τῆς ἁγίας Τριάδος.

INTRODUCTION 173*

Zygadène a repris le texte du *De duabus Christi naturis* d'une manière très fidèle. Il n'y a que quelque petites différences.

Signalons encore que nous avons trouvé deux manuscrits qui contiennent la même version incomplète (les chapitres γ΄, δ΄, ς΄ et ζ΄ font défaut) du *De duabus Christi naturis*. Il s'agit de l'*Athous, Dionysiou 194 (Lambros 3728)* (*a.* 1363), f. 304ᵛ-305ʳ (sigle I) et du *Parisinus gr. 1612* (*a.* 1493), f. 188ʳ-189ᵛ (sigle Ax). Le témoin du mont Athos est un manuscrit de papier datant de 1363 ([726]). Il s'agit d'une collection d'œuvres hésychastes et/ou antilatines écrites par divers auteurs comme Grégoire Palamas, Barlaam le Calabrais, etc. ([727]) Le traité sur les deux natures du Christ (*CPG* 7697. 13) se trouve aux folios 304ᵛ-305ʳ. Il est précédé de la question 2a des *Quaestiones et responsiones* de Néophyte Prodromènos ([728]), une apologie intitulée Ἀπολογία περί τῆς ἐπιγραφῆς τῶν ἁγίων εἰκόνων τοῦ Χριστοῦ καὶ τῆς Θεοτόκου (f. 300ᵛ-304ᵛ) et suivi de la question 1a des *Quaestiones et responsiones* de Prodromènos, une apologie intitulée Ἀπολογία Λατίνου περὶ τοῦ ἁγίου ἄρτου ([729]) (f. 305ʳ-306ᵛ). À l'heure actuelle, le témoin n'est plus complet: le dernier cahier manque. Le codex a été écrit par le copiste Néophyte Prodromènos. D'après Cacouros ([730]), il s'agit en fait du manuscrit personnel de Prodromènos dont il faut retracer l'origine au monastère de Pétra à Constantinople.

Le *Parisinus* est un codex de papier comptant 248 folios et datant du 7 août 1493 ([731]). Il semble qu'il faisait d'abord partie de la collection de la bibliothèque de Fontainebleau avant d'être

---

(726) Pour la transcription de la note mentionnant cette date, voir LAMBROS, Κατάλογος, I, p. 360.

(727) LAMBROS, Κατάλογος, I, p. 357-360.

(728) KALOGEROPOULOU-METALLINOU, Ὁ μοναχὸς Νεόφυτος Προδρομηνός, p. 431-443.

(729) *Ibid.*, p. 409-412.

(730) M. CACOUROS, *Néophytos Prodromènos copiste et responsable (?) de l'édition quadrivium-corpus aristotelicum du 14ᵉ siècle*, dans *REB* 56 (1998), p. 203.

(731) OMONT, *Inventaire sommaire*, II, p. 106-107. La date peut être trouvée dans un colophon au feuillet 64ʳ (transcription par H. OMONT, *Les manuscrits grecs datés des XVᵉ et XVIᵉ siècles de la Bibliothèque Nationale et des autres bibliothèques de France*, dans *Revue des Bibliothèques* 2 [1892], p. 30).

174* INTRODUCTION

transféré à la Bibliothèque du Roy sous le numéro 3004 [732]. Au folio 64^r, on peut trouver une note mentionnant le nom du copiste : ἀναγνώστου τοῦ Ῥοδίτι καὶ χωρικογράφου [733]. Nous ne savons toutefois rien de ce lecteur et humble scribe de Rhodes. Le manuscrit est un *codex miscellaneus* de mauvaise qualité. En effet, il contient beaucoup d'erreurs. Le *De duabus christi naturis* se trouve aux folios 188^r-189^v. Il est précédé de la question 2a des *Quaestiones et responsiones* de Néophyte Prodromènos [734] (f. 182^r-188^r) et suivi de la question 1a des *Quaestiones et responsiones* de Prodromènos [735] (f. 189^r-191^v), les mêmes textes qui se trouvent également dans l'*Athous, Dionysiou 194*.

Dans les deux cas, il s'agit de témoins de la tradition indirecte des extraits d'Euthyme Zygadène. Ils ne doivent donc pas être pris en compte dans l'analyse de la tradition indirecte du *De duabus Christi naturis*.

c. Bilan

Récapitulons ce que nous avons observé quant à la tradition indirecte du *De duabus Christi naturis*. Nous avons fait une distinction entre les citations dans des florilèges et celles chez d'autres auteurs.

Il est remarquable que, à l'intérieur des florilèges, nous ne recontrons que le chapitre α΄ du *De duabus Christi naturis*. Nous n'avons pas d'explication pour cette singularité, sauf peut-être que ce chapitre nous présente avec une sorte de résumé de la vision des hérésies et celle de l'Église. Les florilèges ont transmis, en général, le texte du chapitre assez fidèlement.

---

(732) H. Omont, *Catalogus codicum hagiographicorum graecorum Bibliothecae Nationalis Parisiensis* (*SH* 5), Paris, 1896, p. 282. Nous n'avons pas pu trouver le manuscrit dans les anciens catalogues de Fontainebleau (cf. Omont, *Catalogues des manuscrits grecs de Fontainebleau*).

(733) Vogel – Gardthausen, *Die griechischen Schreiber*, p. 393 ; *RGK*, II, 486. Pour une discussion de la signification de χωρικογράφος, voir entre autres l'article de C. Wendel, *Die ΤΑΠΕΙΝΟΤΗΣ des griechischen Schreibermönches*, dans *BZ* 43,2 (1950), [p. 259-266] p. 262.

(734) Kalogeropoulou-Metallinou, Ὁ μοναχὸς Νεόφυτος Προδρομηνός, p. 431-443.

(735) *Ibid.*, p. 409-412.

INTRODUCTION 175*

Nous avons également rencontré certains chapitres (et parfois même tout le texte) du *De duabus Christi naturis* chez d'autres auteurs. Il s'agit de citations chez Psellos, Théodore Agallianos et Zygadène, trois auteurs qui se sont servis du texte de Maxime d'une manière différente. Tandis que Psellos a intervenu radicalement dans le texte, par exemple en adaptant l'ordre des chapitres, Zygadène nous a procuré un texte qui correspond à peu près à notre texte de base. Agallianos, par contre, a utilisé le texte de Maxime comme point de départ pour son traité hérésiologique. Pour cela, il a repris le texte du *De duabus Christi naturis* fidèlement (à part de quelques divergences, probablement inhérentes à sa source).

3. *Éditions antérieures et traductions*

Le petit traité de Maxime le Confesseur sur la double nature du Christ a été édité et traduit plusieurs fois. Dans ce chapitre, nous donnons un bref aperçu de ces éditions et traductions. Nous présentons également nos conclusions quant aux manuscrits de la tradition directe dont les éditeurs et traducteurs se sont probablement servis [736].

a. *Une traduction latine (1605)*

L'histoire imprimée du *De duabus Christi naturis* commence par la traduction latine du Jésuite espagnol Francisco Torres [737] (Franciscus Turrianus) (1509-1584), parue à titre posthume à In-

---

[736] Pour une analyse détaillée de ces éditions, nous renvoyons à notre article paru dans *Sacris Erudiri* (Levrie, *Pour une histoire*). Nous nous limitons ici aux conclusions de cet article concernant chaque édition.

[737] Pour des éléments biographiques, voir : C. Gutierrez, *Españoles en Trento*, Valladolid, 1951, p. 446-473 ; H. Jedin, *Torres, Francisco*, dans J. Höfer – K. Rahner (éd.), *Lexikon für Theologie und Kirche*, X, Freiburg, 1965, col. 258. Pour des informations concernant les activités éditoriales de De Torres, voir entre autres : C. Sommervogel, *Bibliothèque de la Compagnie de Jésus*, VIII, Bruxelles, 1898, col. 113-126 ; O. Kresten, *Zu Griechischen Handschriften des Francisco Torres SJ*, dans *Römische Historische Mitteilungen* 12 (1970), p. 179-196 ; P. Petitmengin, *Deux « Bibliothèques » de la Contre-Réforme : la* Panoplie *du Père Torres et la* Bibliotheca Sanctorum Patrum, dans A. C. Dionisotti – A. Grafton – J. Kraye (éd.), *The uses of Greek and Latin. Historical essays (University of London. Warburg institute surveys and texts* 16), London, 1988, p. 127-153.

176* INTRODUCTION

golstadt en 1605 et rééditée en 1615 dans une traduction de treize opuscules du Confesseur ([738]). La traduction est intitulée *Sanctus Maximus. De duabus naturis domini et dei salvatoris nostri Iesu Christi, & quod Arius & Nestorius in Theologia, & Incarnatione, contra atque Sabellius, & Eutyches sentiunt*, ce qui correspond au titre que nous avons trouvé dans la plupart des manuscrits grecs ([739]). Torres ne mentionne pas son manuscrit source.

La traduction de Torres est très littérale et beaucoup de 'différences' par rapport au texte grec peuvent s'expliquer par un choix ou par une erreur du traducteur. Il n'est pas possible de déterminer le manuscrit source de Torres, bien qu'il semble exister surtout une proximité avec Ah et Aj. Cependant, il faudrait étayer cette constatation par une comparaison entre la traduction latine et les autres opuscules contenus dans ce manuscrit.

b. *L'édition de 1619*

En 1619, le philologue hollandais Johannes van Meurs (Ioannes Meursius; 1579-1639) ([740]) publie à Leyde son *Variorum divinorum liber unus* ([741]). Cette œuvre contient une édition du texte grec du *De duabus Christi naturis* (p. 127-130), mais attribuée à Timothée de Constantinople: Τιμοθέου, Πρεσβυτέρου Κωνσταντινουπόλεως, Περὶ τῶν προσερχομένων τῇ ἁγίᾳ ἐκκλησίᾳ, Λόγος α΄. Τοῦ αὐτοῦ, Περὶ τῶν δύο φύσεων τοῦ κυρίου ἡμῶν Ἰησοῦ Χριστοῦ. La première œuvre du titre est en

---

(738) Fr. de Torres, *Sancti Maximi Confessoris Contra monothelitas et acephalos, opuscula tredecim*, Ingolstadii, 1605, p. 149-153.

(739) Περὶ τῶν δύο φύσεων τοῦ Κυρίου καὶ Θεοῦ καὶ Σωτῆρος ἡμῶν Ἰησοῦ Χριστοῦ· καὶ ὅτι Ἄρειος μὲν καὶ Νεστόριος, τόν τε τῆς θεολογίας καὶ τῆς οἰκονομίας λόγον (διαιροῦσι)· Σαβέλλιος δὲ καὶ Εὐτυχὴς, ἀπεναντίας τούτων συγχέουσιν. (Le verbe διαιροῦσι n'est pas toujours présent.)

(740) Pour des informations biographiques, voir: Brugmans, *Meursius, Johannes*, dans P. C. Molhuysen – P. J. Blok (éd.), *Nieuw Nederlandsch biografisch woordenboek*, 7, Leiden, 1927, p. 872-873; C. L. Heesakkers, *Te weinig koren of alleen te veel kaf? Leiden's eerste Noordnederlandse filoloog Joannes Meursius (1579-1639)*, dans M. Simons – R. J. Langelaan (éd.), *Miro Fervore. Een bundel lezingen & artikelen over de beoefening van de klassieke wetenschappen in de zeventiende & achttiende eeuw*, Leiden, 1994, p. 13-26.

(741) I. Meursius, *Variorum divinorum liber unus. In quo auctores Theologi Graeci varii, antehac nunquam vulgati*, Lugduni Batavorum, 1619.

INTRODUCTION   177*

fait le *De iis qui ad ecclesiam accedunt* (*CPG* 7016) [742], également connue sous le titre de *De receptione haereticorum* et attribuée au prêtre Timothée de Constantinople (6ᵉ-7ᵉ siècles).

L'édition même nous fournit peu de renseignements quant à la provenance du manuscrit de base employé pour l'établissement du texte. Une comparaison de l'édition de Meursius avec les témoins connus du *De duabus Christi naturis* n'a pas eu de grands résultats. En effet, nous ne sommes pas parvenu à identifier le manuscrit de base de Meursius, mais nous pouvons assurer en tout cas que Meursius s'est servi d'un manuscrit qui faisait partie de la même famille qu'Af, Bg et Br, mais dont nous ne disposons plus à l'heure actuelle.

c. L'édition de 1648

En 1648, le savant dominicain François Combefis [743] (1605-1679) publie le *De duabus Christi naturis*, complété d'une traduction latine, dans son *Historia Haeresis Monothelitarum* [744] (col. 443-448). Pour son édition, Combefis s'est servi de l'édition de Meursius de 1619. Il a cependant corrigé le texte à plusieurs endroits. Combefis ne dit pas sur quoi il s'est basé pour ces corrections, mais, selon Mahieu [745], il est très probable qu'il a utilisé Az. Cependant, Az ne peut pas expliquer toutes les additions de Combefis. Nous n'avons pas pu établir à quel autre manuscrit Combefis a eu recours.

d. L'édition de 1675

En 1675, Combefis publie une édition presque intégrale des œuvres de Maxime le Confesseur [746]. L'édition paraît en deux tomes. Pourtant, Combefis avait initialement pour but de publier

---

(742) Le texte de Meursius ne correspond pas complètement au texte contenu dans la *PG* 86, 11-74. En fait, il ne s'agit que d'une partie du *De iis qui ad ecclesiam accedunt*.

(743) Cf. Coulon, *Combefis*; Duval, *Combefis*; Mahieu, *Travaux préparatoires*, p. 125-126; Richardot, *Combefis*.

(744) F. Combefis, *Historia haeresis monothelitarum sanctaeque in eam sextae synodi actorum vindiciae. Diversorum item antiqua, ac medii aevi, tum historiae sacrae, tum dogmatica, graeca opuscula. Accedunt Manuelis Palaeologi in laudem (...)*, Parisiis, 1648.

(745) Mahieu, *Travaux préparatoires*, p. 120.

(746) Combefis, *S. Maximi Confessoris*.

178* INTRODUCTION

trois tomes ([747]). Ce troisième tome devait contenir l'édition des *Ambigua ad Thomam* et *ad Ioannem* (*CPG* 7705. 1-2), du *Computus ecclesiasticus* (*CPG* 7706) et des scholies aux œuvres du Pseudo-Denys l'Aréopagite (*CPG* 7708) ([748]).

Notre texte sur la double nature du Christ, accompagnée d'une traduction latine, se trouve dans le deuxième tome (p. 76-78). D'après Mahieu ([749]), Combefis a repris ici le texte tel qu'il se trouvait dans son *Historia Haeresis*. Après avoir comparé la version de l'*Historia Haeresis* avec celle de l'édition générale, nous avons conclu que cette constatation de Mahieu n'est pas tout à fait correcte. En fait, les deux éditions divergent sur plusieurs points (surtout dans les premiers chapitres)·

Dans ses notes et dans son *Elenchus* publié en 1660 ([750]), Combefis fait mention des témoins dont il s'est servi pour établir l'édition intégrale (1675). Il s'agit du *Tilianus S. Hilarii* (= Az), du *Dufresne* (= At, qui a appartenu à la collection de Raphaël Trichet du Fresne [1611-1661]), de Bm, d'un codex *Blachi*, de la traduction de Torres et, enfin, d'un *Regius*, c'est-à-dire un manuscrit de la bibliothèque royale de Paris, mais qui n'a pas pu être identifié ([751]).

Il n'est pas facile d'identitifier ce manuscrit qui aurait appartenu à Gerasimos Vlachos (1607-1685) ([752]). Combefis fait men-

---

(747) Cf. « Elenchus Operum S. Maximi, R. Patri Francisco Combefis, hactenus quaesitorum, ejusque cura ad eorum proximam Editionem, Cleri Gallicani iussu et auspiciis, paratorum » (Paris, 1660), dans DE MONTFAUCON, *Bibliotheca Coisliniana*, p. 307 ; COMBEFIS, *S. Maximi Confessoris*, I, préface ('Lectori') (= *PG* 90, 55-56 [avis au lecteur]).

(748) Combefis avait déjà entamé des travaux préparatoires en vue du troisième tome, voir : MAHIEU, *Travaux préparatoires*, p. 159-162 ; B. JANSSENS, *François Combefis and the Edition of Maximus the Confessor's Complete Works*, dans *AB* 119 (2001), p. 357-362.

(749) MAHIEU, *Travaux préparatoires*, p. 120-121.

(750) DE MONTFAUCON, *Bibliotheca Coisliniana*, p. 308.

(751) MAHIEU, *Travaux préparatoires*, p. 139. Pour quelques autres ouvrages de Maxime le Confesseur, les *Regii Parisinus gr. 934*, *Parisinus gr. 1094* et *Parisinus gr. 1097* ont joué un rôle d'importance (cf. BOUDIGNON, *Myst.*, p. CLXXI ; LAGA – STEEL, *Q. Thal.*, I, p. LXX-LXXII et LXXXV ; VAN DEUN, *Opuscula*, p. LXXV-LXXVI et CLXII-CLXIII, mais ces manuscrits ne peuvent pas nous dépanner cette fois-ci, vu que le *De duabus Christi naturis* ne s'y trouve pas.

(752) TATAKIS, *Γεράσιμος Βλάχος*. Pour plus d'informations sur la relation entre Combefis et Vlachos, voir p. 17-18, 22-23, 38 et 49.

INTRODUCTION 179*

tion d'un codex *Blachi* pour plusieurs ouvrages de Maxime le Confesseur ([753]), mais on ne sait pas s'il faut supposer l'existence d'un seul codex *Blachi* ou de plusieurs. En ce qui concerne notre traité, il pourrait s'agir de Bb (*s.* XVI), identifié par B. Janssens pour les *Amb. Thom.* ([754]) Nous avons comparé le texte d'At, d'Az, de Bb et de Bm avec l'édition de Combefis, mais, sauf pour Az, nous n'avons pas pu déterminer avec certitude si Combefis a vraiment utilisé ces manuscrits, car ils ne contiennent pas de variantes importantes qui auraient été reprises dans l'édition. En outre, Combefis semble être intervenu plusieurs fois dans le texte.

e. L'édition de 1692 ([755])

En 1692 paraît une édition spéciale de notre petit traité, à l'intérieur d'une œuvre du patriarche Dosithée de Jérusalem ([756]) (1641-1707), son *Τόμος καταλλαγῆς* ([757]), dirigé particulièrement contre le savant grec Léon Allatius (1586-1669). Le titre du recueil découle du fait qu'il « vise non seulement à combattre les ennemis de l'orthodoxie (les Latins), mais aussi à leur dessiller les yeux et à les ramener à l'unique bercail du Christ » ([758]). Nous pouvons repérer notre traité aux pages 432-439, mais il s'y trouve sous une forme particulière : les dix chapitres sur la double nature du Christ y sont alternés avec neuf commentaires antilatins de Théodore Agallianos.

Grâce à la collation des manuscrits qui contiennent le texte interpolé, nous pouvons démontrer que Dosithée a employé l'*Athe-*

---

(753) Voir Bracke, *Some Aspects of the Manuscript Tradition*, p. 101-102 (n. 17).

(754) Janssens, *Amb. Thom.*, p. CXXX. Laga et Steel (*Q. Thal.*, I,, p. LXXXV), en revanche, identifient le codex *Blachi* avec les feuillets du 17ᵉ siècle faisant partie du *Parisinus, Supplementum graecum 1093* (qui ne contient toutefois pas notre texte sur les deux natures), copie potentielle de Ca (*s.* XIII), du moins en ce qui concerne les *Q. Thal.*

(755) Pour une discussion détaillée de ce texte et pour son édition critique, voir Levrie, *Le Florilegium patristicum adversos Latinos* et ead., *La Syllogè contre les Latins*.

(756) Pour des informations biographiques, cf. Todt, *Dositheos II*.

(757) Dosithée de Jérusalem, *Τόμος καταλλαγῆς*. Voir Legrand, *Τόμος καταλλαγῆς*, p. 28-29 (nr. 658) ; Todt, *Dositheos II*, p. 671 et 673-674.

(758) A. Palmieri, *Dosithée*, dans B. Loth – A. Michel (éd.), *Dictionnaire de théologie catholique*, XLII, Paris, 1911, col. 1793.

180*   INTRODUCTION

niensis, Ethnikè Bibliothèkè, olim Constantinopolitanus, Metochion tou Panagiou Taphou 204 (*a.* 1598) (f. 224ʳ-234ʳ) [759], ce qui est confirmé par le fait que Dosithée a résidé dans ce monastère de Constantinople [760]. L'*Atheniensis* est l'un des cinq témoins connus de la *Syllogè contre les Latins* de Théodore Agallianos.

f. L'édition de 1865

Le texte du *De duabus Christi naturis*, avec une traduction latine et quelques notes, se trouve dans le volume 91 (col. 145-150) de la *Patrologia Graeca* de Jacques-Paul Migne [761] (1800-1875). Le texte correspond complètement avec le texte qu'on trouve dans l'édition de Combefis de 1675, à l'exception d'un mot : dans le chapitre γ′ de la version de Migne est ajouté le mot διά dans le syntagme ἀλλὰ τοῦ μὲν λέγειν (cf. γ′, 2/3).

Puisque l'apparat critique de notre édition du *De duabus Christi naturis* est déjà assez surchargé, nous avons décidé de ne pas mentionner les leçons divergentes de la *PG* dans l'apparat. Ces différences ont été énumérées dans la liste suivante :

Tit. Περὶ – συγχέουσιν] Περὶ τῶν δύο τοῦ Χριστοῦ φύσεων *Migne*

α′, 5 Ἐκκλησία] τοῦ Θεοῦ *praem. Migne*

α′, 5 Μονάδα] τὴν *praem. Migne*

α′, 6 Τριάδα] τὴν *praem. Migne*

α′, 6 κηρύττει] Ὁ Μακεδόνιος ὅμοια τῷ Ἀρείῳ πρεσβεύει, τὸ γὰρ ἅγιον Πνεῦμα, κτίσμα ὑποτίθησιν . Ἡ δὲ Ἐκκλησία, ὁμοούσιον τῷ Πατρὶ καὶ τῷ Υἱῷ τὸ Πνεῦμα τὸ ἅγιον ἀνακηρύττει, καὶ Θεὸν αὐτῷ πῶς διαβεβαιοῖ *add. Migne*

β′, 2 Ἡ – οὐσιῶν] Ἡ ταυτότητα οὐσιῶν καὶ ἑτερότητα προσώπων, καὶ τὸ ἔμπαλιν *Migne*

β′, 6-7 ἐστὶν οὐσίας] *inv. ord. Migne*

β′, 7 τὸ σῶμα] ἡ σάρξ *Migne*

β′, 11 ἐπὶ] *om. Migne*

---

(759) La question du manuscrit source du *De duabus Christi naturis* utilisé pour établir ce florilège antilatin reste encore ouverte.

(760) Todt, *Dositheos II*, p. 659.

(761) Pour des informations biographiques, voir e.a. M.-H. Congourdeau, *Dans le sillage de l'abbé Migne,* dans *Bulletin de liaison de l'Association des Bibliothèques Chrétiennes de France* 129 (2005), p. 3-10.

β′, 13 ἐπὶ του Χρίστου] ἐπὶ τοῦ ἑνὸς τῆς ἁγίας Τριάδος *Migne*
δ′, 1 Ὥσπερ] γὰρ *add. Migne*
δ′, 1 οὐ] οὐχ ὡς *Migne*
δ′, 2 ἀλλὰ] ἀλλ' ὡς *Migne*
δ′, 3 οὕτω] καὶ *add. Migne*
δ′, 4 οὐ] οὐχ ὡς *Migne*
δ′, 5 ἀλλὰ] ὡς *add. Migne*
ε′, 1 οὐ] οὐχ ὡς *Migne*
ε′, 2 ἀλλὰ] ἀλλ' ὡς *Migne*
ε′, 4 οὐχ] ὡς μὴ *add. Migne*
ε′, 4 ὁμολογοῦντα] λέγοντα *Migne*
ε′, 5 ἀλλὰ] ἀλλ' ὡς *Migne*
ς′, 7 τὰς] *om. Migne*
ι′, 1 δὲ] τοίνυν *Migne*
ι′, 3 Καὶ γὰρ Κύριλλος] Καὶ γὰρ ὁ θεῖος Κύριλλος *Migne*
ι′, 6 τὴν – διαφορὰν] *post* ἀναιροῦντας *trsp. Migne*

g. Les traductions modernes

Il existe aussi deux traductions modernes (en français) du *De duabus Christi naturis*. Les deux traducteurs, Ponsoye [762] et Piret [763], se sont basés sur le texte de la *Patrologia graeca*. Une traduction partielle (des chapitres γ′, δ′, ε′ et η′) en français peut être trouvée chez Garrigues [764]. Lui aussi a pris le texte de Migne comme texte de référence.

2. Recensio codicum

1. *La tradition directe*

Malheureusement, il n'a pas été possible d'établir un *stemma codicum* complet pour le *De duabus Christi naturis*.

D'abord, nous voulons signaler que nous disposons de quelques manuscrits qui ne présentent qu'une version fragmentaire du *De duabus Christi naturis*. Il s'agit, plus particulièrement, de deux témoins qui ne contiennent que le chapitre α′, quatre témoins qui ne

---

(762) Larchet – Ponsoye, *Opuscules théologiques et polémiques*, p. 191-193.

(763) Piret, *Le Christ et la Trinité*, p. 108-110.

(764) J. M. Garrigues, *La personne composée du Christ d'après saint Maxime le Confesseur*, dans *Revue Thomiste* 74 (1974), [p. 181-204] p. 197.

contiennent pas le deuxième chapitre dont un témoin a une version du texte qui finit à la moitié du caput ς' ; un manuscrit qui ne comporte que les quatre premiers chapitres et encore quelques témoins qui ont beaucoup d'omissions à l'intérieur des chapitres.

Il est clair que la brièveté du texte (moins de 700 mots) et sa nature dogmatique (utilisation d'un vocabulaire très restreint et répétition des mêmes phrases) ne permet pas d'établir avec certitude la parenté entre tous les témoins de la tradition directe. Malgré la brièveté du texte, la collation nous a dévoilé bon nombre de fautes et de variantes qui, dans la plupart des cas, ne nous aident pas à établir un *stemma codicum*. En effet, les leçons que l'on trouve dans les témoins ne sont presque jamais de nature probante. Il s'agit surtout de petites omissions (p. ex. de la négation) et de courtes transpositions qui peuvent être commises par les copistes indépendamment l'un de l'autre. Cette constatation a pour conséquence que les groupes de manuscrits que nous pouvons former sur la base des fautes communes peuvent facilement être remis en question. Par ailleurs, il fallait s'y attendre que dans une tradition manuscrite si abondante, il y aurait beaucoup de contamination.

Après quelques tentations stemmatologiques, nous avons décidé de ne pas publier un stemma général pour ce qui est du *De duabus Christi naturis*, étant donné que le stemma proposé ne serait pas vraiment véridique. Par contre, nous voulons proposer la solution (partielle) suivante. Afin de discerner quand même quelques familles de manuscrits qui peuvent nous aider à reconstituer le texte original, nous nous sommes servie de quatre outils. Premièrement, nous avons eu recours à la critique externe, plus particulièrement à des aspects codicologiques, afin de déterminer la parenté entre certains manuscrits. Plus particulièrement, nous avons comparé le contenu des témoins et à l'aide de l'ordre des opuscules maximiens, nous avons pu émettre quelques hypothèses en ce qui concerne la parenté des manuscrits en question. Deuxièmement, l'histoire des manuscrits nous a pu aider de manière similaire. En troisième temps, nous avons tout de même été capable d'isoler quelques familles à l'aide de certaines leçons saillantes ([765]). Ces mini-stem-

---

(765) Signalons que nous n'avons pas toujours énuméré toutes les leçons communes illustrant la parenté entre certains manuscrits. Ces leçons étant toutes présentes dans l'apparat critique de notre édition (à l'exception de celles de copies), nous avons opté pour des listes non exhaustives présentant

INTRODUCTION 183*

mas seront présentés et argumentés de sorte que nous puissions éliminer de notre apparat critique quelques copies. Et finalement, nous avons pu nous baser sur la classification des témoins par les éditeurs antérieurs des œuvres de Maxime le Confesseur. Nous avons repris les parties de leurs stemmas qui étaient pertinentes pour notre texte et nous les avons appliquées sur le *De duabus Christi naturis*. S'il n'y avait aucune leçon qui réfutait le stemma proposé par les autres éditeurs, nous l'avons gardé, dans l'autre cas, nous l'avons écarté. Cependant, il n'a pas toujours été possible de confirmer ou d'écarter un stemma proposé, de nouveau à cause de de la brièveté du texte et de l'absence de fautes probantes ([766]).

a. *Éléments codicologiques pour le classement des témoins*

À l'aide de la description des témoins et selon les principes de la critique externe, nous pouvons regrouper les manuscrits suivants.

1. *Témoins où le* De duabus Christi naturis *se trouve entre les* Amb. Io. *et les* Ep. 6 *et* 7

U	*Cantabrigiensis, University Library, Dd II 22 (s. XIV)*
Al	*Monacensis gr. 363 (s. XIII-XIV)*
Bm	*Vaticanus gr. 505 (a. 1520)*
Bs	*Vaticanus gr. 1502 (s. XII)*
Ca	*Venetus, Marcianus gr. 136 (s. XIII)*

Tous ces manuscrits dépendent de Bs ([767]).

2. *Témoins où le* De duabus Christi naturis *se trouve entre les* Q. Thal. *et les* Ep. 6 *et* 7

At	*Parisinus gr. 886 (s. XIII)*
Bc	*Parisinus, Coislinianus gr. 90 (s. XII)*
Be	*Romanus, Angelicus gr. 120 (T 1.8) (s. XI)*
Bj	*Taurinensis gr. c.III.3 (Pas. XXV.b.V.5) (s. XI) (brûlé)*

---

les fautes et variantes les plus significatives afin de rendre ce chapitre sur la *recensio codicum* plus lisible.

(766) Ajoutons également qu'il est presque impossible de lier ces mini-stemmas à cause du manque de fautes probantes, bien qu'il y ait parfois des indices de parenté entre les membres des différentes familles.

(767) Une autre copie connue de Bs, à savoir Z, n'a pas cet ordre de succession.

Cd   *Vindobonensis, Supplementum gr. 1 (s.* XIII)

3. Témoins où le De duabus Christi naturis *est suivi des* Ep. 6 *et 7, mais n'est pas précédé des* Amb. Io. *ou des* Q. Thal.

X   *Guelferbytanus, Herzog-August-Bibliothek, Gudianus gr. 39 (s.* XIII)
Ai   *Monacensis gr. 83 (s.* XV)
Bb   *Parisinus, Supplementum gr. 228 (s.* XVI)
Bn   *Vaticanus gr. 507 (a. 1344)*
Bz   *Vaticanus, Reginensis gr. 37 (s.* XV)

4. Témoins où le De duabus Christi naturis *est suivi de l'*Op. 23a, *mais n'est pas précédé des* Th. Oec.

C   *Atheniensis, Ethnikè Bibliothèkè, olim Constantinopolitanus, Metochion tou Panagiou Taphou 303 (s.* XVI)
F   *Athous, Batopediou 283 (s.* XV)
H   *Athous, Batopediou 471 (s.* XII)
L   *Athous, Grègoriou 80 (Lambros 627) (a. 1675)*
V   *Ferrarensis, Biblioteca Comunale Ariostea 144 (s.* XIV)

5. Témoins où le De duabus Christi naturis *se trouve entre les* Th. Oec. *et l'*Op. 23a

Ao   *Oxoniensis, Bodleianus, Baroccianus gr. 27 (s.* XIV)
Cg   *Vindobonensis, theologicus gr. 216 (s.* XVI)

6. Témoins où le De duabus Christi naturis *est suivi de l'*Add. 21 *et de l'*Op. 24

W   *Florentinus, Mediceus-Laurentianus plut. IX, 8 (s.* XI)
Bk   *Vaticanus gr. 197 (s.* XVI)
Bq   *Vaticanus gr. 1142 (s.* XII-XIII)
Cj   *Vaticanus, Ottobonianus gr. 43 (s.* XI-XII)

7. Témoins où le De duabus Christi naturis *est suivi de l'*Add. 21 *sans l'*Op. 24

M   *Athous, Iviron 190 (Lambros 4310) (a. 1297-1298)*
Ar   *Parisinus gr. 11 (s.* XIII)

INTRODUCTION 185*

8. *Témoins où le* De duabus Christi naturis *est suivi de l'*Add. 16

P   *Athous, Lavra E 169 (Eustratiades 631) (s.* XIII)
Q   *Athous, Lavra I 43 (Eustratiades 1127) (s.* XVIII)

9. *Témoins qui ont omis le chapitre* β' [768]

Af   *Mediolanensis, Ambrosianus gr. H 257 inf. (1041) (s.* XIII)
Bg   *Scorialensis, Real Biblioteca, Y.II.7 (Andrés 262) (s.* XIII)
Br   *Vaticanus gr. 1187 (a.* 1574)

b. La partie supérieure du stemma

Il y a quelques leçons saillantes qui nous permettent d'isoler certains témoins du reste de la tradition.

Le premier lieu variant que nous souhaitons mentionner est la leçon ἡ σάρξ versus τὸ σῶμα dans le deuxième chapitre (β', 7). La table ci-dessous illustre quels manuscrits ont la première variante et lesquels la deuxième :

β', 7 τὸ σῶμα	A C E G N S U X Ad Ah Ai Aj Al Am Aq As At Av Bb Bc Be Bl Bm Bn Bs Bx By Bz Ca Cd (30) (témoin le plus ancien = 11ᵉ siècle)
ἡ σάρξ	D F H L M O P Q R V W Y Ac Ae An Ao Ar Au Az Bh Bi Bk Bo Bq Cb Ce Cg Ch Ci Cj (30) (témoin le plus ancien = 10ᵉ siècle)
Manuscrits brûlés	Bf Bj (2)
Manuscrits qui ne contiennent pas ce passage	J Z Ab Af Ag Ap Ay Ba Bd Bg Br Bt Bw Cf (14)
Manuscrit indisponible	K (1)

Puisque chacun des deux groupes contient des témoins très anciens, à savoir du 10ᵉ (σάρξ) et du 11ᵉ siècle (σῶμα), nous en pou-

---

[768] Ce chapitre fait également défaut dans Bt, mais nous ne l'avons pas mentionné dans cette liste parce que ce témoin ne contient que les chapitres α', γ', δ', ε' et une partie de ϛ'.

vons être sûre que cette ramification s'est produite déjà très tôt dans la tradition manuscrite. En outre, dans ce passage spécifique du texte, il s'agit de l'homme et de la manière dont il est composé, à savoir d'une âme et d'un corps. Dans d'autres textes, Maxime se sert toujours du couple ψυχή-σῶμα pour parler de la bipartition humaine ([769]). Signalons déjà que tous les manuscrits du *Corpus Constantinopolitanum* (voir *infra*) contiennent la version qui est probablement correcte.

Une autre variante singulière peut être trouvée dans le dernier chapitre du *De duabus Christi naturis*. Il s'agit de ἀναιρεῖ versus διαιρεῖ. La répartition est la suivante :

ι΄, 2 ἀναιρεῖ	A C E G O S U X Z Ad Ag Ah Ai Aj Al Am Aq As At Au Av Ay Bb Bc Bd Be Bl Bm Bn Bs Bx By Bz Ca Cd Cf (36) (témoin le plus ancien = 11ᵉ siècle)
διαιρεῖ	D F H L M N P Q R V W Y Ac Ae Af An Ao Ap Ar Az Ba Bg Bh Bi Bk Bo Bq Br Cb Ce Cg Ch Ci Cj (34) (témoin le plus ancien = 10ᵉ siècle)
Manuscrits brûlés	Bf Bj (2)
Manuscrits qui ne contiennent pas ce passage	J Ab Bt Bw (4)
Manuscrit indisponible	K (1)

La même constatation que nous avons faite concernant la bipartition σάρξ-σῶμα peut être avancée ici : étant donné l'âge des témoins les plus anciens, cette bipartition s'est probablement réalisée à une époque très reculée. En outre, vu qu'il s'agit dans les deux groupes d'un grand nombre de témoins, on peut supposer que la division est arrivée très haut dans l'arbre, probablement au même moment que le dédoublement σάρξ-σῶμα, parce qu'il s'agit

---

(769) Voir par exemple l'*Ambiguum 42* (*PG* 91, 1321D – 1324B ; 1325D – 1336B ; 1336C – 1345C) et le chapitre 7 de la *Myst.* (BOUDIGNON, *Myst.*, l. 540-599).

INTRODUCTION 187*

d'à peu près les mêmes manuscrits dans les deux groupes. Les exceptions peuvent toutes être expliquées (cf. *infra*).

Retournons à cette leçon saillante de ἀναιρεῖ versus διαιρεῖ. La combinaison τὴν διαφορὰν ἀναιρεῖ semble exister, mais pas la combinaison τὴν διαφορὰν διαιρεῖ. Nous avons également vérifié l'emploi de cette expression par Maxime et nous avons constaté qu'il emploie en effet τὴν διαφορὰν ἀναιρεῖ [770].

Comme nous venons de le dire, il ressort clairement de la table ci-dessus que les deux groupes coïncident à peu près avec les deux groupes σάρξ-σῶμα, mais il existe toutefois des exceptions. D'abord, il y a cinq manuscrits (Af, Ap, Ba, Bg, Br) qui figurent dans le groupe comportant διαιρεῖ, mais pas dans le groupe de σάρξ. Cette particularité peut aisément être expliquée : il s'agit ici en fait de manuscrits qui ont omis le passage contenant le mot σάρξ. Ensuite, il y a également des témoins qui se retrouvent ici en accord avec la branche opposée : les témoins O et Au ont ἀναιρεῖ, mais dans l'autre cas, ils se trouvent dans le groupe qui contient σάρξ. Ainsi de même pour N dans lequel nous lisons διαιρεῖ, mais qui, contre toute attente, contient σῶμα au lieu de σάρξ. Il s'agit ici peut-être des cas de contamination.

Il est frappant que la tradition est en grand désaccord en ce qui concerne le début du deuxième chapitre. D'ailleurs, il nous semble qu'aucun manuscrit n'a transmis la version correcte. La confusion doit déjà être située très haut dans l'arbre généalogique puisque nous pouvons de nouveau distinguer deux grands groupes : le premier contenant le nominatif ταυτότης, le deuxième l'accusatif ταυτότητα.

β′, 2 Ἡ ταυτότης οὐσιῶν	C E S U X Z Ad Ai Al Am Aq At Av Ay Bb Bc Bd Be Bl Bm Bn Bs Bw Bx By Ca Cd Cf (28) (témoin le plus ancien = 11ᵉ siècle)
Ἡ ταυτότητα οὐσιῶν	D H L N O P Q R W Ac Ae Ao Ar Au Az Bk Bq Cb Ce Cg Ch Ci Cj (23) (témoin le plus ancien = 10ᵉ siècle)
Ἡ ταυτότητα εἰ/ἢ ταυτότης οὐσιῶν	A G As (3)
Ταυτότητα οὐσιῶν	F M V An Bo (5)

---

[770] Cf. *Ep. 17* (*PG* 91, 581 B6).

Ἢ ταυτότης οὐσίας καὶ ἑτερότητα προσώπων, ἢ προσώπων ταυτότητα καὶ ἑτερότητα οὐσιῶν	Ap Ba Bh (3)
Manuscrits qui ont omis ce passage (ou ce chapitre)	Y Af Ag Ah Aj Bg Bi Br Bt Bz (10)
Manuscrits qui ne contiennent que le chapitre α′	J Ab (2)
Manuscrits brûlés	Bf Bj (2)
Manuscrit indisponible	K (1)

Il semble que le début du deuxième chapitre ait déjà été perdu très tôt dans la tradition manuscrite. De notre collation, il ressort clairement que les copistes ont souvent fait des efforts pour reconstituer la partie perdue, sans succès. D'abord, il y a eu un désaccord en ce qui concerne le cas de ταυτότης : certains témoins ont opté pour le nominatif (qui semble être la leçon la plus plausible), d'autres pour l'accusatif ταυτότητα. Étant donné la récurrence des mêmes groupes de manuscrits que pour les leçons σάρξ-σῶμα et διαιρεῖ-ἀναιρεῖ, nous supposons que cette bipartition se soit produite au même moment que la désaccord entre σάρξ-σῶμα et διαιρεῖ-ἀναιρεῖ. Les exceptions restent les mêmes, à savoir N, O et Au.

À partir des trois lieux variants cités ci-dessus, nous pouvons démontrer que les manuscrits D F H L M N̲ O̲ P Q R V W Y Ac Ae Af An Ao Ap Ar A̲u̲ Az Ba Bg Bh Bi Bk Bo Bq Br Cb Ce Cg Ch Ci Cj (36) forment une famille (que nous appelons désormais la famille α) s'opposant clairement au reste de la tradition ([771]).

---

(771) Les sigles soulignés renvoient aux manuscrits qui portent le soupçon d'être contaminés.

INTRODUCTION 189*

Cette constatation se voit confirmée par les variantes que l'on peut trouver dans le passage sur Cyrille dans le dernier chapitre:

ι', 3 καὶ γὰρ Κύριλλος]	A E G S U X Z Ad Ag Ah Ai Aj Al Am Aq As At Au Av Ay Bb Bc Be Bl Bm Bn Bs Bx By Bz Ca Cd Cf (33) (témoin le plus ancien = 11ᵉ siècle)
καὶ γὰρ ὁ θεῖος Κύριλλος	C (1)
καὶ γὰρ ὁ ἅγιος Κύριλλος	Bd (1)
ὁ γὰρ ἅγιος Κύριλλος	Bi (1)
εἰ γὰρ Κύριλλος	D N R Ap Ba Bh (6) (témoin le plus ancien = 10ᵉ siècle)
ι', 3 ὁ γὰρ θεῖος Κύριλλος	F H L M V W Y Af An Ao Ar Bg Bo Bq Br Ce Cg Ch (18) (témoin le plus ancien = 11ᵉ siècle)
ὁ γὰρ Κύριλλος	P Q Ae Bk Ci Cj (6) (témoin le plus ancien = 10ᵉ siècle)
καὶ γὰρ ὁ μακάριος Κύριλλος	Ac Az Cb (3) (témoin le plus ancien = 11ᵉ-12ᵉ siècle)
Manuscrits qui ont omis ce passage	J Ab Bt Bw (4)
Passage illisible	O (1)
Manuscrits brûlés	Bf Bj (2)
Manuscrit indisponible	K (1)

La tradition semble s'accorder sur la leçon καὶ γὰρ Κύριλλος, à l'exception de deux manuscrits qui ont ajouté une épithète (καὶ γὰρ ὁ θεῖος Κύριλλος ou bien καὶ γὰρ ὁ ἅγιος Κύριλλος). La famille α se trouve dans un état plus éclaté dont il n'est pas facile de déterminer quelle est la leçon qui se trouve le plus haut dans le stemma. Comme était le cas pour les autres leçons saillantes, ce désaccord doit être arrivé à une époque reculée vu que les deux grands groupes (καὶ γὰρ Κύριλλος et ὁ γὰρ θεῖος Κύριλλος) contiennent tous les deux des manuscrits très anciens, datant des 10ᵉ et 11ᵉ siècles.

Il y a donc quatre leçons pertinentes qui nous permettent de reconstituer la partie supérieure du stemma:

INTRODUCTION

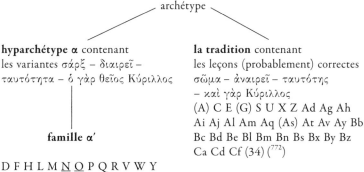

De plus, à l'intérieur de la famille α, il est possible de distinguer une sous-famille dont les membres ont tous omis, dans le deuxième chapitre, la phrase ταυτότης μέν ἐστιν οὐσίας, ἑτερότης δὲ προσώπων, ce qui ne peut pas être dû à un saut du même au même. Il s'agit des témoins suivants :

β', 3 ταυτότης μέν ἐστιν οὐσίας, ἑτερότης δὲ προσώπων	om. D F H L M N O R V W Y Ac An Ao Ar Au Az Bk Bo Bq Cb Cg Cj (23) (témoin le plus ancien = 11ᵉ siècle)

Il s'agit du groupe complet, exception faite de P Q Ae Af Ap Ba Bg Bh Bi Br Ce Ch Ci. Comme nous expliquerons plus tard, P Q Ae Bi Ce Ch Ci ont quelques fautes communes qui permettent de les considérer comme une sous-famille. La même chose s'avéra vrai pour Af, Bg et Br d'un côté et Ap, Ba et Bh de l'autre.

Étant donné que le témoin le plus ancien du groupe contenant cette omission date du 11ᵉ siècle, il faut conclure, encore une fois, que cet embranchement s'est produit déjà très tôt. Ces nouvelles informations nous permettent de compléter le stemma de la manière suivante :

---

(772) Les sigles A, G et As ont été mis entre parenthèses parce qu'ils ne contiennent pas la leçon ταυτότης tout court (cf. tableau).

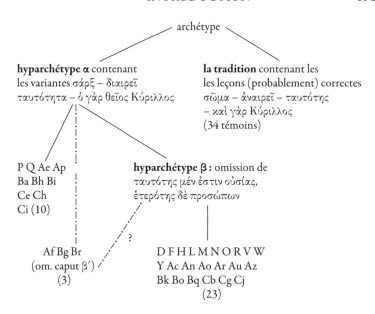

Nous ne disposons d'aucune information sur la datation de l'archétype, sauf qu'il doit être du ou antérieur au 10ᵉ siècle, date du témoin le plus ancien. En outre, nous savons que les deux hyparchétypes doivent être datés antérieurement au 11ᵉ siècle. C'est la seule chose que nous puissions dire avec certitude quant à la ramification du *De duabus Christi naturis*. Ce stemma ne contient que 36 + 34 manuscrits des 77 témoins de la tradition directe. Nous n'avons pas pu consulter un témoin (K), deux autres témoins ont été détruits lors d'une incendie (Bf Bj), 2 témoins (J Ab) ne contiennent que le chapitre α de sorte que nous ne disposons pas d'assez de matériel pour établir leur place dans le stemma, et enfin, il reste encore deux manuscrits (Bt Bw) qui sont de nature fragmentaire et qui ne contiennent pas les passages saillants.

c. *Les sous-familles*

Notre édition critique ne contient pas assez de variantes pour pouvoir établir toutes les relations réciproques entre les manuscrits. Il y a bien sûr des cas qui sont clairs : pensons par exemple aux manuscrits qui attribuent le *De duabus Christi naturis* à Léonce de Byzance ([773]), ou les témoins qui contiennent une phrase sur

---

(773) Voir la description d'Ap, Ba et Bh.

192* INTRODUCTION

l'hérésie de Macédonios (chapitre α′) [774]. Pour certains autres cas indécis, nous avons été obligée d'avoir recours aux stemmas publiés dans les éditions d'autres œuvres de Maxime le Confesseur. Pour chaque groupe de manuscrits, nous vérifions si le stemma proposé par d'autres éditeurs est valable pour notre texte. Si c'est le cas, nous l'adoptons, si ce n'est pas le cas, nous l'écartons. Signalons toutefois que nous ne recourons pas toujours à d'autres stemmas, parce que certains de nos témoins ne contiennent tout simplement pas les œuvres éditées par les autres éditeurs du corpus maximien.

Les manuscrits dépendant de l'hyparchétype α

Dans cette section, nous nous concentrons sur les manuscrits descendant de l'hyparchétype α. Examinons d'abord la relation entre les manuscrits qui ne sont pas issus de l'hyparchétype β et qui contiennent bel et bien le passage ταυτότης μέν ἐστιν οὐσίας, ἑτερότης δὲ προσώπων. Il s'agit de dix manuscrits : P Q Ae Ap Ba Bh Bi Ce Ch Ci. Les manuscrits Af, Bg et Br seront discutés plus tard.

1. Les témoins « Léonce » : ApBa Bh

Ap *Oxoniensis, Bodleianus, Laudianus gr. 92b (332) (s. X)*
Ba *Parisinus, Supplementum gr. 163 (s. XVIII)*
Bh *Scorialensis, Real Biblioteca, Psi.III.7 (Andrés 462) (s. XI)*

Examinons d'abord un cas spécial dans la tradition manuscrite du *De duabus Christi naturis*, à savoir les manuscrits Ap, Ba et Bh qui attribuent notre texte à Léonce de Byzance. Comment faut-il expliquer cette attribution (erroneuse) à Léonce ? D'abord, il faut remarquer que Léonce a écrit des textes traitant du même thème que le *De duabus Christi naturis* de sorte que cette attribution ne doit pas surprendre. En effet, aucun scribe se poserait des questions en copiant ce texte sous le nom de Léonce. Cependant, il faut se demander d'où vient cette attribution à Léonce. Une solution possible serait qu'il faille supposer un manuscrit dans lequel se trouvait le texte de Maxime, sans attribution, parmi des textes léontiens. Un scribe faisant une copie de ce modèle a peut-être présumé que le *De duabus Christi naturis* était également de

---

(774) Cf. le mini-stemma d'Ac, Az et Cb.

INTRODUCTION 193*

la main de Léonce de Byzance et a ensuite ajouté l'attribution à Léonce.

Le groupe Ap, Ba et Bh constitue clairement une branche isolée puisque ces manuscrits contiennent des variantes qui ne figurent pas dans d'autres manuscrits. Pour n'énumérer que les plus saillantes: α', 5 (add. καθολική), α', 5 (ὁμολογοῦσα au lieu d'ὁμολογεῖ), α', 13 (ὁμολογεῖ au lieu de πρεσβεύει), β', 1 (πᾶσα au lieu de πῶς), β', 2 (Ἡ ταυτότης οὐσίας καὶ ἑτερότητα προσώπων, ἢ προσώπων ταυτότητα καὶ ἑτερότητα οὐσιῶν dans le passage corrompu), β', 5 (ταυτότητα au lieu de ταυτότης), β', 5 (ἑτερότητα au lieu de ἑτερότης), β', 14 (l'addition de οὕτως ἀμήχανον ἐπὶ τοῦ ἑνὸς τῆς ἁγίας Τριάδος ὁμολογεῖν μὲν τὴν ἕνωσιν· μὴ ἐκφωνεῖν δὲ τὴν διαφοράν, ἀλλὰ [ἀλλ' Ba] ἀνάγκη πᾶσα καὶ τὴν ἕνωσιν καὶ τὴν διαφορὰν κηρύττειν), ε', 3 (Εὐτυχὴν au lieu de Εὐτυχέα), ς', 3 (ἐν νοήσει/ἐν νοῆσει [sic] au lieu de νοῆσαι), ς', 8 (l'addition de οὐ συντιθέντα [Ap, Ba] et οὐ συντίθεται [Bh]), θ', 6 (ὀρθόδοξον au lieu de βασιλικήν), ι', 6 (τῶν φύσεων au lieu de φυσικὴν) et ι', 6 (l'addition de χρὴ οὖν πάντως ἡμᾶς καὶ τὴν καθ'ὑπόστασιν ἕνωσιν, καὶ τὴν φυσικὴν διαφορὰν κηρύττειν).

Les leçons et variantes d'Ap Ba Bh éclaircissent parfois le raisonnement, mais elles sont souvent peu convaincantes. Pour cela, nous sommes encline à écarter ces *addenda* comme étant des corrections de nature secondaire. Signalons toutefois que leur leçon de β', 2 (Ἡ ταυτότης οὐσίας καὶ ἑτερότητα προσώπων, ἢ προσώπων ταυτότητα καὶ ἑτερότητα οὐσιῶν) est la seule variante qui n'interrompt pas le raisonnement. Cependant, nous ne pensons pas que cette variante est la leçon correcte. Si l'on regarde la structure et le langage des arguments qui suivent, il semble plus logique si le texte lisait Ἡ ταυτότητα οὐσίας καὶ ἑτερότητα προσώπων, ἢ προσώπου ταυτότητα καὶ ἑτερότητα οὐσιῶν parce que les phrases suivantes reprennent respectivement ταυτότης οὐσίας, ἑτερότης προσώπων, ταυτότης προσώπου et ἑτερότης οὐσιῶν.

De notre collation, il ressort clairement que Ba est une copie d'Ap. Les deux manuscrits ont exactement le même titre qui n'est pas présent dans d'autres manuscrits, à savoir κεφάλαια κατὰ διαφόρων αἱρετικῶν. Ba partage en outre les mêmes variantes et omissions d'Ap. Il s'agit entre autres de: α', 4 (addition de καί), β', 6/7 (l'omission de ἄλλης ἐστὶν οὐσίας ἡ ψυχή, καὶ ἄλλης τὸ σῶμα. Ὁμοίως δὲ καὶ ἐπί), β', 14 (l'addition de οὕτως ἀμήχανον ἐπὶ τοῦ ἑνὸς τῆς ἁγίας τριάδος ὁμολογεῖν μὲν τὴν ἕνωσιν· μὴ ἐκφωνεῖν δὲ τὴν διαφοράν· ἀλλὰ ἀνάγκη πᾶσα καὶ τὴν ἕνωσιν καὶ τὴν διαφορὰν κηρύττειν ([775])), ς΄, 4 (ἐκφωνεῖν τε au lieu de ἐκφωνεῖτε), ς΄, 6/7 (l'omission de οὐκ ἐκφωνεῖτε τὰς δύο φύσεις ἐν μιᾷ ὑποστάσει διά) et ς΄, 8 (l'addition de οὐ συντιθέντα). Cette parenté est également confirmée par un élément externe : le contenu des deux témoins est exactement le même.

Ba ne contient pas de fautes propres, mais certains mots se trouvent en marge ou sont barrés. Il s'agit de : une phrase barrée dans α΄, 10 ([776]) (après διαφοράν), β΄, 12 (ἢ προσώπων dans la marge), γ΄, 2/3 (καὶ ἡ ἕνωσις ἐπὶ τῆς ἁγίας Τριάδος, ἀλλὰ διὰ τοῦ μὲν λέγειν τρεῖς ὑποστάσεις, ἡ διαφορά dans la marge), η΄, 3/5 (τρεῖς ὑποστάσεις ἐπὶ ἀναιρέσει τῆς μιᾶς οὐσίας, οὕτως ἐπὶ τοῦ ἑνὸς τῆς ἁγίας Τριάδος τὴν μίαν ὑπόστασιν οὐκ ἐπὶ συγχύσει τῶν δύο dans la marge). Bien que Ba ne contienne pas de fautes propres (qui ne sont donc pas présentes dans Ap), l'on peut quand même conclure que Ba est une copie d'Ap, puisque Ba date du 18ᵉ siècle et Ap du 10ᵉ siècle. Cette assertion est prouvée par une note qui se trouve en marge du premier folio de Ba, expliquant son origine : « Ex cod. Bodleiano. Misit doct. D. Ernest Grabe » ([777]).

Bh semble appartenir à la même famille qu'Ap et Ba. Le texte est explicitement attribué à Léonce de Byzance et contient un titre similaire, à savoir κατὰ διαφόρων αἱρετικῶν. Le manuscrit contient beaucoup de variantes qui sont contenues également dans Ap et Ba, mais il porte également des leçons et des fautes individuelles : β΄, 6 (l'omission de ἐστίν), β΄, 8 (προσώπων au lieu de προσώπου), γ΄, 1 (l'omission de οὐ), γ΄, 5 (l'omission de καί), γ΄, 6 (la transposition de τὰς δύο), γ΄, 6 (διαφορὰς au lieu de φύσεις), γ΄, 6 (l'omission de ἡ διαφορά), γ΄, 7 (φύσιν au lieu de ὑπόστασιν), ς΄, 5 (τῆς au lieu de τήν), ς΄, 6 (l'omission de οὐκ), ς΄, 6 (ἐκφωνεῖν au lieu de ἐκφωνεῖτε), ι΄, 1 (l'omission de καί), ι΄, 2 (τῇ διαφορᾷ au lieu de τὴν διαφοράν) et ι΄, 2 (τῇ ἑνώσει au lieu de τὴν ἕνωσιν). Comme Bh contient des leçons propres, il y a deux possibili-

---

(775) Bh a la même addition, mais il écrit ἀλλ' au lieu de ἀλλά.
(776) Il s'agit de la phrase λέγει ἀλλὰ τὴν ἕνωσιν οὐχ'ὁμολογεῖ οὐ γὰρ λέγει ταύτην καθ'ὑπόστασιν γεγονέναι.
(777) DALEY, *Leontius of Byzantium*, p. LXXXI.

tés quant à sa position dans le stemma de cette famille léontienne : ou bien il est un frère d'Ap, ou bien il en est une copie.

Cependant, Ap contient des fautes qui ne sont pas présentes dans Bh. Pour ne citer que quelques-unes : β′, 6/7 (l'omission de ἄλλης ἐστὶν οὐσίας ἡ ψυχή, καὶ ἄλλης τὸ σῶμα. Ὁμοίως δὲ καὶ ἐπί), γ′, 6 (l'omission de τάς), ε′, 1 (l'omission de ἀναθεματίζομεν), ϛ′, 4 (ἐκφωνεῖν τε au lieu de ἐκφωνεῖτε) et ϛ′, 6/7 (l'omission de οὐκ ἐκφωνεῖτε δύο φύσεις ἐν μιᾷ ὑποστάσει διά). Comme Ap contient des fautes qui ne se trouvent pas dans Bh, Bh ne dépend donc pas d'Ap, mais en est probablement un frère.

Ces informations nous donnent le stemma suivant :

2. La famille PQ Ci Ch Ce AeBi

P	*Athous, Lavra E 169 (Eustratiades 631)* (*s.* XIII)
Q	*Athous, Lavra I 43 (Eustratiades 1127)* (*s.* XVIII)
Ae	*Mediolanensis, Ambrosianus gr. Q 74 sup. (681)* (*s.* X)
Bi	*Sinaiticus gr. 385* (*s.* XIII)
Ce	*Vindobonensis, historicus gr. 7* (*ca. a.* 1200)
Ch	*Vindobonensis, theologicus gr. 307* (*s.* XIII)
Ci	*Taurinensis gr. B.IV.22 (Pas. CC.b.III.11)* (*s.* XIV)

Les manuscrits P, Q, Ae, Bi, Ce, Ch et Ci font partie d'une même famille qui se caractérise par trois leçons uniques vis-à-vis du reste de la tradition : β′, 6 (l'addition de μέν), β′, 7 (l'addition de δέ) et β′, 13 (la présence de ἐπὶ τοῦ Χριστοῦ, également présente dans E ([778])). Ils partagent encore d'autres variantes qui sont présentes dans la moitié des témoins (dans les témoins de la famille α). Pour ne citer que quelques-unes : β′, 10 (la transposition de

---

(778) Nous avons adopté cette leçon-ci (bien que la plupart des témoins l'aient omise) parce que l'argumentation est incomplète sans cette addition.

οὐσίας ἐστίν), γ΄, 3 (la transposition de τοῦ μέν), γ΄, 3/4 (la transposition de δέ derrière διά) et ι΄, 2 (διαιρεῖ au lieu de ἀναιρεῖ).

Chaque manuscrit a aussi des variantes individuelles, à l'exception de P et Ae. (Ae contient une faute propre : ἀναθεματίζωμεν au lieu de ἀναθεματίζομεν dans caput δ΄, 3. Il s'agit toutefois d'une faute d'orthographe négligeable.)

Citons pour Q les deux fautes suivantes : ε΄, 5 (l'omission de ἐπί, également omis par H L Y Ao As Cg) et ζ΄, 5 (λέγειν au lieu de λέγε, qui se trouve également dans D et R).

Bi contient beaucoup de leçons propres dont nous en citons quelques-unes à titre d'exemples : α΄, 1 (καί au lieu de ἀλλά), α΄, 9 (γενέσθαι au lieu de γεγονέναι), β΄, 14 (l'addition de μή ἀρνεῖσθαι derrière κηρύττειν), γ΄, 3 (l'omission de ἡ), γ΄, 3 (διαφοράν au lieu de διαφορά), ε΄, 1 (la transposition de Σαβέλλιον ἀναθεματίζομεν), ε΄, 3/4 (la transposition de Εὐτυχέα ἀναθεματίζομεν), ς΄, 3 (χειλέων λέγομεν au lieu de χρὴ λέγειν), η΄, 1 (l'omission de τήν) et ι΄, 4/6 (l'omission de τὴν καθ'ὑπόστασιν ἕνωσιν, καὶ ἡ οἰκουμενικὴ σύνοδος ἀναθεματίζει τοὺς διὰ τὴν καθ'ὑπόστασιν ἕνωσιν τὴν φυσικὴν διαφοράν).

Le manuscrit Ce contient les fautes propres suivantes : α΄, 2 et 4 (ἀρνῆται au lieu de ἀρνεῖται) et β΄, 14 (ὁμολογεῖν au lieu de κηρύττειν).

Citons pour Ch les leçons suivantes : α΄, 9/12 (l'omission de γεγονέναι. Ὁ δὲ Εὐτυχὴς τὴν μὲν ἕνωσιν ὁμολογεῖ, τὴν δὲ κατ'οὐσίαν διαφορὰν ἀρνεῖται καὶ σύγχυσιν τῶν φύσεων εἰσάγει. Ἡ δὲ Ἐκκλησία καὶ τὴν καθ'ὑπόστασιν du à un saut du même au même), ς΄, 7 (l'omission de ἐν), θ΄, 4/5 (l'omission de διαφοράν, Εὐτυχιανιστής ἐστιν. Ὁ δὲ καὶ τὴν καθ'ὑπόστασιν ἕνωσιν καὶ τὴν φυσικήν du à un saut du même au même) et ι΄, 4/6 (l'omission de καὶ ἡ οἰκουμενικὴ σύνοδος ἀναθεματίζει τοὺς διὰ τὴν καθ'ὑπόστασιν ἕνωσιν du à un saut du même au même, également omis par Au).

Ci, enfin, contient les leçons suivantes : α΄, 4 (l'addition de καί, également ajouté par Ab Ag Ap Ba), γ΄, 4/5 (la transposition de οὕτω(ς) καί) et γ΄, 7 (l'omission de ὑπόστασιν).

Comme nous l'avons dit au début, nous n'avons pas trouvé de leçons propres à P, mais bien des leçons individuelles de Q. L'on peut donc supposer que Q est une copie de P. Cette hypothèse peut être corroborée par un argument extra-textuel : P et Q sont les seuls manuscrits dans lesquels le *De duabus Christi* est suivi de l'*Add. 16* (*CPG* 7707. 16). De plus, P et Q proviennent tous les deux du Mont Athos.

Les manuscrits Ae et Bi sont clairement apparentés, parce qu'ils partagent certaines leçons dont une variante très saillante: ζ', 3 et 5 (λέγομεν au lieu de λέγεις / λέγε). Avec cette variante, ils s'opposent à toute la tradition, à l'exception des trois manuscrits léontiens. Pour cela, ils doivent faire partie d'une branche séparée du stemma de la famille α ([779]). Bi partage également une transposition (α', 5 : transposition de ἅγιον πνεῦμα) avec Ce, mais cette correspondance peut être accidentelle. Q, Ae et Ch partagent une leçon unique, à savoir la transposition de πρεσβεύει derrière ἀδιαίρετον dans α', 12). Il faut toutefois signaler que ce verbe a également été transposé par Bi (qui a toutefois προσβοᾷ) et P Ci (qui ajoutent encore γρ [sic] σέβει). P Q Ch Ci laissent précéder à ἀνθρώπου, contrairement au reste de la tradition, l'article τοῦ (β', 5), mais cette leçon n'a pas de valeur. Le codex Ce semble faire partie d'une branche isolée de cette famille, vu qu'il n'a pas les transpositions des verbes πρεσβεύει (α', 13) et κηρύττειν (β', 14) et vu qu'il ne contient pas le δέ au lieu de γάρ (β', 11) et κηρύττει au lieu de κρατεῖ (θ', 7). Il est remarquable que P Q Ce Ch Ci sont les seuls dans toute la tradition qui ont à plusieurs endroits οὐχὶ μή au lieu de οὐ (δ', ε') et une addition de εἰς δύο πρόσωπα, ἀλλά (ς', 7). Cette remarque pose quand même un problème, puisque ces leçons ne se trouvent pas dans Ae et Bi. Faut-il supposer que Ae (ou son modèle) a corrigé ces deux leçons ? Ou s'agit-il d'un cas de contamination ?

Un stemma possible serait :

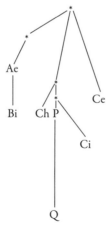

([779]) Nous n'avons pas pu incorporer les manuscrits léontiens dans le stemma de cette famille.

198* INTRODUCTION

Il y a toutefois quelques leçons qui contredisent ce stemma. P Q Ae Ch Ci omettent un καί (ι′, 1), mais cette conjonction est quand même présente dans Bi. S'agit-il d'une addition du copiste ? Par ailleurs, la mention de Cyrille (ι′, 3) se présente sous plusieurs formes dans la tradition manuscrite. Ce et Ch ont ὁ γὰρ θεῖος Κύριλλος, P Q Ae Ci ont ὁ γὰρ Κύριλλος, et Bi a ὁ γὰρ ἅγιος Κύριλλος. Cette divergence ne peut pas être expliquée à l'aide du stemma. Faut-il supposer que les copistes ont, indépendamment l'un de l'autre, omis ou ajouté une épithète ?

Reste encore à signaler que la leçon saillante λέγομεν de Ae et Bi est également présente dans les manuscrits léontiens, à savoir Ap Ba Bh. Ainsi de même pour d'autres fautes de Bi dont nous ne citons que quelques-unes à titre d'exemples : γ′, 1 (l'omission de γάρ), ι′, 1 (l'omission de δέ) et ι′, 3 (l'omission de διά). Les manuscrits léontiens n'ont toutefois pas la transposition de πρεσβεύει. On peut donc se poser la question comment ces manuscrits-ci doivent être incorporés dans le stemma, sans supposer qu'il y ait eu de la contamination. Nous n'avons pas trouvé de réponse à cette question.

Les sous-familles issues de β

Comme nous l'avons mentionné ci-dessus, il semble qu'il faille distinguer tout un groupe de manuscrits qui sont issus d'un même hyparchétype qui a omis, dans le deuxième chapitre, le passage ταυτότης μέν ἐστιν οὐσίας, ἑτερότης δὲ προσώπων (β′, 3). Il s'agit de 23 manuscrits : D F H L M N O R V W Y Ac An Ar Au Az Bk Bo Bq Cb Cg Cj. Il faut probablement encore ajouter Af Bg Br à cette famille ([780]), mais comme ils ne contiennent pas le chapitre où se trouve ce passage, nous n'en pouvons jamais être sûre.

1. Le groupe CbAc Az

Ac   *Matritensis, Biblioteca Nationalis 4749 (O-18) (a. 1555-1556)*

Az   *Parisinus, Supplementum gr. 8 (s. XII)*
Cb   *Venetus, Marcianus gr. 139 (s. XI-XII)*

Les manuscrits Ac, Az et Cb semblent appartenir à la même famille puisqu'ils sont les seuls manuscrits qui contiennent la phrase

---

(780) Voir *infra*.

INTRODUCTION 199*

sur Macédonios dans le premier chapitre (α', 6). Ces trois témoins contiennent encore deux autres variantes qui ne se trouvent nulle part dans d'autres manuscrits: β', 4 (l'omission de γάρ) et ι', 6 (l'omission de τοῦ ἑνός).

Ac et Cb partagent deux fautes: α', 6 (αὐτῷ au lieu de πῶς dans l'addition sur Macédonios dans caput α') et ε', 3 (Εὐτυχέαν au lieu de Εὐτυχέα). Cb a une faute qu'il partage avec Az (β', 11 l'omission de ἁγίας). Ac, en revanche, contient beaucoup de fautes propres: α', 2 (λόγον au lieu de λέγει), β', 4 (ὁμολογοῦμαι au lieu de ὁμολογοῦμεν), β', 12 (ὁμολογοῦμεν au lieu de ὁμολογεῖν μέν), γ', 3 (τήν au lieu de τοῦ²), δ', 1 (ἀναθεματίζομαι au lieu de ἀναθεματίζομεν), δ', 1 (κηρύττοντῶ [sic] au lieu de κηρύττοντα), δ', 3 (οὖ au lieu de οὕτω), ε', 4 (ἀναθεματίζομαι au lieu de ἀναθεματίζομεν), ε', 5 (l'addition *ante correctionem* de ἕνωσιν derrière Χριστοῦ), ϛ', 3 (τῆς au lieu de τοῖς), ζ', 5 (ἔλεγε au lieu de λέγε), θ', 3 (l'addition *ante correctionem* de ἕνωσιν νεστοριανός derrière ἑνώσει) et ι', 6 (ἀναιροῦντα au lieu de ἀναιροῦντας). Étant donné qu'Ac et Cb ont des fautes communes et qu'Ac contient en outre des fautes propres, l'on peut supposer que Ac est une copie de Cb. La seule leçon qui contredit cette hypothèse est l'omission de ἁγίας dans caput β' par Cb tandis que cet adjectif est bel et bien présent dans Ac. Cette inconsistance peut facilement être écartée puisqu'on s'attend à la combinaison ἁγίας Τριάδος. Il est donc possible que le copiste d'Ac ait (in)consciemment ajouté l'adjectif. De surcroît, la critique externe nous apporte également des arguments en faveurs de la relation modèle-copie. D'abord, nous savons qu'Ac a été copié à Venise. Et deuxièmement, Ac contient pour une grande partie les mêmes œuvres (c'est-à-dire celles de Jean Damascène) que Cb. Étant donné les variantes partagées, la chronologie des œuvres contenues dans les deux manuscrits et le lieu d'origine, l'on peut présumer qu'Ac est une copie de Cb. Reste encore à déterminer quelle est la place d'Az dans cette sous-famille.

Az comporte une omission qui n'est pas présente dans Ac et Cb (β', 9/10 ἑτερότης δὲ οὐσιῶν· ἑνὸς γὰρ ὄντος προσώπου, ἤτοι ὑποστάσεως – également présente dans Cg). Par ailleurs, Az contient encore quelques autres leçons individuelles: β', 5 (ὁ ἄνθρωπος au lieu de ἀνθρώπου *ante correctionem*), δ', 1 (ἀναθεματίζωμεν au lieu de ἀναθεματίζομεν), ε', 4 (l'addition de ὡς μή à οὐχ') [781] et θ', 2 (ἑνώσει *ante correctionem* au lieu de

---

(781) Ac et Cb omettent cette négation.

ἕνωσιν). Étant donné qu'Ac et Cb contiennent des leçons qui ne sont pas présentes dans Az, ce dernier est donc probablement un frère de Cb. Il s'agit des leçons: α′, 6 (αὐτῷ au lieu de πῶς dans la phrase corrompue sur Macédonius) et ε′, 3 (Εὐτυχέαν au lieu de Εὐτυχέα).

Cependant, Az partage également deux leçons avec Cb qui ne sont pas présentes dans Ac: β′, 11 (l'omission de ἁγίας) et γ′, 3/4 (la transposition de δέ après διά²) ([782]). Ces leçons semblent contredire notre hypothèse concernant la parenté des trois manuscrits. La valeur de la première leçon a déjà été rejetée (voir *supra*). La deuxième leçon peut également être écartée parce qu'Ac a simplement omis δέ. Malheureusement, Ac et Az partagent eux aussi des leçons, ce qui est quand même étrange. Ils ont tous les deux Εὐτυχιανιτής au lieu de Εὐτυχιανιστής (θ′, 4), mais il s'agit ici d'une erreur négligeable. L'autre leçon commune pose quand même des problèmes: Ac et Az partagent une omission qui semble être due à un saut du même au même. Il s'agit de la phrase καὶ τὴν φυσικὴν διαφορὰν ἐπὶ τοῦ ἑνὸς τῆς ἁγίας Τριάδος (ς′, 2/3). Il ne nous reste qu'à supposer que cette omission s'est produite indépendamment l'un de l'autre.

Sur la base des leçons et parentés mentionnées, l'on peut proposer deux stemmas possibles:

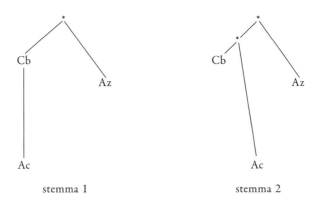

stemma 1   stemma 2

---

[782] Cette particule a été omise par Ac. La transposition en question se trouve dans bon nombre de manuscrits.

Le deuxième stemma a l'avantage qu'il ne faut pas rejeter la signification de la présence de ἁγίας dans Ac (voir *supra*). Nous sommes pourtant plutôt encline à privilégier le premier stemma à cause du nombre élevé de fautes propres d'Ac et le manque de fautes propres dans Cb (exception faite de ἁγίας).

2. La famille An VF M Bo

F	*Athous, Batopediou 283 (s. XV)*
M	*Athous, Iviron 190 (Lambros 4310) (a. 1297-1298)*
V	*Ferrarensis, Biblioteca Comunale Ariostea 144 (s. XIV)*
An	*Mosquensis, Bibliotheca Synodalis 439 (Vladimir 425) (s. XIV)*
Bo	*Vaticanus gr. 740 (s. XIV)*

Les manuscrits F, M, V, An et Bo se caractérisent par quelques fautes et variantes qui les opposent au reste de la tradition : β′, 1 (l'omission de πῶς), β′, 11 (οὖν au lieu de γάρ) et β′, 14 (l'addition de ἐπὶ τοῦ ἑνὸς τῆς ἁγίας Τριάδος Χριστοῦ τοῦ Θεοῦ ἡμῶν). Ils forment donc clairement une famille.

F, V et An contiennent toutefois aussi une leçon qui n'est pas présente dans M et Bo. Il s'agit de l'addition de φυσικήν (ι′, 3). Ceci semble suggérer que F, V et An constituent encore une sous-famille à l'intérieur du groupe F V M An Bo. Dans son édition des opuscules maximiens édités par Epifanovič, Roosen([783]) propose le stemma suivant pour cette sous-famille :

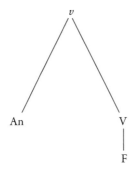

---

(783) ROOSEN, *Epifanovitch Revisited*, II, p. 303.

Nous avons vérifié si ce stemma est également valable en ce qui concerne le *De duabus Christi naturis*. Et en effet, les leçons de F, V et An correspondent toujours, sauf à trois endroits. An ajoute un καί (δ', 3), F contient une attribution beaucoup plus détaillée (τοῦ ὁσίου πατρὸς ἡμῶν καὶ ὁμολογητοῦ Μαξίμου versus τοῦ αὐτοῦ dans An et V) et omet διαφοράν (α', 13). Notre collation confirme donc le stemma proposé par Roosen.

Cependant, il faut garder à l'esprit que le texte est bref de sorte que les preuves sont plutôt limitées. F étant une copie V, nous ne nous attendrions pas à ce que F comporte une attribution plus longue que V. L'inverse serait plus probable (F ayant abrégé l'attribution de V). Il n'est néanmoins pas nécessaire d'écarter le stemma de Roosen à cause de cet écart, puisqu'il est possible qu'il s'agisse ici d'une intervention du copiste afin de rendre l'attribution plus claire : τοῦ αὐτοῦ peut provoquer de la confusion.

Les manuscrits M et Bo semblent également être apparentés, ce dont témoignent les fautes individuelles suivantes : γ', 4 (l'omission de ὁμολογεῖται) et θ', 2/3 (l'omission de τὴν καθ'ὑπόστασιν ἕνωσιν, Νεστοριανός ἐστι. Καὶ ὁ μὴ λέγων ἐν). Comme il ne s'agit pas, dans le dernier cas, d'un saut du même au même, cette faute semble être une bonne indication de parenté.

Chacun des deux manuscrits contient également des leçons propres. Pour M, nous citons : α', 11 (l'addition de ὁμολογεῖ), γ', 1 (l'omission de αὐτῶν), ς', 5 (καί au lieu de διά) et ζ', 5 (λέγει au lieu de λέγε) ([784]). Une variante individuelle peut également être trouvée dans Bo : β', 13/14 (l'omission de οὕτως ἀνάγκη πᾶσα ἐπὶ τοῦ Χριστοῦ καὶ τὴν ἕνωσιν καὶ τὴν διαφοράν due à un saut du même au même).

Cela nous permet de dresser le stemma suivant :

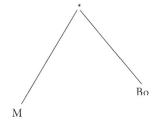

---

(784) Cette dernière leçon se trouve également dans A Q W.

Étant donné que F V An M Bo ne partagent pas toutes leurs leçons, et M et Bo ont des leçons particulières comme par exemple : γ′, 4 (l'omission de ὁμολογεῖται) et θ′, 2/3 (l'omission de τὴν καθ'ὑπόστασιν ἕνωσιν, Νεστοριανός ἐστι. Καὶ ὁ μὴ λέγων ἐν), il faut supposer qu'il existe encore un ou plusieurs manuscrit(s) intermédiaire(s) entre F V An et M Bo qui a servi de modèle de M et Bo et qui est copié du modèle du groupe F V An, vu que M et Bo contiennent des omissions dans le chapitre ς′ et le chapitre θ′ qui ne se trouvent toutefois pas dans F V An. Ces informations nous permettent de dresser le stemma suivant :

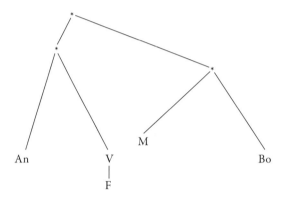

Enfin, il ressort également de notre collation qu'il existe des parentés entre les manuscrits ci-dessus et H L Y Ao Cg.

3. La famille C H L Y AoCg Bq

C	*Atheniensis, Ethnikè Bibliothèkè, olim Constantinople, Metochion tou Panagiou Taphou 303 (s. XVI)*
H	*Athous, Batopediou 471 (s. XII)*
L	*Athous, Grègoriou 80 (Lambros 627) (a. 1675)*
Y	*Hierosolymitanus, Sabaïticus 366 (s. XIII)*
Ao	*Oxoniensis, Bodleianus, Baroccianus gr. 27 (s. XIV)*
Bq	*Vaticanus gr. 1142 (s. XII-XIII)*
Cg	*Vindobonensis, theologicus gr. 216 (s. XVI)*

Les témoins H, L, Y, Ao et Cg se singularisent par une leçon avec laquelle ils s'opposent au reste de la tradition. Il s'agit de καί au lieu de διά dans le premier chapitre (α′, 12).

Roosen ([785]) a proposé le stemma suivant ([786]) :

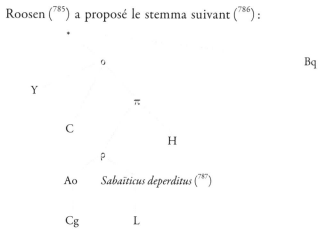

La présence de C est quand même remarquable puisque ce manuscrit ne fait pas partie de notre famille α. Ce stemma est pourtant corroboré par nos collations, parce que C, H, L, Y, Ao et Cg partagent certaines leçons (qui se trouvent d'ailleurs aussi dans d'autres manuscrits) : α′, 5 (la transposition de ἅγιον Πνεῦμα), α′, 6 (περί au lieu de ἐπί) et γ′, 3 (l'omission de διά). Cependant, C contient certaines variantes qui nous ont obligée de l'écarter de la famille α. Il s'agit des leçons τὸ σῶμα au lieu de ἡ σάρξ, ταυτότης au lieu de ταυτότητα et ἀναιρεῖ au lieu de διαιρεῖ (cf. *supra*). De plus, H, L, Y, Ao et Cg contiennent souvent des variantes qui ne se trouvent pas dans C : β′, 3 (l'omission de ταυτότης μέν ἐστιν οὐσίας, ἑτερότης δὲ προσώπων), β′, 4 (l'omission de γάρ), β′, 6/7 (la transposition de ἐστὶν οὐσίας), β′, 7 (l'omission de καί), β′, 8 (l'omission de Δεσπότου), β′, 10 (la transposition de οὐσίας ἐστίν), γ′, 1 (l'omission de οὗ), γ′, 4 (la transposition de δέ), ε′, 5 (l'omission de ἐπί), ϛ′, 4 (ἐκφωνεῖται au lieu de ἐκφωνεῖτε), η′, 5 (la transposition de φύσεων αὐτοῦ) et ι′, 3 (ὁ γὰρ θεῖος Κύριλλος au lieu de καὶ γὰρ Κύριλλος). Ce ne sont toutefois pas des variantes et des fautes uniques, étant donné que l'on peut les retrouver dans d'autres manuscrits. Faut-il alors supposer de la contamination entre H L Y Ao Cg d'un côté et C de l'autre ?

Ao et Cg partagent eux aussi des variantes et des fautes uniques : β′, 14 (κηρύττει au lieu de κηρύττειν), ϛ′, 5/7 (l'omission de τρεῖς

---

(785) Roosen, *Epifanovitch Revisited*, II, p. 295.
(786) Nous avons mis les stemmas que nous n'avons pas adoptés en gris.
(787) Voir Roosen, *Epifanovitch Revisited*, II, p. 284-285.

ὑποστάσεις διὰ τὴν καθ'ὑπόστασιν διαφοράν, ἐπὶ δὲ τοῦ ἑνὸς τῆς ἁγίας Τριάδος οὐκ ἐκφωνεῖτε) et η', 2 et 5 (l'addition de τῇ). Ao ne contient aucune faute qui n'est pas présente dans Cg, mais Cg en contient bel et bien une : ι', 6 (ἐκαιροῦντας [sic] au lieu de ἀναιροῦντας). Cela suggère que Cg soit donc une copie de Ao. Ao et Cg ont également une faute en commun avec L : ζ', 4 (l'omission de μή, leçon qu'on trouve cependant dans bon nombre de manuscrits).

L a aussi des fautes propres : γ', 3 (λέγει au lieu de λέγειν), ς', 1 (διά au lieu de ἐπί), ζ', 3 (l'addition de καί, également ajouté par N), η', 2 (οὕτω au lieu de οὔτε), θ', 1 (λέγω au lieu de λέγων), θ', 3 (l'omission de ἐν) et θ', 7 (la transposition de πίστιν κράτει).

Ainsi de même pour C, qui contient les fautes propres suivantes : α', 4 (l'omission de γάρ), γ', 1 (l'omission de λέξεων), γ', 6 (l'addition de καί) et ζ', 4 (l'addition de καί).

Y se singularise par deux leçons qui divergent du reste de la famille : β', 2 (l'omission de ἡ ταυτότης) et δ', 3 (l'addition de καί, cependant présente dans E An Ap At Au Ba Bh).

À partir des informations ci-dessus, nous proposons le stemma suivant ([788]), dans lequel la position un peu à part de C est due à son titre et son attribution différents des autres manuscrits de la famille et le nombre restreint de leçons partagées. Nous avons changé la position de Y puisque ce manuscrit partage beaucoup de leçons avec H, L, Ao et Cg de sorte qu'il semble être plus apparenté à ces manuscrits-ci.

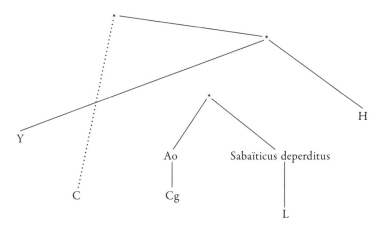

---

(788) Nous avons adapté certaines parties du stemma de Roosen sur la base de nos collations.

La collation démontre également qu'il y a des affinités entre le groupe ci-dessus et Bq et Ac Az Cb (voir *supra*). D'un côté, H L Y Ao Cg, Bq et Ac Az Cb partagent une leçon unique, à savoir l'omission de γάρ (β′, 4). De l'autre côté, H L Y Ao Cg et Bq ont tous omis Δεσπότου (β′, 8). Étant donné que toutes les autres leçons sont également présentes dans d'autres manuscrits et qu'il s'agit de fautes qui peuvent êtres commisses indépendamment, il est très difficile, et même impossible, d'établir un stemma comportant H L Y Ao Cg, Bq et Ac Az Cb. Comme Roosen ([789]) a déjà signalé que Bq semble être contaminé par la famille C H L Y Ao Cg et vu que cette constatation semble être valable pour notre texte aussi, nous gardons ce pointillé, mais nous le mettons sous C dans le *stemma codicum*, puisque Bq partage une leçon avec H L Y Ao Cg qui n'est pas présente dans C (Δεσπότου).

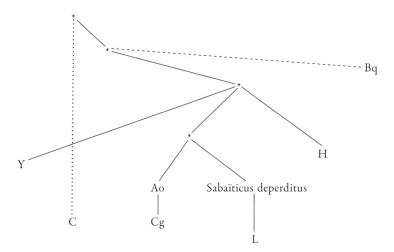

Ces relations stemmatologiques peuvent être étayées d'un élément extra-textuel. En effet, dans tous ces témoins, à l'exception de Bq et Y, le *De duabus Christi naturis* est suivi de l'*Op. 23a*.

4. La famille M W Ar Bq CjBk

M   *Athous, Iviron 190 (Lambros 4310)* (a. 1297-1298)
W   *Florentinus, Mediceus-Laurentianus plut. IX, 8* (s. XI)
Ar *Parisinus gr. 11* (s. XIII)

---

[789] Roosen, *Epifanovitch Revisited*, II, p. 294.

Bk   *Vaticanus gr. 197 (s. XVI)*
Bq   *Vaticanus gr. 1142 (s. XII-XIII)*
Cj   *Vaticanus, Ottobonianus gr. 43 (s. XI-XII)*

Roosen ([790]) a proposé le stemma suivant:

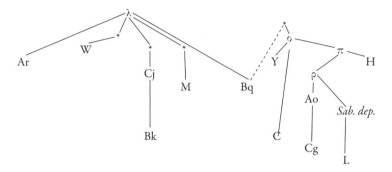

Contrôlons à l'aide du *De duabus Christi naturis* si ce stemma est également valable pour notre texte ([791]). D'abord, M, W, Ar, Bk, Bq et Cj sont les seuls manuscrits dans lesquels le *De duabus Christi naturis* est suivi de l'*Add. 21* (*CPG* 7707. 21) ce qui suggère une certaine parenté. Deuxièmement, tous ces manuscrits, à savoir M W Ar Cj Bk Bq, partagent en effet des leçons, qui se trouvent toutefois également dans d'autres manuscrits: β', 3 (l'omission de ταυτότης μέν ἐστιν οὐσίας, ἑτερότης δὲ προσώπων, qui se trouve également dans D F H L N O R V Y Ac An Ao Au Az Bo Cb Cg), β', 7 (ἡ σάρξ, également dans D F H L O P Q R V Y Ac Ae An Ao Au Az Bh Bi Bo Cb Ce Cg Ch Ci), β', 7 (l'omission de καί, leçons partagée avec D H L N R Y Ac Ao Az Bo Cb Cg), β', 10 (la transposition de οὐσίας ἐστίν, également présente dans E F H L N P Q V Y Ae An Ao Ap Ba Bh Bi Bo Ce Cg Ch Ci), γ', 1 (l'omission de οὐ, aussi omis dans D G H L N O R S X[a. corr.] Y Ac Ad Af Ao Aq As At Az Bb Bc Be Bh Bn Bo Br Bz Cb Cd Cg) et ι', 2 (διαιρεῖ au lieu de ἀναιρεῖ, également présent dans D F H L N P Q R V Y Ac Ae Af An Ao Ap Az Ba Bg Bh Bi Bo Br Cb Ce Cg Ch Ci). De plus, il ressort de notre collation que tous les manuscrits ont des variantes individuelles, exception faite de Cj.

---

(790) Roosen, *Epifanovitch Revisited*, II, p. 368.
(791) Nous avons déjà discuté le stemma de C H LY Ao Cg.

208* INTRODUCTION

Citons d'abord quelques leçons individuelles de Bq : α′, 2 (Τριάδα au lieu de Μονάδα, pourtant également présent dans Bu), α′, 3 (l'omission de ἀλλά), α′, 3 (l'addition de δέ derrière τήν), θ′, 7 (l'omission de πίστιν).

Il est remarquable que Bq contient également des variantes qui ne se trouvent pas dans les autres manuscrits du groupe, mais bel et bien dans la famille H L Y Ao Cg (voir *supra*). Citons par exemple : α′, 5 (la transposition de ἅγιον Πνεῦμα), β′, 4 (l'omission de γάρ), β′, 8 (l'omission de Δεσπότου), ζ′, 4 (l'omission de μή) et ι′, 3 (l'omission de διά *ante correctionem*). Il est probable qu'il s'agit ici d'un cas de contamination, comme a déjà été indiqué par Roosen qui suppose un lien entre Bq et le modèle du groupe C H L Y Ao Cg (cf. *supra*).

M aussi a des leçons uniques. Il s'agit de : α′, 11 (l'addition de ὁμολογεῖ), γ′, 1 (l'omission de αὐτῶν) et ι′, 3 (l'addition de καθ'ὑπόστασιν). De plus, nous avons déjà démontré ci-dessus qu'il existe une solidarité entre M d'un côté et Bo F V An de l'autre ([792]). Ils constituent en effet une sous-famille.

Comme nous venons de le dire, Cj ne contient pas de leçons individuelles, mais il partage toutefois des variantes avec Bk : β′, 5 (l'omission de τοῦ), ι′, 3 (ὁ γὰρ Κύριλλος au lieu de Καὶ γὰρ Κύριλλος, également présent dans d'autres manuscrits) et ι′, 6 (l'omission de ἕνωσιν *ante correctionem*, également omis dans d'autres manuscrits). Étant donné que Bk contient bel et bien des variantes individuelles (l'addition de δέ [γ′, 3], Εὐτυχιανιστὸς τίς au lieu de Ἐυτυχιανιστής [θ′, 4] et l'omission de τῆς [ι′, 7]), nous pouvons supposer que Bk est une copie de Cj.

W contient également des leçons individuelles : δ′, 2 (φυσικὴν διαφοράν au lieu de καθ'ὑπόστασιν ἕνωσιν), δ′, 3 (Εὐτυχέα au lieu de Νεστόριον), δ′, 4 (οὐχ'ὡς au lieu de οὐ), δ′, 4 (ὁμολογοῦντα au lieu de γνωρίζοντα), ε′, 3 (Νεστόριον au lieu de Εὐτυχέα), ε′, 4 (l'addition de ὡς à οὐχ' *post correctionem*), etc. La plupart des fautes propres sont dues à une confusion du copiste entre les chapitres δ′ et ε′ : il a probablement commencé à copier le chapitre δ′, mais à partir de ἐπὶ τῆς ἁγίας Τριάδος (1/2), le copiste a ramené ses yeux vers son modèle et il a crû, pour cause de ressemblance visuelle, qu'il était revenu au passage où il se trouvait tandis qu'en fait il se trouvait à ce moment-là dans le chapitre ε′. Et ainsi de

---

(792) Voir *supra*.

INTRODUCTION 209*

même pour le chapitre ε′ où, en ramenant ses yeux vers le modèle, il s'est trouvé dans la deuxième partie du chapitre δ′, qu'il n'avait pas encore copiée.

Ar ne contient qu'une faute propre, qui est toutefois une faute d'orthographe (β′, 5 : ἑτερώτητος au lieu de ἑτερότης), et deux omissions partagées avec d'autres manuscrits n'appartenant pas à la même famille : δ′, 1 et 4 ; ε′, 1 (l'omission de οὐ) et ε′, 4 (l'omission de οὐχ᾽).

Il semble que le stemma de Roosen soit donc valable pour le *De duabus Christi naturis*. Cependant, il y a une variante qui contredit le stemma. La transposition, dans le deuxième chapitre, de ἐστὶν οὐσίας (β′, 6/7) est présente dans E H L R Y Ao Ar Au Bq Bz Cg Cj, mais toutefois pas dans M, W et Bk qui seraient pourtant des frères de Ar, Bq et Cj (Bk serait même une copie de Cj). S'agit-il d'une faute qui a été commise indépendamment ?

De notre collation, il ressort clairement qu'il y a une grande parenté entre M (et Bo) d'une part et F V An de l'autre, les leçons les plus saillantes étant οὖν au lieu de γάρ (β′, 11) et l'addition de ἐπὶ τοῦ ἑνὸς τῆς ἁγίας Τριάδος Χριστοῦ τοῦ Θεοῦ ἡμῶν (β′, 14). Cependant, selon le stemma général de Roosen [793], ces deux groupes de manuscrits se trouvent quand même très éloignés l'un de l'autre dans l'arbre généalogique. Ils ne partagent toutefois pas toutes leurs leçons, voir par exemple la transposition de ἅγιον Πνεῦμα (α′, 5) et περί au lieu de ἐπί (α′, 6) dans F V An. En outre, il est clair qu'il existe des solidarités entre F V An et C H L Y Ao Cg, entres autres en ce qui concerne les deux leçons citées ci-dessus, ou bien la transposition de φύσεων αὐτοῦ (η′, 5). Ces variantes ne se trouvent toutefois pas dans M Bo de sorte qu'il est difficile d'établir quelle est la relation exacte entre M Bo et F V An sans supposer de la contamination.

Si l'on tient compte de ce stemma général de Roosen [794], l'on ne peut que conclure que son archétype correspond à notre hyparchétype β qui a omis ταυτότης μέν ἐστιν οὐσίας, ἑτερότης δὲ προσώπων. Cette hypothèse ne tient toutefois pas debout, puisque certains manuscrits descendant de l'archétype de Roosen, à savoir Ae, Bl et Bn, contiennent bel et bien ce passage. Il s'agit

---

(793) ROOSEN, *Epifanovitch Revisited*, II, p. 383.
(794) *Ibid.*, p. 283.

210* INTRODUCTION

toutefois d'une sous-famille, donc peut-être faut-il supposer de la contamination dans l'ancêtre de cette sous-famille.

5. *Af Bg Br*

Af   *Mediolanensis, Ambrosianus gr. H 257 inf. (1041) (s.* XIII)
Bg   *Scorialensis, Real Biblioteca, Y.II.7 (Andrés 262) (s.* XIII)
Br   *Vaticanus gr. 1187 (a.* 1574)

Il existe clairement une forte affinité entre Af Bg Br qui est illustrée par les leçons uniques suivantes : δ', 1 et ε', 1 (ὁμολογοῦντα au lieu de κηρύττοντα), δ', 2 et ε', 2 et 5 (l'omission de ἀλλά), δ', 3 et 5 ; ε', 3 (l'omission de λέγοντα), ε', 4 (λέγοντα au lieu de ὁμολογοῦντα), ε', 5 (l'omission de γνωρίζοντα), ς', 6 (l'omission de οὐκ ἐκφωνεῖτε), η', 1 (l'omission de ἐπί), θ', 5 (ὁμολογῶν au lieu de κηρύττων), ι', 1 (τοίνυν au lieu de δέ, leçon que l'on retrouve aussi chez Migne) et ι', 4 (l'ajout de ὡσαύτως derrière ἕνωσιν). En outre, aucun des trois ne contient le deuxième chapitre.

Chacun des trois manuscrits contient des leçons et des fautes propres. Citons pour Af : δ', 4 (μή au lieu de οὐ) et ς', 4 (ἐκφωνοῦμεν au lieu de ἐκφωνεῖτε). Pour Bg : α', 3 (l'omission de τήν[1]), δ', 1 (l'ajout de δέ derrière ὥσπερ), δ', 1 et 4 ; ε', 1 (l'omission de οὐ, également omis par d'autres manuscrits), δ', 3 et 5 ; ε', 2 et 5 (οὐ μὴν δέ au lieu de μή), ε', 4 (l'omission de οὐχ'), ς', 4 (ἐκφωνητέον au lieu de ἐκφωνεῖτε), ς', 7 (l'ajout de διὰ τό devant τάς), η', 4 (Χριστοῦ au lieu de ἑνὸς τῆς ἁγίας Τριάδος), η', 4 (l'ajout de οὐσίαν ἤ à μίαν), η', 5 (ἀναιρέσει au lieu de συγχύσει), ι', 1 (l'omission de τοῦ, également omis par Aj Bi), ι', 2 (l'ajout de μήν à οὔτε[2]), ι', 5 (l'omission de ἀναθεματίζει) et ι', 6/7 (l'omission de ἐπὶ τοῦ ἑνός τῆς ἁγίας Τριάδος). Pour Br : α', 4 (l'omission de καί[2], également omis par A Bi Bq), α', 5 (l'omission de καί, également omis par Ap Bh), γ', 2 (l'omission de ἀλλά, également omis par Bt), γ', 4/7 (la longue omission οὕτω – ὁμολογεῖται), δ', 3/4 (l'omission de ἕνωσιν – φυσικήν), ς', 4 (ἐκφωνεῖται au lieu de ἐκφωνεῖτε, également dans maints d'autres manuscrits), ζ', 5 (λέγεις au lieu de λέγε, également dans S) et ι', 6 (la transposition de τὴν φυσικήν διαφοράν derrière ἀναιροῦντας, également transposé par Ap, Ba et Bh).

Bg et Br partagent une omission : ς', 4 (l'omission de καί). Af et Br ont souvent les mêmes fautes : α', 7 (l'omission de ἁγίας), δ', 1 (μή au lieu de οὐ), δ', 3, ε', 2 et 5 (l'ajout de δέ à μή), et ε′, 4 (μή au lieu de οὐχ'). Et enfin, Af et Bg ont deux fois la même variante: δ′, 4 (λέγοντα au lieu de γνωρίζοντα) et δ′, 5 (l'omission de ἀλλά).

Il est clair que ces trois manuscrits font partie de la même famille, ce dont témoignent les leçons qui les opposent à toute la tradition (voir *supra*). Bg contient quelques leçons individuelles qui rendent impossible qu'il soit le modèle ou une copie d'Af ou Br. Br a beaucoup de variantes individuelles dont quelques omissions assez longues. Af n'a que deux leçons propres, dont la première (δ′, 4: μή au lieu de οὐ) se trouve dans un passage qui a été omis par Bg et Br, et la deuxième (ς′, 4: ἐκφωνοῦμεν au lieu de ἐκφωνεῖτε) peut aisément être corrigé ([795]). Comme Af et Br partagent bon nombre de leçons signifiantes, nous sommes encline à postuler que Br est une copie d'Af. Ces informations-ci nous font supposer un stemma tel que:

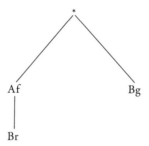

La leçon τοίνυν (ι′, 1) nous apprend que Migne a eu recours à un manuscrit faisant partie de cette sous-famille.

6. D N Af

D   *Athous, Batopediou 57 (s. XIII-XIV)*
N   *Athous, Iviron 388 (Lambros 4508) (s. XVI)*
Af *Mediolanensis, Ambrosianus gr. H 257 inf. (1041) (s. XIII)*

([795]) On sait que le copiste d'Af n'a pas copié fidèlement son modèle: « der Schreiber geht im großen wie im kleinen mit dem Text sehr frei um » (KOTTER, *Die Überlieferung der Pege Gnoseos*, p. 38) et « several texts seem to have been consciously tampered with » (ROOSEN, *Epifanovitch Revisited*, I, p. 117).

212* INTRODUCTION

Roosen ([796]) propose le stemma suivant dans lequel χ est un frère des manuscrits M W Ar Bq Cj ([797]).

χ

θ

Af

D

N

Il est déjà clair, d'un seul coup d'oeil, que ce stemma n'est pas valable pour ce qui est du *De duabus Christi naturis*. En effet, si nous examinons les quatre passages où il est question d'une leçon saillante (cf. *supra*), il y a déjà des différences remarquables qui rejettent le stemma proposé. C'est que Af en D contiennent ἡ σάρξ et N τὸ σῶμα (β΄, 7), et D N εἰ γάρ Κύριλλος, mais Af a ὁ γάρ θεῖος Κύριλλος (ι΄, 3). En outre, nous n'avons trouvé aucune faute individuelle partagée de N et Af, ce qui est surprenant s'il s'agisse en effet de frères. Sur la base de notre texte, nous ne pouvons pas nous prononcer sur la position de ces témoins dans le stemma.

7. *D R*

D *Athous, Batopediou 57 (s. XIII-XIV)*
R *Athous, Lavra I 99 (Eustratiades 1183) (s. XVIII)*

Bien que le stemma de Roosen ([798]) ne semble pas être valable dans le cas du *De duabus Christi naturis*, nous pouvons quand même donner quelques précisions quant à la place qu'occupe D

---

(796) Roosen, *Epifanovitch Revisited*, II, p. 350.
(797) *Ibid.*, II, p. 383.
(798) Voir *supra*.

dans le stemma. D et R partagent certaines leçons, mais ils ont aussi des fautes individuelles, ce qui empêche que l'un soit le modèle de l'autre.

Les deux se caractérisent par des leçons communes qui les isolent du reste de la tradition : α′, 6 (l'ajout de δέ derrière ὁμοίως), γ′, 1/2 (ἡ au lieu de ἥ τε), γ′, 6 (l'omission de δύο), δ′, 4/5 (la transposition de ἐπὶ τοῦ Χριστοῦ derrière ἕνωσιν), ζ′, 5 (λέγειν au lieu de λέγε, également présent dans Q), η′, 5 (ἀναιρέσει au lieu de διαιρέσει, également présent dans Bc et Bi) et θ′, 6 (l'omission de τοῦ ἑνός).

D se singularise par un nombre de variantes et fautes individuelles : α′, 1 (l'ajout de ὅτι devant ὁ), β′, 6 et 7 (ἄλλη au lieu de ἄλλης), β′, 7 (οὐσία au lieu de οὐσίας), β′, 8 (προσώπων au lieu de προσώπου, également présent dans Bh) et θ′, 1 (τῆς φύσεως au lieu de τῶν φύσεων).

Dans R, nous rencontrons les fautes propres suivantes : γ′, 3 (μή au lieu de μέν), γ′, 5 (l'omission de καί, également omis par Bh), ϛ′, 2 (l'omission de τοῦ ἑνός), ϛ′, 3 (διανοῆσαι au lieu de νοῆσαι, également présent dans Bn), ϛ′, 4 (διεκφωνεῖτε au lieu de ἐκφωνεῖτε), ζ′, 1 (ἐνούσιον au lieu de ὁμοούσιον), ι′, 3 (τά au lieu de τούς) et ι′, 4 (ἀναιροῦντα au lieu de ἀναιροῦντας, également présent dans Ac).

D et R sont donc des frères qui dépendent d'un ancêtre commun, responsable de leurs variantes et erreurs communes.

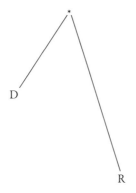

8. *Autres manuscrits*

Restent encore O et Au dont nous ne pouvons rien dire en ce qui concerne leur place dans le stemma, sauf que nous nous trouvons en présence d'un cas de contamination. En effet, O et Au ont ἡ σάρξ de sorte que nous nous attendrions à la leçon διαιρεῖ, mais ceci n'est pas le cas. Ils ne contiennent donc pas toutes les leçons qui sont propres à la famille α.

Le reste de la tradition

Il nous reste encore 34 manuscrits à classer, dont entre autres les témoins qui forment le *Corpus Constantinopolitanum*. Plus que la majorité ne peut pas être classifiée à l'aide du *De duabus Christi naturis* seul. Avant de présenter les indices de parenté dont nous disposons, nous présentons d'abord le corpus constantinopolitain.

Nous avons la fortune de disposer d'un nombre élevé de manuscrits contenant une quarantaine d'œuvres maximiennes dont nous savons que l'origine est située dans le bassin oriental de la Méditerranée [799]. C'était Bracke [800] qui a donné cette collection de manuscrits maximiens le nom de corpus constantinopolitain parce que ses plus anciens membres, Be et Bs, se trouvaient longtemps à Constantinople. Bracke a également suggéré que la composition du corpus doive être située au 10ᵉ siècle [801]. Il est intéressant à savoir qu'il semble que le *De duabus Christi naturis* n'ait été ajouté au corpus constantinopolitain que dans un deuxième stade, plus particulièrement au premier quart du 11ᵉ siècle [802]. La cohérence de ce *Corpus Constantinopolitanum* [803] ressort non seulement du contenu semblable de ses membres, mais également des leçons communes qui le séparent du reste de la tradition manuscrite, comme nous verrons plus tard. Les manuscrits faisant partie de ce corpus constantinopolitain sont : Be, At, Bn, X, Ai, Cd, Bc, Bj, Ad, Bs, Al, U, Bm, Ca, Bb, Bz.

---

(799) Van Deun, *Opuscula*, p. I..

(800) Bracke, *Some Aspects of the Manuscript Tradition*, p. 102.

(801) *Ibid.*, p. 102-106.

(802) *Ibid.*, p. 101.

(803) Pour plus d'informations sur ce corpus, voir Van Deun, *Opuscula*, p. L-LX, CVIII-CXI et Boudignon, *Myst.*, p. LXVII-LXVIII.

Examinons maintenant les parentés qui existent entre les témoins non classés.

1. La famile Bs Bm Ca U Z Al

U	Cantabrigiensis, University Library, Dd II 22 (s. XIV)
Z	Hierosolymitanus, Sancti Sepulchri 19 (s. XIII)
Al	Monacensis gr. 363 (s. XIII-XIV)
Bm	Vaticanus gr. 505 (a. 1520)
Bs	Vaticanus gr. 1502 (s. XII)
Ca	Venetus, Marcianus 136 (s. XIII)

À partir des stemmas proposés dans les éditions antérieures d'œuvres de Maxime le Confesseur ([804]), nous avons reconstruit le stemma général suivant:

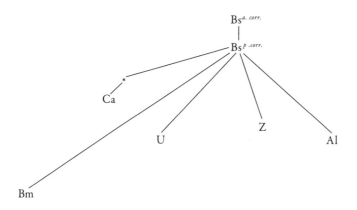

Les variantes suivantes montrent à titre d'exemples que les manuscrits en question sont apparentés: γ', 3 (la transposition de τοῦ μέν) et ς', 5 (la transposition de τρεῖς ὑποστάσεις). Il ne s'agit toutefois pas de leçons uniques ([805]). En outre, les manuscrits U Al Bm Bs et Ca ont encore une autre leçon en commun: ζ', 4 (l'omission de μή). U et Z ont chacun une leçon individuelle: celle d'U

---

[804] Laga – Steel, *Q. Thal.*, I, p. CX-CXI; Van Deun, *Opuscula*, p. LXX, CXXXIX; Id., *L. A.*, p. CCXXXIV; Janssens, *Amb. Thom.*, p. CXXIII; Boudignon, *Myst.*, p. LXXXV.

[805] En général, ces leçons ne suffiraient pas à isoler ces manuscrits comme faisant partie d'une sous-famille, mais leur parenté a déjà été établie plusieurs fois dans les éditions des œuvres de Maxime.

est due à une faute orthographique, à savoir ἐκφωνεῖται au lieu de ἐκφωνεῖτε (ς ΄, 4 et 6 ; leçon présente dans bon nombre de témoins) ; Z contient la négation μή (ζ΄, 4). Pour Al Bm Ca, nous n'avons pas pu trouver des fautes propres. Il n'y a donc rien qui contredit le stemma proposé par les autres éditions, sauf le fait que Z contient bel et bien la négation μή tandis que cette négation fait défaut dans son ancêtre Bs. Il semble donc qu'il faille omettre Z du stemma proposé. Une autre option serait toutefois possible : la négation aurait été omise *post correctionem* dans Bs ([806]). Ceci impliquerait que Z a été copié de Bs avant que celui-ci ait été corrigé. Cependant, cette dernière option doit être exclue parce qu'on sait que Bs doit déjà avoir été révisé avant qu'ait été faite sa copie la plus ancienne Al, qui date du 12ᵉ siècle ([807]). Comme Z date du 13ᵉ siècle, il ne peut pas être copié de Bs$^{a.\,corr.}$. Le copiste de Z a donc ajouté lui-même la négation μή ou l'on doit supposer qu'il ait employé différents modèles. La position de Z dans le stemma reste donc indécise.

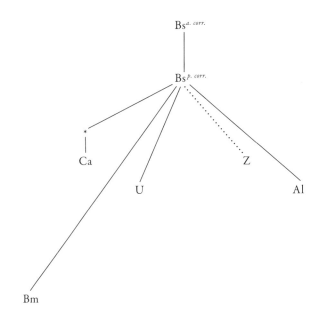

---

(806) En effet, il se trouve un grand espace entre τό et ἰδιοϋπόστατον dans Bs.
(807) Cf. Van Deun, *Opuscula*, p. LXVII.

2. La famille X Ai At Be Bn Cd

X Guelferbytanus, Herzog-August-Bibliothek, Gudianus gr. 39 (s. XIII)
Ai Monacensis gr. 83 (s. XV)
At Parisinus gr. 886 (s. XIII)
Be Romanus, Angelicus gr. 120 (T 1.8) (s. XI)
Bn Vaticanus gr. 507 (a. 1344)
Cd Vindobonensis, Supplementum graecum 1 (s. XIV)

Van Deun ([808]), dans la *CCSG* 23, propose le stemma suivant:

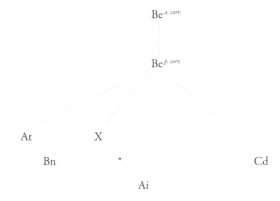

Il faut d'abord signaler que les éditeurs des œuvres de Maxime ont placé le manuscrit Bn à différents endroits dans le stemma. Chaque fois, le manuscrit en question fait partie de la branche de Be, mais dans les éditions de l'*E. ps. 59* et de la *Myst.* ([809]), Bn est une copie du *Vaticanus gr. 508*, qui ne contient pas le *De duabus Christi naturis*, tandis que dans les stemmas de l'*E. O. D.* et des *Amb. Thom.* ([810]), Bn a comme modèle X. Comme notre opuscule ne se trouve pas dans le *Vaticanus gr. 508*, la deuxième option est la plus logique. Dans ce qui suit, nous allons vérifier cette hypothèse.

---

(808) Van Deun, *Opuscula* p. CXXVI.
(809) *Ibid.*, p. LXX; Boudignon, *Myst.*, p. LXXXV.
(810) Van Deun, *Opuscula*, p. CXXXIX; Janssens, *Amb. Thom.*, p. CXXIII.

218* INTRODUCTION

X, Ai, At, Be, Bn et Cd partagent en effet des leçons, mais il y a toujours d'autres manuscrits qui contiennent également les leçons en question. En d'autres mots, les leçons comprises dans cette famille ne sont pas des leçons uniques : β′, 2 (ταυτότης au lieu de ταυτότητα), β′, 7 (τὸ σῶμα au lieu de ἡ σάρξ), ς′, 5 (la transposition de τρεῖς ὑποστάσεις) et ι′, 3 (la variante καὶ γάρ Κύριλλος). En fait, ces variantes démontrent seulement que ces manuscrits font partie d'un grand groupe de manuscrits qui contiennent ces leçons.

X et Ai partagent une leçon : γ′, 2 (l'addition de γάρ, qui est également présente dans By), et Ai a une faute individuelle : ς′, 3 (la transposition de τοῖς τῆς). Notre collation ne contredit donc pas la parenté modèle-copie. En ce qui concerne notre texte, il n'est même pas nécessaire d'ajouter un manuscrit intermédiaire entre X et Ai. En outre, il ressort de notre collation que les manuscrits X, Ai et Bn forment une sous-famille parce qu'ils ont deux leçons en commun : γ′, 3 (la transposition de τοῦ μέν) et ζ′, 4 (l'omission de μή), qui ne se trouvent pas dans le modèle Be. Ce ne sont toutefois pas des leçons uniques, étant donné qu'elles sont également attestées dans d'autres témoins du *De duabus Christi naturis*. Selon le stemma proposé par Van Deun ([811]), Bn serait un apographe de X. Étant donné que Bn ne contient pas cette addition de γάρ (γ′, 2), cette proposition n'est tenable que si nous supposons que le copiste de Bn a omis cette addition étrange. Pour le reste, le stemma proposé par Van Deun n'est pas contredit par notre collation. Dans X, Ai et Bn, le *De duabus Christi naturis* est par ailleurs tous les trois suivis des *Epistulae* 6 et 7.

Be[p. corr.] et Cd partagent aussi des variantes (qui se trouvent toutefois aussi dans d'autres témoins) : γ′, 1 ; δ′, 1 et 4 ; ε′, 1 (l'omission de οὐ) et ε′, 4 (l'omission de οὐχ). Cd contient également une faute propre : β′, 3 (l'omission de ἐστιν, également omis par E et Bi). Ces informations confirment la relation ancêtre-copie de Be et Cd dans le stemma. Cependant, il reste encore un problème en ce qui concerne la position d'At. C'est que At contient quatre fois la négation οὐ tandis que cette négation a été omise *post correctionem* par Be. Cet ennui peut être résolu à l'aide du stemma des *Q. Thal.* ([812]). Laga et Steel ont le même stemma partiel que

---

(811) Van Deun, *Opuscula*, p. CXXXIX.
(812) Laga – Steel, *Q. Thal.*, I, p. CX-CXI.

INTRODUCTION 219*

Van Deun en ce qui concerne la relation entre At, Be et Cd, sauf qu'ils indiquent qu'il y a eu de la contamination entre At et Bs[p. corr.]. Ceci semble également être les cas pour notre texte. C'est la seule manière dont on peut expliquer cette quadruple omission de la négation.

Les informations ci-dessus nous donneraient le stemma suivant qui correspond avec celui proposé par Van Deun, complété avec la contamination suggérée par Laga et Steel :

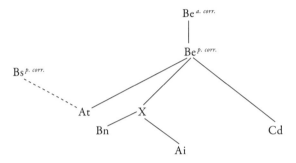

Il y a toutefois un problème : At, Be et Cd ont omis διά (γ′, 3) dans le troisième chapitre, tandis que X, Ai et Bn le contiennent bel et bien. Cet écart peut éventuellement être expliqué par le fait que le copiste de X a remarqué l'omission de la préposition et l'a simplement ajoutée. Cependant, il y a encore d'autres leçons qui suscitent des questions. Dans le même chapitre, X, Ai et Bn ont transposé τοῦ μέν (γ′, 3) tandis que cette transposition ne se trouve pas dans le modèle Be. Ensemble avec l'omission de μή (ζ′, 4) dans X, Ai et Bn, il est remarquable que ces trois leçons saillantes se trouvent également dans la famille dépendant de Bs. Cela nous fait supposer que l'on est ici confronté à un cas de contamination, nous permettant de dresser le stemma suivant :

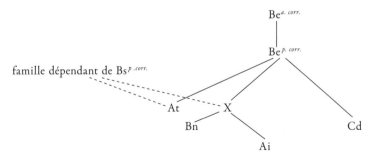

3. Les manuscrits Ah Aj

Ah   *Monacensis gr. 10 (ca. a. 1550)*
Aj   *Monacensis gr. 225 (s. XIII-XIV)*

Les manuscrits Ah et Aj semblent être liés, ce dont témoigne la sélection suivante de quelques variantes individuelles, les opposant au reste de la tradition : β′, 2 (l'omission de Ἡ ταυτότης οὐσιῶν. Οἶον), β′, 8 (l'addition de ἤτοι ὑποστάσεως), β′, 13 (l'addition de ἐπὶ τῆς οἰκονομίας), γ′, 3 (l'ajout de δέ derrière διά²) et ι′, 7 (l'addition de Κυρίου ὑμῶν Ἰησοῦ Χριστοῦ).

En outre, Ah contient également des fautes et des variantes propres : α′, 3 (τῆς au lieu de τήν), γ′, 1/2 (ὅτε au lieu de ἥ τε, également présent dan Au), δ′, 1 (καί au lieu de οὐ), δ′, 4 (διαφορά au lieu de διαφοράν), ε′, 4 (ὁμολογοῦντες au lieu de ὁμολογοῦντα) et η′, 5 (l'omission de λέγομεν). Comme Aj ne contient pas de fautes propres, les relations entre les deux manuscrits peuvent donc être représentées ainsi :

4. Bj et Ad

Ad   *Mediolanensis, Ambrosianus gr. B 139 sup. (146) (ca. a. 1600)*
Bj   *Taurinensis gr. c.III.3 (Pas. XXV.b.V.5) (s. XI) (brûlé)*

Le *De duabus Christi naturis* a été transmis dans un témoin ancien (Bj) datant des premières années du 11ᵉ siècle qui contenait tout un corpus de textes maximiens. De façon regrettable, lors d'un incendie en 1904, ce témoin important pour la transmission du corpus maximien a été détruit. Cependant, comme a déjà été démontré par les éditeurs antérieurs des textes maximiens, il existe des indices que nous disposons encore, à l'heure actuelle, d'un apographe de ce manuscrit important. Il s'agit du manuscrit Ad, datant de *ca.* 1600, qui se trouve actuellement à la bibliothèque de Milan. Le manuscrit en question a été copié par l'humaniste David Colvill, qui était bibliothécaire de la bibliothèque de l'Escurial. Il a séjourné à maintes reprises en Italie, entre autres

INTRODUCTION   221*

à Turin, donc il est très probable que Ad a été copié par lui sur Bj, hypothèse qui est corroborée par le fait que la Bibliothèque Ambrosienne possède plusieurs manuscrits de sa main copiés sur des modèles turins [813]. Bj contenait, selon le catalogue, la même séquence d'œuvres que Bc, Be et Bs, à l'exception des lettres 13 et 15 qui ne semblent pas avoir fait partie de Bj tandis qu'elles se trouvent entre la première et la deuxième partie de la lettre 12 dans les trois autres manuscrits. Laga et Steel [814] remarquent toutefois qu'il est possible qu'il s'agisse ici d'une négligence de la part du catalogueur Pasini, étant donné que la deuxième partie de la lettre 12 occupe quand même beaucoup de place. Reste encore la question de déterminer la position de Bj vis-à-vis ces témoins anciens appartenant au *Corpus Constantinopolitanum*. Laga et Steel [815] avancent que nous nous trouvons ici en présence du modèle de Bc, Be et Bs, puisque Bj est encore plus ancien qu'eux. A l'aide des fautes d'un autre apographe de Bj, le *Mediolanensis, Ambrosianus gr. B 137 sup. (145)*, qui contient l'autre partie des œuvres maximiennes copiées par Colville sur Bj [816], ils ont démontré que cet autre apographe contient quelques fautes communes de Bc, Be et Bs, mais jamais leurs fautes particulières. Ils en concluent qu'il s'agit donc d'une copie indépendante de l'archétype du corpus constantinopolitain [817]. Cependant, les éditions postérieures des œuvres maximiennes ne s'accordent pas sur la place de Bj dans le stemma.

Pour notre édition, nous ne nous prononçons pas sur la position de Bj dans le *Corpus Constantinopolitanum* parce que le *De duabus Christi naturis* ne se prête pas à en émettre un jugement. Signalons seulement qu'Ad contient quelques leçons uniques : γʹ, 6 (l'omission de τοῦ), εʹ, 1 (ὡς au lieu de οὐ), ιʹ, 3 (ἀναθεματίζεται au lieu de ἀναθεματίζει) et ιʹ, 4 (l'omission de τήν). Nous nous limitons donc à reproduire la parenté suivante sans nous prononcer sur la position de Bj et Ad dans le stemma général [818] :

---

(813) Laga – Steel, *Q. Thal.*, I, p. XLV ; voir la description d'Ad.

(814) *Ibid.*, I, p. XLIV.

(815) *Ibid.*, I, p. XLIII-XLVI.

(816) En effet, Ad et le *Mediolanensis, Ambrosianus graecus B 137 sup. (145)* contiennent ensemble toutes les œuvres de Bj.

(817) Laga – Steel, *Q. Thal.*, I, p. XLV.

(818) Il est evident que nous ne pouvons apporter rien de nouveau à cette discussion sur la position de Bj, puisque notre texte est trop court pour nous

5. Bb et Bz

Bb *Parisinus, Supplementum gr. 228 (s. XVI)*
Bz *Vaticanus, Reginensis gr. 37 (s. XV)*

Van Deun (*Opuscula*) et Janssens (*Amb. Thom.*) qualifient Bb et Bz comme étant des frères, faisant partie du *Corpus Constantinopolitanum*.

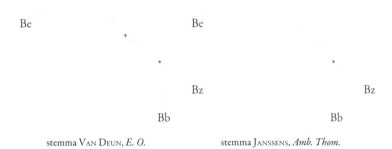

stemma Van Deun, *E. O.*   stemma Janssens, *Amb. Thom.*

Nous avons vérifié cette parenté entre Bb et Bz pour ce qui est du *De duabus Christi naturis*, et nous n'avons trouvé aucune leçon qui contredit le stemma proposé. Bb et Bz contiennent tous les deux les leçons saillantes qui permettent de les classer à l'intérieur de la branche dépendant de α, à l'exception du fait que Bz omet le passage contenant ταυτότης. En outre, Bb et Bz partagent encore d'autres leçons (mais celles-ci peuvent également être trouvées dans d'autres manuscrits): γ', 1 (l'omission de οὐ), γ', 3 (l'omission de διά), ϛ', 4 et 6 (la faute orthographique ἐκφωνεῖται), θ', 5 (l'addition de τῶν derrière κηρύττων, également présente dans Ad et Aq) et ι', 6 (l'omission de ἕνωσιν). Bb et Bz contiennent également des fautes propres, toutefois pas uniques. Bb a: γ', 6 (καί au lieu de ἥ, également présent dans Ad), ϛ', 5 (la transposition de

---

fournir des preuves décisives.

INTRODUCTION 223*

τρεῖς ὑποστάσεις) et η′, 4 (l'omission de τοῦ). Il est quand même étrange que la transposition de τρεῖς ὑποστάσεις est bel et bien présente dans tous les témoins du *Corpus Constantinopolitanum*, sauf dans Bz (et Bc). Faut-il supposer que les copistes de Bz et Bc aient transposé ces mots indépendamment l'un de l'autre? Bz a également des fautes propres vis-à-vis Bb, mais celles-ci ne sont pas uniques : α′, 5 (l'ajout de ἁγία devant Ἐκκλησία; leçon unique), β′, 2 (l'omission de Ἡ ταυτότης οὐσιῶν), β′, 6/7 (la transposition de ἐστὶν οὐσίας), δ′, 2 et 5 (καί au lieu de ἀλλά), ι′, 4 et 6 (ἀναιροῦσι au lieu de ἀναιροῦντας) et ι′, 5 (τοῖς au lieu de τούς). De surcroît, Bb et Bz contiennent à peu près la même séquence d'opuscules maximiens.

Sur la base de notre texte, il n'est toutefois pas possible de se prononcer avec certitude sur les affinités des deux manuscrits. Cependant, il est remarquable que Bb et Bz partagent deux leçons (les omissions de οὐ [γ′, 1] et διά [γ′, 3]) avec Be seul versus une seule leçon partagée avec Bs (ζ′, 4 : l'omission de μή), ce qui pourrait suggérer que Bb, Be et Bz sont un peu plus apparentés que Bb, Bs et Bz. Mais nous le répétons encore une fois : à cause de la brièveté du texte et le nombre restreint de fautes saillantes, il ne s'agit que de spéculation.

6. Bc

Bc   *Parisinus, Coislinianus gr. 90 (s. XII)*

Nous ne pouvons pas nous prononcer sur la position de Bc, témoin ancien, dans le stemma. Nous savons qu'il contient la même séquence de textes maximiens que Be et Bs et qu'il est donc très probablement copié du même modèle. Dans les éditions antérieures des œuvres de Maxime, les éditeurs sont divisés sur la place qu'occupe Bc dans le *Corpus Constantinopolitanum* ([819]). La collation de notre texte ne nous permet pas de vérifier ces stemmas et d'en choisir un qui serait le stemma correct. Cependant, ce que nous pouvons bel et bien prouver, c'est que Bc ne fait pas partie de

---

(819) Cf. Laga – Steel, *Q. Thal.*, I, p. CX-CXI; Van Deun, *Opuscula*, p. CXVIII (la position différente de Bc pour ce qui est de l'*E. ps. 59* est due au fait que cette œuvre se trouve sur les feuillets qui ont été insérés plus tard); Van Deun, *L. A.*, p. CCXXXV; Janssens, *Amb. Thom.*, p. CXXIII; Boudignon, *Myst.*, p. LXXXV.

224* INTRODUCTION

la branche descendant de α, vu qu'il contient les leçons τὸ σῶμα, ταυτότης, ἀναιρεῖ et καὶ γὰρ Κύριλλος (cf. *supra*). Bc ne contient qu'une faute propre qui le distingue de tous les membres du *Corpus Constantinopolitanum* et c'est la leçon ἀναιρέσει au lieu de διαιρέσει (η′, 6, également présente dans D R Ci, manuscrits dépendant de l'hyparchétype α).

7. Les manuscrits Bl Bn

Bl   *Vaticanus gr. 504 (a. 1105)*
Bn   *Vaticanus gr. 507 (a. 1344)*

À cause de la brièveté du *De duabus Christi naturis* et la nature répétitive du texte, nous pouvons seulement contrôler les parentés proches. Il n'est pas possible de se prononcer sur la position des sous-familles dans le stemma général, ni sur le nombre de manuscrits intermédiaires. Ainsi, il est difficile de déterminer si certains stemmas sont corrects, comme par exemple le stemma suivant :

$$ζ$$

$$ς$$

$$ε^* \qquad ε$$

Ae

Bl

Vat. gr. 508

Bn

stemma Roosen

Notre texte contient trop peu de leçons significatives de sorte que nous pouvons seulement confirmer que Bl et Bn font partie d'une grande sous-famille, mais nous ne sommes pas capable de vérifier le reste du stemma. La place d'Ae suscite quand même quelques questions, puisque ce manuscrit fait partie d'une tout autre branche du stemma du *De duabus Christi naturis* (à savoir la famille α) que Bl et Bn. En outre, comme le *Vaticanus gr. 508* ne contient pas notre texte, il ne peut pas être le modèle de Bn.

INTRODUCTION 225*

8. *Les autres manuscrits*

Sur la position des manuscrits A E G J (K) O S Ab Ag Am Aq As At Au Av Ay Bd Bt Bw Bx By Cf, nous ne pouvons rien dire.

c. *Le stemma général*

Il n'est pas possible de combiner ces petits stemmas dans un grand stemma général. En effet, la pénurie de leçons saillantes a compliqué l'établissement de familles et empêche le dressement d'un *stemma codicum* général.

2. *La tradition indirecte*

Nous avons déjà décrit les témoins de la tradition indirecte dans le chapitre précédent. Il n'est toutefois pas évident de situer la position de ces témoins vis-à-vis la tradition directe du *De duabus Christi naturis*.

En ce qui concerne les citations dans des florilèges, il semble être impossible de déterminer la source des manuscrits Bp, Bu, Bv et Cc – contenant seulement le chapitre α′ – à cause d'un manque de variantes probantes.

Restent encore les citations chez d'autres auteurs. En premier lieu, nous avons trouvé plusieurs extraits du *De duabus Christi naturis* dans l'*Opusculum 111* des *Theologica* de Michel Psellos. Malheureusement, il n'y a aucun manuscrit dont toutes les leçons correspondent avec celles de Psellos. De plus, Psellos a clairement intervenu dans le texte. Il est donc impossible de déterminer de quel manuscrit Psellos s'est servi. Deuxièmement, un autre témoin de la tradition indirecte du *De duabus Christi naturis* à discuter est la *Panoplia dogmatica* d'Euthyme Zygadène. Nous pouvons y trouver les chapitres α′, β′, ε′, η′, θ′ et ι′ du *De duabus Christi naturis*. Cette même combinaison de chapitres n'est pas présente dans aucun manuscrit de la tradition indirecte. En plus, les leçons spécifiques du texte de Zygadène ne nous ont pas permis d'identifier le manuscrit source de Zygadène. Finalement, nous disposons de quelques indices quant au manuscrit source d'Agallianos. Une comparaison des témoins agalliens avec les manuscrits comportant le *De duabus Christi naturis* nous apprend qu'il existe des parentés entre le texte contenu dans la *Syllogè* et celui d'E, un manuscrit du 14ᵉ siècle provenant du monastère de Vatopédi au Mont

Athos ([820]). En effet, toutes les fautes et variantes des manuscrits agalliens se trouvent également dans un seul autre manuscrit, E ; en voici la liste : α΄, 3 (l'omission de Ὅ), α΄, 11 (δύο devant φύσεων), β΄, 2 (Εἰ au lieu de Ἤ), β΄, 9 (l'omission de ἑτερότης δὲ οὐσιῶν· ἑνὸς γὰρ ὄντος προσώπου due à un saut du même au même), γ΄, 3 (l'omission de διά), γ΄, 3 (τῷ au lieu de τοῦ), δ΄, 4 (ἕνωσιν au lieu de διαφοράν) et θ΄, 4 (l'omission de καί). Surtout la longue omission (β΄, 9) et la leçon ἕνωσιν au lieu de διαφοράν (δ΄, 4) sont de nature probante puisque la première ne se trouve que dans A et E, et la deuxième uniquement en E et As.

Cependant, cette parenté semble être rejetée par quelques leçons d'E qu'on ne retrouve pas dans la *Syllogè* : α΄, 6 (υἱός au lieu de ἑνός), β΄, 3 (l'omission de ἐστιν), β΄, 6/7 (la transposition de ἐστὶν οὐσίας), β΄, 10 (l'ajout de δέ derrière ἑτέρας[1]), β΄, 10 (la transposition de οὐσίας ἐστίν), β΄, 13 (l'addition de ἐπὶ τοῦ Χριστοῦ derrière πᾶσα), γ΄, 1 (l'omission de γάρ) et δ΄, 4 (l'addition de καί derrière οὕτω). Le codex E ne peut donc pas être le modèle qu'a utilisé Agallianos, mais il a probablement eu recours à un manuscrit apparenté à E. Malheureusement, il semble qu'il s'agisse donc d'un témoin dont nous ne disposons pas.

3. Ratio edendi

1. *La reconstruction du texte*

L'absence d'un stemma général du *De duabus Christi naturis* a entraîné un problème : l'établissement du texte. Comme nous n'avons pu distinguer que de petites sous-familles, il n'est pas possible de privilégier la leçon donnée par l'accord de plusieurs branches du *stemma codicum*. Cependant, il a été nécessaire de faire des décisions sur le texte de base pour qu'il reflète le plus possible les pensées de Maxime. Pour cela, nous avons procédé de la manière suivante : nous nous sommes penchée sur les quatre variantes saillantes qui nous ont permis de reconstruire une partie du stemma supérieur et nous avons examiné le langage maximien dans d'autres œuvres de Maxime afin de déterminer quelle variante ait probablement été utilisée par Maxime. Nous avons constaté que Maxime privilégie σῶμα à σάρξ et ἀναιρεῖ à διαιρεῖ, deux variantes qui se trouvent toujours dans la même série de ma-

---

(820) Voir *supra* pour une description de ce manuscrit.

INTRODUCTION

227*

nuscrits. Ensuite, nous avons opté de reprendre dans notre texte de base les deux autres variantes probantes présentes dans ces manuscrits-là, après avoir fait – évidemment – l'évaluation de leur valeur dans ce contexte spécifique. Pour d'autres cas, nous avons pesé cas par cas la valeur des leçons.

Ainsi, il était par exemple évident qu'il y avait un élément manquant dans la dernière phrase du deuxième chapitre (β′, 13). En effet, la dernière partie de la phrase doit s'appliquer au Christ afin que le parallèle avec la sainte Trinité soit complet. Ainsi, nous avons opté d'ajouter ἐπὶ τοῦ Χριστοῦ, parce que cette leçon se trouve aussi bien dans des témoins de la famille α (P, Q, Ae, Bi, Ce, Ch, Ci) que dans E, qui fait partie des manuscrits que nous avons appelés la tradition ([821]).

En outre, il est clair que le début du deuxième chapitre est corrompu. Nous avons essayé de reconstruire le texte originel, mais il semble qu'aucun témoin n'ait transmis la version correcte. Nous pouvons éclaircir ce chapitre en considérant Ἡ ταυτότης οὐσιῶν (β′, 2) comme une glose explicative qui, par inadvertance, a été introduite dans le texte principal par un copiste. En effet, à la fin du premier chapitre, Maxime parle de la καθ'ὑπόστασιν ἕνωσιν, l'union selon l'hypostase. Au début du deuxième chapitre, il parle de la ἄκρα ἕνωσις, l'union suprême, qui est probablement à distinguer de cette καθ'ὑπόστασιν ἕνωσιν du premier chapitre. Il est très probable qu'un copiste a voulu éclaircir ce passage en ajoutant une glose explicative dans la marge du chapitre β′ : cette union suprême, c'est-à-dire l'identité des essences (Ἡ ταυτότης οὐσιῶν). Nous ne pouvons jamais être sûre de la validité de cette hypothèse, mais elle est quand même très plausible ([822]). Pour cela, nous avons décidé de mettre Ἡ ταυτότης οὐσιῶν entre crochets dans notre édition.

Malgré l'absence d'un *stemma codicum* complet, la collation de tous les témoins de la tradition directe du *De duabus Christi naturis* a permis de corriger le texte de Migne à plusieurs endroits. Ainsi, nous avons découvert que la phrase sur l'hérésie de Macédonios (caput α′) est probablement inauthentique. Cependant,

---

(821) Cf. *supra*.

(822) Nous voudrions remercier Geert Roskam pour cette suggestion lors de notre soutenance de thèse.

228* INTRODUCTION

Piret [823] s'est basé, pour son commentaire de cet opuscule maximien, sur le texte de la *Patrologia graeca* de sorte qu'il a construit son argumentation – partiellement – à partir d'informations erronées, comme par exemple la phrase sur Macédonios.

2. *La présentation du texte*

Dans la plupart des témoins, le *De duabus Christi naturis* a été transmis comme une collection de dix chapitres numérotés. Nous avons donc repris cette répartition en κεφάλαια, ainsi que la numérotation.

3. *La ponctuation, l'accentuation et l'orthographe*

Nous avons respecté le plus possible la ponctuation des manuscrits, sauf dans les cas où la profusion de virgules risquait de déconcerter le lecteur.

Pour ce qui est de l'accentuation, nous avons suivi les manuscrits les plus anciens, sauf en ce qui concerne l'accent devant les signes de ponctuation. Contrairement à ce qu'ont fait nos témoins [824], nous avons décidé d'écrire un *acutus* au lieu d'un *gravis* devant tout signe de ponctuation. Ainsi nous suivons la pratique courante des éditions de textes en grec ancien.

En ce qui concerne les enclitiques (dont il n'y en a que très peu dans de ce texte), nous avons suivi les règles traditionnelles, appliquées également par la majorité des manuscrits [825]. Remarquons toutefois que certains manuscrits dévient de cet usage traditionnel, citons par exemple β', 3 μὲν ἐστὶν dans P Ae Aq Bn Bw Ch Ci et θ', 2 Νεστοριανὸς ἐστὶν L Ae Aq Au Az Br Cg Ci.

Au niveau de l'orthographe, nous devons seulement signaler que nous avons écrit οὐχ' au lieu d'οὐχ, parce que cette forme semble être considérée, par les manuscrits anciens, comme la forme élidée d'οὐχί [826]. En effet, l'orthographe de notre édition

---

(823) Piret, *Le Christ et la Trinité*, p. 115-116.

(824) Les scribes n'ont pas été conséquents dans leur accentuation.

(825) Signalons que certains chercheurs ont avancé qu'il existe une grammaire byzantine de l'accentuation. Voir par exemple Hostens, *Dissertatio*, p. L-LIV ; Noret, *Quand rendrons-nous* ; Id., *Notes de ponctuation* ; Id., *L'accentuation* ; Janssens, *Amb. Thom.*, p. CXL.

(826) Voir e.a. Hostens, *Dissertatio*, p. LIV ; Van Deun, *Opuscula*, p. CLXIX ; Janssens, *Amb. Thom.*, p. CXLI ; Boudignon, *Myst.*, p. CLXXXII.

INTRODUCTION 229*

ne s'éloigne de celle des manuscrits que sur quelques points. Pour la division des mots, certains manuscrits (p. ex. Ae et Bx) ont écrit καθυπόστασιν au lieu de καθ'ὑπόστασιν et κατουσίαν au lieu de κατ'οὐσίαν. Dans ces cas-là, nous avons suivi la graphie des manuscrits les plus anciens qui ont écrit ces formules en deux mots. À cause du manque de systématisation dans les manuscrits, nous avons suivi l'usage classique pour le ν éphelcystique et le ς euphonique. Pour ce qui est du *iota subscriptum*, nous avons décidé de l'écrire par conformisme moderne partout où il est nécessaire d'un point de vue morphologique, comme par exemple au datif singulier, au subjonctif, etc. ([827]) Les manuscrits contiennent rarement une *coronis* sur ταυτότης (β', 3 et 5 et 8). Nous avons donc suivi la graphie des manuscrits.

4. *Apparatus*

En dessous du texte grec, on trouve quatre apparats successifs.

a. *Apparatus fontium et locorum parallellorum*

Le premier apparat est l'apparat des sources et des passages parallèles qui vise à identifier toutes les citations ou allusions de Maxime à des sources bibliques, patristiques, etc. Signalons que nous avons décidé de garder l'*apparatus fontium et locorum parallellorum* très restreint. En effet, le débat anti-monophysite a entraîné la création de bon nombre de textes sur ce sujet de sorte qu'il a été impossible de déterminer avec certitude de quel(s) texte(s) Maxime s'est probablement inspiré. L'apparat ne contient donc pas de références à des passages parallèles dans les œuvres de Maxime. Nous nous sommes limitée à signaler des renvois clairs aux conciles.

b. *Apparatus siglorum*

Le second apparat mentionne, pour chaque chapitre, tous les manuscrits qui ont été utilisés pour la reconstruction du texte.

---

(827) Cf. Van Deun, *Opuscula*, p. CLXX; Janssens, *Amb. Thom.*, p. CXXXIX; Boudignon, *Myst.*, p. CLXXX.

c. Apparatus criticus

L'*apparatus criticus* est négatif et ne contient aucune leçon des manuscrits dont le modèle est encore disponible. Les témoins suivants ont donc été éliminés de l'apparat critique : F Q U X Z [828] Ac Ah Ai Al At Ba Bi [829] Bk Bm Bn Br Ca Cd Cg.

L'apparat critique contient les fautes et variantes que nous avons recensées dans les manuscrits de la tradition directe. Lorsque les témoins présentent une correction, nous avons toujours mentionné la leçon *ante correctionem* ou *post correctionem* dans l'apparat critique. Comme nous l'avons déjà mentionné ci-dessus [830], l'apparat ne contient aucune leçon de la tradition indirecte, parce que ces témoins ont souvent remanié le texte radicalement de sorte qu'il n'est pas toujours facile de visualiser leurs leçons dans la forme d'un apparat. Ces témoins ont été discutés en détail dans le chapitre consacré à la tradition indirecte.

Nous avons éliminé de notre apparat critique toutes les fautes orthographiques, comme par exemple les itacismes, les redoublements de consonnes, les simplifications de géminées, les fautes d'esprit, etc. Cependant, dès le moment qu'une faute ou une variante orthographique pouvait être voulue par le copiste, nous l'avons mentionnée dans l'apparat (p. ex. α′, 4 ἀρνεῖται] ἀρνῆται *Bh Bx Ce*).

d. Apparatus marginalium

Le dernier apparat contient toutes les notes et scholies que nous avons trouvées dans les marges des manuscrits. Nous les avons transcrites en tant que telles, sans changer leur ponctuation.

---

(828) Z est un cas difficile : ce témoin est généralement considéré comme étant une copie de Bs, mais dans le cas du *De duabus Christi naturis*, il y a une leçon qui semble contredire cette hypothèse (voir *recensio codicum*). À cause de la brièveté de notre texte, nous avons toutefois suivi les autres éditeurs du corpus maximien et nous l'avons éliminé de l'apparat.

(829) Bi présente également quelques difficultés, voir *recensio codicum*.

(830) Voir *supra*, tradition indirecte.

INTRODUCTION   231*

3. LES *CAPITA GNOSTICA*
(*CPG* 7707. 11)

1. Traditio textus

1. *La tradition directe: descriptio codicum*

Les *Capita gnostica*, comportant 100 chapitres, sont transmis complètement ou partiellement dans cinq manuscrits (Ba, C, F, Mq et V). Il s'agit donc d'une transmission très restreinte, mais heureusement, nous disposons d'un manuscrit ancien qui date des 10e-11e siècles. Ba et Mq sont les seuls témoins complets. En effet, le manuscrit C est mutilé de sorte que notre texte n'y entame qu'au milieu du chapitre ς'. F, à son tour, ne contient pas les chapitres 10 jusqu'à 17 ([1]). Cependant, le manuscrit se termine par le chapitre ρ' ([2]). Le manuscrit V enfin, a omis cinq chapitres, à savoir les chapitres α', β', ς', ζ' et Ϟ'. Contrairement à F, le copiste a quand même adapté sa numérotation, de sorte que le dernier chapitre ne porte pas le numéro ρ', mais le numéro Ϟς' ([3]).

Ba   *Athous, Batopediou 473 (s. XIV), f. 45r-83r*
C   *Athous, Batopediou 474 (s. XIII), f. 1r-25v*
F   *Florentinus, Mediceus-Laurentianus plut. VIII.20 (s. X-XI),*
         f. 228v-282r
Mq   *Mosquensis, Bibliotheca Synodalis 439 (Vladimir 425)*
         (s. XIV), f. 162r-181v
V   *Vaticanus gr. 1746 (ca. a. 1368), f. 99r-114v*

La répartition des manuscrits dans le temps est la suivante:

siècle	*nombre de témoins*
X-XI	1
XIII	1
XIV	3

---

(1) Il s'agit d'une partie des chapitres pris des *Cap. XV* (cf. *infra*).

(2) Le copiste a en effet omis – intentionnellement ou inconsciemment – les chapitres η' jusqu'à ιθ', mais il n'a pas adapté la numérotation: elle saute de θ' à ιη'.

(3) On s'attendrait au numero Ϟε', mais le copiste a sauté un numéro.

232*   INTRODUCTION

Ba *Athous, Batopediou 473* (*s.* XIV), f. 45ʳ-83ʳ

Le catalogue d'Eustratiadès et Arkadios ([4]) ne nous procure que de l'information très limitée sur le contenu de ce manuscrit. Il s'agit d'un manuscrit de papier, écrit au 14ᵉ siècle, dont manquent le début et la fin, et qui se trouve dans un état mutilé ([5]). Dans sa forme mutilée, le manuscrit compte 315 feuillets ([6]). Il ne contient que des œuvres de Maxime le Confesseur. Eustratiadès et Arkadios donnent le *conspectus* suivant: κεφάλαια ἑκατοντάδων ὀκτώ (f. 1ʳ-231ʳ), le *L. A.* (*CPG* 7692; f. 231ʳ-270ᵛ), le prologue des *Car.* (*CPG* 7693; f. 270ᵛ-271ᵛ) suivi par les trois premières centuries et les 13 premiers chapitres de la quatrième centurie des *Car.* (f. 271ᵛ-313ʳ). La mention de la première œuvre, c'est-à-dire les huit centuries, n'est pas du tout éclaircissante. L'œuvre de Maxime le Confesseur, comme nous le connaissons, ne contient aucun ouvrage comptant 800 chapitres. En fait, il s'agit ici d'un groupement de plusieurs ouvrages de saint Maxime, comme Van Deun ([7]) a justement remarqué dans son édition du *L. A.* Plus particulièrement, la première partie mutilée du manuscrit contient successivement une partie de la première centurie des *Capita theologica et oeconomica* (*CPG* 7694; I, 54-69 ([8]) et 80-100 ([9])), suivie de la deuxième centurie (f. 1ʳ-45ʳ), puis succédée par nos *Capita gnostica* avec des scholies (f. 45ʳ-83ʳ) appelés ἑκατοντὰς τρίτη, pour terminer enfin avec les cinq centuries des *Div. Cap.* (*CPG* 7715; f. 83ʳ-231ʳ).

Dans sa description du manuscrit, De Vocht ([10]) remarque qu'à l'époque, on avait déjà un soupçon d'inauthenticité en ce qui concerne ces cinq centuries, ce dont témoignent les notes suivantes de la main du copiste: τὰ λείποντα ἐνταῦθα ι΄ κεφάλαια προεγράφησαν ἐν τῇ πρὸ ταύτης ἑκατοντάδι· ἄρχονται δὲ ἐκεῖ-

---

(4) Eustratiadès – Arkadios, Κατάλογος, p. 95.

(5) En outre, le microfilm dont nous disposons est de mauvaise qualité.

(6) D'après Roosen, ce témoin consistait au moins de 18 folios supplémentaires (Roosen, *Epifanovitch Revisited*, I, p. 48-49).

(7) Van Deun, *L. A.*, p. XXXIV.

(8) Jusqu'à *PG* 90, 1108 C14 [οἱ χρόνοι καὶ] (cf. Van Deun, *L. A.*, p. XXXIV, n. 70).

(9) À partir de *PG* 90, 1113 D4 [φάσκων] (cf. Van Deun, *L. A.*, p. XXXIV, n. 71).

(10) De Vocht, *Kritische editie*, p. [65-66].

INTRODUCTION 233*

σε τοῦ η΄ κεφαλαίου [f. 84ᵛ] et ἐν τῷ τέλει, ζήτει ἕτερα κεφάλαια πρακτικὰ κε΄· τὰ δὲ ἀπὸ τοῦ νῦν κε΄ συνελέγησαν παρά τινος φιλοπόνου ἀπὸ διαφόρων λόγων τοῦ ἁγίου Μαξίμου [f. 86ᵛ]. Une partie des *Cap. XV* (*CPG* 7695) est en effet présente dans l'opuscule précédent, à savoir nos *Capita gnostica* (chapitres η΄-ιζ΄). En plus, ce manuscrit du Mont Athos ne contient pas tous les chapitres des *Car.* comme Eustratiadès et Arkadios l'avancent (cf. *supra*). En effet, le texte est interrompu à la fin de la seconde centurie pour être suivi par ce que le scribe appelle Ἕτερα κεφάλαια κε΄. Il ne s'agit pas de la suite des *Car.*, mais du début d'un nouvel ouvrage, notamment les treize premiers chapitres des *Capita practica* d'Évagre le Pontique ([11]) (*CPG* 7707. 12 ; f. 313ʳ-315ᵛ) ([12]). À cause de la mutilation du manuscrit, il nous manque la fin de cette œuvre.

On ne sait rien sur l'histoire du texte et le copiste.

C   *Athous, Batopediou 474 (s.* XIII), f. 1ʳ-25ᵛ

De même que pour les autres manuscrits du Mont Athos, la description de ce manuscrit dans le catalogue d'Eustratiadès et Arkadios ([13]) est de caractère très sommaire. Il s'agit d'un manuscrit de papier, datant du 13ᵉ siècle qui compte 371 feuillets. Le manuscrit nous est parvenu dans un état mutilé de sorte que le texte n'est pas toujours lisible. Nous nous trouvons de nouveau en présence d'un témoin important des œuvres de Maxime le Confesseur puisqu'il est consacré presque entièrement à ce saint (f. 1ʳ-360ᵛ), et plus particulièrement à ses κεφάλαια ([14]).

Sous la dénomination Μαξίμου τοῦ ὁμολογητοῦ. Κεφάλαια d'Eustratiadès et Arkadios se voient groupées plusieurs œuvres du genre des chapitres. Le manuscrit entame avec nos *Capita gnostica* (f. 1ʳ-25ᵛ). À cause de son état acéphale (il manque un cahier), ce manuscrit ne contient pas le texte complet des chapitres gnos-

---

(11) Les manuscrits attribuent ces chapitres à Maxime le Confesseur, mais on a démontré qu'il s'agit en fait de chapitres évagriens (cf. Roosen, *Epifanovitch Revisited*, III, p. 641-644).

(12) De Vocht, *Kritische editie*, p. [66] ; Van Deun, *L. A.*, p. XXXIV.

(13) Eustratiadès – Arkadios, Κατάλογος, p. 95

(14) Cf. Bracke, *Ad Sancti Maximi Vitam*, p. 197-198 ; Van Deun, *La profession de foi*, p. 258-259 ; Roosen, *Epifanovitch Revisited*, I, p. 49-50 ; De Vocht, *Kritische editie*, p. [67-69] ; Van Deun, *L. A.*, p. XXXV.

234* INTRODUCTION

tiques. L'incipit (mutilé) des *Capita gnostica* est <ὅ>ντα ᾗ ὄντα ἐστίν (ς′, 5). En outre, le manuscrit contient des scholies dans les marges des *Capita gnostica* [15]. Notre texte est suivi par une version annotée des *Th. Oec.* (*CPG* 7694; f. 25ᵛ-67ʳ), des *Car.* (*CPG* 7693; f. 67ʳ-120ᵛ), d'un texte appelé Προοίμιον qui est basé sur quelques extraits pris de la *quaestio* XL (et de ses scholies) des *Q. Thal.* (*CPG* 7688; f. 120ᵛ-121ʳ) [16], des cinq centuries des *Div. Cap.* (*CPG* 7715; f. 121ʳ-232ᵛ) et d'une version de l'*Add. 12* (*CPG* 7707. 12; f. 232ᵛ-235ʳ). Cette partie consacrée aux œuvres en forme de κεφάλαια de Maxime le Confesseur se termine par la mention : τέλος τῶν κεφαλαίων τοῦ ὁσίου πατρὸς ἡμῶν Μαξίμου τοῦ ὁμολογητοῦ. Suivent encore d'autres œuvres de Maxime, à savoir le *L. A.* (*CPG* 7692; f. 235ᵛ-260ʳ), la *Vita Sancti Maximi* (*BHG* 1234; f. 260ʳ-284ʳ), la *D. P.* (*CPG* 7698; f. 284ʳ-309ᵛ) et l'*E. ps. 59* (*CPG* 7690; f. 309ᵛ-315ᵛ).

Le manuscrit est clôturé par quelques autres textes qui n'appartiennent pas à Maxime le Confesseur. Il s'agit des trois premiers dialogues des *Dial.* du Pseudo-Athanase d'Alexandrie [17] (*CPG* 2284), intitulés Αἱρετικοῦ φρονοῦντος τὰ τοῦ Πνευματομάχου Μακεδονίου ἀντίθεσις πρὸς ὀρθόδοξον (f. 315ᵛ-332ᵛ; f. 332ᵛ-338ᵛ; f. 340ᵛ-360ᵛ), dont le troisième dialogue est précédé par le *Syntagmation* d'Aétius d'Antioche (*CPG* 3445; f. 338ᵛ-340ᵛ) [18]. Vient ensuite, après les *Dial.*, la profession de foi de Constantin Stilbès [19], annoncée ainsi Κυρίλλου μοναχοῦ τοῦ Στιλβῆ τοῦ χρηματίσαντος Κυζίκου ἐπιτομὴ τῆς ὀρθοδόξου πίστεως τῶν χριστιανῶν (f. 360ᵛ-362ᵛ) et l'*Explanatio XII capitulorum* de Cyrille d'Alexandrie (*CPG* 5223; f. 362ᵛ-371ʳ).

De Vocht [20] signale que tout le manuscrit, c'est-à-dire le texte et les scholies, semble être écrit d'une seule main. Les notes mar-

---

(15) D'après De Vocht (*Kritische editie*, p. [68]), ces notes marginales ont été écrites de la même main que le texte principal (voir *infra*).

(16) Ce même prologue aux *Div. Cap.* peut être trouvé dans le *Vaticanus gr. 1746* (f. 114ᵛ-115ʳ). C'est le mérite de De Vocht d'avoir identifié ce prologue avec certains extraits de la *quaestio* XL (cf. Laga – Steel, *Q. Thal.*, II, p. XLVIII, n. 85).

(17) Ces dialogues sont souvent attribués à Maxime le Confesseur.

(18) La plupart des descriptions ne font pas mention de cet opuscule, à l'exception de celle de De Vocht (*Kritische editie*, p. [68]).

(19) Cf. Van Deun, *La profession de foi*, p. 258-263.

(20) De Vocht, *Kritische editie*, p. [68].

INTRODUCTION 235*

ginales sont surtout des résumés, des mots-clés ou des indications du thème des chapitres en question. Il faut également signaler que les centuries de la première partie du manuscrit ont été numérotées de manière consécutive. Ainsi les *Th. Oec.* sont annoncés comme la δευτέρα ἑκατοντάς.

On ne sait rien sur l'histoire du texte, son origine et le copiste, mais ceci peut être dû au fait que le premier cahier du manuscrit manque. Il est possible que le premier folio contienne des informations sur le copiste, le possesseur, etc.

F *Florentinus, Mediceus-Laurentianus plut. VIII.20 (s. X-XI), f. 228ᵛ-282ʳ*

Selon Bandini [21], ce manuscrit doit être situé au 12ᵉ siècle [22], datation qui a cependant été contestée par Declerck dans son édition des *Q. D.* et remplacée par la datation 10ᵉ-11ᵉ siècles [23]. Il s'agit d'un manuscrit de papier qui compte 347 folios, écrit dans un caractère petit mais clairement lisible. Bandini remarque que le manuscrit contient beaucoup d'erreurs. Ce témoin se compose des œuvres de trois auteurs : Anastase le Sinaïte, Maxime le Confesseur, qui s'est taillé la part du lion, et Jean Cassien. Le texte commence par une partie de l'*Hodègos* d'Anastase le Sinaïte (*CPG* 7745 ; f. 1ʳ-41ʳ), à savoir l'*Expositio concisa* et les *Definitiones seorsum traditae* [24]. Ce texte est à son tour suivi d'une représentation en couleur [25] (f. 41ᵛ) de Saint Maxime le Confesseur accompagné d'une inscription en dodécasyllabes [26]. Ce dessin de Maxime le

---

(21) Bandini, *Catalogus codicum manuscriptorum*, p. 364-366.

(22) Cette datation est suivie par Halkin (F. Halkin, *Les manuscrits grecs de la bibliothèque laurentienne à Florence : inventaire hagiographique*, Bruxelles, 1978, p. 19) et par Uthemann (*Viae dux*, p. XLI).

(23) Declercq, *Q. D.*, p. XCIII.

(24) Uthemann, *Viae dux*, p. XLI (= I, 2 + II, 1 – II, 8, l. 137 [καὶ εὐχερῶς φθείρεται]).

(25) Cf. P. Van Deun, *Suppléments à l'iconographie de Maxime le Confesseur dans les arts byzantin et slave*, dans K. Demoen – J. Vereecken (éd.), *La spiritualité de l'univers byzantin dans le verbe et l'image. Hommages offerts à Edmond Voordeckers à l'occasion de son éméritat (IP 30)*, Steenbrugge, 1997, p. 322 et 331.

(26) Ὅσιος Μάξημος. Τὴν γλῶσσαν ὡς μάχαιραν ἠκονημένην, ἔχων μάξιμε κατατέμνεις τὴν πλάνην, μονοθελητῶν εὐσθενῶς τῶν ἀφρόνων· οἳ γλῶσσαν ἐκτέμνουσι σὴν μεμηνότες μετὰ τομὴν ᾄδουσαν ἐνθέους λόγους.

INTRODUCTION

Confesseur est suivi d'une série de textes du saint : d'abord la *D. P.* (*CPG* 7698 ; f. 42^r-107^r), puis un fragment attribué à Maxime, dont l'incipit est Διττὴ ἡ δειλία· ἡ μὲν, κατὰ συμπλοκὴν λογισμῶν, ἡ δὲ κατὰ συστολὴν φύσεως et le desinit est ἐκ ἔλλειψις φυσικῆς ἐνεργείας (f. 107^v-108^r), ensuite l'*Op. 6* (*CPG* 7697. 6 ; f. 108^r-110^v) et encore la question XIX des *Q. D.* (*CPG* 7689 ; f. 111^{r-v}). La consécution d'opuscules maximiens est ensuite coupée par un texte de Grégoire de Nazianze, à savoir l'*Oratio XLII* (*CPG* 3010 ; f. 112^r-145^v), avant d'être reprise par un ouvrage intitulé κεφάλαια δογματικά. Il s'agit en fait des *Th. Oec.* (*CPG* 7694 ; f. 146^r-228^v), qui sont à leur tour suivis des *Capita gnostica* (f. 228^v-282^r) intitulés τοῦ αὐτοῦ ἕτερα κεφάλαια et finalement des *Cap. XV* (*CPG* 7695 ; f. 282^r-292^r) intitulés κεφάλαια δογματικὰ ιε΄. Le folio 292^v est laissé vierge. Le manuscrit termine finalement avec un texte de Jean Cassien intitulé τοῦ ἀββᾶ κασιανοῦ τοῦ ῥωμαίου· περὶ τῶν τῆς κακίας ὀκτὼ λογισμῶν. Il s'agit en fait des *Epistulae ad Castorem* (*CPG* 2266 ; f. 293^r-347^r).

Comme nous l'avons brièvement mentionné dans l'introduction, ce manuscrit ne contient pas le texte complet des *Capita gnostica*. En effet, les chapitres ι΄ jusqu'à ιζ΄ font défaut, mais la numérotation continue comme si rien ne s'est passé : en effet, le chapitre θ΄ est suivi du chapitre ιη΄. À première vue, l'on dirait qu'il est question d'une perte de folios. Cette supposition est pourtant réfutée par la simple constatation que le chapitre θ΄ commence au folio 32^v et continue au folio 33^r. Dans un deuxième temps, l'on peut se demander s'il s'agit d'une coïncidence qu'il s'agit ici des chapitres qui correspondent littéralement à quelques chapitres des *Cap. XV*. Peut-être le copiste avait-il remarqué que ces κεφάλαια correspondaient au contenu d'un opuscule qui suivrait plus tard dans le même manuscrit ? Cependant, ce qui est étrange, c'est que le copiste n'a pas omis tous les chapitres provenant des *Cap. XV*. Les κεφάλαια η΄ et θ΄, correspondant aux chapitres ϛ΄ et ζ΄ des *Cap. XV*, se trouvent en tant que tels dans les *Capita gnostica*. La seule solution que nous pouvons proposer, c'est celle selon laquelle ce n'est qu'en copiant les chapitres η΄ et θ΄, que le copiste a remarqué les similarités entre ces chapitres-là et ceux des *Cap. XV* et qu'il a ensuite décidé d'omettre les chapitres qui reviennent dans ce texte-là. Signalons qu'il est possible que cette omission des chapitres ι΄-ιζ΄ soit déjà arrivée dans le modèle de F.

INTRODUCTION 237*

Selon De Vocht [27], le manuscrit est originaire de l'Italie du Sud, jugeant de ses décorations, des couleurs vifs des titres, et de quelques traductions anciennes en latin entre les lignes du texte. On peut identifier plusieurs copistes contemporains pour les parties suivantes : f. 1^r-41^r (le texte d'Anastase le Sinaïte), f. 42^r-111^r, f. 112^r-145^v (le texte de Grégoire de Nazianze), f. 146^r-198^r et f. 198^v-292^r. Le copiste qui a écrit la fin du manuscrit (f. 293^r-347^v) peut être le même copiste qui a écrit la première partie, mais De Vocht n'en est pas sûr. B. Markesinis [28] a distingué les mains de quatre copistes : f. 1^r-41^r et f. 293^r-fin ; f. 42^r-111^v ; f. 112^r-145^v et f. 198^v-292^r ; f. 146^r-198^r. Il faut quand même remarquer que tous ses extraits ont cependant formé un seul codex dès le début, ce dont témoigne la même réglure maniée dans tout le manuscrit et le fait qu'on change de main sur le même folio (de recto à verso).

Ullman et Stadter [29] ont démontré que, avant de faire partie de la collection de la Laurenziana, ce manuscrit appartenait à la bibliothèque du couvent de San Marco à Florence sous le numéro 1112. La collection de cette bibliothèque provenait pour la plus grande partie de l'humaniste Niccolò Niccoli (*ca.* 1364-1437). Ullman et Stadter [30] l'identifient également avec le manuscrit M 74 de l'inventaire de Milan datant du 16e siècle (*ca. a.* 1545) et Petitmengin – Ciccolini [31] avec le numéro 242 dans le catalogue de Jean Matal (cf. *supra*).

---

(27) DE VOCHT, *Kritische editie*, p. [81]. DECLERCK dit aussi que le manuscrit provient clairement de l'Italie du Sud (*Q. D.*, p. XCIII, n. 222).

(28) Nous voudrions remercier B. Markesinis pour nous avoir montré sa description non publiée.

(29) ULLMAN – STADTER, *The Public Library of Renaissance Florence*, p. 254 : « Maximi sacrae diffinitiones (sic) quaedam, in volumine parvo in membranis. Laur. 8, 20. s. XII, 120 × 86 mm. Anastasius, *Quaestiones*. »

(30) Il s'agit de l'*Index bibliothecae Divi Marci in monasterio Dominicanorum* publié par ULLMAN – STADTER d'après le *Mediolanensis Ambrosianus M 94 suss.*, f. 2^r-8^r. Dans cet inventaire, on trouve : « Maximi definitiones, eiusdem et Pyrrhi dialogus, eiusdem hecatontades quattuor et alia Cassiani aliquot capita. » (ULLMAN – STADTER, *The Public Library of Renaissance Florence*, p. 276).

(31) PETITMENGIN – CICCOLINI, *Jean Matal*, p. 281 et 284.

238* INTRODUCTION

Mq *Mosquensis, Bibliotheca Synodalis 439 (Vladimir 425) (s. XIV),* f. 162^r-181^v

Ce manuscrit a déjà été décrit dans le chapitre sur le *De duabus Christi naturis.*

V *Vaticanus gr. 1746 (ca. a. 1368),* f. 99^r-114^v

Une description du manuscrit peut être trouvée dans la partie consacrée au *De duabus Christi naturis.* Dans ce qui suit, nous nous limitons à quelques observations concernant les *Capita gnostica.*

Ce manuscrit vaticane comporte une recension spéciale de la centurie. Dans ce témoin-ci, les *Capita gnostica* ne comptent pas 100 chapitres (bien que le titre annonce une centurie), mais 95. En effet, les chapitres α′, β′, ϛ′, ζ′, et Ϟ′ font défaut. Les chapitres α′ à γ′ sont alors les chapitres γ′ à ε′ de la recension traditionnelle, et les *Capita gnostica* se terminent avec le chapitre Ϟϛ′ (On s'attendrait au numéro Ϟε′, vu qu'il manque cinq chapitres, mais le copiste s'est trompé dans la numérotation. Il a sauté du numéro πϛ′ au numéro πη′).

Il faut également signaler que, dans ce manuscrit du Vatican, le dernier chapitre s'y trouve dans une forme un peu spéciale. En effet, le titre de l'œuvre suivante, c'est-à-dire les *Diversa capita*, a été incorporé dans le dernier chapitre des *Capita gnostica.* Le copiste a peut-être voulu créer un triangle renversé avec la fin des *Capita gnostica* (tentation ratée) et a ensuite oublié de copier le titre des *Diversa capita* de sorte qu'il a été obligé de l'écrire où il y avait encore de la place, c'est-à-dire à gauche et à droite du triangle renversé. On lit alors de haut en bas et de gauche à droite (τοῦ ἐν ἁγίοις πατρὸς ἡμῶν ἀβᾶ [sic] Μαξίμου τοῦ ὁμολογητοῦ· κεφάλαια ρ. Ἑκατοντὰς τετάρτη) :

γένεσιν· ἐκ δὲ τῆς ὑπακοῆς ἀδὰμ τοῦ (le reste de la règle a été gratté par le copiste)

<u>τοῦ ἐν ἁγίοις</u> νέου τὴν ἀπογένεσιν· ἦν ὁ κατὰ Χριστὸν πῶς ζῆν

<u>πατρὸς ἡμῶν ἀ</u> οὐκ ἀγνοήσας, ποιήσεται μυ <u>μολογητοῦ· κεφ</u>ʾ ρ.

<u>βᾶ (sic) μαξί</u> στικῶς ἑαυτοῦ τῶν μὴ ὄντων <u>ἑκατοντὰς τετάρ</u>

<u>μου τοῦ ὁ</u> ἐξαφανίζων τὴν γένεσιν. <u>τη.</u>

INTRODUCTION 239*

2. *La tradition indirecte*

La tradition indirecte des *Capita gnostica* est très restreinte, comme c'est également le cas pour sa tradition directe. Nous avons pu repérer des chapitres dans deux florilèges, dans une chaîne et chez quelques auteurs byzantins. À première vue, il semble être possible de retrouver plusieurs autres citations des *Capita gnostica*, surtout dans des textes qu'il faut situer dans le contexte de la controverse palamite, mais tout bien considéré, il s'agit plutôt d'emprunts aux *Diversa Capita* [32]. Dans ce qui suit, nous faisons une brève description des témoins de cette tradition indirecte, suivie d'une comparaison de leur recension du texte avec notre texte de base [33].

a. *Les florilèges*

Citation dans un florilège ascétique

L'*Athous, Batopediou 57* contient une partie du chapitre ρ′, qui est insérée à l'intérieur d'un petit florilège ascétique de sentences et d'apophtegmes. Le copiste a indiqué dans la marge qu'il s'agit d'un chapitre de Maxime (τοῦ ἁγίου Μαξίμου).

Ce manuscrit a déjà été décrit dans le chapitre consacré au *De duabus Christi naturis* donc nous nous limitons ici à faire quelques remarques quant aux *Capita gnostica*.

Le fragment du dernier chapitre des *Capita gnostica* se trouve à l'intérieur d'un petit florilège intitulé Διδασκαλία τῶν ὁσίων καὶ θεοφόρων πατέρων ἡμῶν περὶ προσοχῆς καὶ φυλακῆς καρδίας καὶ νοερᾶς ἡσυχίας (f. 408ᵛ-445ᵛ). Ce florilège, de nature ascétique, contient des extraits de Grégoire de Nysse, Grégoire de Nazianze, Jean Damascène, Basile de Césarée, Évagre le Pontique, etc. Il ne contient qu'un extrait attribué à Maxime, pris aux *Capita gnostica*.

---

(32) Cf. *infra*.

(33) Les mots en gras sont des mots ajoutés ou adaptés dans la tradition indirecte ; les mots soulignés ne sont pas présents dans la tradition indirecte.

240*

INTRODUCTION

Capita gnostica

ρ′ Οὔτε τῇ σαρκὶ κατ'ἀρχὰς συνεκτίσθη ἡδονὴ καὶ ὀδύνη, οὔτε τῇ ψυχῇ λήθη καὶ ἄγνοια, οὔτε τῷ νῷ τὸ τυποῦσθαι καὶ μετεντυποῦσθαι τοῖς εἴδεσι τῶν γεγονότων· τούτων γὰρ ἡ παράβασις ἐφεῦρε τὴν γένεσιν. Ὁ τοίνυν τῆς σαρκὸς ἐξελὼν τὴν ἡδονὴν καὶ τὴν ὀδύνην τὴν πρακτικὴν κατώρθωσεν ἀρετήν· ὁ δὲ τῆς ψυχῆς ἐξαφανίσας τὴν λήθην καὶ τὴν ἄγνοιαν τὴν φυσικὴν ἐκπρεπῶς διήνυσε θεωρίαν· ὁ δὲ τὸν νοῦν τῶν πολλῶν ἀπολύσας τύπων τὴν θεολογικὴν ἐκτήσατο μυσταγωγίαν, μόνῳ τῷ κατὰ φύσιν καὶ ὄντως φωτὶ τῆς θεότητος καταλαμπόμενον, καὶ τὴν φύσιν πρὸς ἑαυτὴν ἀποκατέστησεν ἄρτιον. Σαρκὸς γὰρ καὶ ψυχῆς καὶ νοῦ ταῦτα τυγχάνει πρῶτά τε καὶ καθολικώτερα [...]

Athous, Batopediou 57

Οὔτε τῇ σαρκὶ κατ'ἀρχὰς συνεκτίσθη ἡδονὴ καὶ ὀδύνη, οὔτε τῇ ψυχῇ λήθη καὶ ἄγνοια, οὔτε τῷ νῷ τὸ τυποῦσθαι καὶ **μετατυποῦσθαι** τοῖς εἴδεσι τῶν γεγονότων· τούτων γὰρ παράβασις ἐφεῦρε τὴν γένεσιν. Ὁ τοίνυν τῆς σαρκὸς ἐξελὼν τὴν ἡδονὴν καὶ τὴν ὀδύνην, τὴν πρακτικὴν **ἀρετὴν κατώρθωσεν**· ὁ δὲ τῆς ψυχῆς ἐξαφανίσας τὴν λήθην καὶ τὴν ἄγνοιαν, τὴν φυσικὴν **διήνυσεν ἐκπρεπῶς** θεωρίαν· ὁ δὲ τὸν νοῦν τῶν πολλῶν ἀπολύσας τύπων τὴν θεολογικὴν ἐκτήσατο μυσταγωγίαν, μόνῳ τῷ κατὰ φύσιν καὶ ὄντως φωτὶ τῆς θεότητος καταλαμπόμενον, καὶ τὴν φύσιν πρὸς ἑαυτὴν **ἀπεκατέστησεν** ἄρτιον. Σαρκὸς γὰρ καὶ ψυχῆς καὶ νοῦ ταῦτα τυγχάνει πρῶτά τε καὶ καθολικώτερα [...] ([34])

Le compilateur a respecté le texte original. Il a parfois renversé l'ordre de certains mots ou utilisé une parole légèrement différente, et il a supprimé la fin du chapitre 100.

Citations dans un florilège antiakindyniste

Le troisième chapitre des *Capita gnostica* se trouve à l'intérieur d'un florilège patristique contre Grégoire Acindynos ([35]) (*ca.* 1300-1348) de la main du théologien palamite Marc Kyrtos (ou Marc le bossu ([36])). Le florilège a été composé au monastère de la Grande Laure vers 1350 ([37]) et nous est transmis dans l'*Athous, Lavras M 88 (Eustratiadès 1779)* (f. 128ʳ-166ʳ) ([38]). Le codex a été

---

(34) Le texte qui suit n'est plus de Maxime.

(35) Voir *infra* pour des informations biographiques.

(36) Cf. *supra*, la description du *Mosquensis, Bibliotheca Synodalis 439*.

(37) Pour plus d'informations concernant ce texte, voir l'article de RIGO (*Questions et réponses*).

(38) Cf. L. PETIT, *Vie de saint Athanase l'Athonite*, dans *AB* 25 (1906), [p. 5-89] p. 10-11 ; SPYRIDON – EUSTRATIADÈS, *Catalogue of the Greek Ma-*

INTRODUCTION 241*

copié par un seul scribe vers la fin des années 50 du 14ᵉ siècle ([39])
et jouait un rôle dans la querelle de l'hésychasme. Nous y pouvons
repérer le chapitre γ' deux fois, dont une fois partiellement ([40]).
Les chapitres sont attribués à Maxime le Confesseur (τοῦ αὐτοῦ),
sans mention de l'œuvre.

<table>
<tr><td>Capita gnostica</td><td>Florilège antikindyniste</td></tr>
<tr><td>

γ' Τὸ πάντῃ <u>καὶ</u> κυρίως ἓν οὐκ
ἔχει διαφοράν· <u>τὸ δὲ μὴ ἔχον
διαφοράν</u>, καὶ πάσης ἐκτός ἐστι
σχέσεως· τὸ δὲ σχέσιν οὐκ ἔχον,
καὶ ἄπειρον· <u>τὸ δὲ ἄπειρον</u>, πάν-
τως καὶ ἄναρχον. Οὐκοῦν μόνον
τὸ θεῖον ἄναρχον καὶ ἄπειρον
καὶ ἄσχετον καὶ ἀδιάφορον, ὅτι
καὶ μονώτατον φύσει κυρίως ἕν,
ὡς ἁπλοῦν.

</td><td>

Τὸ πάντῃ κυρίως ἕν, οὐκ ἔχει
διαφοράν, καὶ πάσης ἐκτός ἐστι
σχέσεως· τὸ δὲ **μὴ ἔχον σχέσιν**,
καὶ ἄπειρον **πάντῃ** καὶ ἄναρχον.
Οὐκοῦν μόνον τὸ θεῖον **ἄπειρον**,
καὶ **ἄναρχον**, καὶ ἄσχετον, καὶ
ἀδιάφορον, ὅτι καὶ μονότατον
φύσει καὶ κυρίως ἓν ὡς ἁπλοῦν.

</td></tr>
<tr><td>

γ' Τὸ πάντῃ <u>καὶ</u> κυρίως ἓν οὐκ
ἔχει διαφοράν· τὸ δὲ μὴ ἔχον δια-
φοράν, καὶ πάσης ἐκτός ἐστι
σχέσεως· τὸ δὲ σχέσιν οὐκ ἔχον,
καὶ ἄπειρον· <u>τὸ δὲ ἄπειρον</u>, πάν-
τως καὶ ἄναρχον. Οὐκοῦν μόνον
τὸ θεῖον ἄναρχον καὶ ἄπειρον
καὶ ἄσχετον καὶ ἀδιάφορον.

</td><td>

Τὸ **πάντων** κυρίως ἕν, οὐκ ἔχει
διαφοράν, τὸ δὲ μὴ ἔχον δια-
φοράν, καὶ πάσης ἐκτός ἐστι
σχέσεως, τὸ δὲ **μὴ ἔχον σχέ-
σιν**, καὶ ἄπειρον πάντως καὶ
ἄναρχον. Οὐκοῦν μόνον τὸ θεῖον
ἄναρχον, καὶ ἄπειρον καὶ ἄσχε-
τον καὶ ἀδιάφορον.

</td></tr>
</table>

En général, le compilateur a repris le texte de Maxime fidèlement. Cependant, il a parfois renversé l'ordre de certains mots,
supprimé certaines parties du chapitre ou utilisé un mot légèrement différent.

Marc Kyrtos a probablement eu recours au *Mosquensis, Bibliotheca Synodalis 439 (Vladimir 425)* (*s.* XIV), parce que nous
savons que ce manuscrit a été dans sa possession avant qu'il l'ait

---

nuscripts, p. 318 ; J. NORET, Vitae Duae Antiquae *Sancti Athanasii Athonitae*
(*CCSG 9*), Turnhout – Leuven, 1982, p. XXV-XXVII.

(39) RIGO, *Questions et réponses*, p. 134.

(40) Ce florilège est actuellement inédit, mais Basile Markesinis est en
train de l'éditer. Nous avons pu consulter son édition critique inédite. Pour
cet acte de bienveillance, nous lui sommes très reconnaissante. Le troisième
chapitre des *Capita gnostica* correspond avec les extraits I, θ', 6 et I, θ', 10
du florilège.

242* INTRODUCTION

offert au monastère de la Grande Laure ([41]). En effet, ce codex ne contient pas la leçon τὸ δὲ ἄπειρον dans le troisième chapitre des *Capita gnostica*.

b. *La chaîne sur l'*Épître aux Hébreux *de Nicétas d'Héraclée*

La chaîne sur l'*Épître aux Hébreux*, compilée par Nicétas d'Héraclée ([42]) (*ca.* 1050-1117), transmise dans le *Mediolanensis, Ambrosianus gr. E 2 inf. (1006)* (*s.* XIII) ([43]), contient plusieurs extraits des *Capita gnostica* ([44]). Ce codex de papier du 13e siècle contient la seule version complète de la chaîne sur l'*Épître aux Hébreux* ([45]), compilée par Nicétas d'Héraclée ([46]) (*CPG* C 163). Il s'agit d'une *Breitkatene*, une chaîne dans laquelle les vers bibliques sont immédiatement suivis des commentaires. Staab ([47]) a remarqué que le manuscrit est à quelques endroits fort endommagé avec la perte de plusieurs lemmes comme conséquence. Il n'est pas toujours facile de repérer les vers bibliques. La chaîne contient quelques extraits (12 au total) d'œuvres de Maxime le Confesseur, à savoir des fragments de l'*Add. 22* (*CPG* 7707. 22 ; f. 12^v), des *Th. Oec.* II (*CPG* 7694 ; f. 82^v-83^r, f. 228^v-229^r), des *Amb. Io.* (*CPG* 7705. 2 ; f. 94^{r-v} et 215^r), de la question LXIII des *Q. Thal.* (*CPG* 7688 ; f. 120^v), des *Th. Oec.* I (*CPG* 7694 ; f. 131^r et 146^{r-v}), des

---

(41) Cf. notre description du manuscrit dans la partie sur la tradition directe du *De duabus Christi naturis* ; Rigo, *Questions et réponses*, p. 149-150.

(42) Pour plus d'informations concernant ce personnage, voir Van Deun, *Les extraits de Maxime* ; Id., *Les Diversa capita du Pseudo-Maxime*, p. 22-23.

(43) Pour la description du manuscrit, voir Martini – Bassi, *Catalogus codicum graecorum*, II, p. 1077-1078.

(44) Cf. Staab, *Die Pauluskatenen*, p. 71-73 ; Van Deun, *Les extraits de Maxime*.

(45) J. A. Cramer a édité cette chaîne, mais puisqu'il s'est servi d'un témoin fragmentaire du texte, son édition est incomplète (J. A. Cramer, *Catenae graecorum Patrum in Novum Testamentum. Tomus VII in epistolas S. Pauli ad Timotheum, Titum, Philemona, et ad Hebraeos*, Oxonii, 1843, p. 279-598).

(46) Pour plus d'informations sur ce personnage et ses œuvres, voir Van Deun, *Les Diversa capita du Pseudo-Maxime* ; B. Roosen, *The Works of Nicetas Heracleensis (ὁ) τοῦ Σερρῶν*, dans *Byz* 69 (1999), p. 119-144. Nicétas serait né vers 1050 et mort après 1117 (cf. A. P. Kazhdan, *Niketas of Herakleia*, dans *ODB*, III, p. 1481).

(47) Staab, *Die Pauluskatenen*, p. 73.

INTRODUCTION 243*

Capita gnostica (f. 223ᵛ-224ʳ et 227ᵛ) et des *Q. D.* (*CPG* 7689; f. 225ᵛ et 228ᵛ-229ʳ) [48].

Le caténiste indique dans la marge la provenance des commentaires. Dans le cas de Maxime, nous y trouvons l'abbréviation Μα. Les fragments pris aux *Capita gnostica* peuvent être trouvés à deux endroits différents: d'une part, comme commentaire sur *Hebr.* 11, 32; de l'autre, comme explication de *Hebr.* 11, 33. D'abord, dans la partie sur *Hebr.* 11, 32, nous rencontrons les chapitres ξϛ′ à ξη′, suivis des chapitres νθ′ à ξ′ et νϛ′ à νη′. Ensuite, dans son commentaire sur *Hebr.* 11, 33, le caténiste a repris les κεφάλαια οϛ′ à οζ′.

<table>
<tr><td align="center">Capita gnostica</td><td align="center">Chaîne sur l'Épître des Hébreux</td></tr>
<tr><td>

νϛ′ Ὁ λάπτων ἐστὶν ὁ τῇ χειρὶ τὸ ὕδωρ ἀναπέμπων τῷ στόματι, τουτέστιν ὁ τῇ πράξει πρὸς τὸν νοῦν ἀνακομίζων τὴν χάριν τῆς γνώσεως. Ὁ τοίνυν πράξεως καρπὸν τὴν γνῶσιν δεξάμενος οὐκ ἐπαίρεται νικῶν τοὺς τὴν γῆν τοῦ Ἰσραὴλ διαφθείροντας δαίμονας, ἀλλ᾽ἐρεῖ φάσκων τοῖς διαμαχομένοις αὐτῷ περὶ πρωτείων λογισμοῖς ταπεινούμενος, κρεῖσσον ἐπιφυλλὶς Ἐφραὶμ ἢ τρυγητὸς Ἐλιέζερ, τουτέστιν ἡ κατὰ θεωρίαν μετριότης τῆς κατὰ πρᾶξιν περιουσίας.

νζ′ Ἐφραὶμ ἑρμηνεύεται καρποφορία, Ἐλιέζερ δὲ περίζωμα θεοῦ, ἢ βοήθεια Θεοῦ. Δεῖ τοιγαροῦν τοὺς ὑπὸ τοῦ Θεοῦ κατὰ τὴν πρᾶξιν βοηθουμένους καὶ περιεζωσμένους δύναμιν μὴ μάχεσθαι τοῖς καρποφορίᾳ λόγων εὐφραινομένοις, ἐπαιρομένους κατὰ τὴν πρᾶξιν, ἀλλὰ παραχωρεῖν λόγῳ τὰ πρωτεῖα, αὐτοὺς τῇ τῶν πραγμάτων ἀληθείᾳ πρωτεύοντας.

</td><td>

Πάλιν ὁ λάπτων ἐστὶν ὁ τῇ χειρὶ τὸ ὕδωρ ἀναπέμπων τῷ στόματι, τουτέστιν ὁ τῇ πράξει πρὸς τὸν νοῦν ἀνακομίζων τὴν χάριν τῆς γνώσεως. Ὁ τοίνυν πράξεως καρπὸν τὴν γνῶσιν δεξάμενος οὐκ ἐπαίρεται νικῶν τοὺς τὴν γῆν τοῦ Ἰσραὴλ διαφθείροντας δαίμονας, ἀλλ᾽ἐρεῖ φάσκων τοῖς διαμαχομένοις αὐτῷ περὶ πρωτείων λογισμοῖς ταπεινούμενος, **κρεῖσσων** ἐπιφυλλὶς Ἐφραὶμ ἢ τρυγητὸς Ἐλιέζερ, τουτέστιν ἡ κατὰ θεωρίαν μετριότης τῆς κατὰ πρᾶξιν περιουσίας.

Ἐφραὶμ **γὰρ** ἑρμηνεύεται καρποφορία, Ἐλιέζερ δὲ περίζωμα θεοῦ, ἢ βοήθεια Θεοῦ. Δεῖ **οὖν** τοὺς ὑπὸ τοῦ Θεοῦ κατὰ τὴν πρᾶξιν βοηθουμένους καὶ περιεζωσμένους δύναμιν μὴ μάχεσθαι τοῖς καρποφορίᾳ λόγων εὐφραινομένοις, ἐπαιρομένους κατὰ τὴν πρᾶξιν, ἀλλὰ παραχωρεῖν λόγῳ τὰ πρωτεῖα, αὐτοὺς τῇ τῶν πραγμάτων ἀληθείᾳ πρωτεύοντας.

</td></tr>
</table>

---

(48) Pour une description détaillée des extraits, voir l'article de Van Deun (*Les extraits de Maxime*).

νη´ Ἐγκρατείας τέλος ἐστὶν ἡ καταστροφὴ τῶν παθῶν, ἥντινα καταστροφὴν ἐκ τῆς ἐγκρατείας τεκμαιρόμενος ὡς ἐνύπνιον ἐξηγεῖται τοῖς ἄλλοις δαιμονίοις ὁ τῆς πορνείας δαίμων, μαγίδα κριθίνην εἰπὼν τὴν ἐγκράτειαν, καταστρέφουσαν τὴν παρεμβολὴν Μαδιάμ, τουτέστι τὴν πορνείαν, ἣν ὁ ἄλλος δαίμων ἀκούσας ἐρεῖ· οὐκ ἔστιν αὕτη ἀλλ' ἡ ῥομφαία Γεδεών. Οὐ γὰρ ἀποχὴ βρωμάτων φησὶ καθ' ἑαυτὴν περιγίνεται πορνείας, ἀλλ' ὁ διὰ ταύτης κρατῶν τῶν παθῶν λόγος. Ἑρμηνεύεται δὲ Γεδεὼν πειράζων ἀδικίαν· ὡς γὰρ ὁ διάβολος πειράζει τὴν δικαιοσύνην, οὕτω καὶ πᾶς δίκαιος μετὰ γνώσεως πράττων τὴν ἀρετὴν πειράζει τὴν ἀδικίαν, καταστρέφων αὐτῆς τὰ συστήματα.

νθ´ Ὁ πόκος τοῦ Γεδεών ἐστιν ὁ Ἰσραηλίτης λαός, ἡ δὲ ἐπὶ τὸν πόκον γενομένη δρόσος ὁ νόμος καὶ οἱ προφῆται, ἡ δὲ λεκάνη, εἰς ἣν ἐξεπίασε τὴν ἐν τῷ πόκῳ δρόσον, ἡ χάρις ἐστὶ τοῦ κατὰ τὸ εὐαγγέλιον ἁγίου βαπτίσματος, εἰς ἣν συνήγετο μυστικῶς ὁ ἐν νόμῳ καὶ προφήταις λόγος, πνευματικῶς κατὰ Χριστὸν τελειούμενος, ἐν τῇ καταργήσει τοῦ γράμματος, μᾶλλον δὲ ὡς ἐκ πόκου τοῦ γράμματος μεταβαίνων εἰς τὴν χάριν τοῦ πνεύματος. Ἡ δὲ γῆ ἡ πρώην μὲν ἔχουσα τὴν ξηρασίαν, ὕστερον δὲ πιανθεῖσα τῇ δρόσῳ ἡ ἐκκλησία προδήλως ἐστὶ τῶν ἐθνῶν, ἐφ' ἧς γενόμενος ὁ ὑετὸς ὁ ἀληθινὸς τοῦ Θεοῦ Λόγος ἀναφαίρετος μένει.

Ἐγκρατείας γὰρ τέλος ἐστὶν ἡ καταστροφὴ τῶν παθῶν, ἣν καταστροφὴν ἐκ τῆς ἐγκρατείας τεκμαιρόμενος ὡς ἐνύπνιον ἐξηγεῖται τοῖς ἄλλοις δαιμονίοις ὁ τῆς πορνείας δαίμων, μαγίδα κριθίνην εἰπὼν τὴν ἐγκράτειαν, καταστρέφουσαν τὴν παρεμβολὴν Μαδιάμ, τουτέστι τὴν πορνείαν, ἣν ὁ ἄλλος δαίμων ἀκούσας ἐρεῖ· οὐκ ἔστιν αὕτη, ἀλλ' ἡ ῥομφαία Γεδεών. Οὐ γὰρ ἀποχὴ βωμάτων (sic) φησὶ καθ' ἑαυτὴν περιγίνεται πορνείας, ἀλλ' ὁ διὰ ταύτης κρατῶν τῶν παθῶν λόγος. Ἑρμηνεύεται δὲ Γεδεὼν πειράζων ἀδικίαν· ὡς γὰρ ὁ διάβολος πειράζει τὴν δικαιοσύνην, οὕτω καὶ πᾶς δίκαιος μετὰ γνώσεως πράττων τὴν ἀρετὴν πειράζει τὴν ἀδικίαν, καταστρέφων αὐτῆς τὰ συστήματα.

Ὁ πόκος γεμὴν τοῦ Γεδεὼν τυπικῶς μὲν ὁ Ἰσραηλίτης ἐστιν λαός, ἡ δὲ ἐπὶ τὸν πόκον γενομένη δρόσος ὁ νόμος καὶ οἱ προφῆται, ἡ δὲ λεκάνη, εἰς ἣν ἐξεπίασε τὴν ἐν τῷ πόκῳ δρόσον, ἡ χάρις τοῦ κατὰ τὸ εὐαγγέλιον ἁγίου βαπτίσματος, εἰς ἣν συνήγετο μυστικῶς ὁ ἐν νόμῳ καὶ προφήταις λόγος, πνευματικῶς κατὰ Χριστὸν τελειούμενος, ἐν τῇ καταργήσει τοῦ γράμματος, μᾶλλον δὲ ὡς ἐκ πόκου τοῦ γράμματος μεταβαίνων εἰς τὴν χάριν τοῦ πνεύματος. Ἡ δὲ γῆ ἡ πρώην μὲν ἔχουσα τὴν ξηρασίαν, ὕστερον δὲ πιανθεῖσα τῇ δρόσῳ ἡ ἐκκλησία τῶν ἐθνῶν, ἐφ' ἧς γενόμενος ὁ ὑετὸς ὁ ἀληθινὸς τοῦ Θεοῦ Λόγος ἀναφαίρετος μένει.

INTRODUCTION 245*

ξ΄ Ὁ λόγῳ τὸν ἠθικὸν διακοσμήσας τρόπον θείῳ κατὰ τὸν Γεδεὼν ὑετῷ τὸν ἴδιον κατεπίανε πόκον, ὁ δὲ τὸν ἐν τῷ ἤθει λόγον εἰς πνευματικὴν θεωρίαν μεταβιβάσας, εἰς τὴν λεκάνην τῆς ἑαυτοῦ καρδίας τὴν ὅλην συνήγαγε γνῶσιν, εἰς ἣν βαπτίζων μυστικῶς, τὰ ἑαυτοῦ περὶ τῶν ὄντων καθαίρει νοήματα, ἵνα γένηται προσφόρως ὕστερον ἐπὶ πᾶσαν τὴν γῆν, λέγω δὲ τὴν τῶν γεγονότων φύσιν, ἡ δρόσος τῆς γνώσεως, νοουμένη πνευματικῶς τοῖς καθαρθεῖσι τῷ πνεύματι.

ξϛ΄ Παραβὰς κατ᾽ἀρχὰς τὴν θείαν ἐντολὴν ὁ ἄνθρωπος ἐποίησε τὸ πονηρὸν ἔναντι Κυρίου. Διὸ παρεδόθη τοῖς ταπεινωτικοῖς πάθεσιν, ὡς γέγραπται· καὶ παρέδωκε Κύριος τὸν Ἰσραὴλ ἐν χειρὶ Μαδιὰμ ἑπτὰ ἔτη, διὰ τοῦ ἑπτὰ τὸν χρονικὸν αἰῶνα τοῦ λόγου δηλοῦντος, καὶ κατίσχυσε χεὶρ Μαδιὰμ ἐπὶ Ἰσραήλ, τουτέστιν ἡ διὰ σαρκὸς ἐνέργεια τῶν παθῶν, τὴν νοερὰν τῆς ψυχῆς ταπεινώσασα δύναμιν.

ξζ΄ Καὶ ἐποίησαν ἑαυτοῖς οἱ υἱοὶ Ἰσραὴλ <u>ἀπὸ προσώπου Μαδιὰμ τὰς</u> μάνδρας ἐν τοῖς ὄρεσι καὶ τοῖς σπηλαίοις καὶ τοῖς ὀχυρώμασιν. Ἐν ὄρεσι ποιοῦσι μάνδρας οἱ μὴ λογικοῖς ἀλλὰ βληχήμασι πρέποντα ποιοῦντες καταγώγια, καὶ μεθ᾽ὑψηλοφροσύνης ἐπιδεικτικῶς μετιόντες τὴν χαρακτηριστικὴν τῆς ἀρετῆς ἄσκησιν, ἃ οἱ μὴ κατ᾽ἀλήθειαν οἴκους ἢ πόλεις, τουτέστι ἀρετὰς ἢ γνώσεις, ἐν τῷ ὕψει

Καὶ οὕτω μὲν τυπικῶς· ἠθικῶς δὲ ὁ λόγῳ τὸν ἠθικὸν διακοσμήσας τρόπον θείῳ κατὰ τὸν Γεδεὼν ὑετῷ τὸν ἴδιον κατεπίανε πόκον, ὁ δὲ τὸν ἐν τῷ ἤθει λόγον εἰς πνευματικὴν θεωρίαν μεταβιβάσας, εἰς τὴν λεκάνην τῆς ἑαυτοῦ καρδίας τὴν ὅλην συνήγαγε γνῶσιν, εἰς ἣν βαπτίζων μυστικῶς, τὰ ἑαυτοῦ περὶ τῶν ὄντων καθαίρει νοήματα, ἵνα γένηται προσφόρως ὕστερον ἐπὶ πᾶσαν τὴν γῆν, λέγω δὲ τὴν τῶν γεγονότων φύσιν, ἡ δρόσος τῆς γνώσεως, νοουμένη πνευματικῶς τοῖς καθαρθεῖσι τῷ πνεύματι.

Παραβὰς κατ᾽ἀρχὰς τὴν θείαν ἐντολὴν ὁ ἄνθρωπος ἐποίησε τὸ πονηρὸν ἔναντι Κυρίου. Διὸ παρεδόθη τοῖς ταπεινωτικοῖς πάθεσιν, ὡς γέγραπται· καὶ παρέδωκε Κύριος τὸν Ἰσραὴλ ἐν χειρὶ Μαδιὰμ ἑπτὰ ἔτη, διὰ τοῦ ἑπτὰ τὸν χρονικὸν αἰῶνα τοῦ λόγου δηλοῦντος, καὶ κατίσχυσε χεὶρ Μαδιὰμ ἐπὶ Ἰσραήλ, τουτέστιν ἡ διὰ σαρκὸς ἐνέργεια τῶν παθῶν, τὴν νοερὰν τῆς ψυχῆς ταπεινώσασα δύναμιν.

Καὶ ἐποίησαν ἑαυτοῖς οἱ υἱοὶ Ἰσραὴλ μάνδρας ἐν τοῖς ὄρεσι καὶ τοῖς σπηλαίοις καὶ τοῖς ὀχυρώμασιν. Ἐν ὄρεσι ποιοῦσι μάνδρας οἱ μὴ λογικοῖς, ἀλλὰ βληχήμασι πρέποντα ποιοῦντες καταγώγια, καὶ μεθ᾽ὑψηλοφροσύνης ἐπιδεικτικῶς μετιόντες τὴν χαρακτηριστικὴν τῆς ἀρετῆς ἄσκησιν, οἱ μὴ **κατὰ** ἀλήθειαν οἴκους ἢ πόλεις, τουτέστι **ἀρετὰς καὶ γνώσεις ἐν** τῷ ὕψει τῆς κατὰ Θεὸν πολιτείας οἰκοδο-

246* INTRODUCTION

τῆς κατὰ Θεὸν πολιτείας οἰκοδομοῦντες, ἀλλὰ μάνδρας, λέγω δὲ
τὰ νόθα ἤθη τῶν ἀρετῶν· ἐν τοῖς
σπηλαίοις δέ, οἱ μὴ τῷ νόμῳ
τῶν ἐντολῶν, ἀλλὰ ταῖς οἰκείαις
βουλαῖς τῶν μὴ κατηυγασμένων
τῷ φωτὶ τῆς γνώσεως καρδιῶν
περιγράφοντες τῆς δικαιοσύνης
τὴν μέθοδον, καὶ τὴν ἀγύμναστον καὶ γραφικῶς εἰπεῖν ἀνεξ-
έλεγκτον μετερχόμενοι σοφίαν
καὶ τῇ παραθέσει τῶν ἐναντίων
μὴ δεδοκιμασμένην· ἐν δὲ τοῖς
ὀχυρώμασιν, οἱ ἐφ'ἑαυτοῖς πεποιθότες καὶ τῇ οἰκείᾳ δυνάμει
τὸ κατ'ἀρετὴν σωματικῶς τυχὸν
κατορθούμενον ἐπιγράφοντες.
Διὸ πᾶσαν σπορὰν λογισμῶν
θείων ἀναβαίνοντες εἰς τὰς τῶν
τοιούτων καρδίας διαφθείρουσιν οἱ δαίμονες τῆς πορνείας
καὶ τῆς γαστριμαργίας καὶ τῆς
κενοδοξίας. Καὶ ἐγένετο, φησίν,
ὅτε ἔσπειρεν ἀνὴρ Ἰσραήλ, καὶ
ἀνέβαινε Μαδιὰμ καὶ Ἀμαλήκ
καὶ υἱοὶ τῶν ἀνατολῶν <u>καὶ δι-
έφθειραν τὰ ἐκφόρια τῆς γῆς.</u>

ξη΄ Ὁ ἐν τῇ ἕξει τῆς γνώσεως
λογικῶς τὴν ἀρετὴν μετερχόμενος τῆς τῶν παθῶν τυραννίδος σώζει τὸν διορατικὸν νοῦν,
ἀκούων παρὰ τοῦ ἀγγέλου Κυρίου, τοῦ ἐκφωτίζοντος λόγου
φημί, τοὺς τρόπους τῶν ἀρετῶν
κατὰ τὸν Γεδεών· πορεύου ἐν τῇ
ἰσχύϊ σου ταύτῃ, <u>καὶ</u> σώσεις τὸν
Ἰσραήλ, <u>οἱονεὶ</u> ἰσχὺν καλοῦντος
τοῦ λόγου τὴν ἐν τῇ ἕξει τῆς
γνώσεως πρᾶξιν, πόρευσιν δὲ
τὴν κατὰ τῶν παθῶν <u>τῆς</u> ψυχῆς
μετὰ τῆς δεούσης παρασκευῆς
πρόθυμον κίνησιν.

μοῦντες, ἀλλὰ μάνδρας, λέγω δὲ
τὰ νόθα ἤθη τῶν ἀρετῶν· ἐν τοῖς
σπηλαίοις δέ, οἱ μὴ τῷ νόμῳ
τῶν ἐντολῶν, ἀλλὰ ταῖς οἰκείαις
βουλαῖς τῶν μὴ κατηυγασμένων
τῷ φωτὶ τῆς γνώσεως καρδιῶν
περιγράφοντες τῆς δικαιοσύνης
τὴν μέθοδον, καὶ τὴν ἀγύμναστον καὶ γραφικῶς εἰπεῖν ἀνεξ-
έλεγκτον μετερχόμενοι σοφίαν
καὶ τῇ παραθέσει τῶν ἐναντίων
μὴ δεδοκιμασμένην· ἐν δὲ τοῖς
ὀχυρώμασιν, οἱ ἐφ'ἑαυτοῖς πεποιθότες καὶ τῇ οἰκείᾳ δυνάμει
τὸ κατ'ἀρετὴν σωματικῶς τυχὸν
κατορθούμενον ἐπιγράφοντες.
Διὸ πᾶσαν σπορὰν λογισμῶν
θείων ἀναβαίνοντες εἰς τὰς τῶν
τοιούτων καρδίας διαφθείρουσιν
οἱ δαίμονες τῆς πορνείας, καὶ
τῆς γαστριμαργίας καὶ τῆς κε-
νοδοξίας· **ὡς τὰ ἐκφόρια τῆς
γῆς τοῦ Ἰσραὴλ** Μαδιὰμ καὶ
Ἀμαλὴκ καὶ **οἱ** υἱοὶ τῶν ἀνατολῶν.

Ὁ **μέντοι** ἐν τῇ ἕξει τῆς γνώσεως λογικῶς τὴν ἀρετὴν μετερχόμενος τῆς τῶν παθῶν τυραννίδος σώζει τὸν διορατικὸν νοῦν,
ἀκούων παρὰ τοῦ ἀγγέλου Κυρίου, τοῦ ἐκφωτίζοντος λόγου
φημί, τοὺς τρόπους τῶν ἀρετῶν
κατὰ τὸν Γεδεών· πορεύου ἐν τῇ
ἰσχύϊ σου ταύτῃ, σώσεις τὸν Ἰσραήλ, ἰσχὺν καλοῦντος τοῦ λόγου τὴν ἐν τῇ ἕξει τῆς γνώσεως
πρᾶξιν, πόρευσιν δὲ τὴν κατὰ
τῶν παθῶν τῆς ψυχῆς μετὰ δεούσης παρασκευῆς πρόθυμον
κίνησιν.

INTRODUCTION 247*

ος΄ [...] Πέφυκε γὰρ συναντᾶν τῷ γνωστικῶς διαπορευομένῳ τὸν αἰῶνα τοῦτον, καθάπερ σκύμνος, ὁ γεννώμενος ἐκ τοῦ διαβόλου θυμός, ὃν ὁ νοῦς διασπῶν τῷ πνεύματι Κυρίου τῆς πραότητος, διὰ χειρὸς ἀποκτένει τῆς πράξεως, ὡς τὸν ἔριφον τῶν αἰγῶν, λέγω δὲ τὴν ἐπιθυμίαν, τῷ τῆς σωφροσύνης πνεύματι. Αἶγα γὰρ ἐνταῦθα τὴν ἐπιθυμίαν εἶναι φασί, τὸν δὲ τοῦ λέοντος σκύμνον τὸν θυμόν.

Πέφυκε συναντᾶν τῷ γνωστικῶς διαπορευομένῳ τὸν αἰῶνα τοῦτον, καθάπερ σκύμνος **λέοντος**, ὁ γεννώμενος ἐκ τοῦ διαβόλου θυμός, ὃν ὁ νοῦς διασπῶν τῷ πνεύματι τῆς πραότητος, διὰ χειρὸς ἀποκτένει τῆς πράξεως, ὡς τὸν ἔριφον τῶν αἰγῶν, λέγω **δὴ** τὴν ἐπιθυμίαν, τῷ τῆς σωφροσύνης πνεύματι. Αἶγα γὰρ ἐνταῦθα τὴν ἐπιθυμίαν εἶναι φασί, τὸν δὲ τοῦ λέοντος σκύμνον τὸν θυμόν.

οζ΄ Ὁ λογικῶς διὰ πράξεως τὸν θυμὸν ἀποκτείνας καὶ τοὺς θείους ἀντεισαγαγὼν τῇ καρδίᾳ λογισμούς, συστροφὴν μελισσῶν εὗρε καὶ ἐκ τῆς ἕξεως τοῦ λέοντος ἐξεῖλε τὸ μέλι, τὴν ἐκ τῶν λογισμῶν γνῶσιν τῆς ἀνδρείας ἐκ τοῦ θανάτου τῆς θυμικῆς ἐνεργείας δρεπόμενος.

Ὁ **τοίνυν** λογικῶς **τὸν θυμὸν διὰ πράξεως** ἀποκτείνας καὶ τοὺς θείους ἀντεισαγαγὼν τῇ καρδίᾳ λογισμούς, συστροφὴν μελισσῶν εὗρε καὶ ἐκ τῆς ἕξεως τοῦ λέοντος **ἐξείλετο** μέλι, τὴν ἐκ τῶν λογισμῶν γνῶσιν τῆς ἀνδρείας ἐκ τοῦ θανάτου τῆς θυμικῆς ἐνεργείας δρεπόμενος.

En général, les chapitres empruntés aux *Capita gnostica* n'ont pas été remaniés radicalement. Le caténiste a parfois omis quelques mots ou ajouté des connecteurs sans changer beaucoup au texte original.

Il n'est malheureusement pas possible d'établir quel a été le manuscrit source utilisé par le caténiste. En effet, toutes les différences entre la recension de la chaîne et notre texte de base des *Capita gnostica* semblent avoir été dues à des interventions du caténiste, puisque aucune leçon n'est présente dans nos témoins de la tradition directe.

c. *Citations chez des auteurs byzantins*

L'*Epistula 1* de Manuel Carantenos

Nous pouvons lire deux extraits des *Capita gnostica* dans l'*Epistula 1* de Manuel Carantenos [49] (12ᵉ siècle). Cette lettre desti-

---

(49) Pour des informations biographiques concernant ce personnage, voir

248*   INTRODUCTION

née à Constantin Caloethes (⁵⁰) (12ᶜ-13ᵉ siècles) contient une présentation de l'auteur (i.e. Manuel Carantenos) et de ses intérêts culturels (⁵¹). Criscuolo (⁵²), dans son introduction à l'édition de la lettre, remarque qu'en général, Carantenos se sert surtout de manuels, contenant des citations des auteurs traités, pour exposer ses connaissances au sujet de la théologie de Maxime le Confesseur. Il consultait rarement les traités mêmes dont il parlait. Carantenos ne refère donc pas à des œuvres précises du Confesseur. Aux lignes 35-39 (⁵³), nous avons découvert deux extraits de deux chapitres différents qui se suivent immédiatement dans la lettre de Carantenos:

<table>
<tr><td align="center">Capita gnostica</td><td align="center">Epistula 1</td></tr>
<tr><td>

α′. Τὸ κυρίως ὂν ἐκ τῶν μὴ κυρίως ὄντων, <u>ὅτι ἔστι</u>, μόνον γινώσκεται, οὐ τῇ πρὸς αὐτὰ σχέσει ὅ τι ἔστι γινωσκόμενον <u>(πῶς γὰρ ἂν τοῖς μὴ κυρίως οὖσι τὸ κυρίως ὂν ποτε καθοτιοῦν συνενεχθήσεται·)</u>, ἀλλ᾽ἀσυγκρίτῳ τῇ κατ᾽αἰτίαν ὑπεροχῇ ἀγνώστως νοούμενον, <u>ἄλλως οὐ δυνηθέντων ἡμῶν τὸ ὑπερούσιον ἢ ἐκ τῶν ὄντων ἀμυδρὰν τὴν περὶ αὐτοῦ ὅτι ἔστι μόνον θέσιν ἐνδείξασθαι.</u>

</td><td>

Τὸ κυρίως ὂν ἐκ τῶν μὴ κυρίως ὄντων **δογματίσας γινώσκεσθαι**, οὐ τῇ πρὸς αὐτὰ σχέσει ὅ τί **ποτέ** ἐστι γινωσκόμενον, ἀλλ᾽ἀσυγκρίτῳ **τῷ** (sic) κατ᾽αἰτίαν ὑπεροχῇ ἀγνώστως νοούμενον.

</td></tr>
<tr><td>

ς′. <u>Ὁ τῶν ἀρρήτων μυστηρίων ἔμψυχος πίναξ Γρηγόριος κινεῖσθαι λέγει τῇ ἑαυτῆς θεωρίᾳ τὴν μακαρίαν θεότητα, κίνησιν λέγων ὡς οἶμαι</u> τὴν ἀκίνητον αὐτογνωσίαν· μονώτατον γὰρ τὸ θεῖον αὐτόγνωστον, [...]

</td><td>

Καὶ ὅτι Θεὸς οὐκ ἄλλην φέρεται κίνησιν, ἀλλ᾽ ἢ τὴν αὐτοκίνητον, <...> αὐτογνωσίαν – μονώτατον γὰρ τὸ Θεῖον αὐτόγνωστον – **ἀλλ᾽ἄττα ὁποῖα τῆς θείας ἐκείνης Μαξιμιακῆς βαθυγνωμοσύνης κατάξια.**

</td></tr>
</table>

V. Criscuolo, *Un opusculo inedito di Manuele Karanteno o Saranteno*, dans *EEBS* 42 (1975), p. 213-221.

(50) On ne sait presque rien sur Constantin Caloethes. Il aurait été οἰκουμενικὸς διδάσκαλος à l'école patriarcale à Constantinople et évêque de Madytos (cf. Criscuolo, *Due epistole inedite*, p. 103-104).

(51) Criscuolo, *Due epistole inedite*.

(52) *Ibid.*, p. 106 et n. 10.

(53) Nous avons consulté la lettre à Constantin Caloethes dans l'édition de Criscuolo, *Due epistole inedite*, p. 109-117.

INTRODUCTION 249*

Nous pouvons constater que Carantenos réutilise, assez fidèlement, certains extraits de Maxime, sans reprendre le chapitre dans son entièreté. Nous ne pouvons toutefois rien dire quant au manuscrit source employé par Carantenos.

Les œuvres de Grégoire Acindynos

Grégoire Acindynos [54] (*ca.* 1300-1348), contemporain de Grégoire Palamas (1296-1359), a joué un rôle important dans la controverse palamite, d'abord comme partisan de Palamas, plus tard comme adversaire. Acindynos a cité plusieurs chapitres des *Capita gnostica*. Quatre extraits pris aux *Capita gnostica* peuvent être trouvés dans la *Refutatio magna*, un autre dans l'opuscule IV des *Opera minora* (*Réfutation de la troisième lettre de Palamas à Acindynos, envoyée de Thessalonique*). Acindynos se sert des chapitres γ′ et θ′ des *Capita gnostica*, chacun cité deux fois à des endroits différents dans la *Refutatio magna* et encore une fois dans l'opuscule IV.

Dans le deuxième traité de la *Refutatio magna* [55], nous lisons:

Capita gnostica	*Refutatio magna*
γ′. Τὸ πάντη <u>καὶ</u> κυρίως ἓν οὐκ ἔχει διαφοράν· τὸ δέ μὴ ἔχον διαφοράν, καὶ πάσης ἐκτός ἐστι σχέσεως· τὸ δέ σχέσιν οὐκ ἔχον, καὶ ἄπειρον· <u>τὸ δέ ἄπειρον</u>, πάντως καὶ ἄναρχον. Οὐκοῦν μόνον τὸ θεῖον ἄναρχον καὶ ἄπειρον καὶ ἄσχετον καὶ ἀδιάφορον, ὅτι καὶ μονώτατον φύσει κυρίως ἕν, ὡς ἁπλοῦν.	Τὸ **γὰρ** πάντη κυρίως ἕν, **φησὶν ὁ θεσπέσιος Μάξιμος**, οὐκ ἔχει διαφοράν· τὸ δὲ μὴ ἔχον διαφοράν, καὶ πάσης ἐκτός ἐστι σχέσεως· τὸ δὲ σχέσιν οὐκ ἔχον, καὶ ἄπειρον πάντως καὶ ἄναρχον· οὐκοῦν μόνον τὸ θεῖον ἄναρχον καὶ ἄπειρον καὶ ἄσχετον καὶ ἀδιάφορον, ὅτι καὶ μονώτατον φύσει κυρίως ἕν, ὡς ἁπλοῦν.

Ce même extrait a été repris, un peu modifié, dans le troisième traité [56]:

---

(54) Pour des informations biographiques sur cet auteur, voir A. C. HERO, *Letters of Gregory Akindynos* (*Corpus fontium historiae Byzantinae. Series Washingtonensis* 21 = *Dumbarton Oaks Texts* 7), Washington D.C., 1983, p. IX-XXXIII; NADAL CAÑELLAS, *Refutationes*, p. XIII-XXVIII; *PLP*, I, n° 495; J. NADAL CAÑELLAS, *Gregorio Akíndinos*, dans *TB* II (2002), p. 189-256.

(55) NADAL CAÑELLAS, *Refutationes*, p. 125, l. 18-24.

(56) *Ibid.*, p. 233, l. 67-72.

250* INTRODUCTION

Capita gnostica	*Refutatio magna*
γ΄. Τὸ πάντῃ <u>καὶ</u> κυρίως ἓν οὐκ ἔχει διαφοράν· <u>τὸ δέ μὴ ἔχον διαφοράν</u>, καὶ πάσης ἐκτός ἐστι σχέσεως· τὸ δέ σχέσιν οὐκ ἔχον, καὶ ἄπειρον· <u>τὸ δέ ἄπειρον</u>, πάντως καὶ ἄναρχον. Οὐκοῦν μόνον τὸ θεῖον ἄναρχον καὶ ἄπειρον καὶ ἄσχετον καὶ ἀδιάφορον, ὅτι καὶ μονώτατον φύσει κυρίως ἕν, ὡς ἁπλοῦν.	**Πάλιν γὰρ ὁ θεσπέσιος Μάξιμος·** Τὸ πάντῃ, **φησί**, κυρίως ἕν, οὐκ ἔχει διαφοράν· καὶ πάσης ἐκτός ἐστι σχέσεως· τὸ δὲ σχέσιν οὐκ ἔχον, καὶ ἄπειρον πάντως καὶ ἄναρχον· οὐκοῦν μόνον τὸ θεῖον ἄναρχον καὶ ἄπειρον καὶ ἄσχετον καὶ ἀδιάφορον, ὅτι καὶ μονώτατον φύσει κυρίως ἕν, ὡς ἁπλοῦν.

Le même extrait, de nouveau dans une forme un peu différente, se trouve également dans l'opuscule IV [57]:

Capita gnostica	*Opuscule IV*
γ΄. Τὸ πάντῃ <u>καὶ</u> κυρίως ἓν οὐκ ἔχει διαφοράν· τὸ δέ μὴ ἔχον διαφοράν, καὶ πάσης ἐκτός ἐστι σχέσεως· τὸ δέ σχέσιν οὐκ ἔχον, καὶ ἄπειρον· <u>τὸ δέ ἄπειρον</u>, πάντως καὶ ἄναρχον. Οὐκοῦν μόνον τὸ θεῖον ἄναρχον καὶ ἄπειρον καὶ ἄσχετον καὶ ἀδιάφορον, ὅτι καὶ μονώτατον <u>φύσει</u> κυρίως ἕν, ὡς ἁπλοῦν.	**Ἄκουσον τοῦ Θεσπεσίου Μαξίμου.** Τὸ πάντῃ κυρίως ἓν **λέγοντος** οὐκ ἔχει διαφοράν· τὸ δὲ μὴ ἔχον διαφορὰν καὶ πάσης ἐκτός ἐστι σχέσεως· τὸ δὲ **μὴ ἔχον** σχέσιν καὶ ἄπειρον πάντως καὶ ἄναρχον· οὐκοῦν μόνον τὸ θεῖον ἄναρχον καὶ ἄπειρον καὶ ἄσχετον καὶ ἀδιάφορον, ὅτι καὶ μονώτατον **καὶ** κυρίως ἓν ὡς ἁπλοῦν.

Grégoire Acindynos a également employé un autre chapitre de Maxime (le chapitre θ΄ des *Capita gnostica*) dans le troisième traité de sa *Refutatio magna* [58]:

Capita gnostica	*Refutatio magna*
θ΄. Ὁ <u>τοῖς οὖσι μὴ κατ᾽οὐσίαν</u> ὑπάρχων μεθεκτός, κατ᾽ἄλλον δὲ τρόπον μετέχεσθαι τοῖς δυναμένοις βουλόμενος, τοῦ κατ᾽οὐσίαν κρυφίου παντελῶς οὐκ ἐξίσταται, ὁπότε καὶ αὐτὸς ὁ	**Ἀλλ᾽οἶδ᾽ ὅτι δὴ λέγεις· τὸν θεῖον Μάξιμον ἐννοήσας λέγοντα·** Ὁ κατ᾽οὐσίαν ὑπάρχων **ἀμεθεκτός Θεός,** κατ᾽ἄλλον δὲ τρόπον μετέχεσθαι τοῖς δυναμένοις βουλόμενος, τοῦ κατ᾽οὐ-

(57) Nous référons à l'édition de Nadal Cañellas et Benétos à paraître dans la *Series Graeca* (*Gregorii Acindyni Opera minora*) dont nous avons pu consulter le manuscrit (Opuscule IV, l. 17-22).

(58) Nadal Cañellas, *Refutationes*, p. 293, l. 2-6.

INTRODUCTION 251*

τρόπος, καθ'ὃν θέλων μετέχεται, μένει διηνεκῶς τοῖς πᾶσιν
ἀνέκφαντος. [...]

σίαν κρυφίου παντελῶς οὐκ
ἐξέστηκεν· ὁπότε καὶ αὐτὸς ὁ
τρόπος, καθ'ὃν θέλων μετέχεται, μένει διηνεκῶς τοῖς πᾶσιν
ἀνέκφαντος.

La fin de cet extrait a déjà été citée dans le deuxième traité ([59]) :

Capita gnostica	Refutatio magna
θ΄. [...] καὶ αὐτὸς ὁ τρόπος, καθ'ὃν θέλων μετέχεται, μένει διηνεκῶς τοῖς πᾶσιν ἀνέκφαντος. [...]	Ὡς καὶ ὁ θεῖός που Μάξιμος· καὶ αὐτὸς γάρ φησιν ὁ τρόπος, καθ'ὃν θέλων μετέχεται, μένει διηνεκῶς τοῖς πᾶσιν ἀνέκφαντος.

Il n'est toutefois pas certaine que ces deux dernières citations sont en fait empruntées aux *Capita gnostica*, puisqu'il s'agit d'un des chapitres "doublets" avec les *Cap. XV* et les *Div. Cap.* Cette objection sera traitée plus tard ([60]).

En général, à l'exception de quelques omissions (intentionnelles?) et additions, Acindynos cite Maxime soigneusement et il mentionne toujours le nom de Maxime. Ceci ne doit pas nous étonner, puisque c'est le cas pour toutes les œuvres citées par Acindynos ([61]). Comme l'auteur de la *Refutatio magna* avait accès à la bibliothèque du patriarcat, il est très probable qu'il ne se servait pas de florilèges, mais d'originaux. Nous ne savons pas quel manuscrit Acindynos a utilisé pour ses citations des *Capita gnostica*. Il est presque impossible de déterminer la source d'Acindynos à l'aide de ces deux extraits courts.

En outre, il ne faut pas sous-estimer la valeur des attributions explicites à Maxime le Confesseur car cela nous apprend que les *Capita gnostica* circulaient sous le nom de Maxime au 14e siècle.

Citations dans des textes palamites et antipalamites

Il semble que les *Capita gnostica* aient circulé dans le milieu des palamites et antipalamites. C'est une constatation qui ne doit pas étonner: c'était bien le cas pour les œuvres de Maxime le

---

(59) Nadal Cañellas, *Refutationes*, p. 151, l. 28-29.
(60) Cf. *infra*.
(61) Nadal Cañellas, *Refutationes*, p. LXII-LXVII (p. LXIII).

252* INTRODUCTION

Confesseur en général ([62]). Surtout le chapitre θ′ semble avoir été très populaire dans les milieux (anti)palamites, ce dont témoigne la reprise par entre autres Grégoire Palamas ([63]) (1296-1359), Philothée Coccinos ([64]) (1300-1379), Joseph Calothetos ([65]) (14ᵉ siècle), Marc Eugénicos ([66]) (1392-1444), Jean Cyparissiota ([67]) (*ca.* 1310-1378), Nicéphore Grégoras ([68]) (*ca.* 1295-1360) et Grégoire Acindynos ([69]) (*ca.* 1300-1348). Le contenu du chapitre correspond bien avec les thèmes de la controverse palamite (Comment l'homme peut-il saisir le Dieu incompréhensible ? Comment faut-il combler l'abîme entre Dieu et l'homme ?) ([70]). Signalons toutefois que ce chapitre n'a jamais été repris dans son intégralité.

Il faut toutefois nuancer cette assertion qu'il s'agit d'un extrait des *Capita gnostica*. En effet, comme nous avons mentionné dans notre introduction aux *Capita gnostica*, les chapitres 8 à 17 sont des doublets des chapitres 6 à 15 des *Cap. XV* et des chapitres 6 à 15 de la première centurie des *Div. Cap* ([71]). Tenant compte du fait que les *Capita gnostica* étaient beaucoup moins connus que les *Cap. XV* et les *Div. Cap.* (ce dont témoigne sa tradition directe

---

(62) Voir p. ex. Van Deun, *Opuscula*, p. CLX-CLXI.

(63) Cf. R. E. Sinkewicz, *Gregory Palamas*, dans *TB* II (2002), p. 131-188. Le chapitre θ′ peut être retrouvé dans plusieurs œuvres de Palamas. Nous citons à titre d'exemples : l'apologie de 1341 (Chrestou, Συγγράμματα β′, p. 124, l. 17-19), le dialogue de 1342 (Chrestou, Συγγράμματα β′, p. 237, l. 3-6) et le tomos synodal de 1341 (H. Hunger – O. Kresten – C. Cupane – J. Koder – E. Kislinger – E. Schiffer, *Das Register des Patriarchats von Konstantinopel. Edition und Übersetzung der Urkunden aus den Jahren 1337-1350*, II [*CFHB* 19, 2], Wien, 1995, doc. 132, p. 232, l. 237-241).

(64) Cf. *infra*.

(65) Pour plus d'informations sur la vie de Joseph Calothetos et la datation de l'*Oratio I*, voir D. G. Tsamès, Ἰωσὴφ Καλοθέτου συγγράμματα (Θεσσαλονικεῖς Βυζαντινοὶ Συγγραφεῖς 1), Thessaloniki, 1981, p. 21-26 et 42-43.

(66) Pour plus d'informations concernant ce personnage et ses œuvres, voir N. Constas, *Mark Eugenikos*, dans *TB* II (2002), p. 411-475.

(67) Cf. A.-M. Talbot, *John Kyparissiotes*, dans *ODB*, II, p. 1162.

(68) Cf. *infra*.

(69) Cf. *supra*.

(70) Cf. A. P. Kazhdan, *The Dispute over Palamism*, dans *ODB*, III, p. 1561-1562.

(71) Cf. *supra*.

INTRODUCTION 253*

très restreinte), il est très probable que nous ne sommes pas témoin d'une référence au neuvième chapitre des *Capita gnostica*, mais qu'il s'agit plutôt d'un emprunt aux *Cap. XV* ou aux *Div. Cap.*

La plupart des auteurs (anti)palamites mentionnent que les chapitres cités sont de la main de Maxime le Confesseur, mais le plus souvent ils ne réfèrent pas à une œuvre précise du Confesseur. Il n'est donc pas facile de déterminer leur source [72]. En plus, il est très curieux qu'il s'agisse toujours de ce même chapitre θ′ qui a été repris par les participants à la querelle de l'hésychasme. Il est très probable que la majorité d'entre eux a simplement repris le chapitre en question de leurs adversaires/partisans sans consulter le texte de Maxime. Cette hypothèse pourrait expliquer la grande prédilection pour ce neuvième chapitre.

Heureusement, il y a quand même des cas dans lesquels les auteurs ont ajouté une référence plus précise à l'attribution de la citation. Ces exemples soutiennent notre assertion que beaucoup de témoins potentiels de la tradition indirecte des *Capita gnostica* sont en fait des témoins de la tradition indirecte des *Div. Cap.* Dans ce qui suit, nous en présentons deux (un exemple palamite et un exemple antipalamite).

1. *Les* Antirrhetici duodecim contra Gregoram *de Philothée Coccinos*

Philothée Coccinos [73] (1300-1379), patriarche de Constantinople et disciple de Grégoire Palamas, utilise ce chapitre θ′ dans le sixième discours de ses *Antirrhetici duodecim contra Gregoram* [74] :

---

(72) Il n'existe pas encore d'édition critique des *Cap. XV*, ni des *Div. Cap.*, donc nous pouvons seulement comparer les leçons saillantes de la tradition indirecte avec notre édition critique des *Capita gnostica* et avec l'édition des *Div. Cap.* dans la *PG* (*PG* 90, 1177-1392).

(73) Pour plus d'informations sur Coccinos, voir M.-H. Congourdeau, *Deux patriarches palamites en rivalité: Kallistos et Philothée,* dans *Le patriarcat œcuménique de Constantinople aux XIVᵉ–XVIᵉ siècles: rupture et continuité (Rome, 5-7 décembre 2005) (Dossiers byzantins* 7), Paris, 2007, [p. 37-53] p. 38-41.

(74) Nous référons à l'édition de Kaimakis, *Φιλόθεος Κοκκίνος.*

254* INTRODUCTION

Capita gnostica

θʹ. Ὁ τοῖς οὖσι μὴ κατ᾽οὐσίαν ὑπάρχων μεθεκτός, κατ᾽ἄλλον δὲ τρόπον μετέχεσθαι τοῖς δυναμένοις βουλόμενος, τοῦ κατ᾽οὐσίαν κρυφίου παντελῶς οὐκ ἐξίσταται, ὁπότε καὶ αὐτὸς ὁ τρόπος, καθ᾽ὃν θέλων μετέχεται, μένει διηνεκῶς τοῖς πᾶσιν ἀνέκφαντος. [...]

Antirrhetici duodecim contra Gregoram ([75])

Φησὶ τοίνυν ὁ σοφώτατος Μάξιμος. Ὁ τοῖς οὖσι μὴ κατ᾽οὐσίαν ὑπάρχων μεθεκτός, κατ᾽ἄλλον δὲ τρόπον μετέχεσθαι τοῖς δυναμένοις βουλόμενος, τοῦ κατ᾽οὐσίαν κρυφίου παντελῶς οὐκ ἐξίσταται, ὁπότε καὶ αὐτὸς ὁ τρόπος, καθ᾽ὃν θέλων μετέχεται, μένει διηνεκῶς τοῖς πᾶσιν ἀνέκφαντος.

Et de nouveau dans l'*Oratio 11* :

Capita gnostica

θʹ. Ὁ τοῖς οὖσι μὴ κατ᾽οὐσίαν ὑπάρχων μεθεκτός, κατ᾽ἄλλον δὲ τρόπον μετέχεσθαι τοῖς δυναμένοις βουλόμενος, τοῦ κατ᾽οὐσίαν κρυφίου παντελῶς οὐκ ἐξίσταται, ὁπότε καὶ αὐτὸς ὁ τρόπος, καθ᾽ὃν θέλων μετέχεται, μένει διηνεκῶς τοῖς πᾶσιν ἀνέκφαντος. [...]

Antirrhetici duodecim contra Gregoram ([76])

Καὶ ὁ θεῖος Μάξιμος γράφων ἐν ἑβδόμῳ κεφαλαίῳ τῆς τρίτης τῶν θεολογικῶν κεφαλαίων ἑκατοντάδος, ὁ τοῖς οὖσι μὴ κατ᾽οὐσίαν ὑπάρχων μεθεκτός, κατ᾽ἄλλον δὲ τρόπον μετέχεσθαι τοῖς δυναμένοις βουλόμενος, τοῦ κατ᾽οὐσίαν κρυφίου παντελῶς οὐκ ἐξίσταται.

Ce qui frappe dans cette dernière citation, c'est la référence précise du chapitre (que l'on retrouve également (toutefois dans une forme un peu différente) chez Marc Eugénicos ([77])) : « ἐν ἑβδόμῳ κεφαλαίῳ τῆς τρίτης τῶν θεολογικῶν κεφαλαίων ἑκατοντάδος », « dans le septième chapitre de la troisième centurie des chapitres théologiques ». La référence à une œuvre comptant plusieurs centuries exclut déjà les *Capita gnostica*, qui ne consiste qu'en une centurie. Cependant, on réfère souvent aux cinq centu-

---

(75) Kaimakis, *Φιλοθέος Κοκκίνος, Oratio 6*, p. 204, l. 1188-1192.

(76) *Ibid.*, *Oratio 11*, p. 411, l. 108-112.

(77) La même partie du chapitre θʹ se trouve dans la *Responsio ad postremas Latinorum quaestiones super igne purgatorio* (L. Petit, *Documents relatifs au concile de Florence. I. La question du purgatoire à Ferrare. Documents I-IV* [PO 15, 1], Paris, 1920, p. 159, l. 34 – p. 160, l. 6) de Marc Eugénicos (1392-1444). Eugénicos nous procure une référence précise à la source de son emprunt : « ἐν κεφαλαίῳ ζʹ τῆς τρίτης ἑκατοντάδος τῶν Γνωστικῶν ».

INTRODUCTION   255*

ries des *Div. Cap.* de Maxime avec l'adjectif théologique. Le chapitre impliqué ne se trouve pourtant pas dans la troisième centurie
de ces *Div. Cap.*, mais dans la première. Il y a toutefois encore une
autre œuvre maximienne, les *Th. Oec.* (deux centuries), qui peut
nous aider. Il semble que Coccinos se soit servi d'une source dans
laquelle les *Th. Oec.* et les *Div. Cap.* ont été considérés comme une
œuvre comptant sept centuries, ce qui est le cas dans plusieurs
manuscrits transmettant le corpus maximien, comme par exemple
dans Mq [78]. Dans ce cas-là, le chapitre cité par Coccinos ferait
en effet partie de la troisième centurie.

Un extrait du même chapitre se trouve encore un peu plus loin
dans le même discours : [79]

Capita gnostica	*Antirrhetici duodecim* *contra Gregoram* [79]
θ′. Ὁ τοῖς οὖσι μὴ κατ᾽οὐσίαν ὑπάρχων μεθεκτός, κατ᾽ἄλλον δὲ τρόπον μετέχεσθαι τοῖς δυναμένοις βουλόμενος, τοῦ κατ᾽οὐσίαν κρυφίου παντελῶς οὐκ ἐξίσταται [...]	**Καὶ ὁ ἅγιος Μάξιμος γράφων·** Ὁ τοῖς οὖσι μὴ κατ᾽οὐσίαν ὑπάρχων μεθεκτός, κατ᾽ἄλλον δὲ τρόπον μετέχεσθαι τοῖς δυναμένοις βουλόμενος, τοῦ κατ᾽οὐσίαν κρυφίου παντελῶς οὐκ ἐξίσταται.

Coccinos reprend fidèlement les chapitres maximiens et cite
également sa source.

2. *Les œuvres de Nicéphore Grégoras*

Les chapitres η′ et θ′ des *Capita gnostica* (= chapitres ϛ′ et ζ′ de
la première centurie des *Div. Cap.*) ont été utilisés par Nicéphore
Grégoras (*ca.* 1295-1360) [80], adversaire de Palamas dans la querelle de l'hésychasme, dans deux de ses œuvres, à savoir ses *Antirrhetica* et son *Historia romana*. Dans le troisième discours des
Antirrhetica priora [81], nous lisons :

---

(78) Remarquons qu'également la *Philocalie des Pères neptiques* se trouve
dans ce dernier cas (cf. J. Touraille, *Philocalie des Pères neptiques. Tome
A/3 : de Maxime le Confesseur à Théophane le Climaque*, Bégrolles-en-
Mauges, 2004, p. 421-548).

(79) Kaimakis, *Φιλόθεος Κοκκίνος, Oratio 11*, p. 448, l. 1339-1341.

(80) Pour plus d'informations sur cet auteur et son œuvre, voir R. Guil-
land, *Essai sur Nicéphore Grégoras : l'homme et l'œuvre*, Paris, 1926.

(81) H.-V. Beyer (éd.), *Nikephoros Gregoras. Antirrhetika. I* (WBS 12),

256* INTRODUCTION

Capita gnostica	*Antirrhetica priora*
η΄. Εἰ πᾶσα μετοχὴ τῶν μετεχόντων προεπινοεῖται, πάντων δηλαδὴ σαφῶς ὑπέρκειται τῶν ὄντων ἀσυγκρίτως κατὰ πάντα τρόπον ἡ τῶν ὄντων αἰτία, κατὰ φύσιν προϋπάρχουσά τε καὶ προεπινοουμένη τῶν ὄντων, οὐχ᾽ὡς οὐσία συμβεβηκότων, ἐπεὶ σύνθετον ἀποδειχθήσεται τὸ θεῖον, εἰς συμπλήρωσιν ἔχον τῆς οἰκείας ὑπάρξεως τὴν τῶν ὄντων ὑπόστασιν, ἀλλ᾽ὡς οὐσίας τὸ ὑπερούσιον. [...]	Εἰ πᾶσα μετοχὴ τῶν μετεχόντων προεπινοεῖται· πάντων δηλαδὴ σαφῶς ὑπέρκειται τῶν ὄντων ἀσυγκρίτως κατὰ πάντα τρόπον ἡ τῶν ὄντων αἰτία, κατὰ φύσιν προϋπάρχουσά τε καὶ προεπινοουμένη τῶν ὄντων, οὐχ ὡς οὐσία συμβεβηκότων· ἐπεὶ σύνθετον ἀποδειχθήσεται τὸ Θεῖον, εἰς συμπλήρωσιν ἔχον τῆς οἰκείας ὑπάρξεως τὴν τῶν ὄντων ὑπόστασιν, ἀλλ᾽ὡς οὐσίας, τὸ ὑπερούσιον.

Il s'agit d'une reprise littérale du caput η΄ des *Capita gnostica*. Dans cette section du discours dans lequel il s'agit de Dieu et les êtres, Grégoras réfute Palamas à l'aide de citations prises aux œuvres de Maxime. Le chapitre est explicitement attribué à Maxime.

Dans son *Historia Romana* [82], Grégoras utilise, à deux endroits différents, encore une partie d'un autre chapitre, à savoir le chapitre θ΄ :

Capita gnostica	*Historia Romana*
θ΄. Ὁ τοῖς οὖσι μὴ κατ᾽οὐσίαν ὑπάρχων μεθεκτός, κατ᾽ἄλλον δὲ τρόπον μετέχεσθαι τοῖς δυναμένοις βουλόμενος, τοῦ κατ᾽οὐσίαν κρυφίου παντελῶς οὐκ ἐξίσταται [...]	Ὁ θεῖος Μάξιμος γράφων ἐν ἑβδόμῳ κεφαλαίῳ τῆς πρώτης τῶν θεολογικῶν ἑκατοντάδος· [83] ὁ τοῖς οὖσι μὴ κατ᾽οὐσίαν ὑπάρχων μεθεκτός, κατ᾽ἄλλον δὲ τρόπον μετέχεσθαι τοῖς δυναμένοις βουλόμενος, τοῦ κατ᾽οὐσίαν κρυφίου παντελῶς οὐκ ἐξίσταται.

Wien, 1976, p. 401, l. 10-14. Beyer identifie cet extrait comme faisant partie des *Th. Oec.*, mais il renvoie à l'édition de la *PG* des *Div. Cap.*

(82) Bekker – Schopen, *Nicephori Gregorae Byzantina Historia*, III, p. 475, l. 1-3 ; III, p. 480, l. 7-10.

(83) Grégoras a trouvé cet extrait dans la première centurie théologique. Cette référence n'est pas problématique, comme était le cas chez Coccinos, vu que ce chapitre peut en effet être trouvé dans la première centurie des *Div. Cap.*

INTRODUCTION 257*

θ'. Ὁ τοῖς οὖσι μὴ κατ'οὐσίαν
ὑπάρχων μεθεκτός, κατ'ἄλλον
δὲ τρόπον μετέχεσθαι τοῖς δυναμένοις βουλόμενος, τοῦ
κατ'οὐσίαν κρυφίου παντελῶς
οὐκ ἐξίσταται [...]

Ὁ τοῖς οὖσι μὴ κατ'οὐσίαν
ὑπάρχων μεθεκτός, κατ'ἄλλον
δὲ τρόπον μετέχεσθαι τοῖς δυναμένοις βουλόμενος, τοῦ
κατ'οὐσίαν κρυφίου παντελῶς
οὐκ ἐξίσταται.

Grégoras renvoie ici au septième chapitre de la première centurie des centuries théologiques, ce qui est une référence quasi expli-
cite aux *Div. Cap.* Signalons que Grégoras a donc eu recours à un
manuscrit (ou une autre source) dans lequel les *Div. Cap.* n'ont pas
été considérés comme constituant un ensemble avec les *Th. Oec.*

La fin de ce même chapitre peut être retrouvée un peu plus loin
dans le même traité ([84]) :

Capita gnostica	*Historia Romana*
θ'. [...] <u>Οὐκοῦν</u> τὸ θελήσει τοῦ πεποιηκότος γενόμενος, οὐκ ἂν εἴη ποτὲ τῷ θελήσαντι αὐτὸ γε-νέσθαι συναΐδιον.	[...] τὸ θελήσει τοῦ πεποιηκότος γενόμενον, οὐκ ἂν εἴη ποτὲ τῷ θελήσαντι αὐτὸ γενέσθαι, συν-αΐδιον.

Nous pouvons conclure que Grégoras cite Maxime soigneusement sans changer rien de l'original.

La *Panoplia dogmatica* d'Euthyme Zygadène

Les chapitres des *Capita gnostica* cités par Zygadène ([85]) font
également partie de la section qui correspond aux *Cap. XV* (et
aux *Div. Cap.*). Il s'agit plus particulièrement des chapitres, ιδ' à
ις' (chapitres ιβ' à ιδ' des *Cap. XV* et des *Div. Cap.*). Dans ce
contexte, on peut se demander s'il s'agit ici d'un témoin de la tradition indirecte des *Capita gnostica* ou des *Cap. XV/Div. Cap.* ([86])

Le degré d'adaptation du texte original diffère largement, d'une
reprise presque littérale à un texte qui ne ressemble à l'original
qu'au niveau du contenu. Dans ce qui suit, nous reproduisons
chaque fois le chapitre de Maxime le Confesseur confronté à la
version de Zygadène. Signalons encore que chaque chapitre est

---

(84) Bekker – Schopen, *Nicephori Gregorae Byzantina Historia*, III,
p. 483, l. 21-23.

(85) *PG* 130, 232 A3 – D6. Pour plus d'informations concernant Zygadène, voir la tradition indirecte du *De duabus Christi naturis*.

(86) Voir *infra* pour plus d'informations sur cette question.

258* INTRODUCTION

précédé par τοῦ αὐτοῦ dans la *Panoplia dogmatica*, renvoyant à Maxime.

Capita gnostica

ιδʹ. Τὸ μέγα τῆς θείας ἐνανθρωπήσεως μυστήριον ἀεὶ μένει μυστήριον, οὐ μόνον ὅτι συμμέτρως τῇ δυνάμει τῶν ὑπ'αὐτοῦ σωζομένων ἐκφαινόμενον (ἔχει μεῖζον τοῦ ἐκφανθέντος τὸ μήπω ὁρώμενον), ἀλλ'ὅτι καὶ αὐτὸ τὸ φανέν ἔτι μένει πάμπαν ἀπόκρυφον, οὐδενὶ λόγῳ καθώς ἐστι γινωσκόμενον. Καὶ μήτῳ δόξῃ παράδοξον τὸ λεγόμενον· ὁ γὰρ Θεὸς ὑπερούσιος ὤν, καὶ ἔτι μᾶλλον ὑπερουσιότητος πάσης ἀπείρως ὑπερανεστηκώς, εἰς οὐσίαν ἐλθεῖν βουληθείς, ὑπερουσίως οὐσιώθη. Διὸ καὶ ὑπὲρ ἀνθρώπων, ὡς φιλάνθρωπος, ἐκ τῆς ἀνθρώπων οὐσίας ἀληθῶς ἄνθρωπος γεγονώς, τὸν τοῦ πῶς ἄνθρωπος γέγονε τρόπον μένει διὰ παντὸς ἔχων ἀνέκφαντον· ὑπὲρ ἄνθρωπον γὰρ γέγονεν ἄνθρωπος.

ιεʹ. [...] Τίς γὰρ δυνάμει θαρρῶν λογικῆς ἀποδείξεως ἐξειπεῖν δυνήσεται πῶς Θεοῦ Λόγου γίνεται σύλληψις, πῶς γένεσις σαρκὸς ἄνευ σπορᾶς, πῶς γέννησις ἄνευ φθορᾶς, πῶς μήτηρ, ἡ καὶ μετὰ τὸν τόκον διαμείνασα παρθένος, πῶς ὁ ὑπερτελής, κατὰ ἡλικίαν προέκοπτε, πῶς ὁ καθαρός, ἐβαπτίζετο, πῶς διέτρεφεν ὁ πεινῶν, πῶς ὁ κοπιῶν ἐχαρίζετο δύναμιν, πῶς ὁ πάσχων ἐδίδου ἰάματα, πῶς ὁ θνήσκων ἐζωοποίει, καὶ ἵνα, τὸ πρῶτον τελευταῖον εἴπω, πῶς Θεὸς ἄνθρωπος γίνεται, καί, τὸ δὴ πλέον μυστηριωδέστερον, πῶς οὐσιωδῶς ἐν σαρκὶ

Panoplia dogmatica

Τὸ μέγα τῆς θείας ἐνανθρωπήσεως μυστήριον ἀεὶ μένει μυστήριον, οὐ μόνον ὅτι συμμέτρως τῇ δυνάμει τῶν ὑπ'αὐτοῦ σωζομένων ἐκφαινόμενον ἔχει μεῖζον τοῦ ἐκφανθέντος τὸ **κεκρυμμένον**, ἀλλ'ὅτι καὶ αὐτὸ τὸ φανὲν ἔτι μένει πάμπαν ἀπόκρυφον, οὐδενὶ λόγῳ καθώς ἐστι γινωσκόμενον. Ὁ γὰρ Θεὸς ὑπερούσιος ὤν, ὑπερουσίως οὐσιώθη· καὶ ὑπὲρ ἀνθρώπων ὡς φιλάνθρωπος ἐκ τῆς **τῶν** ἀνθρώπων οὐσίας ἄνθρωπος γεγονώς, τὸν τοῦ πῶς ἄνθρωπος γέγονε τρόπον μένει **κεκτημένος** ἀνέκφαντον, **ὡς** ὑπὲρ ἄνθρωπον **ἄνθρωπος γενόμενος.**

Τίς **τοσοῦτον** δυνάμει **λόγου** θαρρῶν ἐξειπεῖν δυνήσεται, πῶς **γέγονε** Θεοῦ σύλληψις; Πῶς γένεσις σαρκὸς ἄνευ σπορᾶς; Πῶς γέννησις **δίχα** φθορᾶς; Πῶς **ἡ Παρθένος** μήτηρ **οὐ μεσολαβήσαντος ἀνδρός; Πῶς ἡ μήτηρ Παρθένος, τῷ τόκῳ μὴ λυθείσης τῆς παρθενίας;** Καὶ ἵνα τὸ πρῶτον τελευταῖον εἴπω; Πῶς **ὁ** Θεὸς ἄνθρωπος γίνεται; Καὶ τὸ πλέον μυστηριωδέστερον, πῶς οὐσιωδῶς ἐν σαρκὶ καθ'ὑπόστασιν ὁ κατ'οὐσίαν ὑποστατικῶς ὅλος **ἀεὶ μένων** ἐν τῷ Πατρί; Πῶς **καὶ** ὅλος ἐστὶ Θεὸς κατὰ φύσιν, καὶ ὅλος γέγονεν ἄνθρωπος, **κατὰ φύσιν,**

INTRODUCTION 259*

καθ' ὑπόστασιν <u>ὅλος</u>, ὁ κατ' οὐσίαν ὑποστατικῶς ὅλος ἐν τῷ Πατρί, πῶς <u>ὁ αὐτός</u> ὅλος ἐστὶ Θεὸς κατὰ φύσιν καὶ ὅλος γέγονε κατὰ φύσιν ἄνθρωπος, μηδεμίαν φύσιν ἠρνημένος παντάπασι, μήτε τὴν θείαν, <u>καθ' ἣν ὑπάρχει Θεός, μήτε τὴν ἡμετέραν, καθ' ἣν γέγονεν ἄνθρωπος;</u> Ταῦτα πίστις μόνη χωρεῖ <u>τὰ μυστήρια</u>, τῶν ὑπὲρ νοῦν καὶ λόγον ὑπάρχουσα πραγμάτων ὑπόστασις.

μήτε τὴν θείαν **φύσιν, μήτε τὴν ἀνθρωπίνην ἠρνημένος, ἀλλὰ συγχύτως ἡνωμένας αὐτὰς τηρῶν;** Ταῦτα πίστις μόνη χωρεῖ τῶν ὑπὲρ νοῦν καὶ λόγον ὑπάρχουσα πραγμάτων ὑπόστασις, **καὶ ἀναπόδεικτος γνῶσις.**

ις΄. Ὁ Ἀδὰμ παρακούσας ἐξ ἡδονῆς ἄρχεσθαι τὴν <u>τῆς φύσεως ἐδίδαξε</u> γένεσιν· <u>ὁ Κύριος ταύτην ἐξοικίζων τῆς φύσεως</u>, τὴν <u>ἐκ</u> σπορᾶς οὐ προσήκατο <u>σύλληψιν. Ἡ γυνὴ παραβᾶσα τὴν ἐντολήν, ἐξ ὀδύνης ἄρχεσθαι τὴν τῆς φύσεως κατέδειξε γένησιν· ὁ Κύριος ταύτην ἀποτινάσσων τῆς φύσεως γεννηθείς, φθορὰν ὑπομεῖναι τὴν τεκοῦσαν οὐ συνεχώρησεν, ἵνα ὁμοῦ τήν τε ἑκούσιον ἡδονὴν καὶ τὴν δι' αὐτὴν ἀκούσιον ὀδύνην ἐξέλῃ τῆς φύσεως, ὧν οὐκ ἦν δημιουργὸς ἀναιρέτης γενόμενος, καὶ διδάξῃ μυστικῶς κατὰ γνώμην, ἄλλης ἀπάρχεσθαι ζωῆς, ἐξ ὀδύ</u>νης μὲν <u>τυχὸν ἀρχομένης</u> καὶ πόνων, ληγούσης δὲ <u>πάντως</u> εἰς ἡδονὴν <u>θείαν καὶ εὐφροσύνην ἀπέραντον. Διὰ τοῦτο γίνεται ἄνθρωπος, καὶ γεννᾶται ὡς ἄνθρωπος, ὁ ποιήσας τὸν ἄνθρωπον, ἵνα σώσῃ τὸν ἄνθρωπον, καὶ πάθη πάθεσιν ἰασάμενος, πάθος αὐτὸς ὑπάρχων ἀποδειχθῇ τῶν ἡμετέρων παθῶν, ὑπερφυῶς ταῖς ἑαυτοῦ κατὰ σάρκα σταυρήσεσι τὰς ἡμῶν κατὰ πνεῦμα φιλανθρώπως ἕξεις ἀνανεούμενος.</u> [...]

Ὁ μὲν Ἀδὰμ, παρακούσας **τῆς θείας ἐντολῆς**, ἐξ ἡδονῆς ἄρχεσθα ι τὴν γένεσιν **τῶν ἀνθρώπω ν, καὶ καταλήγειν εἰς ὀδύνη ν** ἐποίησε. **Δι' ἡδονῆς** μὲν γὰρ ἡ σπορά, **δι' ὀδύνης δὲ ὁ θάνατος. Ὁ δὲ Χριστός, ὑπήκο ος γενόμενος, ἄλλην γένεσ ιν πνευματικὴν ἐχαρίσατο τοῖς ἀνθρώποις,** ἐξ ὀδύνης μ ὲν καὶ πόνων **τῶν τῆς ἀρετῆς ἀρχομένην,** εἰς ἡδονὴν δὲ **κα ὶ ἀνάπαυσιν** καταλήγουσα ν. **Διὸ καὶ αὐτὸς ἐναν**θρωπῆ σαι βουληθεὶς τὴν **διὰ** σπορᾶ ς οὐ προσήκατο **γένεσιν, τὸν δι' ὀδύνης δὲ θάνατον ὑπέμε ινεν, οὐχ ὡς ἐπιτίμιον ἡδονῆ ς, ἀλλ' ὑπὲρ ἡμῶν τῶν καταδ ίκων, καὶ ἵν' ὁ θάνατος** αὐτοῦ **θάνατος τοῦ ἡμετέρου** θανάτ ου **γένηται καὶ πρόξενος ἀθανασίας.**

260* INTRODUCTION

On peut constater que les chapitres de Maxime le Confesseur sont en général faciles à identifier. Zygadène a conservé les idées de Maxime, mais il a parfois reformulé certaines choses, ajouté ou omis des connecteurs, utilisé des synonymes, etc.

Le dernier texte, par contre, ne ressemble que de loin au chapitre correspondant. À cet égard, il faut quand même signaler qu'il existe encore une autre version – identique – du chapitre en question, c'est-à-dire le petit opuscule *De divina inhumanatione* (*CPG* 7707. 9) [87], qui a également été attribué à Maxime le Confesseur [88]. Roosen [89] suggère toutefois que l'*Add. 9* n'est pas de la main de Maxime, bien que le choix des mots corresponde en gros à certaines parties de la *Quaestio* LXI des *Q. Thal.* (*CPG* 7688). Étant donné que la première attestation de l'*Add. 9* ne peut être trouvée que dans un manuscrit datant du 15ᵉ siècle (*Vindobonensis, theologicus gr. 324*), il est plus rationnel de le considérer comme un remaniement du texte de Zygadène par un autre auteur que vice versa. De plus, le *theologicus gr. 324* est le seul manuscrit proposant l'*Add. 9* comme œuvre isolée, ne faisant pas partie de la *Panoplia dogmatica*. Et enfin, le fait que, dans la *Panoplia dogmatica*, l'*Add. 9* est précédé des chapitres ιδ΄ et ιε΄ des *Capita gnostica* (ιβ΄ et ιγ΄ des *Cap. XV* et des *Div. Cap.*) et suivi d'une partie de la *quaestio* LXI (Laga – Steel, *Q. Thal.* [*CCSG* 22], p. 111, l. 77-82) semble corroborer cette hypothèse. En effet, il est difficile à imaginer que Zygadène a d'abord adopté quelques chapitres de Maxime pour ensuite chercher une source complètement différente qui commence cependant avec exactement les mêmes mots que le chapitre consécutif dans l'œuvre de Maxime le Confesseur. Nous nous trouvons donc, avec l'*Add. 9*, dans la présence d'un cas de la tradition indirecte de la *Panoplia* [90], plutôt que d'une version antérieure du chapitre de Maxime. Récapitulant, nous pouvons dire qu'il y avait d'abord le chapitre de Maxime le Confesseur (caput ιϛ΄ des *Capita gnostica* ou caput ιδ΄ des *Cap. XV/Div. Cap.*). Ce

(87) Epifanovič, *Materialy*, p. 28-29.

(88) Voir *supra*.

(89) Roosen, *Epifanovitch Revisited*, III, p. 621-623.

(90) Rappelons que le phénomène de tradition indirecte n'est pas inconnu à la *Panoplia dogmatica*, ce dont témoigne un remaniement du texte de Zygadène par Nicétas Choniates dans son *Thesaurus Orthodoxiae* (traduction latine du remaniement de notre chapitre dans *PG* 139, 1226 C6 – D4).

INTRODUCTION 261*

chapitre a été remanié par Euthyme Zygadène pour sa *Panoplia dogmatica* avant qu'un autre auteur a pris ce remaniement pour en faire encore un autre, le soi-disant *De divina inhumanatione* ([91]).

La question reste de savoir si Zygadène s'est inspiré des *Capita gnostica* ou des *Cap. XV*, ou peut-être même des *Div. Cap.*, puisque les trois chapitres remaniés peuvent être trouvés dans chacun de ces trois œuvres. Comme la *Panoplia dogmatica* contient également une version légèrement remaniée des chapitres 1, 3, 4 et 5 des *Cap. XV* et donc des *Div. Cap.* (*PG* 130, 96 C4 – 97 B5 ; 100 C9-14) ([92]), il est peu probable que Zygadène s'est inspiré des *Capita gnostica*. La *Panoplia dogmatica* n'est donc pas un témoin de la tradition indirecte des *Capita gnostica*.

Le *De temperantia* (CPG 6096) du Pseudo-Marc l'Ermite

Le chapitre ιζ′ des *Capita gnostica*, qui correspond au dernier chapitre des *Cap. XV* (et aux 15ᵉ chapitre de la première centurie des *Div. Cap.*), se trouve (presque) littéralement, comme chapitre 26, dans les Κεφάλαια νηπτικά du Pseudo-Marc l'Ermite (*PG* 65, 1064 C6 – D4).

Capita gnostica	Κεφάλαια νηπτικά
ιζ′. Ὁ τῷ θείῳ πόθῳ νικήσας τὴν πρὸς τὸ σῶμα τῆς ψυχῆς διάθεσιν, ἀπερίγραφος γέγονε, κἄν ἐστιν ἐν σώματι. Ὁ γὰρ ἕλκων τὴν τοῦ ποθοῦντος ἔφεσιν Θεὸς πάντων ἀσυγκρίτως ἐστὶν ὑψηλότερος, οὐκ ἐῶν τὸν ποθοῦντα τινὶ τῶν μετὰ Θεὸν προσηλῶσαι τὴν ἔφεσιν. Ποθήσωμεν οὖν τὸν Θεὸν καθ'ὅλην ἡμῶν τὴν τῆς ἐφέσεως δύναμιν, καὶ πᾶσι τοῖς σωματικοῖς τὴν προαίρεσιν ἀκράτητον ποιησώμεθα, καὶ πάντων τῶν ὄντων αἰσθητῶν τε καὶ νοητῶν ὑπεράνω τῇ διαθέσει γενώμεθα,	Ὁ τῷ θείῳ πόθῳ νικήσας τὴν πρὸς τὸ σῶμα τῆς ψυχῆς διάθεσιν, ἀπερίγραφος γέγονε, κἄν ἐστιν ἐν σώματι. Ὁ γὰρ ἕλκων τὴν τοῦ ποθοῦντος ἔφεσιν Θεός, πάντων ἀσυγκρίτως ἐστὶν ὑψηλότερος, οὐκ ἐῶν τὸν ποθοῦντα τινὶ τῶν μετὰ Θεὸν προσηλῶσαι τὴν ἔφεσιν. Ποθήσωμεν οὖν τὸν Θεὸν καθ'ὅλην ἡμῶν τὴν τῆς ἐφέσεως **ἰσχύν**, καὶ πᾶσι τοῖς σωματικοῖς τὴν προαίρεσιν ἀκράτητον ποιησώμεθα, καὶ πάντων τῶν ὄντων αἰσθητῶν καὶ νοητῶν ὑπεράνω τῇ διαθέσει γενώμεθα, καὶ

---

(91) Une comparaison du texte du chapitre ιδ′ des *Cap. XV* et du *De divina inhumanatione* peut être trouvée dans Roosen, *Epifanovitch Revisited*, III, p. 621.

(92) Cf. De Vocht, *Kritische editie*, p. [314].

καὶ οὐδὲν κατὰ γνώμην πρὸς τὸ συνεῖναι Θεῷ τῷ κατὰ φύσιν ἀπεριγράφῳ, παντελῶς ὑπὸ τῆς φυσικῆς περιγραφῆς ζημιωθησόμεθα.	οὐδὲν κατὰ γνώμην πρὸς τὸ συνεῖναι Θεῷ τῷ κατὰ φύσιν ἀπεριγράφῳ, παντελῶς ὑπὸ τῆς φυσικῆς περιγραφῆς ζημιωθησόμεθα.

L'opuscule a été faussement attribué à Marc l'Ermite (5ᵉ siècle) [93]. À cause de cette fausse attribution, plus d'un savant a tenté sa chance pour accuser Maxime le Confesseur de plagiat. Même Combefis, dans son édition générale (1675) des œuvres de Maxime [94], fait remarquer au lecteur que les œuvres de Maxime le Confesseur ne sont pas complètement issues de la plume de Maxime [95].

Maintenant que les *Capita de temperantia* se sont prouvés inauthentiques et attribués à un auteur du 11ᵉ siècle ou encore plus tard [96], l'accusation que c'était Maxime qui a plagié l'œuvre de Marc ne tient donc plus debout. En effet, il semble que ce soit Maxime qui ait été le victime de plagiat. Viller [97] a pu identifier les 26 chapitres des *Capita de temperantia* qui peuvent tous, à l'exception du chapitre 26, être retrouvés presque littéralement dans les *Th. Oec.* (*CPG* 7694) de Maxime. Comme nous avons illustré ci-dessus que le chapitre κϛʹ des Κεφάλαια νηπτικά correspond à un chapitre présent dans les *Capita gnostica*, les *Cap. XV* et les *Div. Cap.* et comme il s'est avéré impossible de déterminer la source exacte du Pseudo-Marc, nous le considérons comme

---

(93) Pour plus d'informations sur l'inauthenticité du *De temperantia*, consultez KHALIFÉ, *L'inauthenticité du De temperantia*.

(94) COMBEFIS, *S. Maximi Confessoris*.

(95) Combefis y parle de plusieurs œuvres maximiennes (COMBEFIS, *S. Maximi Confessoris*, p. CVII, repris dan *PG* 90, 239).

(96) Cf. KHALIFÉ, *L'inauthenticité du De temperantia*, p. 65-66. Faute d'informations biographiques sur cet auteur, nous ne pouvons que le dater approximativement. Khalifé suggère qu'il ait vécu après Photios, puisque ce dernier n'a pas remarqué les ressemblances entre les chapitres de Maxime et ceux de Marc. Khalifé donne comme *terminus post quem* la date de création des *Div. Cap.*, vu que le 26ᵉ chapitre du Pseudo-Marc semble être emprunté à ce texte. Nous devons toutefois nuancer ce propos étant donné que ce chapitre se trouve également dans les *Cap. XV*, une œuvre authentique de Maxime.

(97) M. VILLER, *Aux sources de la spiritualité de S. Maxime : les oeuvres d'Evagre le Pontique*, dans *Revue d'ascétique et de mystique*, [p. 156-184 et 239-268] p. 157-158, n. 6.

INTRODUCTION 263*

un témoin de la tradition indirecte des *Capita gnostica*. Nous ne pouvons toutefois pas déterminer le manuscrit source du Pseudo-Marc [98].

d. Bilan

Résumons les résultats obtenus par cette étude de la tradition indirecte. Nous avons constaté que certains chapitres des *Capita gnostica* ont été réutilisés et ceci dans la période des 11e-14e siècles. Nous avons fait une distinction entre trois types de tradition indirecte : (1) les citations dans des florilèges, (2) les citations dans une chaîne et (3) les citations chez des auteurs byzantins. Faisons alors quelques observations concernant cette tradition indirecte.

D'abord, il est frappant que les témoins de la tradition indirecte que nous avons traités ont presque toujours fait des emprunts assez fidèles de l'original. En effet, les auteurs n'ont jamais apporté des modifications radicales au texte attribué à Maxime. Ils se sont limités à des reformulations, à l'addition de connecteurs et à l'omission de certains mots. Il y a toutefois une exception et c'est celle de la *Panoplia dogmatica* dont le dernier chapitre maximien ne ressemble que de loin à l'original. Il s'agit d'un cas de remaniement extrême.

Deuxièmement, il ressort clairement de notre aperçu de la tradition indirecte que les auteurs byzantins ont puisé surtout aux chapitres provenant de la toute première partie des *Capita gnostica* comportant les κεφάλαια philosophiques et les chapitres des *Cap. XV*. L'*Athous, Batopediou 57* et la *Catena in Hebraeos* sont un peu un cas à part puisqu'ils ont tiré leurs extraits des chapitres allégoriques.

Finalement, il faut encore nous prononcer sur la question des auteurs (anti)palamites. En effet, il est frappant qu'ils ont presque exclusivement eu recours au chapitre θ′ des *Capita gnostica*, à l'exception de Grégoras et Acindynos qui citent encore, à côté de θ′, respectivement η′ et γ′. L'on peut donc se demander s'ils ont tous consulté Maxime ou s'ils ont simplement copié la citation d'un autre auteur (anti)palamite. Nous sommes plutôt encline à privi-

---

(98) La leçon ἰσχύν ne se trouve dans aucun des témoins de la tradition directe des *Capita gnostica*. Par manque d'édition critique des *Cap. XV* et des *Div. Cap.*, nous ne pouvons pas nous prononcer sur un lien possible avec leur tradition directe.

légier la dernière option étant donné qu'il est quand même très saillant que nous rencontrons ce neuvième chapitre presque exclusivement dans la controverse palamite. Il semble un peu illogique d'imputer cette uniformité au hasard. En outre, les textes mêmes nous ne fournissent aucune preuve pour supposer le contraire, puisqu'ils ne contiennent pas de fautes saillantes reprises par d'autres auteurs.

Dans notre discussion des auteurs (anti)palamites, nous avons signalé qu'il est très probable qu'il s'agit ici d'un emprunt aux *Div. Cap.* parce que certains auteurs renvoient à une œuvre de Maxime contenant plusieurs centuries. Nous avons donc décidé de ne pas considérer ces ouvrages (anti)palamites comme des témoins de la tradition indirecte des *Capita gnostica*.

Signalons toutefois qu'à part le chapitre θ′, l'auteur antipalamite Grégoire Acindynos cite également le chapitre γ′, un chapitre qui n'est pas présent dans les *Cap. XV*, ni dans les *Div. Cap.* Dans ce cas-ci, les *Capita gnostica* entrent donc aussi en ligne de compte comme source possible, malgré le fait qu'ils donnent l'impression d'avoir été relativement inconnus à cause du nombre limité de témoins transmettant cette œuvre maximienne. Nous avons donc décidé d'inclure cet auteur dans la liste des témoins de la tradition indirecte des *Capita gnostica*. Il est donc clair que sans une édition critique accompagnée d'une étude détaillée des *Cap. XV* et des *Div. Cap.*, il n'est pas possible de nous prononcer avec certitude sur la liste des témoins de la tradition indirecte des *Capita gnostica*.

En guise de conclusion, nous voulons encore signaler que nous avons opté pour ne pas reprendre, dans notre édition, les leçons de la tradition indirecte dans un apparat à part parce que certains témoins ont remanié les extraits des *Capita gnostica* d'une telle manière qu'il est impossible de visualiser ces leçons dans la forme d'un apparat.

3. *Les éditions et traductions antérieures*

a. *L'édition d'Epifanovič (1917)*

Il n'existe qu'une édition antérieure des *Capita gnostica*, de la main du savant russe S. L. Epifanovič, qui a été publiée en 1917 à Kiev [99]. Il s'agit en fait d'une édition de 37 textes attribués à

---

(99) Epifanovič, *Materialy*, p. 33-56.

INTRODUCTION   265*

Maxime le Confesseur. À cause de la période turbulente (la Révolution russe et la Première Guerre mondiale) pendant laquelle l'édition a paru, l'on ne peut trouver cette édition que dans un nombre très limité de bibliothèques (100), ce qui peut expliquer la méconnaissance de l'œuvre. En outre, il faut signaler qu'Epifanovič ne s'est servi que d'un seul manuscrit, à savoir Mq (*s.* XIV). Il ne s'agit donc pas d'une édition critique, ce qui est admis par Epifanovič lui-même dans son introduction. Son but était de faire disponible les œuvres inédites du Confesseur à des fins théologiques et non philologiques (101).

Signalons que, pour ce qui est des chapitres η′ à ις′, Epifanovič renvoie au texte des *Diversa capita* dans la *Patrologia graeca* (102). Il ne reprend donc pas ces chapitres-là dans son édition.

b. La traduction partielle

Il n'existe aucune traduction complète des *Capita gnostica*. Dans sa dissertation, le Roumain Ică jr. (103) a fait une traduction roumaine des sept premiers chapitres, basés sur l'édition d'Epifanovič.

2. Recensio codicum

1. La tradition directe

La tradition directe des *Capita gnostica* est très restreinte. Nous n'avons découvert que cinq manuscrits qui ont transmis cette centurie maximienne. Dans ce qui suit, nous allons essayer de dresser le *stemma codicum*.

Dans la description des manuscrits, nous avons mentionné que F se caractérise par l'omission – intentionnelle ou inconsciente – des chapitres ι′-ιζ′ (104). Il est frappant qu'il s'agit ici en fait d'une partie des chapitres correspondant aux *Cap. XV* (*CPG* 7695). Cette caractéristique de F nous apprend déjà que F, le témoin le

---

(100) Cf. Roosen, *Epifanovitch Revisited*, I, p. 3.
(101) Epifanovič, *Materialy*, p. V.
(102) *PG* 90, 1180 B – 1185 BC.
(103) I. I. Ică jr., *Mystagogia Trinitatis. Probleme ale teologiei trinitare patristice şi moderne cu referire specială la triadologia Sfântului Maxim Mărturisitorul*, Cluj-Napoca, 1998, p. 516-517 (dissertation non publiée).
(104) Voir *infra* pour plus d'informations.

266* INTRODUCTION

plus ancien (10ᵉ-11ᵉ siècles), ne peut pas être le modèle des autres manuscrits. Il nous faut donc établir si F fait partie de la même famille que Ba, C, Mq et V, ou s'il constitue une autre branche du stemma.

On peut supposer que l'omission des chapitres ι′ à ιζ′ est due à une intervention délibérée du copiste qui semble avoir reconnu ces chapitres-là comme faisant partie des *Cap. XV*. C'est peut-être pourquoi, à ce moment-là, le copiste a décidé de les omettre, étant donné que, dans ce manuscrit-ci, les *Cap. XV* suivraient encore après les *Capita gnostica* (cf. *supra*).

Il y a toutefois une chose qui semble contredire cette hypothèse : si le copiste a en effet identifié ces chapitres des *Capita gnostica* avec quelques chapitres des *Cap. XV*, pourquoi a-t-il tout de même copié les chapitres η′ et θ′, qui marquent en fait le début de l'extrait des *Cap. XV* ? Une solution possible pourrait être la suivante : peut-être le copiste n'a-t-il remarqué la ressemblance aux *Cap. XV* qu'au moment où il était déjà en train de copier les deux premiers chapitres (η′ et θ′) provenant des *Cap. XV*. Ensuite, il a décidé de sauter les chapitres des *Cap. XV* et de recommencer la copie des *Capita gnostica* par le chapitre ιη′. Ou peut-être la solution est plus simple que ça : le modèle qu'utilisait le copiste ne contenait tout simplement pas les chapitres impliqués. Cependant, cette objection peut facilement être réfutée : c'est que la particularité de ce manuscrit réside dans sa numérotation. Tandis que les chapitres ι′ jusqu'à ιζ′ ont été omis de la copie, le copiste a quand même suivi la numérotation de son modèle quand il a enchaîné de nouveau avec le chapitre ιη′. Ainsi le texte finit par le chapitre ρ′, sans qu'il contienne en fait cent chapitres. Il faut toutefois signaler qu'il est possible que cette omission (avec numérotation continue) se soit déjà produite dans le modèle de F.

Du reste, ce n'est pas seulement cette lacune importante de huit chapitres qui nous fait penser que F fait partie d'une autre famille. Les variantes de F corroborent cette hypothèse. La table ci-dessous donne un aperçu (non-exhaustif) des leçons de F :

κϛ′, 7 αὐτῶν *F*] αὐτῷ *Ba C Mq V*
λ′, 7 μόνῳ *F*] μόνον *Ba C Mq V*
λη′, 9 καὶ τῆς τῶν ἀχύρων συλλογῆς, τουτέστιν ἐνεργείας *F*] *om. Ba C Mq V*

INTRODUCTION 267*

μ′, 6 πρὸς τὴν τύχην F] *om.* Ba C Mq V
μα′, 7 δουλείαν F] δειλίαν Ba C Mq V
μβ′, 6 ἀποιότητος F] ποιότητος Ba C Mq V
μδ′, 6 ἀνεννόητον F] ἀένναον Ba C Mq V
νε′, 5 ἔλεῖται *sic* F] ἔλῃ Ba C Mq V
νε′, 11 οὔτε τὸ γνωστικὸν πρακτικῆς νεκρώσεως F] *om.* Ba C Mq V
νϛ′, 3 Ὁ τοίνυν πράξεως F] *om.* Ba C Mq V
ξδ′, 11 τῶν παθῶν ἀναιρέσεως F] *om.* Ba C Mq V
ξε′, 20 τῷ πυρὶ F] ὑπὸ Ba C Mq V
ξϛ′, 6 χεὶρ F] χειρὶ Ba C Mq V
οβ′, 6 προσηνὴς F] πρὸς ἡδονὴν Ba C Mq V

Tableau 1

Cette liste confirme notre hypothèse que F constitue une branche séparée par rapport aux autres témoins.

a. La branche de F

F contient parfois des additions qui éclaircissent visiblement la signification du texte, mais qui ne sont pas contenues dans les autres manuscrits. Ci-dessous se trouve une liste de quelques additions :

γ′, 3 καὶ ἄπειρον Ba Mq V] τὸ δὲ ἄπειρον *add.* F
ϛ′, 8 προσθήκην Ba C Mq] διὰ τῆς αὐτῶν τῶν ὄντων γενέσεως, οὔτε μὴν λειψομένην ποτὲ *add.* F
κε′, 12 πεποιημένη Ba C Mq V] σαφῶς ἐστιν *add.* F
λη′, 8 πλινθουργίας Ba C Mq V] καὶ τῆς τῶν ἀχύρων συλλογῆς, τουτέστιν ἐνεργείας *add.* F
μ′, 6 τὴν Ba C Mq V] πρὸς τὴν τυχὴν *add.* F
νε′, 11 γνώσεως Ba C Mq V] οὔτε τὸ γνωστικὸν πρακτικῆς νεκρώσεως *add.* F
νϛ′, 3 γνώσεως Ba C Mq V] ὁ τοίνυν πράξεως *add.* F
ξβ′, 8 δικαιοσύνης Ba C Mq V] διώκοντες, εἰς τὸν πνευματικὸν νόμον τῆς δικαιοσύνης *add.* F
ξδ′, 11 διὰ πράξεως Ba C Mq V] τῶν παθῶν ἀναιρέσεως *add.* F
ξε′, 20 φρυγανώδη Ba C Mq V] τῷ πυρὶ *add.* F

268* INTRODUCTION

ξζ', 7 τουτέστι *Ba C Mq V*] ἀρετὰς ἢ γνώσεις, ἐν *add. F*
ξζ', 20 πορνείας *Ba C Mq V*] καὶ τῆς γαστριμαργίας καὶ τῆς κενοδοξίας *add. F*
Ϛη', 7 συνιστάμενον *Ba C Mq V*] ἐν δὲ τῇ ἡμέρᾳ τῷ φωτὶ τοῦ ἡλίου λυόμενον *add. F*
ρ', 1 ἡδονὴ *Ba C Mq V*] καὶ ὀδύνη *add. F*

Tableau 2

De plus, F est le seul à avoir quelques omissions substantielles dont suivent ici les plus importantes:

κ', 8/9 τὴν ἐπιθυμίαν ἀλλοιοῖ καὶ πρὸς *Ba C Mq V*] *om. F*
κε', 10 κατὰ προαίρεσιν *Ba C Mq V*] *om. F*
Ϛβ', 2 ἀλλ'οὐχ'ὁ Σὴμ εὐλογητός *Ba C Mq V*] *om. F*
Ϛγ', 8/9 κατοικήσας. Οἱ δὲ οἶκοι τοῦ Σὴμ *Ba C Mq V*] *om. F*

Tableau 3

En outre, il faut signaler que F contient beaucoup d'erreurs phonétiques ([105]) qui sont pour la plus grande partie dues à des iotacismes, un phénomène caractéristique de manuscrits provenant de l'Italie du Sud ([106]).

b. La famille Ba C Mq V

Après avoir établi que F ne peut pas être approché de Ba, C, Mq et V, il nous faut découvrir les relations entre ces quatre témoins. Le premier tableau a déjà illustré leurs affinités. La table suivante montre que BaMq d'une part, et CV d'autre part, descendent séparément d'un même modèle ([107]).

η', 13 ἀπεργαστικήν *C V*] δύναμιν *add. Ba Mq*
η', 13 εἰδῶν ἐνέργειαν *C V*] ἰδίων ἐνεργειῶν *Ba Mq*

---

(105) Pour n'en citer que quelques-unes: γινόσκεται au lieu de γινώσκεται (caput α'), ἐτίαν au lieu de αἰτίαν (caput α'), βοηθεῖσαι au lieu de βοηθῆσαι (caput κγ'), etc.

(106) Pour la provenance de F, voir la description du manuscrit.

(107) Cette liste n'est pas exhaustive.

INTRODUCTION 269*

ιθ′, 4 τὰ γόνατα παρὰ τῇ Γραφῇ *C V*] παρὰ τῇ Γραφῇ τὰ γόνατα *Ba Mq*
κ′, 7 δυσωδίας *C V*] δυσώδους *Ba Mq*
κα′, 5 ἀποριθμήσεως *C V*] ἀπαριθμήσεως *Ba Mq*
κζ′, 8 ἐπανατείνοντας *C V*] ἐπανατείνοντες *Ba Mq*
λδ′, 3 ἀγαθὸς *C V*] ἀγαθῶν *Ba Mq*
ν′, 4 τὸ καθαρὸν *C V*] τῷ καθαρῷ *Ba Mq*
νδ′, 2 ἀλώῃ *C V*] ἅλω (sic) *Ba Mq*
ξε′, 6 χρόνων *C V*] χρόνον *Ba Mq*
πζ′, 2 συναποκτείνας *C V*] ἀποκτείνας *Ba Mq*

Tableau 4

En ce qui concerne le texte même des *Capita gnostica*, l'on peut observer que BaMq d'une part et CV de l'autre contiennent des fautes communes (voir notre tableau 2), mais qu'ils ont aussi chacun des fautes et variantes propres (voir notre tableau 4). Étant donné que BaMq et CV contiennent chacun, à part les leçons communes, des variantes individuelles, on peut poser qu'il s'agit de deux familles qui dérivent d'un témoin commun hypothétique. Ainsi, on peut dire avec quasi-certitude que ce hyparchétype contenait παντῇ au lieu de πάμπαν (ε′, 8), μετοχῶν au lieu de μετόχων (ι′, 8) et νοῦ au lieu de νεκροῦ (π′, 2).

Les manuscrits Ba et C, qui proviennent du Mont Athos, contiennent également tous les deux des notes marginales. Quand on compare ces notes en marge, on peut constater que Ba et C correspondent dans la plupart des cas, exception faite de quelques fautes phonétiques. Il est pourtant remarquable que certaines notes marginales ne figurent que dans Ba ou que dans C, comme par exemple πῶς κινεῖται τῇ ἑαυτῆς θεωρίᾳ ἡ ἁγία τριάς (dans la marge du chapitre ς′ de Ba), καὶ ἡ σάρξ μου ἠλλοιώθη δι'ἔλαιον (dans la marge du chapitre κ′ de C) et φίλος πιστός (dans la marge des chapitres λβ′, λγ′et λδ′ de C). Ce phénomène peut aisément être expliqué : l'on peut supposer que le copiste a parfois oublié de copier une note marginale (qui, dans la plupart des cas, n'est qu'une reprise de quelques mots-clés du chapitre en question).

Nous pouvons donc observer que, à l'intérieur de la famille Ba C Mq V, Ba et Mq constituent une famille tandis que C et V en constituent une autre.

La branche BaMq

Examinons maintenant BaMq. Il est clair que ces deux manuscrits font partie d'une même branche, parce qu'ils ont beaucoup de fautes communes. Pour n'en citer que quelques-unes (voir également tableau 4):

θ΄, 1 ὑπάρχει *C V*] ὑπάρχων *Ba Mq*
ξζ΄, 22 υἱοὶ *F C V*] οἱ praem. *Ba Mq*
ογ΄, 3 ἐστὶν *F C V*] εἰσὶν *Ba Mq*
οδ΄, 5 ἐπιστροφὴ *F C V*] ἐπιτροφὴ *Ba Mq*
οθ΄, 2 περατουμένην *F C V*] πραττομένην *Ba Mq*

Tableau 5

En outre, Mq contient également quelques fautes propres, ce qui suggère qu'il soit une copie de Ba:

ις΄, 1 ὁ *Ba C F*] *om. Mq*
ιζ΄, 1 ὁ *Ba C F*] *om. Mq*
ϛ΄, 18 ὁρατῶν *Ba F*] ἀρετῶν *Mq*

Tableau 6

Il y a toutefois une difficulté: la présence de la note marginale τί ἐστι δεξιά (caput λα΄) dans Mq et C, et non dans Ba, le modèle présomptif de Mq. Étant donné que c'est la seule leçon qui contredit notre hypothèse (à savoir que Mq est une copie de Ba), nous voulons proposer deux explications possibles. Ou bien, nous devons imputer l'absence de cette note à la mauvaise qualité et lisibilité du microfilm de Ba qui contient peut-être bel et bien cette scholie-là. Ou bien cette scholie a été ajoutée ultérieurement par un lecteur de Mq. De plus, il faut encore signaler la leçon βούλονται, que l'on peut trouver dans Mq et F (πϛ΄, 3). Les autres manuscrits (y inclus Ba) ont βούλεται. Βούλονται semble toutefois être la bonne variante. Comment faut-il expliquer que Mq se retrouve en accord avec le rameau opposé? Cette observation peut facilement être expliquée à l'aide d'une modification voulue du copiste de Mq qui a remarqué l'agrammaticalité de cette phrase-là quand on garde le verbe au singulier. Notons également qu'il est clair que le copiste de Mq a construit le manuscrit à partir de

INTRODUCTION 271*

différents manuscrits sources, ce dont témoigne par exemple le fait que Mq contient l'ensemble des *Car.* ce qui n'est pas le cas pour son modèle Ba. En effet, le texte de Ba se termine par le treizième chapitre du quatrième centurie des *Car.* De plus, Mq contient un corpus plus élaboré d'œuvres maximiennes.

Il y a encore un élément extra-textuel qui confirme notre hypothèse que Mq est une copie de Ba : Mq se trouvait aussi, comme était également le cas pour Ba, au Mont Athos avant d'être transféré à Moscou ([108]).

La branche CV

Une parenté semblable peut être observée en ce qui concerne C et V (voir également tableau 4) :

θ′, 9 αὐτὸ *Ba Mq*] αὐτῷ *C V*
ια′, 7 κατὰ ταὐτὸν *Ba Mq*] κατ'αὐτὸν *C V*
ια′, 11 ὅσον *Ba Mq*] εἰς praem. *C V*
ιγ′, 10 αὐτὸν *Ba Mq*] αὐτὴν *C V*
λα′, 4 καί *Ba F Mq*] om. *C V*
λγ′, 12 τῶν ἐνεχομένων *Ba Mq*] τῶν ἐχομένων *C V*
ξα′, 5 ἐκπορνεύειν *Ba F Mq*] ἐκπορνεῦσαι *C V*
ξα′, 6 νοῦν *Ba F Mq*] καὶ add. *C V*

Tableau 7

En outre, V contient également des fautes propres. Il s'agit surtout d'omissions dues à des sauts du même au même et d'erreurs phonétiques. Citons, à titre d'exemples, quelques variantes individuelles de V :

ι′, 13 περιλήψει *Ba C Mq*] περιλήψειν *V*
ια′, 12 ἐργάζεσθαι *Ba C Mq*] ἐργάζεται *V*
ιθ′, 11 ὥσπερ οὖν τοῦ νηστεύοντος ἀπὸ κακίας *Ba C F Mq*] om. *V*
λγ′, 7 ἐῶν *Ba C F Mq*] ἐὰν *V*
ν′, 7 ἐκκαθαίρουσαν *Ba C F Mq*] ἐκκαθαίρουσα *V*
οδ′, 5 ἐπιτροφῇ *Ba C F Mq*] ἐπιστροφὴ *V*

---

(108) Voir notre description du manuscrit.

πϛ′, 3 αὐτοῖς Ba C F Mq] αὐτῆς V	
ϛε′, 4 ὁμοφρόνως Ba C F Mq] om. V	
ρ′. 5 ἐξελὼν Ba C F Mq] ἐξελθὼν V	

Tableau 8

V dépend donc de C puisqu'ils se caractérisent par un nombre de leçons communes et puisque l'on ne peut pas trouver des leçons de C qui ne sont pas présentes dans V ([109]).

c. Le stemma codicum

Finalement, en vertu de l'argumentation précédente, nous proposons le *stemma codicum* suivant de la tradition directe des *Capita gnostica* :

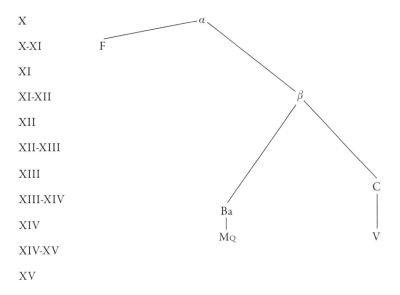

stemma *Capita gnostica*

---

(109) La liste n'est pas exhaustive.

INTRODUCTION 273*

2. *La tradition indirecte*

Dans notre description des témoins de la tradition indirecte, nous avons distingué trois types de témoins : (1) les citations dans des florilèges, (2) les citations dans une chaîne et (3) les citations chez des auteurs byzantins. Nous ne pouvons rien dire quant au rapport de (3) vis-à-vis la tradition directe. Ils ne contiennent aucune variante probante qui nous permet d'établir leur parenté avec des témoins de la tradition directe. Du reste, ils n'apportent aucune valeur pour la constitution du texte de base.

En ce qui concerne les fragments des *Capita gnostica* qui sont contenus dans les florilèges et la chaîne, nous pouvons seulement faire quelques observations.

Le florilège dans l'*Athous, Batopediou 57*, qui ne contient que le chapitre 100, a le même texte que tous les autres manuscrits, exception faite de ἀπεκατέστησεν au lieu de ἀποκατέστησεν (ρ΄, 11). Cette variante se trouve également dans F. À cette variante près, l'*Athous, Batopediou 57* contient à deux endroits différents des transpositions, qui ne se trouvent pas dans les autres manuscrits. Il s'agit de : ἀρετὴν κατώρθωσεν (ρ΄, 6) et διήνυσεν ἐκπρεπῶς (ρ΄, 7).

Il n'est pas facile d'établir le manuscrit source de cet emprunt. La seule leçon de l'*Athous, Batopediou 57* que nous pouvons retrouver dans un témoin de la tradition directe est ἀπεκατέστησεν. Cette leçon se trouve également en F, mais n'est pas si probante qu'elle nous permettrait de nous prononcer avec certitude sur la relation entre F et le florilège.

Pour ce qui est du florilège antiakindyniste, il est très probable que Marc Kyrtos a utilisé le *Mosquensis, Bibliotheca Synodalis 439 (Vladimir 425) (s.* XIV), dont nous savons qu'il se trouvait dans sa possession (cf. *supra*). En effet, le mansuscrit de Moscou a également omis τὸ δὲ ἄπειρον (γ΄, 3). Signalons toutefois que cette même omission peut être retrouvée dans tous les autres témoins, sauf dans F. En outre, le *Mosquensis* ne peut pas expliquer toutes les (petites) divergences entre le texte du florilège et notre texte de base, mais il semble raisonnable de les imputer à la libérte créative de l'auteur. En tout cas, il faut être prudent et comparer d'autres extraits du florilège avec le manuscrit de Moscou avant qu'on puisse se prononcer sur le relation entre les deux.

274* INTRODUCTION

Pour la chaîne sur l'*Epître aux Hébreux* (désormais Cat.[Hebr.]), le caténiste a utilisé plusieurs passages des *Capita gnostica*. La plupart des variantes contenues dans Cat.[Hebr.] correspondent avec notre manuscrit F. La table ci-dessous en donne un aperçu non-exhaustif :

| νϛ′, 3 Ὁ τοίνυν πράξεως F Cat.[Hebr.]] *om. Ba C Mq V* |
| ξζ′, 7 ἀρετὰς ἢ γνώσεις, ἐν F Cat.[Hebr.]] *om. Ba C Mq V* |
| ξζ′, 20 καὶ τῆς γαστριμαργίας καὶ τῆς κενοδοξίας F Cat.[Hebr.]] *om. Ba C Mq V* |

Tableau 9

Il s'agit surtout de leçons qui font défaut dans les autres manuscrits. Cat.[Hebr.] contient également des omissions qui ne sont pas présentes dans les autres manuscrits, en voici quelques exemples :

| νθ′, 4 ἐστὶ *Ba C F Mq V*] *om. Cat.[Hebr.]* |
| νθ′, 10 προδήλως ἐστὶ *Ba C F Mq V*] *om. Cat.[Hebr.]* |
| ξζ′, 1/2 ἀπὸ προσώπου Μαδιὰμ τὰς *Ba C F Mq V*] *om. Cat.[Hebr.]* |
| ξζ′, 22/23 καὶ διέφθειραν τὰ ἐκφόρια τῆς γῆς *Ba C F Mq V*] *om. Cat.[Hebr.]* |

Tableau 10

Ces omissions peuvent toutefois être imputées à un choix délibéré du caténiste. Ces constatations nous mènent à la conclusion que Cat.[Hebr.] est d'une manière ou d'une autre liée à la branche de F.

3. Ratio edendi

1. *La reconstruction du texte*

Nous ne disposons que d'un nombre très limité de manuscrits contenant les *Capita gnostica*. De surcroît, seulement deux des cinq témoins de la tradition directe ont transmis la collection entière ([110]). Comme nous avons un *stemma codicum* bipartite, il n'a pas été possible de privilégier la leçon donnée par l'accord de deux (ou plus de) branches contre la troisième. La *recensio codicum* a

---

(110) Voir *supra*.

INTRODUCTION 275*

toutefois démontré que F – le manuscrit le plus ancien, mais malheureusement incomplet – nous présente la version la plus fidèle du texte (voir *supra*). Nous avons donc privilégié les leçons de F à celles des autres témoins, sauf dans les cas où il était sûr que le scribe de F avait commis une erreur, comme par exemple à cause d'un saut du même au même (p. ex. l'omission de ὧν δέ ἡ σχέσις ἀχώριστος par F dans β΄, 3).

F ne contient toutefois pas les chapitres ι΄ à ιζ΄, donc pour ces chapitres-là nous avons dû faire confiance aux quatre autres témoins. Dans la plupart des cas, quand il y avait des leçons divergentes, il ne faisait aucun doute laquelle était fautive. Dans les autres cas, nous avons préféré la leçon qui avait le plus de sens dans ce contexte spécifique ([111]) (p. ex. ις΄, 9 γνώμην Ba Mq] γνῶσιν C V).

À quelques endroits, nous l'avons jugé nécessaire de nous écarter des leçons des manuscrits. Ainsi, dans le chapitre ι΄ (ι΄, 8), nous avons écrit μετόχων ('participants') au lieu de μετοχῶν ('participations'), la leçon que l'on trouve dans les manuscrits. Nous avons suivi les éditions de Migne ([112]) et de De Vocht ([113]), parce il nous semble que la signification 'participants' soit plus logique dans ce contexte. Nous avons fait la même chose pour ce qui est de la leçon ἀνθρώπων (ιδ΄, 9). La leçon des manuscrits (ἄνθρωπον) semble être moins bonne que celle préférée par Migne ([114]) et de Vocht ([115]). Dans le chapitre μ΄, nous avons dû corriger la forme διατειχίζουσαν (μ΄, 6) en διατειχίζουσα parce que l'accusatif n'avait pas de sens dans ce contexte. Une conjecture nous paraissait également nécessaire dans le chapitre Ϟγ΄ (Ϟγ΄, 2) où tous les manuscrits ont μέν, ce qu'Epifanovič a corrigé en μετ᾽, d'après nous à juste titre. Sans cette préposition, il serait très difficile d'expliquer le génitif (très long) qui suit. De plus, l'auteur des *Capita gnostica* a recours, à maintes reprises, à la formule μετά + génitif pour exprimer un complément circonstanciel de moyen et de manière (p. ex. νη΄, 11 μετὰ γνώσεως; οα΄, 9 μετὰ τῆς ἐμπαθοῦς ἐπιθυμίας; πζ΄, 5 μετὰ τῶν παθῶν).

---

(111) Ces quatre témoins se trouvent aussi dans une partie du stemma de nature bipartite, donc nous ne pouvons pas privilégier la leçon de deux branches contre celle d'une autre.

(112) *PG* 90, 1181 A14.

(113) De Vocht, *Kritische editie*, p. [598], l. 67.

(114) *PG* 90, 1184 B10.

(115) De Vocht, *Kritische editie*, p. [603], l. 111.

2. *La présentation du texte*

Comme il est d'usage dans le *Corpus Christianorum Series Graeca*, les citations bibliques ont été écrites en caractères italiques, le texte de base en caractères gras et d'autres citations en caractères réguliers.

Tous les manuscrits ont transmis les *Capita gnostica* comme une collection numérotée de chapitres. Nous avons donc repris cette répartition en chapitres, ainsi que la numérotation des κεφάλαια ([116]).

3. *La ponctuation, l'accentuation et l'orthographe*

Pour ce qui est de la ponctuation, de l'accentuation et de l'orthographe, nous avons tenu compte de l'usage du manuscrit le plus ancien, datant des 10ᵉ-11ᵉ siècles.

Ainsi, nous avons suivi autant que possible la ponctuation de F. Pour les chapitres qu'il a omis, nous avons repris la ponctuation proposée par les autres témoins. Signalons toutefois que nous avons adapté certains signes de ponctuation : ainsi un point en haut a souvent été changé en un point et des virgules parfois en parenthèses, pour indiquer que la phrase en question n'est qu'une remarque indirecte. En outre, nous n'avons pas repris toutes les virgules insérées par les copistes, parce qu'elles risquent de déconcerter le lecteur moderne.

L'accentuation des manuscrits diffère peu de l'usage moderne. Nous avons donc gardé leur accentuation, sauf pour ce qui est de l'accent devant les signes de ponctuation. Là, nous avons préféré l'emploi d'un *accutus* à celui d'un *gravis* parce que le scribe de F n'a pas été conséquent dans son accentuation. Bien que Noret ([117]) ait signalé que les manuscrits byzantins présentent souvent une accentuation des enclitiques différente, il ne semble pas exister un système général appliqué par tous nos manuscrits. Pour cela, nous avons opté de reprendre l'accentuation du témoin le plus ancien, F ([118]). Ainsi, le lecteur trouvera : ὅ τι ἔστι au lieu de ὅ τί ἐστι (α', 2) ;

---

(116) Pour les numérotations déviantes, voir *supra*.

(117) Cf. Noret, *Quand rendrons-nous* ; Id., *Notes de ponctuation* ; Id., *L'accentuation*.

(118) Pour ce qui est des chapitres omis, les autres manuscrits s'accordent sur l'accentuation. Nous avons donc suivi leur accentuation.

ὡς φασίν au lieu de ὥς φασιν (ιη', 2); φοίνικες εἰσὶν au lieu de φοίνικές εἰσιν (μγ', 1); ποῦ au lieu de που (νγ', 2); Γεδεὼν ἐστιν au lieu de Γεδεών ἐστιν (νθ', 1); ἄμπελος ἐστιν au lieu de ἄμπελός ἐστιν (οα', 3); Δὰν ἐστιν au lieu de Δάν ἐστιν (οδ', 3); εἶναι φασί au lieu de εἶναί φασι (ος', 19; Ϛε', 1); διάβολον φησὶν au lieu de διάβολόν φησιν (πδ', 2); ἔμφυτος ἐστὶ au lieu de ἔμφυτός ἐστι (πς', 8/9); θεωρούμενος ἔστιν au lieu de θεωρούμενός ἐστιν (Ϛ', 1); πρακτικῆς φημὶ au lieu de πρακτικῆς φημι (Ϛ', 5); γυναῖκες εἰσὶ au lieu de γυναῖκές εἰσι (Ϛ', 23); γὰρ φησίν au lieu de γάρ φησιν (Ϛα', 4); δήποτε φησὶν au lieu de δήποτέ φησιν (Ϛβ', 1).

Pour ce qui est de l'orthographe, nous avons toujours noté un *iota subscriptum* dans les désinences quand l'usage conventionnel en exige un (p. ex. au datif singulier) [119]. En ce qui concerne le phénomène de crase, nous avons respecté l'usage du manuscrit le plus ancien qui comporte dans la plupart des cas la *coronis*, sauf dans les formes comme κατὰ ταυτόν (ια', 7; Ϛγ', 6) et κακείνων (Ϛβ', 6). Nous avons également suivi l'usage de F pour la négation οὐχ, qui semble être considérée par les manuscrits byzantins comme la forme élidée de οὐχί [120]. Par contre, à cause du manque de systématisation de la part du scribe de F, la division des mots et l'emploi du ν éphelcystique et du ς euphonique sont conformes à l'usage classique. Nous écrivons donc διὰ τοῦτο au lieu de διατοῦτο, δηλονότι au lieu de δῆλόν ὅτι, οὐκοῦν au lieu de οὐκ οὖν, τουτέστι au lieu de τοῦτεστι, ἐπειδάν au lieu de ἐπειδ'ἄν, καθοτιοῦν au lieu de καθ'ότι οὖν, τοιγαροῦν au lieu de τοι γὰρ οὖν, etc.

4. *Apparatus*

Notre édition contient quatre apparats.

a. *Apparatus fontium et locorum parallellorum*

L'*apparatus fontium et locorum parallellorum* contient les sources (bibliques, patristiques, etc.) citées par l'auteur ou auxquelles a été fait allusion. Les passages des Pères de l'Église ont été cités d'après

---

(119) Cf. Van Deun, *Opuscula*, p. CLXX; Janssens, *Amb. Thom.*, p. CXXXIX; Boudignon, *Myst.*, p. CLXXX.

(120) Voir e.a. Hostens, *Dissertatio*, p. LIV; Van Deun, *Opuscula*, p. CLXIX; Janssens, *Amb. Thom.*, p. CXLI; Boudignon, *Myst.*, p. CLXXXII.

278* INTRODUCTION

les meilleures éditions récentes (s'il y en a), dont le lecteur trouvera les références complètes dans l'*index fontium*. Le même apparat mentionne également les passages parallèles dans d'autres œuvres de Maxime le Confesseur.

b. Apparatus siglorum

L'apparat des sigles énumère pour chaque chapitre tous les manuscrits qui ont été utilisés pour établir le texte de base.

c. Apparatus criticus

L'apparat critique est négatif et contient les fautes et variantes que nous avons observées dans les témoins de la tradition directe, sauf pour ce qui est des copies. Ainsi, les leçons de Mq n'ont pas été reprises dans l'apparat critique. Signalons toutefois que nous avons décidé de mentionner les *variae lectiones* de V, bien que nous disposions encore de son modèle C. Nous avons opté pour cette démarche parce que le scribe de V a copié C avant que ce dernier ait été mutilé. V contient donc quelques chapitres qui ne sont désormais plus présents dans C.

Nous ne faisons pas mention de graphies fautives dues à par exemple des itacismes ou des redoublements de consonnes. Cependant, dès le moment qu'une graphie différente provoque une différence de signification, nous avons retenu la leçon en question dans l'*apparatus criticus* (p. ex. ἀποβάληται versus ἀποβάλληται dans ιη′, 4 ; ἀρνεῖται versus ἀρνῆται dans κγ′, 7).

Contrairement à l'apparat critique du *De duabus Christi naturis*, l'apparat critique des *Capita gnostica* mentionne également les leçons des éditions d'Epifanovič, de De Vocht et de Migne. Nous avons décidé d'incorporer ces éditions-là, parce que les éditions d'Epifanovič et de De Vocht sont peu accessibles. Par conséquent, nous avons ajouté également les leçons de Migne, par souci de complétude.

d. Apparatus marginalium

Cet apparat contient toutes les notes en marges et toutes les scholies présentes dans les manuscrits. Nous les avons transcrites en tant que telles, sans changer leur ponctuation. Si nous pensons qu'une note marginale s'applique à un chapitre dans son entièreté,

INTRODUCTION 279*

nous avons simplement indiqué le numéro du chapitre. Signalons encore que nous n'avons pas identifié les sources qui ont été citées dans l'apparat des notes marginales, ni les œuvres auxquelles la scholie fait allusion (^{121}).

---

(121) Quand une note reprend φίλος πιστός, nous n'avons donc pas inclus la référence au *Siracide*.

MAXIMI CONFESSORIS

CAPITA DE DVABVS CHRISTI NATVRIS
(*CPG* 7697. 13)

CONSPECTVS SIGLORVM

A	*Atheniensis, Ethnikè Bibliothèkè, olim Constantinopolitanus, Metochion tou Panagiou Taphou 145 (s. XVI)*
C	*Atheniensis, Ethnikè Bibliothèkè, olim Constantinopolitanus, Metochion tou Panagiou Taphou 303 (s. XVI)*
D	*Athous, Batopediou 57 (s. XIII-XIV)*
E	*Athous, Batopediou 120 (s. XIV)*
G	*Athous, Batopediou 286 (s. XIII)*
H	*Athous, Batopediou 471 (s. XII)*
J	*Athous, Dochiariou 115 (Lambros 2789) (s. XIV-XV)*
L	*Athous, Grègoriou 80 (Lambros 627) (a. 1675)*
M	*Athous, Iviron 190 (Lambros 4310) (a. 1297-1298)*
N	*Athous, Iviron 388 (Lambros 4508) (s. XVI)*
O	*Athous, Koutloumousiou 178 (Lambros 3251) (s. XIII)*
P	*Athous, Lavras E 169 (Eustratiadès 631) (s. XIII)*
R	*Athous, Lavras I 99 (Eustratiadès 1183) (s. XVIII)*
S	*Athous, Lavras K 114 (Eustratiadès 1401) (s. XV)*
V	*Ferrarensis, Biblioteca Comunale Ariostea 144 (s. XIV)*
W	*Florentinus, Mediceus-Laurentianus plut. IX, 8 (s. XI)*
Y	*Hierosolymitanus, Sabaïticus 366 (s. XIII)*
Z	*Hierosolymitanus, Sancti Sepulchri 19 (s. XIII)*
Ab	*Matritensis, Biblioteca Nationalis 4636 (olim N-115) (s. XV)*
Ae	*Mediolanensis, Ambrosianus Q 74 sup. (gr. 681) (s. X)*
Af	*Mediolanensis, Ambrosianus H 257 inf. (gr. 1041) (s. XIII)*
Ag	*Messanensis, Biblioteca Regionale Universitaria, S. Salv. 148 (s. XII)*
Aj	*Monacensis gr. 225 (s. XIII-XIV)*
Am	*Mosquensis, Bibliotheca Synodalis 363 (Vladimir 418) (s. XIII-XIV)*
An	*Mosquensis, Bibliotheca Synodalis 439 (Vladimir 425) (s. XIV)*
Ao	*Oxoniensis, Bodleianus, Baroccianus gr. 27 (s. XIV)*

4 DE DVABVS CHRISTI NATVRIS

Ap	*Oxoniensis, Bodleianus, Laudianus gr. 92b (332)* (s. X)
Aq	*Oxoniensis, Christ Church gr. 47* (s. XIV-XVI)
Ar	*Parisinus gr. 11* (s. XIII)
As	*Parisinus gr. 491* (s. XIII-XIV)
Au	*Parisinus gr. 900* (s. XV)
Av	*Parisinus gr. 1119* (s. XIV)
Ay	*Parisinus gr. 1782* (s. XIV)
Az	*Parisinus, Supplementum gr. 8* (s. XII)
Bb	*Parisinus, Supplementum gr. 228* (s. XVI)
Bc	*Parisinus, Coislinianus 90* (s. XII)
Bd	*Romanus, Angelicus gr. 43 (B 3.8)* (s. XIII-XIV)
Be	*Romanus, Angelicus gr. 120 (T 1.8)* (s. XI)
Bg	*Scorialensis, Real Biblioteca, Y.II.7 (de Andrés 262)* (s. XIII)
Bh	*Scorialensis, Real Biblioteca, Ψ.III.7 (de Andrés 462)* (s. XI)
Bi	*Sinaiticus gr. 385* (s. XIII)
Ci	*Taurinensis gr. B.IV.22 (Pas. CC.b.III.11)* (s. XIII)
Bl	*Vaticanus gr. 504* (a. 1105)
Bo	*Vaticanus gr. 740* (s. XIV)
Bq	*Vaticanus gr. 1142* (s. XII-XIII)
Bs	*Vaticanus gr. 1502* (s. XII)
Bt	*Vaticanus gr. 1700* (ca. a. 1332-1333)
Bw	*Vaticanus gr. 2248* (s. XVI)
Bx	*Vaticanus gr. 2645* (s. XIV)
By	*Vaticanus, Ottobonianus gr. 33* (s. XVII)
Cj	*Vaticanus, Ottobonianus gr. 43* (s. XI-XII)
Bz	*Vaticanus, Reginensis gr. 37* (s. XV)
Cb	*Venetus, Marcianus gr. 139* (s. XI-XII)
Ce	*Vindobonensis, historicus gr. 7* (ca. 1200)
Cf	*Vindobonensis, theologicus gr. 40* (s. XIII)
Ch	*Vindobonensis, theologicus gr. 307* (s. XIII)

Περὶ τῶν δύο φύσεων τοῦ Κυρίου καὶ Θεοῦ καὶ Σωτῆρος ἡμῶν Ἰησοῦ Χριστοῦ, καὶ ὅτι Ἄρειος μὲν καὶ Νεστόριος τόν τε τῆς θεολογίας καὶ τῆς οἰκονομίας λόγον διαιροῦσι, Σαβέλλιος δὲ καὶ Εὐτυχὴς ἀπεναντίας τούτων συγχέουσιν

α' Ὁ Ἄρειος τὰς τρεῖς ὑποστάσεις ὁμολογεῖ, ἀλλὰ τὴν Μονάδα ἀρνεῖται, καὶ οὐ λέγει ὁμοούσιον τὴν ἁγίαν Τριάδα. Ὁ δὲ Σαβέλλιος τὴν Μονάδα ὁμολογεῖ, ἀλλὰ τὴν Τριάδα ἀρνεῖται· τὸν γὰρ αὐτὸν λέγει Πατέρα καὶ Υἱὸν

Tit. *ApBh AePChCiCe AzCb AnVMBo CYAoLH ArWCjBq AfBg DR Bs Be Aj Ad BbBz Λ E G J O S Ag Am Aq As Au Av Ay Bc Bd Bl Bn Bt Bw Bx By Cf*
    α' *ApBh AePChCiCe AzCb AnVMBo CYAoLH ArWCjBq AfBg DR Bs Be Aj Ad BbBz Λ E G J N O S Ab Ag*^{Ad ὁμολογεῖ (α', l. 8)} *Am Aq As Au Av Ay Bc Bd Bl Bn Bt Bw Bx By Cf*

Attrib. Λεοντίου Μοναχοῦ *Bh*, τοῦ αὐτοῦ (*scil.* Leontii) *Ap*, κεφάλαια ι' τοῦ μακαρίου Μαξίμου *Az*, τοῦ μακαρίου Μαξίμου *Ce Cb YH ArWCjBq*, τοῦ αὐτοῦ (*scil.* Maximi) *AnVM Af As*, Μαξίμου ὁμολογητοῦ *Bg*, τοῦ ἁγίου Μαξίμου *R BbBz G J S Ab Ag Aq Bt By Cf*, τοῦ αὐτοῦ ἁγίου Μαξίμου *Bs Be Aj Bc Bl*, τοῦ αὐτοῦ Μαξίμου *Ao D Ad*, τοῦ ἁγίου πατρὸς ἡμῶν Μαξίμου τοῦ ὁμολογητοῦ *ChCi*, τοῦ ἐν ἁγίοις πατρὸς ἡμῶν Μαξίμου τοῦ ὁμολογητοῦ *AeP Bo C*, τοῦ ἐν ἁγίοις πατρὸς ἡμῶν καὶ ὁμολογητοῦ Μαξίμου *Am*, τοῦ ἁγίου Μαξίμου τοῦ ὁμολογητοῦ *L Ay Bd Bw*, Μαξίμου *N Au*, τοῦ ὁσίου πατρὸς ἡμῶν Μαξίμου *A*, *om. O Bx*   **Tit., 1/5** Περὶ – συγχέουσιν] κεφάλαια κατὰ διαφόρων αἱρετικῶν *Ap*, κατὰ διαφόρων αἱρετικῶν *Bh*, κεφάλαια δέκα κατὰ Ἀρείου, Σαβελλίου, Νεστορίου καὶ Εὐτυχοῦς *AePChCi, illeg. E*   **1** Περὶ] κεφάλαια δέκα *praem. L*, ἐκ τῶν κεφαλαίων *praem. Bt*   **1/2** καὶ¹ – Σωτῆρος] *om. Ce AnV YAoLH Bq AfBg R A Aq Bt Bw*   **1** καὶ Θεοῦ] *om. Aj Au*   καὶ¹] *om. W*   **2/5** καὶ – συγχέουσιν] κεφάλαια δέκα *Cb AnVBo CYAoH ArWCj D*, κεφάλαια θ' *M*^{ut vid.}, *om. Ce Az L Bq AfBg R Bt*   **3** μὲν] *om. A*   τε] *om. A Bx*   **3/4** θεολογίας – λόγον] οἰκονομίας λόγον καὶ τῆς θεολογίας *Aj*, θεολογίας λόγον καὶ τῆς οἰκονομίας *A*   **4** διαιροῦσι] διαιροῦν *Aq*, οὐ καλῶς *praem. Am, om. Bs Ad G O Ag As Au Ay Bd Bw Bx Cf*   **5** τούτων] τοῦτον *Aj Ay Bd Bw Bx*   συγχέουσιν] κεφάλαια ι *add. A G*
   α', 1 Ὁ] ὅτι *praem. D, om. E J N Ag Aq*   τὰς] *om. ApBh*   **2** Μονάδα] τριάδα *Bq*   ἀρνεῖται] ἀρνῆται *Bh Ce, bis scr. Bq*   **3** τὴν¹] μὲν *add. ApBh, om. Bg* ἀλλὰ] *om. Bq*   τὴν² δὲ *add. Bq*   **4** ἀρνεῖται] ἀρνῆται *Bh Ce Bx*   γὰρ αὐτὸν] *inv. ord. ApBh Au*   γὰρ] *om. C*   λέγει] καὶ *add. Ap Ci Ab Ag*, λόγον *Cb*   Πατέρα] *bis scr. Ae*   καὶ] *om. Bq A*

6   DE DVABVS CHRISTI NATVRIS

5 καὶ ἅγιον Πνεῦμα. Ἡ δὲ Ἐκκλησία καὶ Μονάδα ὁμολογεῖ καὶ Τριάδα κηρύττει. Ὁμοίως καὶ ἐπὶ τοῦ ἑνὸς τῆς
ἁγίας Τριάδος Νεστόριος τὴν φυσικὴν διαφορὰν λέγει,
ἀλλὰ τὴν ἕνωσιν οὐχ᾽ὁμολογεῖ· οὐ γὰρ λέγει ταύτην
καθ᾽ὑπόστασιν γεγονέναι. Ὁ δὲ Εὐτυχὴς τὴν μὲν ἕνω-
10 σιν ὁμολογεῖ, τὴν δὲ κατ᾽οὐσίαν διαφορὰν ἀρνεῖται καὶ
σύγχυσιν τῶν φύσεων εἰσάγει. Ἡ δὲ Ἐκκλησία καὶ τὴν
καθ᾽ὑπόστασιν ἕνωσιν διὰ τὸ ἀδιαίρετον καὶ τὴν κατ᾽οὐ-
σίαν διαφορὰν διὰ τὸ ἀσύγχυτον πρεσβεύει.

α′, 11/13 Ἡ – πρεσβεύει] cf. Conc. Chalc. (p. 129, l. 31)

ApBh AePChCiCe AzCb AnVMBo CYAoLH ArWCjBq AfBg DR Bs Be Aj Ad BbBz
A E G J N O S Ab Ag^{ad ὁμολογεῖ (α′, l. 8)} Am Aq As Au Av Ay Bc Bd Bl Bn Bt Bw Bx By
Cf

α′, 5 ἅγιον Πνεῦμα] inv. ord. Ce AnV CYAoLH Bq   Ἐκκλησία] καθολικὴ
praem. ApBh, ἁγία praem. Bz   καὶ²] om. ApBh   Μονάδα] τὴν praem. ApBh Au
ὁμολογεῖ] ὁμολογοῦσα ApBh   6 Τριάδα] τὴν praem. ApBh Au   κηρύττει] Ὁ
Μακεδόνιος ὅμοια τῷ Ἀρείῳ πρεσβεύει, τὸ γὰρ ἅγιον Πνεῦμα, κτίσμα κτίσματος
ὑποτίθεται. Ἡ δὲ Ἐκκλησία, ὁμοούσιον τῷ Πατρὶ καὶ τῷ Υἱῷ τὸ Πνεῦμα τὸ ἅγιον ἀνακηρύττει, καὶ Θεὸν αὐτῷ (αὐτῷ) πῶς Az) διαβεβαιοῖ add. AzCb   Ὁμοί-
ως] δὲ add. DR   καὶ²] om. Ae   ἐπὶ] περὶ AnV CYAoLH   ἑνὸς] υἱὸς E
7 ἁγίας] om. Af   Νεστόριος] μὲν add. Av   8/9 οὐ – γεγονέναι] om. Y^{il. corr.}
9/12 γεγονέναι – ὑπόστασιν] om. Ch   9 μὲν] om. J   10 ὁμολογεῖ] bis scr. Ci
διαφοράν] ἀναφορὰν Aq   ἀρνεῖται] ἀρνῆται Bh Bx, ἀναρνεῖται (sic) Bw, om. AzCb
11 φύσεων] δύο praem. E J Am^{il. corr.}   εἰσάγει] ἐπάγει Ay^{corr.}, ἐπισάγει Bw   Ἐκ-
κλησία] ὁμολογεῖ add. M   11/12 καὶ – ἀδιαίρετον] om. Az   11 καὶ] om. Bd
12 διὰ] καὶ YAoLH   13 διαφοράν] ἀρνεῖται καὶ σύγχυσιν τῶν φύσεων εἰσάγει.
Ἡ δὲ Ἐκκλησία καὶ τὴν καθ᾽ὑπόστασιν ἕνωσιν add. By^{il. corr.}   πρεσβεύει] ὁμολογεῖ
ApBh, post ἀδιαίρετον trsp. AeCh, πρεσβεύει γρ (sic) σέβει et post ἀδιαίρετον trsp. PCi,
καὶ τιμᾷ add. Aq

α′, 7 λέγει] περὶ αἱρετικῶν τοῦ ὁσίου Μαξίμου Cc^{in marg.}

I, 5 – II, 11   7

β′ Πῶς ἡ ἄκρα ἕνωσις καὶ ταυτότητα ἔχει καὶ ἑτερότητα; [Ἡ ταυτότης οὐσιῶν.] Οἷον, ἐπὶ τῆς ἁγίας Τριάδος
ταυτότης μέν ἐστιν οὐσίας, ἑτερότης δὲ προσώπων·
μίαν γὰρ οὐσίαν ὁμολογοῦμεν, τρεῖς δὲ ὑποστάσεις. Ἐπὶ
5 δὲ τοῦ ἀνθρώπου ταυτότης μέν ἐστι προσώπου, ἑτερότης δὲ οὐσιῶν· ἑνὸς γὰρ ὄντος ἀνθρώπου, ἄλλης ἐστὶν
οὐσίας ἡ ψυχή, καὶ ἄλλης τὸ σῶμα. Ὁμοίως δὲ καὶ ἐπὶ
τοῦ Δεσπότου Χριστοῦ, ταυτότης μέν ἐστι προσώπου,
ἑτερότης δὲ οὐσιῶν· ἑνὸς γὰρ ὄντος προσώπου, ἤτοι
10 ὑποστάσεως, ἑτέρας οὐσίας ἐστὶν ἡ θεότης, καὶ ἑτέρας
ἡ ἀνθρωπότης. Ὥσπερ γὰρ ἀδύνατον ἐπὶ τῆς ἁγίας Τρι-

β′ ApBh AePChCiCe AzCb AnVMBo CYAoLH ArWCjBq DR Bs Be Aj Ad BbBz
A E G N O S Am Aq As Au Av Ay Bc Bd Bl Bn Bw Bx By Cf

β′, 1 Πῶς] πᾶσα ApBh, om. AnVMBo   ἡ] om. ApBh   ταυτότητα] ταυτότης A   2 Ἡ – Οἷον] om. Aj   Ἡ – οὐσιῶν] Ἡ ταυτότης οὐσίας καὶ ἑτερότητα προσώπων, ἢ προσώπων ταυτότητα καὶ ἑτερότητα οὐσιῶν ApBh, om. Bz
Ἡ ταυτότης] om. Y   Ἡ] εἰ Ad E S Aq Bc Bl, om. AnVMBo   ταυτότης] ταυτότητα AePChCiCe AzCb AoLH ArWCjBq DR N O Au, ταυτότητα ἢ praem. A, ταυτότητα εἰ praem. G As, ταυτότα (sic) Au   ἐπὶ] μὲν add. Av   3 ταυτότης – προ-
σώπων] om. AzCb AnVMBo YAoLH ArWCjBq DR N O Au   ἐστιν οὐσίας] inv.
ord. ApBh   ἐστιν] om. E   οὐσίας] οὐσία Aq   4 γὰρ] om. AzCb YAoLH Bq
4/5 ὑποστάσεις – ἀνθρώπου] om. Lᵃ· ᶜᵒʳʳ·   4 ὑποστάσεις] Ἐπὶ δὲ τοῦ ἀνθρώπου
ταυτότης μὲν ἐστίν (sic) οὐσίας, ἑτερότης δὲ προσώπων. Μίαν γὰρ οὐσίαν ὁμολογοῦμεν, τρεῖς δὲ ὑποστάσεις add. Bw, ὑπόστασις Bx   5 τοῦ] bis scr. Aq, om. Cj
ταυτότης] ταυτότητα ApBh   ἐστι] om. ApBh   προσώπου] προσώπων D Aj
Bz, οὐσίας Bw   5/8 ἑτερότης – προσώπου] om. Bd Cf   5 ἑτερότης] ἑτερότητα ApBh, ἑτερώτητος (sic) Ar   6/9 ἑνὸς – οὐσιῶν] om. Ay Bw   6 ἀνθρώπου]
τοῦ praem. PChCi, ὁ ἄνθρωπος Azᵃ· ᶜᵒʳʳ·   6/7 ἄλλης – ἐπὶ] om. Ap   6 ἄλλης] μὲν
add. AePChCiCe, ἄλλη D   6/7 ἐστὶν οὐσίας] inv. ord. YAoLH ArCjBq R Bz E Au
6 ἐστὶν] om. Bh Aj   7 οὐσίας] οὐσία D   ἄλλης] δὲ add. AePChCiCe, ἄλλη
D   τὸ σῶμα] ἡ σάρξ Bh AePChCiCe AzCb AnVMBo YAoLH ArWCjBq DR O
Au   καὶ²] om. AzCb MBo YAoLH ArWCjBq DR N   8 Δεσπότου] om. YAoLH
Bq   προσώπου] προσώπων Bh D, ἤτοι ὑποστάσεως add. Aj   9/10 ἑτερότης
– ὑποστάσεως] om. Az   9 ἑτερότης – προσώπου] om. A E   ὄντος] ὄντως
Ay Bw Bx   προσώπου] ἀνθρώπου Au   10 ἑτέρας¹] δὲ add. A E Au   οὐσίας ἐστὶν] inv. ord. ApBh AePChCiCe AnVMBo YAoLH ArWCjBq E N   ἐστὶν]
om. AzCb Au   θεότης] θεότητα Bw   11 γὰρ] δὲ AePChCi, οὖν AnVMBo
ἀδύνατον] om. A   ἐπὶ] om. Au   ἁγίας] om. AzCb

β′, 1 Πῶς – ἑτερότητα] ταυτότητα καὶ ἑτερότητα Apⁱⁿ ᵐᵃʳᵍ·   7 Ὁμοίως]
ὥσπερ ἐξ illeg. Avⁱⁿ ᵐᵃʳᵍ·

DE DVABVS CHRISTI NATVRIS

άδος ὁμολογεῖν μὲν τὴν ἕνωσιν, μὴ ἐκφωνεῖν δὲ τὴν διαφοράν, οὕτως ἀνάγκη πᾶσα ἐπὶ τοῦ Χριστοῦ καὶ τὴν
ἕνωσιν καὶ τὴν διαφορὰν κηρύττειν.

γ′ Ὥσπερ γὰρ οὐ διὰ τῶν αὐτῶν σημαίνεται λέξεων ἥ
τε διαφορὰ καὶ ἡ ἕνωσις ἐπὶ τῆς ἁγίας Τριάδος, ἀλλὰ
διὰ τοῦ μὲν λέγειν τρεῖς ὑποστάσεις ἡ διαφορά, διὰ τοῦ
ὁμολογεῖν δὲ μίαν οὐσίαν ἡ ἕνωσις ὁμολογεῖται, οὕτω
5 καὶ ἐπὶ τοῦ ἑνὸς τῆς ἁγίας Τριάδος διὰ μὲν τοῦ γνωρί-

γ′, 5 τοῦ¹ – Τριάδος] cf. DH 424

ApBh AePChCiCe AzCb AnVMBo CYAoLH ArWCjBq DR Bs Be Aj Ad BbBz A E
G N O S Am Aq As Au Av Ay Bc Bd Bl Bn Bw Bx By Cf
  γ′ ApBh AePChCiCe AzCb AnVMBo CYAoLH ArWCjBq AfBg DR Bs Be Aj Ad
BbBz A E G N O S Am Aq As Au Av Ay Bc Bd Bl Bn Bt Bw Bx By Cf

---

β′, 12 ὁμολογεῖν] ὁμολογεῖ By   12/14 ἐκφωνεῖν – ἕνωσιν] om. Ar^{a. corr.}
12 ἐκφωνεῖν] ἐκφωνεῖ Ae L   13/14 οὕτως – διαφοράν] om. Bo   13 οὕτως]
ἀλλὰ ApBh, ἐπὶ τῆς οἰκονομίας add. Aj   ἐπὶ – Χριστοῦ] ἐπὶ τοῦ δεσπότου
Χριστοῦ G, καὶ ἐπὶ τοῦ δεσπότου Χριστοῦ Bx, om. ApBh AzCb AnVM CYAoLH
ArWCjBq DR Bs Aj Ad BbBz A N O S Am Aq As Au Av Ay Bc Bd Bl Bn Bw By Cf
14 κηρύττειν] οὕτως ἀμήχανον ἐπὶ τοῦ ἑνὸς τῆς ἁγίας Τριάδος ὁμολογεῖν μὲν τὴν
ἕνωσιν, μὴ ἐκφωνεῖν δὲ τὴν διαφοράν, ἀλλὰ ἀνάγκη πᾶσα καὶ τὴν ἕνωσιν καὶ τὴν
διαφορὰν κηρύττειν add. ApBh, post ἕνωσιν trsp. AePChCi, ὁμολογεῖν Ce, ἐπὶ τοῦ ἑνὸς
τῆς ἁγίας Τριάδος Χριστοῦ τοῦ Θεοῦ ἡμῶν add. AnVMBo, κηρύττει Ao, ἐπὶ τοῦ Χριστοῦ add. Am
  γ′, 1 γὰρ] om. ApBh Bq Aj E O Au Av   οὐ] om. Bh AzCb MBo YAoLH
ArWCjBq AfBg DR Be Ad BbBz G N O S Aq As Bc Bn   αὐτῶν] om. M   λέ-
ξεων] om. C   1/2 ἥ τε] ἡ DR, ὅτε Au   2/3 καὶ – διαφορά] om. Aq
2 ἥ] om. ApBh   ἐπὶ] om. O   ἀλλὰ] καὶ AfBg, γὰρ add. By, μὲν add. Cf, om.
Bt   3 διὰ¹] om. AzCb MBo CYAoLH ArWCjBq Be Ad BbBz A E G S As Au Bc
Bl   τοῦ μὲν] inv. ord. AePChCiCe AnV AfBg D Bs Aj Am Av Ay Bd Bn Bt Bw
Bx By   τοῦ¹] τὸ A, τῷ E   μὲν] μὴ R, om. Bh Cf   λέγειν] λέγει L^{ut vid.}
3/6 διὰ² – διαφορά] om. A   4 ὁμολογεῖν] ὁμολογεῖ By   δὲ] post διὰ trsp.
ApBh AePChCiCe AzCb AnVMBo YAoLH ArCjBq AfBg DR Aj N O Am Au Av Bt, om.
W   ὁμολογεῖται] ὁμολογῆται N, om. MBo   4/5 οὕτω καὶ] καὶ οὕτως Ci
5 καὶ] om. Bh R

γ′, 1/7 Ὥσπερ – ὁμολογεῖται] Πνεῦμα δὲ ὅταν εἴπω λέγω Πατρὸς Υἱοῦ καὶ
ἁγίου Πνεύματος Ci^{in marg.}, τρεῖς ὑποστάσεις Ao^{in marg.}

II, 12 – IV, 6   9

ζειν τὰς δύο φύσεις ἡ διαφορά, διὰ δὲ τοῦ κηρύττειν μίαν ὑπόστασιν σύνθετον ἡ ἔνωσις ὁμολογεῖται.

δ′ Ὥσπερ Ἄρειον ἀναθεματίζομεν οὐ κηρύττοντα ἐπὶ τῆς ἁγίας Τριάδος τὴν καθ᾽ὑπόστασιν διαφοράν, ἀλλὰ μὴ λέγοντα τὴν φυσικὴν ἔνωσιν, οὕτω Νεστόριον ἀναθεματίζομεν οὐ γνωρίζοντα τὴν φυσικὴν διαφορὰν ἐπὶ
5 τοῦ Χριστοῦ, ἀλλὰ μὴ λέγοντα τὴν καθ᾽ὑπόστασιν ἔνωσιν.

ApBh AePChCiCe AzCb AnVMBo CYAoLH ArWCjBq AfBg DR Bs Be Aj Ad BbBz A E G N O S Am Aq As Au Av Ay Bc Bd Bl Bn Bt Bw Bx By Cf
    δ′ *ApBh AePChCiCe AzCb AnVMBo CYAoLH ArWCjBq AfBg DR Bs Be Aj Ad BbBz A E G N O S Am Aq As Au Av Ay Bc Bd Bl Bn Bt Bw Bx By Cf*

γ′, 6 τὰς δύο] *inv. ord. Bh*   τὰς] *om. Ap*   δύο] *om. DR*   φύσεις] διαφορὰς *Bh*, καὶ *add. C*   ἡ διαφορά] *om. Bh*   ἡ] καὶ *Ad Bh*   τοῦ] *om. Ad*
7 ὑπόστασιν] φύσιν *Bh, om. Ci*   ὁμολογεῖται] ὁμολογῆται *N*
δ′, 1 Ὥσπερ] δὲ *add. Bg*, καὶ *praem. Bt*, γὰρ *add. By*   ἀναθεματίζομεν] ἀναθεματίζωμεν *Az Au*   οὐ] οὐχὶ μὴ *PChCe*, οὐχ᾽ὡς *W*^p. corr., μὴ *Af*, ὡς οὐ *Av*, *om. AnV Ar Bg*^p. corr. *DR Be Aj A Bl*   κηρύττοντα] ὁμολογοῦντα *AfBg*   2 καθ᾽ – διαφοράν] φυσικὴν ἔνωσιν *W*   ἀλλὰ] καὶ *Bz*, ἄλλως *Au, om. AfBg*   3 μὴ] οὐ μὴν δὲ *Bg*, δὲ *add. Af*   λέγοντα] *om. AfBg*   φυσικὴν ἔνωσιν] καθ᾽ὑπόστασιν διαφορὰν *W*   ἔνωσιν] ὑπόστασιν *A*, οὐ τὸν Νεστόριον ἀναθεματίζομεν οὐ κηρύττοντα ἐπὶ τῆς ἁγίας Τριάδος τὴν καθ᾽ὑπόστασιν διαφοράν, ἀλλὰ μὴ λέγοντα τὴν φυσικὴν ἔνωσιν *add. Aq*   οὕτω] καὶ *add. ApBh An Y E Au*   Νεστόριον] Εὐτυχέα *W*   ἀναθεματίζομεν] ἀναθεματίζωμεν *Ae*, ἀναθεματίζεται *Au*
4 οὐ] οὐχὶ μὴ *PChCiCe*, οὐχ᾽ὡς *W*^p. corr. *Av*, μὴ *AfBz*, μὴ *add. As, om. AnV Ar Bg*^p. corr. *DR Be Aj S Bl Bn*   γνωρίζοντα] ὁμολογοῦντα *W*, λέγοντα *AfBg*, κηρύττοντα *Bq*   φυσικὴν διαφορὰν] καθ᾽ὑπόστασιν ἔνωσιν *W*   διαφοράν] ἔνωσιν *E As*
4/5 ἐπὶ – Χριστοῦ] *post* ἔνωσιν *trsp. DR*   4 ἐπὶ] *om. W*^a. corr. *A*   5 ἀλλὰ] καὶ *Bz*, ἄλλως *Au, om. AfBg*   μὴ] μὴν *Bg*, δὲ *add. Af*   λέγοντα] γνωρίζοντα *W, om. AfBg*   καθ᾽ – ἔνωσιν] φυσικὴν διαφορὰν *W*   ἔνωσιν] οὕτως καὶ τὸν Σαβέλλιον ἀναθεματίζομεν *add. Bw*

δ′, 1/5 Ὥσπερ – ἔνωσιν] ἀντίθεσις *Av*^in marg.

10   DE DVABVS CHRISTI NATVRIS

ε´ Ὥσπερ Σαβέλλιον ἀναθεματίζομεν οὐ κηρύττοντα
ἐπὶ τῆς ἁγίας Τριάδος τὴν φυσικὴν ἕνωσιν, ἀλλὰ μὴ
λέγοντα τὴν καθ᾽ὑπόστασιν διαφοράν, οὕτως Εὐτυχέα
ἀναθεματίζομεν οὐχ᾽ὁμολογοῦντα τὴν καθ᾽ὑπόστασιν
5 ἕνωσιν ἐπὶ τοῦ Χριστοῦ, ἀλλὰ μὴ γνωρίζοντα τὴν φυσικὴν διαφοράν.

ς´ Τὴν καθ᾽ὑπόστασιν διαφορὰν ἐπὶ τῆς ἁγίας Τριάδος
καὶ τὴν φυσικὴν διαφορὰν ἐπὶ τοῦ ἑνὸς τῆς ἁγίας Τριάδος, οὐκ ἐν αἰσθήσει χρὴ λέγειν, ἀλλὰ νοῆσαι τοῖς τῆς
διανοίας ὄμμασι. Καὶ πῶς ἐπὶ μὲν τῆς ἁγίας Τριάδος ἐκ-
5 φωνεῖτε τὰς τρεῖς ὑποστάσεις διὰ τὴν καθ᾽ὑπόστασιν

ε´ *ApBh AePChCiCe AzCb AnVMBo CYAoLH ArWCjBq AfBg DR Bs Be Aj Ad BbBz A E G N O S Am Aq As Au Av Ay Bc Bd Bl Bn Bt Bx By Cf*
ς´ *ApBh AePChCiCe AzCb AnVMBo CYAoLH ArWCjBq AfBg DR Bs Be Aj Ad BbBz A E G N O S Am Aq As Au Av Ay Bc Bd Bl Bn Bt*^usque ad Τριάδος (ς´, l. 2) *Bx By Cf*

ε´, 1 ἀναθεματίζομεν] ἀναθεματίζωμεν *Au, om. Ap*   οὐ] οὐχὶ μὴ *PChCiCe*, οὐχ᾽ὡς *W*^p. corr *Au*, μὴ *Af*, ὡς *Ad*, οὐχ᾽ὡς οὐ *Av, om. AnV Ar Bg*^p. corr. *DR Be Aj Bl*   κηρύττοντα] ὁμολογοῦντα *AfBg*   **2** τῆς] *om. Bd*   φυσικὴν ἕνωσιν] καθ᾽ὑπόστασιν διαφορὰν *W*   ἀλλὰ] ἄλλως *Au, om. AfBg*   μὴ] οὐ μὴν δὲ *Bg*, δὲ *add. Af*   **3** λέγοντα] *om. AfBg*   καθ᾽ – διαφοράν] φυσικὴν ἕνωσιν *W*   Εὐτυχέα] Εὐτυ-χὴν *ApBh*, Εὐτυχέαν *Cb L*, Νεστόριον *W*   **4** ἀναθεματίζομεν] ἀναθεματίζωμεν *Au*   οὐχ᾽] οὐχὶ μὴ *PChCiCe As*, ὡς μὴ *Cb*, ὡς μὴ *add. Az Au Av*, ὡς *add. W*^p. corr., μὴ *Af, om. AnV Ar Bg*^p. corr. *DR Be Aj Bl*   ὁμολογοῦντα] γνωρίζοντα *W*, λέγοντα *AfBg Au*   **4/5** καθ᾽ – ἕνωσιν] φυσικὴν διαφορὰν *W*   **5** ἐπὶ] *om. Ce YAoLH As*   ἀλλὰ] ἄλλως *Au, om. AfBg*   μὴ] οὐ μὴν δὲ *Bg*, δὲ *add. Af*   γνωρίζον-τα] λέγοντα *W, om. AfBg*   **5/6** φυσικὴν διαφοράν] καθ᾽ὑπόστασιν ἕνωσιν *W*   **5** φυσικὴν] καθ᾽ὑπόστασιν *N*^ut. corr.

ς´, 1 Τὴν – διαφοράν] *om. Au*   Τὴν] δὲ *add. Bt*   **2** καὶ – Τριάδος] *om. Az MBo Av Bd Bl*   ἐπὶ] διὰ *L*   τοῦ ἑνὸς] *om. R*   **3** ἀλλὰ] ἀλλ᾽ *ApBh MBo*   νοῆσαι] ἐν νοήσει *ApBh M*, νοήσει *Ae*, ἐννοῆσαι *Bo*, διανοῆσαι *R Bn*   τοῖς] τι *Bx, om. Ap*   τῆς] *om. Be*   **4** ὄμμασι – πῶς] ὅπως *A*   Καὶ] *om. Bg*   μὲν] *om. N*   ἐκφωνεῖτε] ἐκφωνεῖν τε *Ap*, ἐκφωνεῖν μὲν *Bh*, ἐκφωνεῖται *AePChCiCe AzCb MBo YAoLH WCj D BbBz A O Au By*, διεκφωνεῖτε *R*, ἐκφωνοῦμεν *Af*, ἐκ-φωνητέον *Bg*, ἐκφωνῆται *N*, ἐκφωνῆτε *Bx*, ἐκφωνεῖς *S*   **5/6** τὰς – ἐκφωνεῖτε] *om. Ao*   **5** τρεῖς ὑποστάσεις] *inv. ord. Bs Be Ad Bb S Am Av Ay Bl Bn Bx By Cf*   ὑποστάσεις] καὶ *add. Au*   διὰ – ὑπόστασιν] *om. LH*   διὰ] καὶ *M*   τὴν] τῆς *(sic) Bh*

ε´, 1/6 Ὥσπερ – διαφοράν] ἀντίθεσις *Av*^in marg.

V, 1 – VIII, 3   11

διαφοράν, ἐπὶ δὲ τοῦ ἑνὸς τῆς ἁγίας Τριάδος οὐκ ἐκφωνεῖτε τὰς δύο φύσεις ἐν μιᾷ ὑποστάσει διὰ τὴν φυσικὴν διαφοράν;

ζ′ Ὥσπερ διὰ τὸ ὁμοούσιον τῆς ἁγίας Τριάδος, μίαν οὐσίαν, καὶ διὰ τὸ ἑτεροϋπόστατον τρεῖς ὑποστάσεις λέγεις, οὕτω διὰ τὸ ἑτεροούσιον τοῦ Λόγου καὶ τῆς σαρκός, δύο οὐσίας, καὶ διὰ τὸ μὴ ἰδιοϋπόστατον, μίαν
5 ὑπόστασιν λέγε.

η′ Ὥσπερ ἐπὶ τῆς ἁγίας Τριάδος τὴν μίαν οὐσίαν οὐκ ἐπὶ συγχύσει τῶν τριῶν ὑποστάσεων λέγομεν, οὔτε τὰς τρεῖς ὑποστάσεις ἐπὶ ἀναιρέσει τῆς μιᾶς οὐσίας, οὕτως ἐπὶ τοῦ ἑνὸς τῆς ἁγίας Τριάδος τὴν μίαν ὑπόστασιν οὐκ

ApBh AePChCiCe AzCb AnVMBo CYAoLH ArWCjBq AfBg DR Bs Be Aj Ad BbBz A E G N O S Am Aq As Au Av Ay Bc Bd Bl Bn Br^{usque ad Τριάδος (ζ′, l. 2)} *Bx By Cf*
   ζ′ *ApBh AePChCiCe AzCb AnVMBo CYAoLH ArWCjBq AfBg DR Bs Be Aj Ad BbBz A E G N O S Am Aq As Au Av Ay Bc Bd Bl Bn Bx By Cf*
   η′ *ApBh AePChCiCe AzCb AnVMBo CYAoLH ArWCjBq AfBg DR Bs Be Aj Ad BbBz A E G N O S Ag*^{ab οὐκ (η′, l. 1)}*Am Aq As Au Av Ay Bc Bd Bl Bn Bx By Cf*

ς′, 6/8 ἐπὶ – διαφοράν] *om. Au*   **6** Τριάδος] ἓν πρόσωπον *add. Bg*^{a. corr.}, οὐ *add. Aq*   **6/7** οὐκ – διὰ] *om. Ap*   **6** οὐκ ἐκφωνεῖτε] *om. AfBg*   οὐκ] *om. Bh MBo*   ἐκφωνεῖτε] ἐκφωνεῖν *Bh,* ἐκφωνεῖται *AePChCiCe AzCb MBo YLH WCj D BbBz A,* ἐκφωνῆται *N,* φωνεῖς *S*   **7** τὰς] διὰ τὸ (*sic*) *praem. Bg*   δύο φύσεις] *om. Bg*^{a. corr.}   φύσεις] εἰς δύο πρόσωπα, ἀλλ' *add. PCiCe,* εἰς δύο πρόσωπα, ἀλλὰ *add. Ch*   ἐν] *om. Ch*   **8** διαφοράν] οὐ συντιθέντα *add. Ap,* οὐ συντίθεται *add. Bh*

   ζ′, 1 τὸ] τὴν *Ay Bd Cf*   ὁμοούσιον] ἐνούσιον *R*   **2** καὶ] *om. Aj Bx*   διὰ] δὲ *add. Aj*   ἑτεροϋπόστατον] ἑτεροειδέστατον (*sic*) *A,* ἑτεροπόστατον (*sic*) *Bx*   ὑποστάσεις] χρὴ *add. Bz*   **3** λέγεις] λέγομεν *ApBh Ae,* λέγει *Bb,* λέγειν *Bz*   οὕτω] καὶ *add. L N*   Λόγου] *om. Aq*   **4** σαρκός] καὶ *add. C*   καὶ] *om. Au*   τὸ μὴ] *om. Bx*   μὴ ἰδιοϋπόστατον] *om. H*^{a. corr.}   μὴ] *om. MBo AoL Bq Bs*^{p. corr.} *Bz S Am As Av Bn By*   μίαν] οὐσίαν λέγε *add. E*^{a. corr.}   **5** ὑπόστασιν] οὐσίαν *Bo*^{a. corr.}   λέγε] λέγομεν *ApBh Ae,* λέγει *M W A,* λέγειν *DR,* λέγῃς *N,* λέγεις *S, om. Aq*

   η′, 1 ἐπὶ] *om. AfBg*   **2** ἐπὶ] τῇ *add. AzCb Ao*   λέγομεν] λέγωμεν *Au*   οὔτε] οὕτω *L*   **3** ἐπὶ] τῇ *add. AzCb Ao*   **4** ἐπὶ] ἐπεῖ (*sic*) *Bx*   τοῦ] *om. Bb*   ἑνὸς – Τριάδος] Χριστοῦ *Bg*   Τριάδος] *bis scr. Bq*   μίαν] οὐσίαν ἢ *add. Bg*

12 DE DVABVS CHRISTI NATVRIS

5 ἐπὶ συγχύσει τῶν δύο φύσεων αὐτοῦ λέγομεν, οὔτε τὰς δύο φύσεις ἐπὶ διαιρέσει τῆς μιᾶς ὑποστάσεως.

θ' Ὁ μὴ λέγων ἐπὶ Χριστοῦ διὰ τὴν τῶν φύσεων διαφορὰν τὴν καθ'ὑπόστασιν ἕνωσιν, Νεστοριανός ἐστι. Καὶ ὁ μὴ λέγων ἐν τῇ καθ'ὑπόστασιν ἑνώσει τὴν φυσικὴν διαφοράν, Εὐτυχιανιστής ἐστιν. Ὁ δὲ καὶ τὴν 5 καθ'ὑπόστασιν ἕνωσιν καὶ τὴν φυσικὴν διαφορὰν κηρύττων ἐπὶ τοῦ ἑνὸς τῆς ἁγίας Τριάδος, τὴν βασιλικὴν καὶ ἀμώμητον πίστιν κρατεῖ.

ι' Ὁ δὲ λέγων καὶ διαφορὰν καὶ ἕνωσιν ἐπὶ τοῦ Χριστοῦ, οὔτε τὴν διαφορὰν ἀναιρεῖ, οὔτε τὴν ἕνωσιν συγχέει.

ApBh AePChCiCe AzCb AnVMBo CYAoLH ArWCjBq AfBg DR Bs Be Aj Ad BbBz A E G N O S Ag$^{ab\ οὐκ\ (η',\ l.\ 1)}$Am Aq As Au Av Ay Bc Bd Bl Bn Bx By Cf
   θ' *ApBh AePChCiCe AzCb AnVMBo CYAoLH ArWCjBq AfBg DR Bs Be Aj Ad BbBz A E G N O S Ag Am Aq As Au Av Ay Bc Bd Bl Bn Bx By Cf*
   ι' *ApBh AePChCiCe AzCb AnVMBo CYAoLH ArWCjBq AfBg DR Bs Be Aj Ad BbBz A E G N O S Ag Am Aq As Au Av Ay Bc Bd Bl Bn Bx By Cf*

η', 5 ἐπὶ] τῇ add. Ao   συγχύσει] ἀναιρέσει Bg   φύσεων αὐτοῦ] inv. ord. AnV YAoLH Aj   λέγομεν] λέγωμεν Au, λεγοῦμεν (sic) Bn   τὰς] om. Aq 6 διαιρέσει] ἀναιρέσει Ci DR Bc   μιᾶς] om. M$^{p.\ corr.}$
   θ', 1 λέγων] λέγω L   ἐπὶ] τοῦ add. Ap R   τὴν] τῆς ApBh Au   τῶν φύσεων] τῆς φύσεως D   διαφορὰν] διαφορᾶς ApBh   2/3 τὴν - ἐν] om. MBo   Νεστοριανός - ὑπόστασιν] om. Bb$^{a.\ corr.}$ 3 Καὶ ὁ] ὁ δὲ καὶ τὴν Aq   ἐν] ἐπὶ Au, om. L   ὑπόστασιν] ὑποστάσει W   ἑνώσει] ἑνώσιν Az$^{ut\ vid.\ a.\ corr.}$ 4/5 διαφορὰν - φυσικὴν] om. Ch   4 Εὐτυχιανιστής] Εὐτυχιανίτης (sic) Az Ay, Εὐτυχιανός An CY Ag Aq, Εὐτυχιανίστής (sic) Ar   Ὁ] ἡ Au   καὶ] om. AfBg E Ag Bc   5 κηρύττων] ὁμολογῶν AfBg, τῶν add. Ad BbBz Aq   6 τοῦ ἑνὸς] om. DR   τοῦ] om. Aq   βασιλικὴν] ὀρθόδοξον ApBh   6/7 καὶ ἀμώμητον] om. Ag   7 πίστιν κρατεῖ] inv. ord. L   πίστιν] om. Bq   κρατεῖ] κηρύττει AePChCi, τηρεῖ A
   ι', 1 δὲ] τοίνυν AfBg, om. ApBh   καὶ¹] om. Bh AePChCi YAoLH AfBg Ad τοῦ] om. Bg Aj   2 τὴν διαφορὰν] τῇ διαφορᾷ Bh   ἀναιρεῖ] διαιρεῖ ApBh AePChCiCe AzCb AnVMBo YAoLH ArWCjBq DR AfBg N   οὔτε²] μὴν add. Bg τὴν ἕνωσιν] τῇ ἑνώσει Bh   συγχέει] συγχεῖ Ap DR

ι', 1/7 Ὁ - Τριάδος] Μακκαβαίων illeg. τὸ μὴ πολλὺν (sic) χρόνον ἐᾶσθαι δυσσεβοῦντας ἀλλ'εὐθέως περιπίπτειν ἐπιτίμιας, illeg. σημεῖόν ἐστιν. Οὐ γὰρ καθάπερ καὶ ἐπὶ τῶν ἄλλῶν (= II Mach. 6, 13-14 (fragm.)) Ap$^{in\ marg.}$

VIII, 4 – X, 7   13

Καὶ γὰρ Κύριλλος ἀναθεματίζει τοὺς διὰ τὴν διαφορὰν
ἀναιροῦντας τὴν καθ'ὑπόστασιν ἕνωσιν, καὶ ἡ οἰκουμε-
5 νικὴ σύνοδος ἀναθεματίζει τοὺς διὰ τὴν καθ'ὑπόστασιν
ἕνωσιν τὴν φυσικὴν διαφορὰν ἀναιροῦντας ἐπὶ τοῦ ἑνὸς
τῆς ἁγίας Τριάδος.

ι', 3/4 Καὶ – ἕνωσιν] cf. Conc. Ephes. (p. 18, l. 20-23)   4/7 καὶ – Τριά-
δος] cf. Conc. Const. II (p. 240, l. 3-7)

ApBh AePChCiCe AzCb AnVMBo CYAoLH ArWCjBq AfBg DR Bs Be Aj Ad BbBz
A E G N O S Ag Am Aq As Au Av Ay Bc Bd Bl Bn Bx By Cf

ι', 3 Καὶ – Κύριλλος] Εἰ γὰρ Κύριλλος ApBh DR N, Ὁ γὰρ θεῖος Κύριλλος ChCe
AnVMBo YAoLH ArWBq AfBg, Ὁ γὰρ Κύριλλος AePCi Cj, Καὶ γὰρ ὁ μακάριος Κύριλλος AzCb, Καὶ γὰρ ὁ θεῖος Κύριλλος C, Καὶ γὰρ ὁ ἅγιος Κύριλλος Bd   ἀναθε-
ματίζει] ἀναθεματίζεται Ad   τοὺς] τὰ R   διὰ] om. ApBh⁴· ᶜᵒʳʳ· YAoLH Bq⁴· ᶜᵒʳʳ·
Au   τὴν] καθ'ὑπόστασιν add. M, φυσικὴν add. AnV Bqˢᵘᵖ·ˡ   4 ἀναιροῦντας] διὰ
add. ApBh, ἀναιτὴν (sic) καθ'ὑπόστασιν ἕνωσιν Ao⁴· ᶜᵒʳʳ·, ἀναιροῦντα R, ἀναιροῦσι Bz
τὴν] om. Ad   ἕνωσιν] ὡσαύτως add. AfBg   4/6 καὶ – ἕνωσιν] om. Ch Au
5 ἀναθεματίζει] om. Bg   τοὺς] τοῖς Bz   5/6 καθ' – ἕνωσιν] ἀλαζονείαν S
6 ἕνωσιν] om. AzCb YH Cj⁴· ᶜᵒʳʳ· Bs Be⁴· ᶜᵒʳʳ· Ad BbBz A Aq   τὴν – διαφορὰν] post
ἀναιροῦντας trsp. ApBh   φυσικὴν] τῶν φύσεων ApBh   διαφοράν] χρὴ οὖν πάντως ἡμᾶς καὶ τὴν καθ'ὑπόστασιν ἕνωσιν, καὶ τὴν φυσικὴν διαφορὰν κηρύττειν add.
ApBh   ἀναιροῦντας] ἀναιροῦντα Cb, ἀναιροῦσιν Bz   6/7 ἐπὶ – Τριάδος] om.
Bg   6 τοῦ ἑνὸς] om. AzCb   τοῦ] om. Be   7 Τριάδος] ὥσπερ οἱ εἰς τὰς ῥί-
ζας τῆς γῆς κατίοντες τὸν χρυσὸν ἀνορύττουσιν, οὕτως οἱ εἰς τὴν χρυσῆν ταπείνωσιν
καταβαίνοντες ἀρετὰς ἀναφέρουσι (Evagr. Pont., Tract. ad Eulog., PG 79, 1136 A6-9)
add. R, Κυρίου ἡμῶν Ἰησοῦ Χριστοῦ add. Aj

ι', 3 Κύριλλος] ὁ Κύριλλος Aoⁱⁿ ᵐᵃʳᵍ·

PSEVDO-MAXIMI CONFESSORIS

CAPITA GNOSTICA
(*CPG* 7707. 11)

CONSPECTVS SIGLORVM

F	*Florentinus, Mediceus-Laurentianus plut. VIII.20 (s. X-XI)*
C	*Athous, Batopediou 474 (s. XIII)*
V	*Vaticanus gr. 1746 (ca. a. 1368)*
Ba	*Athous, Batopediou 473 (s. XIV)*
Cat. Hebr.	*Catena in Hebraeos*
De Vocht	DE VOCHT, *Kritische editie*, p. [591-607]
Epifan	EPIFANOVIČ, *Materialy*, p. 33-56
Migne	*PG* 90, 1180 A12 – 1185 C5

Ἕτερα κεφάλαια ρ'

α' Τὸ κυρίως ὂν ἐκ τῶν μὴ κυρίως ὄντων, ὅτι ἔστι, μόνον γινώσκεται, οὐ τῇ πρὸς αὐτὰ σχέσει ὅ τι ἔστι γινωσκόμενον (πῶς γὰρ ἂν τοῖς μὴ κυρίως οὖσι τὸ κυρίως ὂν ποτε καθοτιοῦν συνενεχθήσεται;), ἀλλ'ἀσυγκρίτῳ τῇ
5 κατ'αἰτίαν ὑπεροχῇ ἀγνώστως νοούμενον, ἄλλως οὐ δυνηθέντων ἡμῶν τὸ ὑπερούσιον ἢ ἐκ τῶν ὄντων ἀμυδρὰν τὴν περὶ αὐτοῦ ὅτι ἔστι μόνον θέσιν ἐνδείξασθαι.

β' Ὧν ἐν πλήθει τὸ εἶναι θεωρεῖται, τούτων τὸ εἶναι διάφορον· ὧν δὲ τὸ εἶναι διάφορον, τούτων ἡ σχέσις ἀχώριστος· ὧν δὲ ἡ σχέσις ἀχώριστος, ἴδιον τὸ ὑπ'ἀλλήλων εἴργεσθαι τοῦ ἄπειρα εἶναι νομίζεσθαι· ὧν δὲ τὸ εἶναι
5 οὐκ ἄπειρον, δηλονότι τῆς γενέσεως ἢ αἰὼν ἢ χρόνος προεπινενόηται· ὧν δὲ αἰὼν ἢ χρόνος προεπινενόηται, ἐξ οὐκ ὄντων προδήλως ἡ γένεσις.

γ' Τὸ πάντῃ καὶ κυρίως ἓν οὐκ ἔχει διαφοράν· τὸ δὲ μὴ ἔχον διαφοράν, καὶ πάσης ἐκτός ἐστι σχέσεως· τὸ δὲ σχέσιν οὐκ ἔχον, καὶ ἄπειρον· τὸ δὲ ἄπειρον, πάντως

α', 1/7 Τὸ –ἐνδείξασθαι] cf. Ps.-Max. Conf., D. Areop. Div. nom. 260, 41 – 261, 3 (p. 244-245); cf. Max. Conf., Amb. Thom. V, 57-65 (p. 22); Car. IV, 7, 2 (p. 7); cf. Ps.-Dion. Ar., Ep. 1 (p. 156-157); Ep. 3 (p. 159) 1 Τὸ –ὂν] cf. Max. Conf., Th. Oec. I, 6 (PG 90, 1085 A9 – B6)

β', 5/7 δηλονότι –γένεσις] cf. Max. Conf., Ep. 6 (PG 91, 429 C12-14)

γ', 1/6 Τὸ¹ –ἁπλοῦν] cf. Max. Conf., Th. Oec. I, 1-2 (PG 90, 1084 A1-11) et II, 1 (PG 90, 1124 D10 – 1125 A2)

Tit. *F CV Ba Epifan.*
α' *F Ba Epifan.*
β' *F Ba Epifan.*
γ' *F V Ba Epifan.*

Attrib. τοῦ αὐτοῦ *F*, τοῦ ὁσίου πατρὸς ἡμῶν Μαξίμου τοῦ ὁμολογητοῦ
V **Tit.** Ἕτερα –ρ'] *illeg. C*, ἕτερα κεφάλαια ἑκατὸν· ἑκατοντὰς τρίτη *V*, ἑκατοντὰς τρίτη *Ba*
α', 2 ὅ –ἔστι] ὅ τι ἔστιν *F*
β', 3 ὧν –ἀχώριστος] *om. F* 4 τοῦ] τὸ *F*
γ', 3 τὸ δὲ ἄπειρον] *om. V Ba*

18 CAPITA GNOSTICA

καὶ ἄναρχον. Οὐκοῦν μόνον τὸ θεῖον ἄναρχον καὶ ἄπει-
5 ρον καὶ ἄσχετον καὶ ἀδιάφορον, ὅτι καὶ μονώτατον φύσει κυρίως ἕν, ὡς ἁπλοῦν.

δ´ Οὐδὲν τὸ παράπαν τινὸς κατηγορούμενον ἐκτὸς ὑπάρχει περιγραφῆς· κατ᾽αὐτὴν γὰρ τῆς κατηγορίας τὴν
σχέσιν καὶ αὐτὸ καὶ τὰ καθ᾽ὧν κατηγορεῖται δέχεται
περιγραφήν, ἀλλήλων χωρὶς οὐδαμῶς ὑφιστάμενα.
5 Οὐκοῦν οὐδὲν τῶν ὄντων ἀπερίγραφον, ὅτι μηδὲ κατηγορίας ἐλεύθερον, μόνον δὲ τὸ θεῖον ἀκατηγόρητον καὶ
διὰ τοῦτο περιγραφῆς πάσης ἐλεύθερον, ὡς πάσης οὐσίας νοῦ τε καὶ λόγου καὶ ὀνόματος ἀπειράκις ἀπείρως
ὑπέρτερον.

ε´ Πᾶσα γνῶσις τῶν ὄντων σχέσις ἐστὶν ἄκρων τινῶν
συνδετική, τῶν γινωσκόντων λέγω καὶ τῶν γινωσκο-
μένων, αὕτη δηλονότι μηδαμῶς γινωσκομένη τοῖς γι-
νώσκουσιν ἢ συγγινωσκομένη τοῖς γινωσκομένοις· οὐ
5 γὰρ πέφυκε καθοτιοῦν γινώσκεσθαι γνῶσις. Τὸ θεῖον
κατ᾽αὐτὸ τὸ εἶναι ὅ τί ποτε κατ᾽οὐσίαν ἐστίν, ἄρρητος
γνῶσίς ἐστιν, ἐν νῷ καὶ λόγῳ καὶ πνεύματι ὑφισταμέ-
νη. Οὐκοῦν ἄγνωστον τοῖς οὖσι τὸ θεῖον παντῇ καθέσ-

δ´, 8 ἀπειράκις ἀπείρως] Ps.-Dion. Ar., Div. nom. VIII, 2, 6 (p. 201); cf. Max.
Conf., Th. Oec. I, 7 (PG 90, 1085 B7 – C1) et I, 49 (PG 90, 1101 A4-10); Q. Thal.
LX, 42 (p. 75) et LXIII, 230 (p. 159)
ε´, 1/10 Πᾶσα – θεῖον] cf. Ps.-Dion. Ar., Ep. 1 (p. 156-157)   1/2 Πᾶσα – γι-
νωσκομένων] cf. Max. Conf., Th. Oec. I, 82 (PG 90, 1116 B5-8)

F V Ba Epifan.
δ´ F V Ba Epifan.
ε´ F V Ba Epifan.

γ´, 5 φύσει] καὶ add. V
δ´, 2 αὐτήν] αὐτῆς V
ε´, 3 αὕτη] δὲ add. V Ba, αὐτὴ δὲ Epifan.   5 γνῶσις] γνῶσιν F   7 ἐν]
om. V   ὑφισταμένη] ἀφισταμένου V   8 παντῇ] πάμπαν F

III, 4 – VII, 3   19

τηκεν, ὡς αὐτογνῶσις ὄν, εἰ μήτῳ φίλον ἀληθῶς εἰ-
10 πεῖν καὶ ὑπὲρ ταύτην ἀσυγκρίτως εἶναι τὸ θεῖον.

ϛ' Ὁ τῶν ἀρρήτων μυστηρίων ἔμψυχος πίναξ Γρηγόριος
κινεῖσθαι λέγει τῇ ἑαυτῆς θεωρίᾳ τὴν μακαρίαν θεότητα,
κίνησιν λέγων ὡς οἶμαι τὴν ἀκίνητον αὐτογνωσίαν· μονώτατον γὰρ τὸ θεῖον αὐτόγνωστον, ὅτι μὴ ἐκ τῆς τῶν
5 ὄντων ὑπάρξεως γινώσκει τὰ ὄντα ἢ ὄντα ἐστίν, ἀλλ'ἑαυτὸ γινῶσκον πάντων ἔχει καὶ πρὸ γενέσεως αὐτῶν ὑφισ-
ταμένην κυρίως τὴν πρόγνωσιν, οὐ λαβοῦσαν ἀρχήν,
οὔτε προσθήκην διὰ τῆς αὐτῶν τῶν ὄντων γενέσεως,
οὔτε μὴν ληψομένην ποτὲ διὰ τῆς τῶν γενησομένων
10 παραγωγῆς. Γνῶσις γὰρ αὐθύπαρκτος καὶ οὐσία αὐτό-
γνωστος αὐτὸ ἑαυτοῦ πέφυκεν εἶναι γνωστικὸν καὶ διὰ
τοῦτο πάσης τῆς τῶν ἐξ αὐτοῦ γεγενημένων γνώσεως
ὑποστατικόν.

ζ' Εἰ νοῦ χωρὶς οὐκ ἔστι ποτὲ νοερόν, οὔτε δίχα λόγου
λογικόν, οὔτε ζωῆς ἐκτὸς ζῶον, εἷς ἐστιν ἄρα ὡς ἐξ ἑνὸς
νοῦ τοῦ Πατρὸς Υἱὸς ὁ Λόγος, ἐν μιᾷ ζωῇ τῷ ἑνὶ ἁγίῳ

_____

ε', 9 αὐτογνῶσις] cf. Max. Conf., Q. Thal. LVI, 147 (p. 11)   10 ἀσυγκρί-
τως] cf. Max. Conf., Q. Thal. XXIX, 44 (p. 213); Car. I, 7, 2 (p. 52); I, 43, 3 (p. 64);
III, 49, 3 (p. 166); III, 64, 5 (p. 174)
ϛ', 1 ἔμψυχος πίναξ] cf. Greg. Naz., Carm. mor. (PG 37, 637 A7)   2 κινεῖσθαι –θεωρίᾳ] Greg. Naz., Or. 38, 9, 1-2 (p. 120); Or. 45, 5 (PG 36, 629 A4-
5); cf. Max. Conf., Amb. Io. XXXV (PG 91, 1288 D1 – 1289 B2)   3/13 κίνησιν –ὑποστατικόν] cf. Max. Conf., Car. III, 21, 1-5 (p. 152) et III, 27, 1-9
(p. 156)   3/4 κίνησιν –αὐτόγνωστον] cf. Ps.-Max. Conf., D. Areop. Div. nom.
381, 46-49 (p. 413)   5 γινώσκει –ἐστίν] Ps.-Dion. Ar., Myst., 3 (p. 150)
6/7 πρὸ –πρόγνωσιν] cf. Sus. 42

_____

F V Ba Epifan.
ϛ' F Ba Epifan.   ab ὄντα ἢ (l. 5) F C Ba Epifan.
ζ' F C Ba Epifan.

_____

ε', 9 αὐτογνῶσις ὄν] αὐτογνώσιον (sic) V   10 ταύτην] φύσιν V
ϛ', 4 μὴ –τῶν] μη (sic) κτιστῶν F   5 γινώσκει] γινώσκη F   ἢ] καθὸ
Epifan.   ἑαυτὸ] ἑαυτὸν F   8/9 διὰ –ποτὲ] om. C Ba Epifan.

_____

ϛ', 1/13 Ὁ –ὑποστατικόν] πῶς κινεῖται τῇ ἑαυτῆς θεωρίᾳ ἡ ἁγία τριάς Ba^in marg.

20 CAPITA GNOSTICA

Πνεύματι πιστευόμενος, καὶ τοῦτο ἡμῶν ὁ Θεός· μονὰς
5 ἀδιαίρετος καὶ τριὰς ἀσύγχυτος, ἐν τῇ ἑνώσει τὴν διά-
κρισιν ἔχουσα καὶ ἐν τῇ διακρίσει τὴν ἕνωσιν, ὃ καὶ παράδοξον, ὑπερούσιος ἡ αὐτὴ καὶ ὑπερώνυμος καὶ πάσης
ὑποστάσεως ἀπείρως ἀφεῖσα κάτω τὴν προσηγορίαν.

η΄ Εἰ πᾶσα μετοχὴ τῶν μετεχόντων προεπινοεῖται, πάντων
δηλαδὴ σαφῶς ὑπέρκειται τῶν ὄντων ἀσυγκρίτως κατὰ πάντα τρόπον ἡ τῶν ὄντων αἰτία, κατὰ φύσιν προϋπάρχουσά
τε καὶ προεπινοουμένη τῶν ὄντων, οὐχ' ὡς οὐσία συμβεβη-
5 κότων, ἐπεὶ σύνθετον ἀποδειχθήσεται τὸ θεῖον, εἰς συμπλή-
ρωσιν ἔχον τῆς οἰκείας ὑπάρξεως τὴν τῶν ὄντων ὑπόστασιν,
ἀλλ' ὡς οὐσίας τὸ ὑπερούσιον. Εἰ γὰρ αἱ μὲν τέχναι τῶν ἐξ
αὐτῶν ἐφεῦρον τὰ σχήματα, ἡ δὲ καθόλου φύσις τὰ εἴδη
τῶν ὑπ' αὐτήν, πολλῷ μᾶλλον ὁ Θεὸς τὰς τῶν ὄντων οὐσίας
10 ἐκ μὴ ὄντων ὑπέστησεν, ὡς ὑπερούσιος καὶ ἔτι μᾶλλον τῆς
καθ' ὑπερουσιότητα θέσεως ἀπείρως ἐξῃρημένος, ὁ καὶ ταῖς
τέχναις συζεύξας πρὸς ἐξεύρεσιν σχημάτων τὰς ἐπιστήμας,
καὶ τῇ φύσει δοὺς τὴν ἀπεργαστικὴν τῶν εἰδῶν ἐνέργειαν,
καὶ αὐτὸ τὸ εἶναι τῶν οὐσιῶν ὅπερ ἐστὶν ὑποστησάμενος.

ζ΄, 4/8 μονὰς – ἀπείρως] cf. Max. Conf., Op. 13, *passim*   4/5 μονὰς – ἀσύγ-
χυτος] cf. Max. Conf., Cap. XV, 4 (PG 90, 1180 A4-8); cf. Max. Conf., Th. Oec. I, 82
(PG 90, 1116 C2 – 1117 A4); cf. Conc. Chalc. (p. 129, l. 31)   5/6 ἐν – παράδο-
ξον] cf. Greg. Naz., Or. 28, 1, 16-17 (p. 102)   7/8 ὑπερούσιος – προσηγορίαν]
cf. Ps.-Dion. Ar., Div. nom. I, 5, 5-6 (p. 116)
η΄, 1/14 Εἰ – ὑποστησάμενος] Max. Conf., Cap. XV, 6 (PG 90, 1180 A12 –
B15)   11 ἐξῃρημένος] cf. Ps.-Dion. Ar., Cael. hier., Div. nom., Ep. 9, *passim*

F C Ba Epifan.
η΄ F CV Ba Migne DeVocht

ζ΄, 6 ἔχουσα] ἔχουσαι C   παράδοξον] παράδοξος F
η΄, 1 πάντων] πάντος (*sic*) F   6 ἔχον] ἔχων F   11 θέσεως] θεώσεως
F   13 ἀπεργαστικὴν – ἐνέργειαν] ἀπεργαστικὴν δύναμιν τῶν ἰδίων ἐνεργειῶν
Ba   14 τὸ] *om.* F

VII, 4 – X, 13   21

θ´ Ὁ τοῖς οὖσι μὴ κατ᾽οὐσίαν ὑπάρχων μεθεκτός, κατ᾽ἄλλον
δὲ τρόπον μετέχεσθαι τοῖς δυναμένοις βουλόμενος, τοῦ
κατ᾽οὐσίαν κρυφίου παντελῶς οὐκ ἐξίσταται, ὁπότε καὶ αὐτὸς
ὁ τρόπος, καθ᾽ὃν θέλων μετέχεται, μένει διηνεκῶς τοῖς πᾶσιν
5 ἀνέκφαντος. Οὐκοῦν ὥσπερ θέλων ὁ Θεὸς μετέχεται, καθ᾽ὃν
αὐτὸς οἶδε τρόπον, οὕτω καὶ θέλων ὑπέστησε τὰ μετέχοντα,
καθ᾽ὃν αὐτὸς ἐπίσταται λόγον, δι᾽ὑπερβάλλουσαν ἀγαθότη-
τος δύναμιν. Οὐκοῦν τὸ θελήσει τοῦ πεποιηκότος γενόμενον,
οὐκ ἂν εἴη ποτὲ τῷ θελήσαντι αὐτὸ γενέσθαι συναΐδιον.

ι´ Ὁ τοῦ Θεοῦ Λόγος ἐφάπαξ κατὰ σάρκα γεννηθεὶς ἀεὶ γεννᾶται θέλων κατὰ πνεῦμα διὰ φιλανθρωπίαν τοῖς θέλουσι,
καὶ γίνεται βρέφος, ἑαυτὸν ἐν ἐκείνοις σωματικῶς διαπλάτ-
των ταῖς ἀρεταῖς, καὶ τοσοῦτον φαινόμενος, ὅσον χωρεῖν
5 ἐπίσταται τὸ δεχόμενον, οὐ φθόνῳ σμικρύνων τοῦ οἰκείου
μεγέθους τὴν ἔκφανσιν, ἀλλὰ μέτρῳ σταθμίζων τῶν ὁρᾶν
ποθούντων τὴν δύναμιν. Οὕτως ἀεὶ καὶ φαινόμενος ὁ τοῦ
Θεοῦ Λόγος τοῖς τρόποις τῶν μετόχων, ἀεὶ διαμένει κατὰ
τὴν ὑπερβολὴν τοῦ μυστηρίου τοῖς πᾶσιν ἀθέατος. Ὅθεν σο-
10 φῶς τοῦ μυστηρίου τὴν δύναμιν διασκοπήσας ὁ θεῖος Ἀπό-
στολος φησίν· Ἰησοῦς Χριστός, χθὲς καὶ σήμερον ὁ αὐτὸς
καὶ εἰς τοὺς αἰῶνας, εἰδὼς ἀεὶ καινὸν τὸ μυστήριον καὶ μη-
δέποτε περιλήψει νοὸς παλαιούμενον.

θ´, 1/9 Ὁ – συναΐδιον] Max. Conf., Cap. XV, 7 (PG 90, 1180 C1 – 1181 A5)
1/5 Ὁ – ἀνέκφαντος] cf. Ps.-Dion. Ar., Cael. hier. IV, 3, 1-5 (p. 22)   3 κρυφίου]
cf. Ps.-Dion. Ar., Eccl. hier. I, 1, 8 (p. 63) et passim   5 ἀνέκφαντος] cf. Ps.-Dion.
Ar., Div. nom. V, 1, 11 (p. 180)
ι´, 1/13 Ὁ – παλαιούμενον] Max. Conf., Cap. XV, 8 (PG 90, 1181 A6 – B6)
1 Ὁ – γεννηθεὶς] cf. Io. 1, 14   κατὰ – γεννηθεὶς] Gal. 4, 29   11/12 Ἰησοῦς – αἰῶνας] Hebr. 13, 8

θ´ F CV Ba Migne DeVocht
ι´ CV Ba Migne DeVocht

θ´, 5 θέλων] post ὁ Θεὸς trsp. Migne   6/7 οἶδε – αὐτὸς] om. V   9 τῷ]
om. Migne   αὐτὸ] αὐτῷ CV
ι´, 3 σωματικῶς] om. Migne   5 τὸ] τὸν Migne   8 μετόχων] scripsi cum
Migne DeVocht, μετοχῶν codd.   13 περιλήψει] περιλήψειν V   νοὸς] ὡς V

22 CAPITA GNOSTICA

ια΄ Γεννᾶται Χριστὸς ὁ Θεός, προσλήψει σαρκὸς ψυχὴν ἐχού
σης νοερὰν γενόμενος ἄνθρωπος, ὁ παρασχόμενος τοῖς οὖσιν
ἐκ μὴ ὄντων τὴν γένεσιν, ὃν παρθένος ὑπερφυῶς τεκοῦσα
παρέλυσεν οὐδὲν τῆς παρθενίας τεκμήριον. Ὡς γὰρ αὐτὸς ἄν-
5 θρωπος γέγονεν, οὐκ ἀλλοιώσας τὴν φύσιν οὐδὲ ἀμείψας τὴν
δύναμιν, οὕτω τὴν τεκοῦσαν καὶ μητέρα ποιεῖ, καὶ παρθένον
διατηρεῖ, θαύματι θαῦμα κατὰ ταυτὸν διερμηνεύων καὶ ἅμα
θατέρῳ κρύπτων τὸ ἕτερον. Ἐπειδὴ γὰρ δι᾽ἑαυτὸν ὡς Θεὸς
ἀεὶ κατ᾽οὐσίαν ὑπάρχει μυστήριον, καὶ δι᾽ἐμὲ γενόμενος ἄν-
10 θρωπος, ἄλλο πάλιν πέφηνεν ὑπάρχων μυστήριον, τοσοῦτον
ἑαυτὸν ἐξάγων τῆς φυσικῆς κρυφιότητος, ὅσον ταύτην πλέον
διὰ τῆς ἐκφάνσεως κρυφιωτέραν ἐργάζεσθαι, καὶ τοσούτῳ
πάλιν μητέρα τὴν τεκοῦσαν παρθένον ποιούμενος, ὅσῳ τὴν
κύησιν ἄλυτον τῆς παρθενίας δεσμὸν ἀπεργάζεσθαι.

ιβ΄ Καινοτομοῦνται φύσεις, καὶ Θεὸς ἄνθρωπος γίνεται, οὐ
μόνον ἡ θεία καὶ σταθερὰ καὶ ἀκίνητος κινουμένη πρὸς τὴν
κινουμένην καὶ ἄστατον, ἵνα στήσῃ τοῦ φέρεσθαι, οὐδὲ μόνον ἡ ἀνθρωπίνη δίχα σπορᾶς ὑπὲρ φύσιν γεωργοῦσα σάρκα
5 τῷ Λόγῳ τελεσφορουμένην, ἵνα στῇ τοῦ φέρεσθαι, ἀλλὰ καὶ
ἀστὴρ ἐξ ἀνατολῶν ἐν ἡμέρᾳ φαινόμενος καὶ τοὺς μάγους
ὁδηγῶν εἰς τὸν τόπον τῆς τοῦ Λόγου σαρκώσεως, ἵνα δείξῃ

ια΄, 1/14 Γεννᾶται –ἀπεργάζεσθαι] Max. Conf., Cap. XV, 9 (PG 90, 1181
B7 – C7)   1/2 προσλήψει –νοερὰν] Joh. Caes., Capit. XVII, I, 27-28 (p. 61)
1 προσλήψει σαρκὸς] cf. Eus. Caes., Comm. Ps. (PG 23, 117 C2-3); cf. Greg. Naz., Ep.
101, 14, 4-5 (p. 42)   3 παρθένος –τεκοῦσα] Ps.-Dion. Ar., Ep. 4, 12 (p. 160);
cf. Lc. 1, 31   8/12 Ἐπειδὴ –ἐργάζεσθαι] cf. Ps.-Dion. Ar., Ep. 3, 4-10 (p. 159)
ιβ΄, 1/13 Καινοτομοῦνται –χάριτος] Max. Conf., Cap. XV, 10 (PG 90, 1181
C8 – D8)   1 Καινοτομοῦνται –γίνεται] Greg. Naz., Or. 39, 13, 8-9 (p. 176)
5/7 ἀλλὰ –σαρκώσεως] cf. Mt. 2, 1-12

ια΄ CV Ba Migne DeVocht
ιβ΄ CV Ba Migne DeVocht

ια΄, 2 γενόμενος] γινόμενος Ba DeVocht   7 κατὰ ταυτὸν] κατ᾽αὐτὸν CV,
κατὰ ταυτὸ Migne   καὶ ἅμα] inv. ord. Migne   8 γὰρ] om. Migne   ὡς]
ὁ Migne   9 ὑπάρχει] ὑπάρχων Ba   9/10 καὶ –μυστήριον] om. Migne
11 ὅσον] εἰς praem. CV   12 ἐργάζεσθαι] ἐργάζεται V   τοσούτῳ] τοσοῦτον
Migne   13 ὅσῳ] ὅσον Migne
ιβ΄, 5 τελεσφορουμένην] τελεσφορουμένον (sic) V

XI, 1 – XIII, 16   23

μυστικῶς νικῶντα τὴν αἴσθησιν τὸν ἐν νόμῳ καὶ προφήταις
λόγον καὶ ὁδηγοῦντα τὰ ἔθνη πρὸς τὸ μέγιστον φῶς τῆς
10 ἐπιγνώσεως. Πρὸς γὰρ ἐπίγνωσιν τοῦ σαρκωθέντος Λόγου
σαφῶς ὁ νομικός τε καὶ προφητικὸς λόγος, καθάπερ ἀστὴρ
εὐσεβῶς κατανοούμενος, ὁδηγεῖ τοὺς κατὰ πρόθεσιν τῇ δυνάμει κεκλημένους τῆς χάριτος.

ιγ′ Ἐπειδὴ θέλων τὴν θείαν ἐντολὴν ἐγὼ παρέβην ὁ ἄνθρωπος, καὶ τὸ στερρόν μου τῆς φύσεως, θεότητος ἐλπίδι δελεάσας, πρὸς ἡδονὴν σαρκὸς κατέσεισεν ὁ διάβολος, δι᾽ἧς
ὑποστήσας τὸν θάνατον ἡβρύνετο, τρυφῶν τὴν φθορὰν τῆς
5 φύσεως, διὰ τοῦτο γίνεται τέλειος ἄνθρωπος ὁ Θεός, μηδὲν
παραμείψας τῆς φύσεως, πλὴν τῆς ἁμαρτίας, ἐπειδὴ μηδὲ
τῆς φύσεως ἦν, ἵνα σαρκὸς προβλήματι δελεάσας, ἐρεθίσῃ
τὸν ἄπληστον δράκοντα περιχανόντα τὴν σάρκα καταπιεῖν,
γενησομένην αὐτῷ μὲν δηλητήριον, τῇ δυνάμει τῆς ἐν αὐτῇ
10 θεότητος παντελῶς αὐτὸν διαφθείρουσαν, τῇ δὲ φύσει τῶν
ἀνθρώπων ἀλεξητήριον, πρὸς τὴν ἐξ ἀρχῆς χάριν δυνάμει
τῆς ἐν αὐτῇ θεότητος ἀνακαλουμένην. Ὡς γὰρ αὐτὸς τὸν ἰὸν
ἑαυτοῦ τῆς κακίας τῷ ξύλῳ τῆς γνώσεως ἐγχέας τὴν γευσα-
μένην διέφθειρε φύσιν, οὕτω καὶ αὐτὸς ἐμφαγεῖν τῆς σαρκὸς
15 βουληθεὶς τοῦ Δεσπότου, τῇ δυνάμει τῆς ἐν αὐτῇ θεότητος
διεφθάρη.

ιβ′, 9/10 τὸ – ἐπιγνώσεως] cf. Greg. Naz., Or. 38, 2, 4 (p. 104); cf. Is. 9, 1
12/13 τοὺς – κεκλημένους] cf. Rom. 8, 28
ιγ′, 1/16 Ἐπειδὴ – διεφθάρη] Max. Conf., Cap. XV, 11 (PG 90, 1181 D9 –
1184 A15)   2 θεότητος – δελεάσας] Greg. Naz., Or. 39, 13, 23-24 (p. 178)
θεότητος ἐλπίδι] cf. Gen. 3, 5   6/7 πλὴν – ἦν] cf. I Io. 5, 18   7 ἵνα – δε-
λεάσας] cf. Greg. Naz., Or. 39, 13, 24 (p. 178)   13 τῷ – γνώσεως] cf. Gen. 2,
9 et passim

CV Ba Migne DeVocht
ιγ′ CV Ba Migne DeVocht

ιβ′, 11 προφητικὸς] τε add. V   13 κεκλημένους] κεκλημένος C
ιγ′, 1 ἐγὼ] post θέλων trsp. Migne   3 σαρκὸς] om. Migne   κατέ-
σεισεν] κατέσυρεν Migne   6 ἐπειδὴ] ἐπεὶ Migne   10 αὐτὸν] αὐτὴν CV
12 αὐτὸς] αὐτῆς V   13 ἑαυτοῦ] αὐτοῦ Migne   14 αὐτὸς] αὐτῆς V   τῆς
σαρκὸς] post βουληθεὶς trsp. Migne

24 CAPITA GNOSTICA

ιδ′ Τὸ μέγα τῆς θείας ἐνανθρωπήσεως μυστήριον ἀεὶ μένει μυστήριον, οὐ μόνον ὅτι συμμέτρως τῇ δυνάμει τῶν ὑπ’αὐτοῦ σωζομένων ἐκφαινόμενον (ἔχει μεῖζον τοῦ ἐκφανθέντος τὸ μήπω ὁρώμενον), ἀλλ’ὅτι καὶ αὐτὸ τὸ φανὲν ἔτι μένει πάμ-
5 παν ἀπόκρυφον, οὐδενὶ λόγῳ καθώς ἐστι γινωσκόμενον. Καὶ μήτῳ δόξῃ παράδοξον τὸ λεγόμενον· ὁ γὰρ Θεὸς ὑπερούσιος ὤν, καὶ ἔτι μᾶλλον ὑπερουσιότητος πάσης ἀπείρως ὑπερανεστηκώς, εἰς οὐσίαν ἐλθεῖν βουληθείς, ὑπερουσίως οὐσιώθη. Διὸ καὶ ὑπὲρ ἀνθρώπων, ὡς φιλάνθρωπος, ἐκ τῆς
10 ἀνθρώπων οὐσίας ἀληθῶς ἄνθρωπος γεγονώς, τὸν τοῦ πῶς ἄνθρωπος γέγονε τρόπον μένει διὰ παντὸς ἔχων ἀνέκφαντον· ὑπὲρ ἄνθρωπον γὰρ γέγονεν ἄνθρωπος.

ιε′ Σκοπῶμεν πιστῶς τὸ μυστήριον τῆς θείας ἐνανθρωπήσεως, καὶ μόνον δοξάζωμεν ἀπεριέργως τὸν τοῦτο γενέσθαι δι’ἡμᾶς εὐδοκήσαντα. Τίς γὰρ δυνάμει θαρρῶν λογικῆς ἀποδείξεως ἐξειπεῖν δυνήσεται πῶς Θεοῦ Λόγου γίνεται
5 σύλληψις, πῶς γένεσις σαρκὸς ἄνευ σπορᾶς, πῶς γέννησις ἄνευ φθορᾶς, πῶς μήτηρ ἡ καὶ μετὰ τὸν τόκον διαμείνασα παρθένος, πῶς ὁ ὑπερτελὴς κατὰ ἡλικίαν προέκοπτε, πῶς ὁ καθαρὸς ἐβαπτίζετο, πῶς διέτρεφεν ὁ πεινῶν, πῶς ὁ κοπιῶν

ιδ′, 1/12 Τὸ –ἄνθρωπος] Max. Conf., Cap. XV, 12 (PG 90, 1184 B1-14) 8/9 εἰς –οὐσιώθη] cf. Ps.-Dion. Ar., Ep. 4, 11 (p. 160) 9/10 ὑπὲρ –γεγονώς] Ps.-Dion. Ar., Ep. 4, 8 (p. 160) – 7 (p. 161) 12 ὑπὲρ –ἄνθρωπος] Ps.-Dion. Ar., Ep. 4, 7 (p. 161)
ιε′, 1/18 Σκοπῶμεν –ὑπόστασις] Max. Conf., Cap. XV, 13 (PG 90, 1184 C1 – D6) 5 πῶς¹ –σπορᾶς] cf. Mt. 1, 18-23; cf. Lc. 1, 26-35 5/6 πῶς² –φθορᾶς] cf. Mt. 1, 24-25; cf. Lc. 1, 34 6/7 πῶς –παρθένος] cf. Is. 7, 14; cf. Mt. 1, 23 7 κατὰ –προέκοπτε] cf. Lc. 2, 52 7/8 πῶς² –ἐβαπτίζετο] cf. Mt. 3, 13-17 8 πῶς¹ –πεινῶν] cf. Mt. 4, 2 et 14, 14-21 8/9 πῶς² –δύναμιν] cf. Io. 4, 6

ιδ′ CV Ba Migne DeVocht
ιε′ CV Ba Migne DeVocht

ιδ′, 2 ὅτι] om. CV 6 μήτῳ] μή (sic) τῷ DeVocht 7 μᾶλλον] om. Migne πάσης] ἁπάσης Migne ἀπείρως] om. Migne 9 ἀνθρώπων] scripsi cum Migne DeVocht, ἄνθρωπον codd.
ιε′, 1 Σκοπῶμεν] σκοπήσωμεν Migne DeVocht 2 δοξάζωμεν] δοξάζομεν CV, δοξάσωμεν Migne DeVocht 4 δυνήσεται] δύναται Migne DeVocht 6 καὶ] om. V τὸν] om. Migne

XIV, 1 – XVI, 13   25

ἐχαρίζετο δύναμιν, πῶς ὁ πάσχων ἐδίδου ἰάματα, πῶς ὁ θνήσ-
10 κων ἐζωοποίει, καί, ἵνα τὸ πρῶτον τελευταῖον εἴπω, πῶς
Θεὸς ἄνθρωπος γίνεται, καί, τὸ δὴ πλέον μυστηριωδέστερον,
πῶς οὐσιωδῶς ἐν σαρκὶ καθ'ὑπόστασιν ὅλος, ὁ κατ'οὐσίαν
ὑποστατικῶς ὅλος ἐν τῷ Πατρί, πῶς ὁ αὐτὸς ὅλος ἐστὶ Θεὸς
κατὰ φύσιν καὶ ὅλος γέγονε κατὰ φύσιν ἄνθρωπος, μηδεμίαν
15 φύσιν ἠρνημένος παντάπασι, μήτε τὴν θείαν, καθ'ἣν ὑπάρχει
Θεός, μήτε τὴν ἡμετέραν, καθ'ἣν γέγονεν ἄνθρωπος; Ταῦτα
πίστις μόνη χωρεῖ τὰ μυστήρια, τῶν ὑπὲρ νοῦν καὶ λόγον
ὑπάρχουσα πραγμάτων ὑπόστασις.

ις′ Ὁ Ἀδὰμ παρακούσας ἐξ ἡδονῆς ἄρχεσθαι τὴν τῆς φύσεως
ἐδίδαξε γένεσιν· ὁ Κύριος ταύτην ἐξοικίζων τῆς φύσεως, τὴν
ἐκ σπορᾶς οὐ προσήκατο σύλληψιν. Ἡ γυνὴ παραβᾶσα τὴν
ἐντολήν, ἐξ ὀδύνης ἄρχεσθαι τὴν τῆς φύσεως κατέδειξε γέν-
5 νησιν· ὁ Κύριος ταύτην ἀποτινάσσων τῆς φύσεως γεννηθείς,
φθορὰν ὑπομεῖναι τὴν τεκοῦσαν οὐ συνεχώρησεν, ἵνα ὁμοῦ
τήν τε ἑκούσιον ἡδονὴν καὶ τὴν δι'αὐτὴν ἀκούσιον ὀδύνην
ἐξέλῃ τῆς φύσεως, ὧν οὐκ ἦν δημιουργὸς ἀναιρέτης γενόμενος, καὶ διδάξῃ μυστικῶς κατὰ γνώμην, ἄλλης ἀπάρχεσθαι
10 ζωῆς, ἐξ ὀδύνης μὲν τυχὸν ἀρχομένης καὶ πόνων, ληγούσης
δὲ πάντως εἰς ἡδονὴν θείαν καὶ εὐφροσύνην ἀπέραντον. Διὰ
τοῦτο γίνεται ἄνθρωπος καὶ γεννᾶται ὡς ἄνθρωπος, ὁ ποιήσας τὸν ἄνθρωπον, ἵνα σώσῃ τὸν ἄνθρωπον, καὶ πάθη πά-

---

ιε′, 9 πῶς¹ –ἰάματα] exempli gratia, cf. Mt. 27, 27-56; cf. Mc. 15, 16-39; cf.
Lc. 23, 26-49; cf. Io. 9, 1-41 et 19, 16-37   9/10 πῶς² –ἐζωοποίει] exempli
gratia, cf. Is. 53, 11-12; cf. Mt. 20, 28; cf. I Cor. 15, 22; cf. Gal. 4, 4-5; cf. Hebr.
2, 14   10/11 πῶς –γίνεται] cf. Io. 1, 14   13/16 πῶς –ἄνθρωπος] cf.
Phil. 2, 6-8; cf. Hebr. 13, 8; cf. Greg. Nyss., Antirrh. adv. Apol., 10-12 (p. 227)
16/18 Ταῦτα –ὑπόστασις] cf. Hebr. 11, 1
ις′, 1/16 Ὁ –ἀνανεούμενος] Max. Conf., Cap. XV, 14 (PG 90, 1185 A1 – B3)
1 Ὁ –παρακούσας] cf. Gen. 3

CV Ba Migne DeVocht
ις′ CV Ba Migne DeVocht

ιε′, 12 ὅλος] ὁ Λόγος Migne   13 ὅλος¹] ὑπάρχων add. Migne   αὐτὸς]
καὶ add. Migne DeVocht
ις′, 7 αὐτὴν] αὐτῆς V   9 γνώμην] γνῶσιν CV   ἄλλης] ἄλλος V

26 CAPITA GNOSTICA

θεσιν ἰασάμενος, πάθος αὐτὸς ὑπάρχων ἀποδειχθῇ τῶν ἡμε-
15 τέρων παθῶν, ὑπερφυῶς ταῖς ἑαυτοῦ κατὰ σάρκα στερήσεσι
τὰς ἡμῶν κατὰ πνεῦμα φιλανθρώπως ἕξεις ἀνανεούμενος.

ιζ′ Ὁ τῷ θείῳ πόθῳ νικήσας τὴν πρὸς τὸ σῶμα τῆς ψυχῆς
διάθεσιν, ἀπερίγραφος γέγονε, κἂν ἐστιν ἐν σώματι. Ὁ γὰρ
ἕλκων τὴν τοῦ ποθοῦντος ἔφεσιν Θεὸς πάντων ἀσυγκρίτως
ἐστὶν ὑψηλότερος, οὐκ ἐῶν τὸν ποθοῦντα τινὶ τῶν μετὰ Θεὸν
5 προσηλῶσαι τὴν ἔφεσιν. Ποθήσωμεν οὖν τὸν Θεὸν καθ᾽ ὅλην
ἡμῶν τὴν τῆς ἐφέσεως δύναμιν, καὶ πᾶσι τοῖς σωματικοῖς
τὴν προαίρεσιν ἀκράτητον ποιησώμεθα, καὶ πάντων τῶν
ὄντων αἰσθητῶν τε καὶ νοητῶν ὑπεράνω τῇ διαθέσει γενώ-
μεθα, καὶ οὐδὲν κατὰ γνώμην πρὸς τὸ συνεῖναι Θεῷ τῷ κατὰ
10 φύσιν ἀπεριγράφῳ παντελῶς ὑπὸ τῆς φυσικῆς περιγραφῆς
ζημιωθησόμεθα.

ιη′ **Ἐξετινάχθην ὡσεὶ ἀκρίδες, φησὶν ὁ Δαυΐδ.** Ὥσπερ ἡ
ἀκρίς, ὡς φασίν, οὐ **πρότερον τὴν ἐκτὸς πετάλωσιν τῆς**
ἐπικειμένης αὐτῇ λεβηρίδος ἐκτινάσσεται πρὶν ἢ τὴν
ἐντὸς ἀποκειμένην ἀποβάληται κόπρον, οὕτως οὐδέ τις
5 **τῶν ἀνθρώπων τὸν παλαιὸν ἐκδύεσθαι δύναιτ᾽ ἂν ἄνθρω-**
πον, τὸν φθειρόμενον κατὰ τὰς ἐπιθυμίας τῆς ἀπάτης,
εἰ μὴ πρότερον τὴν ἐντὸς κατὰ διάνοιαν πρὸς τὰ φθει-

ιζ′, 1/11 Ὁ –ζημιωθησόμεθα] Max. Conf., Cap. XV, 15 (PG 90, 1185 B4 –
C5)
ιη′, 1 Ἐξετινάχθην –ἀκρίδες] Ps. 108, 23b   **4/9** οὕτως –ἀποβάληται] cf.
Max. Conf., Th. Oec. II, 27 (PG 90, 1137 B1-5)   **4/6** οὕτως –ἀπάτης] cf. Eph.
4, 22

CV Ba Migne DeVocht
ιζ′ CV Ba Migne DeVocht
ιη′ F CV Ba Epifan.

ιϛ′, **15** παθῶν] ψυχῶν CV   **16** κατὰ πνεῦμα] post φιλανθρώπως trsp. Migne
ιζ′, **5** ὅλην] ὅλου C, ὅλον V   **6** ἐφέσεως] φύσεως Migne   **9** γνώμην]
τὴν praem. Migne   **11** ζημιωθησόμεθα] ζημιωθησώμεθα Migne
ιη′, **2** ὡς] om. V   φασίν] φησίν V   **4** ἀποβάληται] ἀποβάλληται F
5 ἐκδύεσθαι] ἐκδύσεσθαι F   δύναιτ᾽ἂν] δύναται V   ἄνθρωπον] τὸν praem.
Epifan.

XVI, 14 – XX, 6 27

ρόμενα σχέσιν, ὥσπερ τινὰ δυσώδη κόπρον, παντελῶς
ἀποβάληται.

ιθ′ *Τὰ γόνατά μου ἠσθένησαν ἀπὸ νηστείας.* Νηστεία
ἐστὶ στέρησις ἑστίας, γόνατα δὲ αἱ ὑπερειστικαὶ τῶν
παθῶν ἕξεις· ἐπαινετῶς γὰρ καὶ ψεκτῶς δύναται ληφ-
θῆναι παρὰ τῇ Γραφῇ τὰ γόνατα. Ὁ τοίνυν πάσης ἀπε-
5 χόμενος κακίας καὶ νηστεύων τῶν δι᾽ἑκάστης αἰσθήσεως πρὸς τὴν ψυχὴν εἰσαγομένων αἰσθητῶν εἰδώλων,
ἀσθενῆ κατέστησε τοῦ νόμου τῆς ἁμαρτίας τὰ γόνατα,
λέγω δὲ τὰς ὑπερειστικὰς ἕξεις τῶν παθῶν μηκέτι δυ-
ναμένας ταῖς τῶν φαύλων ἐνεργείαις εὐκινήτως διάλ-
10 λεσθαι καὶ τὰς ἀπρεπεῖς καὶ φθοροποιοὺς ἀποτελεῖν
κακίας. Ὥσπερ οὖν τοῦ νηστεύοντος ἀπὸ κακίας τὰ γόνατα πάντως ἀσθενεῖ, οὕτως τοῦ τρυφῶντος ἐν λόγῳ
θείῳ καὶ διηγήμασι στερρὰ τὰ τῆς ἀρετῆς καθίσταται
γόνατα.

κ′ *Καὶ ἡ σάρξ μου ἠλλοιώθη δι᾽ἔλαιον.* Σάρξ ἐστιν
ἐνταῦθα τυχὸν ἡ ἐπιθυμητικὴ δύναμις, ἔλαιον δὲ ἡ ταύτην πιαίνουσα λειότης τῶν ἡδονῶν· ἔστι γὰρ ψεκτὸν
ἔλαιον παρὰ τῇ Γραφῇ, καθό φησιν· *ἔλαιον ἁμαρτωλοῦ*
5 *μὴ λιπανάτω τὴν κεφαλήν μου.* Ὁ τοίνυν κατὰ τὸν μα-
κάριον Δαυΐδ πᾶσαν τὴν πρὸς ἡδονὴν πιαίνουσαν τὴν

ιθ′, 1 Τὰ –νηστείας] Ps. 108, 24a 7 τοῦ –ἁμαρτίας] Rom. 8, 2; cf. Rom.
7, 23

κ′, 1 Καὶ –δι᾽ἔλαιον] Ps. 108, 24b 2 ἡ –δύναμις] Greg. Nyss., Hom. XV
in Cant., IV, 2, 3, 5 (p. 119) 3 λειότης –ἡδονῶν] cf. Max. Conf., Car. II, 19, 3
(p. 98) 4/5 ἔλαιον² –μου] Ps. 140, 5b

F CV Ba Epifan.
ιθ′ F CV Ba Epifan.
κ′ F CV Ba Epifan.

ιθ′, 4 παρὰ – Γραφῇ] post τὰ γόνατα trsp. CV 8 δὲ] δὴ F 11 Ὥσπερ
–κακίας²] om. V
κ′, 1 ἠλλοιώθη] ἠλλοιώθην F 3/4 ψεκτὸν ἔλαιον] inv. ord. C

κ′, 1 Καὶ –δι᾽ἔλαιον] iter. καὶ ἡ σάρξ μου ἠλλοιώθη δι᾽ἔλαιον C^in marg.

28 CAPITA GNOSTICA

ἐπιθυμίαν ἀφορμὴν περικόψας ξηρανθεῖσαν τῆς δυσώ-
δους τῶν παθῶν σηπεδόνος τὴν ἐπιθυμίαν ἀλλοιοῖ καὶ
πρὸς ἃ δοκεῖ τῷ Λόγῳ καθηκόντως αὐτὴν μεταφέρει,
10 ὥστε εἰπεῖν δύνασθαι· ἐναντίον σου πᾶσα ἡ ἐπιθυμία μου,
καὶ ἡμέραν ἀνθρώπου οὐκ ἐπεθύμησα.

κα′ Κἀγὼ ἐγενήθην ὄνειδος αὐτοῖς. Ὄνειδός ἐστι τοῖς
ἀκαθάρτοις δαίμοσιν ὁ τὴν αὐτῶν κακίαν ἐξ ὅλης καρδίας ἀνεπιστρόφως ἀποφυγών, ταῖς τῶν προλαβόντων
ἁμαρτημάτων μνήμαις ὑπ᾽αὐτῶν ὀνειδιζόμενος, καὶ διὰ
5 τῆς τῶν ἁμαρτημάτων κατ᾽εἶδος ἀπαριθμήσεως εἰς ἀπόγνωσιν φέρειν ἐπιχειρούντων, ὡς οὐκ οὔσης αὐτῷ τῶν
προλαβόντων ἁμαρτημάτων διὰ τῆς ἐν χερσὶ μετανοίας
ἀφέσεως. Ἢ πάλιν, ὄνειδός ἐστι τοῖς δαιμονίοις ὁ ταῖς
ἀρεταῖς τὰ ἤθη τοῦ σώματος καὶ τῆς ψυχῆς τὰ κινήματα
10 θεοφιλῶς ποιμαίνων· βδέλυγμα γάρ, φησὶν ἡ Γραφή,
τοῖς Αἰγυπτίοις πᾶς ποιμὴν προβάτων.

κβ′ Εἴδοσάν με, ἐσάλευσαν κεφαλὰς αὐτῶν. Αἱ κεφα-
λαὶ τῶν πονηρῶν δαιμόνων αἱ ἀρχαὶ τυγχάνουσι τῶν
παθῶν ἢ αἱ πρῶται διὰ τῶν λογισμῶν προσβολαὶ τῆς
κακίας ἢ αἱ ἐκ τῶν φυσικῶν ἀρχῶν τῶν παθῶν διατυ-

κ′, 8 ἀλλοιοῖ] vide supra, caput κ′, l. 1   10/11 ὥστε –ἐπεθύμησα] Greg.
Naz., Or. 40, 40, 8-10 (p. 290)   10 ἐναντίον –μου] Ps. 37, 10a   11 ἡμέραν –ἐπεθύμησα] Ier. 17, 16
κα′, 1 Κἀγὼ –αὐτοῖς] Ps. 108, 25a   4/5 διὰ –ἀπαριθμήσεως] cf.
Col. 3, 5-9   9/10 καὶ –ποιμαίνων] Ps.-Cyr., coll. VT (PG 77, 1185 A9-10)
10/11 βδέλυγμα –προβάτων] Gen. 46, 34
κβ′, 1 Εἴδοσάν –αὐτῶν] Ps. 108, 25b; cf. Mt. 27, 39; cf. Mc. 15, 29

F CV Ba Epifan.
κα′ F CV Ba Epifan.
κβ′ F CV Ba Epifan.

κ′, 7 δυσώδους] δυσωδίας CV   8/9 τὴν –πρὸς] om. F
κα′, 5 τῆς] αὐτῶν add. F   τῶν] om. V
κβ′, 1 Εἴδοσάν] ἴδωσάν F   3 αἱ] om. F   4 αἱ] om. V

κα′, 1 Κἀγὼ –αὐτοῖς] iter. κἀγὼ ἐγενήθην ὄνειδος αὐτοῖς Cⁿ marg.
κβ′, 1 ἐσάλευσαν –αὐτῶν] iter. ἐσάλευσαν κεφαλὰς αὐτῶν Cⁿ marg.

XX, 7 – XXIV, 7   29

5 πώσεις, ἃς κινοῦσι θεωροῦντες προκόπτοντα κατὰ Θεὸν
τὸν ἐνάρετον οἱ ἀκάθαρτοι δαίμονες, δι᾽αὐτῶν πρὸς ἑαυτοὺς ἀνθέλκειν ἐπιχειροῦντες.

κγ΄ Βοήθησόν μοι Κύριε, ὁ Θεός μου. Κύριος μὲν ὁ Θεὸς
λέγεται τῶν τὴν πρακτικὴν μετιόντων ἀρετήν, ὡς ἔτι
τῆς τῶν ἐπιτασσομένων τάξεως ὄντων, Θεὸς δὲ τῶν τὴν
γνωστικὴν ἀσκουμένων φιλοσοφίαν, ὡς τῆς ἐπιστημο-
5 νικῆς τῶν ὄντων γενομένων κατανοήσεως. Ὁ τοίνυν
ἐπῃσθημένος τῆς φυσικῆς ἀσθενείας, κἂν προκόπτῃ
κατ᾽ἀρετήν, ἑαυτὸν οὐκ ἀρνεῖται, ἀλλ᾽εὔχεται παρακαλῶν
τὸν Θεὸν βοηθῆσαι αὐτῷ, τουτέστι συνάρασθαι, ἵνα
μήτε κατὰ τὴν πρακτικήν, μήτε κατὰ τὴν θεωρητικὴν
10 αὐτὸν βλάψαι διὰ τῆς αὐτῶν κακῆς πανουργίας δυνη-
θῶσιν οἱ δαίμονες.

κδ΄ Σῶσόν με κατὰ τὸ ἔλεός σου. Ἔλεός ἐστι τοῦ Θεοῦ
καὶ Πατρὸς ἡ τοῦ Μονογενοῦς περὶ τὸν ἄνθρωπον διὰ
σαρκὸς εὐσπλαγχνία, ἥτις ἑαυτὸν λύτρον ὑπὲρ ἡμῶν
δοῦναι παρασκευάσασα δωρεάν, μηδὲν προεισενέγκα-
5 σαν τὴν τῶν ἀνθρώπων ἅπασαν διέσωσε φύσιν. Κατὰ
τοῦτο γοῦν τὸ μυστήριον, καθὸ δωρεὰν ἀφέονται πᾶσιν
αἱ ἁμαρτίαι διὰ τῆς πίστεως εὔχεται ὁ διαγνοὺς ἄνευ

κγ΄, 1 Βοήθησόν – μου] Ps. 108, 26a   7 κἂν – ἀρετήν] Or., Sel. in Ps. LIV
(PG 12, 1465 B12)
κδ΄, 1/10 Σῶσόν – ἀναστήσαντος] cf. Io. 3, 16-17   1 Σῶσόν – σου] Ps.
108, 26b   3/4 ἑαυτὸν – δοῦναι] cf. Mt. 20, 28; Mc. 10, 45   5/7 Κατὰ – πίσ-
τεως] cf. Mt. 1, 21; cf. Rom. 5, 12; cf. Hebr. 9, 26

F CV Ba Epifan.
κγ΄ F CV Ba Epifan.
κδ΄ F CV Ba Epifan.

κγ΄, 7 ἀρνεῖται] ἀρνῆται F   8 συνάρασθαι] συνάρεσθαι CV
κδ΄, 6 ἀφέονται] ἀφέωνται C Ba Epifan.

κγ΄, 1/11 Βοήθησόν – δαίμονες] ὅτι Κύριος μὲν λέγεται ὁ Θεὸς τοῖς τὴν πρακτικὴν μετιοῦσι· Θεὸς δὲ τοῖς προκόψουσι· καὶ τὴν γνωστικὴν μετερχομένοις φιλοσοφίαν (φιλοσοφίαν] φιλοσοφία Ba) C$^{in\ marg.}$ Ba$^{in\ marg.}$
κδ΄, 3 εὐσπλαγχνία] σημείωσαι· ὁ τρόπος τοῦ ἐλέους C$^{in\ marg.}$ Ba$^{in\ marg.}$

30 CAPITA GNOSTICA

τοῦ κυρίως ἱλασμοῦ μὴ δύνασθαι τὸ σύνολον σωτηρίας
τυχεῖν τοὺς ἐφιεμένους ταύτης· ἡ γὰρ φύσις ἅπαξ πτω-
10 θεῖσα διὰ τῆς ἁμαρτίας ἰσχυροτέρου δεῖται τοῦ ἀναστή-
σαντος.

κε′ Καὶ γνώτωσαν, ὅτι ἡ χείρ σου αὕτη, καὶ σὺ Κύριε
ἐποίησας αὐτὴν χεῖρα Θεοῦ. Τὴν θείαν, ὡς οἶμαι, λέγει δυναστείαν ἣν ἐποίησεν ὁ Κύριος ἐν τῷ δικαίῳ, καὶ
ῥυσάμενος αὐτὸν τῆς κακίας καὶ σώσας αὐτὸν διὰ τῶν
5 ἀρετῶν, ἥντινα χεῖρα βούλεται γνόντας τοὺς ἀκαθάρτους δαίμονας ὁ δίκαιος ἐνδοῦναι τῷ πρὸς αὐτὸν διὰ
τῶν προτέρων ἁμαρτημάτων ὀνειδισμῷ, μαθόντας τὴν
ἐν τῷ ἐλέει τοῦ Θεοῦ γενομένην αὐτῷ λύτρωσίν τε καὶ
σωτηρίαν. Ἢ πάλιν, χείρ ἐστι τοῦ Θεοῦ τυχὸν ἡ τῆς
10 σαρκὸς ὑπὲρ ἀρετῆς κατὰ προαίρεσιν κάκωσις, ἣν ποιεῖ
παιδεύων ἡμᾶς πρὸς σωτηρίαν ὁ Λόγος, ἡ ἀληθὴς χεὶρ
τοῦ Θεοῦ. Χεὶρ γὰρ Θεοῦ πρὸς κράτος πεποιημένη, ἡ τὴν
ἄλογον αἴσθησιν μαστίζουσα δι'ἐγκρατείας καὶ ἑτέρων
τρόπων τοῦ Λόγου καθέστηκε δύναμις, ἵνα τὸν κατ'εἰκό-
15 να Θεοῦ γενόμενον ἐξαγάγῃ τῆς ἐμπαθοῦς προσπαθείας
τῆς σαρκός, ὡς Μωϋσῆς τῆς Αἰγύπτου τὸν Ἰσραὴλ ἐν
χειρὶ κραταιᾷ καὶ ἐν βραχίονι ὑψηλῷ.

κε′, 1/2 Καὶ[1] –αὐτὴν] Ps. 108, 27   14/15 κατ' –Θεοῦ] Gen. 1, 27 et
5, 1   15/16 ἐξαγάγῃ –σαρκός] cf. Max. Conf., Q. D. 122, 15-16 (p. 90)
16/17 ὡς –ὑψηλῷ] cf. Ex. 6, 1 et 6, 6   ἐν –ὑψηλῷ] Ex. 6, 1; Deut. 4, 34; 5, 15; 6,
21 et 7, 8; Ps. 135, 12a; Ier. 39, 21; Bar. 2, 11; Ez. 20, 33 et 20, 34   17 καὶ –ὑψη-
λῷ] IV Reg. 17, 36

F CV Ba Epifan.
κε′ F CV Ba Epifan.

κδ′, 9 τοὺς ἐφιεμένους] τοῖς ἐφιεμένοις F   ταύτης] αὐτῆς F   10 ἀνα-
στήσαντος] ἀναστήσοντος Epifan.
κε′, 10 κατὰ προαίρεσιν] om. F   12 πεποιημένη] σαφῶς ἐστιν add. F
15 ἐξαγάγῃ] ἐξάγει F

XXIV, 8 – XXVII, 10   31

κϛ' *Καταράσονται αὐτοί, καὶ σὺ εὐλογήσεις.* Οἱ πονηροὶ
δαίμονες ἀεὶ καταρῶνται τοῖς δικαίοις, πρὸς ὀνειδισμὸν
τὰ πρῴην ἁμαρτήματα προφέροντες, ἢ πρὸς ἐρεθισμὸν
ἕτερα χείρονα τῶν πρώτων ἀναιδῶς ὑποβάλλοντες.
5 *Εὐλογεῖ* δὲ ὁ Θεὸς ἢ διὰ τῶν οὐσῶν ἀρετῶν τὸν καταπο-
νούμενον παραμυθούμενος νοῦν, ἢ τρόπους ἑτέρων ἀρετῶν ὑψηλοτέρων διδοὺς καὶ τὴν πρὸς ἐνέργειαν αὐτῶν
χαριζόμενος δύναμιν, ἢ λόγους σοφίας καὶ γνώσεως
μυστικωτέρους δωρούμενος καὶ νικῶν τὴν ἐκ τῶν προ-
10 τέρων ἀπόγνωσιν κατὰ τὴν τῶν δευτέρων ἐπίδοσιν.

κζ' *Οἱ ἐπανιστάμενοί μοι αἰσχυνθήτωσαν, ὁ δὲ δοῦλός
σου εὐφρανθήσεται.* Ἐπανίστανται κατὰ παντὸς δικαίου οἱ δαίμονες πρῶτον διὰ τῶν κατὰ προαίρεσιν ἑκουσίων ἐρεθισμῶν πολεμοῦντες καὶ πρὸς τὰς ἀκαθάρτους
5 ἡδονὰς ὑποσύροντες· ἐπανίστανται δὲ καὶ ὁπηνίκα ταύτης νικηθέντες διὰ τῆς χάριτος ἀποτύχωσι τῆς πείρας,
τὴν περιστατικὴν τῶν ἀκουσίων παρὰ προαίρεσιν αὐτῷ
πειρασμῶν ὀδύνην μανικῶς ἐπανατείνοντες, μεθ'ἣν εὐ-
φραίνεται μάλα δικαίως ὁ ἅγιος, ὡς ἡδονῆς τε καὶ ὀδύ-
10 νης γενναίως δι'ἐγκρατείας τε καὶ ὑπομονῆς κρατήσας

κϛ', 1 Καταράσονται – εὐλογήσεις] Ps. 108, 28a
κζ', 1/2 Οἱ – εὐφρανθήσεται] Ps. 108, 28bc

κϛ' F CV Ba Epifan.
κζ' F CV Ba Epifan.

κϛ', 5 οὐσῶν] om. CV Ba Epifan.   7 αὐτῶν] αὐτῷ CV Ba Epifan.   9 ἐκ]
om. F   10 τὴν] om. V   ἐπίδοσιν] ἐπίγνωσιν V
κζ', 2 παντὸς] om. V   δικαίου] τοῦ praem. V   5 καὶ] om. F   8 ἐπ-
ανατείνοντες] ἐπανατείνοντας CV

κϛ', 1/10 Καταράσονται – ἐπίδοσιν] θαυμάσιον τοῦ Πατρός· περὶ τοῦ κατ'ἐλπίδος Θείου, θεώρημα Cⁱⁿ ᵐᵃʳᵍ Baⁱⁿ ᵐᵃʳᵍ
κζ', 1/12 Οἱ – ἀρετήν] διττὴν ὁ πατὴρ τὴν ἐπανάστασιν δηλοῖ· διὰ τῶν ἀκουσίων ἢ ἑκουσίων· ἰδοὺ δὲ (ut vid.) ἔχει ὡς ἐν ὑποδείγματι τὸν Ἰωσῆφ (sic)· ἐπειδὴ
οὐκ ἐθέλχθη τοῖς ἑκουσίοις, ἐν ἀκουσίοις ἐπιτίθεται καταπιέζων Cⁱⁿ ᵐᵃʳᵍ, διττὴν ὁ
πατὴρ τὴν ἐπανάστασιν δηλοῖ Baⁱⁿ ᵐᵃʳᵍ

32 CAPITA GNOSTICA

καὶ σώαν δι'ἀμφοτέρων δοκιμασθεῖσαν διατηρήσας τῷ
Δεσπότῃ τὴν ἀρετήν.

κη΄ Ἐνδυσάσθωσαν οἱ ἐνδιαβάλλοντές με ἐντροπὴν καὶ
περιβαλέσθωσαν ὡς διπλοΐδα αἰσχύνην αὐτῶν. Ἔνδυμα λέγεται τὸ ἐπ'αὐτῆς τῆς σαρκὸς χιτώνιον, διπλοῖς δὲ
ἡ περιβολὴ τοῦ ἐκτὸς ἱματίου. Ἐντροπὴ δὲ πάλιν ἐστὶ
5 λύπη κατὰ νοῦν ἐξ ἀποτυχίας τινὸς καταθυμίου συνισταμένη, αἰσχύνη δὲ λύπη ἐπ'αἰσχρῷ ἐκφανῶς πεπραγ-
μένῳ. Εὔχεται οὖν ὁ δίκαιος ἀεὶ λυπεῖσθαι καθ'ἑαυτοὺς
ἐν τῷ βάθει τῆς αὐτῶν διανοίας τοὺς δαίμονας, τὴν ἐξ
ἀποτυχίας τῆς περὶ κακίαν ἐπ'αὐτῷ προσδοκίας ἔχοντας
10 ἐντροπήν, καὶ πάλιν ἀεὶ λυπεῖσθαι, τὴν ἐξ ἀλλήλων αἰσχύνην ἐπὶ τῇ ἥττῃ μὴ φέροντας. Ἢ πάλιν, αἰσχύνονταί
τε καὶ ἐντρέπονται, ἡνίκα κατὰ τὴν παροῦσαν ζωὴν διὰ
τῶν λογισμῶν ἐν ἡμῖν κινοῦντες τὰ πάθη, τῆς ἑαυτῶν
διαπίπτουσι κακουργίας, τόπον ἐν ἡμῖν οὐχ'εὑρίσκον-
15 τες, ἢ κατὰ τὴν ἔξοδον τῆς ψυχῆς ὡς ἀναιδεῖς πάλιν
παραγινόμενοι πρὸς τὴν διαβολὴν τῆς ψυχῆς ἐντρέπονται καὶ αἰσχύνονται, μηδὲν ἔχοντες διὰ τοῦ μέσου πά-
θους πρὸς τὴν ψυχὴν τεκμήριον οἰκειότητος, ἢ καὶ κατὰ
τὴν φοβερὰν ἡμέραν τῆς κρίσεως, ἐν ᾗ πλέον ἐντραπή-
20 σονται καὶ αἰσχυνθήσονται, μηδὲν πρὸς διαβολὴν ἔχοντες προσενέγκαι κατὰ τῶν ἐν χάριτι σωζομένων.

κη΄, 1/2 Ἐνδυσάσθωσαν – αὐτῶν] Ps. 108, 29   2/4 Ἔνδυμα – ἱματίου] cf.
Max. Conf., Q. Thal. IV, 7-9 (p. 61)   2 Ἔνδυμα] cf. Ps. 108, 29a   19 ἡμέραν – κρίσεως] cf. Apoc. 14, 7

F CV Ba Epifan.
κη΄ F CV Ba Epifan.

κη΄, 2 αἰσχύνην αὐτῶν] inv. ord. F CV   12 τε] om. F   17 ἔχοντες]
ἔχοντας V

κη΄, 2 Ἔνδυμα] τί ἐστιν ἔνδυμα· περιβολὴ καὶ διπλοῖς· ἐντροπή ἐστι, λύπη ἐξ
ἀποτυχίας· αἰσχύνη δὲ λύπη ἐπ'αἰσχροῖς πεπραγμένοις Cⁿ ᵐᵃʳᵍ Baⁱⁿ ᵐᵃʳᵍ

XXVII, 11 – XXX, 11　　33

κθ′ Ἐξομολογήσομαί σοι, Κύριε, σφόδρα ἐν τῷ στόμα-
τί μου. Σφόδρα ἐξομολογεῖται τῷ Κυρίῳ ἐν τῷ στόματι
αὐτοῦ ὁ ἐξ ὅλης ψυχῆς καὶ δυνάμεως ὑπὲρ τῆς ἐγγενο-
μένης αὐτῷ τελείας καθάρσεως παντὸς μολυσμοῦ σαρ-
5 κός τε καὶ πνεύματος τὴν λογικὴν τῷ Θεῷ προσάγων
ἔντευξιν καὶ ἀντιδιδοὺς τῆς εὐεργεσίας τὴν εὐχαριστί-
αν. Ἐξομολόγησις γάρ ἐστιν ἡ δι᾽εὐχαριστίας τῶν ἐκ
Θεοῦ τῷ δικαίῳ προσγενομένων ἀγαθῶν ἐξαγορία, στό-
μα δὲ ἡ ἐκφανὴς ἐνέργεια τῆς λογικῆς δυνάμεως.

λ′ Καὶ ἐν μέσῳ πολλῶν αἰνέσω αὐτόν. Αἶνός ἐστι λόγος ἔμπρακτος, δι᾽ἐπαίνων ἐνδεικτικὸς τῶν προσόντων
τινὶ παρὰ τοὺς ἄλλους ἐξαιρέτων ἀγαθῶν. Αἰνεῖ τοίνυν
ὁ δίκαιος πράξει τε καὶ λόγῳ κατὰ δύναμιν τὴν ὑπερ-
5 βάλλουσαν τοῦ Θεοῦ τοῖς πολλοῖς φανερὰν ποιούμενος
δυναστείαν, τοῖς πολλοῖς, ἀλλ᾽οὐ τοῖς πᾶσιν. Οὐ γὰρ πάντων ἡ γνῶσις, ἀλλὰ τῶν ἐπὶ τούτῳ καὶ μόνῳ καθαιρο-
μένων γνῶναι τὰς αἰνέσεις τοῦ Κυρίου καὶ τὰς δυνασ-
τείας, τουτέστι τοὺς ἐφ᾽ἡμῖν κατὰ τὴν πρᾶξιν τρόπους
10 τῶν ἀρετῶν καὶ τοὺς κατὰ τὴν θεωρίαν τῆς γνώσεως
λόγους.

κθ′, 1/2 Ἐξομολογήσομαί – μου] Ps. 108, 30a　　7 Ἐξομολόγησις] vide
supra, caput κθ′, l. 1/2
λ′, 1 Καὶ – αὐτόν] Ps. 108, 30b

κθ′ F CV Ba Epifan.
λ′ F CV Ba Epifan.

κθ′, 4 παντὸς] ἐκ praem. V　　6 ἀντιδιδοὺς] ἀντιδοὺς F　　8 ἐξαγορία]
ἐξηγορία F
λ′, 7 μόνῳ] μόνον CV Ba Epifan.　　10 τῆς] om. F

κθ′, 7 Ἐξομολόγησις] σημείωσαι τί ἐστιν ἐξομολόγησις C[in marg.] Ba[in marg.]
λ′, 1 Αἶνός] τί ἐστιν αἶνος C[in marg.] Ba[in marg.]

34 CAPITA GNOSTICA

λα′ Ὅτι παρέστη ἐκ δεξιῶν πένητος, τοῦ σῶσαι ἐκ τῶν καταδιωκόντων τὴν ψυχήν μου. Δεξιὰ τοῦ δικαίου τυχόν ἐστιν ἡ νοερὰ τῆς ψυχῆς δύναμις, ἢ ἡ κατ᾿ἀρετὴν ἕξις καὶ ἐνέργεια, ἢ ἡ κατὰ τὴν γνῶσιν ἀληθὴς θεωρία,
5 ἢ συνελόντα φάναι, τὸ πνευματικὸν φρόνημα, ἐφ᾿οὗ παρίσταται σώζων ὁ Θεὸς ἀπὸ τῶν καταδιωκόντων διὰ τῆς ἀριστερᾶς, τουτέστι τῆς σαρκὸς ἢ τοῦ χοϊκοῦ φρονήματος ἢ τῆς κακίας καὶ ἀγνωσίας (ταῦτα γὰρ πάντα τῆς ἀριστερᾶς ὑπάρχει) τὴν ψυχὴν τοῦ δικαίου, καὶ
10 βουλομένων αὐτὴν κολλῆσαι εἰς χοῦν, τουτέστιν εἰς τὴν φθορὰν τῆς τῶν σωματικῶν ἀπολαύσεως, καὶ εἰς γῆν τὴν γαστέρα, δηλαδὴ τὴν ἐπιθυμίαν εἰς τὴν ὑλικὴν ἀπάτην. Πένης δέ ἐστιν ὁ τὴν πρέπουσαν τῇ ἐκ μὴ ὄντων φύσει ταπεινοφροσύνην ἀεὶ κατὰ διάνοιαν φέ-
15 ρων καὶ μηδὲν ἴδιον ἔχειν ἄνευ Θεοῦ πρὸς ἀρετῆς γινώσκων ἐνέργειαν.

λβ′ Φίλου πιστοῦ οὐκ ἔστιν ἀντάλλαγμα τῶν ὄντων οὐδέν. Φίλος πιστός ἐστι κατὰ τὴν Γραφὴν ὁ φιλωθεὶς ἡμῖν κατὰ σάρκα Θεὸς Λόγος τοῖς ποτε διὰ τὴν ἁμαρτίαν ἐχθροῖς, καὶ φιλώσας τῷ Θεῷ καὶ Πατρὶ διὰ τῶν
5 ὑπὲρ ἡμῶν ἑκουσίων παθημάτων, οὗτινος τῶν ὄντων, ἢ πραγμάτων ἢ λόγων ἢ νοημάτων, οὐδὲν ἀνταλλάσσεται. Γίνεται δὲ φίλος πιστὸς τυχὸν καὶ τὸ σῶμα, ποιωθὲν

λα′, 1/2 Ὅτι −μου] Ps. 108, 31   11/12 εἰς −γαστέρα] Ps. 43, 26b
13 Πένης] Ps. 108, 31a
λβ′, 1 Φίλου −οὐδέν] Greg. Naz., Or. 11, 1, 1-2 (p. 328)   Φίλου −ἀντάλλαγμα] Sir. 6, 15a; cf. Max. Conf., Car. IV, 93, 1 (p. 236)   6 ἀνταλλάσσεται] vide supra, caput λβ′, l. 1

λα′ F CV Ba Epifan.
λβ′ F CV Ba Epifan.

λα′, 1 ἐκ¹] ἐξ Epifan.   4 καὶ] om. CV   9 καὶ] om. CV Ba Epifan.
10 βουλομένων] βουλομένην V

λα′, 2 Δεξιά] τί ἐστι δεξιά C^n marg. Ba^in marg.
λβ′, 2 Φίλος πιστός] iter. φίλος πιστός C^n marg.

XXXI, 1 – XXXIII, 15   35

τῷ Λόγῳ πρὸς ἀρετὴν καὶ συνεργοῦν τῇ ψυχῇ πρὸς σωτηρίαν διὰ τῆς πράξεως. **Φίλος δὲ πιστὸς ἴσως ἐστὶ πά-**
10 **λιν καὶ ὁ τὴν αὐτὴν τῷ φιλοθέῳ πίστιν ἔχων καὶ κατὰ**
πρᾶξιν καὶ θεωρίαν αὐτῷ συμπροθυμούμενος.

λγ′ *Φίλος πιστὸς σκέπη κραταιά, καὶ ὠχυρωμένον βασίλειον.*
Σκέπη μὲν *κραταιὰ* **σαφῶς ἐστιν ὁ Κύριος ἡμῶν, ὡς δεί-**
ξας τῆς κακίας τὸν ὄλεθρον τῇ φανερώσει τῆς τῶν ἀρε-
τῶν ἀφθαρσίας, ὠχυρωμένον δὲ *βασίλειον,* **ὡς ζῶσαν ἐν**
5 **ἑαυτῷ παραδείξας τῶν μελλόντων ἀγαθῶν τὴν ἀπόλαυ-**
σιν. *Σκέπη* δὲ *κραταιὰ* **γίνεται τυχὸν καὶ τὸ σῶμα, διὰ**
τῆς κατὰ τὴν πρᾶξιν νεκρώσεως οὐκ ἐῶν τὸν φλογμὸν
τῆς κακίας πρὸς τὸν νοῦν διαβάντα χρῶσαι τῷ ζόφῳ
τῆς ἀγνοίας, ὠχυρωμένον δὲ *βασίλειον,* **ὡς τοῖς φρουρητι-**
10 **κοῖς τρόποις τῶν ἀρετῶν μὴ συγχωροῦν συληθῆναι τὸν**
τῆς γνώσεως θησαυρόν. *Σκέπη* δὲ *κραταιὰ* **γίνεται καὶ ὁ**
τῇ διδασκαλίᾳ τὸν καύσωνα τῶν παθῶν **τὸν ἐνεχόμενον**
αὐτοῖς ἀποκρουόμενος, ὠχυρωμένον δὲ *βασίλειον* **ὁ τοὺς**
περὶ τῆς βασιλείας τῶν οὐρανῶν ὑψηλοὺς λόγους ἀπο-
15 **διδούς.**

λγ′, **1** Φίλος – βασίλειον] Greg. Naz., Or. 11, 1, 2-3 (p. 328)   Φίλος – κρα-
ταιά] Sir. 6,14a; cf. Max. Conf., Car. IV, 99, 1 (p. 238)   ὠχυρωμένον βασίλει-
ον] cf. Prov. 18, 19   **5** τῶν – ἀγαθῶν] Hebr. 10, 1; cf. Max. Conf., Th. Oec. I,
90 (PG 90, 1120 C11)   **8/9** τῷ – ἀγνοίας] cf. Max. Conf., Q. Thal., *passim*
12 τὸν¹ – παθῶν] Ps.-Bas. Caes., Const. asc. (PG 31, 1396 D3)   **14** τῆς – ὑψη-
λούς] Mt. 3, 2 *et passim*

F CV Ba Epifan.
λγ′ F CV Ba Epifan.

λβ′, 9 ἴσως] ἴσος F
λγ′, 2 μὲν] *om.* V   **7** ἐῶν] ἐὰν V   **12** τὸν ἐνεχόμενον] τῶν ἐχομένων
CV, τῶν ἐνεχομένων Ba Epifan.

λγ′, 1 Φίλος πιστὸς] *iter.* φίλος πιστός Cⁿ ᵐᵃʳᵍ

36 CAPITA GNOSTICA

λδ′ *Φίλος πιστὸς θησαυρὸς ἔμψυχος.* Θησαυρὸς ἔμψυχός ἐστιν ὁ **Κύριος**, ὡς τῶν αἰωνίων, ζώντων τε καὶ ὑφεστώτων ἀγαθῶν χορηγός. Θησαυρὸς δὲ πάλιν ἔμψυχός ἐστι καὶ ὁ τῆς κατὰ θεὸν ζωῆς αἰωνίου τοῖς ἄλλοις προ-
5 ϊέμενος λόγους. Τυχόν δὲ καὶ τὸ σῶμα ἔμψυχος γίνεται θησαυρός, ὡς τὴν τῶν θείων ἀρετῶν τε καὶ γνώσεων δεκτικὴν ψυχὴν ἔχων ἐν ἑαυτῷ φρουρουμένην τοῖς κατὰ πρᾶξιν τρόποις.

λε′ *Φίλος πιστὸς ὑπὲρ χρυσίον καὶ λίθον τίμιον πολύν.* Ἐστὶν ὁ **Κύριος** ἡμῶν *ὑπὲρ χρυσίον* μέν, ὡς παντὸς ἐπέκεινα λόγου, *ὑπὲρ λίθον τίμιον πολύν*, ὡς πάσης ἀσυγκρίτως ἐξῃρημένος γνώσεως. Τοῦτο δὲ γίνεται κατὰ χάριν καὶ
5 ὁ διὰ τῆς μυστικῆς διδασκαλίας τοὺς μανθάνοντας τῶν ὑπὲρ νοῦν καὶ λόγον ἀγαθῶν ἐραστὰς ποιούμενος.

λς′ *Φίλος πιστὸς κῆπος κεκλεισμένος, πηγὴ ἐσφραγισμένη.* Ὁ **Κύριος** <*κῆπος* μὲν *κεκλεισμένος*> ἐστίν, ὡς ἄσυλος ἀρετὴ κατὰ φύσιν ὑπάρχων, *πηγὴ* δὲ *ἐσφραγισμένη*, ὡς

λδ′, 1 Φίλος – ἔμψυχος] Greg. Naz., Or. 11, 1, 3-4 (p. 328) 4 ζωῆς αἰωνίου] Io. 6, 68 *et passim*

λε′, 1/6 Φίλος – ποιούμενος] cf. Max. Conf., Q. D. 137, 6-10 (p. 98) 1 Φίλος – πολύν] Greg. Naz., Or. 11, 1, 4-5 (p. 328) ὑπὲρ – πολύν] Ps. 18, 11; Prov. 8, 19 3/4 πάσης – γνώσεως] cf. Ps.-Dion. Ar., *passim*

λς′, 1 Φίλος – ἐσφραγισμένη] Greg. Naz., Or. 11, 1, 5-6 (p. 328) κῆπος – ἐσφραγισμένη] Cant. 4, 12b

---

λδ′ F CV Ba Epifan.
λε′ F CV Ba Epifan.
λς′ F CV Ba Epifan.

λδ′, 2 ὡς] ὁ F τε] *om.* F 3 ἀγαθῶν] ἀγαθὸς CV 4 τῆς] *om.* F 5 δὲ] τε Epifan.
λε′, 1 πολύν] πολύ F 3 λόγου] λόγον V πολύν] πολύ F 4 γνώσεως] νοήσεως F
λς′, 2 κῆπος – κεκλεισμένος] *scripsi cum Epifan., om. codd.*

λδ′, 1 Φίλος πιστὸς] *iter.* φίλος πιστός Cⁱⁿ ᵐᵃʳᵍ·
λε′, 1/6 Φίλος – ποιούμενος] σημείωσαι φίλος πιστὸς κατὰ χάριν καὶ ὁ διδάσκαλος πρόξενος γενόμενος ἀγαθῶν Cⁱⁿ ᵐᵃʳᵍ· Baⁱⁿ ᵐᵃʳᵍ·
λς′, 1/10 Φίλος – γνῶσιν] ὁ (*om.* C) κατὰ πρᾶξιν Cⁱⁿ ᵐᵃʳᵍ· Baⁱⁿ ᵐᵃʳᵍ·

XXXIV, 1 – XXXIII, 5   37

κατ᾽οὐσίαν γνῶσις ἀνέκλειπτος ὤν. *Κῆπος* δὲ γίνεται
5 *κεκλεισμένος* καὶ ὁ κλείσας καλῶς τοῖς πάθεσι διὰ τῶν
ἀρετῶν τὰς τῶν αἰσθήσεων θύρας καὶ μὴ συγχωρῶν
συληθῆναι τοὺς κατὰ τὴν φυσικὴν θεωρίαν διὰ τῆς πρακτικῆς φιλοσοφίας ἐν τῇ ψυχῇ γεωργηθέντας λόγους,
καὶ *πηγὴ ἐσφραγισμένη*, ὁ σφραγίσας τῷ πνεύματι τὴν
10 κατὰ νοῦν περὶ τῶν θείων μυστηρίων ἀένναον γνῶσιν.

λζ´ Ὁ κατὰ τὴν πρᾶξιν ἐκφαίνων τὸν λόγον τῆς γνώσεως γέγονεν υἱὸς φωτός, ὁ δὲ μεταπλάττων τὴν γνώμην
ταῖς ἀρεταῖς γέγονεν ἄνθρωπος τοῦ Θεοῦ, ὁ δὲ τὴν ἄλλων ποθῶν σωτηρίαν ἐγγίζει σαφῶς τῷ Θεῷ, τὴν εἰκό-
5 να φέρων τῆς θείας φιλανθρωπίας, ὁ δὲ κατ᾽ἄκρον τὰς
θείας γνώσεις ἐπιζητῶν ἀνὴρ γέγονεν ἐπιθυμιῶν.

λη´ Ἡ ῥάβδος Μωϋσέως ἐστὶν ὁ λόγος τῆς πίστεως. Ὁ
τοῦτον λαβὼν γίνεται θεὸς Φαραώ, τῆς ἀντικειμένης
λέγω δυνάμεως, διὰ χειρός, τουτέστι τῆς πρακτικῆς,
φέρων τὴν ἀφανιστικὴν τῆς κακίας δύναμιν, καὶ ταῖς
5 ἐπ᾽ἀλλήλοις πληγαῖς, ἤγουν τοῖς διαφόροις τρόποις τῶν

λζ´, 1/6 Ὁ – ἐπιθυμιῶν] cf. Greg. Naz., Or. 11, 1, 10-12 (p. 328)   2 γέγονεν – φωτός] Io. 12, 36; cf. Eph. 5, 8   3 ἄνθρωπος – Θεοῦ] Deut. 33, 1; cf.
IV Reg. 1, 9; I Tim. 6, 11   4 ἐγγίζει – Θεῷ] Ex. 19, 22 et 24, 2; cf. Ez. 43, 19
6 ἀνὴρ – ἐπιθυμιῶν] Dan. 9, 23; 10, 11 et 10, 19
λη´, 1 Ἡ – πίστεως] cf. Max. Conf., Amb. Io. V (PG 91, 1117 A3-5)
Ἡ – Μωϋσέως] cf. Ex. 4, 17 *et passim*   2 θεὸς Φαραώ] Ex. 7, 1   4/7 καὶ – βα-
σιλέα] cf. Ex. 7, 8 – 11, 10

F CV Ba Epifan.
λζ´ F CV Ba Epifan.
λη´ F CV Ba Epifan.

λς´, 6 συγχωρῶν] συγχωροῦν V   9 ὁ] ὡς CV Ba Epifan.
λζ´, 3 τὴν] τῶν C   4 τῷ] om. F
λη´, 4 δύναμιν] om. F

λζ´, 1/6 Ὁ – ἐπιθυμιῶν] κατὰ διαφόρους αἰτίας ἀνάγεταί τις· εἰς τὸ εἶναι ἢ
ἄνθρωπος· ἢ υἱὸς φωτὸς τοῦ Θεοῦ· (ἄνθρωπος· ἢ υἱὸς φωτὸς τοῦ Θεοῦ] υἱὸς φωτός,
ἢ ἄνθρωπος τοῦ Θεοῦ Ba) ἢ ἀνὴρ ἐπιθυμιῶν Cⁱⁿ ᵐᵃʳᵍ Baⁱⁿ ᵐᵃʳᵍ.
λη´, 2 Φαραώ] πῶς τίς γίνεται Φαραώ Cⁱⁿ ᵐᵃʳᵍ Baⁱⁿ ᵐᵃʳᵍ.

38 CAPITA GNOSTICA

ἀρετῶν, ἐξουσιαστικῶς μαστίζει τὴν Αἴγυπτον καὶ τὸν
αὐτῆς βασιλέα, τουτέστι τὴν ἁμαρτίαν καὶ τὸν διάβολον, καὶ ἐξάγει τὸν νοῦν ἠλευθερωμένον τῆς πλινθουρ-
γίας καὶ τῆς τῶν ἀχύρων συλλογῆς, τουτέστιν ἐνεργεί-
10 ας τῶν παθῶν καὶ τῶν ταύτης συστατικῶν λογισμῶν,
καθάπερ Μωϋσῆς πάλαι τὸν Ἰσραήλ.

λθ΄ Ὁ τῶν ἀκουσίων πειρασμῶν νικήσας τὴν ἐπανάστασιν καὶ αὐτὸς θάλασσαν ἔτεμε· καὶ διακρούσας τῷ
λόγῳ τῆς πίστεως τὴν τῶν ἀλγεινῶν ἐπανάστασιν, καὶ
τὴν πονηρὰν δυναστείαν κατέκλυσεν, ἐμπνίξας τοῖς πει-
5 ρασμοῖς, δι᾿ ἐκείνων σαφῶς ἀποκτείνας, δι᾿ ὧν ἐπειρᾶτο
καθάπερ ἄρρενας τοῦ Ἰσραὴλ τὰ κατὰ διάνοιαν στερρὰ
τῆς εὐσεβείας ἀποκτένειν γεννήματα.

μ΄ Ἡ Αἴγυπτος τὴν προαιρετικὴν δηλοῖ τῶν παθῶν
ἑκούσιον ἡδονήν. Ἡ θάλασσα τὴν περιστατικὴν ὑπο-
γράφει τῶν πειρασμῶν ἀκούσιον ὀδύνην. Τῆς μὲν οὖν
πρώτης δι᾿ ἐγκρατείας ἐξάγει φιληδονοῦντα τὸν νοῦν ὁ
5 λόγος, τῆς δευτέρας δὲ δειλιῶντα τὸν νοῦν γνῶσις

λη΄, 8/9 τῆς – συλλογῆς] cf. Ex. 5, 7
λθ΄, 2 αὐτὸς – ἔτεμε] cf. Ex. 14, 16 4 τὴν – κατέκλυσεν] cf. Ex. 14, 28
ἐμπνίξας – πειρασμοῖς] cf. Ex. 7, 8 – 11, 10 6 καθάπερ – Ἰσραὴλ] cf. Ex. 11,
4-10 et 12, 29-30
μ΄, 1/11 Ἡ – τεκμήριον] cf. Ex. 13, 17 – 15, 21

F CV Ba Epifan.
λθ΄ F CV Ba Epifan.
μ΄ F CV Ba Epifan.

λη΄, 8 ἠλευθερωμένον] ἠλευθερωμένων V 9 καὶ – ἐνεργείας] om. CV Ba
Epifan. 10 τῶν¹] om. F V
λθ΄, 1 πειρασμῶν] λογισμῶν CV Ba Epifan. 2 καὶ¹] om. CV Ba Epifan.
καὶ²] om. CV Ba Epifan. 6/7 στερρὰ – γεννήματα] om. V 6 στερρὰ] τὰ
add. C

λθ΄, 2 αὐτὸς – ἔτεμε] πῶς τίς κατὰ Μωσέα τέμνει τὴν θάλασσαν Cⁱⁿ ᵐᵃʳᵍ Baⁱⁿ ᵐᵃʳᵍ
μ΄, 1/11 Ἡ – τεκμήριον] ἡ Αἴγυπτος τίνα εἰκονίζει· καὶ ἡ θάλασσα τίνα χαρακ-
τηρίζει Cⁱⁿ ᵐᵃʳᵍ Baⁱⁿ ᵐᵃʳᵍ

XXXIII, 6 – XLI, 7   39

δι'ὑπομονῆς, τὴν πρὸς τὴν τύχην διατειχίζουσα τοῦ σώματος αἴσθησιν. Καὶ δηλοῖ τοῦτο σαφῶς ἡ νεφέλη τοῦ
φωτὸς κατὰ τὴν θάλασσαν προηγουμένη τοῦ Ἰσραὴλ
καὶ ὁ διαιρῶν τοῦ Ἰσραὴλ τὸν Αἰγύπτιον γνόφος, ἡ μὲν
10 ὑπάρχουσα γνώσεως σύμβολον, ὁ δὲ ἀναισθησίας προδήλως ὑπάρχων τεκμήριον.

μα΄ Ἡ πηγὴ τῆς Μερρᾶς ἐστιν ὁ φυσικὸς νόμος, ὃν ἐπί-
κρανεν ἡ ἁμαρτία, καταγλυκαίνει δὲ τοῦτον ὁ τὴν νέ-
κρωσιν τοῦ Ἰησοῦ καθάπερ ξύλον ἐν τῷ σώματι περιφέ-
ρων, καθ᾽ἣν ἡ τῶν ἀρετῶν πέφυκε συνίστασθαι γένεσις,
5 ἣν εὑρίσκει ὁ τῶν ἑκουσίων παθῶν διαβὰς ὡς Αἴγυπτον
τὴν δουλείαν καὶ τῶν ἀκουσίων πειρασμῶν καθάπερ θάλασσαν τὴν δειλίαν.

μ΄, 7/10 Καὶ –σύμβολον] cf. Max. Conf., Q. D. 26, 1-6 (p. 22)   7/8 Καὶ –
Ἰσραήλ] cf. Ex. 13, 21   9/11 καὶ –τεκμήριον] cf. Max. Conf., Th. Oec. I, 85
(PG 90, 1120 A1-11)   9 καὶ –γνόφος] cf. Ex. 14, 20
μα΄, 1/7 Ἡ –δειλίαν] cf. Ex. 15, 23-25   2/3 τὴν –περιφέρων] II Cor. 4, 10

F CV Ba Epifan.
μα΄ F CV Ba Epifan.

μ΄, 6 ὑπομονῆς] ἀποτέμνουσα add. Epifan.   πρὸς –τύχην] om. CV Ba
Epifan.   διατειχίζουσα] scripsi, διατειχίζουσαν codd. et Epifan.   9 γνόφος]
γνόφον CV
μα΄, 3 περιφέρων] περιφέρον F   5 ἑκουσίων] ἀκουσίων C   7 δειλίαν]
δουλείαν F

μα΄, 1/3 Ἡ –περιφέρων] γλυκαίνεται C^{in marg}, πῶς πικραίνεται ἡ Μερρά· καὶ
πάλιν πῶς γλυκαίνεται Ba^{in marg}

40 CAPITA GNOSTICA

μβ΄ Ὁ ἐρχόμενος εἰς Ἐλὰμ ἐν προθύροις τῆς γνώσεως
γέγονε· πρόθυρα γὰρ ἡ Ἐλὰμ ἑρμηνεύεται, ἥτις ἐστὶν ἡ
τῶν παθῶν τὰς ἀρετὰς διακρίνουσα ἕξις, ἐν ᾗ γίνεται ὁ
τὸν νόμον τῆς φύσεως τῇ νεκρώσει τοῦ σώματος πρὸς
5 ἑαυτὸν ἀποκαταστήσας ἀπίκραντον καὶ ταῖς ἀρεταῖς με-
ταποιώσας τῆς προτέρας ἀποιότητος.

μγ΄ Οἱ ἑβδομήκοντα φοίνικες εἰσὶν οἱ λόγοι τῶν χρονι-
κῶν, οὓς ὁ τὴν φυσικὴν εὐσεβῶς μετιὼν θεωρίαν φθά-
νει, ὑπὸ τὴν αὐτῶν γνῶσιν σκιᾶς δίκην σκεπόμενος· αἱ
δὲ δώδεκα πηγαὶ τὴν τῶν αἰσθητῶν καὶ νοητῶν, εἴτουν
5 σωμάτων καὶ ἀσωμάτων, γνῶσιν δηλοῦσιν, εἴπερ ὁ τέσ-
σαρα τοῖς αἰσθητοῖς ἁρμόζει σαφῶς ἀριθμός, ὁ δὲ ὀκτὼ
τοῖς νοητοῖς. Ἢ τυχὸν αἱ δώδεκα πηγαὶ τὸν πληρέστα-
τον τῆς ἀρετῆς καὶ τῆς γνώσεως παραδηλοῦσι λόγον, εἴπερ αἱ γενικαὶ ἀρεταὶ τυγχάνουσι τέσσαρες, ἡ δὲ γνῶσις
10 ὡς νοητὴ διὰ τοῦ ὀκτὼ σημαίνεται· εἰς τοῦτο δὲ γίνεται
τὸ μέτρον ὁ τὴν αἴσθησιν καθάπερ πρόπυλα τῶν νοητῶν
ὑπερβάς.

μδ΄ Ὁ νικήσας τὴν ἡδονὴν τῶν παθῶν καὶ τὴν ὀδύνην
περάσας τῶν πειρασμῶν καὶ γλυκάνας τὴν φύσιν καὶ

μβ΄, 1 Ὁ –Ἐλὰμ] Ex. 15, 27
μγ΄, 1 Οἱ –φοίνικες] Ex. 15, 27   3/4 αἱ –πηγαὶ] Ex. 15, 27
7/9 Ἢ –τέσσαρες] cf. Max. Conf., Amb. Io. LXVII (PG 91, 1397 A3-5 et B12 –
C1)   7 αἱ –πηγαὶ] Ex. 15, 27

μβ΄ F C V Ba Epifan.
μγ΄ F CV Ba Epifan.
μδ΄ F CV Ba Epifan.

μβ΄, 5 ταῖς ἀρεταῖς] om. F   6 ἀποιότητος] ποιότητος CV Ba Epifan.
μγ΄, 2 εὐσεβῶς μετιὼν] inv. ord. CV   4 δὲ] om. F   δώδεκα] ια΄ (sic) F
5 τέσσαρα] τεσσάροις (sic) F   10 τοῦ] τοῦτο V

μβ΄, 2 πρόθυρα –ἑρμηνεύεται] ὅτι τὸ Ἐλὰμ πρόθυρον ἑρμηνεύεται C^{in marg}
Ba^{in marg}
μγ΄, 3/4 αἱ –πηγαὶ] τίνες αἱ δώδεκα πηγαί C^{in marg} Ba^{in marg}
μδ΄, 1/8 Ὁ –γνῶσιν] πῶς τίς γλυκαίνεται τῷ οὐρανίῳ ἄρτῳ τρεφόμενος
C^{in marg} Ba^{in marg}

XLII, 1 – XLVI, 4   41

περάσας τὴν αἴσθησιν καὶ διαβὰς τῶν γεγονότων τὴν
νόησιν εἰκότως τῷ ὑπὲρ φύσιν διατρέφεται λόγῳ, τὸν
5 ἀγεώργητον οὐρανόθεν ἄρτον καθάπερ μάννα δεχόμε-
νος, καὶ τῷ ἐκ πέτρας ποτίζεται ὕδατι, τὴν ἀνεννόητον
ἐκ τῆς πίστεως κατὰ χάριν ζωοποιὸν χορηγούμενος
γνῶσιν.

με΄ Ὁ νοῦς καὶ ὁ λόγος πάσης ἀρετῆς προηγεῖται καὶ
γνώσεως, ὁ μὲν νοῶν, ὁ δὲ διδάσκων, ὡς Μωϋσῆς καὶ
Ἀαρὼν τοῦ Ἰσραήλ. Καὶ βασανίζουσιν ἄμφω τὴν Αἴγυπτον, φημὶ δὲ τὴν ἁμαρτίαν καὶ τοὺς ταύτην οἰκοῦντας
5 δαίμονας, καὶ διαιροῦσι θαλάσσης δίκην τὴν τρικυμίαν
τῶν πειρασμῶν, καὶ τὴν ἀρετὴν διεξάγουσι, καὶ τοὺς
ἐνεργοῦντας τὴν κακίαν καὶ κινοῦντας τοὺς πειρασμοὺς
καταβαπτίζουσι δαίμονας.

μϛ΄ Ὁ νοῦς, παρελθὼν τὴν ἡδονὴν ὡς Αἰγυπτίων χώραν
καὶ ὡς θαλάσσης κλύδωνα τὴν ὀδύνην τῶν πειρασμῶν,
καταγλυκαίνει καθάπερ πικρανθεῖσαν πηγὴν τὸν νόμον
τῆς φύσεως μετασκευάζων πρὸς ἀρετήν, καὶ ἐκδίδωσιν

μδ΄, 4/5 τὸν –δεχόμενος] cf. Ex. 16, 14-31; cf. Num. 11, 9; cf. Sap. 16, 20
τὸν –ἄρτον] cf. Greg. Nyss, Vit. Mos. II, 140, 1-2 (p. 192)   6 τῷ –ὕδατι] cf. Ex.
17, 1-7; cf. Num. 20, 10-11
    με΄, 2/3 ὡς –Ἰσραήλ] cf. Ex., passim   3 Καὶ –Αἴγυπτον] cf. Ex. 7, 8 – 11,
10   5 διαιροῦσι θαλάσσης] cf. Ex. 13, 17 – 15, 21   5/6 τὴν –πειρασμῶν] cf.
IV Mach. 7, 2   8 καταβαπτίζουσι δαίμονας] cf. Ex. 14, 28
    μϛ΄, 1/2 Ὁ –πειρασμῶν] cf. Ex. 5 – 16   3/4 καταγλυκαίνει –φύσεως] cf.
Ex. 15, 22-25   4/5 ἐκδίδωσιν –πίστεως] cf. Num. 20, 10-11

F CV Ba Epifan.
με΄ F CV Ba Epifan.
μϛ΄ F CV Ba Epifan.

μδ΄, 6 ἀνεννόητον] ἀένναον CV Ba Epifan.
με΄, 1 ὁ²] om. Epifan.   4 δὲ] δὴ Ba
μϛ΄, 4 μετασκευάζων] παρασκευάζων V   ἐκδίδωσιν] δίδωσιν F

με΄, 1/8 Ὁ¹ –δαίμονας] πῶς τίς (τίς) νῦν C) βασανίζει καὶ νῦν κατὰ Μωσέα
τὴν Αἴγυπτον Cin marg Bain marg

42   CAPITA GNOSTICA

5 ὕδωρ ζῶν ἐκ πέτρας τῆς πίστεως, τὰ τῆς σοφίας μυστικῶς προφέρων διδάγματα τοῖς ἀγνοίας δίψει πιεζομέ-
νοις.

μζ´ Μωϋσῆς ἐστιν ὁ διαγνωστικὸς νοῦς, ὁ δὲ Ἀαρὼν ὁ
ἐπιστημονικὸς λόγος, ὁ δὲ Ὣρ ὁ διακριτικὸς τρόπος.
Ἐὰν οὖν ὁ νοῦς ἐκπετάσας τὰς χεῖρας, τουτέστι πρᾶξιν
καὶ θεωρίαν, τυπώσῃ διὰ σταυροῦ τὴν τὰ πάντα περιέ-
5 χουσαν δύναμιν, ἔχων τῆς μὲν θεωρίας τὸν λόγον συλ-
λήπτορα, τῆς δὲ πράξεως τὸν τρόπον, καταπαλαίει τὸν
Ἀμαλήκ, λέγω δὴ τὴν γαστριμαργίαν, πλέον τῆς αἰσθητῆς τροφῆς γινώσκων συντηροῦντα τὴν φύσιν τὸν λόγον τῆς γνώσεως. Ἀμαλὴκ γὰρ κατὰ μίαν τῶν ἐπ᾽αὐτοῦ
10 ἑρμηνειῶν ἀνθρωπίνης φύσεως λέγεται θεριστής· θερί-
ζει γὰρ τῆς θείας ἐλπίδος τὸν νοῦν, νομίζοντα συντηρη-
τικὴν εἶναι ζωῆς τὴν τῶν βρωμάτων ἐπαλλαγήν.

μη´ Ἡ Αἴγυπτος τὴν ἑκούσιον ἁμαρτίαν δηλοῖ, ἡ δὲ
θάλασσα τὴν ἀκούσιον, ἡ ἔρημος δὲ τὴν φύσιν, τὸν δὲ
χρόνον ὁ Ἰορδάνης. Ὁδηγεῖ τοίνυν ὁ νοῦς μετὰ τοῦ συν-
όντος αὐτῷ λόγου πρὸς τὴν γῆν τῆς ἐπαγγελίας, λέγω
5 δὲ τὴν ἀρετὴν καὶ τὴν γνῶσιν ἕως τῶν ὑπὸ χρόνον καὶ

μζ´, 1/12 Μωϋσῆς –ἐπαλλαγήν] cf. Greg. Naz., Or. 11, 2 (p. 330-332)
1/7 Μωϋσῆς –Ἀμαλήκ] cf. Ex. 17, 10-12   1/2 Μωϋσῆς –τρόπος] cf. Greg.
Naz., Or. 12, 2 (p. 350-352)
μη´, 1/2 ἡ² –θάλασσα] cf. Ex. 13, 17 – 15, 21   2 ἡ –φύσιν] cf. Max. Conf.,
Q. Thal. XXXIX, 4 (p. 259)   3/4 Ὁδηγεῖ –ἐπαγγελίας] cf. Ex.; cf. Greg. Naz.,
Or. 11, 2, 23 (p. 332)   4 τὴν –ἐπαγγελίας] Hebr. 11, 9

F CV Ba Epifan.
μζ´ F CV Ba Epifan.
μη´ F CV Ba Epifan.

μϛ´, 5 μυστικῶς] μυστικῆς Epifan.   6 τοῖς] τῆς C
μζ´, 11 τῆς] om. Epifan.
μη´, 4 γῆν] om. F

μη´, 1/10 Ἡ –διανομεύς] ἑκουσιογνώμονος (ut vid.) πρὸς τὴν Αἴγυπτον·
ἤγουν πρὸς τὰς ἐμπαθεῖς ἡδονάς, προσοικειοῦταί τις· ἀκουσίας δὲ πρὸς τὰς ὀδύνας
τῶν πειρασμῶν διὰ τῶν ἐναντίων ἐπαγωγῶν ὑποπιάζεται Ba^{in marg}

XLVI, 5 – L, 7   43

γένεσιν λόγων· τῶν γὰρ ὑπὲρ αἰῶνα καὶ χρόνον πραγμάτων τε καὶ νοημάτων ἀνθρώπινος νοῦς ἢ λόγος
οὐχ᾽ἅπτεται, ἀλλ᾽Ἰησοῦς Χριστὸς ὁ τοῦ Θεοῦ Λόγος γενόμενος ἄνθρωπος, ὡς τῶν ὑπὲρ νοῦν καὶ λόγον κατὰ
10 φύσιν ὑπάρχων διανομεύς.

μθ′ Ὁ διὰ πράξεως ἁγνὸν ἀποφαίνων τὸ σῶμα καὶ διὰ
θεωρίας τὴν ψυχὴν ἁγνισάτω, ἵνα τὴν διὰ τοῦ Λόγου τελείαν δέξηται κάθαρσιν, ὅπερ νοήσας ὁ μέγας Γρηγόριος
περὶ μαρτύρων λέγων ἔφη· ἁγνίσωμεν ἡμᾶς αὐτούς, ἀδελ-
5   φοί, τοῖς μάρτυσι· μᾶλλον δὲ ᾧ κἀκεῖνοι δι᾽αἵματος καὶ τῆς
ἀληθείας ἡγνίσθησαν, αἷμα καλέσας, ὡς οἶμαι, τὴν πρᾶξιν
(ὡς ἀναιρετικὴν τῆς ἐμπαθοῦς κατὰ σάρκα ζωῆς), ἀλήθειαν δὲ τὴν θεωρίαν.

ν′ Θεῷ τίμιός ἐστιν ὁ γενόμενος ἤδη κατὰ τὴν γνωστικὴν θεωρίαν καθαρὸς καὶ ὁ κατὰ τὴν πρᾶξιν ἔτι διὰ τῶν
ἀρετῶν καθαιρόμενος, ὅπερ ὁ μέγας νοήσας ἔφη Γρηγό-
ριος· οὐδὲν οὕτω τῷ καθαρῷ τίμιον, ὡς καθαρότης ἢ κάθαρ-
5   σις, καθαρότητα λέγων τὴν τελείαν διὰ τῆς θεωρίας τῶν
μολυνόντων ἀπαλλαγήν, κάθαρσιν δὲ τὴν τὸν ῥύπον ἔτι
τῶν παθῶν διὰ πράξεως ἐκκαθαίρουσαν ἕξιν.

μθ′, 4/6 ἀγνίσωμεν – ἡγνίσθησαν] Greg. Naz., Or. 11, 4, 9-10 (p. 336)
ν′, 4 οὐδὲν – κάθαρσις] Greg. Naz., Or. 11, 4, 15-16 (p. 336)   5/7 καθαρότητα – ἕξιν] cf. Greg. Naz., Or. 11, 4, 11-12 (p. 336)

F CV Ba Epifan.
μθ′ F CV Ba Epifan.
ν′ F CV Ba Epifan.

μη′, 8 Ἰησοῦς] εἰς (sic) V
μθ′, 1 καὶ διὰ] om. F   4 ἔφη] om. F   5 ᾧ] ὡς F   8 τὴν] om. Epifan.
ν′, 3 ὁ μέγας] post νοήσας trsp. CV   4 τῷ καθαρῷ] τὸ καθαρὸν CV

μθ′, 1/8 Ὁ – θεωρίαν] δι᾽αἵματος καὶ ἀληθείας illeg. διὰ πράξεως καὶ διὰ illeg.
C^{in} marg.
ν′, 6/7 κάθαρσιν – ἕξιν] ὅτι κάθαρσις ἐστὶ ἡ πρὸς καθαρότητα ἕξις C^{in} marg.

44 CAPITA GNOSTICA

να' Ὁ τὴν κοιλίαν φιληδονίας ἕνεκεν θεοποιήσας ἐξ
ἀνάγκης τὴν ταύτης συστατικὴν θεοποιεῖ φιλαργυρίαν·
ὁ γὰρ προσκυνήσας τῇ Βάαλ διὰ τὴν χρείαν, τουτέστι
τῇ γαστριμαργίᾳ καὶ τῇ εἰκόνι τῇ χρυσῇ, τῇ φιλαργυρίᾳ
5 φημί, διὰ τὸν φόβον προσκυνήσει, αἰτίαν ἄλλην περι-
ποιητικὴν τῆς παρούσης ζωῆς μετὰ τὸν χρυσὸν οὐκ εἰ-
δώς.

νβ' Μεσίτας ἀναβάσεως καὶ θεώσεως ὁ μέγας ἔφη Γρηγόριος τοὺς ἁγίους μάρτυρας, ἀναβάσεως μέν, ὡς διδασ-
κάλους τῆς κατὰ τὴν πρακτικὴν τῶν ὑλικῶν ἀλλοτρι-
ώσεως, θεώσεως δέ, ὡς τῆς κατὰ θεωρίαν ἐκφαντικῆς
5 πρὸς Θεὸν ἀγαπητικῆς συνδιαθέσεως.

νγ' Περὶ τῶν ἐκθεμένων τὸ τῆς πίστεως σύμβολον ἁγίων Πατέρων ποῦ τῶν ἑαυτοῦ λόγων φάσκων ὁ μέγας
Γρηγόριος ἔφη· τῶν ἐγγυτέρω Χριστοῦ καὶ τῆς πρώτης
πίστεως, Χριστὸν καλέσας τὸ μυστήριον τῆς ἐνανθρωπή-
5 σεως εἴτουν τὸν τῆς οἰκονομίας λόγον, πρώτην δὲ πίστιν
τὴν θεολογίαν, καὶ μάλα γε εἰκότως· ὁ γὰρ μὴ πιστεύ-
σας πρότερον εἶναι Θεὸν οὐκ ἂν ἐνανθρωπῆσαι τοῦτον
δι'ἡμᾶς πιστεύσειε πώποτε· προηγεῖται γὰρ τῆς περὶ
ἡμᾶς οἰκονομίας ἡ ἀληθὴς θεολογία.

να', 1 Ὁ –θεοποιήσας] cf. Phil. 3, 19; cf. Max. Conf., Q. Thal. LXV, 197-198
(p. 263); Th. Oec. II, 55 (PG 90, 1149 A5) 3/5 ὁ –προσκυνήσει] cf. Greg.
Naz., Or. 11, 5, 7-9 (p. 338) 3 ὁ –Βάαλ] cf. III Reg. 19, 18; cf. Rom. 11, 4
4/5 τῇ² –προσκυνήσει] Dan. 3, 18
νβ', 1/2 Μεσίτας –μάρτυρας] cf. Greg. Naz., Or. 11, 5, 20-22 (p. 340)
νγ', 3/4 τῶν –πίστεως] Greg. Naz., Or. 11, 6, 28 (p. 344)

να' F CV Ba Epifan.
νβ' F CV Ba Epifan.
νγ' F CV Ba Epifan.

να', 2 τὴν] om. CV Ba Epifan. 5 προσκυνήσει] προσκυνήσειεν F
νβ', 1 ἀναβάσεως] add. εἶναι CV Ba Epifan.
νγ', 2 ποῦ] που Epifan. 3 Χριστοῦ] praem. τοῦ CV Ba Epifan.
7 τοῦτον] τοῦτο V 9 ἡμᾶς] ἡμῶν Epifan.

LI, 1 – LV, 14   45

νδ′ Ὁ ἐν τῇ ἕξει τῆς γνώσεως τὴν πρακτικὴν μετιὼν φιλοσοφίαν κατὰ τὸν Γεδεὼν οὐκ ἐν ἅλῳ, ἀλλ᾽ ἐν ληνῷ ῥαβ-
δίζει πυρούς. Διὸ καὶ νικητὴς γίνεται τῆς παρεμβολῆς
Ἀμαλὴκ καὶ Μαδιὰμ καὶ τῶν υἱῶν τῶν ἀνατολῶν, τουτ-
5 έστι τῶν διὰ γαστριμαργίας καὶ κενοδοξίας τὸν νοῦν
πολεμούντων πονηρῶν δαιμόνων.

νε′ Πανούργως ἀλλήλοις συμπορεύονται διὰ τῶν ἐναντίων παθῶν οἱ ἀκάθαρτοι δαίμονες· οὐ γὰρ εἰκῇ συμπα-
ρέπεται τῷ δαίμονι τῆς γαστριμαργίας καὶ τῆς πορνείας
ὁ δαίμων τῆς κενοδοξίας, ἀλλ᾽ ἵνα τὸν ἀσκητὴν ἕνα τῶν
5 πρὸ αὐτοῦ τροπωσάμενον ἕλῃ, φυσήσας ὡς νικητήν,
καὶ συλώσῃ τὴν ἀρετήν, μείζονα τῷ ἀσκητῇ τοῦ νικη-
θέντος ἑαυτὸν ἀντιδοὺς ὄλεθρον. Διὸ τούτοις ὁ Γεδεὼν
πολεμῶν ἐν μὲν τῇ ἀριστερᾷ κατεῖχεν ἀσφαλῶς τὴν λαμπάδα, τὴν ὑδρείαν ἀφείς, ἐν δὲ τῇ δεξιᾷ τὴν κερατίνην,
10 διδάσκων ὡς οὐ δεῖ τὸ πρακτικὸν ἀμοιρεῖν θεωρητικῆς
γνώσεως οὔτε τὸ γνωστικὸν πρακτικῆς νεκρώσεως.
Ἐφίσης γὰρ ἄχρηστός ἐστι καὶ πρᾶξις ἀφώτιστος, τῇ
φροντίδι τοῦ σώματος καλυπτομένη, καὶ γνῶσις ἀπαι-
δαγώγητος, τῇ περὶ τὴν οἴησιν ἀναισθησίᾳ μὴ χαλινου-

νδ′, 1/3 Ὁ – πυρούς] cf. Max. Conf., Q. D. 80, 35-36 (p. 61)   2/3 ἐν² – πυ-
ρούς] Iud. 6, 11   3/6 Διὸ – δαιμόνων] cf. Iud. 7, 1 – 8, 21; cf. Max. Conf., Q. D.
80, 17-19 (p. 61)
νε′, 1/17 Πανούργως – δαίμονας] cf. Max. Conf., Q. D. 80, 111-123 (p. 64)
7/9 Διὸ – κερατίνην] cf. Iud. 7, 20

νδ′ F CV Ba Epifan.
νε′ F CV Ba Epifan.

νδ′, 1 Ὁ] Ἡ V   2 ἅλῳ] ἅλλω (sic) F, ἄλλωνι (sic) V^{p. corr.}, ἁλώῃ Epifan.
νε′, 5 ἕλῃ] ἐλεῖται (sic) F   7 ἀντιδοὺς] ἀντιδιδοὺς V   9 ὑδρείαν] ὑδρίαν intellegendum est   11 οὔτε – νεκρώσεως] om. CV Ba Epifan.   12 Ἐφίσης]
ἐπίσης CV Ba Epifan.   14 τῇ] τῆς F

νδ′, 3/6 Διὸ – δαιμόνων] υἱοὶ τῶν ἀνατολῶν γαστριμαργίας καὶ κενοδοξίας
λογισμοί C^{in marg} Ba^{in marg}
νε′, 1/17 Πανούργως – δαίμονας] ὧδε δυ᾽ῶτά (ut vid.) μοι γράφεται ἅγιος
(ut vid.) ἐνθαδὶ τὴν ὑδρίαν C^{in marg}

46 CAPITA GNOSTICA

15 μένη· ἀναισθησίας γάρ ἐστι σύμβολον ἡ κερατίνη σάλ-
πιγξ, δι'ἧς ὁ τῆς γνώσεως ἠχούμενος λόγος τροποῦται
τοὺς δαίμονας.

νς' Ὁ λάπτων ἐστὶν ὁ τῇ χειρὶ τὸ ὕδωρ ἀναπέμπων τῷ
στόματι, τουτέστιν ὁ τῇ πράξει πρὸς τὸν νοῦν ἀνακο-
μίζων τὴν χάριν τῆς γνώσεως. Ὁ τοίνυν πράξεως καρ-
πὸν τὴν γνῶσιν δεξάμενος οὐκ ἐπαίρεται νικῶν τοὺς
5 τὴν γῆν τοῦ Ἰσραὴλ διαφθείροντας δαίμονας, ἀλλ'ἐρεῖ
φάσκων τοῖς διαμαχομένοις αὐτῷ περὶ πρωτείων λο-
γισμοῖς ταπεινούμενος, κρεῖσσον ἐπιφυλλὶς Ἐφραὶμ ἢ
τρυγητὸς Ἐλιέζερ, τουτέστιν ἡ κατὰ θεωρίαν μετριότης
τῆς κατὰ πρᾶξιν περιουσίας.

νζ' Ἐφραὶμ ἑρμηνεύεται καρποφορία, Ἐλιέζερ δὲ περίζωμα Θεοῦ, ἢ βοήθεια Θεοῦ. Δεῖ τοιγαροῦν τοὺς ὑπὸ
τοῦ Θεοῦ κατὰ τὴν πρᾶξιν βοηθουμένους καὶ περιεζωσ-
μένους δύναμιν μὴ μάχεσθαι τοῖς καρποφορίᾳ λόγων
5 εὐφραινομένοις, ἐπαιρομένους κατὰ τὴν πρᾶξιν, ἀλλὰ
παραχωρεῖν λόγῳ τὰ πρωτεῖα, αὐτοὺς τῇ τῶν πραγμάτων ἀληθείᾳ πρωτεύοντας.

νε', 15 ἡ – σάλπιγξ] cf. Iud. 7, 20
νς', 1/4 Ὁ – δεξάμενος] cf. Max. Conf., Q. D. 80, 108-110 (p. 64)
1/2 Ὁ – στόματι] cf. Iud. 7, 6   4/5 οὐκ – δαίμονας] cf. Iud. 6, 3-4
7/8 κρεῖσσον – τρυγητὸς] Iud. 8, 2
νζ', 1 Ἐφραὶμ – καρποφορία] cf. On. Sacr. (ed. Wutz, p. 735; p. 743)
2 βοήθεια Θεοῦ] cf. On. Sacr. (ed. Lagarde, p. 32, 6, l. 3; p. 203, 173, l. 76-77;
p. 210, 182, l. 3; p. 216, 190, l. 36-37; ed. Wutz, p. 696, l. 168; p. 705, l. 28;
p. 715, l. 49; p. 721, l. 143)

F CV Ba Epifan.
νς' F CV Ba Epifan.
νζ' F CV Ba Epifan.

νς', 1 λάπτων] λάμπων V   ὁ τῇ] ὅτι F   2 ὁ τῇ] ὅτι F   ἀνακομί-
ζων] ἀνακομίζον F   3 Ὁ – πράξεως] om. CV Ba Epifan.   8 ἡ] om. F

νς', 1 λάπτων] τί σημαίνει τὸ λάπτειν C^{in marg} Ba^{in marg}
νζ', 1/2 Ἐφραὶμ – Θεοῦ¹] Ἐφραὶμ καρποφορία· Ἐλιέζερ περίζωμα C^{in marg}

LV, 15 – LIX, 9   47

νη΄ Ἐγκρατείας τέλος ἐστὶν ἡ καταστροφὴ τῶν παθῶν,
ἥντινα καταστροφὴν ἐκ τῆς ἐγκρατείας τεκμαιρόμενος
ὡς ἐνύπνιον ἐξηγεῖται τοῖς ἄλλοις δαιμονίοις ὁ τῆς πορνείας δαίμων, μαγίδα κριθίνην εἰπὼν τὴν ἐγκράτειαν,
5 καταστρέφουσαν τὴν παρεμβολὴν Μαδιάμ, τουτέστι τὴν
πορνείαν, ἣν ὁ ἄλλος δαίμων ἀκούσας ἐρεῖ· οὐκ ἔστιν
αὕτη ἀλλ᾽ἡ ῥομφαία Γεδεών. Οὐ γὰρ ἀποχὴ βρωμάτων
φησὶ καθ᾽ἑαυτὴν περιγίνεται πορνείας, ἀλλ᾽ὁ διὰ ταύτης
κρατῶν τῶν παθῶν λόγος. Ἑρμηνεύεται δὲ Γεδεὼν πει-
10 ράζων ἀδικίαν· ὡς γὰρ ὁ διάβολος πειράζει τὴν δικαιοσύνην, οὕτω καὶ πᾶς δίκαιος μετὰ γνώσεως πράττων
τὴν ἀρετὴν πειράζει τὴν ἀδικίαν, καταστρέφων αὐτῆς
τὰ συστήματα.

νθ΄ Ὁ πόκος τοῦ Γεδεὼν ἐστιν ὁ Ἰσραηλίτης λαός, ἡ δὲ
ἐπὶ τὸν πόκον γενομένη δρόσος ὁ νόμος καὶ οἱ προφῆται,
ἡ δὲ λεκάνη, εἰς ἣν ἐξεπίασε τὴν ἐν τῷ πόκῳ δρόσον, ἡ
χάρις ἐστὶ τοῦ κατὰ τὸ εὐαγγέλιον ἁγίου βαπτίσματος,
5 εἰς ἣν συνήγετο μυστικῶς ὁ ἐν νόμῳ καὶ προφήταις
λόγος, πνευματικῶς κατὰ Χριστὸν τελειούμενος, ἐν τῇ
καταργήσει τοῦ γράμματος, μᾶλλον δὲ ὡς ἐκ πόκου τοῦ
γράμματος μεταβαίνων εἰς τὴν χάριν τοῦ πνεύματος.
Ἡ δὲ γῆ ἡ πρῴην μὲν ἔχουσα τὴν ξηρασίαν, ὕστερον

νη΄, 1/13 Ἐγκρατείας –συστήματα] cf. Max. Conf., Q. D. 80, 124-134
(p. 64)   2/5 ἥντινα –Μαδιάμ] cf. Iud. 7, 13-15   6/7 οὐκ –Γεδεών] Iud.
7, 14   7 ἀποχὴ βρωμάτων] cf. Iud. 7, 13   9/10 πειράζων ἀδικίαν] cf. On.
Sacr. (ed. Lagarde, p. 62, 32, l. 20-21; ed. Wutz, p. 705, l. 16)
νθ΄, 1/12 Ὁ –μένει] cf. Iud. 6, 37-40; cf. Max. Conf., Q. D. 80, 71-90 (p. 62-
63)   1/8 Ὁ –πνεύματος] cf. Max. Conf., Th. Oec. II, 67 (PG 90, 1153 C1-7)
9/12 Ἡ –μένει] cf. Max. Conf., Th. Oec. II, 67 (PG 90, 1153 B14 – C1)

νη΄ F CV Ba Epifan.
νθ΄ F CV Ba Epifan.

νη΄, 3 ὁ τῆς] ὅτι F   4 κριθίνην] καὶ θίνον (sic) V   8 ἑαυτὴν] ἑαυτὸν
V   ὁ] ἢ V

νθ΄, 1/12 Ὁ –μένει] τίς ὁ πόκος τοῦ Γεδεών· καὶ τίς ἡ δρόσος· τίς δὲ ἡ λεκά-
νη· καὶ τίς ἡ ξηρὰ ἀρδευθεῖσα δὲ γῆ· καὶ ἡ τοῦ πόκου ξηρασία Cin marg Bain marg

48   CAPITA GNOSTICA

10 δὲ πιανθεῖσα τῇ δρόσῳ ἡ ἐκκλησία προδήλως ἐστὶ τῶν
ἐθνῶν, ἐφ᾽ἧς γενόμενος ὑετὸς ὁ ἀληθινὸς τοῦ Θεοῦ Λόγος ἀναφαίρετος μένει.

ξ′ Ὁ λόγῳ τὸν ἠθικὸν διακοσμήσας τρόπον θείῳ κατὰ
τὸν Γεδεὼν ὑετῷ τὸν ἴδιον κατεπίανε πόκον, ὁ δὲ τὸν ἐν
τῷ ἤθει λόγον εἰς πνευματικὴν θεωρίαν μεταβιβάσας,
εἰς τὴν λεκάνην τῆς ἑαυτοῦ καρδίας τὴν ὅλην συνήγαγε
5 γνῶσιν, εἰς ἣν βαπτίζων μυστικῶς, τὰ ἑαυτοῦ περὶ τῶν
ὄντων καθαίρει νοήματα, ἵνα γένηται προσφόρως ὕστερον ἐπὶ πᾶσαν τὴν γῆν, λέγω δὲ τὴν τῶν γεγονότων φύσιν, ἡ δρόσος τῆς γνώσεως, νοουμένη πνευματικῶς τοῖς
καθαρθεῖσι τῷ πνεύματι.

ξα′ Ὁ Γεδεών ἐστιν ὁ γραπτὸς νόμος ὁ τὴν μίαν διὰ πολλῶν αἰσθητῶν συμβόλων καὶ αἰνιγμάτων εἰσάγων εὐ-
σέβειαν, ὥσπερ ἐφούδ. Οἱ τοίνυν μόνῳ τῷ φαινομένῳ
στοιχοῦντες τοῦ γράμματος, τὸ δὲ κρυπτόμενον πνεῦμα
5 διασκοπῆσαι μὴ θέλοντες ἐκπορνεύειν τῆς ἀληθείας τὸν
νοῦν ἐκδιδάσκουσι, τὴν αἴσθησιν προτιμοτέραν ἡγού-
μενοι τῆς ἐν πνεύματι χάριτος, ὅπερ σαφῶς πέπον-
θεν ὁ τῶν Ἰουδαίων λαός, τῆς ἀληθινῆς κατὰ Χριστὸν

νθ′, 10/11 ἡ – ἐθνῶν] Rom. 16, 4c
ξ′, 1/2 κατὰ – πόκον] cf. Iud. 6, 37   4 εἰς – λεκάνην] cf. Iud. 6, 38
6/8 ἵνα – γνώσεως] cf. Iud. 6, 39-40
ξα′, 3 ἐφούδ] cf. Iud. 8, 27; cf. Max. Conf., Q. D. 79 (p. 60)   3/10 Οἱ – αἰνίγ-
ματα] cf. Max. Conf., Th. Oec. I, 89 (PG 90, 1120 C3-9) et II, 61 (PG 90, 1152 A13
– B5)   5 ἐκπορνεύειν] cf. Iud. 8, 27

F CV Ba Epifan.
ξ′ F CV Ba Epifan.
ξα′ F CV Ba Epifan.

νθ′, 11 ὑετὸς] ὁ praem. F
ξα′, 3 Οἱ] ἡ F^a. corr.   τοίνυν] τοίνον (sic) Epifan.   5 ἐκπορνεύειν] ἐκπορνεῦ-
σαι CV   6 νοῦν] καὶ add. CV

ξ′, 1/9 Ὁ – πνεύματι] καὶ ἄλλως περὶ τῆς θεοτόκου (τῆς θεοτόκου) τοῦ πόκου
Ba) C^{in marg.} Ba^{in marg.}
ξα′, 1/10 Ὁ – αἰνίγματα] καὶ ἄλλως περὶ τοῦ Γεδεών C^{in marg.} Ba^{in marg.}

LIX, 10 – LXIII, 7   49

ἐν πνεύματι τελειώσεως κατὰ τὸν νόμον προτιμήσας
10 αἰνίγματα.

ξβ΄ Ὥσπερ ὁ Γεδεὼν ἐκ διαφόρων εἰδῶν ποιήσας τὸ
ἐφοὺδ ἔστησεν ἐπὶ τῆς πύλης τῆς πόλεως πρὸς θεοσε-
βείας εἰσαγωγὴν καὶ γέγονε τῷ λαῷ σκάνδαλον, οὕτως
ὁ Θεὸς καθάπερ ἐφοὺδ ἐκ διαφόρων αἰσθητῶν συμβό-
5 λων καὶ τύπων καὶ αἰνιγμάτων κατεσκευασμένον προέθετο τῷ Ἰσραηλίτῃ λαῷ τὸν γραπτὸν νόμον, καὶ γέγονεν αὐτοῖς σκάνδαλον τοῦ νόμου τὸ φαινόμενον, ὅπερ
ὡς νόμον δικαιοσύνης διώκοντες εἰς τὸν πνευματικὸν
νόμον τῆς δικαιοσύνης οὐκ ἔφθασαν.

ξγ΄ Ὁ ἐκ διαφόρων ἠθικῶν τε καὶ φυσικῶν καὶ θεολογικῶν θεωρημάτων συμβολικῶς τὸν ἁπλοῦν περὶ τῆς
ἀληθείας ἐκτιθέμενος λόγον κατὰ τὸν Γεδεών, ἐκ τῶν
ἐνωτίων καὶ μηνίσκων καὶ ψελλίων πεποίηκε τὸ ἐφοὺδ
5 καὶ ἔθηκεν ἐπὶ τὴν πύλην τῆς πόλεως, λέγω δὲ τῆς ψυχῆς τὴν αἴσθησιν. Οἱ δὲ ἀκούοντες, μὴ κατανοοῦντες τὸ
διὰ τῶν συμβόλων νοούμενον, πλανῶνται προσκόπτον-

ξβ΄, 1/9 Ὥσπερ –ἔφθασαν] cf. Max. Conf., Q. D. 79 (p. 60)
1/3 Ὥσπερ –σκάνδαλον] cf. Iud. 8, 24-27   5/6 προέθετο –νόμον] cf. Ex. 31,
18   8/9 νόμον –ἔφθασαν] Rom. 9, 31
ξγ΄, 1/9 Ὁ –ἄρρητον] cf. Max. Conf., Q. D. 79 (p. 60)   3/5 κατὰ –πό-
λεως] cf. Iud. 8, 24-27

F CV Ba Epifan.
ξβ΄ F CV Ba Epifan.
ξγ΄ F CV Ba Epifan.

ξα΄, 9 κατὰ] τὰ add. CV Ba Epifan.
ξβ΄, 2 τῆς πύλης] om. F   5 τύπων –αἰνιγμάτων] inv. ord. C   κατε-
σκευασμένον] κατασκευασμένων V   8 ὡς] εἰς V Epifan.   8/9 διώκοντες
–δικαιοσύνης] om. CV Ba Epifan.
ξγ΄, 2 περὶ] παρὰ F   τῆς] τὰς V   4 ψελλίων] ψελίων CV Ba Epifan.

ξβ΄, 1/9 Ὥσπερ –ἔφθασαν] σχόλιον· (σχόλιον] om. C) καὶ ἄλλως περὶ τοῦ
αὐτοῦ Ba^{in marg.} C^{in marg.}

50 CAPITA GNOSTICA

τες ταῖς συλλαβαῖς καὶ ταῖς λέξεσιν, ὡς μὴ δυνάμενοι
διὰ τοῦ ῥητοῦ εὐσεβῶς νοῆσαι τὸ ἄρρητον.

ξδʹ Ὥσπερ ὁ Γεδεὼν ἐκ τῶν σκύλων λαβὼν τῶν Μαδι-
ανιτῶν καὶ Ἀμαληκιτῶν καὶ υἱῶν τῶν ἀνατολῶν ἐποίησεν ἐφούδ, οὕτως καὶ ὁ Θεὸς ἐκ τῆς πορνείας ὡς ἐκ
Μαδιὰμ λαβὼν τὴν περιτομὴν καὶ τὸν γάμον ἐνομοθέ-
5 τησεν, τὴν μὲν περιτομὴν τῆς κατὰ ψυχὴν ἐμπαθοῦς περὶ
τῶν ὄντων διαθέσεως μυστικῶς σημαίνουσαν τὴν ἀπό-
θεσιν, τὸν δὲ γάμον εἰς σύμβολον τῆς πρὸς τὴν σοφίαν
ἀπαθοῦς τοῦ νοῦ συμβιώσεως. Ἐκ δὲ τῆς γαστριμαργίας, ὡς ἐξ Ἀμαλήκ, τὰς θυσίας καὶ τὰς ἐν ταῖς ἑορταῖς
10 εὐωχίας ἐξέδωκεν, τὰς μὲν θυσίας οὐ μόνον εἰς σύμβολον τῆς κατʼἀρετὴν διὰ πράξεως τῶν παθῶν ἀναιρέσε-
ως, ἀλλὰ καὶ εἰς τύπον τῆς τῶν φυσικῶν δυνάμεων τῆς
ψυχῆς θείας προσαγωγῆς καὶ τῶν ἐπὶ ταῖς δυνάμεσιν
ἔξεων (ἠθικῆς λέγω καὶ φυσικῆς καὶ θεολογικῆς φιλο-
15 σοφίας), ἐκείνῳ προσαγομένων παρʼοῦ καὶ τὸ εἶναι σαφῶς εἰλήφασιν, τὰς ἑορτὰς δὲ τῆς κατὰ τὰς προκοπὰς
τῶν ψυχῶν γινομένης θείας εὐωχίας τεκμήριον· ἐκ δὲ
τῆς κενοδοξίας, ὡς ἐκ τῶν υἱῶν τῶν ἀνατολῶν, τὸ ἄρ-
χειν καὶ πρωτεύειν καὶ τὸν πολυτελῆ τῆς ἱερωσύνης
20 στολισμὸν εἰς σύμβολον τῆς κατὰ τὴν μυστικὴν γνῶσιν
ἀρχικῆς θεωρίας καὶ τῆς κατʼἀρετὴν πολυτελοῦς ἠθικῆς
εὐκοσμίας. Οὕτως μὲν οὖν ἐκ τῶν ἀνθρωπίνων ὡς ἔκ

ξδʹ, 1/3 Ὥσπερ –ἐφούδ] cf. Iud. 8, 22-27; cf. Max. Conf., Q. D. 79
(p. 60)   4 τὴν περιτομὴν] cf. Gen. 17, 13-14   τὸν γάμον] cf. Gen. 2, 23-24
5/6 τὴν –ἀπόθεσιν] Max. Conf., Th. Oec. I, 40 (PG 90, 1097 C14 – D1); cf. Gen.
17, 13-14   7/8 τὸν –συμβιώσεως] cf. Gen. 2, 23-24   9/10 τὰς¹ –ἐξέδω-
κεν] cf. Ez. 45, 18 – 46, 15   19/20 τὸν –στολισμὸν] cf. Ex. 28, 1-43

F CV Ba Epifan.
ξδʹ F CV Ba Epifan.

ξγʹ, 9 τὸ] τὸν V
ξδʹ, 2 υἱῶν] τῶν praem. CV Ba Epifan.   4 λαβὼν] ante ὡς ἐκ Μαδιὰμ trsp.
CV   9 Ἀμαλήκ] Ἀλὴμ CV   τὰς ἐν] om. CV   11 τῶν –ἀναιρέσεως] om.
CV Ba Epifan.   16 τὰς²] om. F   20 τῆς] τὴν C

LXIII, 8 – LXV, 12   51

τινων παθῶν λαβὼν συμβολικῶς ὁ Θεός, ὡς τὸ ἐφοὺδ
ὁ Γεδεών, τὸν διὰ τοῦ γραπτοῦ πνευματικὸν νόμον μυσ-
25 τικῶς ἐξέδωκεν. Ὁ δὲ τῶν Ἰουδαίων λαός, μὴ νοήσας
τὸν νόμον πνευματικῶς, τὴν μὲν κοιλίαν ἐθεοποίησε, τῇ
κατ᾽αὐτὴν ἡδονῇ τὰς θείας περιγράψας ἐπαγγελίας, ἐν
δὲ τῇ αἰσχύνῃ τουτέστιν ἐν τῷ δεχομένῳ μέλει τὴν περιτομὴν τὴν δόξαν θέμενος, τὴν δὲ τοῦ Θεοῦ βασιλείαν
30 ἐν τῷ πρωτεύειν καὶ τιμᾶσθαι κατὰ τὴν παροῦσαν ζωὴν
ἡγησάμενος, καὶ δηλοῦσιν οἱ ἱερεῖς καὶ γραμματεῖς καὶ
φαρισαῖοι τὴν ἐξ ἀνθρώπων δόξαν τῆς θείας πλέον ἐπι-
ζητοῦντες.

ξε΄ Ἡ παλλακὴ τοῦ Γεδεών ἐστιν ἡ αἴσθησις, ὁ δὲ Γεδεὼν ὁ νοῦς, ὁ δὲ Ἀβιμέλεχ ὁ ἐκ τῆς πρὸς τὴν αἴσθησιν
τοῦ νοῦ συμπλοκῆς γεννώμενος τῆς σαρκὸς ὑπάρχει
νόμος, οἱ δὲ ἑβδομήκοντα υἱοί εἰσιν οἱ ἐκ τοῦ νοῦ κατὰ
5 τὴν φυσικὴν θεωρίαν εὐσεβῶς γεννηθέντες λόγοι τῶν
ὑπὸ χρόνον, ὁ δὲ Ἰωνάθαν ὁ κατὰ τὴν τοῦ νοῦ πρὸς τὴν
θείαν σοφίαν σύνοδον γεννώμενος τῆς ἀληθοῦς γνώσεως πνευματικός ἐστι λόγος· ὑπογραφὴ γὰρ Θεοῦ Ἰωνάθαν ἑρμηνεύεται. Ἐὰν οὖν ὁ τῆς σαρκὸς νόμος, ὥσπερ ὁ
10 Ἀβιμέλεχ τοὺς ἑβδομήκοντα λιτοὺς ἄνδρας, τουτέστιν
ἄφρονας, τοὺς περὶ τῶν ὄντων ἀσυνέτους τε καὶ ὑλι-
κοὺς σχοίη συναιρομένους αὐτῷ λογισμούς, βασιλεύων

ξδ΄, 25/29 Ὁ –θέμενος] cf. Phil. 3, 19; cf. Max. Conf., Q. Thal. XLVIII, 116-
120 (p. 357) et LXV, 197-198 (p. 263)
ξε΄, 1 Ἡ – Γεδεών] Iud. 8, 31   2 Ἀβιμέλεχ] cf. Iud. 8, 31   4 οἱ¹ – υἱοί]
cf. Iud. 8, 30   6 Ἰωνάθαν] cf. Iud. 9, 5   10 τοὺς –ἄνδρας] cf. Iud. 9, 4

F CV Ba Epifan.
ξε΄ F CV Ba Epifan.

ξδ΄, 26 ἐθεοποίησε] ἐθεοποίησαν V   27 αὐτὴν] αὐτῶν V   31 οἱ] om.
V
ξε΄, 2 ὁ ἐκ] om. F   3 γεννώμενος] γενόμενος F   6 χρόνον] χρόνων
CV   7 σύνοδον] σύνοδος CV   11 ἄφρονας] ἄφρονα Ba   12 λογισμούς]
om. F   βασιλεύων] βασιλεύειν F

ξε΄, 1/21 Ἡ –ἐμπρησθήσονται] bis scr. ἄλλως περὶ τοῦ Γεδεών Cⁱⁿ ᵐᵃʳᵍ·

52 CAPITA GNOSTICA

τῆς φύσεως, τοὺς ὀρθοὺς περὶ τῶν ὄντων ἀποκτένειν
πέφυκε λόγους, ὅντινα μετὰ τῶν Σικιμιτῶν τουτέστι
15 τῶν χωρὶς λόγου καὶ γνώσεως τὴν πρακτικὴν μετιέναι
δοκούντων, ὁ Ἰωνάθαν, λέγω δὲ τὸν νόμον τοῦ πνεύματος, ἐν ὕψει τῆς θεωρίας ἐστώς, διελέγχει κατὰ συνεί-
δησιν, τοῦ τέλους τὴν ἔκβασιν οἷον διαρρήδην βοῶν, ὡς
οἱ μὴ τὸν γνωστικὸν ἔχοντες λόγον πάσης προκαθηγού-
20 μενον πράξεως, ὡς ξύλα φρυγανώδη τῷ πυρὶ τῶν παθῶν ἐμπρησθήσονται.

ξς′ Παραβὰς κατ᾽ἀρχὰς τὴν θείαν ἐντολὴν ὁ ἄνθρωπος
ἐποίησε τὸ πονηρὸν ἔναντι Κυρίου. Διὸ παρεδόθη τοῖς
ταπεινωτικοῖς πάθεσιν, ὡς γέγραπται· *καὶ παρέδωκε*
Κύριος τὸν Ἰσραὴλ ἐν χειρὶ Μαδιὰμ ἑπτὰ ἔτη, διὰ τοῦ
5 ἑπτὰ τὸν χρονικὸν αἰῶνα τοῦ λόγου δηλοῦντος, *καὶ κατ-*
ίσχυσε χεὶρ Μαδιὰμ ἐπὶ Ἰσραήλ, τουτέστιν ἡ διὰ σαρκὸς ἐνέργεια τῶν παθῶν τὴν νοερὰν τῆς ψυχῆς ταπεινώσασα δύναμιν.

ξζ′ *Καὶ ἐποίησαν ἑαυτοῖς οἱ υἱοὶ Ἰσραὴλ ἀπὸ προσώπου*
Μαδιὰμ τὰς μάνδρας ἐν τοῖς ὄρεσι καὶ τοῖς σπηλαίοις
καὶ τοῖς ὀχυρώμασιν. Ἐν ὄρεσι ποιοῦσι μάνδρας οἱ μὴ
λογικοῖς ἀλλὰ βληχήμασι πρέποντα ποιοῦντες καταγώ-
5 για, καὶ μεθ᾽ὑψηλοφροσύνης ἐπιδεικτικῶς μετιόντες

ξε′, 16/18 ὁ –ἔκβασιν] cf Iud. 9, 7   20/21 ὡς –ἐμπρησθήσονται] cf.
Iud. 9, 14-15

ξς′, 1 Παραβὰς –ἄνθρωπος] cf. Gen. 3   3/4 καὶ –ἔτη] Iud. 6, 1-2

ξζ′, 1/23 Καὶ –γῆς] cf. Max. Conf., Q. D. 80, 9-19 (p. 61)   1/3 Καὶ –ὀχυ-
ρώμασιν] Iud. 6, 2

F CV Ba Epifan.
ξς′ F CV Ba Epifan.
ξζ′ F CV Ba Epifan.

ξε′, 14 πέφυκε λόγους] inv. ord. CV   16 τὸν νόμον] τῷ νόμῳ F   17 δι-
ελέγχει] διελέχθη F   20 τῷ πυρὶ] ὑπὸ CV Ba Epifan.

ξς′, 5 δηλοῦντος] δηπλοῦντος (sic) F   6 χεὶρ] χειρὶ CV Ba   7 ταπει-
νώσασα] scripsi cum Cat.Hebr., ταπεινώσας F, ταπεινῶσαι CV Ba Epifan.

ξζ′, 2 σπηλαίοις] πηλαίοις (sic) F

LXV, 13 – LXVIII, 6   53

τὴν χαρακτηριστικὴν τῆς ἀρετῆς ἄσκησιν, ἣ οἱ μὴ
κατ᾽ἀλήθειαν οἴκους ἢ πόλεις, τουτέστι ἀρετὰς ἢ γνώσεις,
ἐν τῷ ὕψει τῆς κατὰ Θεὸν πολιτείας οἰκοδομοῦντες,
ἀλλὰ μάνδρας, λέγω δὲ τὰ νόθα ἤθη τῶν ἀρετῶν· ἐν τοῖς
10 σπηλαίοις δέ, οἱ μὴ τῷ νόμῳ τῶν ἐντολῶν ἀλλὰ ταῖς
οἰκείαις βουλαῖς τῶν μὴ κατηυγασμένων τῷ φωτὶ τῆς
γνώσεως καρδιῶν περιγράφοντες τῆς δικαιοσύνης τὴν
μέθοδον, καὶ τὴν ἀγύμναστον καὶ γραφικῶς εἰπεῖν ἀνεξ-
έλεγκτον μετερχόμενοι σοφίαν καὶ τῇ παραθέσει τῶν
15 ἐναντίων μὴ δεδοκιμασμένην· ἐν δὲ τοῖς ὀχυρώμασιν, οἱ
ἐφ᾽ἑαυτοῖς πεποιθότες καὶ τῇ οἰκείᾳ δυνάμει τὸ κατ᾽ἀρε-
τὴν σωματικῶς τυχὸν κατορθούμενον ἐπιγράφοντες.
Διὸ πᾶσαν σπορὰν λογισμῶν θείων ἀναβαίνοντες εἰς
τὰς τῶν τοιούτων καρδίας διαφθείρουσιν οἱ δαίμονες
20 τῆς πορνείας καὶ τῆς γαστριμαργίας καὶ τῆς κενοδοξίας. Καὶ ἐγένετο, φησίν, ὅτε ἔσπειρεν ἀνὴρ Ἰσραήλ, καὶ
ἀνέβαινε Μαδιὰμ καὶ Ἀμαλὴκ καὶ υἱοὶ ἀνατολῶν καὶ δι-
έφθειραν τὰ ἐκφόρια τῆς γῆς.

ξη′ Ὁ ἐν τῇ ἕξει τῆς γνώσεως λογικῶς τὴν ἀρετὴν μετερχόμενος τῆς τῶν παθῶν τυραννίδος σώζει τὸν διορατικὸν νοῦν, ἀκούων παρὰ τοῦ ἀγγέλου Κυρίου, τοῦ
ἐκφωτίζοντος Λόγου φημί, τοὺς τρόπους τῶν ἀρετῶν
5 κατὰ τὸν Γεδεών· πορεύου ἐν τῇ ἰσχύϊ σου ταύτῃ, καὶ
σώσεις τὸν Ἰσραήλ, οἱονεὶ ἰσχὺν καλοῦντος τοῦ λόγου

ξζ′, 21/22 Καὶ – ἀνατολῶν] Iud. 6, 3   22/23 καὶ³ – γῆς] Iud. 6, 4
ξη′, 5/7 πορεύου – πρᾶξιν] cf. Max. Conf., Q. D. 80, 44-45 (p. 62)
5/6 πορεύου – Ἰσραήλ] Iud. 6, 14

F CV Ba Epifan.
ξη′ F CV Ba Epifan.

ξζ′, 6 τὴν] τῷ V   7/8 ἀρετὰς – ἐν] om. CV Ba Epifan.   9 ἤθη] scripsi
cum Cat.ᴴᵉᵇʳ·, ἤσθη F, ἤδη V, εἴδη C Ba Epifan.   10 σπηλαίοις] πηλαίοις (sic) F
οἱ] ὁ F   11 κατηυγασμένων] καταπηυγασμένων (sic) V   τῆς] om. Epifan.
20 καὶ¹ – κενοδοξίας] om. CV Ba Epifan.   21 ὅτε] ὅταν Epifan.   22 υἱοὶ]
οἱ praem. Ba Epifan.   ἀνατολῶν] τῶν praem. Epifan.   διέφθειραν] διέφθειρον
CV Ba Epifan.
ξη′, 5 ταύτῃ] ταύτης V   6 οἱονεὶ] οἷον F

54 CAPITA GNOSTICA

τὴν ἐν τῇ ἕξει τῆς γνώσεως πρᾶξιν, πόρευσιν δὲ τὴν κατὰ τῶν παθῶν τῆς ψυχῆς μετὰ τῆς δεούσης παρασκευῆς πρόθυμον κίνησιν.

ξθ′ Σαμψὼν ἥλιος αὐτῶν ἑρμηνεύεται, ἢ εἰκάζων εἰκασίαν. Ὁ μὲν οὖν θεωρητικὸς νοῦς καὶ τῶν οὔπω παρόντων μυστηρίων θεατής, Σαμψὼν ὑπάρχει πνευματικός, ὡς εἰκάζων εἰκασίαν, ὁ δὲ ἄλλων πρὸς κατανόησιν θείων μυ-
5 στηρίων ὑπάρχων φωτιστικός, ἥλιος αὐτῶν ὀνομάζεται, κατὰ τὸν Σαμψὼν ἐκ Μανωὲ γεγεννημένος, τουτέστιν ἀπαθείας. Ἀνάπαυσιν γὰρ ἑρμηνευόμενον δηλοῖ Μανωὲ τὸ ὄνομα.

ο′ Καὶ σίδηρος, φησίν, οὐκ ἀναβήσεται ἐπὶ τὴν κεφαλὴν αὐτοῦ, ὅτι Ναζιραῖον τῷ Θεῷ ἔσται τὸ παιδάριον ἐκ κοιλίας μητρός. Ναζιραῖός ἐστιν ὁ ἐξ αὐτῆς τῆς κατὰ τὴν θείαν ἐπίγνωσιν ἀρχῆς ἀφωρισμένος τῷ Θεῷ καὶ
5 πάσης ἐμπαθοῦς καθαρὸς γενόμενος διαθέσεως καὶ μόνην ἐμπρέπουσαν αὐτῷ τὴν κατ᾽ἀρετὴν ἔχων διάπλασιν. Κεφαλὴ δέ ἐστιν ὁ νοῦς, ὁ ἐκτρέφων ὡς τρίχας τὰ

ξθ′, 1 Σαμψὼν – εἰκασίαν] Max. Conf., Q. D. 47, 20-22 (p. 40)   Σαμψὼν – ἑρμηνεύεται] Max. Conf., Q. D. 67, 2 (p. 52)   Σαμψὼν – αὐτῶν] cf. On. Sacr. (ed. Lagarde, p. 222, 198, l. 42; ed. Wutz, p. 939, l. 758)   Σαμψὼν ἥλιος] cf. On. Sacr. (ed. Lagarde, p. 211, 184, l. 48-49; ed. Wutz, p. 699, l. 217; p. 728, l. 392)   Σαμψὼν] cf. Iud. 13, 24 – 16, 31   6 κατὰ – γεγεννημένος] cf. Iud. 13, 2-3   7/8 Ἀνάπαυσιν – ὄνομα] cf. On. Sacr. (ed. Lagarde, p. 220, 195, l. 64-65)

ο′, 1/3 Καὶ – μητρός] Iud. 13, 5; cf. Num. 6, 5   3/6 Ναζιραῖός – διάπλασιν] cf. Eus. Caes., Dem. Evang., VII, 2, 48 (p. 336)   3/4 Ναζιραῖός – Θεῷ] cf. Num. 6, 1-8   7/11 Κεφαλὴ – ἀπαθείας] cf. Ev. Pont., Cap. Gnost. V, 45 (p. 194-197)

F CV Ba Epifan.
ξθ′ F CV Ba Epifan.
ο′ F CV Ba Epifan.

ξθ′, 7 ἀπαθείας] τῆς praem. CV Ba Epifan.
ο′, 1 τὴν] om. V   2 τῷ] om. Epifan.   3 ὁ] om. F   4 ἀφωρισμένος] ἀφοριζόμενος V

ο′, 3/4 Ναζιραῖός – Θεῷ] σημείωσαι ὅτι Ναζιραῖος ἀφωρισμένος Θεῷ C^(in marg)

LXVIII, 7 – LXXII, 3   55

θεῖα νοήματα, ἢ πάλιν νοός ἐστι κεφαλὴ ἡ πίστις, ἡ τὸν
νοῦν θείοις κατακοσμοῦσα δόγμασιν. Σίδηρος δὲ ὁ τῶν
10 παθῶν πόλεμος, ὃν οὐ δεῖ πρὸς τὸν νοῦν ἀναβάντα θο-
λῶσαι, κατευνασθέντα διὰ τῆς ἀπαθείας.

οα΄ Ἀπὸ πάντων, φησίν, ὅσα ἐκπορεύεται ἐξ ἀμπέλου οὐ
φάγεται, καὶ οἶνον καὶ σίκερα μὴ πιέτω, καὶ ἀκάθαρτον
μὴ φαγέτω. Ἡ ψεκτὴ κατὰ τὴν Γραφὴν ἄμπελος ἐστιν
ἡ ἀφροσύνη, γεννῶσα καθάπερ κλῆμα τὴν ἄγνοιαν, τὴν
5 γεννῶσαν ὥσπερ ἐκ τοῦ κλήματος στέμφυλον τὴν φι-
λαυτίαν, τὴν ἐκφέρουσαν ὥσπερ ἐκ στεμφύλου σταφυ-
λὴν τὴν ὑπερηφανίαν, ἐξ ἧς καθάπερ οἶνος ὁ θυμὸς προ-
έρχεται ὁ ἐκστατικὸς τῶν κατὰ φύσιν λογισμῶν. Ὅστις
μετὰ τῆς ἐμπαθοῦς συμπλεκόμενος ἐπιθυμίας ἀποτελεῖ
10 τὴν ἀκόλαστον ἡδονήν, καθάπερ μέλιτι καὶ ἄλλοις ἡδύσ-
μασιν ὁ οἶνος μιγνύμενος τὸ σίκερα ποιεῖ. Σταφὶς δέ
ἐστιν ἡ μνησικακία, ἥτις ἐστὶν ἕξις ἀφανὴς ὑπερηφανί-
ας, κεκρυμμένην ἔχουσα πρὸς παλαίωσιν τὴν ὄρεξιν τῆς
ἀντιλυπήσεως. Ὄξος δέ ἐστι λύπη κατὰ τὴν ἀποτυχίαν
15 τῆς ἀνταποδόσεως συνισταμένη. Ἀκάθαρτος δὲ τυχόν
ἐστιν ὁ κατὰ διάνοιαν περὶ Θεοῦ διαταγμός, ἤγουν ὁ μὴ
καθήκων λογισμός.

οβ΄ Ἄμπελός ἐστιν ἐπαινετὴ προηγουμένως μὲν ὁ Μο-
νογενὴς Υἱὸς καὶ Λόγος τοῦ Θεοῦ, ἡ μόνη καὶ ὄντως
σοφία, κατὰ χάριν δὲ τοῦτο γίνεται καὶ πᾶς σοφὸς καὶ

οα΄, 1/17 Ἀπὸ –λογισμός] cf. Max. Conf., Q. D. 47, 1-18 (p. 39-40)
1/3 Ἀπὸ –φαγέτω] Iud. 13,14; cf. Num. 6, 3-4
οβ΄, 1/12 Ἄμπελός –δημιουργός] cf. Num. 6, 3-4

F CV Ba Epifan.
οα΄ F CV Ba Epifan.
οβ΄ F CV Ba Epifan.

οα΄, 1 πάντων] παντὸς F   4 ἄγνοιαν] ἄνοιαν C   5 ὥσπερ – τοῦ] om. F
στέμφυλον] τὸ praem. F   15 Ἀκάθαρτος] ἀκάθαρτον CV Ba Epifan.
οβ΄, 2 καὶ ὄντως] om. F

οα΄, 3/4 Ἡ – ἀφροσύνη] ἄμπελος ψεκτὴ ἡ ἀφροσύνη Cⁱⁿ ᵐᵃʳᵍ

56 CAPITA GNOSTICA

ἐνάρετος ἄνθρωπος· κλῆμα δὲ ἡ γνῶσις, στέμφυλον
5 δὲ ἡ ἀγάπη, σταφυλὴ δὲ ἡ ταπεινοφροσύνη, σταφὶς δὲ
ἡ προσηνὴς μετ'εὐνοίας τῶν ἠθῶν ἐπιείκεια, οἶνος δὲ
ἡ σώφρων ἔκστασις, ἡ κατὰ στέρησιν πάσης νοήσεως
ἄγουσα τὸν νοῦν εἰς τὴν ὑπὲρ νόησιν ἕνωσιν, καθ'ἣν
ἀγνώστως αὐτῷ συγγίνεται τῷ Θεῷ διὰ τοῦ Πνεύμα-
10 τος· ὄξος δὲ ἡ θεία ἄμπελος οὐκ ἐκφέρει· οὐ γὰρ ἔχει
λύπην ἡ τῆς σοφίας συνοίκησις, χαρᾶς ὑπάρχουσα κατὰ
φύσιν δημιουργός.

ογ' Διαβάλλει τοὺς Ἰσραηλίτας ἡ Γραφὴ τῶν προφη-
τῶν, ὡς φιλοῦντας πέμματα μετὰ σταφίδων. Πέμματα
δὲ μετὰ σταφίδων ἐστὶν ὑπόκρισις μετὰ μνησικακίας· ὁ
γὰρ προσποιούμενος φιλίαν καὶ τῷ εἰρωνευτικῷ τρόπῳ
5 χειρούμενος λεληθότως τὸν πέλας, πέμματα μετὰ σταφίδων ἐποίησε, τὸν κεκρυμμένον θυμὸν διὰ περινοίας
ἀποτελέσας.

οδ' Καὶ ἤρξατο πνεῦμα Κυρίου συμπορεύεσθαι τῷ Σαμψὼν ἐν παραβολῇ Δὰν ἀνὰ μέσον Σαραὰ καὶ ἀνὰ μέσον
Ἐσθαώλ. Παραβολὴ Δὰν ἐστιν ἡ διάκρισις, Σαραὰ δὲ
ἠλαιωμένος ἤτοι κεχρισμένος· ἑρμηνεύεται δὲ πάλιν
5 Σαραὰ ὀλίσθημα, Ἐσθαώλ δὲ ἐπιστροφὴ Θεοῦ. Δηλοῖ

ογ', 2 φιλοῦντας –σταφίδων] Os. 3, 1
οδ', 1/3 Καὶ –Ἐσθαώλ] Iud. 13, 25

F CV Ba Epifan.
ογ' F CV Ba Epifan.
οδ' F CV Ba Epifan.

οβ', 6 προσηνὴς] πρὸς ἡδονὴν CV Ba Epifan.   εὐνοίας] εὐποιίας CV, μετανοίας Epifan.   ἠθῶν] παθῶν CV Ba Epifan.
ογ', 3 ἐστὶν] εἰσὶν Ba Epifan.
οδ', 1   Σαμψὼν] Σαμψὼ (sic) F   2   παραβολῇ] παρεμβολῇ Epifan.
3   Παραβολὴ] παρεμβολὴ Epifan.   4   κεχρισμένος] κεχαρισμένος V
5/6 Ἐσθαώλ –ὀλίσθημα] om. V   5   ἐπιστροφὴ] ἐπιτροφὴ Ba Epifan.

ογ', 2   πέμματα –σταφίδων] τί σημαίνει πέμματα μετὰ σταφίδων· χρῆσις
μεθ'ἡδυπαθείας (χρῆσις μεθ'ἡδυπαθείας] om. Ba) $C^{in\ marg.}\ Ba^{in\ marg.}$
οδ', 1/15 Καὶ –κινήματα] περὶ τοῦ Σαμψὼν ἀναγωγή $C^{in\ marg.}\ Ba^{in\ marg.}$

LXXII, 4 – LXXV, 14   57

δὲ ἡ μὲν χρῖσις τὴν πρακτικὴν ἕξιν, τὸ δὲ ὀλίσθημα τὴν
περὶ ἣν ἡ πρακτικὴ συνίσταται σάρκα, ἡ δὲ ἐπιστροφὴ
τοῦ Θεοῦ τὴν θεωρητικὴν τῆς γνώσεως χάριν ἢ τὴν με-
τοχὴν τοῦ ἁγίου Πνεύματος. Ὁ τοίνυν διακρίνων σοφῶς
10 τὴν σάρκα τοῦ πνεύματος, καὶ τὸ ἧττον ὑποτάσσων τῷ
κρείττονι, καὶ λογικῆς συνέσεως οὐκ ἀμοιροῦσαν ἔχων
τὴν πρᾶξιν ἢ τὴν θεωρίαν, οὗτος ἔχει τὸ πνεῦμα Κυρίου συμπορευόμενον αὐτῷ καὶ κατευθῦνον αὐτῷ τὰ κατὰ
Θεὸν διαβήματα, τουτέστι τὰ κατὰ τῶν παθῶν τῆς ψυ-
15 χῆς κινήματα.

οε′ Καὶ κατέβη Σαμψὼν εἰς Θαμναθὰ καὶ εἶδε γυναῖκα
ἐκ τῶν θυγατέρων τῶν ἀλλοφύλων, καὶ ἤρεσεν ἐν
ὀφθαλμοῖς αὐτοῦ. Ὁ λογικῶς τὴν φύσιν τῶν ὁρατῶν
διασκοπούμενος νοῦς καὶ εὑρίσκων ὅτι κατὰ τὸν ἑαυτῆς
5 λόγον θεωρουμένη τῶν αἰσθητῶν ἡ φύσις διαφθείρει τὰ
πάθη, καταβαίνει θέλων εἰς Θαμναθά (ἑρμηνεύεται δὲ
Θαμναθὰ συντέλεια αὐτῶν) ἐν τῇ αἰσθητῇ φύσει, ἐξ ἧς
καὶ γεννᾶσθαι πεφύκασιν ἐν τοῖς σπουδαίοις διαφθειρό-
μενα τὰ πάθη· ἐξ ἧς αἰσθητῆς φύσεως ὡς συνεργὸν πρὸς
10 ἀρετὴν λαμβάνει γυναῖκα τὴν αἴσθησιν ὁ νοῦς, δι᾽ἧς
προσβάλλων τοῖς αἰσθητοῖς τοὺς πνευματικοὺς αὐτῶν
ἀναλέγεται λόγους, ἀφεὶς τὰ φαινόμενα εἴδη καὶ σχήματα, δι᾽ ὧν καὶ ἐν οἷς τοῖς ἀνθρώποις ὑπάρχει τὸ σφάλ-
λεσθαι.

οε′, 1/3 Καὶ – αὐτοῦ] Iud. 14, 1   3/13 Ὁ – σφάλλεσθαι] cf. Max. Conf.,
Q. Thal. XXV, 34-53 (p. 161)

F CV Ba Epifan.
οε′ F CV Ba Epifan.

οδ′, 6 χρῖσις] χρῆσις F   δὲ²] om. F   7 ἐπιστροφὴ] ἐπιτροφὴ Ba Epifan.
οε′, 3 τῶν ὁρατῶν] om. CV Ba Epifan.   4 ἑαυτῆς] ἑαυτοῖς V   7 ἐξ
ἧς] ἕξιν V   9 ἐξ – αἰσθητῆς] ἕξις ἐστὶ F   11 προσβάλλων] προβάλλων CV

οε′, 1 κατέβη – Θαμναθὰ] iter. κατέβη Σαμψὼν εἰς Θαμναθά Cⁱⁿ ᵐᵃʳᵍ   7 Θαμναθὰ συντέλεια] iter. Θαμναθὰ συντέλεια Cⁱⁿ ᵐᵃʳᵍ

58 CAPITA GNOSTICA

ος' *Καὶ κατέβη Σαμψὼν εἰς Θαμναθά, καὶ ἐξέκλινεν εἰς ἀμπελῶνας Θαμναθά, καὶ ἰδοὺ σκύμνος λέοντος ὠρυόμενος εἰς ἀπάντησιν αὐτοῦ. Καὶ κατεύθυνεν ἐπ'αὐτὸν πνεῦμα Κυρίου, καὶ διέσπασεν αὐτὸν ὡς ἔριφον αἰγῶν,*
5 *καὶ οὐδὲν ἦν ἐν τῇ χειρὶ αὐτοῦ.* Ὁ γνώσεως ἕνεκεν τῶν ἐν τοῖς γεγονόσι λόγων τὴν φυσικὴν ἐκπαιδευόμενος θεωρίαν ἀπὸ τῆς μυστικῆς τῶν νοητῶν ἐποψίας, κατελθὼν εἰς Θαμναθά, τὴν αἰσθητὴν λέγω φύσιν, ἐκκλίνει εἰς ἀμπελῶνας αὐτῆς, τουτέστιν εἰς ἐξέτασιν ἔρχεται
10 τῆς τῶν ἐν αὐτῇ πνευματικῶν λόγων γνώσεως, καὶ τὸν ἐξελθόντα σκύμνον τοῦ λέοντος, ὥσπερ ἔριφον αἰγῶν ἀποκτένει, κατευθύναντος ἐπ'αὐτὸν πνεύματος Κυρίου. Πέφυκε γὰρ συναντᾶν τῷ γνωστικῶς διαπορευομένῳ τὸν αἰῶνα τοῦτον, καθάπερ σκύμνος, ὁ γεννώμενος ἐκ
15 τοῦ διαβόλου θυμός, ὃν ὁ νοῦς διασπῶν τῷ πνεύματι Κυρίου τῆς πρᾳότητος, διὰ χειρὸς ἀποκτένει τῆς πράξεως, ὡς τὸν ἔριφον τῶν αἰγῶν, λέγω δὲ τὴν ἐπιθυμίαν, τῷ τῆς σωφροσύνης πνεύματι. Αἶγα γὰρ ἐνταῦθα τὴν ἐπιθυμίαν εἶναι φασί, τὸν δὲ τοῦ λέοντος σκύμνον τὸν
20 θυμόν.

οζ' Ὁ λογικῶς διὰ πράξεως τὸν θυμὸν ἀποκτείνας καὶ τοὺς θείους ἀντεισαγαγὼν τῇ καρδίᾳ λογισμούς, συστροφὴν μελισσῶν εὗρε καὶ ἐκ τῆς ἕξεως τοῦ λέοντος ἐξεῖλε τὸ μέλι, τὴν ἐκ τῶν λογισμῶν γνῶσιν τῆς ἀνδρεί-
5 ας ἐκ τοῦ θανάτου τῆς θυμικῆς ἐνεργείας δρεπόμενος.

ος', 1/5 Καὶ – αὐτοῦ] Iud. 14, 5-6   19/20 τὸν¹ – θυμόν] cf. Prov. 20, 2a
οζ', 1 Ὁ – ἀποκτείνας] cf. Iud. 14, 6   2/3 συστροφὴν μελισσῶν] Iud. 14, 8
3/4 ἐκ – μέλι] Iud. 14, 9

ος' F CV Ba Epifan.
οζ' F CV Ba Epifan.

ος', 4 ἔριφον] ἔρηφου (sic) F   15 ὁ] om. Epifan.
οζ', 2 ἀντεισαγαγὼν] ἀντεισαγὼν V

οη΄ Ἡ δυσωδία καὶ ἡ φθορὰ τέλος ἐστὶ τῆς γαστριμαργίας, ἡ δὲ αἰσχύνη τέλος ἐστὶ τῆς πορνείας. Ὁ τοίνυν
ἀλλήλοις τὰ τέλη τῶν παθῶν συνδήσας κέρκον πρὸς
κέρκον ἔδησε κατὰ τὸν Σαμψὼν καὶ διέφθειρε τὰ θέρη
5 τῶν ἀλλοφύλων, ἐκ τοῦ τέλους τὴν ἀρχὴν τῶν παθῶν
ἀφανίσας.

οθ΄ Ἕκαστον πάθος ἀποτελούμενον περὶ ἑαυτῷ τὴν
δι᾽ἀλλήλων ἔχει περατουμένην τῶν αἰσθητῶν καὶ τῆς αἰσθήσεως παρὰ φύσιν ἐνέργειαν· μιγνυμένη γὰρ πᾶσα
αἴσθησις παραλόγως τῷ οἰκείῳ αἰσθητῷ ἀποτελεῖ πά-
5 θος. Ὁ τοίνυν σοφὸς ἀποκτεῖναι τὰ πάθη βουλόμενος
νοῦς, τὸ τέλος τῆς ἐν ἀλλήλοις τῶν αἰσθητῶν καὶ τῆς
αἰσθήσεως ἐμπαθοῦς ἐνεργείας τῷ λόγῳ συνδήσας,
ἐφάψει τὴν λαμπάδα τῆς γνώσεως, οὐ μόνον τὰς τῶν
παθῶν ἐνεργείας ἀλλὰ καὶ τὰς ἕξεις αὐτῶν παντελῶς
10 ἐξαφανίζει. Καὶ δηλοῖ τοῦτο ποιῶν ὁ μέγας Σαμψὼν
κέρκον πρὸς κέρκον δήσας τῶν ἀλωπέκων, καὶ ἐφάψας
λαμπάδα πυρὸς καὶ τῶν ἀλλοφύλων διαφθείρας τὸ θέ-
ρος. Ὁ γὰρ τῶν τριακοσίων ἀριθμὸς δηλοῖ τὴν εἰς ἄλ-
ληλα σύνθεσιν αἰσθητῶν καὶ αἰσθήσεως, εἴπερ ἑξαδικὸς
15 ὁ τῶν αἰσθητῶν ὑπάρχει κόσμος, ὡς ἐν ἓξ πεποιημένος
ἡμέραις, καὶ πενταδικὴ τῆς κατ᾽αὐτὸν αἰσθήσεώς ἐστιν
ἡ ἐνέργεια, ὡς διὰ τῶν πέντε διαφόρως αἰσθητηρίων
ἐνεργουμένη.

οη΄, 2/5 Ὁ –ἀλλοφύλων] cf. Iud. 15, 3-5   3/4 κέρκον –ἔδησε] Iud. 15, 4
οθ΄, 5/10 Ὁ –ἐξαφανίζει] cf. Iud. 15, 3-5   10/12 δηλοῖ –θέρος] cf. Iud.
15, 4-5   11 κέρκον¹ –ἀλωπέκων] Iud. 15, 4   13 Ὁ –ἀριθμὸς] cf. Iud. 15, 4
15/16 ὡς –ἡμέραις] cf. Gen. 1   16/18 καὶ –ἐνεργουμένη] cf. Max. Conf., Th.
Oec. I, 79 (PG 90, 1112 D7-9)   16/17 καὶ –ἐνέργεια] cf. Max. Conf., E. ps. 59,
62-63 (p. 6-7)

οη΄ F CV Ba Epifan.
οθ΄ F CV Ba Epifan.

οθ΄, 1 ἑαυτῷ] ἑαυτὸ CV Ba Epifan.   δι᾽ἀλλήλων] δι᾽ἄλληλον CV, διάλληλον
Ba Epifan.   2 περατουμένην] πραττομένην Ba Epifan.   3 παρὰ] τὴν praem.
F   5 σοφὸς] σοφῶς CV Ba Epifan.   6 νοῦς] om. CV Ba Epifan.   τῆς¹]
τῶν Epifan.   8 ἐφάψει] ἂν ἐφάψῃ CV Ba Epifan.   16 αὐτὸν] αὐτῶν C

60 CAPITA GNOSTICA

π' Ὁ διὰ τῶν ἀρετῶν κατὰ τὴν πρᾶξιν νεκρὰν ἐν ἑαυτῷ καταστήσας τὴν γαστριμαργίαν, τοῦ νοῦ λέγω καὶ
τοῦ σώματος, εὗρεν ἐριμμένην τὴν σιαγόνα, δι'ἧς τοὺς
ἐμπαθεῖς ἐπανισταμένους αὐτῷ λογισμοὺς ἀποκτένει
5 καὶ δαίμονας, καὶ διψῶν σοφίας τῶν αὐτῆς θείων ἐμφο-
ρεῖται ναμάτων, τοῦ Θεοῦ χορηγοῦντος αὐτῷ ἐκ τοῦ διὰ
τῆς προαιρετικῆς ἀρετῆς νεκρωθέντος σώματος τὴν τὸν
νοῦν ὑπὸ τῆς τῶν παθῶν κάμνοντα καύσεως ἀναψύχου-
σαν γνῶσιν.

πα' Κατὰ ψυχῆς λογικῆς οὐδὲν ἔχουσιν ἰσχυρότερον
ὅπλον τοῦ σώματος οἱ ἀκάθαρτοι δαίμονες. Ὁ τοίνυν
θεωρητικὸς νοῦς γνωστικῶς τὰ πάθη τοῦ σώματος δι-
ερευνώμενος καὶ ἐπαίρων ἐπὶ τῶν ὤμων τῆς πρακτικῆς
5 τὴν αἴσθησιν τοῦ σώματος καὶ τὴν ἕξιν καὶ τὴν ἐνέργειαν καὶ τὴν πρὸς τὰ αἰσθητὰ διὰ τῆς αἰσθήσεως σχέσιν,
καὶ μετεωρίζων πρὸς τὸ ὕψος τῆς κατὰ Θεὸν πολιτείας,
κατὰ τὸν Σαμψὼν κατῆλθεν εἰς Γάζαν, τὴν ἑρμηνευομέ-
νην ἰσχὺν αὐτῶν. Δηλαδὴ τῶν δαιμόνων ἐστὶ δὲ αὕτη
10 προδήλως ἡ σάρξ, καὶ ἐπῆρε τὴν πύλην τῆς πόλεως καὶ
τοὺς δύο σταθμούς, λέγω δὲ τὴν αἴσθησιν καὶ τὴν ἕξιν
αὐτῆς καὶ τὴν ἐνέργειαν, καὶ τὸν μοχλόν, τουτέστι τὴν

π', 1/9 Ὁ – γνῶσιν] cf. Max. Conf., Q. D. 68 (p. 52-53)   3 εὗρεν – σιαγό-
να] Iud. 15, 15   3/5 δι' – δαίμονας] cf. Iud. 15, 15   5/6 καὶ² – ναμάτων] cf.
Iud. 15, 18-19   7/9 τὴν – γνῶσιν] cf. Iud. 15, 14
π α', 1/21   Κατὰ – ὁδόν] cf. Max. Conf., Q. D. 68, 19-22 (p. 53)
8 κατὰ – Γάζαν] cf. Iud. 16, 1   9 ἰσχὺν αὐτῶν] cf. On. Sacr. (ed. Lagarde, p. 215,
189, l. 90-91)   ἰσχὺν] cf. On. Sacr. (ed. Wutz, p. 827, l. 96-97; p. 879, l. 221;
p. 813, l. 75-76)   10/17 καὶ¹ – ἑρμηνεύεται] cf. Iud. 16, 3-4

π' F CV Ba Epifan.
π α' F CV Ba Epifan.

π', 2/3 τοῦ – σώματος] λέγω δὴ τοῦ νοῦ τοῦ σώματος CV Ba, (ὄνου) (sic)
λέγω δὴ τοῦ νεκροῦ σώματος Epifan.   2 καὶ] scripsi δὲ F, δὴ CV Ba Epifan.
8 τῶν] τὸν F   παθῶν] om. F
π α', 4 ἐπαίρων] om. V   ἐπὶ] τὴν add. V   11 δὲ] δὴ CV

π α', 1/21 Κατὰ – ὁδόν] ὅρα τί φησι Cⁱⁿ marg.

LXXX, 1 – LXXXII, 13   61

πρὸς τὰ αἰσθητὰ τῶν αἰσθήσεων σχέσιν, ἐπὶ τῶν ὤμων
τῆς πράξεως καὶ ἀνήγαγεν εἰς τὸ ὄρος, φημὶ δὴ τὸ ὕψος
15 τῆς ἀρετῆς, τὸ κατὰ πρόσωπον Χεβρών, τουτέστι τῆς
συνημμένης τῇ γνώσει κατὰ τὴν πρᾶξιν ἕξεως (Χεβρὼν
γὰρ συζυγία ἢ κοινωνία ἢ κακοπάθεια ἢ δυσκολία ἑρμηνεύεται). Πάντα γὰρ ταῦτα ἔχει ὁ κατὰ Θεὸν διὰ τῶν
ἀρετῶν πορευόμενος, διὰ πολλῶν θλίψεων τὴν πρὸς
20 τὴν βασιλείαν τῶν οὐρανῶν ἄγουσαν ἑαυτῷ σωτήριον
τέμνων ὁδόν.

πβ′ Καὶ ἐγένετο μετὰ ταῦτα καὶ ἠγάπησε Σαμψὼν γυναῖκα ἐπὶ τοῦ χείλους χειμάρρους Σωρήκ, καὶ ὄνομα
αὐτῇ Δαλιδά. Χειμάρρους Σωρὴκ ἐστι τὸ σῶμα τῆς
ἁμαρτίας, χειμάρρου δὲ χεῖλος ἡ τὸν νοῦν δελεάζουσα
5 τοῦ σώματός ἐστιν ἐπιφάνεια, ἐν ᾧ σώματι διὰ τῶν
παθῶν ἠχοῦντες οἱ δαίμονες συρίζουσι περικτυποῦντες
τὸν νοῦν καὶ τῆς θείας ἀπάγοντες γνώσεως· Σωρὴκ γὰρ
συρισμὸς αὐτῶν ἑρμηνεύεται, Δαλιδὰ δὲ πτωχεύουσα ἢ
κατάκριτος γέννησις. Ὁ τοίνυν μὴ δι'εὐχῆς τὸν διὰ τοῦ
10 σώματος ἦχον τῶν δαιμόνων ἀποκρουόμενος, ἀλλ'οἷον
τῷ βόμβῳ τῶν ἀσέμνων λογισμῶν ἐντερπόμενος καὶ
μόνῃ τῇ ἐπιφανείᾳ τῶν σωμάτων ἐνορῶν, τὴν κατάκρι-
τον γέννησιν τῆς ἁμαρτίας, λέγω δὲ τὴν ἡδονήν, ἢ τὴν

πα′, 16/17 Χεβρὼν – συζυγία] cf. On. Sacr. (ed. Wutz, p. 951, l. 836; p. 977,
l. 323; p. 735)   20 τὴν – οὐρανῶν] Mt. 3, 2 et passim
πβ′, 1/3 Καὶ – Δαλιδά] Iud. 16, 4   2 χειμάρρους Σωρήκ] cf. On. Sacr.
(ed. Lagarde, p. 285, 295, l. 76)   8 Δαλιδὰ – πτωχεύουσα] Max. Conf., Q. D.
67, 2 (p. 52); cf. On. Sacr. (ed. Lagarde, p. 62, 32, l. 6)

F CV Ba Epifan.
πβ′ F CV Ba Epifan.

πα′, 13 τὰ] om. F   14 δή] δὲ F V   15 τῆς²] om. Epifan.   19 τὴν]
om. CV
πβ′, 12 ἐνορῶν] ἐν ὁρῶν (sic) F CV

πβ′, 7/9 Σωρὴκ – γέννησις] Σωρὴκ συρισμὸς Δαλιδὰ δὲ πτωχεύουσα Cⁿ marg.

62   CAPITA GNOSTICA

πτωχεύουσαν ἀρετῆς καὶ γνώσεως ἕξιν ἀγαπήσας, τῆς
15 δοθείσης αὐτῷ θείας δυνάμεως ἐλεεινῶς ἀποκείρεται.

πγ′ Ὁ τῷ παθητικῷ μέρει τὸ νοερὸν τῆς ψυχῆς ἀπρε-
πῶς προσκατακλίνας καὶ ταῖς θελητηρίοις τῶν ἡδονῶν
τοῦ σώματος φαντασίαις κατακοσμίσας αὐτῆς τὴν γνωστικὴν θεωρίαν, κατὰ τὸν Σαμψὼν ἀνάμεσον τῶν μη-
5 ρῶν τῆς Δαλιδᾶς, λέγω δὲ τῆς ἁμαρτίας, κατέκλινε τὴν
κεφαλήν, ἑαυτὸν ἐκδοὺς τῇ ἁμαρτίᾳ, ἥτις καλοῦσα τὸν
κουρέα, τουτέστι τὸν διάβολον, ξυρῷ ἠκονημένῳ, φημὶ
δὲ τῷ ἀνεπαισθήτῳ δόλῳ, καὶ τὰ κοσμοῦντα τὸν νοῦν
ἀποκείρει θεῖα νοήματά τε καὶ δόγματα, μεθ᾽ ὧν ἀφαιρου-
10 μένη ἡ φρουροῦσα τὸν νοῦν θεία δύναμις.

πδ′ Ὡσεὶ ξυρὸν ἠκονημένον ἐποίησας δόλον, πρὸς τὸν
διάβολον φησὶν ὁ Δαβίδ. Ὥσπερ ὁ κατ᾽ ἄκρον ἠκονημέ-
νος ξυρὸς αἴσθησιν οὐ παρέχει τῷ κειρομένῳ τῆς τῶν
τριχῶν ἀφαιρέσεως, οὕτως τῷ πλήθει τῆς περὶ κακίαν
5 σοφιστικῆς πανουργίας ὁ διάβολος μηχανώμενος δό-
λους, ἀποκείρων τῆς ψυχῆς τὴν χάριν τῆς ἀρετῆς καὶ

πβ′, 14/15 τῆς – ἀποκείρεται] cf. Iud. 16, 17
πγ′, 4/10 κατὰ – δύναμις] cf. Max. Conf., Q. D. 47, 20-26 (p. 40)
4/5 κατὰ – ἁμαρτίας] cf. Max. Conf., Q. D. 67, 3-4 (p. 52)   ἀνάμεσον – Δα-
λιδᾶς] cf. Iud. 16, 19   6/8 ἥτις – δόλῳ] cf. Max. Conf., Q. D. 67, 5-8 (p. 52)
6/10 καλοῦσα – δύναμις] cf. Iud. 16, 18-19   6/7 καλοῦσα – κουρέα] Iud. 16, 19
7/8 ξυρῷ – δόλῳ] cf. Ps. 51, 4b   8/9 καὶ – δόγματα] Max. Conf., Q. D. I, 68,
30-32 (p. 53)   9/10 μεθ᾽ – δύναμις] Max. Conf., Q. Thal. LII, 206-208 (p. 427)
πδ′, 1/8 Ὡσεὶ – ἀφαίρεσιν] cf. Max. Conf., Q. D. 67, 5-8 (p. 52)
1 Ὡσεὶ – δόλον] Ps. 51, 4

F CV Ba Epifan.
πγ′ F CV Ba Epifan.
πδ′ F CV Ba Epifan.

πβ′, 14 ἀρετῆς] τῆς praem. C   15 δοθείσης] ἐνδοθείσης Epifan.
πγ′, 1 τὸ] τὸν F   8 καὶ] om. CV Ba Epifan.   9 ἀφαιρουμένη] ἀφαιρου-
μένων CV Ba Epifan.   10 θεία] συναφίπτεται add. CV Ba Epifan.
πδ′, 1 ἠκονημένον] ἠκονημένων V   3 τῶν] om. V

LXXXII, 14 – LXXXVII, 2   63

τῆς γνώσεως, ἀνεπαίσθητον αὐτῇ ποιεῖται τὴν τούτων
ἀφαίρεσιν.

πε΄ Ὁ διὰ τῆς ἡδονῆς τοῦ σώματος ἑαυτὸν ποιήσας τοῖς
πάθεσιν ὑποχείριον νοῦς, ὑπ᾽αὐτῶν μᾶλλον δὲ δι᾽αὐτῶν
ὑπὸ τῶν δαιμόνων ἐκτυφλοῦται τοὺς νοεροὺς ὀφθαλ-
μούς τὰς κατ᾽ἀρετὴν καὶ γνῶσιν ἐποπτικὰς ἐκποιούμε-
5 νος ἐνεργείας, ὥσπερ ὁ Σαμψὼν διὰ τῆς Δαλιδᾶς ὑπὸ
τῶν ἀλλοφύλων ἐξετυφλώθη.

πϛ΄ Ὁ οἶκος τῶν θεῶν τῶν ἀλλοφύλων, εἰς ὃν τὸν Σαμψὼν ἀνήγαγον, ἡ τῆς κακίας ἕξις ἐστί, καθ᾽ἣν ἐμπαίζεσ-
θαι βούλονται διὰ παντὸς τὸν ὑποχείριον αὐτοῖς διὰ
τῆς ἁμαρτίας γενόμενον νοῦν οἱ ἀκάθαρτοι δαίμονες· οἱ
5 δὲ στύλοι τοῦ οἴκου τυγχάνουσιν ὁ θυμὸς καὶ ἡ ἐπιθυμία, ἐφ᾽ὧν ὡς ἐπ᾽ἐρεισμάτων τινῶν ἡ ἕξις συνίσταται
τῆς κακίας· τὸ δὲ χειραγωγοῦν τὸν Σαμψὼν παιδάριον
καὶ δεικνύον αὐτῷ τοὺς στύλους ὁ κατ᾽ἀρετὴν ἔμφυτος
ἐστὶ λογισμός, χερσὶ διδάσκων πρακτικῆς φιλοσοφίας
10 ἀνδρικῶς ἐπιλαβέσθαι τοῦ θυμοῦ καὶ τῆς ἐπιθυμίας καὶ
μετ᾽αὐτῶν τὴν ἐπ᾽αὐτῶν κειμένην προθέλυμνον κατα-
στρέψαι κακίαν.

πζ΄ Ὁ τὴν ἐμπαθῆ καθ᾽ἁμαρτίαν προτέραν ζωὴν τοῖς
πάθεσι παντελῶς δι᾽αὐτῶν ἀρετῶν συναποκτείνας ἐρεῖ

πε΄, 5/6 ὥσπερ – ἐξετυφλώθη] cf. Iud. 16, 21
πϛ΄, 1/12 Ὁ – κακίαν] cf. Max. Conf., Q. D. 67, 11-17 (p. 52)   1/2 Ὁ – ἀνή-
γαγον] cf. Iud. 16, 25   4/5 οἱ² – οἴκου] cf. Iud. 16, 26   7/8 τὸ – στύλους] cf.
Iud. 16, 26   7 τὸ – παιδάριον] Iud. 16, 26a

F CV Ba Epifan.
πε΄ F CV Ba Epifan.
πϛ΄ F CV Ba Epifan.
πζ΄ F CV Ba Epifan.

πδ΄, 7 ποιεῖται] ποιεῖ Epifan.   τὴν] ταύτην Epifan.
πε΄, 2 νοῦς] ὁ praem. Epifan.   5 ὁ] om. CV Ba Epifan.
πϛ΄, 3 βούλονται] βούλεται CV Ba   αὐτοῖς] αὐτῆς V   6 ἐφ᾽] ἀφ᾽ V
ἐπ᾽ἐρεισμάτων] ἐρασμάτων (sic) CV Ba Epifan.   11 αὐτῶν²] αὐτὸν F
πζ΄, 2 δι᾽αὐτῶν] διὰ τῶν Ba V   συναποκτείνας] ἀποκτείνας F Ba Epifan.

64 CAPITA GNOSTICA

προσηκόντως κατὰ τὸν Σαμψών· ἀποθανέτω ἡ ψυχή
μου μετὰ τῶν ἀλλοφύλων, τουτέστιν ἡ προτέρα μου
5 ζωὴ διαφθειρέσθω μετὰ τῶν παθῶν. Οὐ γὰρ ὄφελος τῆς
κατ'ἐνέργειαν τῶν παθῶν νεκρώσεως, τῆς ἐπ'αὐτοῖς ἔτι
ζώσης κατὰ ψυχὴν διαθέσεως.

πη΄ Ἡ τοῦ Νῶε κιβωτὸς τὴν κατὰ τὸν νόμον παλαιὰν
διαθήκην ἐδήλου, χοϊκωτέρα ὕλῃ τῇ ἀσφάλτῳ καὶ τῇ
πίσσῃ κατησφαλισμένη, ὡς ἐκείνη τῇ σωματικωτέρᾳ
λατρείᾳ, καθάπερ καὶ ἡ Μωϋσέα, φημὶ δὴ τὸν νόμον,
5 γεννηθέντα φυλάξασα θήκη, τὴν κατ'αὐτὸν λατρείαν
σημαίνουσα, [τὴν] διὰ τῶν αὐστηροτέρων ἐπιτιμίων τὰ
ἀνήμερα ἤθη καὶ τὰς θηριώδεις τῶν Ἰουδαίων διαθέσεις
ἐπέχουσα, ὡς ἡ Νῶε κιβωτὸς τὰ θηρία. Τὴν δὲ κατὰ
Χριστὸν καινὴν διαθήκην πάντοθεν χρυσίῳ τῷ ἁγίῳ
10 Πνεύματι περικεκαλυμμένην προδιέγραφεν ἡ πνευματικῶς μὲν ἐν τῷ ὄρει, τῷ ὕψει λέγω τῆς γνώσεως,
ὁραθεῖσα κιβωτός, σωματικῶς δὲ κάτω διὰ συμβόλων
τῷ λαῷ παραδειχθεῖσα, μόνας ἔχουσα τὰς πλάκας, ὡς
ἡ καινὴ διαθήκη ταῖς πλαξὶ τοῦ σώματος διαπλασθέντα
15 τὸν Λόγον τοῦ Θεοῦ, διὰ τοῦ Πνεύματος ἀμερίστως ταῖς

πζ΄, 3/4 ἀποθανέτω – ἀλλοφύλων] Iud. 16, 30; cf. Max. Conf., Q. D. 67, 15-17
(p. 52)
πη΄, 1/3 Ἡ – κατησφαλισμένη] cf. Gen. 6, 14   2/3 χοϊκωτέρᾳ – κατησφα-
λισμένη] cf. Ex. 2, 3   3/4 ὡς – λατρείᾳ] exempli gratia, cf. Eus., Dem. Evang. VI, 3,
3, 5-6 (p. 255)   4/5 καθάπερ – θήκη] cf. Ex. 2, 3-10   8 ὡς – θηρία] cf. Gen.
6, 19   8/10 Τὴν – περικεκαλυμμένην] Hebr. 9, 4   9/10 πάντοθεν – πε-
ρικεκαλυμμένην] Ex. 25, 11   10/11 πνευματικῶς – ὄρει] cf. Ex. 19-20 et 24
12/13 σωματικῶς – παραδειχθεῖσα] cf. Ex. 24, 4 et 25-30   15/16 διὰ – διαι-
ρούμενον] cf. Ex. 20, 1-17

F CV Ba Epifan.
πη΄ F CV Ba Epifan.

πη΄, 2 τῇ²] om. F   3 πίσσῃ] πίατι (sic) Epifan.   ἐκείνη] scripsi cum
Epifan., ἐκείνη codd.   4 δὴ] δὲ F CV   5 θήκη] διαθήκη CV   αὐτὸν]
αὐτῶν CV   6 τὴν] delevi   9 καινὴν] καὶ νῦν V   13 πλάκας] πλόκας
(sic) V

πη΄, 1/17 Ἡ – συναγόμενον] περὶ τοῦ Νῶε ἀναγωγή Cⁿ ᵐᵃʳᵍ Baⁱⁿ ᵐᵃʳᵍ

LXXXVII, 3 – XC, 12   65

ἐντολαῖς κατ'ἀρετὴν δεκαδικῶς διαιρούμενον καὶ πάλιν πρὸς μίαν εὐσεβείας ζωὴν ἐν τοῖς ἀξίοις θεοπρεπῶς συναγόμενον.

πθ´ Ἡ μὲν τοῦ Νῶε κιβωτός ἐστιν ἡ πρακτικὴ φιλοσοφία, δι'ἧς φεύγει τῆς κακίας τὸν κλύδωνα φόβῳ τὰ συνοικοῦντα πάθη πρὸς ἡμερότητα θηρίων δίκην τιθασσεύων ὁ νοῦς· ἡ δὲ τοῦ Μωϋσέως κιβωτός ἐστιν ἡ θε-
5 ωρητικὴ φιλοσοφία, καθάπερ χρυσίῳ τοῖς κατ'αἴσθησιν καὶ νοῦν πνευματικοῖς λόγοις μονώτατον, ὡς τὰς πλάκας ἐκείνη, τὸν τῆς σοφίας λόγον περικαλύπτουσα.

Ϟ´ Ὁ Νῶε κατ'ἀναγωγὴν θεωρούμενος ἔστιν ὁ Χριστός· ἡ δὲ γυνὴ αὐτοῦ ἡ μονοειδὴς καὶ ἁπλῆ τῶν ὄντων γνῶσις, ἐξ ἧς γεννᾷ τοὺς τρεῖς υἱοὺς τὸν Σήμ, τὸν Ἰάφεθ, τὸν Χάμ, τουτέστι τοὺς τρόπους τῶν καθολικωτέρων
5 τριῶν ἕξεων, πρακτικῆς φημὶ καὶ φυσικῆς καὶ θεολογικῆς φιλοσοφίας – δηλοῖ γὰρ ὁ μὲν Σήμ, ὃς ἑρμηνεύεται ὄνομα, τὴν θεολογίαν, ὁ δὲ Ἰάφεθ, ὃς ἑρμηνεύεται πλατυσμός, τὸ πλάτος τῆς φυσικῆς θεωρίας, ὁ δὲ Χάμ, ὃς ἑρμηνεύεται θερμός, τὴν κατὰ τὴν πρᾶξιν θερμοτέραν
10 διάθεσιν, ὃς ἐπειδὰν τὰ γυμνὰ μόνον θεάσηται τοῦ λόγου, τουτέστι τὰ εἴδη τῶν αἰσθητῶν καὶ τὰ σχήματα, γίνεται ἐμπαθής, τὴν ζέσιν τῆς ἐν πνεύματι πρακτικῆς

πθ´, 1/2 Ἡ –κλύδωνα] cf. Gen. 7, 6-7   4 ἡ¹ –κιβωτός] cf. Ex. 2, 3
7 τὸν –περικαλύπτουσα] cf. Ex. 25, 10-22
Ϟ´, 3/4 ἐξ –Χάμ] cf. Gen. 6, 10   6/7 Σήμ –ὄνομα] cf. On. Sacr. (ed.
Lagarde, p. 37, 10, l. 13; p. 98, 65, l. 28; ed. Wutz, p. 749)   7/8 ὁ –πλατυσμός] cf. On. Sacr. (ed. Lagarde, p. 206, 177, l. 72; ed. Wutz, p. 697, l. 191)
8/9 Χάμ –θερμός] cf. On. Sacr. (ed. Lagarde, p. 224, 200, l. 10-11; ed. Wutz,
p. 749; p. 801, l. 22; p. 835, l. 168)   10 ὃς –λόγου] cf. Gen. 9, 21-27

F CV Ba Epifan.
πθ´ F CV Ba Epifan.
Ϟ´ F C Ba Epifan.

πθ´, 5 χρυσίῳ] χρυσίον F
Ϟ´, 5 θεολογικῆς] θεωρητικῆς C Ba   9 θερμός] θερισμός F   τὴν²] om.
Epifan.   10 μόνον] μόνα C Ba Epifan.   11 τὰ²] om. F

66 CAPITA GNOSTICA

ἀποθέμενος ἀρετῆς, μηκέτι σκοπῶν τὰ μὴ βλεπόμενα,
ἀλλὰ τὰ βλεπόμενα· ἥντινα γύμνωσιν ὀπισθοφανῶς
15 πορευόμενοι καλύπτουσιν οἱ δι'ἀρετῆς ἐπὶ τῶν ὤμων
τῆς πράξεως ἔχοντες τὴν τὰ αἰσθητὰ καλύπτουσαν νέ-
κρωσιν, ἤγουν ἀναισθησίαν, μὴ συγχωροῦσαν ἐμπαθῶς
σκοπηθῆναι τὴν φύσιν τῶν ὁρατῶν - ὀπίσθια γὰρ τῆς
τε φυσικῆς καὶ θεολογικῆς θεωρίας ὁ κατὰ τὴν πρᾶξιν
20 ὑπάρχει νεκρωτικὸς τῆς αἰσθήσεως τρόπος - ἢ οἱ διὰ
τῆς συμβολικῆς θεωρίας ὡς δι'ὀπισθίων καλύπτοντες
τὰ φαινόμενα τοῖς τῶν ἐν αὐτοῖς πνευματικῶν λόγων
αἰνίγμασιν - αἱ δὲ τρεῖς γυναῖκες εἰσὶ τῶν υἱῶν τοῦ
Νῶε αἱ προσφυεῖς αὐτῶν, λέγω τῶν ἕξεων, ἐνέργειαι.

Ϛα΄ Ἡ κατ'ἀρετὴν τῆς ψυχῆς περὶ πρᾶξιν ἕξις καὶ δύναμις, παρασφαλεῖσα τοῦ κατὰ φύσιν, οὐ δέχεται κα-
τάραν, ἀλλ'ἡ ἐξ αὐτῆς γεννωμένη τῆς κακίας ἐνέργεια·
ἐπικατάρατος γὰρ φησίν οὐχ'ὁ Χάμ, ἀλλ'ὁ Χαναάν, παῖς
5 οἰκέτης ἔσται τοῖς ἀδελφοῖς αὐτοῦ. Τοῦτο γὰρ ἦν καὶ
συμφέρον, δουλεύειν λόγῳ καὶ φύσει κατὰ τὴν ἀρετὴν
πρακτικῶς τὴν ἐνέργειαν, ὡς τῷ Σὴμ καὶ τῷ Ἰάφεθ ὁ
Χαναάν, καὶ μάλιστα τῷ ἐπιτιμήσαντι πρέπον, μὴ συγ-
χωροῦντι λόγου καὶ φύσεως ἄφετον ἀτάκτως ἐφ'ἃ μὴ
10 δεῖ φερομένην διαφθαρῆναι τὴν κατὰ φύσιν ἐνέργειαν.

Ϛ΄, **14/15** ἥντινα – πορευόμενοι] Gen. 9, 23 **23/24** αἱ – Νῶε] cf. Gen. 8, 16
Ϛα΄, **1/10** Ἡ – ἐνέργειαν] cf. Max. Conf., Q. D. I, 81 (p. 163) **4/5** ἐπικατάρατος – αὐτοῦ] Gen. 9, 25

F C Ba Epifan.
Ϛα΄ F CV Ba Epifan.

Ϛ΄, **15** δι'ἀρετῆς] διὰ τῆς ἀρετῆς C **16** πράξεως] χάριτος F **18** ὁρα-
τῶν] αἰσθητῶν Epifan.
Ϛα΄, **1** πρᾶξιν] τὴν praem. Epifan. δύναμις] δυνάμεως V **5** οἰκέτης
– τοῖς] om. CV Ba Epifan. **9** ἐφ'ἃ μὴ] ἐφανὴ (sic) V

XC, 13 – XCIII, 5   67

Ϛβ′ Εὐλογητὸς Κύριος ὁ Θεὸς τοῦ Σήμ. Τί δήποτε φησὶν
ὁ Θεὸς εὐλογητός, ἀλλ᾽οὐχ᾽ὁ Σὴμ εὐλογητός; Διότι πᾶς
νοῦς θεολογικός, οὐ τὴν ἑαυτοῦ προηγουμένως δόξαν
ζητῶν, τὰς ὑψώσεις ποιεῖται τῶν περὶ Θεοῦ νοημάτων,
5 ἀεὶ τοῖς φθάσασι προστιθεὶς ὑψηλότερα, καὶ τῶν παρόντων τὰ μέλλοντα περινοῶν μυστικώτερα, κακείνων
πάλιν τὰ πλέον ἐφευρίσκων ἀνεφικτότερα· δι᾽ἀρρήτου
σιγῆς κατὰ τὴν ὑπὲρ νόησιν ἕνωσιν ἐξίσταται πάμπαν
τῆς τῶν ὄντων γνώσεως, ἀλλὰ τὸν ἐκ πάντων καὶ ἐκ
10 μηδενὸς τῶν πάντων τὸ παράπαν γνωσθῆναι δυνάμενον
ἀκατάληπτον παραστῆσαι θέλων τὴν σοφίαν μετέρχε-
ται. Ἢ μᾶλλον ἐπειδὴ καθάπερ τις ὕλη τεχνίτῃ τῷ θε-
ολόγῳ πρὸς ἐργασίαν, ἀγνώστως μετὰ τὴν τῶν ὄντων
καὶ πάσης περὶ τῶν ὄντων νοήσεως ἀφαίρεσιν αὐτὸς
15 πρόκειται λοιπὸν ὁ Θεός· διὰ τοῦτο εὐλογητὸς Κύριος ὁ
Θεὸς τοῦ Σήμ, τουτέστι τὸ πέρας τῆς τοῦ Θεοῦ Λόγου
καλῆς ἐμπορίας, πάντων τῶν ὄντων ἀντωνουμένου μυστικῶς, ὥσπερ πολύτιμον μαργαρίτην, τὸν Θεὸν τὸν μόνον κατὰ φύσιν εὐλογητόν.

Ϛγ′ Πλατύναι ὁ Θεὸς τῷ Ἰάφεθ, καὶ κατοικησάτω ἐν
τοῖς οἴκοις τοῦ Σήμ. Ὁ μετ᾽εὐσεβοῦς γνώσεως εἴτουν
τῆς πρεπούσης τῷ Λόγῳ πολιτείας κατὰ τὴν φυσικὴν
θεωρίαν τῷ πλάτει τῆς τῶν ὁρωμένων μεγαλουργίας
5 ἐνδιαθέων καὶ τοὺς λόγους τῆς ἐν αὐτοῖς σοφίας τῷ

Ϛβ′, 1 Εὐλογητὸς –Σήμ] Gen. 9, 26   16/18 τὸ –μαργαρίτην] cf. Mt. 13,
45-46
Ϛγ′, 1/2 Πλατύναι –Σήμ] Gen. 9, 27

Ϛβ′ F CV Ba Epifan.
Ϛγ′ F CV Ba Epifan.

Ϛβ′, 2 ἀλλ᾽ –εὐλογητός²] om. F   4 Θεοῦ] θεὸν Epifan.   6 μέλλοντα]
μένοντα Epifan.   8 ἐξίσταται] ἐξίστανται V   9 γνώσεως] γενέσεως F CV
Ba   τὸν] τῶν F   ἐκ²] om. Epifan.   14 περὶ] τῆς praem. CV Ba Epifan.
ὄντων] om. F   αὐτὸς] αὐτὸ Epifan.   15 Κύριος] om. V
Ϛγ′, 1 τῷ] τὸν CV Ba Epifan.   2 μετ᾽] scripsi cum Epifan., μὲν codd.
εἴτουν] ἤγουν F, εἴτ᾽οῦν C   5 ἐνδιαθέων] ἐνδιαθέσεων F

68 CAPITA GNOSTICA

Θεῷ προσφέρων, ἐπέτυχε τῆς εὐχῆς, κατὰ ταυτὸν δεξά-
μενός τε πλάτος καρδίας τοῖς οὖσι μὴ περιγραφόμενον,
καὶ ἐν τοῖς οἴκοις τοῦ Σὴμ κατοικήσας. Οἱ δὲ οἶκοι τοῦ
Σήμ, λέγω δὴ τῆς θεολογίας, αἱ ἀρεταὶ προδήλως ὑπάρ-
10 χουσιν ἐν αἷς ἡ φυσικὴ θεωρία κατοικεῖ, ἤγουν ὁ ταύτην εὐσεβῶς μετερχόμενος νοῦς.

Ϛδ′ Εἰς σημεῖον κατὰ διαθήκας τῆς πρὸς ἀνθρώπους τοῦ
Θεοῦ καταλλαγῆς ἐδόθη τὸ τόξον ἐν τῇ νεφέλῃ. Τόξον
ἐστὶν ἡ σὰρξ τοῦ Κυρίου ἡμῶν Ἰησοῦ Χριστοῦ, ἐκ τεσσάρων καὶ αὐτὴ παραπλησίως ἡμῖν φυσικῶς συγκειμένη
5 στοιχείων, ὡς ἐκεῖνο τὸ τόξον ἐκ τεσσάρων χρωμάτων
ἐν τῇ νεφέλῃ, τῷ παρόντι κόσμῳ τε καὶ βίῳ· τεθεῖ-
σα πρὸς ἱλασμὸν τῶν ἁμαρτιῶν ἡμῶν καὶ ἀποστροφὴν
πάσης ὀργῆς· τόξῳ παρεικασθεῖσα, ἐπειδὴ ὅπλον ἐστὶν
ἀκαταμάχητον τοῖς ἁγίοις κατὰ τοῦ διαβόλου. Καὶ ὁ
10 δι᾽αὐτῆς πόλεμος ἀρχὴ τῆς πρὸς Θεὸν καταλλαγῆς καὶ
τελείας εἰρήνης γίνεσθαι πέφυκεν, ὅθεν διδάσκων ὁ Κύριος ἔλεγεν· οὐκ ἦλθον βαλεῖν εἰρήνην ἐπὶ τῆς γῆς, ἀλλὰ
μάχαιραν, οἷον ἑαυτὸν τοῖς βουλομένοις διδοὺς κατὰ
τῆς ἁμαρτίας ὅπλον ἀήττητον. Δεῖ οὖν πρὸς τοῦτο τὸ
15 τόξον, φημὶ δὴ τὸ μυστήριον τῆς τοῦ Λόγου σαρκώσεως, ἐν τοῖς μεγάλοις τῶν πειρασμῶν χειμῶσιν ὁρᾶν, καὶ
οὐδέποτε κατακλυσμὸς ἁμαρτίας τὸν νοῦν ἐπισύρεται.

Ϛγ′, 7 πλάτος καρδίας] III Reg. 2, 35a
Ϛδ′, 1/8 Εἰς –παρεικασθεῖσα] cf. Max. Conf., Q. D. 22, 1-8 (p. 20)
1/2 Εἰς –νεφέλῃ] cf. Gen. 9, 13   9/11 Καὶ –πέφυκεν] cf. Max. Conf., Q. D.
22, 15-18 (p. 20)   12/13 οὐκ –μάχαιραν] Mt. 10, 34   14/17 Δεῖ –ἐπισύ-
ρεται] cf. Max. Conf., Q. D. 22, 11-15 (p. 20)   17 κατακλυσμὸς] cf. Gen. 6,
5 – 8, 19

F CV Ba Epifan.
Ϛδ′ F CV Ba Epifan.

Ϛγ′, 6 κατὰ ταυτὸν] καταυτὸν (sic) F, κατ᾽αὐτὸν V   8/9 κατοικήσας
–Σήμ] om. F
Ϛδ′, 1 διαθήκας] διαθήκης V   8 ἐστὶν] om. Epifan.   11 ὅθεν] καὶ add.
V   12 τῆς] om. V   15 δὴ] δὲ F CV

XCIII, 6 – XCVI, 13   69

Ϛε′ Τὴν Νῶε κιβωτὸν εἶναι φασί τὴν ἐκκλησίαν, ἐκ παντὸς γένους ἀνθρώπων ὡς ἐκ διαφόρων ζώων ἡμέρων
τε καὶ ἀγρίων συγκεκροτημένην πρὸς μίαν τῆς πίστεως
ὁμολογίαν, πάντων πρὸς ἀλλήλους ὁμοφρόνως ἐχόντων
5 τὸν ἐν τῷ πνεύματι τῆς ἀγάπης δεσμόν, καθ᾽ὃν ὑπὸ τοῦ
Λόγου κυβερνωμένη τὸν αἰῶνα τοῦτον ὡς κατακλυσμὸν
ἀβλαβῶς διαπορεύεται, πολὺ τῶν φθαρτικῶν τῆς κακίας
ὑδάτων ὑπεραίρουσα.

Ϛϛ′ Ἡ ἕξις τῆς πρακτικῆς φιλοσοφίας, ἡδονῆς καὶ πόνων καὶ φυσικῆς θεωρίας καὶ προσπαθείας ἐξάγει τὸν
νοῦν, τὰ ὑπὸ χρόνον αὐτοῦ πάντα κατόπιν ποιουμένη,
μεθ᾽ἣν ἡ γνῶσις σὺν τῷ λόγῳ μυστικῶς αὐτὸν παρα-
5 λαβοῦσα εἰς τὸν ὑπὲρ χρόνον εἰσάγει τόπον τῶν θείων
ἐπαγγελιῶν. Καὶ δηλοῖ τοῦτο σαφῶς ἡ ῥάβδος Μωϋσέως, Αἴγυπτον καὶ θάλασσαν καὶ ἔρημον ὡς ἡδονὴν καὶ
ὀδύνην καὶ φύσιν διερχομένη, καὶ τὸν Ἰσραήλ, φημὶ δὴ
τὸν νοῦν, ἐκ τούτων ἀβλαβῶς διεξάγουσα, τὸν δὲ Ἰορ-
10 δάνην μὴ τέμνουσα ἀλλ᾽ἡ κιβωτὸς ἐπ᾽ὤμων φερομένη
τῶν ἱερέων κατὰ τὴν Ἰησοῦ διαταγήν, τουτέστιν ἡ γνῶσις τῶν νοητῶν ἐπ᾽ὤμοις ταῖς τῶν θεωρητικῶν ἀνδρῶν
ἀρεταῖς αἰωρουμένη κατὰ τὴν ἐντολὴν Ἰησοῦ τοῦ μεγά-

Ϛε′, 1/3 Τὴν –συγκεκροτημένην] cf. Ps.-Caes., Quaest. Resp. 212, 20-23
(p. 187)   1 Τὴν –κιβωτόν] cf. Gen. 6, 5 – 8, 19   6/7 τὸν –διαπορεύεται]
Max. Conf., E. ps. 59, 253-254 (p. 17) et Q. Thal. XLVII, 147 (p. 321)   6 ὡς
κατακλυσμόν] cf. Gen. 6, 5 – 8, 19
Ϛϛ′, 1/15 Ἡ –εἰσάγει] cf. Max. Conf., Amb. Io. VI (PG 91, 1117 D1 – 1120
A13)   1/9 Ἡ –διεξάγουσα] cf. Ex.   6/9 Καὶ –διεξάγουσα] cf. Ex. 14, 16;
cf. Num. 20, 11   9/15 τὸν² –εἰσάγει] cf. Ios.   9/13 τὸν² –αἰωρουμένη] cf.
Ios. 3, 1-13   10/11 ἀλλ᾽ –διαταγήν] cf. Ios. 3, 6   13/14 τὴν –Θεοῦ] cf.
Ios. 1, 1-2

Ϛε′ F CV Ba Epifan.
Ϛϛ′ F CV Ba Epifan.

Ϛε′, 3 συγκεκροτημένην] συγκεκροτημένη Epifan.   4 ὁμοφρόνως] ὁμο-
φώνως F, om. V   5 τῷ] om. CV Ba Epifan.   ὅν] ἣν V
Ϛϛ′, 3 αὐτοῦ] αὐτῷ F   4 παραλαβοῦσα] παραβαλοῦσα CV   7 καὶ³]
om. V   8 δὴ] δὲ F C   9 δὲ] om. V   10 τέμνουσα] τέμνουσαν CV
11 Ἰησοῦ] τοῦ praem. V   13 κατὰ] καὶ F

70 CAPITA GNOSTICA

λου Θεοῦ, τοὺς χρόνους διατέμνει καὶ τοὺς αἰῶνας, καὶ
15 πρὸς τὰς θείας ἐπαγγελίας εἰσάγει.

Ϛζʹ Τὸ μάννα τοῦ κατὰ τὸν νόμον στοιχειώδους λόγου
τύπος ὑπῆρχεν· ὡς γὰρ τὸ μάννα κατὰ τὴν ἔρημον ἕως
ἀνατολῆς τοῦ ἡλιακοῦ φωτὸς εἶχε τὴν σύστασιν, οὕτως
καὶ ἡ στοιχειώδης κατὰ τὸν νόμον λατρεία μέχρι τῆς
5 ἀνατολῆς Χριστοῦ, τοῦ ἡλίου τῆς δικαιοσύνης, ἔσχε
τὴν σύστασιν· πεφύκασι γὰρ οἱ τύποι καταργεῖσθαι τῆς
ἀληθείας ἐπιδημούσης.

Ϛηʹ Πᾶσα γνῶσις τοῦ αἰῶνος τούτου, καὶ ἡ ἄγαν ὑψηλὴ
καὶ μετέωρος, πρὸς τὴν τοῦ μέλλοντος αἰῶνος συγκρι-
νομένη, στοιχειώδης ἐστὶ καὶ οἷον χαρακτῆρος ζῶντος
εἰκών, ἥτις οὐκ ἔσται τῆς ἀληθοῦς φανείσης ζωῆς τε
5 καὶ γνώσεως· εἴτε γὰρ γνώσεις, φησί, παύσονται, εἴτε
προφητεῖαι καταργηθήσονται. Καὶ τούτου τύπος ἐστὶ
τὸ παλαιὸν μάννα κατὰ τὴν ἔρημον, ἐν μὲν νυκτὶ συνισ-
τάμενον, ἐν δὲ τῇ ἡμέρᾳ τῶ φωτὶ τοῦ ἡλίου λυόμενον·
τύπος γὰρ λόγου καὶ γνώσεως τὸ μάννα, τῆς δὲ φύσεως
10 ἡ ἔρημος, τοῦ δὲ παρόντος αἰῶνος ἡ νύξ. Πᾶς οὖν λόγος
καὶ πᾶσα γνῶσις τοῦ παρόντος αἰῶνος, φανείσης τῆς
ἡμέρας τῆς ἀληθινῆς καὶ τοῦ ἀκηράτου φωτός, καταρ-
γηθήσεται.

Ϛζʹ, 1 / Ϛθʹ, 12 Τὸ –πράξεως] cf. Max. Conf., Th. Oec. I, 100 (PG 90, 1124
C4 – D9)   1 Τὸ μάννα] cf. Ex. 16, 31   2 ὡς –ἔρημον] cf. Ex. 16, 13-15
5 ἡλίου –δικαιοσύνης] Mal. 3, 20; cf. Max. Conf., Th. Oec. I, 12 (PG 90, 1088 A12)
et II, 31 (PG 90, 1140 A9-10)
Ϛηʹ, 5/6 γνώσεις –καταργηθήσονται] I Cor. 13, 8; cf. Max. Conf., Q. D. 193,
11-12 (p. 135) et Q. Thal. LX, 91-92 (p. 77-79)   6/8 Καὶ –λυόμενον] cf. Ex.
16, 21   9 τύπος –γνώσεως] cf. Max. Conf., Q. D. 27, 3-5 (p. 22)

F CV Ba Epifan.
Ϛζʹ F CV Ba Epifan.
Ϛηʹ F CV Ba Epifan.

Ϛηʹ, 2 πρὸς] om. F   τὴν] τῇ F, om. V   μέλλοντος] μένοντος Epifan.
4 τε] om. V   8 ἐν –λυόμενον] om. CV Ba Epifan.   9 δὲ] om. CV Ba Epifan.
11 καὶ] om. Epifan.   τῆς] om. V

XCVI, 14 – C, 10   71

Ϟθ′ Οὐδεὶς τῶν μαθητευομένων τῷ λόγῳ τῆς εὐσεβείας δύναται τὸν χορηγούμενον αὐτῷ πρὸς ἀποτροφὴν
πνευματικὴν τῆς διδασκαλίας λόγον ψιλὸν προσενέγκαι
τῷ Θεῷ θυσίαν, εἰ μὴ τὴν ἕξιν κληρονομήσας τῆς ἀρε-
5 τῆς καὶ τῆς γνώσεως ἄρξηται τοὺς κατὰ τὴν πρᾶξιν τῷ
Θεῷ προσφέρειν καρπούς. Καὶ τούτου τύπος σαφὴς ὁ
Ἰσραήλ, μὴ προσφέρων τῷ Θεῷ θυσίαν τὸ χορηγούμενον αὐτῷ μάννα κατὰ τὴν ἔρημον, ἀλλὰ τὸν ὑπ’αὐτοῦ
γεωργούμενον κατὰ τὴν γῆν τῆς ἐπαγγελίας σῖτον. Οὐ
10 γὰρ ἀγεώργητον τὸν τῆς γνώσεως λόγον δεῖ τοὺς μανθάνοντας τῷ Θεῷ προσφέρειν, ἀλλὰ γεωργούμενον τῇ
καλῇ γεωπονίᾳ τῆς πράξεως.

ρ′ Οὔτε τῇ σαρκὶ κατ’ἀρχὰς συνεκτίσθη ἡδονὴ καὶ ὀδύνη,
οὔτε τῇ ψυχῇ λήθη καὶ ἄγνοια, οὔτε τῷ νῷ τὸ τυποῦσθαι
καὶ μετεντυποῦσθαι τοῖς εἴδεσι τῶν γεγονότων· τούτων
γὰρ ἡ παράβασις ἐφεῦρε τὴν γένεσιν. Ὁ τοίνυν τῆς σαρ-
5 κὸς ἐξελὼν τὴν ἡδονὴν καὶ τὴν ὀδύνην τὴν πρακτικὴν
κατώρθωσεν ἀρετήν· ὁ δὲ τῆς ψυχῆς ἐξαφανίσας τὴν
λήθην καὶ τὴν ἄγνοιαν τὴν φυσικὴν ἐκπρεπῶς διήνυσε
θεωρίαν· ὁ δὲ τὸν νοῦν τῶν πολλῶν ἀπολύσας τύπων
τὴν θεολογικὴν ἐκτήσατο μυσταγωγίαν, μόνῳ τῷ κατὰ
10 φύσιν καὶ ὄντως φωτὶ τῆς θεότητος καταλαμπόμενον,

Ϟθ′, 6/12 Καὶ −πράξεως] cf. Max. Conf., Q. Thal. LV, 483-489 (p. 511)
7/8 μὴ −ἔρημον] cf. Ex. 16, 12-16   8/9 ἀλλὰ −σῖτον] cf. Ios. 5, 11-12
9 τὴν −ἐπαγγελίας] Hebr. 11, 9

ρ′, 1/17 Οὔτε −γένεσιν] cf. Max. Conf., Q. Thal. Introd., 227-239 (p. 31)
1 Οὔτε −ὀδύνη] cf. Gen. 3, 16; Rom. 5, 12   2 οὔτε¹ −ἄγνοια] cf. Max. Conf.,
Car. II, 76, 2-3 (p. 130)   4/11 Ὁ −ἄρτιον] cf. Max. Conf., Q. Thal. XXVII, 75-
91 (p. 195)

Ϟθ′ F CV Ba Epifan.
ρ′ F CV Ba Epifan.

Ϟθ′, 1 εὐσεβείας] ἀληθείας Epifan.   4 Θεῷ] κυρίῳ CV   5 καὶ τῆς]
om. V   ἄρξηται] ἄρξεται Ba Epifan.   7 τὸ χορηγούμενον] τῷ χορηγουμένῳ
F   9 κατὰ τὴν] κατ’αὐτὴν Epifan.
ρ′, 1 καὶ ὀδύνη] om. CV Ba Epifan.   2 τὸ] τοῦ F

72 CAPITA GNOSTICA

καὶ τὴν φύσιν πρὸς ἑαυτὴν ἀποκατέστησεν ἄρτιον. Σαρκὸς γὰρ καὶ ψυχῆς καὶ νοῦ ταῦτα τυγχάνει πρῶτά τε
καὶ καθολικώτερα πάθη, ἐκ μὲν τῆς παραβάσεως Ἀδὰμ
τοῦ παλαιοῦ λαβόντα τὴν γένεσιν, ἐκ δὲ τῆς ὑπακοῆς
15 Ἀδὰμ τοῦ νέου τὴν ἀπογένεσιν, ἣν ὁ κατὰ Χριστὸν πῶς
ζῆν οὐκ ἀγνοήσας ποιήσεται μυστικῶς ἑαυτοῦ, τῶν μὴ
ὄντων ἐξαφανίζων τὴν γένεσιν.

ρ΄, 11/17 Σαρκὸς –γένεσιν] cf. Max. Conf., Q. D. 64, 4-22 (p. 50)
13/15 ἐκ –ἀπογένεσιν] cf. I. Cor. 15, 45   13/14 ἐκ –παλαιοῦ] cf. Gen. 3, 6

F CV Ba Epifan.

ρ΄, 11 ἀποκατέστησεν] ἀπεκατέστησεν F, κατέστησεν CV   14/15 τοῦ
–Ἀδὰμ] om. Ba⁴· ᵘⁱⁱ·   16 ποιήσεται] ποιήσηται F CV

INDICES*

Index Nominvm

Index Locorvm Sacrae Scriptvrae

Index Fontivm et Locorvm Parallelorvm

Index Manvscriptorvm

---

* Dans tous les indices, nous faisons la distinction entre les références provenant du *De duabus Christi naturis* (DD) et celles des *Capita gnostica* (CG).

INDEX NOMINVM*

Ἀαρών CG, με΄, 3; CG, μζ΄, 1
Ἀβιμέλεχ CG, ξε΄, 2; 10
Ἀδάμ CG, ιϛ΄, 1; CG, ρ΄, 13; 15
Αἴγυπτος CG, κε΄, 16; CG, λη΄, 6;
    CG, μ΄, 1; CG, μα΄, 5; CG, με΄, 3;
    CG, μη΄, 1; CG, ϛϛ΄, 7
Αἰγύπτιος CG, κα΄, 11; CG, μ΄, 9;
    μϛ΄, 1
Ἀμαλήκ CG, μζ΄, 7; 9; CG, νδ΄, 4;
    CG, ξδ΄, 9; CG, ξζ΄, 22
Ἀμαληκῖται CG, ξδ΄, 2
Ἄρειος DD, tit., 2; DD, α΄, 1; DD,
    δ΄, 1
Βάαλ CG, να΄, 3
Γάζα CG, πα΄, 8
Γεδεών CG, νδ΄, 2; CG, νε΄, 7; CG,
    νη΄, 7; 9; CG, νθ΄, 1; CG, ξ΄, 2;
    CG, ξα΄, 1; CG, ξβ΄, 1; CG, ξγ΄,
    3; CG, ξδ΄, 1; 24; CG, ξε΄, 1;
    CG, ξη΄, 5
Γρηγόριος CG, ϛ΄, 1; CG, μθ΄, 3; CG,
    ν΄, 3; CG, νβ΄, 1; CG, νγ΄, 3
Δαβίδ CG, ιη΄, 1; CG, κ΄, 6; CG, πδ΄,
    2
Δαλιδά CG, πβ΄, 3; 8; CG, πγ΄, 5;
    CG, πε΄, 5
Δάν CG, οδ΄, 2; 3
Ἐλάμ CG, μβ΄, 1; 2
Ἐλιέζερ CG, νϛ΄, 8; CG, νζ΄, 1
Ἐσθαώλ CG, οδ΄, 3; 5
Εὐτυχής DD, tit., 5; DD, α΄, 9; DD,
    ε΄, 3
Εὐτυχιανιστής DD, θ΄, 4
Ἐφραίμ CG, νϛ΄, 7; CG, νζ΄, 1
Ἰάφεθ CG, ϛ΄, 3; 7; CG, ϛα΄, 7; CG,
    ϛγ΄, 1
Ἰησοῦς CG, ϛϛ΄, 11; 13; CG, μα΄, 3
Ἰησοῦς Χριστός DD, tit., 2; CG, ι΄,
    11; CG, μη΄, 8; CG, ϛδ΄, 3

Χριστός DD, β΄, 8; 13; DD, δ΄, 5;
    DD, ε΄, 5; DD, θ΄, 1; DD, ι΄, 1;
    CG, ια΄, 1; CG, νγ΄, 3; 4; CG, νθ΄,
    6; CG, ξα΄, 8; CG, πη΄, 9; CG, ϛ΄,
    1; CG, ϛζ΄, 5; CG, ρ΄, 15
Ἰορδάνης CG, μη΄, 3; CG, ϛϛ΄, 9
Ἰουδαῖος CG, ξα΄, 8; CG, ξδ΄, 25;
    CG, πη΄, 7
Ἰσραήλ CG, κε΄, 16; CG, λη΄, 11;
    CG, λθ΄, 6; CG, μ΄, 8; 9; CG, με΄,
    3; CG, νϛ΄, 5; CG, ξϛ΄, 4; 6; CG,
    ξζ΄, 1; 21; CG, ξη΄, 6; CG, ϛϛ΄, 8
Ἰσραηλίτης CG, νθ΄, 1; CG, ξβ΄, 6;
    CG, ογ΄, 1
Ἰωνάθαν CG, ξε΄, 6; 8; 16
Θαμναθά CG, οε΄, 1; 6; 7; CG, οϛ΄,
    1; 2; 8
Κύριλλος DD, ι΄, 3
Μαδιάμ CG, νδ΄, 4; CG, νζ΄, 5; CG,
    ξδ΄, 4; CG, ξϛ΄, 4; 6; CG, ξζ΄, 2; 22
Μαδιανῖται CG, ξδ΄, 1
Μανωέ CG, ξθ΄, 6; 7
Μερρά CG, μα΄, 1
Μωϋσῆς CG, κε΄, 16; CG, λη΄, 1; 11;
    CG, με΄, 2; CG, μζ΄, 1; CG, πη΄,
    4; CG, πθ΄, 4; CG, ϛϛ΄, 6
Ναζιραῖος CG, ο΄, 2; 3
Νεστοριανός DD, θ΄, 2
Νεστόριος DD, tit., 3; DD, α΄, 7;
    DD, δ΄, 3
Νῶε CG, πη΄, 1; 8; CG, πθ΄, 1; CG,
    ϛ΄, 1; 24; CG, ϛε΄, 1
Σαβέλλιος DD, tit., 4; DD, α΄, 3;
    DD, ε΄, 1
Σαμψών CG, ξθ΄, 1; 3; 6; CG, οδ΄, 1;
    CG, οε΄, 1; CG, οϛ΄, 1; CG, ογ΄, 4;
    CG, οθ΄, 10; CG, πα΄, 8; CG, πβ΄,
    1; CG, πγ΄, 4; CG, πε΄, 5; CG,
    πϛ΄, 1; 7; CG, πζ΄, 3

---

* Cet index ne comprend que les noms mentionnés dans le texte principal
des éditions critiques, non les noms présents dans les notes marginales reprises
dans les apparats.

INDEX NOMINVM

Σαραά CG, οδ΄, 2; 3; 5
Σήμ CG, ϛ΄, 3; 6; CG, ϛα΄, 7; CG,
 ϛβ΄, 1; 2; 16; CG, ϛγ΄, 2; 8; 9
Σικιμῖται CG, ξε΄, 14
Σωρήκ CG, πβ΄, 2; 3; 7

Φαραώ CG, λη΄, 2
Χάμ CG, ϛ΄, 4; 8; CG, ϛα΄, 4
Χαναάν CG, ϛα΄, 4; 8
Χεβρών CG, πα΄, 15; 16
Ὤρ CG, μζ΄, 2

INDEX LOCORVM SACRAE SCRIPTVRAE

Genesis

1	CG, οθ′, 15/16
1, 27	CG, κε′, 14/15
2, 9	CG, ιγ′, 13
2, 23-24	CG, ξδ′, 4; 7/8
3	CG, ις′, 1 et allusiones in sq.
3, 5	CG, ιγ′, 2
3, 6	CG, ρ′, 13/14
3, 16	CG, ρ′, 1
5, 1	CG, κε′, 14/15
6, 5 – 8, 19	CG, Ϛδ′, 17; CG, Ϛε′, 1; 6
6, 10	CG, Ϛ′, 3/4
6, 14	CG, πη′, 1/3
6, 19	CG, πη′, 8
7, 6-7	CG, πθ′, 1/2
8, 16	CG, Ϛ′, 23/24
9, 13	CG, Ϛδ′, 1/2
9, 21-27	CG, Ϛ′, 10
9, 23	CG, Ϛ′, 14/15
9, 25	CG, Ϛα′, 4/5
9, 26	CG, Ϛβ′, 1 et allusiones in sq.
9, 27	CG, Ϛγ′, 1/2 et allusiones in sq.
17, 13-14	CG, ξδ′, 4; 5/6
46, 34	CG, κα′, 10/11

Exodus

2, 3-10	CG, πη′, 4/5
2, 3	CG, πη′, 2/3; CG, πθ′, 4
4, 17	CG, λη′, 1
5 – 16	CG, μϚ′, 1/2
5, 7	CG, λη′, 8/9
6, 1	CG, κε′, 16/17
6, 6	CG, κε′, 16/17
7, 1	CG, λη′, 2
7, 8 – 11, 10	CG, λη′, 4/7; CG, λθ′, 4; CG, με′, 3
11, 4-10	CG, λθ′, 6
12, 29-30	CG, λθ′, 6
13, 17 – 15, 21	CG, μ′, 1/11; CG, με′, 5; CG, μη′, 1/2

13, 21	CG, μ′, 7/8
14, 16	CG, λθ′, 2; CG, Ϛϛ′, 6/9
14, 20	CG, μ′, 9
14, 28	CG, λθ′, 4; CG, με′, 8
15, 22-25	CG, μϛ′, 3/4
15, 23-25	CG, μα′, 1/7
15, 27	CG, μβ′, 1; CG, μγ′, 1; 3/4; 7
16, 12-16	CG, Ϛθ′, 7/8
16, 13-15	CG, Ϛζ′, 2
16, 14-31	CG, μδ′, 4/5
16, 21	CG, Ϛη′, 6/8
16, 31	CG, Ϛζ′, 1
17, 1-7	CG, μδ′, 6
17, 10-12	CG, μζ′, 1/7
19 – 20	CG, πη′, 10/11
19, 22	CG, λζ′, 4
20, 1-17	CG, πη′, 15/16
24	CG, πη′, 10/11
24, 2	CG, λζ′, 4
24, 4	CG, πη′, 12/13
25–30	CG, l πη′, 12/13
25, 10-22	CG, πθ′, 7
25, 11	CG, πη′, 9/10
28, 1-43	CG, ξδ′, 19/20
31, 18	CG, ξβ′, 5/6
passim	CG, λη′, 1; CG, με′, 2/3; CG, Ϛζ′, 1/9

Numeri

6, 1-8	CG, ο′, 3/4
6, 3-4	CG, οα′, 1/3 et allusiones in sq.; CG, οβ′, 1/2
6, 5	CG, ο′, 1/3 et allusiones in sq.
11, 9	CG, μδ′, 4/5
20, 10-11	CG, μδ′, 6; CG, μϛ′, 4/5
20, 11	CG, Ϛϛ′, 6/9

Deuteronomium

4, 34	CG, κε′, 16/17
5, 15	CG, κε′, 16/17

78 INDEX LOCORVM SACRAE SCRIPTVRAE

6, 21	CG, κε΄, 16/17
7, 8	CG, κε΄, 16/17
33, 1	CG, λζ΄, 3

Iosue

1, 1-2	CG, Ϟϛ΄, 13/14
3, 1-13	CG, Ϟϛ΄, 9/13
3, 6	CG, Ϟϛ΄, 10/11
5, 11-12	CG, Ϟθ΄, 8/9
passim	CG, Ϟϛ΄, 9/15

Iudicum

6, 1-2	CG, ξϛ΄, 3/4
6, 2	CG, ξζ΄, 1/3 et allusiones in sq.
6, 3-4	CG, νϛ΄, 4/5
6, 3	CG, ξζ΄, 21/22
6, 4	CG, ξζ΄, 22/23
6, 11	CG, νδ΄, 2/3
6, 14	CG, ξη΄, 5/6
6, 37-40	CG, νθ΄, 1/12
6, 37	CG, ξ΄, 1/2
6, 38	CG, ξ΄, 4
6, 39-40	CG, ξ΄, 6/8
7, 1 – 8, 21	CG, νδ΄, 3/6
7, 6	CG, νϛ΄, 1/2
7, 13-15	CG, νη΄, 2/5
7, 13	CG, νη΄, 7
7, 14	CG, νη΄, 6/7
7, 20	CG, νε΄, 7/9 ; 15
8, 2	CG, νϛ΄, 7/8
8, 22-27	CG, ξδ΄, 1/3
8, 24-27	CG, ξβ΄, 1/3; CG, ξγ΄, 3/5
8, 27	CG, ξα΄, 3 ; 5
8, 30	CG, ξε΄, 4
8, 31	CG, ξε΄, 1 ; 2
9, 4	CG, ξε΄, 10
9, 5	CG, ξε΄, 6
9, 7	CG, ξε΄, 16/18
9, 14-15	CG, ξε΄, 20/21
13, 2-3	CG, ξθ΄, 6
13, 5	CG, ο΄, 1/3 et allusiones in sq.
13, 14	CG, οα΄, 1/3 et allusiones in sq.
13, 24 – 16, 31	CG, ξθ΄, 1
13, 25	CG, οδ΄, 1/3 et allusiones in sq.

14, 1	CG, οε΄, 1/3 et allusiones in sq.
14, 5-6	CG, οϛ΄, 1/5 et allusiones in sq.
14, 6	CG, οζ΄, 1
14, 8	CG, οζ΄, 2/3
14, 9	CG, οζ΄, 3/4
15, 3-5	CG, οη΄, 2/5 ; CG, οθ΄, 5/10
15, 4-5	CG, οθ΄, 10/12
15, 4	CG, οη΄, 3/4 ; CG, οθ΄, 11 ; 13
15, 14	CG, π΄, 7/9
15, 15	CG, π΄, 3 ; 3/5
15, 18-19	CG, π΄, 5/6
16, 1	CG, πα΄, 8
16, 3-4	CG, πα΄, 10/17
16, 4	CG, πβ΄, 1/3
16, 17	CG, πβ΄, 14/15
16, 18-19	CG, πγ΄, 6/10
16, 19	CG, πγ΄, 4/5 ; 6/7
16, 21	CG, πε΄, 5/6
16, 25	CG, πϛ΄, 1/2
16, 26	CG, πϛ΄, 4/5 ; 7/8
16, 26a	CG, πϛ΄, 7
16, 30	CG, πζ΄, 3/4

III Regnorum

2, 35a	CG, Ϟγ΄, 7
19, 18	CG, να΄, 3

IV Regnorum

1, 9	CG, λζ΄, 3
17, 36	CG, κε΄, 17

II Machabaeorum

6, 13-14	DD, ι΄, 1/7 (Ap[in marg.])

IV Machabaeorum

7, 2	CG, με΄, 5/6

Psalmi

18, 11	CG, λε΄, 1
37, 10a	CG, κ΄, 10
43, 26	CG, λα΄, 11/12
51, 4	πδ΄, 1 et allusiones in sq.
51, 4b	CG, πγ΄, 7/8

INDEX LOCORVM SACRAE SCRIPTVRAE 79

108, 23b	CG, ιη΄, 1 et allusiones in sq.
108, 24a	CG, ιθ΄, 1 et allusiones in sq.
108, 24b	CG, κ΄, 1 et allusiones in sq.
108, 25a	CG, κα΄, 1 et allusio in sq.
108, 25b	CG, κβ΄, 1 et allusio in sq.
108, 26a	CG, κγ΄, 1 et allusiones in sq.
108, 26b	CG, κδ΄, 1
108, 27	CG, κε΄, 1/2 et allusiones in sq.
108, 28a	CG, κϛ΄, 1 et allusiones in sq.
108,28bc	CG, κζ΄, 1/2 et allusiones in sq.
108, 29	CG, κη΄, 1/2
108, 29a	CG, κη΄, 2 et allusiones in sq.
108, 30a	CG, κθ΄, 1/2 et allusio in sq.
108, 30b	CG, λ΄, 1 et allusio in sq.
108, 31	CG, λα΄, 1/2 et allusiones in sq.
108, 31a	CG, λα΄, 13
135, 12a	CG, κε΄, 16/17
140, 5b	CG, κ΄, 4/5

Proverbia

8, 19	CG, λε΄, 1
18, 19	CG, λγ΄, 1
20, 2a	CG, οϛ΄, 19/20

Canticum

4, 12b	CG, λϛ΄, 1

Sapientia

16, 20	CG, μδ΄, 4/5

Siracides

6, 14a	CG, λγ΄, 1 et allusiones in sq.
6, 15a	CG, λβ΄, 1 et allusiones in sq.

Osee

3, 1	CG, ογ΄, 2 et allusiones in sq.

Malachias

3, 20	CG, ϛζ΄, 5

Isaias

7, 14	CG, ιε΄, 6/7
9, 1	CG, ιβ΄, 9/10
53, 11-12	CG, ιε΄, 9/10

Ieremias

17, 16	CG, κ΄, 11
39, 21	CG, κε΄, 16/17

Baruch

2, 11	CG, κε΄, 16/17

Ezechiel

20, 33	CG, κε΄, 16/17
20, 34	CG, κε΄, 16/17
43, 19	CG, λζ΄, 4
45, 18 – 46, 15	CG, ξδ΄, 9/10

Susanna

42	CG, ϛ΄, 6/7

Daniel

3, 18	CG, να΄, 4/5
9, 23	CG, λζ΄, 6
10, 11	CG, λζ΄, 6
10, 19	CG, λζ΄, 6

Matthaeus

1, 18-23	CG, ιε΄, 5
1, 21	CG, κδ΄, 5/7
1, 23	CG, ιε΄, 6/7
1, 24-25	CG, ιε΄, 5/6
2, 1-12	CG, ιβ΄, 5/7
3, 2	CG, λγ΄, 14; CG, πα΄, 20
3, 13-17	CG, ιε΄, 7/8
4, 2	CG, ιε΄, 8
10, 34	CG, ϛδ΄, 12/13
13, 45-46	CG, ϛβ΄, 16/18
14, 14-21	CG, ιε΄, 8
20, 28	CG, ιε΄, 9/10; CG, κδ΄, 3/4

80 INDEX LOCORVM SACRAE SCRIPTVRAE

27, 27-56 — CG, ιε′, 9
27, 39 — CG, κβ′, 1
passim — CG, λγ′, 14; CG, πα′, 20

Marcus
10, 45 — CG, κδ′, 3/4
15, 16-39 — CG, ιε′, 9
15, 29 — CG, κβ′, 1

Lucas
1, 26-35 — CG, ιε′, 5
1, 31 — CG, ια′, 3
1, 34 — CG, ιε′, 5/6
2, 52 — CG, ιε′, 7
23, 26-49 — CG, ιε′, 9

Iohannes
1, 14 — CG, ι′, 1; CG, ιε′, 10/11
3, 16-17 — CG, κδ′, 1/10
4, 6 — CG, ιε′, 8/9
6, 68 — CG, λδ′, 4
9, 1-41 — CG, ιε′, 9
12, 36 — CG, λζ′, 2
19, 16-37 — CG, ιε′, 9
passim — CG, λδ′, 4

Ad Romanos
5, 12 — CG, κδ′, 5/7; CG, ρ′, 1
7, 23 — CG, ιθ′, 7
8, 2 — CG, ιθ′, 7
8, 28 — CG, ιβ′, 12/13
9, 31 — CG, ξβ′, 8/9
11, 4 — CG, να′, 3
16, 4c — CG, νθ′, 10/11

I ad Corinthios
13, 8 — CG, Ϛη′, 5/6
15, 22 — CG, ιε′, 9/10

15, 45 — CG, ρ′, 13/15

II ad Corinthios
4, 10 — CG, μα′, 2/3

Ad Galatas
4, 4-5 — CG, ιε′, 9/10
4, 29 — CG, ι′, 1

Ad Ephesios
4, 22 — CG, ιη′, 4/6
5, 8 — CG, λζ′, 2

Ad Philippenses
2, 6-8 — CG, ιε′, 13/16
3, 19 — CG, να′, 1; CG, ξδ′, 25/29

Ad Colossenses
3, 5-9 — CG, κα′, 4/5

I ad Timotheum
6, 11 — CG, λζ′, 3

Ad Hebraeos
2, 14 — CG, ιε′, 9/10
9, 4 — CG, πη′, 8/10
9, 26 — CG, κδ′, 5/7
10, 1 — CG, λγ′, 5
11, 1 — CG, ιε′, 16/18
11, 9 — CG, μη′, 4; CG, Ϛθ′, 9
13, 8 — CG, ι′, 11/12; CG, ιε′, 13/16

I Iohannis
5, 18 — CG, ιγ′, 6/7

Apocalypsis
14, 7 — CG, κη′, 19

INDEX FONTIVM ET LOCORVM PARALLELORVM

Ps.-Bas. Caes., Const. asc.
Pseudo-Basilius Caesariensis, *Constitutiones asceticae* [*CPG* 2895], *PG* 31, 1321-1428.

1396 D3	CG, λγ′, 12

Ps.-Caes., Quaest. Resp.
Pseudo-Caesarius, *Quaestiones et Responsiones* [*CPG* 7482], éd. R. RIEDIN-GER, *Pseudo-Kaisarios. Die* Erotapokriseis (*GCS* 58), Berlin, 1989.

212, 20-23 (p. 187)	CG, Ϛε′, 1/3

Conc. Chalc.
Concilium oecumenicum Chalcedonense, éd. E. SCHWARTZ, *Acta conciliorum oecumenicorum, Tomus secundus Concilium Universale Chalcedonense, Volumen primum. Acta Graeca. Pars secunda Actio II. Epistularum collectio B. Actiones III-VII*, Berlin – Leipzig, 1933.

p. 129, 31	DD, α′, 11/13 ; CG, ζ′, 4/5

Conc. Const. II
Concilium oecumenicum Constantinopolitanum II, éd. J. STRAUB, *Acta conciliorum oecumenicorum, Tomus quartus. Concilium Universale Constantinopolitanum sub Iustiniano habitum. Volumen primum. Concilii actiones VIII – Appendices Graecae – Indices*, Berlin, 1971.

p. 240, 3-7	DD, ι′, 4/7

Conc. Ephes.
Concilium oecumenicum Ephesenum, éd. E. SCHWARTZ, *Acta conciliorum oecumenicorum, Tomus primus. Concilium Universale Ephesenum. Volumen primum. Acta Graeca. Pars quinta. Collectio Vaticana 140-164*, Berlin, 1927.

p. 18, 20-23	DD, ι′, 3/4

Ps.-Cyr., coll. VT
Pseudo-Cyrillus Alexandrinus, *Collectio dictorum veteris testamenti* [*CPG* 5434], *PG* 77, 1176-1289.

1185 A9-10	CG, κα′, 9/10

DH
Éd. H. DENZINGER – P. HÜNERMANN, *Enchiridion symbolorum, definitionum et declarationum de rebus fidei et morum*, Bologna, 2001[38].

424	DD, γ′, 5

Ps.-Dion. Ar., Cael. hier.
Pseudo-Dionysius Areopagita, *De caelesti hierarchia* [*CPG* 6600], éd. G. HEIL – A. M. RITTER, *Corpus Dionysiacum II. Pseudo-Dionysius Areopagita.*

82   INDEX FONTIVM ET LOCORVM PARALLELORVM

De coelesti hierarchia. De ecclesiastica hierarchia. De mystica theologia. Epistulae (*PTS* 36), Berlin, 1991, p. 7-59.

IV, 3, 1-5 (p. 22)	CG, θ', 1/5
passim	CG, η', 11

Ps.-Dion. Ar., Div. Nom.
    Pseudo-Dionysius Areopagita, *De divinis nominibus* [*CPG* 6602], éd. B. R. Suchla, *Corpus Dionysiacum I. Pseudo-Dionysius Areopagita*. De divinis nominibus (*PTS* 33), Berlin, 1990.

I, 5, 5-6 (p. 116)	CG, ζ', 7/8
V, 1, 11 (p. 180)	CG, θ', 5
VIII, 2, 6 (p. 201)	CG, δ', 8
passim	CG, η', 11

Ps.-Dion. Ar., Eccl. hier.
    Pseudo-Dionysius Areopagita, *De ecclesiastica hierarchia* [*CPG* 6601], éd. G. Heil – A. M. Ritter, *Corpus Dionysiacum II. Pseudo-Dionysius Areopagita*. De coelesti hierarchia. De ecclesiastica hierarchia. De mystica theologia. Epistulae (*PTS* 36), Berlin, 1991, p. 63-132.

I, 1, 8 (p. 63) et passim	CG, θ', 3

Ps.-Dion. Ar., Ep.
    Pseudo-Dionysius Areopagita, *Epistulae* [*CPG* 6604], éd. G. Heil – A. M. Ritter, *Corpus Dionysiacum II. Pseudo-Dionysius Areopagita*. De coelesti hierarchia. De ecclesiastica hierarchia. De mystica theologia. Epistulae (*PTS* 36), Berlin, 1991, p. 156-157.

Epistula 1
p. 156-157	CG, α', 1/7 ; CG, ε', 1/10

Epistula 3
p. 159	CG, α', 1/7
4-10 (p. 159)	CG, ια', 8/12

Epistula 4
8 (p. 160) – 7 (p. 161)	CG, ιδ', 9/10
7 (p. 161)	CG, ιδ', 12
11 (p. 160)	CG, ιδ', 8/9
12 (p. 160)	CG, ια', 3

Epistula 9
passim	CG, η', 11

Ps.-Dion. Ar., Myst.
    Pseudo-Dionysius Areopagita, *De mystica theologia* [*CPG* 6603], éd. G. Heil – A. M. Ritter, *Corpus Dionysiacum II. Pseudo-Dionysius Areopagita*. De coelesti hierarchia. De ecclesiastica hierarchia. De mystica theologia. Epistulae (*PTS* 36), Berlin, 1991, p. 141-150.

3 (p. 150)	CG, ς', 5

INDEX FONTIVM ET LOCORVM PARALLELORVM   83

Eus. Caes., Comm. Ps.
Eusebius Caesariensis, *Commentarii in Psalmos* [*CPG* 3467], *PG* 23, 66-
1396.

117 C2-3   CG, ια′, 1

Eus. Caes., Dem. Evang.
Eusebius Caesariensis, *Demonstratio evangelica* [*CPG* 3487], éd. I. A. HEI-
KEL, *Eusebius Werke. VI. Die* Demonstratio evangelica (*GCS* 23), Leipzig, 1913,
p. 1-492.

VI, 3, 3, 5-6 (p. 255)   CG, πη′, 3/4
VII, 2, 48 (p. 336)   CG, ο′, 3/6

Evagr. Pont., Cap. Gnost.
Evagrius Ponticus, *Capita Gnostica* [*CPG* 2432], éd. A. GUILLAUMONT, *Les
six centuries des* « Kephalaia gnostica » *d'Évagre le Pontique. Édition critique de
la version syriaque commune et édition d'une nouvelle version syriaque, intégrale,
avec une double traduction française* (*PO* 28, 1), Turnhout, 1977.

V, 45 (p. 194-197)   CG, ο′, 7/11

Evagr. Pont., Tract. Ad Eulog.
Evagrius Ponticus, *Tractatus ad Eulogium* [*CPG* 2447], *PG* 79, 1093-1140.

1136 A6-9   DD, ι′, 7 (*add.* R)

Greg. Naz., Carm. mor.
Gregorius Nazianzenus, *Carmina moralia* [*CPG* 3035], *PG* 37, 521-968.

637 A7   CG, ς′, 1

Greg. Naz., Ep. 101
Gregorius Nazianzenus, *Epistula 101* [*CPG* 3032], éd. P. GALLAY –
M. JOURJON, *Lettres théologiques* (*SC* 208), Paris, 1974, p. 36-68.

14, 4-5 (p. 42)   CG, ια′, 1

Greg. Naz., Or.
Gregorius Nazianzenus, *Orationes* [*CPG* 3010]

Oratio 11, éd. M. A. CALVET-SEBASTI, *Grégoire de Nazianze. Discours 6-12*
(*SC* 405), Paris, 1995, p. 328-346.

1, 1-2 (p. 328)   CG, λβ′, 1 ; 6
1, 2-3 (p. 328)   CG, λγ′, 1
1, 3-4 (p. 328)   CG, λδ′, 1 et allusiones in sq.
1, 4-5 (p. 328)   CG, λε′, 1 et allusiones in sq.
1, 5-6 (p. 328)   CG, λς′, 1 et allusiones in sq.
1, 10-12 (p. 328)   CG, λζ′, 1/6
2 (p. 330-332)   CG, μζ′, 1/12
2, 23 (p. 332)   CG, μη′, 3/4
4, 9-10 (p. 336)   CG, μθ′, 4/6

84   INDEX FONTIVM ET LOCORVM PARALLELORVM

4, 11-12 (p. 336)	CG, ν', 5/7
4, 15-16 (p. 336)	CG, ν', 4
5, 7-9 (p. 338)	CG, να', 3/5
5, 20-22 (p. 340)	CG, νβ', 1/2
6, 28 (p. 344)	CG, νγ', 3/4

Oratio 12, éd. M. A. Calvet-Sebasti, *Grégoire de Nazianze.* Discours *6-12* (*SC* 405), Paris, 1995, p. 348-360.

2 (p. 350-352)	CG, μζ', 1/2

Oratio 28, éd. P. Gallay – M. Jourjon, *Grégoire de Nazianze.* Discours *27-31* (*SC* 250), Paris, 1979, p. 100-174.

1, 16-17 (p. 102)	CG, ζ', 5/6

Oratio 38, éd. C. Moreschini – P. Gallay, *Grégoire de Nazianze.* Discours *38-41* (*SC* 358), Paris, 1990, p. 104-148.

2, 4 (p. 104)	CG, ιβ', 9/10
9, 1-2 (p. 120)	CG, ς', 2

Oratio 39, éd. C. Moreschini – P. Gallay, *Grégoire de Nazianze.* Discours *38-41* (*SC* 358), Paris, 1990, p. 150-196.

13, 8-9 (p. 176)	CG, ιβ', 1
13, 23-24 (p. 178)	CG, ιγ', 2
13, 24 (p. 178)	CG, ιγ', 7

Oratio 40, éd. C. Moreschini – P. Gallay, *Grégoire de Nazianze.* Discours *38-41* (*SC* 358), Paris, 1990, p. 198-310.

40, 8-10 (p. 290)	CG, κ', 10/11

Oratio 45, *PG* 36, 623A-664C

5 (629 A4-5)	CG, ς', 2

Greg. Nyss., Antirrh. adv. Apol.
  Gregorius Nyssenis, *Antirrheticus adversus Apollinarium* [*CPG* 3144], éd. F. Mueller, *Gregorii Nysseni Opera dogmatica minora. I* (*Gregorii Nysseni Opera* 3, 1), Leiden, 1958, p. 131-233.

10-12 (p. 227)	CG, ιε', 13/16

Greg. Nyss., Hom. XV in Cant.
  Gregorius Nyssenis, *Homiliae XV in Canticum canticorum* [*CPG* 3158], éd. H. Langerbeck, *Gregorii Nysseni* In Canticum canticorum (*Gregorii Nysseni Opera* 6), Leiden, 1960.

IV, 2, 3, 5 (p. 119)	CG, κ', 2

Greg. Nyss., Vit. Mos.
  Gregorius Nyssenis, *De vita Mosis* [*CPG* 3159], éd. J. Daniélou, *Grégoire de Nysse.* La vie de Moïse (*SC* 1), Paris, 1968.

II, 140, 1-2 (p. 192)	CG, μδ', 4/5

INDEX FONTIVM ET LOCORVM PARALLELORVM   85

Joh. Caes., Capit. XVII
Johannes Caesariensis, *Capitula XVII contra monophysitas* [*CPG* 6856], éd. M. RICHARD, *Iohannis Caesariensis presbyteri et grammatici Opera quae supersunt* (*CCSG* 1), Turnhout, 1977, p. 61-66.

I, 27-28 (p. 61)   CG, ια', 1/2

Max. Conf., Amb. Io.
Maximus Confessor, *Ambigua ad Iohannem* [*CPG* 7705. 2], *PG* 91, 1062-1417.

V (1117 A3-5)	CG, λη', 1
VI (1117 D1 – 1120 A13)	CG, ϟϛ', 1/15
XXXV (1288 D1 – 1289 B2)	CG, ϛ', 2
LXVII (1397 A3-5)	CG, μγ', 7/9
LXVII (1397, B12 – C1)	CG, μγ', 7/9

Max. Conf., Amb. Th.
Maximus Confessor, *Ambigua ad Thomam* [*CPG* 7705. 1], éd. B. JANSSENS, *Maximi Confessoris* Ambigua ad Thomam *una cum* Epistula secunda ad eundem (*CCSG* 48), Turnhout – Leuven, 2002.

V, 57-65 (p. 22)   CG, α', 1/7

Max. Conf., Cap. XV
Maximus Confessor, *Capita XV* [*CPG* 7695], *PG* 90, 1177-1185.

4 (1180 A4-8)	CG, ζ', 4/5
6 (1180 A12 – B15)	CG, η', 1/14
7 (1180 C1 – 1181 A5)	CG, θ', 1/9
8 (1181 A6 – B6)	CG, ι', 1/13
9 (1181 B7 – C7)	CG, ια', 1/14
10 (1181 C8 – D8)	CG, ιβ', 1/13
11 (1181 D9 – 1184 A15)	CG, ιγ', 1/16
12 (1184 B1-14)	CG, ιδ', 1/12
13 (1184 C1 – D6)	CG, ιε', 1/18
14 (1185 A1 – B3)	CG, ιϛ', 1/16
15 (1185 B4 – C5)	CG, ιζ', 1/11

Max. Conf., Car.
Maximus Confessor, *Capita de Caritate* [*CPG* 7693], éd. A. CERESA-GASTALDO, *Massimo Confessore.* Capitoli sulla carità (*Verba seniorum. Collana di testi e studi patristici.* N. S. 3), Roma, 1963.

I, 7, 2 (p. 52)	CG, ε', 10
I, 43, 3 (p. 64)	CG, ε', 10
II, 19, 3 (p. 98)	CG, κ', 3
II, 76, 2-3 (p. 130)	CG, ρ', 2
III, 21, 1-5 (p. 152)	CG, ϛ', 3/13
III, 27, 1-9 (p. 156)	CG, ϛ', 3/13
III, 49, 3 (p. 166)	CG, ε', 10
III, 64 , 5 (p. 174)	CG, ε', 10

86 INDEX FONTIVM ET LOCORVM PARALLELORVM

IV, 7, 2 (p. 7)	CG, α΄, 1/7
IV, 93, 1 (p. 236)	CG, λβ΄, 1, 6
IV, 99, 1 (p. 238)	CG, λγ΄, 1

Max. Conf., E. ps. 59
   Maximus Confessor, *Expositio in Psalmum LIX* [*CPG* 7690], éd. P. Van Deun, *Maximi Confessoris Opuscula exegetica duo* (*CCSG* 23), Turnhout – Leuven, 1991.

62-63 (p. 6-7)	CG, οθ΄, 16/17
253-254 (p. 17)	CG, Ϟε΄, 6/7

Max. Conf., Ep. 6
   Maximus Confessor, *Epistula 6* [*CPG* 7699], *PG* 91, 424-433.

429 C12-14	CG, β΄, 5/7

Max. Conf., Op. 13
   Maximus Confessor, *Opusculum 13: De duabus Christi naturis* [*CPG* 7697. 13], éd. K. Levrie.

passim	CG, ζ΄, 4/8

Max. Conf., Q. D.
   Maximus Confessor, *Quaestiones et dubia* [*CPG* 7689], éd. J. H. Declerck, *Maximi Confessoris* Quaestiones et dubia (*CCSG* 10), Turnhout – Leuven, 1982.

22, 1-8 (p. 20)	CG, Ϟδ΄, 1/8
22, 11-15 (p. 20)	CG, Ϟδ΄, 14/17
22, 15-18 (p. 20)	CG, Ϟδ΄, 9/11
26, 1-6 (p. 22)	CG, μ΄, 7/10
27, 3-5 (p. 22)	CG, Ϟη΄, 9
47, 1-18 (p. 39-40)	CG, οα΄, 1/17
47, 20-26 (p. 40)	CG, πγ΄, 4/10
47, 20-22 (p. 40)	CG, ξθ΄, 1; 4; 5
64, 4-22 (p. 50)	CG, ρ΄, 11/17
67, 2 (p. 52)	CG, ξθ΄, 1; CG, πβ΄, 8
67, 3-4 (p. 52)	CG, πγ΄, 4/5
67, 5-8 (p. 52)	CG, πγ΄, 6/8; CG, πδ΄, 1/8
67, 11-17 (p. 52)	CG, πϟ΄, 1/12
67, 15-17 (p. 52)	CG, πζ΄, 3/4
68 (p. 52-53)	CG, π΄, 1/9
68, 19-22 (p. 53)	CG, πα΄, 1/21
79 (p. 60)	CG, ξα΄, 3; CG, ξβ΄, 1/9; CG, ξγ΄, 1/9; CG, ξδ΄, 1/3
80, 9-19 (p. 61)	CG, ξζ΄, 1/23
80, 17-19 (p. 61)	CG, νδ΄, 3/6
80, 35-36 (p. 61)	CG, νδ΄, 1/3
80, 44-45 (p. 62)	CG, ξη΄, 5/7
80, 71-90 (p. 62-63)	CG, νθ΄, 1/12
80, 108-110 (p. 64)	CG, νϟ΄, 1/4

INDEX FONTIVM ET LOCORVM PARALLELORVM 87

80, 111-123 (p. 64)	CG, νε′, 1/17
80, 124-134 (p. 64)	CG, νη′, 1/13
122, 15-16 (p. 90)	CG, ϟε′, 15/16
137, 6-10 (p. 98)	CG, λε′, 1/6
193, 11-12 (p. 135)	CG, ϟη′, 5/6
I, 68, 30-32 (p. 53)	CG, πγ′, 8/9
I, 81 (p. 163)	CG, ϟα′, 1/10

Max. Conf., Q. Thal.

Maximus Confessor, *Quaestiones ad Thalassium* [*CPG* 7688], éd. C. LAGA – C. STEEL, Quaestiones ad Thalassium. *I. Quaestiones I-LV una cum latina interpretatione Ioannis Scotti Eriugenae iuxta posita (CCSG* 7), Turnhout – Leuven, 1980; *II. Quaestiones LVI-LXV una cum latina interpretatione Ioannis Scotti Eriugenae iuxta posita (CCSG* 22), Turnhout – Leuven, 1990.

Introd., 227-239 (p. 31)	CG, ρ′, 1/17
IV, 7-9 (p. 61)	CG, κη′, 2/4
XXV, 34-53 (p. 161)	CG, οε′, 3/13
XXVII, 75-91 (p. 195)	CG, ρ′, 4/11
XXIX, 44 (p. 213)	CG, ε′, 10
XXXIX, 4 (p. 259)	CG, μη′, 2
XLVII, 147 (p. 321)	CG, ϟε′, 6/7
XLVIII, 116-120 (p. 357)	CG, ξδ′, 25/29
LII, 206-208 (p. 427)	CG, πγ′, 9/10
LV, 483-489 (p. 511)	CG, ϟθ′, 6/12
LVI, 147 (p. 11)	CG, ε′, 9
LX, 42 (p. 75)	CG, δ′, 8
LX, 91-92 (p. 77-79)	CG, ϟη′, 5/6
LXIII, 230 (p. 159)	CG, δ′, 8
LXV, 197-198 (p. 263)	CG, να′, 1; CG, ξδ′, 25/29
passim	CG, λγ′, 8/9

Max. Conf., Th. Oec.

Maximus Confessor, *Capita theologica et oeconomica* [*CPG* 7694], *PG* 90, 1084-1173.

I, 1-2 (1084 A1-11)	CG, γ′, 1/6
I, 6 (1085 A9 – B6)	CG, α′, 1
I, 7 (1085 B7 – C1)	CG, δ′, 8
I, 12 (1088 A12)	CG, ϟζ′, 5
I, 40 (1097 C14 – D1)	CG, ξδ′, 5/6
I, 49 (1101 A4-10)	CG, δ′, 8
I, 79 (1112 D7-9)	CG, οθ′, 16/18
I, 82 (1116 B5-8)	CG, ε′, 1/2
I, 82 (1116 C2 – 1117 A4)	CG, ζ′, 4/5
I, 85 (1120 A1-11)	CG, μ′, 9/11
I, 89 (1120 C3-9)	CG, ξα′, 3/10
I, 90 (1120 C11)	CG, λγ′, 5
I, 100 (1124 C4 – D9)	CG, ϟζ′/ϟθ′

88 INDEX FONTIVM ET LOCORVM PARALLELORVM

II, 1 (1124 D10 – 1125 A2)	CG, γ', 1/6
II, 27 (1137 B1-5)	CG, ιη', 4/9
II, 31 (1140 A9-10)	CG, ϛζ', 5
II, 55 (1149 A5)	CG, να', 1
II, 61 (1152 A13 – B5)	CG, ξα', 3/10
II, 67 (1153 B14 – C1)	CG, νθ', 9/12
II, 67 (1153 C1-7)	CG, νθ', 1/8

Ps.-Max. Conf., D. Areop. Div. nom.

Pseudo-Maximus Confessor, *Scholia in corpus Areopagiticum* [*CPG* 7708], éd. B. R. Suchla, *Corpus Dionysiacum IV/1. Ioannis Scythopolitani* prologus et scholia in Dionysii Areopagitae librum De divinis nominibus *cum additamentis interpretum aliorum* (*PTS* 62), Berlin, 2011.

260, 41 – 261, 3 (p. 244-245)	CG, α', 1/7
381, 46-49 (p. 413)	CG, ϛ', 3/4

On. Sacr.

Onomastica sacra, éd. F. Wutz, *Onomastica sacra. Untersuchungen zum* Liber interpretationis nominum hebraicorum *des hl. Hieronymus* (*TU* 41, 1-2), Leipzig, 1915.

p. 696, 168	CG, νζ', 2
p. 697, 191	CG, ϛ', 7/8
p. 699, 217	CG, ξθ', 1
p. 705, 16	CG, νη', 9/10
p. 705, 28	CG, νζ', 2
p. 715, 49	CG, νζ', 2
p. 721, 143	CG, νζ', 2
p. 728, 392	CG, ξθ', 1
p. 735	CG, νζ', 1 ; CG, πα', 16/17
p. 743	CG, νζ', 1
p. 749	CG, ϛ', 6/7 ; CG, ϛ', 8/9
p. 801, 22	CG, ϛ', 8/9
p. 813, 75-76	CG, πα', 9
p. 827, 96-97	CG, πα', 9
p. 835, 168	CG, ϛ', 8/9
p. 879, 221	CG, πα', 9
p. 939, 758	CG, ξθ', 1
p. 951, 836	CG, πα', 16/17
p. 977, 323	CG, πα', 16/17

Onomastica sacra, éd. P. de Lagarde, *Onomastica sacra*, Gottingae, 1870 (= Hildesheim, 1966).

p. 32, 6, 3	CG, νζ', 2
p. 37, 10, 13	CG, ϛ', 6/7
p. 62, 32, 6	CG, πβ', 8
p. 62, 32, 20-21	CG, νη', 9/10
p. 98, 65, 28	CG, ϛ', 6/7

INDEX FONTIVM ET LOCORVM PARALLELORVM 89

p. 203, 173, 76-77	CG, νζ′, 2
p. 206, 177, 72	CG, Ϛ′, 7/8
p. 210, 182, 3	CG, νζ′, 2
p. 211, 184, 48-49	CG, ξθ′, 1
p. 215, 189, 90-91	CG, πα′, 9
p. 216, 190, 36-37	CG, νζ′, 2
p. 220, 195, 64-65	CG, ξθ′, 7/8
p. 222, 198, 42	CG, ξθ′, 1
p. 224, 200, 10-11	CG, Ϛ′, 8/9
p. 285, 295, 76	CG, πβ′, 2 et allusiones in sq.

Or., Sel. in Ps.

Origenes, *Selecta in Psalmos* [*CPG* 1425], *PG* 12, 1053-1320; 1368-1369; 1388-1389; 1409-1685.

1465 B12	CG, κγ′, 7

INDEX MANVSCRIPTORVM*

Atheniensis, Ethnikè Bibliothèkè, olim Constantinopolitanus, Metochion tou
Panagiou Taphou
    145   49*, 50*, **53*-54***, 185*, 186*, 187*, 189*, 190*, 190*
                           (n. 772), 202* (n. 784), 210*, **225***, 226*
    204   179*-180*
    303   49*, 50*, **54*-55***, 184*, 185*, 186*, 187*, 189*, 190*,
                           203*-206*, 207*, 207* (n. 791), 208*, 209*

Athous, Batopediou
    57   49*, 50*, **55*-57***, 185*, 186*, 187*, 188*, 189*, 190*,
                           191*, 196*, 198*, 207*, **211*-213***, 224*, 239*-240*,
                           239*-240*, 263*, 273*
    120   49*, 50*, **57*-58***, 185*, 186*, 187*, 189*, 190*, 195*,
                           205*, 207*, 209*, 218*, **225***, 226*, 227*
    283   49*, 50*, **58***, 184*, 185*, 186*, 188*, 189*, 190*,
                           191*, 198*, **201*-203***, 207*, 208*, 209*, 230*
    286   49*, 50*, **58*-60***, 185*, 186*, 187*, 189*, 190*, 190*
                           (n. 772), 207*, **225***
    471   49*, 50*, **60***, 184*, 185*, 186*, 187*, 188*, 189*,
                         190*, 191*, 196*, 198*, **203*-206***, 207*, 207*
                         (n. 791), 208*, 209*
    473   231*, **232*-233***, **265*-272***, 274*, 275*
    474   162* (n. 707), 231*, **233*-235***, **265*-272***, 274*,
                       275*, 278*

Athous, Dionysiou
    194 (Lambros 3728)   49*, 49* (n. 2), **173***, 174*

Athous, Dochiariou
    115 (Lambros 2789)   49*, 50*, **60*-61***, 185*, 186*, 188*, 189*, 191*, **225***

Athous, Esphigmenou
    95 (Lambros 2108)   **159***, 185*, 186*, 188*, 189*, 191*, **225***

Athous, Grègoriou
    80 (Lambros 627)   49*, 51*, **61*-62***, 184*, 185*, 186*, 187*, 188*,
                           189*, 190*, 191*, 196*, 198*, **203*-206***, 207*, 207*
                         (n. 791), 208*, 209*, 228*

---

* Les chiffres **en gras** renvoient à la description principale du manuscrit
dans l'introduction et à la discussion de sa place dans le stemma.

INDEX MANVSCRIPTORVM

Athous, Iviron
190 (Lambros 4310) 49*, 51*, **62*-64***, 184*, 185*, 186*, 188*, 189*, 190*,
191*, 198*, **201*-203***, **206*-210***, 212*
388 (Lambros 4508) 49*, 51*, **64*-65***, 185*, 186*, 187*, 188*, 189*, 190*,
191*, 198*, 207*, **211*-212***

Athous, Koutloumousiou
178 (Lambros 3251) 49*, 51*, **65*-66***, 185*, 186*, 187*, 188*, 189*, 190*,
191*, 198*, 207*, **214***, **225***

Athous, Lavras
E 169 (Eustratiadès 631)
49*, 51*, **66***, 185*, 186*, 187*, 188*, 189*, 190*,
191*, 192*, **195*-198***, 202* (n. 784), 207*, 227*,
228*
I 43 (Eustratiadès 1127)
49*, 51*, **67***, 185*, 186*, 187*, 188*, 189*, 190*,
191*, 192*, 196*, **195*-198***, 202* (n. 784), 207*,
213*, 227*, 230*
I 99 (Eustratiadès 1183)
49*, 51*, **67***, 185*, 186*, 187*, 188*, 189*, 190*,
191*, 196*, 198*, 207*, 209*, **212*-213***, 224*
K 114 (Eustratiadès 1401)
49*, 51*, **68***, 185*, 186*, 187*, 189*, 190*, 207*,
210*, **225***
M 88 (Eustratiadès 1779)
240*-242*

Cantabrigiensis, University Library
Dd II 22 49*, 51*, **68*-70***, 142*, 183*, 185*, 186*, 187*, 189*,
190*, 214*, **215*-216***, 230*

Cryptoferratensis
B α 19 75* (n. 141)

Ferrarensis, Biblioteca Comunale Ariostea
144 49*, 51*, 58*, **70*-71***, 184*, 185*, 186*, 188*, 189*,
190*, 191*, 198*, **201*-203***, 207*, 208*, 209*

Florentinus, Mediceus-Laurentianus
plut. VIII, 20 231*, **235*-237***, **265*-272***, 273*, 274*, 275*, 276*
plut. IX, 8 49*, 51*, **71*-73***, 104*, 184*, 185*, 186*, 187*, 188*,
189*, 190*, 191*, 198*, 202* (n. 784), **206*-210***,
212*

Guelferbytanus, Herzog-August-Bibliothek, Gudianus gr.
39 49*, 51*, **73*-74***, 87* (n. 229), 136*, 184*, 185*,
186*, 187*, 189*, 190*, 207*, 214*, **217*-219***, 230*

92 INDEX MANVSCRIPTORVM

Hierosolymitanus, Sabaïticus
366   49*, 51*, **74*-76***, 185*, 186*, 188*, 189*, 190*, 191*, 196*, 198*, **203*-206***, 207*, 207* (n. 791), 208*, 209*

Hierosolymitanus, Sancti Sepulchri
19   49*, 51*, **77***, 143*, 183* (n. 767), 185*, 186*, 187*, 189*, 190*, **215*-216***, 230*, 230* (n. 828)

Lipsiensis, Bibliotheca Universitatis gr.
46   71* (n. 113)

Matritensis, Biblioteca Nationalis
4636   49*, 51*, **77*-78***, 185*, 186*, 188*, 189*, 191*, 196*, **225***
4749   49*, 50*, 51*, **78*-80***, 185*, 186*, 187*, 188*, 189*, 190*, 191*, 192* (n. 774), 196*, **198*-201***, 206*, 207*, 213*, 230*

Mediolanensis, Ambrosianus
B 137 sup. (gr. 145)   80*, 80* (n. 177), 159*, 221*
B 139 sup. (gr. 146)   49*, 51*, **80*-81***, 159*, 159* (n. 690), 185*, 186*, 187*, 189*, 190*, 207*, 214*, **220*-222***
D 96 sup.   83* (n. 201)
D 137 suss.   81*, 82*, 83*
E 2 inf. (gr. 1006)   **242*-247***, **274***
H 257 inf. (gr. 1041)   49*, 51*, **83*-84***, 105* (n. 355), 177*, 185*, 186*, 187*, 188*, 189*, 190*, 191*, 192*, 198*, 207*, **210*-212***
M 94 suss.   237* (n. 30)
Q 74 sup. (gr. 681)   49*, 51*, 54*, **81*-83***, 185*, 186*, 187*, 188*, 189*, 190*, 191*, 192*, **195*-198***, 207*, 224*, 227*, 228*, 229*

Messanensis, Biblioteca Regionale Universitaria, S. Salv.
148   49*, 51*, **84*-85***, 185*, 186*, 188*, 189*, 190*, 196*, **225***

Monacensis gr.
10   49*, 51*, **85*-87***, 176*, 185*, 186*, 188*, 189*, 190*, **220***, 230*
83   49*, 51*, **87*-88***, 184*, 185*, 186*, 187*, 189*, 190*, 214*, **217*-219***, 230*
121   90* (n. 256)
225   49*, 51*, **88*-90***, 176*, 185*, 186*, 188*, 189*, 190*, 210*, **220***
363   49*, 51*, **91*-92***, 142*, 183*, 185*, 186*, 187*, 189*, 190*, 214*, **215*-216***, 230*

INDEX MANVSCRIPTORVM   93

Mosquensis, Bibliotheca Synodalis
151 (Vladimir 200)   57* (n. 27)
363 (Vladimir 418)   49*, 51*, **92*-93***, 185*, 186*, 187*, 189*, 190*, **225***
439 (Vladimir 425)   45*, 49*, 52*, **94*-97***, 185*, 186*, 188*, 189*, 190*,
191*, 198*, **201*-203***, 205*, 207*, 208*, 209*, 231*,
238*, 240* (n. 36), 241*, **265*-272***, 273*, 274*,
275*

Oxoniensis, Bodleianus, Baroccianus gr.
27   49*, 52*, **97*-99***, 155*, 156*, 184*, 185*, 186*, 187*,
188*, 189*, 190*, 191*, 196*, **203*-206***, 207*, 207*
(n. 791), 208*, 209*
107   115*

Oxoniensis, Bodleianus, Laudianus gr.
92b   49*, 52*, **99*-102***, 116*, 117*, 121* (n. 461), 185*,
186*, 187*, 188*, 188*, 189*, 190*, 191*, 191*
(n. 773), **192*-195***, 196*, 198*, 205*, 207*, 210*

Oxoniensis, Christ Church gr.
47   49*, 52*, **102*-104***, 121* (n. 461), 185*, 186*, 187*,
189*, 190*, 207*, 222*, **225***, 228*

Parisinus gr.
11   49*, 52*, **104*-107***, 184*, 185*, 186*, 187*, 188*,
189*, 190*, 191*, 198*, **206*-210***, 212*
491   49*, 52*, **107*-108***, 185*, 186*, 187*, 189*, 190*,
190* (n. 772), 196*, 207*, **225***, 226*
886   49*, 52*, **108*-110***, 178*, 179*, 183*, 185*, 186*,
187*, 189*, 190*, 205*, 207*, 214*, **217*-219***, **225***,
230*
900   49*, 52*, **110*-111***, 185*, 186*, 187*, 188*, 189*,
190*, 191*, 198*, 205*, 207*, 209*, **214***, 220*, **225***,
228*
934   178* (n. 751)
1094   178* (n. 751)
1097   178* (n. 751)
1119   49*, 52*, **111*-112***, 185*, 186*, 187*, 189*, 190*,
225*
1612   49* (n. 2), 50*, **173*-174***
1782   49*, 52*, **112*-113***, 185*, 186*, 187*, 189*, 190*,
225*

Parisinus, Supplementum gr.
8   49*, 50*, 52*, 79* (n. 168), **114*-115***, 177*, 178*,
179*, 185*, 186*, 187*, 188*, 189*, 190*, 191*, 192*
(n. 774), **198*-201***, 206*, 207*, 228*
163   49*, 52*, **115*-117***, 185*, 186*, 187*, 188*, 189*,
190*, 191*, **192*-195***, 196*, 198*, 205*, 207*, 210*,
230*

INDEX MANVSCRIPTORVM

228	49*, 52*, **117*-119***, 179*, 184*, 185*, 186*, 187*, 189*, 190*, 191* (n. 773), 207*, 214*, **222*-223***
681	63*
1093	179* (n. 754)

Parisinus, Coislinianus gr.

90	49*, 52*, **119*-121***, 142*, 158*, 183*, 185*, 186*, 187*, 189*, 190*, 207*, 213*, 214*, 221*, **223*-224***

Romanus, Angelicus gr.

43	49*, 52*, **121*-122***, 185*, 186*, 187*, 189*, 190*, **225***
120	49*, 52*, 73*, 109*, **122*-124***, 142*, 152*, 158*, 183*, 185*, 186*, 187*, 189*, 190*, 207*, 214*, **217*-219***, 221*, 222*, 223*

Scorialensis, Real Biblioteca

Λ.II.3	**157*-158***, 185*, 186*, 188*, 189*, 191*
Υ.II.7	50*, 52*, **124*-126***, 177*, 185*, 186*, 187*, 188*, 189*, 190*, 191*, 192*, 198*, 207*, **210*-211***
Ψ.III.7	49*, 52*, **126*-127***, 185*, 186*, 188*, 189*, 190*, 191*, 191* (n. 773), **192*-195***, 198*, 205*, 207*, 210*, 213*, 230*

Sinaïticus gr.

385	49*, 52*, **127*-128***, 185*, 186*, 188*, 189*, 190*, 191*, 192*, **195*-198***, 207*, 210*, 213*, 218*, 227*, 230*, 230* (n. 829)

Taurinensis gr.

C.III.3 (Pas. XXV.b.V.5)	80*, **158*-159***, 183*, 185*, 186*, 188*, 189*, 191*, 214*, **220*-222***
B.IV.22 (Pas. CC.b.III.11)	49*, 49* (n. 2), 52*, **128*-131***, 153* (n. 653), 157*, 157* (n. 682), 185*, 186*, 187*, 188*, 189*, 190*, 191*, 192*, **195*-198***, 207*, 224*, 227*, 228*

Vaticanus gr.

197	49*, 52*, 104*, **131*-132***, 184*, 185*, 186*, 187*, 188*, 189*, 190*, 191*, 198*, **206*-210***, 230*
504	49*, 52*, **132*-135***, 185*, 186*, 187*, 189*, 190*, **224***
505	49*, 52*, **135*-136***, 178*, 179*, 183*, 185*, 186*, 187*, 189*, 190*, 214*, **215*-216***, 230*
507	49*, 52*, 73* (n. 129), **136*-138***, 184*, 185*, 186*, 187*, 189*, 190*, 207*, 213*, 214*, **217*-219***, **224***, 228*, 230*
508	73*, 136*, 217*, 224*

INDEX MANVSCRIPTORVM 95

740	49*, 52*, **138*-139***, 185*, 186*, 188*, 189*, 190*, 191*, 198*, **201*-203***, 207*, 208*
828	50*, **160*-161***, 225*
1142	49*, 52*, **139*-140***, 184*, 185*, 186*, 187*, 188*, 189*, 190*, 191*, 198*, **203*-210***, 212*
1187	50*, 52*, **141*-142***, 177*, 185*, 186*, 187*, 188*, 189*, 190*, 191*, 198*, 207*, **210*-211***, 228*, 230*
1502	49*, 52*, 77*, 92*, 130*, 135*, **142*-144***, 149*, 158*, 183*, 183* (n. 767), 185*, 186*, 187*, 189*, 190*, 214*, **215*-216***, 219*, 221*, 223*, 230* (n. 828)
1700	50*, 52*, **144***, 185*, 185* (n. 768), 186*, 188*, 189*, 191*, 210*, **225***
1712	50*, 160*, **161*-162***, 225*
1746	50*, 96* (n. 293), 160*, **162*-164***, 225*, 231*, **238***, **265*-272***, 274*, 275*, 278*
2248	50*, 52*, **145***, 185*, 186*, 187*, 189*, 191*, **225***, 228*
2645	49*, 52*, **145*-146***, 185*, 186*, 187*, 189*, 190*, **225***, 229*, 230*

Vaticanus, Ottobonianus gr.

33	49*, 52*, **146***, 185*, 186*, 187*, 189*, 190*, 218*, **225***
43	49*, 52*, 104*, 132*, **147*-148***, 184*, 185*, 186*, 187*, 188*, 189*, 190*, 191*, 198*, **206*-210***, 212*

Vaticanus, Reginensis gr.

37	49*, 52*, **148*-149***, 184*, 185*, 186*, 188*, 189*, 190*, 207*, 209*, 214*, **222*-223***

Venetus, Marcianus gr.

22	150* (n. 636)
57	150* (n. 636)
135	85*
136	49*, 53*, 142*, **149*-150***, 183*, 185*, 186*, 187*, 189*, 190*, 214*, **215*-216***, 230*
139	49*, 50*, 53*, **150*-151***, 185*, 186*, 187*, 188*, 189*, 190*, 191*, 192* (n. 774), **198*-201***, 206*, 207*

Venetus, Marcianus gr. app.

III, 12	49*, 50*, 160*, **164*-166***, 225*
XI.22	150* (n. 636)

Vindobonensis, Supplementum gr.

1	49*, 53*, **151*-153***, 184*, 185*, 186*, 187*, 189*, 190*, 207*, 214*, **217*-219***, 230*

Vindobonensis, historicus gr.

7	49*, 53*, **153***, 185*, 186*, 187*, 188*, 189*, 190*, 191*, 192*, **195*-198***, 207*, 227*, 230*

96 INDEX MANVSCRIPTORVM

Vindobonensis, theologicus gr.

18	154*
40	49*, 53*, **154***, 185*, 186*, 187*, 189*, 190*, **225***
216	49*, 53*, **154*-156***, 184*, 185*, 186*, 187*, 188*, 189*, 190*, 191*, 196*, 198*, 199*, **203*-206***, 207*, 207* (n. 791), 208*, 209*, 228*, 230*
306	129*, 157*
307	49*, 53*, 129*, 131*, **156*-157***, 185*, 186*, 187*, 188*, 189*, 190*, 191*, 192*, **195*-198***, 199*, 207*, 227*, 228*
324	260*

TABLE DES MATIÈRES

Préface 5*

Bibliographie 7*

Abréviations des œuvres maximiennes ou pseudo-
maximiennes 25*

Introduction

1. Deux collections de chapitres attribuées à
   Maxime le Confesseur 27*
   1. Introduction à Maxime le Confesseur (580-
      662) : notice biographique. 27*
      1. Les sources 27*
      2. La vie de Maxime le Confesseur . . . 29*
   2. Le genre des chapitres. 31*
   3. Le *De duabus Christi naturis* 33*
      1. Contexte de l'œuvre 33*
      2. Authenticité et datation du texte . . . 35*
      3. La structure du texte. 36*
   4. Les *Capita gnostica* 41*
      1. Le rapport entre les *Capita gnostica*
         et les *Capita XV*, les *Diversa capita* et le
         De divina inhumanatione 41*
      2. Authenticité et datation des *Capita
         gnostica* 44*
      3. Structure et composition du texte. . . 48*

2. Le *De duabus Christi naturis* (*CPG* 7697. 13). 49*
   1. Traditio textus 49*
      1. La tradition directe : descriptio codicum 50*
      2. La tradition indirecte 160*

98 TABLE DES MATIÈRES

3. Éditions antérieures et traductions . .	175*
2. Recensio codicum	181*
1. La tradition directe	181*
2. La tradition indirecte	225*
3. Ratio edendi	226*
1. La reconstruction du texte	226*
2. La présentation du texte	228*
3. La ponctuation, l'accentuation et l'orthographe	228*
4. Apparatus	229*
3. Les *Capita gnostica* (*CPG* 7707. 11)	231*
1. Traditio textus	231*
1. La tradition directe : descriptio codicum	231*
2. La tradition indirecte	239*
3. Les éditions et traductions antérieures.	264*
2. Recensio codicum	265*
1. La tradition directe	265*
2. La tradition indirecte	273*
3. Ratio edendi	274*
1. La reconstruction du texte	274*
2. La présentation du texte	276*
3. La ponctuation, l'accentuation et l'orthographe	276*
4. Apparatus	277*

Textus

Maximi Confessoris Capita *De duabus Christi naturis*	1
Conspectus siglorum	3
De duabus Christi naturis	5
Pseudo-Maximi Confessoris *Capita gnostica* . . .	15
Conspectus siglorum	16
Capita gnostica	17

Indices	73
Index Nominum	75

TABLE DES MATIÈRES 99

Index Locorum Sacrae Scriptorum 77
Index Fontium et Locorum Parallelorum 81
Index Manuscriptorum 90

Table des matières 97

CORPVS CHRISTIANORVM
SERIES GRAECA

ONOMASTICON

Acindynus, *uide* Gregorius Acindynus
Alexander monachus Cyprius 26
Amphilochius Iconiensis 3
Anastasius Apocrisiarius 39
Anastasius Bibliothecarius 39
Anastasius Sinaita 8 12 59
Andronicus Camaterus 75
Anonymus auctor Theognosiae 14
Anonymus dialogus cum Iudaeis 30
Athanasii Athonitae Vitae 9
Basilius Minimus 46
Catena Hauniensis in Ecclesiasten 24
Catena trium Patrum in Ecclesiasten 11
Catenae graecae in Genesim et Exodum 2
  15
Christophorus Mitylenaeus 74
Diodorus Tarsensis 6
Etymologicum Symeonis 79
Eustathius Antiochenus 51
Eustathius monachus 19
Eustratius presbyter 25 60
Gregorius Acindynus 31
Ps. Gregorius Agrigentinus 56
Gregorius Nazianzenus 20 27 28 34 36
  37 38 41 42 43 44 45 46 47 49 50 52
  53 57 58 61 64 65 73 77 78 85 86
Ps. Gregorius Nyssenus 56
Gregorius presbyter 44
Hagiographica Cypria 26
Hagiographica inedita decem 21
Homerocentones 62

Iacobus monachus 68
Iohannes Caesariensis 1
Iohannes Cantacuzenus 16
Iohannes Chrysostomus 70
Ps. Iohannes Chrysostomus 4
Iohannes Scottus Eriugena 7 18 22
Iosephus Racendyta 80
Leo VI imperator 63
Leontius presbyter Constantinopolita-
  nus 17
Marcus monachus 72
Maximus Confessor 7 10 18 22 23 39
  40 48 69
Mercurius Grammaticus 87
Metrophanes Smyrnaeus 14 56
Nicephorus Blemmydes 13 80
Nicephorus patriarcha Constantinopo-
  litanus 33 41
Ps. Nonnus 27 50
Pamphilus Theologus 19
Petrus Callinicensis 29 32 35 54
Procopius Gazaeus 4 67
*Scripta saeculi VII uitam Maximi Confes-
  soris illustrantia* 39
Theodorus Dexius 55
Theodorus Metochita 83
Theodorus Spudaeus 39
Theognostus 5
Theologica varia inedita saeculi XIV 76
Titus Bostrensis 82

November 2017